CON SERVADO RISMO

A LUTA POR UMA TRADIÇÃO

Título original:
Conservatism: The Fight for a Tradition

Tradução: Pedro Elói Duarte

Revisão: Ana Pinto Mendes

Capa:
Papertalk

Depósito legal n.º 486834/21

Biblioteca Nacional de Portugal – Catalogação na Publicação

FAWCETT, Edmund, 1946-

Conservadorismo: a luta por uma tradição. – (Extra coleção)
ISBN 978-972-44-2469-9

CDU 328

Paginação:
MA

Impressão e acabamento:
ACD Print, S.A.
para
EDIÇÕES 70
Agosto 2021

EDIÇÕES 70, uma chancela de Edições Almedina, S.A.
LEAP CENTER – Espaço Amoreiras
Rua D. João V, n.º 24, 1.03 – 1250-091 Lisboa – Portugal
e-mail: editoras@grupoalmedina.net

EDMUND
FAWCETT

CONSERVADORISMO

A LUTA POR UMA TRADIÇÃO

ÍNDICE

PARTE VI
A QUARTA FASE DO CONSERVADORISMO
(DE 1980 AO PRESENTE)
HIPERLIBERALISMO E DIREITA DURA
O ANO DE 1980

Para a Natalia

PREFÁCIO

Para sobreviver, e sobretudo florescer, a democracia liberal precisa do apoio da direita. Ou seja, precisa de conservadores que aceitem as regras básicas liberais e democráticas. Contudo, o conservadorismo nasceu como um inimigo do liberalismo e nunca abandonou completamente as suas reservas quanto à democracia. O conservadorismo subsistiu na política moderna ao cooperar com o liberalismo e desde cedo aprendeu a prevalecer na democracia. O tipo de democracia liberal que se desenvolveu na Europa Ocidental e nos Estados Unidos após 1945 cresceu a partir desse compromisso histórico da direita. Quando, como agora, a direita hesita ou nega o seu apoio, a saúde da democracia liberal fica em risco.

Com a esquerda em retirada, tanto em termos intelectuais como partidários, a direita comanda hoje a política. Mas que direita será esta? Será o conservadorismo amplamente liberal que suportou os sucessos da democracia liberal após 1945 ou uma direita dura e iliberal que proclama falar pelo «povo»?

Ao dizer o que é a democracia liberal e por que razão importa, apesar de todas as suas deficiências e vulnerabilidades, *Liberalism: The Life of an Idea* (*Liberalismo: A Vida de Uma Ideia*, 2.ª ed., 2018) pretendia mostrar aquilo que corremos o risco de perder. *Conservadorismo: A Luta por uma Tradição* é a outra metade da história. Descreve a luta atual da direita consigo mesma à luz do passado.

Desde o início, os conservadores lutaram entre si e contra o liberalismo e a democracia. Devem fazer cedências aos seus opositores históricos ou resistir? Deverá a luta ser fundamentalmente na política partidária pelo poder e pelo governo, ou na vida intelectual e cultural? Para os conservadores, estas questões nunca desapareceram. Com frequência, o caos de vozes tornou difícil dizer aquilo que os conservadores defendem, se defendem sequer alguma coisa. Ao mesmo tempo, a própria ferocidade e durabilidade da luta sugere que todos os lados acreditaram que havia alguma coisa tangível pela qual valia a pena lutar.

A história do conservadorismo é aqui contada em quatro períodos, com datas artificialmente exatas para uma maior clareza: resistência frontal à modernidade liberal (1830–1880); adaptação, compromisso e catástrofe (1880–1945); domínio político e recuperação intelectual (1945–1980); e a luta pela supremacia entre o conservadorismo liberal e a direita dura (1980 até ao presente).

Em cada um dos quatro períodos, uma narrativa de política partidária («Partidos e políticos») é seguida de uma caracterização do pensamento conservador desse tempo («Ideias e pensadores»). A primeira descreve a «aventura interminável dos governantes», com os partidos a formarem-se, a dividirem-se e a reformarem-se numa constante renegociação conservadora com o liberalismo e a democracia. A segunda descreve os apelos públicos, as defesas e as argumentações filosóficas por escritores, jornalistas, redatores de discursos e pensadores que trabalham na tradição conservadora. Com as suas palavras a multiplicarem-se, emergiu uma perspetiva conservadora, certamente vaga e confusa, mas reconhecível e, de um modo geral, contínua. O seu conteúdo particular mudou com o tempo, mas o seu carácter geral manteve-se igual.

Os conservadores foram sendo guiados por um anjo sábio e por um anjo mundano. Na correria desconcertante das mudanças do mundo moderno, expressaram um desejo humano universal de familiaridade e estabilidade — de que o amanhã seja como hoje. No entanto, como defensores da ordem e da propriedade, os conservadores venceram as suas hesitações e depressa passaram a defender o capitalismo e as suas exigências — o grande ajudante do progresso material que, incansavelmente, vira do avesso a sociedade, as vidas e as perspetivas.

Ou seja, os conservadores enfrentaram sempre duas vias. Prometem estabilidade e convulsão, continuidade e disrupção. Por temperamento, oscilam da confiança no seu historial e do orgulho na sua crença para o receio de que o sucesso seja perdido e de que as suas crenças sejam geralmente ignoradas. Por muito surpreendente que pareça, os conservadores criaram e aprenderam a dominar um mundo moderno liberal no qual não se podem sentir em casa.

O foco concentra-se em quatro países: França, Grã-Bretanha, Alemanha e Estados Unidos. Pode parecer uma escolha chauvinista. A desculpa é que a democracia liberal é um quadro político com valores distintos para o qual estes quatro países, apesar das diferenças óbvias ou do provincianismo, convergiram no século XX, em especial após 1945. Não há nada eterno na democracia liberal. Muitas pessoas perspicazes e bem informadas receiam que a sua história já tenha acabado. Estejam certos ou errados, poucos negam que estes grandes países representam o núcleo histórico, ainda que não exclusivo, da democracia liberal.

Os leitores já confusos com as classificações e as categorias — nomeadamente o uso permutável de «conservadorismo» e de «direita» — devem olhar para o Anexo A, «Palavras-chave do conservadorismo», onde os principais termos do livro são definidos e onde se fazem distinções básicas. O capítulo 2, «Carácter, perspetiva e qualificação do conservadorismo», aborda de forma mais completa estas questões gerais. Um segundo anexo, «Fontes filosóficas do pensamento conservador», recorda alguns pensadores de Platão em diante, em quem os conservadores (entre outros) se inspiraram. Um terceiro anexo, «Vidas conservadoras», apresenta pequenas biografias de mais de duzentos políticos e pensadores conservadores. Este extenso ensaio histórico não tem notas de rodapé nem bibliografia académica. Em «Obras consultadas», os leitores encontrarão obras que serviram de base a este ensaio e que poderão querer consultar.

Sendo um liberal de esquerda, não digo que esta história seja neutra. Penso que é objetiva. Tentei evitar dois lugares-comuns da escrita política: a celebração e a caricatura. Se o tiver conseguido, os leitores de direita reconhecer-se-ão na sua tradição. Os leitores de esquerda terão uma visão sobre a posição dos seus opositores, que, como jogadores de xadrez imprudentes, eles tendem a ignorar. *Conservadorismo: A Luta por uma Tradição* foi escrito num espírito de camaradagem com uma questão para a esquerda: se somos tão espertos, porque não estamos na liderança?

A epopeia do conservadorismo é aqui narrada com reconhecimento, surpresa e alarme: *reconhecimento* das forças político-partidárias e intelectuais da direita; *surpresa* com a negligência destas forças, com uma esquerda que sabe muito pouco sobre como a direita pensa e com uma direita que exagera as suas próprias desvantagens intelectuais e culturais; *alarme* com a ascensão da direita dura, que obriga os conservadores tradicionais a encararem uma escolha clara: procurar aliados à esquerda com quem possam reconstruir e preservar um centro debilitado ou juntar-se à fuga para a direita do *statu quo* democrático liberal.

AGRADECIMENTOS

Para este extenso ensaio histórico sobre a direita política, usei e abusei das obras de muitos escritores e académicos. Estou em dívida para com eles e agradeço a todos. Agradeço sincera e pessoalmente a Charles Hope e a Chaim Tannenbaum, que leram rascunhos, identificaram erros e fizeram sugestões valiosas. Também agradeço as boas orientações de dois revisores académicos anónimos da Princeton University Press. Martin Ruehl, bem como outros dois revisores anteriores da PUP e David Wiggins ajudaram-me a clarificar e a melhorar o rascunho original. Em Londres, Kwazi Kwarteng, Oliver Letwin, Roger Scruton e Jonathan Wolff arranjaram tempo para falar comigo sobre o conservadorismo. Tal como, em Berlim, Frank Bösch, Dieter Gosewinkel, Norman Gutschow e Paul Nolte. Na PUP, os meus editores Ben Tate e Sarah Caro encorajaram-me e ajudaram-me durante todo o processo, e Debbie Tegarden e Gail Schmitt supervisionaram habilmente a produção. Pam Schnitter desenhou uma capa impressionante. Maksimiljan Fras ajudou na verificação dos factos. Conny Günther, um agente, intérprete e guia ímpar, organizou as minhas entrevistas em Berlim. Ao longo dos anos, tive muitas conversas frutuosas e agradáveis sobre o conservadorismo com Adrian Wooldridge, bem como Oliver Black e Tony Thomas, bons amigos que faleceram em 2019. Em conversas ou cartas, Karl-Heinz Bohrer, Elliot Y. Neaman e Fred Studemann deram-me orientações valiosas sobre a direita alemã. Edward Chancellor e Antonia Phillips, Donald e Diana Franklin, Tom e Rosemund Graham arranjaram-me locais bons e sossegados para escrever. Como sempre, os maiores agradecimentos vão para a minha mulher, Natalia, a quem este livro é dedicado. Deu-me um apoio incansável enquanto revia, com a irmã, um livro dela. Em relação ao trabalho escrito, tal como a maioria das coisas, ela sabe o que se deve ou não conservar.

PARTE I

PRECURSORES DO CONSERVADORISMO

1

CRÍTICOS DA REVOLUÇÃO

I. A autoridade dura do castigo e a autoridade branda do costume: Maistre e Burke

Tal como o liberalismo, o conservadorismo não tem um Decálogo, não tem um Colégio para a Propagação da Fé, não tem uma Declaração de Independência fundadora, tampouco um compêndio doutrinário à altura da Edição Standard de Marx e Engels. No seio desta lacuna, em finais do século XIX, quando os conservadores procuravam uma tradição intelectual, os escritos de Edmund Burke (1729–1797) sobre a Revolução Francesa foram redescobertos como uma segunda melhor tradição rica e generosa. Os temas de Burke — a autoridade da tradição, a insensatez dos intelectuais políticos que ignoravam a tradição e o carácter orgânico, mas vulnerável, da sociedade — foram escolhidos como arsenal dialético.

Em retrospetiva, os escritos de Burke deram ao conservadorismo, em particular ao conservadorismo na Grã-Bretanha e nos Estados Unidos, um tom de equilíbrio, de abertura aos factos e de moderação geral que contrastava com o zelo cego do conservadorismo na França e na Alemanha. As obras de Joseph de Maistre (1753–1821), um jurista saboiano e exilado da Revolução Francesa, eram geralmente citadas para ilustrar o carácter extremo e desenfreado da direita continental. Burke legou ao conservadorismo anglo-americano um tom de bom senso esclarecido e de competência prática. Maistre tornou-se o precursor contra-iluminista dos autoritários e fascistas da direita. Neste contraste encontramos demasiado dos inícios do século XX nos finais do século XVIII. Recorre a uma revisão seletiva e negligencia elementos importantes que os pensadores partilhavam. Maistre nunca se sentaria à-vontade no salão principal do conservadorismo, mas, tanto quanto Burke, pertence à mesma casa.

Maistre e Burke tinham uma capacidade retórica invulgar e um talento raro para o verbo. Maistre argumentava em preto e branco, com uma ferocidade maniqueísta. Levava os contrastes ao extremo e esticava os pontos para além dos limites. «Qualquer governo é despótico: a única escolha é obedecer ou revoltar-se.» «As únicas instituições que perduram são as religiosas.» «A liberdade é sempre o dom dos reis.» Como que para recuperar a guilhotina de mãos indignas, escreveu sobre o carácter sagrado do cadafalso e a piedade do carrasco. Os escritos de Burke, que geralmente começavam como discursos, eram menos furiosos e mais de sabor inglês. Os seus alvos — o entusiasmo religioso, o intelectualismo político, a codificação legal — eram bem recebidos por pessoas à vontade no seu mundo e desconfiadas dos interrogadores intrusos. A ironia de Burke era parlamentar e provocadora; a de Maistre era ofensiva e, como a de Jonathan Swift, selvagem. Maistre era advogado. Burke estudou direito. Nenhum deles argumentava como filósofo, ainda que Burke o tenha feito quando jovem, no seu ataque à ideia de que havia pessoas pré-sociais e quando estabeleceu o *sublime* entre as categorias da estética. Nos assuntos políticos, o ritmo argumentativo favorito de Burke era o *presto*, e podia ser tão perverso como lírico. O conselho de Boston era uma «praga»; os revolucionários de 1789 eram como um «bando de escravos fugitivos subitamente libertos do cativeiro».

Tanto Burke como Maistre estavam fora dos circuitos sociais. Burke era um plebeu nascido em Dublin de pais anglo-irlandeses. Maistre era membro da nobreza administrativa provincial da Saboia, a parte de língua francesa de um reino italiano do Norte que passou várias vezes para o domínio da França, da Espanha e da Áustria, com uma independência frágil desde o século XVI. Como funcionários ou empregados de políticos durante o dia, ambos escreviam sobre política a partir do seu interior.

Os dois pensadores sofreram um longo declínio e uma recuperação lenta das suas reputações. William Gladstone lia atentamente Burke (como fazia com a maioria das coisas) e Burke tinha seguidores entre os *whigs* americanos letrados, nomeadamente Rufus Choate (1799–1859), que o classificava ao lado de Homero, Cícero e John Milton como leituras necessárias para «liberalizar» o estudo da política e do direito. Walter Bagehot, por contraste, via Burke como uma influência do conservadorismo inferior a Pitt, *o Novo*. *A History of Toryism* (*Uma História do Toryismo,*

1886), de T. E. Kebbel, um dos primeiros estudos académicos sobre a tradição, menciona Burke apenas de passagem.

No domínio liberal dos anos 1830, as críticas da Revolução Francesa como as de Burke e de Maistre eram vistas geralmente como não tendo percebido a sua marca histórica. Denegrir o 1789 «constitucional» com o 1793–1794 «despótico popular» e tratar a Revolução como uma mera insensatez criminosa era pouco convincente, sobretudo tendo em conta a aceitação generalizada das conquistas de 1789 e o facto de nem a Restauração ter invertido os ganhos económicos das classes médias francesas. Quanto ao Terror, Maistre e Burke entendiam o carácter contraproducente do excesso revolucionário, o que fazia a oposição constante parecer redundante. Para Maistre, a Revolução foi um «interlúdio monstruoso» numa história nacional de outro modo razoável e virtuosa, mas um interlúdio com um propósito. Como «castigo divino», a Revolução purgara e salvara a França. Reformulado nos termos da sua história governada por Deus, Maistre fazia eco da ideia de Burke do carácter autocurativo da ilusão revolucionária. Para os jacobinos, a própria Revolução, escreveu Burke, era «apenas o castigo pelo seu sucesso». As classes médias liberais dos anos 1830 e 1840 não precisavam de ser lembradas de que o Terror era mau, uma forma errada de governar e, sobretudo, autodestrutiva.

Nem Burke nem Maistre acreditavam que o povo em geral fosse capaz de autogoverno, ainda que por razões diferentes. Maistre tinha uma visão sombria da humanidade incorrigível. Não se podia confiar que esta seguisse as regras e precisava de disciplina severa e de fé submissiva com a ameaça de punição rápida. Burke era mais otimista na sua antropologia filosófica. Ao contrário de Maistre, não pensava que, se lhes dessem a oportunidade, as pessoas eram parasitas (que reconheciam as regras, mas contavam com os outros para as seguirem) ou libertinas (que não reconheciam regra nenhuma). Para Burke, o problema em confiar que as pessoas se governem a si próprias não reside na sua inaptidão para seguir regras, mas na sua incapacidade de fazer regras. É que ninguém, estritamente, fazia regras. Pensar assim era o erro intelectualista dos redatores de declarações e dos codificadores legais. As regras emergiam do costume, e os costumes que perduravam eram os que se adequavam a uma sociedade e ao seu povo.

Quer as regras da sociedade tivessem uma fonte divina, como Maistre insista, ou viessem do costume, como Burke defendia, as suas origens estavam fechadas à investigação inteligente. Para Maistre, a providência divina era inescrutável. Para Burke, as raízes do costume eram obscuras. Nada disto podia ser discutido ou usado para sustentar uma crítica às regras assim geradas. Sem «opiniões e regras de vida antigas», escreveu Burke, «não temos bússola para nos orientar» e ficamos sem saber «para que porto rumar». Por muito que tentassem, os intelectualistas da política não podiam escapar a esta dificuldade. Pelo menos era o que os dois diziam.

No entanto, nem a providência de Deus nem o costume podiam servir, por si mesmos, para a ordem social. Maistre e Burke pensavam que também era necessária uma fé comum, guiada e sustentada por uma igreja estabelecida. Ambos reconheciam a utilidade da religião como expediente social. Burke disse-o de forma reconfortante: «A consagração do Estado por um estabelecimento religioso estatal também é necessária para impor um temor salutar aos cidadãos livres.» Numa carta de 1815, Maistre declarava mais ou menos o mesmo sobre a utilidade da fé, em termos cínicos capazes de chocar um secularista: «Se eu fosse um ateu e um soberano, [...] declararia o papa infalível [...] para o estabelecimento e a segurança nos meus Estados.»

Após a Revolução e as Guerras Napoleónicas, os primeiros conservadores perguntaram-se se a agitação, o sofrimento e os excessos criminosos se deviam à liberdade ou à sua perversão. Burke, de forma moderada, e Maistre, de maneira selvagem, culpavam a liberdade moderna, ou seja, a liberdade erradamente entendida. Para Burke, era claro que, libertadas do costume e do bom senso, as pessoas eram capazes dos piores desvarios e crimes. Maistre pensava que acontecia o mesmo quando as pessoas se libertavam de Deus e dos seus ministros terrenos. Para Burke, o adversário era a dissidência irrestrita e sem objetivos; para Maistre, era a desobediência satanicamente orgulhosa. Para ambos, a liberdade errada conduzia moralmente à desorientação, politicamente à revolução, à divisão e à contrarrevolução. Para Burke, neste mundo, e para Maistre, no outro mundo, a liberdade moderna disruptiva não tornava a vida humana melhor, mas pior.

As ideias de Maistre e de Burke acompanhavam a tradição do pensamento conservador que mais tarde foi designada como antirracionalista. Contudo, não se fundiam. Burke proscrevia o pensamento político que julgava as regras consuetudinárias à luz de padrões externos e inseguros. Confiava na moralidade comum e no hábito social de que prescindir de uma razão crítica indesejada poderia, ainda assim, ser razoável. Maistre proscrevia a razão na política enquanto tal, celebrando, ao invés, a fé e a obediência. Quanto menos razoável fosse a antirrazão, em particular a mais ofensiva para a opinião esclarecida, mais Maistre apreciava o choque.

A este respeito, Burke era mais aberto. Na política, permitia a fação, a discussão e o desacordo. Criticava fortemente os agitadores que tentavam sair do quadro dos pressupostos comuns que possibilitavam a argumentação. Este aspeto de Burke apontava para uma aceitação eventual da diversidade liberal. Burke insistia na necessidade de costumes partilhados e de uma fé comum no seio de uma sociedade unificada, sem o que a discussão corria o risco de resvalar para a guerra intelectual.

Maistre, pelo contrário, queria autoridade e obediência na política. O seu legado antirracionalista passou para o conservadorismo autoritário e iliberal. O legado é assumido por Charles Maurras, Georges Sorel, Carl Schmitt e, atualmente, por populistas da direita. A autoridade a que apelavam variava: para Maistre, o papa; para Maurras, um monarca francês; para Sorel, a classe operária descontente; para Schmitt, um ditador temporário; para os populistas de direita atuais, «o povo», entendido como excluindo os que têm opiniões que não agradam aos populistas, bem como as elites que os populistas de origem semelhante procuram substituir.

Aquilo que estes pensadores queriam da autoridade era um travão que eliminasse o debate e silenciasse a discórdia. Queriam algo que, na visão liberal, acabasse com a própria política, pois a política, para os liberais, significava disputa interminável numa sociedade diversa. O lado liberal do burkeanismo poderia conciliar-se com esta imagem da política como discussão. Para a ala de Maistre, a imagem liberal era totalmente errada. Nenhuma reconciliação era possível. Maistre atraía os adeptos da rejeição no conservadorismo e a sua franja autoritária, bem como antimodernos culturais como Charles Baudelaire, Friedrich Nietzsche e os seus descendentes, que lhe apreciavam o desdém trocista.

Ao contrário de Burke, que as via na segurança de Westminster, a revolução e a guerra levaram Maistre ao exílio. Em 1792, tropas francesas ocuparam a Saboia, parte de um reino dinástico que incluía o Piemonte e a Sardenha. Como juiz e senador, Maistre considerava-se um homem marcado e fugiu. Os anos de deambulação começaram na Suíça e na Itália. Após as vitórias de Napoleão Bonaparte, quando a Áustria cedeu os seus territórios italianos à França, a corte da Saboia mudou-se para a Sardenha. Maistre seguiu o mesmo caminho, imaginando o resto da sua vida como a de «uma ostra presa a uma rocha». Em 1802, viajou para a Rússia como enviado. A sua missão era pedir dinheiro e estatuto em nome de uma coroa sem reino. Os russos tinham problemas mais urgentes, mas aprovaram um pequeno subsídio. Muitos países pequenos ou potências menores foram as achas que reinflamaram a guerra após momentos de exaustão no longo conflito europeu (1792–1815) — Suécia, Canadá, Portugal e os territórios romenos. A Sardenha era demasiado pequena para criar problemas. Quando perceberam a pouca influência do seu reino ilhéu, os patrões de Maistre em Cagliari cortaram-lhe a remuneração e disseram-lhe para abreviar os seus despachos. Com frequência, Maistre comia a sopa do seu criado. Nestas condições, Maistre escreveu a suas obras mais conhecidas.

À noite, na margem do rio Neva, *Noites de São Petersburgo* (publicado postumamente em 1821), um senador mundano, nobre católico e conde, escreveu sobre o problema do mal: como conciliar a crença num deus omnipotente e bem-intencionado com o facto do sofrimento humano. O irmão mais novo de Maistre, Xavier, oficial do exército e autor de uma sátira sobre as aventuras, *Viagem à Volta do meu Quarto* (1794), poderá ter redigido o prelúdio descritivo, no charme das noites de verão russas, que tranquiliza os leitores para a forte escaramuça dialética que se seguirá. Com mais engenho e oratória do que boa argumentação, o conde, a falar por Maistre, apresenta a velha resposta cristã de que o sofrimento humano, incluindo o sofrimento imerecido, têm o seu lugar num plano divino inescrutável. Isto porque a justiça de Deus, embora perfeita, é lenta. Aos olhos humanos, os inocentes sofrem e os malfeitores ficam livres. Pode não parecer, mas, no plano de Deus, tudo será compensado e todos os crimes serão punidos, tanto quanto o tempo o permita. Como razão para uma economia moral da justiça retributiva e compensatória, este argumento nunca conquistaria adeptos em inícios do século XIX, quando os filósofos procuravam uma base naturalista e pós-teológica para a moralidade. *As Noites* também contêm as investidas de Maistre contra a mundivisão mecanicista de Francis Bacon e a descrição empirista da mente de John Locke, filósofos ingleses que ele desejava que pensassem mais como Burke.

De alcance mais político era a crítica de Maistre da Revolução e o seu pensamento constitucional que se encontram nas obras anteriores, *Considerações Sobre a França* (1796–1797) e *Ensaio Sobre o Princípio Gerador das Constituições Políticas* (1814). O Terror Revolucionário foi o castigo de Deus pela negação iluminista da fé. Uma vez purgada em sangue, a França mereceu a salvação e foi devidamente resgatada da catividade napoleónica pelos aliados europeus. O Iluminismo tinha uma visão imatura das preocupações e capacidades da humanidade, ignorando a sua irracionalidade e violência, bem como a sua necessidade de sacrifício, obediência e submissão. Não havia humanos pré-sociais, mas a humanidade também não era uma sociedade. Não havia «homem em geral», mas apenas homens particulares que pertenciam a um de muitos tipos nacionais.

Maistre adotava as lições dos seus antecessores e levava-as ao limite. Com David Hume, concordava que o sentimento, e não a razão, era a base da obrigação política, mas aquilo que Maistre queria significar não era a prudência terrena e o hábito sensível, como Hume, mas a autoabnegação humana e a solidariedade da culpa coletiva. Burke observava que algumas obrigações não eram escolhidas. Maistre insistia que nenhuma das nossas obrigações mais profundas era escolhida. A resistência de uma instituição humana era prova da origem divina — logo inapreensível — e nada daquilo que a mente humana não era capaz de apreender devia ser mudado. Um Estado não ganha crédito pelo apoio de uma Igreja estabelecida; ao invés, o próprio Estado deve tornar-se sacrossanto. As nações não têm constituições, e muito menos as redigem. Os hábitos, as maneiras e as normas constituem uma nação. O direito mais autoritário é o direito não escrito. Não há humanidade, apenas Franceses, Espanhóis, Ingleses e Russos. Em termos políticos, Maistre, tal como Burke, dizia rejeitar as construções ideais, mas insistia que a teocracia era a melhor forma de governo. A ordem social é inalcançável sem um poder concentrado, soberano e inquestionável, num equivalente tardio ao temor religioso. As instituições não podem sobreviver se estiverem sujeitas à dúvida ímpia: «Se quiserem conservar tudo, consagrem tudo.» A obediência à autoridade, seja pela fé ou pelo medo, deve ser cega e inquestionável, com o risco de, se assim não for cair na anarquia. A imagem clara que Maistre apresenta da política e da sociedade era demasiado crua até para servir de retrato oficial do conservadorismo. A sua imagem tenebrosa da humanidade incorrigível e caprichosa ainda era conservadora. Distinguia-se da imagem liberal, que acreditava no aperfeiçoamento e no progresso da humanidade. O facto de os liberais terem por hábito embelezar demasiado a sua imagem não desfazia de modo algum o contraste.

Os leitores que abordam as obras de Burke pela primeira vez ficam impressionados com o seu poder retórico, com a riqueza das metáforas e com a subtileza da sugestão argumentativa. Também ficam admirados com o facto de muitas das tradições contemporâneas que Burke defendia como essenciais para o bem-estar da sociedade — uma classe fundiária dominante, o sufrágio limitado, uma Igreja nacional autoritária — terem havia muito desaparecido. De facto, estavam a desaparecer ou já haviam desaparecido em finais do século XIX e inícios do século XX, altura em que os conservadores, em especial na Grã-Bretanha, começaram a redescobrir um Burke esquecido e a adotá-lo como padrinho intelectual. Assustados com a Comuna de Paris (1871) e impelidos pela história contrarrevolucionária da França de Taine, os conservadores ressuscitaram as *Reflexões sobre a Revolução em França* (1790) de Burke como aquilo que mais se aproximava de um texto fundador. Por muito grandiosa que seja, a obra levanta uma segunda questão: apesar de todo o seu brilho literário, como é que uma obra ocasional e de certo modo polémica adquiriu esse estatuto elevado no pensamento conservador?

O ataque pontual de Burke à Revolução Francesa visava os intelectuais na política e os detentores de dívida pública. Os «homens de letras políticos» de Burke haviam passado para o primeiro plano como formadores de opinião para um público leitor crescente e exigente. Os credores do Estado procuravam lucros ao concederem empréstimos contragarantias constituídas pelas terras da Igreja nacionalizadas. Os intelectuais, sem ligação a classes ou a interesses particulares, defendiam ideais vagos, inviáveis e imaturos. Os credores egoístas, muitos deles estrangeiros, eram anónimos e não tinham interesse nas instituições francesas. Tanto os intelectuais como os financeiros tendiam para a experimentação e para a inovação, com resultados imprevisíveis, como Burke também insistia, mas seguramente maus. Os intelectuais eram «aeronautas» incapazes de voar, imprudentes, com os pés fora da terra. As suas críticas constantes minavam os guardiães gémeos das «maneiras» sociais e da fé pública das quais dependia uma sociedade comercial decente: uma aristocracia aberta e economicamente produtiva e uma Igreja tutelar. Tivesse ou não razão acerca destes requisitos para uma sociedade comercial decente, Burke reconhecia o tipo indecente, bem consciente da rapina colonial que os caçadores de fortunas haviam feito na sociedade indiana.

Para Burke, os homens de letras políticos haviam reclamado e exagerado, sem apresentarem uma alternativa viável. Deslegitimaram uma instituição após outra minando a fé pública no artifício social e ignorando a necessidade de um «véu» de costume irrefletido para esconder as paixões naturais destrutivas. Os financeiros, por seu lado, incentivaram um esquema financeiro perigoso que mergulhou a França numa inflação ruinosa e destruiu a confiança pública na responsabilidade fiscal do

Estado. Em suma, os inovadores da França destruíram a autoridade moral e a confiança financeira de que a ordem social dependia.

Com base numa sequência clássica de declínio constitucional conhecida desde os Gregos, Burke previu um aumento da instabilidade e uma queda na anarquia, acompanhada por desordem popular, violência crescente e, por fim, domínio militar. A visão assombrosa de Burke, fixa e clara quando começou a escrever em 1789, impressionou os leitores em toda a Europa como profética. A sua reputação como o vidente da guerra, do Terror e de Napoleão granjeou-lhe crédito em todo o continente nos anos 1790, mas obscureceu a sua vida mais geral e os seus outros escritos.

Burke era um forasteiro que subiu na vida graças a um enorme talento e aos bons contactos enquanto esteve ao serviço do marquês de Rockingham, um nobre *whig* e líder da fação antiministerial no Parlamento. Os *whigs* de Rockingham queriam preservar o governo oligárquico em prol dos interesses dos proprietários de terras e do comércio. Eram hostis às tentativas da Coroa e dos ministros reformistas de lhes limitar o poder. Quando Burke falou em defesa da tradição, tinha este conflito em mente.

De confissão dupla por origem familiar, Burke nasceu em Dublin de pai protestante e de mãe católica romana. Depois de frequentar o Trinity College, a universidade anglicana e a única da cidade, estudou direito em Londres e adquiriu a sua fama literária e filosófica antes dos trinta anos com obras que alimentaram as suas respostas à Revolução. O livro ironicamente intitulado *Defesa da Sociedade Natural* (1756) satirizava a ideia de que nunca houve pessoas pré-sociais ou que as pessoas podiam ser coerentemente imaginadas como fora ou separadas de uma sociedade particular. A sua *Investigação Filosófica Acerca da Origem das Nossas Ideias do Sublime e do Belo* (1757) invocava uma distinção familiar entre a paixão social do amor e a paixão do medo autopreservadora, a fim de enriquecer os recursos conceptuais da estética. Ao amor à beleza, Burke acrescentava um espanto envolvente diante do sublime, ou seja, de cenas ou objetos que nos impressionam como grandiosos, obscuros ou poderosos. Em espanto, uma imagem cria em nós uma ameaça de dor a uma distância segura e sentimos uma «tranquilidade assombrada pelo horror». Burke impressionava muita gente com a sua eloquência e a sua riqueza argumentativa. Tornou-se o diretor da *Annual Register*, uma revista anual de política e vida intelectual, que dirigiu durante muitos anos. Em 1765, obteve um assento no Parlamento, onde se manteve até 1794.

Burke era advogado e pensador, duas dimensões que mantinha separadas. Na qualidade de agente da assembleia de Nova Iorque, defendeu os seus protestos contra a tributação britânica e, em 1775, fez discursos em defesa da reconciliação nas colónias americanas. Em certas matérias, Burke era um modernizador e um reformador. Queria uma diminuição das desqualificações para os católicos irlandeses e uma redução das tarifas, de modo a coletar mais receitas de impostos, bem como uma redução da folha de pagamentos real e a eliminação do clientelismo militar. Em 1783, Burke e o seu então aliado Charles James Fox esforçaram-se para que o governo libertasse a administração da Índia da irresponsável e voraz Companhia das Índias Orientais. Depois de este projeto legislativo ter fracassado, Burke começou uma campanha de nove anos para destituir o governador da Companhia por atos ilícitos.

Noutras matérias, Burke estava atrás do seu tempo. Temia a democratização do governo e da opinião. Rejeitou a proposta radical de John Wilkes de uma representação mais direta, ao vincular os membros do Parlamento a instruções escritas. Burke desconfiava da banca, que via como um estímulo à «inovação» e um tesoureiro corruptor para os seus amigos políticos. Sobre o capital móvel, escreveu: «Sendo de aquisição recente, aceita mais naturalmente qualquer novidade [...] O tipo de riqueza que será usada por todos os que desejam mudança.» Burke achava absurdo que os ricos fossem taxados para se reduzir a pobreza. Corte-se a garganta a todos os ricos, escreveu Burke, partilhe-se o que eles comem num ano, e ainda não chegará. Via o tráfico de escravos como abominável e achava que, com o tempo, teria de acabar. Entretanto, devia ser humanizado por meio de um código de tratamento, mas não abolido. Entre as ideias de Burke para melhorar a vida dos escravos, redigidas em 1780 e enviadas a um correspondente em 1792, incluíam-se roupas nos navios negreiros, escolas para os filhos dos escravos, folga aos domingos e chicotadas limitadas a treze de cada vez. Burke era a favor da liberdade religiosa, mas falava contra o seu alargamento aos dissidentes unitários, que negavam a doutrina ortodoxa da Trindade.

Nas décadas recentes, o Burke dos académicos tem sido libertado da sua reputação de grande crítico da Revolução Francesa. Para a maioria dos conservadores, continua a ser o autor das *Reflexões*. Sem estas, as pessoas diriam o que Burke disse de Bolingbroke, o líder *tory* da sua *Defesa*, «Quem é que *o* lê hoje?» A França criou e moldou o conservador Burke ao contrário. Numa visita a Paris em 1773, ficou encantado com a delfina de dezoito anos, mas achou ofensiva a frivolidade ímpia dos seus intelectuais. Em maio e junho de 1789, Burke saudou as revoltas francesas como um «espetáculo maravilhoso». No final do verão, quando o partido do rei estava em retirada, tornou-se hostil, em parte provocado pelo entusiasmo dos radicais britânicos. Recorreu à sua habilidade retórica para harmonizar as afirmações dissonantes de que a Grã-Bretanha devia temer mortalmente uma revolução à qual, na sua impassibilidade, estava imune.

O Burke autêntico dos académicos fala demasiado para ser politicamente útil. «O único espécime de Burke é tudo o que escreveu», gracejou Hazlitt em 1807. Assim, a primeira tarefa para criar um Burke útil era ser seletivo. A profusão de Burke era aqui uma vantagem, e foi desde cedo observada. Nenhum político de qualquer partido, escreveu Thomas Moore em 1825, se pode encontrar «numa situação em que não possa escolher alguma frase brilhante de Burke» para reforçar o seu argumento ou para «o ornamentar».

Uma segunda tarefa consistia em purgar a crítica burkeana do exagero. Os exageros de Maistre eram crus e muito facilmente alvo de gozo. Os de Burke eram mais sugestivos e insinuantes: o Terror estava bem previsto em 1789, os radicais são todos revolucionários, qualquer crítica social é tolice ou traição, e a reforma ultrapassa-se e derrota-se a si mesma. Ainda que Burke sugerisse mais do que afirmasse, este tipo de exagero tornou-se uma parte importante daquilo a que o estudioso político americano Albert O. Hirschman chamou justamente «a retórica da reação».

A terceira tarefa era resgatar o burkeanismo da defesa do indefensável: não só da vã defesa daquilo que os *whigs* de direita da Grã-Bretanha tentavam preservar dos anos 1770 e dos anos 1790, mas da vã defesa de qualquer *statu quo* passageiro e instável. A tarefa consistia em encontrar nos escritos de Burke respostas para a questão que se coloca repetidamente aos conservadores na modernidade capitalista: numa sociedade em mudança constante, em que nunca há um solo fiável debaixo dos pés, o que pode e deve ser salvo?

Em vez de ser um guia para o género de política a seguir ou para os tipos de instituição a proteger, o burkeanismo foi reformulado de maneira a oferecer conselhos de alto nível e reutilizáveis com a mudança das circunstâncias. Os conselhos centravam-se na gestão prudente da mudança inevitável a fim de limitar os seus efeitos de perturbação social. Falava-se menos da parte difícil de identificar os valores que deviam ser defendidos. Este tipo de burkeanismo de segunda ordem é justamente visto como um utilitarismo historicamente relativo, formulado em termos negativos: minimizar a disrupção de acordo com aquilo que as normas da altura consideram disruptivo.

As máximas distintivas deste burkeanismo de alto nível giram em torno da tradição, da ignorância e do carácter vital, mas vulnerável, da sociabilidade humana. Por «tradição» designavam-se as normas ou instituições herdadas das gerações passadas que as pessoas do presente tinham o dever de manter e transmitir em boa forma. Apesar da sua origem opaca, a resistência das tradições era a prova principal da sua legitimidade: «Aquilo que pode ser errado no princípio é consagrado pelo tempo e torna-se legítimo.» Se uma tradição fosse questionada, o ónus da prova recaía sobre quem a questionava e não o contrário.

O conhecimento que os humanos têm de si mesmos e, em segundo lugar, da sua sociedade é imperfeito. Não só são complexos por natureza, como a própria sociedade é cada vez mais complexa. A prudência dizia-lhes que não deviam querer saber mais sobre isso do que já sabiam. Avisava-os contra o hábito de procurar falhas na sociedade e depois procurar curas para os males que aceleravam a mudança e, com frequência, pioravam as coisas. A procura de falhas sofria de males típicos: baseava-se em proposições «abstratas» e invocava máximas que funcionavam nalguns casos, mas não noutros.

A palavra «abstrato» é um termo filosófico polivalente da arte e um termo retórico de abuso. Inspirando-se em Locke para os seus primeiros escritos filosóficos, Burke distinguia três tipos de ideia abstrata: géneros naturais (*árvores, carneiros, humanos*), propriedades (*cores, formas*) e ideias «mistas», como *virtude, vício, honra* e *lei*, que não correspondiam a nada no mundo natural, mas que traziam ao espírito experiências passadas de ações virtuosas ou más, ou encontros prévios com, por exemplo, soldados e magistrados. A circularidade do raciocínio — de que modo a ação passada pode ser reconhecida como, por exemplo, um exemplo de virtude? — não foi respondida de forma convincente por Burke.

Na sua escrita política, «abstração» tornou-se um termo mais lato de crítica para os tipos de raciocínio a que Burke se opunha na política. Um era propor políticas inovadoras que tinham de ser faladas em termos «abstratos». Como «virtude», por exemplo, os termos para políticas inovadoras eram inocentemente abstratos por não corresponderem a nada na natureza. Ao contrário de «virtude», esses termos também eram culpadamente abstratos. Por serem novos, não evocavam experiências passadas. Quando uma inovação do tipo suspeito era evocada, nada de apreensível vinha ao espírito. O discurso inovador era, para Burke, uma espécie de disparate.

A exportação de máximas de onde funcionavam para onde não funcionavam era o segundo tipo de raciocínio que Burke proscrevia. As morais e as normas que serviam toda a humanidade eram gerais, mas as suas formas específicas variavam em função dos locais. Todas cresceram ao longo do tempo e só sobreviveram porque se ajustaram ao local onde cresceram. Desenraizá-las na esperança de que crescessem noutros lados era uma insensatez; as instituições ajustavam-se às suas nações e não podiam ser facilmente copiadas. Os esforços para acelerar ou inverter a mudança social eram igualmente fúteis. A revolução e a reação eram falhas espelhadas.

A primeira prova de abstração de Burke era a Declaração dos Direitos do Homem e do Cidadão (1789). Na declaração, o erro dos intelectuais franceses não era não haver direitos — havia direitos sempre que havia lei, e havia lei sempre que havia sociedade. Esses direitos particulares, porém, cresceram localmente na sociedade civil, como que cultivados por uma lei emergente da terra. Não havia direitos passíveis de serem desenraizados e transportados; ou seja, não havia direitos universais. Os direitos eram comuns a uma sociedade e não à humanidade.

A reforma, em suma, deve afastar-se da prática passada. A inovação ignorava este preceito e, por isso, estava condenada a falhar. Ao jovem correspondente francês fictício a quem Burke imaginava escrever, em *Reflexões*, disse que a constituição não escrita de França tinha, de facto, decaído, mas não era necessário destruir o edifício e encontrar um novo lugar. Ao invés, «podiam ter reparado essas paredes, podiam ter construído a partir dessas fundações antigas».

O historial moderno e melancólico da resistência obstinada à reforma total e imposta, seguida de contrarresistência brutal, poderia falar a favor de Burke, mas a sua argumentação contra a reforma inovadora baseia-se num pressuposto injustificado e voltado para o passado. Um juízo da sociedade moderna sobre se a reforma está a favor ou contra o carácter natural raramente é claro ou conclusivo. Não é que a sociedade moderna, no plano moral, seja perversa. Mesmo na modernidade, pode haver um núcleo partilhado de moralidade política. O problema é que, na modernidade liberal, a forma como a moralidade partilhada deve ser aplicada e julgada em casos específicos estará sempre aberta à discussão. Uma inovação perigosa de um grupo será a reparação prudente de outro.

Declarar apenas uma harmonia da moralidade correta e das lições dos costumes não acaba com a discussão.

Juntos, o mau hábito da abstração e a confiança tola na inovação eram para Burke aquilo a que chamámos aqui intelectualismo na política. Era um alvo justo e útil para os conservadores, que, no entanto, teriam de explicar em breve em que é que uma fraqueza liberal pelo intelectualismo diferia da sua crescente dependência de intelectuais, a começar por pessoas como Burke. Apesar de uma indiferença profissional às ideias, os conservadores encontraram, com o tempo, os seus próprios homens de letras políticos. Samuel Taylor Coleridge, como veremos, foi um dos primeiros conservadores que apelaram a uma «classe» de cérebros que, em vez de sonharem com possíveis futuros, identificariam e promoveriam a manutenção das tradições nacionais.

O terceiro grande tema do burkeanismo consistia na ideia de que a sociabilidade humana era universalmente frágil. Onde quer que houvesse pessoas numa sociedade, estas desenvolviam por nutrição e educação uma «segunda natureza». Burke escreveu sobre esta natureza adquirida, descrevendo-a como uma «capa» ou «véu» de hábitos, atitudes e normas. Superficiais, mas vitais, variavam de lugar para lugar. Fosse qual fosse a forma local que assumissem, eram necessários para a sociabilidade. Podiam parecer velhos e usados. Podiam não se ajustar ao gosto dos críticos sociais. Mas tentar ver através deles ou levantá-los ainda era perigoso. Mudando o material desta metáfora, Burke preferia «a ferrugem da superstição» à «impiedade» crítica pretensiosa.

Quando foi canonizado pelo conservadorismo, a vontade de classificar e reclassificar Burke nunca morreu. Filosoficamente, foi categorizado como um contratualista lockeano, um cético moral humeano, um relativista historicista, um teórico da lei natural ou um utilitarista das regras («Em todo o maquinismo moral», escreveu Burke, «os resultados são os melhores»), talvez estes dois últimos juntos, o primeiro na moral e o segundo na política. O próprio Burke não apresentou nenhuma defesa filosófica profunda daquilo que ele era em termos políticos.

Burke era um conservador ou um liberal? Em relação ao Burke histórico, a questão é anacrónica. No tempo de Burke, não havia conservadores nem liberais. No entanto, a questão não deixa de ter sentido e, para o burkeanismo, a resposta é «ambos», pois o Burke destilado no burkeanismo atraiu tanto os liberais como os conservadores. Burke disse muitas coisas com que os liberais de direita poderiam concordar. A liberdade exigia ordem, o que exigia propriedade. A intromissão no comércio era geralmente um erro. Muitos dos nossos deveres eram deveres não escolhidos e as pessoas tinham não só direitos à liberdade, mas deveres para com a ordem social.

De um modo mais geral, Burke pensava que a política sã deveria refletir a sociedade. A sociedade era diversa e estava em conflito. Assim, a política requeria fação e discussão, como também os liberais acreditavam. Além disso, o poder soberano era necessário, mas passível de ser limitado. Era preciso criar instituições para o seu exercício de maneira que, segundo Burke, nenhum grupo ou interesse «agisse como se fosse o senhor de tudo». A ideia de evitar um «senhor de tudo» animava o pré-conservador James Madison nos seus pensamentos sobre a Constituição dos Estados Unidos. Isto subjaz ao modo como o liberal François Guizot pensava o exercício da soberania, como estando fora do alcance de qualquer interesse ou fação e controlável apenas pela moral e pela lei. Burke abriu assim vias para o compromisso entre liberais e conservadores.

No entanto, os conservadores tinham simpatia pelo Burke menos liberal e anticosmopolita. Em termos internacionais, era um conservador nacionalista, um dos primeiros defensores da geopolítica vista como um conflito de ideologias (a Inglaterra, escreveu Burke em 1796, «está em guerra contra um princípio»), ou um defensor pragmático do poder britânico, preocupado com a eficiência fiscal, com um comércio animado e um império estável. O conservador nacionalista Burke insistia numa fé comum e em alianças partilhadas como um quadro para conter a dissensão vigorosa. Celebrava os costumes e as atitudes da Grã-Bretanha testados pelo tempo e, de algum modo, singularmente valiosos. Este é o Burke que ecoava na oratória patriótica do conservadorismo britânico de Benjamin Disraeli a Stanley Baldwin e outros. É o Burke que aqueceu o espírito de um autor americano a tremer de frio num inverno escocês, Russell Kirk. Em *A Mentalidade Conservadora* (1953), Kirk não só lembrava os leitores americanos da existência de Burke, como também o elevava a uma divindade intelectual que presidiu a essa invenção de meados do século XX chamada anglosfera.

A preocupação de Burke com a continuidade na moralidade da política era profunda e convincente. Transmitiu ao conservadorismo o enigma de como conservar os valores estabelecidos numa modernidade sem remorsos. O enigma não era estritamente partidário, mas os conservadores, em especial os burkeanos, fizeram-no seu. Os valores que Burke tinha em mente eram os deveres públicos e privados, as devoções, as alianças e as lealdades, sem os quais se receava que a ordem social em contextos modernos nunca poderia estabilizar. O carácter da lista era bastante claro. Desde então, os conservadores burkeanos têm-se ocupado a dar-lhe conteúdos atuais.

II. O apelo da fé e da beleza: Chateaubriand e outros românticos

Nenhum dos lances retóricos de Burke foi mais famoso do que o seu grito de consternação pela rainha quando uma multidão parisiense irrompeu no palácio real de Versalhes: «Pensei que dez mil espadas deviam ter saltado das suas bainhas para vingar um único olhar que a ameaçasse de insulto. Mas a era do cavalheirismo acabou.» Triunfara então a era dos «sofistas, dos economistas e dos calculistas». Os «sentimentos que embelezam e suavizam a sociedade privada» estavam a desaparecer. Os véus decentes da crença conveniente de que a ordem social dependia, a «roupagem da vida» do «armário da imaginação moral», estavam, temia Burke, a ser rasgados.

O receio de Burke fazia eco do alarme da mudança social soado pelos satiristas morais de Juvenal a Swift. É verdade que as maneiras estavam a mudar, mas já não era tão certo que as próprias maneiras estivessem a ser abandonadas, como Burke parecia sugerir. Uma nova moda não é a nudez. A dificuldade de Burke era saber por que razão se devia preferir as maneiras antigas às novas quando todas as maneiras, no sentido geral de normas sociais, eram vistas como pretensões úteis. Se as novas maneiras traziam estabilidade, então, segundo os próprios requisitos de Burke, deveriam servir tão bem quanto as velhas maneiras.

A metáfora de Burke das crenças sociais como roupagens, mais tarde desenvolvida por Thomas Carlyle em *Sartor Resartus* (1876) e, pouco depois, absorvida no vernáculo sociológico, tinha um lado positivo e outro negativo. O lado positivo era que a autoridade de uma norma social dependia parcialmente do alcance do seu crédito. As normas de cortesia, de sensatez, de respeito mútuo e de cooperação pertencem a este tipo. Enfraquecem ou desmoronam-se quando são geralmente ignoradas (o que não significa que tenham inicialmente de gerar consenso para entrarem em vigor). O lado negativo da metáfora é que ameaça tornar a aceitação das normas sociais uma dissimulação conveniente. A metáfora obscurece o facto de que, embora não possamos ver através das roupas, podemos ver através das crenças. As roupas fazem o seu trabalho para a decência, ainda que todos saibamos como somos nus. Se, pelo contrário, as normas sociais forem vistas como véus úteis que escondem a nossa natureza primitiva e associal, será perigoso contar com elas para fazerem o seu trabalho para a ordem social quando se vê através do véu e este é sempre notado. Manter as dissimulações sociais é mais difícil do que vestir roupas de manhã. Desde a Grécia antiga e a Idade Média cristã que os filósofos questionam a força e as fontes das normas sociais. Só no Iluminismo, com a difusão da leitura, é que a prática de perguntar porquê foi democratizada e tornada parte do debate público. A partir de então, como Burke reconhecia, foi difícil impedir que a semente da dúvida crescesse e se propagasse. A metáfora estranha de Burke apontava para uma dificuldade persistente dos conservadores na sua contenda com a modernidade liberal. Isto subsiste no tempo presente. Como podemos sustentar uma crença de que, estamos convencidos, a sociedade precisa quando não oferecemos justificações ou provas para essa crença, mas apenas uma convicção de que a conservação comum da crença é útil para a ordem social?

Outro romântico iluminista e crítico da Revolução Francesa, François-René de Chateaubriand, capturou bem a dificuldade. Mantendo-se à distância, descreveu a Restauração *sacre* do último Bourbon, Carlos X, pelo arcebispo de Reims (1825) na catedral onde os reis franceses eram coroados desde a Idade Média. A numerosa assistência incluía emigrados monárquicos, bem como veteranos da Revolução e de Napoleão que, entretanto, haviam virado a casaca. Quem, perguntou Chateaubriand, poderia ser iludido por tal espetáculo? «Não era um *sacre*», escreveu ele, «mas a representação disso».

Filho mais jovem de uma antiga família nobre bretã, Chateaubriand foi cadete da marinha, aprendiz de cortesão, viajante na América, voluntário ferido no exército dos emigrados antijacobinos, exilado em Londres, romancista de sucesso, revivalista católico, enviado napoleónico e depois crítico do imperador, panfletista constitucional, diretor e fundador do *Le Conservateur*, ministro dos Negócios Estrangeiros na Restauração, cavaleiro errante dos ultrarrealistas Bourbon, crítico liberal destes mesmos ultrarrealistas, defensor da imprensa e exilado internacional da monarquia burguesa de Luís Filipe. Com esta mistura moderna de aventura, dissidência e incompletude, Chateaubriand criou uma autobiografia que deu forma aos desvios, às digressões e às repetições que constituíram a sua vida, as *Memórias de Além-Túmulo* (1849–1850), que, com as *Confissões* de Agostinho e de Jean-Jacques Rousseau, está entre as obras-primas do género pouco conservador da auto-invenção.

Apesar de fascinante, pouco disto teria dado a Chateaubriand um lugar na história do conservadorismo se não lhe tivesse juntado um reportório de repúdio do «mundo vazio» da modernidade liberal e uma confiança homóloga no «pleno coração» da fé e da lealdade. Chateaubriand era um romântico entre os precursores antirracionalistas do conservadorismo. Era menos filosófico do que Burke e, embora rabugento sobre muitas coisas, não era tão violento quanto Maistre. Como filho do século XVIII, procurava responder ao desencanto com um novo encanto. As ligações apaixonadas, dizia ele, são mais importantes na vida e na política do que o pensamento prudente ou a obediência partidária, uma afirmação em que insistiu em *O Génio do Cristianismo* (1802), o primeiro livro que lhe deu fama. Os amigos viam nele um forte egotismo. De forma pouco lisonjeira para os amigos, ele próprio escreveu que a sua emoção mais forte era o tédio. Muitos questionavam a sua sinceridade, mas Chateaubriand pregava o seu evangelho romântico de resistência ao novo mundo da modernidade liberal com um sentido de convicção que conquistou conversos e imitadores.

Politicamente, considerava-se «republicano por natureza, monárquico por razão, bourbonista pela honra». Apesar de muito cético em relação ao legitimismo, partilhava com os ultrarrealistas a repugnância em ver regicidas e bonapartistas ocuparem a corte Bourbon após 1815. À espera na antecâmara para ser recebido por Luís XVIII, como Chateaubriand descreveu a cena nas suas memórias, viu o coxo Talleyrand, diplomata de Napoleão, a sair de uma audiência com o rei, ajudado pelo chefe da polícia de Napoleão, Fouché, e murmurou para si mesmo: «O vício apoiado na arma do crime.» Rejeitava a força arbitrária, em especial o poder contra vítimas indefesas. Entre as suas passagens mais fortes nas *Memórias* está a sua descrição seca, mas indignada da execução do duque de Enghien, com a conivência de Napoleão, após um julgamento arbitrário (1804).

Na capacidade de Chateaubriand para questionar quase tudo, com exceção do seu próprio juízo, um conservador francês pouco generoso e mais tardio, Maurras, via um libertário pagão. Na desconfiança que Chateaubriand tinha em relação ao poder, alguns admiradores viram uma veia liberal que se encontra no rebelde Albert Camus ou no autodesignado anarquista conservador George Orwell.

Chateaubriand acreditava numa monarquia constitucional, no governo representativo limitado por instituições fixas e não democráticas, concebidas para garantir a segurança da propriedade e proteger os súbditos do poder arbitrário. Também acreditava nas liberdades pessoais e na liberdade de imprensa. Culpava a Revolução pela hesitação e interferência real, e apoiava os Bourbons não devido a uma antiga teoria legitimista, mas pelo motivo prático e de algum modo admitido de que a dinastia fornecera, em geral, bons governantes. Após 1815, acreditava numa «possível Restauração» e não na reação contraproducente dos ultrarrealistas. Era uma insensatez, pensava Chateaubriand, recuperar as antigas congregações, compensar as perdas de propriedades, restaurar a primogenitura, amordaçar a imprensa e fazer do sacrilégio uma ofensa capital. A Louis de Bonald, o autor deste último projeto-lei (1825), clamou na câmara: «Rejeita as normas do presente para regressar a tempos que já nem sequer reconhecemos.» Por tudo isto, Chateaubriand poderia parecer um protoliberal, o que, de um modo limitado, até podia ter sido, não fosse o seu distanciamento em relação à vida e aos valores da classe média.

Chateaubriand exprimiu esta desconfiança em relação à sociedade burguesa e àquilo que via como a sua política de interesse mútuo num artigo do *Le Conservateur.* Comparava uma «moralidade de interesse» com uma «moralidade de dever». A sociedade não podia ser governada por violência, apenas por *séduction,* ou seja, por persuasão. Poder-se-ia dizer que a força persuasiva do interesse mútuo seria mais forte do que a do dever, pois o dever assenta numa «ficção», enquanto o interesse é real. Não, responde Chateaubriand. O interesse é inconstante e instável, nunca é à noite o que foi de manhã, baseia-se apenas no acaso e é sempre fluido. Por contraste, há uma cadeia inquebrável de dever que se estende das famílias à sociedade, que vincula pais e filhos, reis os seus súbditos, em obrigações mútuas.

Tal como William Wordsworth na Grã-Bretanha e Adam Müller na Alemanha, Chateaubriand não gostava da sociedade comercial, que ele via a destruir um modo de vida mais antigo e supostamente mais natural. A vida natural era socialmente imaginada em termos de instituições e hábitos mais antigos, e, a nível psicológico e geográfico, em termos de ruralidade, em especial o campo selvagem. Se assim fosse, a escrita de Chateaubriand podia ter seguido a mesma direção de *Obermann* de Étienne Sénancour e de outros escritores do tempo arrastados pela ideia romântica da natureza pura e da sociedade corrompida. Além disso, estava atento às questões mundanas e tinha a ambição, ainda que equivocada, de lutar no topo do jogo político. Alguns viam na sua obsessão com Napoleão um desejo insano de suplantar o imperador. A faceta romântica de Chateaubriand, que exprimia nos seus romances, imaginava uma América como um campo aberto rousseauniano, estimado e tratado por sábios povos indígenas. A sua faceta mundana lembrava-o como eram as coisas. Ao chegar ao Delaware, foi ajudado no cais por uma jovem negra, a quem ele deu um lenço, pensando como era incongruente ser saudado por uma escrava na terra da liberdade.

O Génio do Cristianismo capta um momento de reconciliação religiosa. Foi publicado pouco depois de a Concordata de Napoleão com o Vaticano, em 1801, ter restabelecido o catolicismo romano como a principal religião da França e permitido o regresso dos padres emigrados. *O Génio do Cristianismo* visava despertar o sentimento religioso sublinhando os aspetos estéticos do cristianismo e ajudá-lo a parecer aceitável, e até moderno, nos círculos intelectuais. Contribuiu para o revivalismo católico após 1815, quando a paz regressou e as carreiras militares foram encerradas, e um apelo religioso pareceu voltar a ser uma boa alternativa entre as classes altas.

Como um manifesto anti-iluminista a favor das belezas da fé cristã, *O Génio do Cristianismo* juntava a ânsia romântica, o desdém pela mundanidade burguesa e as lições católicas de devoção e humildade. Ao rejeitar os deuses falsos, o cristianismo acabou com a nossa infância intelectual, mas compensou-nos pela perda do fascínio infantil. Ao expulsar as divindades dos bosques e ao devolver a natureza à sua solidão, o cristianismo deu-nos um objeto de consolo, de contemplação e de despertar religioso. A ocupação mundana e a sua compreensão redutora da vida tinham limites. Precisávamos de ritual. Clássico ou cristão, o ritual atraía-nos pela sua poesia. Nada era adorável, encantador ou belo sem um elemento de mistério. A religião aprofundava a arte, apontando-nos para ideais que podiam ser intuídos, não justificados. Por último, o escárnio arrogante era corrosivo e paralisador. Entre os inimigos da piedade cristã estavam, desde o início, os sectaristas, os sofistas e os frívolos que «destroem tudo com o riso». O cristianismo, além disso, servia o bom governo e abençoava o perdão dos inimigos na causa da reconciliação nacional.

Os temas que mobilizavam Chateaubriand e que estão largamente reunidos em *O Génio do Cristianismo* eram as ruínas, os oceanos, os dias de festa, os sinos das igrejas e o amor à nação. Este último elemento, que era estranho ao universalismo católico, mas não ao galicanismo, era parte indispensável da política de sentimento e lealdade de Chateaubriand. Uma religião comum, como lealdade partilhada, era uma maneira de reconciliar uma nação dividida. Outra maneira era a própria nação.

A exploração do sentimento patriótico para unir um país contra os seus inimigos internos tornou-se um tema para a direita do século XIX, que começou a ser usado contra o liberalismo e, depois, contra o socialismo internacional. Para Chateaubriand, a procura do orgulho francês não era uma mera exortação literária. Enquanto ministro dos Negócios Estrangeiros, promoveu, contra as reservas britânicas, uma invasão da Espanha para esmagar os seus liberais (1823) e defendeu uma aliança com a Rússia para desmembrar o Império Otomano, uma presença francesa na América Latina e uma «expansão justa» da fronteira da França ao longo do Reno. Napoleão III tentou tudo isto, com resultados desastrosos para a França e para a Europa. Charles de Gaulle, admirador da prosa de Chateaubriand, também ouviu o seu apelo: «Eu queria devolver a glória aos Franceses.» De Gaulle, porém, entendia os limites da França. No seu tempo, a glória nacional não estava disponível. No seu lugar, teria de servir a representação da glória.

Além de *O Génio do Cristianismo*, eram também muito populares as novelas românticas *René* e *Atala*, escritas ou publicadas anteriormente. O seu anti-herói, René, é um jovem infeliz sem lugar na sociedade que, ao contrário do Werther de Goethe, em vez de se matar, procura o sentido da vida nas florestas americanas. Estas obras curtas contribuíram fortemente para o sucesso de um longo livro que Chateaubriand tornou ainda maior ao acrescentar doutrina e teologia, como se para agradar aos pensadores cristãos sérios que esperavam melhores defesas da verdade da fé do que o seu «Chorei, logo acreditei». A religião do sentimento de Chateaubriand tinha limites, mas lançou luz sobre um problema que os conservadores mais tardios iriam enfrentar ao olharem para o cristianismo como fonte de uma religião cívica que a modernidade liberal, acreditavam eles, não permitia por ser demasiado ligeira e cismática. Félicité de Lamennais, cofundador do *Le Conservateur*, foi um dos vários pensadores religiosos conservadores do século XIX — com Wilhelm von Ketteler, John Henry Newman, Charles Hodge e Orestes Brownson — que, como veremos, também esperavam reconciliar a fé e a modernidade.

Maistre, Burke e Chateaubriand forneceram ao conservadorismo um alvo intelectual para ser usado pela direita contra a esquerda. Este alvo pode ser pensado como um triângulo passível de ser alvejado em qualquer um dos seus lados: uma apostasia ou negação; uma maneira errada de pensar; e um tipo suspeito de pensador. Em primeiro lugar, os revolucionários negavam a providência divina (Maistre), o costume e a tradição (Burke) ou o encantamento (Chateaubriand). Em segundo, pensavam erradamente a política, quer por uma «razão individual» corrosiva (Maistre), pela «pura abstração metafísica» ilusória (Burke) ou pelo «espírito positivo» paralisante (Chateaubriand). Saber o que significavam exatamente estas acusações muito gerais e se constituíam uma ou muitas acusações era uma tarefa que iria recair sobre os conservadores do século XX, quando se esforçaram por dar uma forma filosófica e mais peso à ideia do *racionalismo em política*. Em contraste, o terceiro lado do triângulo, o intelectual suspeito, constituía um alvo claro e palpável. Os pensadores revolucionários assim acusados eram «homens de letras» sem estatuto reconhecido ou interesses próprios além da prática da crítica moral e política. O objetivo deles não era, como proclamavam, fazer uma sociedade nova, melhor ou reformada, mas sim manter uma discussão incessante sobre uma sociedade nova, melhor ou reformada. Isto porque só a discussão incessante dava um fundamento aos homens de letras políticos. O intelectual político, segundo esta imagem pouco lisonjeira, era um médico meio formado que identificava depressa as doenças, reais ou imaginadas, mas que não percebia nada de saúde nem tinha capacidade de curar.

III. Ordem nas nações e entre as nações: Gentz e outros alemães

A direita podia abjurar o intelectualismo na política, mas precisava de inteligência própria capaz de enfrentar os intelectuais da esquerda. Um exemplo notável foi Friedrich von Gentz (1764–1832), que passou a carreira a escrever e a falar em defesa da ordem estabelecida, tanto nas nações como entre as nações da Europa. Estava bem equipado para este tipo de combate intelectual. Jovem, foi para Königsberg com uma recomendação de Moses Mendelssohn para estudar com Immanuel Kant, ouvir as suas aulas, corrigir as provas da *Crítica da Faculdade do Juízo* de Kant, e foi devolvido ao pai, nas palavras do filósofo, «em boa saúde e bem ensinado». Além de traduzir os primeiros críticos franceses da Revolução, em 1793, Gentz verteu para alemão as *Reflexões* de Burke, elucidando o pensamento de Burke em longas notas de rodapé que clarificavam a argumentação num espírito racionalista.

Para Gentz, a revolução não era um ataque da razão, mas sim um ataque à razão. A seu ver, o erro revolucionário não era pensar sobre a política de formas estranhas que eram erradas, ainda que feitas de forma correta, mas pensar de formas conhecidas, só que de forma errada. Tal como Burke pensava, a revolução não era um ataque ao costume pela razão, mas um ataque ao pensamento bom pelo pensamento mau. Para Gentz, a principal questão da política era saber como o poder poderia ser mais bem usado para a manutenção da paz e da estabilidade, tanto no seio das nações como entre as nações. Não importava que isto fosse um princípio «abstrato». Tampouco importava que as máximas gerais retiradas de uma combinação de prudência, razão e experiência fossem «abstratas». Gentz não estava interessado em travar batalhas contra o Iluminismo e, após as suas primeiras investidas, trabalhou pouco no campo da filosofia.

O pensamento de Gentz olhava para trás e para a frente. Olhava para trás para a tradição moderna dos séculos XVI e XVII da *raison d'état* (a ideia, presente nos escritos de Nicolau Maquiavel e de Thomas Hobbes, de que as obrigações dos Estados e dos seus governantes são específicas da política e não são claramente exportáveis da esfera da moralidade pessoal). Olhava para a frente para aquilo que ficou conhecido como *realpolitik* ou realismo (a ideia de que a geopolítica, o primeiro elemento do estadismo, envolvia um confronto amoral entre as nações soberanas não regulado por normas ou ideais supranacionais, salvo os conselhos rudimentares da prudência). Para Gentz, pensar bem sobre a política significava pensar sobre que *raison d'état* era necessária no *statu quo* turbulento da Europa revolucionária e napoleónica. Para os realistas conservadores mais tardios, a sua questão generalizou-se. Em qualquer *statu quo* turbulento em que se encontrassem, tinham de perguntar: «Que *raison d'état* é necessária aqui e agora?»

Estabelecido como advogado e funcionário do Estado em Berlim, Gentz dirigiu os jornais *Neue Deutsche Monatsschrift* (1795) e *Historisches Journal* (1799). Os seus conhecimentos na área dos negócios estrangeiros e das finanças granjearam-lhe uma reputação. Quando a sua hostilidade a Napoleão o deixou politicamente abandonado numa Prússia em busca de paz, partiu para Viena (1802), onde trabalhou como escritor-conselheiro de aluguer para Austríacos e Britânicos. A ocupação francesa (1805) voltou a obrigá-lo a exilar-se, mas regressou a Viena em 1810 como assistente do chanceler austríaco, Metternich. Depois de ver goradas as suas tentativas de alcançar um cargo na corte, trabalhou como plebeu apenas com a proteção de Metternich. Como redator e, frequentemente, anotador criativo, esteve em cinco congressos pós-napoleónicos. Apesar de não ser um democrata, achava absurda a ideia da restauração dos Bourbons da França após 1830 e, por isso, perdeu os favores do chanceler.

Libertino e jogador sempre endividado, Gentz era mal visto pelos devotos. Já com mais de 60 anos, apaixonou-se por uma bailarina de 18 anos, a filha do copista de Joseph Haydn, que, sem se afirmar fiel, o fez feliz na velhice. Os conservadores românticos viam Gentz como um remanescente do século XVIII; os democratas e socialistas consideravam-no um reacionário; e os nacionalistas prussianos viam-no como um cosmopolita sem fé. Foi pouco lido e rapidamente esquecido. Atualmente, é lido como um conservador mais familiar e realista do que os seus contemporâneos retrógrados. Como um intelectual político ao serviço das chancelarias da Europa, a principal preocupação de Gentz era menos especular sobre como o poder devia ser exercido do que justificar o modo como era exercido. Era o modelo antigo de uma figura hoje familiar, o astuto intelectual político com grandes diplomas universitários que circula entre os grupos de reflexão de direita, as revistas conservadoras e os gabinetes privados de dirigentes políticos.

Nas suas reflexões sobre a Revolução, Gentz foi um entusiasta de 1789. Como Kant, considerava legítima a Assembleia Nacional e não, como Burke dizia, uma usurpação da autoridade real; no entanto, Gentz depressa se voltou contra a Revolução. O erro dos revolucionários não era terem ideais universais e inovadores, mas sim o facto de afirmarem esses ideais de uma forma geral, sem base e sem alcance prático. Gentz não troçava da Declaração dos Direitos do Homem da maneira satírica como o fazia Justus Möser (1720–1794), o crítico saxão da sociedade de mercado e da reforma iluminista. Tampouco criticava a declaração, como Burke fizera, por entender erradamente o carácter dos direitos. Gentz, ao invés, submeteu a declaração a uma crítica artigo por artigo (1793), apontando erros de redação e de lógica à maneira de um jurista filosoficamente atento. Para ele, a declaração não estava mal concebida, mas continha erros.

Gentz não escrevia como filósofo, mas como publicista e conselheiro político. Para ele, o papel dos intelectuais políticos consistia em estabelecerem princípios simples e defenderem fortemente as políticas dos seus patrões políticos. O ensaio de Gentz «Sobre o Equilíbrio do Poder» (1806) estabeleceu as linhas diretrizes para a paz europeia que serviriam os acordos pós-napoleónicos. No seio dos Estados, os acordos localmente escolhidos, republicanos ou monárquicos, deviam prevalecer, salvo se perturbassem a ordem continental. Nas terras germânicas — Prússia, Áustria e outros territórios do defunto Sacro Império Romano —, a política devia promover a fé (que fomentava a obediência) e manter a democracia à distância.

Defensor da liberdade de opinião como diretor de um jornal em Berlim, Gentz apoiou a sua supressão na imprensa e nas universidades no clima de reação após 1815. A opinião pública, escreveu ele, deve ser formada e não seguida. Temendo o domínio prussiano, Gentz opunha-se às instituições confederais que podiam servir para unir a Alemanha e o mercado comum de Friedrich List. Quanto ao socialismo que começava a surgir, tinha de ser asfixiado à nascença. Num jantar no Congresso de Aix (1818), Gentz disse delicadamente ao cooperativista Robert Owen: «Não queremos que as massas se tornem ricas e independentes de nós. Se o fossem, como as governaríamos?»

O tom e o estilo de Gentz são muito claros em *Von dem politischen Zustande von Europa vor und nach der Revolution* (*Sobre o Estado da Europa Antes e Depois da Revolução Francesa*, 1801), a sua resposta ao libelo contra a Grã-Bretanha por Alexandre d'Hauterive, assessor diplomático de Napoleão. A monarquia não mergulhou a Europa do século XVIII nas trevas e na pobreza, disse ele; ao invés, em todo o continente, os monarcas reformadores elevaram os níveis de vida. A guerra eclodiu em 1792, não por causa da beligerância britânica, mas porque o sistema vestefaliano se desmoronara sob o peso do crescimento prussiano, da pressão russa e do crescimento geral do comércio. Os interesses comerciais britânicos não prejudicavam a França; os Atos de Navegação prejudicaram mais a Grã-Bretanha do que os seus concorrentes. A Grã-Bretanha não explorou o seu poderio naval superior; durante todo o século XVIII, combateu no mar em pé de igualdade. A França e a Grã-Bretanha eram potências coloniais, nenhuma delas com uma vantagem clara. Tampouco a Grã-Bretanha monopolizou a indústria; os seus produtos eram vendidos em toda a Europa porque eram melhores. Eram melhores porque a Grã-Bretanha se libertara das falsas doutrinas económicas. Gentz estava a soldo dos Britânicos e escrevia aquilo que julgava servir a causa dos seus patrões. Aquilo que impressiona o leitor atual é o tom familiar do conservadorismo «realista»: o estilo calmo e factual; a rejeição convicta de afirmações radicais, em especial as afirmações sobre o passado sombrio; e um quadro presumido de objetivos nacionais competitivos.

Gentz tentou envolver-se na discussão entre os filósofos alemães sobre a natureza e a desejabilidade da Revolução Francesa, mas retirou-se depressa, consciente de que os seus talentos estavam noutro lado. Os principais filósofos da Alemanha — Immanuel Kant, Friedrich Schiller, J. G. Fichte e G. W. F. Hegel — eram geralmente favoráveis à Revolução. Cada um à sua maneira, viam nela esperança para o progresso social e uma política mais racional. Kant pensava que, embora não houvesse um direito à revolta em geral, a Revolução Francesa poderia ser benéfica se o entusiasmo do povo se transformasse em envolvimento cívico e apoio a uma constituição. Como que para acolher para a sua causa o autor da peça antitirânica *Os Salteadores*, a República Francesa fez de Schiller um cidadão honorário (1792). Schiller via 1789 como um passo para a liberdade, mas perguntava-se se as pessoas estariam preparadas para isso. Escrevendo a um amigo em 1793, disse: «É preciso constituir os cidadãos antes de lhes darmos uma constituição.» O Terror chocou até a opinião alemã progressista. A mudança foi evidente na obra de Hegel, quando olhou em retrospetiva para os anos 1800. Fichte, que culpou a beligerância dos vizinhos da França pelo Terror, teve inicialmente de repudiar as acusações dos reacionários alemães de que era um jacobino. Mas o próprio Fichte voltou-se depois contra a Revolução quando a França (1806–1807) se virou contra a Prússia.

Desde cedo que outros pensadores menos conhecidos influenciaram os conservadores alemães contra a Revolução. August Rehberg (1757–1836) era um burkeano alemão e académico de Hanôver, que via a Revolução como anti-histórica. Desconfiava dos princípios gerais e universais e criticava a Revolução Francesa por ir contra aquilo que era localmente alcançável nesse momento da história. Defensor dos pequenos Estados alemães e opositor do centralismo, Rehberg não se opunha à mudança ou à reforma, mas apenas à mudança nas mãos erradas. Com isto em mente, apelou a que as classes privilegiadas da Alemanha se reformassem a si mesmas. Reprovava o apoio de Kant à Revolução como um falhanço em perceber o desfasamento entre as máximas universais e a sua viabilidade prática. Gentz tinha pouca paciência para o romantismo político do seu amigo Adam Müller (1779–1829). Por muito incisiva que fosse a crítica de Müller das novas maneiras de pensar o Estado e a sociedade, Gentz via a sua abordagem como retrógrada. As esperanças de Müller de preservar as classes legalmente privilegiadas da Alemanha, as suas velhas «propriedades», e de restaurar uma unidade pré-moderna imaginada era vista por Gentz como ilusória. A Revolução tinha de ser combatida, insistia Gentz, não com nostalgia, mas com as armas da modernidade.

Hegel é um exemplo expressivo das reações alemãs à Revolução Francesa. Tal como Kant, o Hegel liberal acreditava que os sistemas satisfatórios em política tinham de ser razoáveis. Ou seja, têm de ser inteligíveis e aceitáveis para aqueles que têm de viver sob a sua influência.

No entanto, estas condições de admissibilidade e de inteligibilidade não precisam de ser as mesmas para toda a gente em todos os momentos. A razão, segundo Hegel, não deve tentar impor-se isolada da sociedade em que as pessoas se encontram. Os revolucionários franceses impuseram demasiado depressa princípios que estavam demasiado separados das circunstâncias atuais. A Revolução virou no sentido errado, deixou a marcha «racional» histórica pela liberdade e resvalou para a irracionalidade violenta. O Terror, neste sentido, era um horror contingente, como pequena parte de uma história humana inteligível, escreveu Hegel, como o «corte da cabeça de uma couve». Ao invés, na super-história de Hegel, a força motriz da história — o desejo da humanidade de liberdade — passou nas mãos de Napoleão da França para a Alemanha, onde a velha e «irracional» manta de retalhos do império germânico foi abandonada e a liberdade política encontrou uma nova expressão no constitucionalismo prussiano.

Após a sua morte, a herança de Hegel dividiu-se, como a assembleia francesa, em direita e esquerda. Os hegelianos de direita eram, no geral, conservadores de espírito religioso que viam nas obras de Hegel uma justificação do sistema prevalecente, visto como o desfecho da marcha da história mundial para a liberdade no constitucionalismo prussiano. Os hegelianos de esquerda retiraram de Hegel um instrumento para criticar o sistema prevalecente, visto como apenas a fase mais recente de uma luta inacabada pelo reconhecimento dos fracos contra os fortes. Na sua variante marxista, o hegelianismo de esquerda tornou a história mundial uma tradição de revolução.

O próprio Hegel deu pouca atenção à revolução recente na América. Em inícios dos anos 1820, este desinteresse tinha sentido. Na sua *Filosofia da História* (1822), Hegel considerava o novo país demasiado fluido e aberto nas suas características prováveis para dizer alguma coisa sobre ele no plano da história mundial. Esta prudência filosófica não constituiu uma barreira para Gentz, o intelectual político, nas suas reflexões sobre a revolta contemporânea e a guerra experienciadas pelos povos do outro lado do Atlântico. Duas décadas antes, escrevera um ensaio espirituoso que comparava as revoluções francesa e americana, que foi publicado no seu *Historisches Journal*. O seu brio característico despertou a atenção de um enviado americano em Berlim, o jovem John Quincy Adams, mais tarde presidente e destacado conservador *whig*. Adams traduziu o ensaio e conseguiu publicá-lo pouco depois nos Estados Unidos (1800). Acolheu com agrado um artigo de «um dos mais distintos escritores políticos da Alemanha». Para Adams, o artigo resgatava a Revolução Americana «da acusação vergonhosa de ter procedido dos mesmos princípios da Revolução Francesa».

IV. Revolução para prevenir a revolução: Madison e outros americanos

A esquerda acusava de inconsistência os apoiantes de 1776 que se opunham a 1789. Esta acusação era um lugar-comum no outro lado do Atlântico e gerou respostas da direita. Na Europa, foi ouvida contra Burke. Nos Estados Unidos, era popular entre os antifederalistas jeffersonianos. A resposta de Gentz à acusação foi escolástica e com espírito de advogado. Como as descreveu, a Revolução Americana foi defensiva; a Revolução Francesa foi ofensiva. Os americanos estavam a defender direitos estabelecidos que haviam sido lesados ou diminuídos pelos Britânicos. Os seus objetivos estavam fixados e eram limitados. A revolução gerou pouca resistência no seio das colónias; o apoio generalizado à independência criou uma nação. A Revolução Francesa contrastava em todos os pontos. Os revolucionários usurparam o poder e espezinharam os direitos. Não tinham objetivo, mas avançaram «em mil direções, entrecruzando-se continuamente». Longe de criarem uma nação unificada, provocaram uma massa de resistência e mergulharam o país na guerra civil. A boa Revolução Americana e a má Revolução Francesa tornaram-se parte do arsenal intelectual do conservadorismo.

De facto, não houve apenas uma resposta à Revolução Francesa, mas sim várias respostas diferentes. Os americanos em Paris — Thomas Jefferson e Gouverneur Morris — oferecem um contraste expressivo. Jefferson era o enviado americano em Paris (1785–1789), chegado no ano anterior para se juntar a Benjamin Franklin e a John Adams, a fim de negociarem tratados comerciais e diplomáticos com as grandes potências. Quando eclodiu, a Revolução Francesa entusiasmou-o. Acreditava no «bom senso dos homens» e na sua «capacidade de se autogovernarem». Se a razão pudesse exercer a sua força, Jefferson estava confiante de assistir ao «primeiro capítulo da liberdade europeia» (agosto de 1789). Não se sentia preso ao passado, acreditando, como Thomas Paine, que «a Terra pertence aos vivos para seu usufruto».

Jefferson via os acontecimentos na França e na América como expressões da resistência popular. Dois anos antes, os motins de camponeses endividados e armados no Massachusetts, que atacaram tribunais, haviam assustado os ricos e os poderosos da terra nova, mas não Jefferson. «Gosto de alguma revolta de vez em quando. É como uma tempestade na atmosfera», escreveu ele numa carta referindo-se com ligeireza ao caso (fevereiro de 1787). Jefferson via o governo como perigoso para a liberdade das pessoas. De vez em quando, os governantes deviam ser avisados de que as pessoas «preservam o espírito de resistência», escreveu ele, ainda nesse ano, sobre a agitação popular em geral. A resposta não era a violência, mas a conciliação. «Que peguem em armas. O remédio é convencê-las dos factos, perdoar e pacificá-las. Que significam algumas vidas perdidas em um ou dois séculos? A árvore da liberdade deve ser reanimada de tempos a tempos com o sangue de patriotas e tiranos. É o seu adubo natural» (novembro de 1787).

Em maio de 1789, Jefferson, agora enviado dos Estados Unidos, assistiu com entusiasmo aos Estados-Gerais. A James Madison, que voltara a casa, escreveu sobre aquilo que pensava ser um sentido de empreendimento comum francês: «Os nossos procedimentos têm sido vistos como um modelo para eles em todas as ocasiões.» A Constituição americana era tratada «como... a Bíblia, aberta a explicação, mas não a questionamento». Com o marquês de Lafayette, Jefferson começou a esboçar uma declaração de direitos para a França.

O sucessor de Jefferson no cargo de embaixador americano, quando este regressou à América no outono de 1789, era um monárquico constitucional, o rico nova-iorquino Gouverneur Morris (1752–1816). Orador frequente na Convenção Constitucional (1787), presidira à Comissão do Estilo, que redigiu o texto final e acrescentou a frase com o seu pronome crucial que abre o Preâmbulo da Constituição: «Nós, o povo dos Estados Unidos.» Federalista convicto, era contra a escravatura, mas também era exclusivo na sua interpretação da democracia. Tal como os *whigs* conservadores tardios, Morris pensava que uma propriedade substancial era um requisito para a participação política. Morris era um exemplo daqueles a que, mais tarde, Jefferson chamou federalistas «anglo-monarcas-aristocratas» — os banqueiros do comércio e negociantes de dívida pública, «homens tímidos que preferem a calma do despotismo ao mar tempestuoso da liberdade».

Morris e Jefferson tinham visões diferentes sobre a revolução. Após um encontro com ele em maio de 1789, Morris escreveu a um amigo dizendo que Jefferson tinha «expectativas demasiado sanguíneas de uma forma republicana pura de governo». Resumindo a posição de Burke,

Morris via assim a dificuldade: «As pessoas letradas, aqui, ao observarem os abusos da sua forma monárquica, imaginam que tudo deve ficar melhor em proporção ao afastamento das instituições presentes, e, nos seus gabinetes, fazem homens exatamente à medida dos seus sistemas. No entanto, infelizmente, são homens que não existem em lado nenhum, e muito menos na França.»

As «expectativas sanguíneas» de Jefferson de um republicanismo puro refletiam melhor o espírito americano do que Morris. A desconfiança republicana em relação aos monarcas e à autoridade hierárquica persistiu nos Estados Unidos até finais do século XIX. As revoltas na França, que haviam ajudado a América na sua luta pela independência, eram bem recebidas: fora da imprensa *whig* conservadora, que abanava a cabeça a qualquer sinal de democracia de base popular, os Dias de Julho na França (1830) foram bem acolhidos na América. O mesmo se passou com a declaração da Segunda República (1848) e o desmoronamento do Segundo Império bonapartista. Os críticos americanos estavam em minoria. Entre estes, estavam os democratas sulistas, alarmados com a abolição da escravatura nas colónias francesas (1848) e com a queda do seu apoiante europeu na Guerra Civil, Napoleão III (1870). Entre os americanos que aplaudiram em 1830 estava um velho Madison, que acolheu com júbilo o fim dos últimos Bourbons franceses.

Madison é um caso instrutivo médio entre a interpretação da revolução de Jefferson e a de Morris. Morris queria uma autoridade forte para defender a propriedade e a ordem, e Jefferson, apesar de falar de resistência e liberdade, não discordava. Não desejava semear desordem nem abolir a propriedade. Tal como Madison, possuía escravos e não se opunha aos requisitos de propriedade para fins eleitorais. No entanto, dentro destes limites não democráticos, havia diferenças que iriam reemergir no confronto conservador com o liberalismo. Jefferson, num espírito republicano, confiava nos recursos dos cidadãos e da sociedade para assegurarem a paz e a prosperidade. Receava um poder central demasiado pesado. Madison partilhava a crença de Jefferson na necessidade de um controlo popular do governo, mas pensava que a paz e a prosperidade eram difíceis sem um poder central geral e sem leis nacionais uniformes.

«Na constituição de um governo que deve ser administrado por homens sobre homens», escreveu Madison (*Federalist 51*), «a grande dificuldade reside no seguinte: é preciso começar por permitir que o governo controle os governados; e depois, obrigá-lo a controlar-se a si mesmo. Uma dependência do povo é, sem dúvida, o principal controlo do governo; mas a experiência ensinou à humanidade a necessidade de precauções auxiliares». Estes eram, para Madison, os elementos básicos de uma boa constituição. Numa carta a Jefferson (outubro de 1787), que não era delegado, Madison descreveu a sua interpretação dessas precauções auxiliares tal como eram introduzidas na Convenção Constitucional em Filadélfia. O objetivo triplo de Madison era estabelecer uma autoridade nacional única, reconhecer a soberania popular e prevenir as tiranias maioritárias.

Tal como Madison relatou, em Filadélfia, houve um entendimento rápido em torno da ideia de preservar a união. A novidade radical foi um governo federal que, «em vez de operar sobre os estados, devia operar sem a intervenção destes sobre os indivíduos que os compõem». Ou seja, o poder soberano devia agir diretamente sobre os cidadãos e não através dos estados ou de intermediários. A lei federal vincula e protege todas as pessoas. Sem este princípio, não havia nação política. O governo federal tem de ser suficientemente «enérgico» e «estável» para fazer o seu trabalho, e o exercício do poder deve estar em muitas mãos e não apenas em uma ou em poucas.

O controlo popular não podia ser diretamente exercido. O julgamento do povo tinha de ser filtrado e articulado. Madison aceitava que, nos Estados modernos de qualquer dimensão, a participação direta, a que, em *Federalist 51*, chamava «democracia», não era prática nem desejável. A representação era uma das maneiras como a soberania popular podia ser limitada. Com representação, as próprias pessoas não decidiam nem faziam leis. Enviavam delegados para o fazer em nome delas. Evitava-se assim a democracia pura ou direta. Uma segunda maneira de limitar a soberania popular era a articulação. Alguns tipos de representação eram pouco eficientes para filtrar ou articular a vontade popular. Uma única legislatura que controlasse o ramo executivo e o ramo judiciário, por exemplo, faria demasiado pouco. Este sistema, rapidamente favorecido pelo jacobinismo e pelas tradições democráticas da esquerda socialista, assentava numa identidade falsa entre a vontade popular e a vontade da maioria. As instituições representativas tinham de ser articuladas e complexificadas para equilibrar a força autoritária da vontade popular e o seu conteúdo geralmente não articulado.

A Constituição americana, tal como Madison a descreveu a Jefferson, transbordava de articulação. Os seus poderes foram divididos — em executivo, legislativo e judicial. Cada um tinha algum controlo sobre os outros, mas nenhum tinha a última palavra sobre quaisquer nomeações. A legislatura foi dividida no Senado e na Câmara dos Representantes, uma divisão que acalmou os receios dos pequenos estados de serem esmagados pelos grandes e as preocupações da minoria rica de ser espoliada pela maioria menos rica.

A tirania das maiorias era o grande receio de Madison. Era vital «proteger uma parte da sociedade contra a injustiça da outra parte» (*Federalist 51*). O governo popular implicava a decisão por maioria. No entanto, tinha de haver maneiras de impedir que as maiorias oprimissem as minorias. Uma Carta dos Direitos (*Bill of Rights*), acrescentada depois, era uma dessas maneiras, mas não antes de o colega virginiano de Madison, George Mason, ter votado contra a Constituição antes de a aceitar. O próprio Madison acabou por aceitar a Carta dos Direitos. A sua ainda forte esperança de conter as maiorias residia menos em salvaguardas constitucionais do que no facto da diversidade social. A sociedade estava dividida e continuaria dividida. As fações eram inevitáveis e problemáticas, mas também eram benéficas. Uma maioria tirânica, de facto, era o pior despotismo a temer, mas, numa república grande e diversa, essa tirania era improvável.

O novo sistema foi criticado por todos os lados. Alguns reformadores franceses, como Jacques Turgot e o marquês de Condorcet, ficaram desiludidos com a criação de um senado e de um presidente forte. Acreditavam que o governo representativo exigia uma assembleia forte. Os Fundadores, pensavam eles, haviam perdido a oportunidade ao imitar a tradição britânica oligárquica e ao aceitar a trapalhada «gótica» em vez de uma estrutura inteligível, transparente nos seus objetivos e funcional.

A Constituição nasceu de um compromisso e sobreviveu a uma guerra civil quando o compromisso foi quebrado apenas ao transformar-se radicalmente. Baseara-se no Grande Compromisso entre os estados pequenos e grandes e num segundo compromisso «podre» entre o Norte livre e o Sul esclavagista. Em troca da imposição do governo federal sobre o comércio, o futuro da escravatura foi deixado de lado, ainda que os escravos contassem como três quintos de uma pessoa para fins de repartição da representação.

Juridicamente, o compromisso «podre» entre o Norte e o Sul foi abandonado com a abolição da escravatura e a aprovação da 14.ª Emenda, uma chave constitucional para estabelecer direitos pessoais e empresariais na lei federal e, progressivamente, estadual. A chave tornou-se um instrumento liberal, inicialmente usado por liberais de direita para emancipar as empresas das reivindicações sindicais e, depois, por liberais de esquerda para libertar os cidadãos das interferências morais da lei na sua conduta pessoal.

O «sistema harmonioso de frustração mútua» de Madison, como lhe chamou o historiador Richard Hofstadter, sobreviveu continuamente ao longo de muitas mudanças. Os debates constitucionais de 1787–1788 alimentaram as lutas da modernidade política, dando-lhe novos termos e novas metáforas. A própria Constituição tornou-se uma baliza na versão americana da luta entre o liberalismo e o conservadorismo. As nomeações para o seu guardião legal, o Supremo Tribunal, eram discutidas em termos partidários pela Casa Branca e pelo Senado. Os juízes rejeitavam as classificações, que diziam que caricaturavam o seu trabalho. Em relação à maioria das disputas legais que lhes chegava, a afirmação era justa, mas, para os casos mais raros e mediáticos de profunda divisão política e de forte controvérsia constitucional — a escravatura, as empresas e os sindicatos, a moral pessoal, os poderes institucionais —, a queixa era exagerada, como sugerido pelo registo histórico de partidarismo segundo linhas da esquerda liberal ou da direita conservadora.

V. O que os críticos legaram ao conservadorismo

Os críticos da Revolução Francesa forneceram aos primeiros conservadores um rico arsenal de argumentos, metáforas e apelos retóricos para serem usados contra os seus primeiros opositores, os liberais de meados do século XIX. A Revolução mantinha uma imagem errada da sociedade como conflituosa e competitiva, quando, na verdade, a sociedade era orgânica e harmoniosa. A Revolução destruiu a estabilidade e a ordem, desencaminhada por ideias falsas sobre a exequibilidade e a desejabilidade da mudança. Os membros da sociedade não questionavam nem se impunham, de forma insolente e disruptiva, à sociedade. Ao invés, a sociedade guiava-os e mostrava-lhes os seus deveres. As pessoas não eram todas «naturalmente» — ou seja, pré-socialmente — boas antes de a sociedade, em especial a sociedade competitiva moderna, as ter feito más, como pregava Rousseau, o espírito da Revolução. Não eram todas capazes de fazer escolhas inteligentes e de autogoverno, como pensavam os defensores letrados, mas tolos, da Revolução. As pessoas, na sua maioria, eram fracas, imperfeitas, carentes de uma orientação firme. Não podiam sair da sociedade e ajuizá-la a partir de fora como pensavam os críticos filosóficos da sociedade, pois elas próprias criavam as suas normas de juízo a partir do seu lugar na moldura social de estatutos e posições. Mesmo que o pudessem fazer, a sociedade era demasiado subtil e complexa para ser avaliada por meio de princípios gerais, que eram inevitavelmente vagos e desajustados. Corretamente compreendida, a sociedade era a encarnação da tradição, em si mesma um repositório de conhecimento e a fundação da autocompreensão.

Este foi o legado dos precursores do conservadorismo. A negação da harmonia social, os limites da razão política e as imperfeições morais humanas fomentaram uma crença ruinosa no progresso: a confiança excessiva no melhoramento constante da sociedade, a fé sentimental na bondade intrínseca das pessoas ou a confiança ingénua na sua capacidade de aperfeiçoamento. A história, tal como a providência, era imperscrutável. A sociedade era opaca. As pessoas eram imperfeitas e incapazes de se orientarem a si mesmas. Este arsenal antirrevolucionário criado nos anos 1790 — anti-individualista, anti-igualitário e politicamente cético —, foi amplamente usado pelo conservadorismo quando, em meados do século XIX, a discussão com o liberalismo se travou abertamente.

PARTE II

QUE É O CONSERVADORISMO

2

CARÁCTER, PERSPETIVA E QUALIFICAÇÃO DO CONSERVADORISMO

I. O conservadorismo como prática política

Antes de continuarmos a história, temos de clarificar algumas questões básicas. Que é o conservadorismo? Em que consiste a sua história? Não há aqui factos acabados. As perguntas podem deparar com muitas respostas, bem como proclamações derrotistas de que são demasiado difíceis para terem alguma resposta. Os termos em causa são complexos, mas «Que é o conservadorismo?» não tem que ver com rótulos ou significados. A questão incide sobre o carácter do conservadorismo, que deve ser entendido em termos históricos.

Se perguntarmos o que é o conservadorismo, ouviremos que é uma família política partidária, desígnio de governo, filosofia da sociedade, porta-voz dos ricos, voz de todas as classes, imagem pouco enaltecida da humanidade ou preferência humana universal pelo estável e familiar contra o mutável e invulgar. Cada resposta captura algum aspeto do conservadorismo. São todas parciais. Tal como entendido aqui, o conservadorismo é uma tradição ou uma prática política. Tal como qualquer prática, envolve três coisas. O conservadorismo tem uma história, tem participantes na prática — políticos, pensadores, apoiantes, eleitores — e tem uma perspetiva que os guia. Aquilo que os conservadores são e o que pensam não pode ser exprimido numa frase ou numa fórmula. A sua prática é complexa, mas isso não justifica que não se conte a história.

Só se começou a ouvir falar dos conservadores em inícios do século XIX. Tal como os liberais, os seus principais opositores, os conservadores enfrentavam condições sociais nunca antes imaginadas. Embora as suas raízes sociais e intelectuais fossem antigas e profundas, a escala e o ritmo da mudança eram desconcertantes. Depois de uma estagnação ao longo de séculos, o crescimento das populações e das economias explodiu de forma súbita. A inovação técnica estava a alterar as formas tradicionais de vida. O movimento do campo para a cidade libertou as pessoas das velhas autoridades e dos vínculos consuetudinários. As pessoas que liam e falavam de política já não se contavam aos milhares, mas às centenas de milhares e, em breve, aos milhões. Gastava-se dinheiro para fazer coisas que criavam ainda mais dinheiro. Em suma, a modernidade capitalista estava a virar do avesso os métodos económicos, os padrões sociais e as perspetivas das pessoas. Enriquecia e empobrecia, dava e retirava poder, baralhava os estatutos sociais, criava expectativas altas e reformulava as normas éticas. Nesta nova condição da sociedade, excitante e destabilizadora, a política tinha de ser repensada. Nasceram assim o liberalismo e o conservadorismo.

De forma sucinta, os liberais adotaram a modernidade capitalista. Os conservadores responderam, opondo-se a essa adoção liberal. Os primeiros liberais acolheram o capitalismo e o pensamento crítico, as duas turbinas da mudança moderna. Os liberais favoreciam os mercados livres, o movimento da mão de obra e a força autogeradora do dinheiro. Aceitavam a indiferença religiosa e a diversidade social e cultural, bem como o poder construtivo do desacordo. Os primeiros conservadores defendiam os mercados fechados e os padrões de vida estáveis, e temiam os poderes dissolventes da finança. Insistiam na unidade social, na fé partilhada e nas lealdades comuns. Os liberais pensavam estar a abrir a sociedade, a libertar energias e a emancipar as pessoas. Os conservadores achavam que os liberais dividiam a sociedade, propagavam a desordem e deixavam as pessoas desnorteadas. O liberalismo oferecia experimentação e empreendedorismo. O conservadorismo prometia certeza e segurança. Sem afirmarem que os liberais causaram a modernidade capitalista, os conservadores criticavam os liberais por abraçarem a modernidade capitalista. Para os conservadores, esta tornou-se rapidamente uma modernidade liberal.

Os conservadores ligavam os liberais ao encorajamento cego da mudança, tal como os liberais ligavam os conservadores à resistência cega à mudança. Nos anos 1830, quando dois liberais de Baden começaram a publicar o seu estudo maciço da política contemporânea, o *Staatslexikon*, os liberais foram aí descritos como o «partido do movimento», e os conservadores, como o «partido da resistência ou da estagnação».

Os conservadores, por implicação, eram obstrucionistas. Os conservadores inverteram a acusação: os liberais eram destrucionistas; defendiam a desordem e a insegurança, enquanto os conservadores defendiam a ordem e a estabilidade. Na verdade, ambos queriam ordem social, mas não a pensavam da mesma maneira.

Se a política fosse um jogo de xadrez, os liberais tinham as peças brancas; jogavam em primeiro lugar. Os conservadores tinham as pretas; reagiam às jogadas de abertura do liberalismo. Com o tempo, a iniciativa mudou de mãos. Os conservadores, que começaram como antimodernos, acabaram por dominar a modernidade, pois a direita era claramente o jogador mais forte. Falavam em nome dos poderes da riqueza e da propriedade — no início, a terra contra a indústria e a finança e, depois, pelas três e, em breve, também pela pequena propriedade em geral. Além disso, até meados do século XX, o conservadorismo apoiava-se nos organismos do Estado e nos muitos corpos da sociedade — direito, religião, forças armadas, universidades — que tendiam para um conservadorismo convencional no sentido quotidiano e pré-político de quererem que o amanhã seja igual a hoje e não uma mudança constante de mobiliário. Os conservadores superaram os medos da democracia política e, em inícios do século XX, estavam a reagrupar-se — por ordem ascendente de coerência, na Alemanha, na França, nos Estados Unidos e na Grã-Bretanha — como uma força eleitoral formidável.

Estas triplas vantagens — o apoio dos ricos, o suporte institucional e o alcance eleitoral — ajudaram a direita a prevalecer no jogo democrático liberal. Curiosamente, a grande recompensa do conservadorismo por ter adotado a democracia liberal foi o seu domínio da democracia liberal. Embora vistos pela esquerda como políticos do passado, a direita tornou-se a principal força dos tempos modernos, como confirma o seu historial político-partidário no governo. Após 1914, na Terceira República Francesa (1870–1940), os republicanos (liberais de direita) alternaram no poder (muitas vezes em coligação) com os radicais (liberais de esquerda), mantendo afastados os socialistas e os comunistas. Um padrão semelhante repetiu-se na Quarta República (1844–1958). Durante os mais de 60 anos da Quinta República francesa, os presidentes foram da direita em mais de 39 e da esquerda em 20 (e estes — François Mitterrand e François Hollande — foram os mais pálidos presidentes do centro-esquerda), com um centrista, Emmanuel Macron, a perfazer os restantes. Na Grã-Bretanha, o século XX foi um «século conservador» no que toca à chefia de governo. De 1895 a 2020, os *tories* governaram sozinhos ou foram o partido maioritário em governos de coligação em 81 dos 126 anos. O domínio da direita nos Estados Unidos é mais difícil de identificar. Em 31 eleições presidenciais (1896–2016), os republicanos venceram 17 e os democratas ganharam 14. Os republicanos controlaram o Senado durante apenas 54 anos, contra os 68 dos democratas, e apenas 52 contra 70 na Câmara dos Representantes. Noutra medida de dominância, os republicanos controlaram a Casa Branca e as duas câmaras do Congresso durante 44 anos, contra 40 para os democratas. Este equilíbrio aparente mascara o facto de um Sul sólido e branco ter votado em democratas conservadores e segregacionistas até aos anos 1970. Se o teste é o controlo da agenda nacional, os democratas reformistas controlaram a agenda política apenas durante algum tempo após 1913 e novamente dos anos 1930 aos anos 1960.

A direita alemã, no século XX, parece sair deste padrão. Até 1918, os conservadores dividiram-se sobre a reforma ou a resistência à reforma do Reich de Guilherme. Voltaram a dividir-se de 1918 a 1933 em torno do apoio ou da subversão da primeira tentativa moderna da Alemanha para constituir uma democracia liberal, a República de Weimar. Apesar das corajosas ações de resistência, a direita desmoronou-se e colaborou com o nazismo, convencendo-se de que a luta principal era contra o bolchevismo. Após a calamidade que a Alemanha fez recair sobre si mesma e sobre o mundo, uma direita alemã liberal-democrata nasceu das cinzas, liderada pelos democratas-cristãos. Desde a fundação da República Federal (1949), o chanceler alemão foi um democrata-cristão em 51 dos 72 anos. Haveria então uma única direita alemã? Uma direita unida, contínua, não. No entanto, quando se reformou no pós-1945, a direita alemã tinha como base fontes alemãs, não importadas nem impostas.

Quanto mais eleições os conservadores ganhavam e quanto mais governavam, maiores se tornavam as suas responsabilidades. Tendo começado como opositores à modernidade liberal, os conservadores tradicionais acabaram por dominá-la. Ao representarem cada vez mais a sociedade moderna, viram-se cada vez mais nos dois lados dos conflitos que abalavam a sociedade moderna — a necessidade de inovação das empresas contra o desejo de estabilidade das pessoas; as exigências da concorrência global contra o bem comum da nação; a fragmentação útil do conhecimento e a multiplicação das perspetivas contra a necessidade de lealdades partilhadas e de pressupostos comuns que possibilitam a discussão pública. Vistas em conjunto, estas tensões podiam ser classificadas como «eficiência contra comunidade». Ao defender ambas, a direita estaria em breve a discutir consigo mesma e com os rivais da esquerda.

A partir de finais do século XIX, o sucesso político-partidário combinou-se com um alto nível de divisão intrapartidária. Uma direita dura recalcitrante, que recusava compromissos com os liberais ou com a democracia, era por vezes mais barulhenta, outras vezes mais calma, mas estava sempre lá. Incomodou a direita tradicional na França republicana e na Alemanha de Guilherme durante os anos 1880 e 1890. Sobre a Irlanda, o comércio e o império, dividiu os *tories* da Grã-Bretanha durante os anos 1910 e 1920. Uma direita antiliberal e segregacionista controlou politicamente o Sul dos Estados Unidos a partir dos anos 1880 e ao longo dos anos 1960, desvirtuando o conservadorismo moderno americano. Na Alemanha, os fracassos da guerra e a depressão económica levaram a que a direita procurasse por alternativas ao liberalismo e à democracia parlamentar durante os anos 1920 e 1930, com resultados calamitosos. Atualmente, um esvaziamento pós-industrial na sociedade, uma crise financeira, as guerras falhadas e os medos geoestratégicos abalaram a fé dos eleitores na defesa conservadora da prudência e do entendimento superior. Com um ritmo crescente durante os anos 2010, a direita centrista e liberal tem estado na defensiva contra uma direita dura, disruptiva e confiante.

Os conservadores recalcitrantes — ou seja, aqueles que recusam compromissos com um ou mais aspetos do liberalismo — têm assumido muitas formas. Alguns concentraram-se nas estruturas e nas instituições: monárquicos modernos, antiparlamentares, corporativistas, populistas de direita; outros concentraram-se na nação e nas suas prerrogativas: colonialistas obstinados, individualistas unilaterais; outros ainda, no carácter do povo nacional: anti-imigrantes, antissemitas, supremacistas brancos, resistentes sulistas aos direitos civis, extremistas brancos, «incels» modernos da *dark web*. Tendem a esconder-se nas franjas nos tempos melhores do liberalismo democrático (antes de 1914; novamente após 1945). Nos tempos piores, 1918–1945 e, agora, de forma mais rápida, a direita recalcitrante surge para perturbar e dividir uma tradição conservadora empenhada no compromisso.

Embora a democracia liberal seja filha da esquerda, o seu crescimento e a sua saúde deveram-se ao apoio da direita. Como o historiador Brian Girvin disse em *The Right in the Twentieth Century* (*A Direita no Século* XX, 1994), «uma direita democrática é uma condição necessária da democracia». Um politólogo baseado em dados, Daniel Ziblatt, afirmou o mesmo com sofisticação empírica em *Conservative Parties and the Birth of Democracy* (*Os Partidos Conservadores e o Nascimento da Democracia*, 2017), acrescentando mais uma condição: para fornecer apoio, a direita tem de ser forte e unida. Quando, como agora, a direita está dividida, os ricos preocupam-se mais com o facto de o governo estar em mãos seguras. «Um robusto partido político conservador», escreveu Ziblatt, «pode ser uma condição prévia para a democracia.» Girvin e Ziblatt fazem eco de Joseph Chamberlain, então um liberal radical, quando apelava às empresas que apoiassem a reforma social em 1885. «Que resgate», perguntava ele, «poderá a propriedade pagar pela segurança de que goza?» Quando a propriedade pagava o resgate — impostos mais altos, segurança social, proteção dos trabalhadores, regulação económica —o conservadorismo apoiava o liberalismo democrático. Quando o resgate parecia demasiado alto para a propriedade, os conservadores hesitavam e recuavam. A democracia liberal teve melhores resultados quando as reivindicações concorrentes da propriedade e da democracia estiveram equilibradas.

Apesar de todo o sucesso histórico da direita na política partidária, os seus pensadores e intelectuais distinguiram-se mais pelo brilho individual do que pela consolidação gradual de princípios incontestados. Ao longo de toda a história do conservadorismo, a política partidária concebeu e moldou as ideias conservadoras. Esta interação é um dos motivos da conhecida dificuldade de resumir o pensamento dos conservadores. Existem outros. Enquanto a perspetiva liberal tem um cânone de pensadores característicos — Wilhelm von Humboldt, John Stuart Mill, Aléxis de Tocqueville, Leonard Hobhouse, Karl Popper, John Rawls —, os conservadores não têm estes modelos. Para confundir as coisas, dois pensadores citados por alguns como pontos de referência do conservadorismo de finais do século XX — Friedrich Hayek e Michael Oakeshott — também fazem parte do cânone liberal, da sua margem direita. Devemos observar que a confusão é apenas aparente: os seguidores de Hayek negam que o seu mestre fosse conservador; muitos, mas não todos, seguidores de Oakeshott negam que ele fosse liberal; mas estes rótulos não são cabais. O conservadorismo liberal tornou-se ortodoxo após 1945 e cada pensador deu voz a um aspeto dessa ortodoxia: Hayek à eficiência, Oakeshott à comunidade.

Outra dificuldade é que, em termos intelectuais, a direita nunca abandonou totalmente o espírito oposicionista do seu nascimento. Olhando para o espírito conservador, parece um repertório brilhante de ataques contra os liberais e de suspeição dos democratas, mas sem grandes objetivos ou princípios próprios. Como resposta à acusação de que falta alguma coisa positiva à perspetiva conservadora, há duas vias de explicação.

A via pragmática, frequentemente ligada ao «realismo», é ver o forte desempenho no governo como a sua própria legitimação. Embora já não sejam os governantes naturais da sociedade, os conservadores, segundo esta perspetiva, provaram ser os seus governantes mais fiáveis. Para se justificarem a si mesmos e para mostrar aos outros o que eram, os conservadores não precisavam assim de grandes objetivos ou ideais; pensar que precisavam disso era não entender as tarefas da política. Tudo o que era preciso era um manual de condução com máximas prudentes sobre a boa governação: avançar com cuidado, não tentar fazer muitas coisas ao mesmo tempo, não esperar muito das pessoas ou da política, não irritar os ricos e – para adaptar uma imagem do filósofo Anthony Quinton, um lúcido conservador britânico – manter o autocarro na sua «estrada estreita e sinuosa».

A abordagem das regras de prudência tem um espírito britânico e foi menos comum em França, na Alemanha e nos Estados Unidos, onde os pensadores conservadores eram, em geral, mais ousados. Procuravam ideias gerais e positivas que julgavam ser necessárias para os conservadores: na economia política (o mercado contra a sociedade); no papel da religião na sociedade secular; nos direitos das minorias antiliberais; no carácter das nações e dos povos. Como que inspirada no título de um livrinho ignorado, mas presciente de um conservador americano, *Ideas Have Consequences* (1948), essa busca de uma perspetiva conservadora foi promovida na segunda metade do século XX por uma campanha gramsciana bem financiada de renovação intelectual em grupos de reflexão, institutos, meios de comunicação social e universidades, primeiro nos Estados Unidos e na Grã-Bretanha e, depois, também na França e na Alemanha. A busca aperfeiçoou os instrumentos da direita no debate público, ainda que não tenha encontrado uma ortodoxia contraliberal ou terminado com as disputas na direita.

Na falta de uma ortodoxia político-partidária definida, uma via ampla e muito diferente para o pensamento conservador abriu-se não na política partidária, mas fora desta, na crítica estética e ética da modernidade liberal. Como pensadores e escritores, eram geralmente as vozes mais distintas da direita. Lembravam à sociedade democrática liberal os seus custos, as suas negligências e os seus fracassos: a rejeição da autoridade, a fragmentação social, o prejuízo humano, a promessa vazia de progresso, a obstinação e o apego sentimental à igualdade humana. As críticas podiam ser literárias, filosóficas ou religiosas. Incluíam poetas e escritores (Leopardi, Wordsworth, Coleridge, Hawthorne), críticos (Ruskin, Sainte-Beuve), satiristas (Mencken), ecologistas (Cobbett, Riehl) e advogados, filósofos e historiadores (Stephen, Bradley, Carlyle, Gierke), bem como pensadores religiosos (Lamennais, Newman, Ketteler, Hodge e Brownson). Estes críticos escreviam com entusiasmo guerreiro na esperança de que os danos da modernidade ainda pudessem ser contidos. Com a democracia cultural a reforçar-se e as autoridades culturais a declinarem no século XX, essa confiança enfraqueceu. Os críticos conservadores tornaram-se mais furiosos ou elegíacos. Entre estes, incluíam-se escritores que defendiam a fuga para a ação irrefletida (Drieu, o jovem Jünger) ou a retirada para a religião ou para a estética num espírito de não cooperação e de evasão (Eliot, Scruton e algumas linhas do pensamento católico americano).

II. A perspetiva conservadora

Os primeiros rótulos de «partido do movimento» e «partido da ordem» eram apelativos, mas enganadores. Tanto os liberais como os conservadores queriam ordem e estabilidade, mas não as pensavam da mesma maneira. Os liberais viam a ordem moderna como alcançável numa sociedade fluida de pessoas seguras de si, móveis e financeiramente estáveis. Nesta ordem, a autoridade legal decorreria dos acordos mútuos de cidadãos sensatos e liberais. A autoridade, ainda que estabelecida e eficaz, seria condicional e aberta ao questionamento.

Os conservadores mantinham uma imagem mais antiga. Para eles, a ordem social dependia de instituições estáveis e de uma hierarquia social com estatutos definidos e deveres familiares. Nesta imagem, a autoridade vinha de cima, através de canais fixos e reconhecidos. Os conservadores tinham ideias veneráveis em que se baseavam. Para Platão, devíamos obedecer às autoridades porque eram sábias e estavam em contacto com a verdade superior. Para Hobbes, padrinho intelectual da direita «realista», para quem a segurança era o mais elevado valor social, as autoridades eram necessárias como árbitros soberanos para impedir que a competitividade inata das pessoas ficasse fora de controlo. Para Hume e Burke, a autoridade era aquilo a que as pessoas se habituaram a obedecer e cujas origens (por conquista ou usurpação) estavam agora felizmente esquecidas. Em todos os casos, a autoridade era absoluta neste sentido:

devia ser obedecida e os inquiridores cansativos não lhe deviam estar a sempre a pedir credenciais. Para se fixar — para se tornar «estabelecida», para usar um termo mais apreciado —, a ordem social exigia aceitação irrefletida, lealdade, certamente fé e «talvez» crítica.

Este entendimento vertical da autoridade podia ser pensado em termos mais antigos como religiosa ou militar ou em termos mais modernos e pluralistas. Os conservadores podiam ver uma sociedade ordenada como uma comunidade de crentes sob uma autoridade superior e divina; como uma hierarquia militar em que o comando decorre das unidades superiores para as inferiores; ou como um grupo diverso de corporações e associações, cada uma com uma autoridade hierárquica própria que decorre do todo para as partes. Nesta última imagem, a autoridade era mais do que governantes e legisladores; incluía a própria sociedade ordenada, com os seus costumes, normas e convenções definidos.

Os conservadores compreendiam que a sociedade só muito raramente era perfeitamente ordenada. Reconheciam os flagelos imemoráveis da fome, da guerra, da doença, da revolta e da má governação (príncipes perversos, oligarcas ávidos, turbas furiosas). Também entendiam que uma sociedade estabelecida não era fixa ou imóvel, mas aberta à mudança gradual. Aquilo que não esperavam e que, na modernidade capitalista, os primeiros conservadores enfrentaram foi algo muito mais assustador: um novo tipo de ordem social que, aparentemente, semeava sempre a desordem e a insegurança. A perturbação perpétua da modernidade capitalista prometia a destruição dos estatutos fixos, o derrube dos estilos de vida estabelecidos e a diminuição constante do respeito pela autoridade ética e cultural — não uma vez, mas de forma reiterada.

Para que os conservadores convencessem outros a partilharem da sua imagem da ordem «estabelecida», esta teria de ser adaptada e modernizada para conservar a credibilidade em tempos de mudança. Os conservadores teriam de transformar as suas primeiras lições dos críticos da Revolução Francesa — a unidade da sociedade, os limites da razão e a imperfeição humana — numa perspetiva contraliberal contemporânea. Em primeiro lugar, tinham de aceitar a necessidade de uma perspetiva conservadora. Para os que estavam habituados a governar, mas que já não governavam, a lição era dolorosa e difícil de aceitar.

III. Comparação das perspetivas conservadora e liberal

Um historiador alemão do pensamento conservador, Rudolf Vierhaus, resumiu bem a atitude das velhas classes dirigentes em relação às ideias políticas. Para elas, escreveu ele, «a ordem social e o poder político pertenciam à esfera do que "é" e não do que "poderia" ou "deveria"». Ao voltarem-se para o que «poderia» e «deveria», os primeiros conservadores ouviam e liam os liberais e, depois, discordavam deles. Cada um se mostrava mais claramente em oposição ao outro. Os primeiros conservadores eram antiliberais; os primeiros liberais eram anticonservadores.

Os conservadores e os liberais respondiam de forma diferente a quatro questões que definem qualquer perspetiva política coerente. A sociedade é coesiva ou conflituosa? Existem limites morais para o exercício do poder? A vida humana pode melhorar? Na sociedade, as pessoas são todas iguais ou há superiores e inferiores?

Os liberais, em termos sumários, viam a sociedade como competitiva e conflituosa. Desconfiavam do poder e questionavam a autoridade consuetudinária. Acreditavam no progresso humano e na igualdade social, com o seu requisito de respeito cívico por todos. Tinham altas expectativas para a ação política. Os conservadores viam a sociedade como harmoniosa. Respeitavam o poder e aceitavam a autoridade consuetudinária. Não acreditavam no progresso nem na igualdade. Para eles, o respeito não era devido a toda e qualquer pessoa, mas ao mérito e à excelência.

Amigo de Gentz, o romântico alemão Adam Müller foi um dos primeiros a opor-se à visão de uma sociedade competitiva e conflituosa. Embora o seu apego ao governo principesco e aos privilégios das classes fosse nostálgico, tinha um bom faro para os erros liberais. O erro da imagem liberal, pensava ele, era colocar as pessoas fora da sociedade e, depois, tentar reintegrá-las. As pessoas não podiam, sem custo para si mesmas e para o que deixavam, abandonar a sua sociedade ou negar a sua influência nelas. Nunca havia sociedades novas, como se uma sociedade nova pudesse ser içada para a história puxando ideais intemporais para o mundo; havia apenas sociedades constantes com passados e futuros, cujos limites, se existissem, ninguém conhecia. A sociedade, por último, não era um instrumento a ser usado à vontade para fins selecionados, mesmo que benéficos ou valiosos, mas sim algo de valor geral em si mesmo, a que não se podia atribuir um número, por muito bem ou mal que a sociedade executasse as suas tarefas específicas. Estes erros relacionados com as pessoas e com a sociedade podiam ser designados — para usar termos atuais — saída sem custos, intemporalidade e uso instrumental. A acusação inicial do conservadorismo de que os liberais não compreendiam a força moral do elo social foi retomada, em finais do século XX, pela crítica ética conservadora, como é bem exemplificada por pensadores como Alasdair MacIntyre e Roger Scruton. Uma acusação paralela, de que o liberalismo exagerava o desejo de autonomia das pessoas e ignorava a sua necessidade de normas com autoridade, surgiu na Alemanha pós-1945 com Arnold Gehlen e os neoconservadores americanos.

Tanto os conservadores como os liberais concordavam que o poder com autoridade era necessário para a ordem social, mas discordavam sobre a forma como o poder devia ser legitimado e adquirir autoridade. Para os conservadores, o poder, uma vez «estabelecido», ou seja, instalado e aceite, passava a ter autoridade, ainda que os detentores legítimos da autoridade pudessem agir de forma injusta. Segundo os liberais, para que o poder fosse justo, tinha de ser mais do que obedecido pelo hábito ou tolerado. Tinha de se mostrar justo. A diferença revelava-se, entre outras maneiras, no apego liberal e na hostilidade conservadora às constituições escritas. Para os liberais, o poder estava sempre sujeito a estas questões: «Porque tenho de obedecer?», «Porque devo pagar?», «Porque tenho de me conformar?» Para os conservadores, era ao contrário. O poder, para eles, tornava-se aceitável e estabelecido ao assegurar a ordem. Neste sentido, a lei, a propriedade e os costumes, os pilares da ordem social, deviam ser respeitados, não questionados, criticados ou impedidos de realizar as suas tarefas de suporte da ordem. Para um ultrarrealista conservador como Bonald, o principal intelectual da restauração pós-napoleónica francesa, a ideia de discussão pública era em si mesma um anátema. Com a sua arrogância característica, Bonald dizia: «As pessoas só se devem reunir na igreja ou no exército, pois aqui não discutem; ouvem e obedecem.»

Um dos alvos favoritos da troça conservadora, em especial por escritores e poetas, era a confiança na possibilidade do progresso humano, o terceiro elemento da perspetiva liberal. Meditando sobre as encostas cobertas de lava do Etna no seu grande poema *A Giesta* (1836), Giacomo Leopardi gracejava: «Gravado nestas colinas está o destino magnífico e progressivo da humanidade.» Na sua fábula «O Holocausto da Terra» (1844), Nathaniel Hawthorne troçava dos liberais pela sua preocupação imatura com a novidade. Para Charles Baudelaire, o progresso era «uma doutrina da preguiça» que, de forma infantil, representava a história como um comboio cómodo que transporta toda a gente para um destino melhor e mais feliz.

Aquilo que os liberais consideravam uma vida melhor era discutível. «O comércio enriqueceu milhares», reconhecia Coleridge. Foi, escrevia ele, «a causa da difusão do conhecimento e da ciência», mas, perguntava ele, terá «acrescentado uma partícula de melhoramento moral?» O historiador francês Hippolyte Taine lamentava abertamente as «causas da infelicidade moderna, que põe um céu sombrio sobre as nossas cabeças». Numa passagem famosa de *L'Ancien régime* (*O Antigo Regime*, 1875), comparava a correria burguesa com a calma e a liberdade da vida aristocrática: «Nesse tempo, não havia cargos novos e exigentes; não havia competição furiosa; não havia carreiras mal definidas e ambições sem limites. Os estatutos eram claros, as ambições eram limitadas e havia menos inveja. As pessoas não estavam constantemente descontentes, amarguradas e preocupadas como hoje. O privilégio e os favores importavam menos quando não havia direitos. Nós queremos avançar. Eles queriam entreter-se.»

O progresso moral era contrastado, de forma pouco favorável, com o suposto vazio moral da modernidade liberal. Estas ideias subsistiram ao longo do século XIX e mais além. Embora não diretamente políticas, tornaram-se munições para ser usadas contra os liberais quando estes invocavam a moralidade nas suas próprias causas políticas. O pessimismo filosófico de Arthur Schopenhauer e de Søren Kierkegaard destacava-se nas críticas de alto nível do progresso liberal. O nietzschianismo era usado para irritar os liberais, com a sugestão de que os seus impulsos humanitários para protegerem os fracos se enraizavam na inveja e no ressentimento. No século XX, alguns pensadores continuaram a criticar as falhas filosóficas e morais da modernidade liberal, quer pela sua superficialidade, quer pela sua inautenticidade (Martin Heidegger, que dizia que viemos «demasiado tarde para os deuses e demasiado cedo para o Ser») ou pela sua irresponsabilidade pseudocrítica (Theodor Adorno, para quem «a Terra plenamente iluminada irradia desastre»).

As acusações abertamente políticas contra o progresso liberal concentravam-se nos seus custos excessivos e nas suas consequências indesejadas. Os conservadores diziam que, embora desejável, o progresso humano geral não era alcançável. Num estudo contundente da crítica do progresso liberal pela direita, *The Rhetoric of Reaction* (*A Retórica da Reação*, 1991), o pensador americano Albert O. Hirschman sugeria que todas as acusações podiam ser resumidas à futilidade (a esperança de mudança não é progresso), à perversidade (as curas recomendadas agravam a doença) ou ao risco (reparar as causas provoca outros danos). Nestes termos, os críticos culturais do progresso liberal, de Coleridge a Heidegger e Adorno, lançaram a acusação de futilidade (a mudança moderna não é para melhor). Os críticos nacionalistas de finais do século XX do globalismo económico lançaram a acusação de perversidade (os ganhos dos estrangeiros não superaram os pesados custos locais). Os críticos no século XXI da moderna negligência planetária liberal — que, devemos sublinhar, extravasam a divisão esquerda/direita — lançam a acusação de risco (o crescimento económico asfixia o globo).

Enquanto no quarto elemento da sua perspetiva — a exigência de que o Estado e a sociedade tratem todas as pessoas com o mesmo respeito — os liberais viam virtude pública e sentimento de fraternidade, os conservadores viam esperança carinhosa e sentimentalidade. Para os conservadores, o respeito é devido ao mérito e ao estatuto. Respeitar qualquer pessoa, fosse quem fosse, independentemente do que tivesse feito pela sociedade ou conquistado para si mesma do ponto de vista material, não era respeito, mas sim um tipo hipócrita de escárnio. O respeito demonstrado a toda a gente e sem ponderação perdia todo o seu valor. Além do tratamento igual perante a lei, ninguém merecia esse respeito da sociedade.

A negação conservadora da igualdade tem formas antigas e modernas. Uma visão da sociedade hierárquica subsistiu até finais do século XIX, nomeadamente no pensamento oficial católico romano. Numa encíclica (1878), o papa Leão XIII, defensor do corporativismo cristão, pronunciou que Deus estabelecera «várias ordens na sociedade civil, diferentes em dignidade, direitos e poder, pelas quais o Estado, tal como a Igreja, deve ser um corpo, consistindo em muitos membros, alguns mais nobres do que outros».

A forma moderna de negação conservadora da igualdade era mais subtil. Foi exprimida em inícios do século pelo cético hanoveriano Rehberg. Em *Über den Deutschen Adel* (*Sobre a Aristocracia Alemã*, 1803), escreveu: «Podemos retirar aos nobres os seus nomes, títulos e brasões, mas a nobreza é em si mesma indestrutível.» Rehberg queria distinguir o estatuto daquilo que se espera do estatuto mediante um bom desempenho. Alguns nobres governavam bem (tinha em mente a Grã-Bretanha e Hanôver), outros governavam mal (a França antes de 1789). O que vale para a aristocracia, vale para todas as classes. Alguns membros de uma classe comportavam-se bem, outros mal. A pertença a uma classe não era determinante. Rehberg falava da meritocracia conservadora antes do seu tempo.

Os conservadores tinham outro argumento contra a igualdade. As promessas liberais de respeito por todos conduziam, na prática, à ação difusa e à falta de atenção às necessidades particulares. Os liberais pregavam o respeito igual, mas não o praticavam. De facto, encorajavam ou fechavam os olhos a novas tiranias dos fortes sobre os fracos, dos ricos sobre os pobres, dos patrões sobre os trabalhadores. Em vez de prometer o respeito igual, era melhor, segundo os conservadores, garantir o cuidado efetivo, tendo em conta as várias necessidades e os méritos das pessoas.

A mentira liberal ainda era pior quando a promessa de respeito igual era feita a todos, democraticamente. A promessa ameaçava então tornar-se vazia ou até destrutiva. As pessoas, para os conservadores, não tinham a mesma capacidade de autocontrolo, e muito menos a mesma capacidade de governar outros. Em termos económicos, não mereciam recompensas iguais por esforços diferentes. Em termos éticos e culturais, não eram igualmente corretas a ajuizar o que importava na vida e que normas estéticas deviam ser respeitadas. No entanto, por prudência tática, os conservadores tradicionais, em especial depois de 1945, acabaram por aceitar a linguagem igualitária do liberalismo democrático. Moderaram e calaram a sua crença na desigualdade. Aprenderam a não berrar como o jovem Salisbury fizera em 1862 sobre «a paixão louca pela igualdade», mas a falar como Dwight Eisenhower no seu discurso inaugural em janeiro de 1953: «Qualquer homem que queira negar a igualdade entre os seus irmãos trai o espírito do livre e convida à troça do tirano» — a igualdade entre irmãs veio mais tarde. A adoção conservadora de uma linguagem democrática e igualitária nunca escondeu totalmente a convicção original da direita de que os seres humanos não eram iguais e que tentar fazê-los iguais era imprudente e inalcançável. A tensão entre o discurso democrático e a convicção conservadora subsiste ainda hoje na direita.

IV. Espaços de ligação entre conservadores e liberais

Quando as reivindicações socialistas ou reformistas por uma democracia económica — em resumo, uma fatia mais equitativa da prosperidade para todos — aumentaram em finais do século XIX, os conservadores e os liberais encontraram pontos de acordo. As diferenças de perspetiva esbateram-se. Os liberais, em última análise, não desconfiavam do poder enquanto tal; preocupavam-se com o seu exercício arbitrário. Como crentes no progresso, os liberais não pretendiam substituir uma sociedade por outra, mas apenas remover os males *no seio* da sociedade. Também entendiam que os direitos implicavam deveres. Os conservadores, por seu lado, reconheciam que o poder estabelecido não precisava de ser ilimitado, nem imune ao questionamento ou capaz de fazer o que quisesse. Admitiam que uma sociedade estabelecida e unificada poderia precisar de alguns reparos locais. Os conservadores não negavam os direitos enquanto tais. Como poderiam fazê-lo? A segurança da propriedade dependia dos direitos. Aquilo a que os conservadores se opunham era à inflação e à desvalorização dos direitos por prorrogação declaratória.

Politicamente, estes espaços de ligação permitiram alianças duradouras, como a narrativa político-partidária mostrará. Intelectualmente, levaram a que os conservadores tivessem mais dificuldade em dizer o que tornava especial a sua perspetiva ou por que razão acabaram por aceitar as liberdades económicas, mas nunca se sentiram completamente à vontade com as liberdades culturais.

Desde cedo se observou um esbatimento das perspetivas conservadora e liberal. Os conservadores moderados, como escreveu em 1847 o observador político alemão Friedrich Bülau, não eram contra a mudança, e os liberais moderados não apelavam à mudança total. Durante a revolta radical de 1848, o liberal alemão de direita David Hansemann disse a um amigo: «O que ontem era liberal é hoje conservador, e os antigos conservadores relacionam-se bem com os antigos liberais.» Em «Conservadorismo Intelectual» (1856), Walter Bagehot inverteu a direção da acusação, mas fez a mesma ligação, escrevendo: «Em grande medida, qualquer liberal é agora um conservador.» Estes primeiros observadores haviam identificado algo novo e valioso a que os conservadores se podiam agarrar, um quadro de política moderna que pode ser designado como um *statu quo* liberal.

O esbatimento foi mais evidente nos Estados Unidos, onde os *whigs*, que se tornaram republicanos, combinaram elementos liberais e conservadores desde o início. De forma sucinta, os *whigs* eram economicamente liberais como pró-capitalistas, semiliberais em relação à escravatura e conservadores no seu receio da democracia eleitoral e cultural. A mistura de liberal e conservador também era visível na Europa. Um exemplo alemão era Wilhelm von Kardorff, um empresário e proprietário de terras que liderou o Partido Conservador Livre pró-Bismarck e fundou a federação industrial alemã, e Gustav Stresemann, o líder dos liberais de direita da República de Weimar. Típico do conservadorismo liberal da França pós-1945 era Antoine Pinay, defensor do mercado livre que se chamava a si mesmo «Sr. Consumidor». Liderou os Independentes, que, mais tarde, se integraram no partido de centro-direita de Valéry Giscard d'Estaing. Nos Estados Unidos, até aos anos 1970, o conservador liberal era fácil de identificar no «republicano Rockefeller» pró-mercado e culturalmente de espírito aberto. Um arquétipo britânico foi o primeiro-ministro conservador moderado Harold Macmillan (1957–1963).

V. A adaptabilidade das ideias conservadoras

Neste ponto, surge uma questão inevitável. Em que medida as ideias conservadoras avançadas em circunstâncias diferentes há 200 anos são as mesmas ideias conservadoras avançadas nos dias de hoje? Se não são as mesmas, parece errado falar de uma perspetiva conservadora comum entre ontem e hoje. E se não há uma perspetiva comum, a ideia de que há aí uma tradição ou uma prática parece errada. Aqui, a coerência parece lutar com a continuidade.

Os pensadores tentaram resolver o problema da continuidade-coerência de várias maneiras. Para Karl Mannheim, em 1927, o conservadorismo era uma defesa consistente dos interesses fundiários e das suas instituições contra a mudança moderna destabilizadora, mas o seu conservadorismo aprazado corria o risco de estagnar no século XIX. Samuel Huntington, por contraste, dizia em 1957 que o conservadorismo era «situacional». A sua «essência» era a defesa da ordem prevalecente em todas as circunstâncias. Com o tempo, os conservadores não tiveram nem precisaram de ter alguma coisa em comum para pensar ou dizer. Em 1996, Michael Freeden tentou ligar a continuidade e a mudança dando a cada uma a sua medida. Para ele, os conservadores antigos e os atuais partilharam uma perspetiva comum, adaptando os seus conteúdos particulares às mudanças das circunstâncias.

Os conservadores revelaram-se adeptos da reformulação da sua perspetiva, do modo sugerido por Freeden, para se ajustar aos tempos. Ou seja, o carácter da perspetiva manteve-se, mas o conteúdo mudou. Por exemplo, a *unidade social* entre os primeiros conservadores era pensada em termos «orgânicos» como uma hierarquia de estatutos e de classes. Acreditando ou não neles, Disraeli ainda falava nestes termos em meados do século. No entanto, a metáfora orgânica estava a dar lugar aos factos visíveis do conflito de classes e da democracia. A unidade social foi repensada em termos de povo e nação. O povo foi imaginado como um todo cultural ou racial, agindo em conjunto como uma nação com um passado acordado e um destino comum — geralmente imperial — para difundir no mundo o britanismo, o francesismo ou o americanismo. Após 1945, o discurso de um «povo» unitário foi proscrito como totalitário ou racista, e o nacionalismo exclusivista foi tratado como perigoso e desacreditado, mas, com o tempo, as lições foram esquecidas. Com a ascensão da direita dura no século XXI, o discurso unitário do «povo» regressou. O nacionalismo competitivo passou a ser visto como bom senso. Com a *unidade social*, o que fez o trabalho da ideia ao longo destas mudanças foi aquilo para que uma sociedade unida tinha pouca paciência: diversidade, divisão e perturbação.

As *autoridades* que os conservadores defendiam anteriormente eram particulares e pessoais: fidalgos e juízes locais, clérigos e professores, mas a autoridade tornou-se impessoal: a autoridade legal do Estado (ter a última palavra); a autoridade económica do mercado (rejeitar os que não podem pagar); a autoridade normativa da sociedade (policiar as normas éticas e culturais).

Para os conservadores, a ideia de *propriedade* começou por estar ligada a lugares particulares e a tipos de proprietário, acima de tudo as classes fundiárias. A defesa da propriedade combinava-se facilmente com a defesa do campo contra as cidades, da agricultura contra a indústria, da aristocracia contra os comerciantes. Mais tarde, no século XIX, como ilustrarão os escritos de William Mallock e William Sumner, a defesa da propriedade combinou-se, para os conservadores, com o apoio dos patrões contra os trabalhadores e dos mercados contra o Estado. A propriedade continua a ser uma das primeiras coisas que os conservadores defendem, mas tornou-se difusa. Os proprietários já não são uma classe social distinta. A propriedade costumava ser a face visível da sociedade, cercada à volta e pela qual se passava com admiração, inveja ou desejo. Agora é também promissora ou virtual. A ideia é pelo menos tão velha quanto Karl Marx, mas o campeão do capitalismo Joseph Schumpeter estava atento à mudança, escrevendo em 1942 que, «ao substituir uma mera parcela de ações pelas paredes e máquinas de uma fábrica», o capitalismo «retira a vida à ideia de propriedade». A finança não foi o único tipo de propriedade a adquirir um carácter impessoal e virtual. A propriedade inclui agora um portfólio diverso e essencial conhecido como «capital humano»: aptidões, educação, acesso privilegiado e ligações sociais. Com estas mudanças, a ideia de *propriedade* manteve o seu papel no pensamento conservador como um estabilizador da sociedade para dar às pessoas — para usar o termo de Hegel — «personalidade», uma capacidade de ação eficaz na vida cívica que, de outro modo, não teriam.

Em termos de peso e alcance, o Estado dos anos 1830 assemelha-se pouco ao Estado do século XXI. Nas nações ricas, em tempo de paz, o Estado gastava menos de dez por cento do seu rendimento nacional; agora gasta entre 40 e 60 por cento. Os impostos também eram baixos, e eram poucos os que os pagavam. Falar do Estado antigo e do atual é mais ou menos como chamar «comunicações» à mala-posta e à *World-Wide Web*. Por contraste, as preocupações conservadoras com o alcance e o peso do Estado são semelhantes. As pressões económicas que fazem o Estado crescer ou encolher — guerra ou paz; prosperidade ou penúria — são semelhantes. Tanto dantes como agora, os Estados oscilam entre abertura e encerramento económico mútuos. Ética e culturalmente, os conservadores tinham e continuam a ter argumentos do mesmo tipo sobre em que medida deve o Estado suportar as igrejas, sobre o discurso policial e sobre a moral pessoal.

A *sabedoria do costume e da tradição* foi gradualmente distanciada das instituições em vias de extinção ou obsoletas. Também foi dissociada das crenças e filosofias mais antigas. Após 1945, a sabedoria do costume e da tradição foi cuidadosamente transformada para se ajustar aos tempos. Na política, o costume foi repensado como prudência e firmeza, indiferentes à ideologia. Na economia, o costume foi substituído pelo alegado carácter autocorretor dos mercados. O trabalho feito pela ideia de *costume* permaneceu. Servia para excluir as ideias críticas ou radicais da política e impedir a intervenção estatal na economia.

VI. «Conservadorismo», «a direita» e outros problemas de classificação

A história conservadora envolve moderados e radicais, centristas e extremistas, os de espírito económico e os de espírito ético, os exclusivos e os inclusivos, os divisores e os unificadores. Os conservadores têm sido classificados como «reacionários», «statu quo», «revolucionários», «ultra», «neo» e «paleo». Têm sido catalogados em função dos seus principais focos como conservadores políticos, culturais, religiosos, ambientais e morais. Na expressão pertinente do filósofo Simon Evnine, o conservadorismo é uma «entidade endemicamente contestada».

«O inimigo do conservadorismo», escreveu Samuel Huntington, «não é o liberalismo, mas o radicalismo». É verdade que os conservadores se queixaram muitas vezes dos radicais de direita. Metternich clamou exasperado que tudo o que os legitimistas podiam legitimar era a revolução. No início da Terceira República Francesa, Adolphe Thiers censurou um opositor realista: «Era necessário pacificar, mas, durante 55 anos, andaram furiosos e nenhum governo pôde ser estabelecido — serviram todos mais a esquerda do que os conservadores.» O erro é pensar nos radicais como tipos políticos ou no radicalismo como um conjunto de ideias. Os termos «radical» e «moderado» não são substantivos, mas advérbios. O radicalismo e a moderação, em termos de cadência, postura e estilo, não têm conteúdo. A diferença está no modo como os objetivos são encarados: de forma rígida ou flexível, zelosa ou moderada, em ações de ataque ou recuos defensivos, querer aniquilar a oposição ou permitir o compromisso, ser incapaz de viver sem conquista ou capaz de sobreviver à derrota e ao fracasso.

Os conservadores podem ser radicais ou moderados. Depende do estado da disputa, do que está em jogo, do partido que ataca e do que defende. Os apelos «conservadores» ao costume, à unidade e até à modéstia política podem assumir formas moderadas: ênfase no dever para com a sociedade; conservadorismo da «nação una» e reprovação da divisão de classes; gradualismo das medidas políticas. Também podem assumir formas imoderadas: estigmatização do Outro; rejeição da diversidade social e perseguição de inimigos internos; nacionalismo exclusivista; classificação dos opositores moderados como radicalizados e extremos.

Quando pressionados, alguns elementos da direita podem agir como radicais contra a opinião maioritária, o Estado de direito ou o costume estabelecido: os antirrepublicanos franceses de 1870 a 1880; os «entrincheirados» conservadores britânicos (por causa da reforma dos Lordes em 1910) ou o líder conservador Bonar Law, que encorajou uma revolta armada no Norte contra o *Home Rule* para a Irlanda em julho de 1912 — «Não consigo imaginar até onde irá a resistência do Ulster, que não estarei disposto a apoiar»; os conservadores alemães que apoiaram a oposição armada no início da República de Weimar; os conservadores sulistas, nos Estados Unidos, que resistiram à ordem judicial de dessegregação das escolas nos anos 1950 e 1960; os conservadores britânicos antieuropeus, que, depois de 2016, ignoraram a opinião num país dividido, desprezaram as normas constitucionais e, repetindo um apelo da direita radical familiar desde finais do século XIX na Europa e nos Estados Unidos, voltaram um Parlamento eleito que não controlavam contra um ser da sua própria imaginação populista, «o povo da Grã-Bretanha».

Os cunhadores do termo «liberal» como rótulo na política partidária foram os constitucionalistas espanhóis nos anos 1810. O jornal de Chateaubriand, *Le Conservateur* (1818), é citado como um dos primeiros a usá-lo em termos partidários, embora já fosse ouvido antes a respeito da atitude geral de prudência política. Pouco depois, um advogado alemão, Ludwig Harscher, contrastou favoravelmente o «liberalismo conservador» com o «liberalismo disruptivo» (1823), dando um batismo verbal a uma história fértil de fusão intelectual e aliança entre partidos. Nos anos 1820, os *tories* britânicos ainda usavam, como que para se distanciarem, neologismos franceses. O visconde Castlereagh falava dos «nossos *libéraux* ingleses», o duque de Wellington referia-se ao «*parti conservateur* deste país». Os novos rótulos foram rapidamente anglicizados. Em 1830, a *Quarterly Review*, uma revista *tory*, anunciou que os *tories* se chamavam, «com mais propriedade», o «partido conservador».

Nos Estados Unidos, «conservadorismo» e «direita» são usados indiferentemente para toda a família das oposições ao liberalismo. Na França republicana, diz-se muitas vezes que nunca existiu um conservadorismo genuíno. Em 2017, o historiador das ideias François Huguenin designou o conservadorismo como o «grande ausente» da França. O mesmo tem sido dito com frequência em relação ao liberalismo na França. Ou a prática está tão ligada a um exemplar preferido que não pode ser exportada (por exemplo, o Partido Conservador da Grã-Bretanha), ou as suas linhas são tão gerais que podem ser atualizadas em qualquer parte. Na França, o termo *la droite* abrange correntes que são consideradas conservadoras noutros lados. Na Alemanha, *die Rechte* é usado da mesma maneira. Se as palavras servissem de guia, o conservadorismo não existiria na Alemanha há um século. Desde 1918 que *Konservatismus* sugere reação falhada, pretensão tacanha e radicalismo exagerado, associações que os jovens conservadores da direita dura alemã tentam ultrapassar.

Dos partidos de direita nos quatro países considerados, só os velhos conservadores da Grã-Bretanha adotaram e mantiveram o nome. A direita alemã abandonou o termo «conservador», desde 1918 considerado presunçoso e antiquado. A direita tradicional francesa empregou desde os anos 1900 um minidicionário de acrónimos permutáveis — UR, ARD, AD, RPF, RPR, CNI, UNR, UDR, UDF, UPR, UMP —, e nenhum deles contém a palavra «conservador». Nos Estados Unidos, os opositores democratas da Reconstrução nos estados sulistas chamaram-se conservadores durante um breve período de tempo, mas, desde os anos 1900, os republicanos americanos são vistos como o partido conservador e os democratas como liberais ou progressistas.

Podemos estabelecer alguma ordem nesta confusão aparente se evocarmos a distinção esquerda/direita como básica para a política moderna liberal. A menos que tratemos a política como um jogo de soma nula, em que todo o campo é conquistado e mantido por um dos lados, o reconhecimento de uma divisão perene esquerda/direita ao longo do campo reflete, em termos gerais, uma aceitação da política como uma discussão infindável entre a diversidade. Em suma, reflete a admissão de um elemento central da democracia liberal: o reconhecimento do conflito social irresolúvel, combatido politicamente pela direita e pela esquerda. O pensador britânico Steven Lukes exprimiu bem isto em 2003: como uma «metáfora espacial aparentemente natural, mas historicamente contingente», a divisão esquerda/direita é «difusa, adaptável, geral e excecionalmente versátil», e encarna «o princípio do conflito endémico e legítimo entre alternativas em pé de igualdade».

A insistência na metáfora esquerda/direita da política num campo aberto convida a rejeitar a proeminência ou a dominância. A esquerda nunca abandonou totalmente o seu mito de falar pela humanidade. A direita nunca abandonou totalmente a sua autoimagem de cabeça sábia de um corpo social não pensante. Diz-se que a distinção é redundante ou usada, mas persiste. Os pensadores de direita e de esquerda têm mais facilidade em reconhecerem-se como mutuamente opostos. Sem um adversário, a discussão e — pelo menos para um liberal — a própria política morrem.

VII. Dilemas para os conservadores

Em 1962, refletindo nas dificuldades de ser um conservador, Clinton Rossiter chamou ao conservadorismo a «persuasão ingrata». O pensador alemão Niklas Luhmann pensava numa coisa semelhante quando escreveu — para inverter a ordem da sua observação sarcástica — que os progressistas acabam normalmente em frustração, enquanto os conservadores começam frustrados. Os conservadores começaram como governantes inatos que perderam a autoridade, mas reconquistaram-na chegando a acordo com os liberais e os democratas aos quais haviam começado por se opor. Viram-se ao comando de um mundo moderno que não podiam amar sinceramente.

A frustração não é temperamental, mas política. Os conservadores podem ser mal-humorados ou alegres na sua frustração. Depende de quem e quando. Quando a sorte histórica vai contra eles, os conservadores mal-humorados dizem: «Eu bem avisei.» Os conservadores alegres — no espírito de bonomia de Hume — riem-se da frustração como aquilo que é de esperar da «política da imperfeição». Além disso, tratar o conservadorismo como um temperamento moral parece ser demasiado sensível ao tempo. Um politólogo americano, Herbert McClosky, estudou os conservadores em 1958 e achou-os tipicamente «alienados», «submissos» e «um tanto desanimados». Um psicólogo social, Jonathan Haidt, fez o mesmo e, em *The Righteous Mind* (*A Mente Moralista*, 2012), concluiu que o conservador típico está mais em harmonia com as exigências da vida do que o liberal típico. Sendo assim, perguntamo-nos porque é que os conservadores parecem hoje tão zangados. Talvez a questão seja que o conservadorismo é uma categoria da política e não da psicologia social.

O conservadorismo político é frustrante porque o seu dilema nunca desaparece. Ao apelarem à unidade social e à fé comum, os conservadores serão sinceros ou cínicos? O seu modo preferido de ação é a postura corajosa ou o compromisso lamentável? Terão princípios segundo os quais decidem o que manter no meio da destruição criativa do capitalismo, ou será apenas uma perseguição improvisada daquilo que funciona *aqui e agora*, seja onde e quando for?

Muitos conservadores pensam que a unidade e a ordem na sociedade dependem de uma fé comum. Esta fé não tem de ser religiosa, mas tem de ser suficientemente séria e forte para unir as pessoas em torno de lealdades irrefletidas. Sendo assim, surge uma questão para os conservadores: as pessoas devem ter essa fé por ser verdadeira ou porque a sua crença é útil para a ordem social? Para que se acredite por mera devoção nas instituições de que dependem a paz social e a ordem e que estas sejam protegidas do olhar da crítica esclarecida, as suas origens contingentes e os seus fins por vezes egoístas devem ser velados por uma aura de mística. Ou seja, a sociedade precisa de proteção desse grampo da sátira moral: o desmascaramento dos interesses egoístas atrás das virtudes publicamente proclamadas. Desmascarar a sociedade e a própria civilização tal como praticado pela «hermenêutica da suspeita» (Marx, Nietzsche e Freud) constituía para os conservadores (e não apenas para estes) uma ameaça mais grave. Podia ser respondido desafiando os factos desmascarados ou concordando que a sociedade e a civilização são, de facto, máscaras, mas máscaras necessárias.

A ideia de que uma qualquer ortodoxia usável era necessária para a paz social estava latente nas apreensões de Richard Hooker quanto ao zelo puritano e à doutrina católica subjacentes à sua legitimação do acordo religioso isabelino. Estava explícita na obra de Hobbes e Espinosa. Em *De Cive* (1651), Hobbes escreveu sobre o dever do soberano de manter um controlo firme sobre as universidades para que não formassem pensadores sediciosos que, se fossem inteligentes, perturbariam a «boa doutrina» da qual dependia a paz civil ou, se fossem estúpidos, incitariam os ignorantes do alto do púlpito comum. Espinosa, que desconfiava dos clérigos e das igrejas, afirmou no *Tratado Teológico-Político* (1670) que, embora as crenças de uma pessoa fossem privadas e não pudessem ser controladas a partir do exterior, a oração em público era uma questão social. «Se quisermos obedecer corretamente a Deus», escreveu ele no capítulo 19, «a prática exterior da religião deve ser ajustada ao passo da república.» Ou seja, o Estado deve supervisionar uma fé comum para assegurar a ordem social. Cada um à sua maneira, Hooker, Hobbes e Espinosa respondiam ao facto perturbante e aparentemente irreversível da diversidade confessional. Confirmavam aquilo que a Paz de Augsburgo (1555) e os Tratados de Vestefália (1648) haviam politicamente consolidado. A admissão das diferenças religiosas como um facto histórico e o fim do universalismo medieval.

A defesa conservadora da religião como baluarte social podia ser sincera. O líder do Partido Conservador alemão do período guilhermino, Otto von Helldorff, não estava a fingir quando, em 1878, num debate no Reichstag sobre as leis antissocialistas de Otto von Bismarck, subscreveu a ideia de que «só uma visão religiosa da ocupação e do trabalho [...] pode superar a social-democracia». O uso da religião pelo poder também podia ser teatral. Recordemos Chateaubriand que, repugnado com a coroação de Carlos X, se perguntava como alguém podia ser enganado por tal espetáculo. O académico americano Jerry Z. Muller resumiu bem o dilema em 1997: «A família que reza junta pode manter-se junta. Mas os membros de uma família que rezam juntos para ficarem juntos poderão acabar por nem rezar nem ficar.»

A lista dos compromissos que os conservadores defendem ou defenderam é longa. Não inclui apenas o «regime anterior» que perdurou pelo século XIX adentro, o século do domínio dos príncipes, das igrejas estabelecidas, dos privilégios dos nobres, do sufrágio limitado e das inabilidades confessionais; os conservadores também defenderam o autoritarismo plebiscitário, a monarquia constitucional, as constituições escritas ou não escritas, os estados centralizados e federais, a intolerância religiosa e a liberdade religiosa. Muitas instituições que os conservadores tentaram manter colapsaram, perderam a autoridade ou morreram. Será que isto torna o conservadorismo vão, um fracasso heroico, uma postura tragicómica? Seriam os conservadores como os «cavaleiros galantes» do *Don Juan* de Byron, que «lutaram em vão / Por aqueles que não sabiam renunciar ou reinar»?

Os conservadores determinados e «realistas» têm uma resposta pronta. Os costumes servem a ordem social até deixarem de servir. Enquanto servirem, os costumes devem ser mantidos. É tolice escarnecer deles ou miná-los. Depois de enfraquecerem sob a pressão da mudança histórica, os conservadores não precisam de os manter vivos. Os costumes, bem como as normas, as instituições, as autoridades e os modelos não têm valor em si mesmos. Só têm valor na medida em que são úteis para manter a paz social e sustentar a prosperidade. Em vão se pediria a um conservador «realista» uma norma trans-histórica pela qual julgar o que se deve manter e o que se deve abandonar. Recorrem a um consequencialismo histórico que julga a norma por um resultado: o costume é útil no seu tempo?

Mas os conservadores ainda têm de aplicar esse teste. Têm de decidir quando deixar de preservar o que já não se preserva. A sua triagem dos costumes — deixar estar, deixar morrer ou emendar — tem de se basear em mais do que palpites. Sem princípios claros, não é óbvio como se fazem juízos sensatos. Os conservadores exageraram muitas vezes as hipóteses de sobrevivência das instituições que favoreciam, culpando pelo seu colapso não as deficiências internas, mas a interferência maliciosa. Burke considerava que a monarquia e a sociedade francesas estavam num estado irreparável em 1789 porque os advogados e os intelectuais do Terceiro Estado transformaram os Estados Gerais numa disputa fútil sobre constituições ideais. Os conservadores americanos de meados do século XIX, encabeçados por Calhoun, pensavam que a sociedade esclavagista dos estados sulistas teria sido sustentável se os abolicionistas do Norte não tivessem provocado agitações e interferido. Nos anos 1920, os conservadores alemães, irreconciliados com a República de Weimar, afirmavam que a monarquia prussiana poderia ter sido salva se não tivesse sido traída pelos bolcheviques hostis e pelos sociais-democratas tímidos. Um conservador «realista» poderia responder que o teste do juízo conservador residia no registo histórico: apesar dos tipos de fracassos observados, pode dizer-se que os conservadores adaptativos acertaram mais do que erraram ao julgarem quando defender instituições ou valores abalados e quando ceder à mudança inevitável. Esta razão histórica, mesmo que fosse verdadeira, não mostraria os princípios que subjazem, pelo menos nesta defesa, àquilo que parece ser uma série impressionante de palpites astuciosos.

VIII. A luta por uma tradição

A história do conservadorismo pode ser contada, na expressão de um *tory* britânico dos anos 1920, como «a aventura infindável dos homens que governam» (e, ultimamente, das mulheres que governam). Também envolve o debate político-filosófico sustentado e multilateral. Sem o debate, a história não tem sentido, como se os aventureiros não fizessem ideia da aventura em que se encontravam. Sem a aventura, as discussões e as ideias giram sobre si próprias sem conteúdo histórico. Em quatro períodos, com datas para maior clareza, contamos aqui histórias paralelas de partidos e políticos conservadores, bem como ideias e pensadores da mesma linha.

No seio de uma mudança destabilizadora, os primeiros conservadores procuraram ordem nas instituições estabelecidas (Coroa, Igreja e aristocracia), nas normas legais estabelecidas (propriedade e património) ou nas formas sociais estabelecidas (deferência, fé e lealdade). A modernidade liberal foi generosa a manter o seu opositor dialético ocupado a matar gigantes e a opor-se a inimigos: em primeiro lugar, o capitalismo liberal, destruidor da ordem política anterior (meados do século XIX); depois, as exigências da democracia económica, quer na sua forma mais fraca reformista, quer na sua forma mais forte socialista (finais do século XIX e inícios do século XX); e, por último, a democracia ética e cultural, uma anarquia onde vale tudo, como a viam os conservadores, que a culpavam pela indulgência liberal e pela má filosofia (finais do século XX e inícios do século XXI). Em cada período, os conservadores tiveram de reformular e repensar os seus compromissos originais, que haviam sido herdados dos críticos da revolução: unidade social, autoridade dos costumes, descrença no progresso e na igualdade, limites da ação política.

Ao longo de toda a histórica conservadora, há um contraste entre o sucesso político e a incerteza intelectual. A direita tradicional afirma que governou e geriu a democracia liberal de forma mais sensata do que a esquerda. Diz ter gerido melhor as exigências antagónicas da sociedade moderna — de inovação e estabilidade, de eficiência económica e igualdade social, de abrangência global e bem-estar local. Se lhes perguntarem o que defendem, os conservadores de compromisso apontarão para o seu longo historial de governo dominante de democracia liberal e para a democracia liberal, apesar de todas as suas falhas, como o menos mau de todos os sistemas políticos. Para os que duvidam da direita e que questionam esta imagem, a direita liberal tradicional é complacente e está desligada da realidade. Na política partidária, para a direita dura, o *statu quo* liberal moderno não é motivo de orgulho, mas é algo que tem de ser derrubado. Fora da política partidária, para os críticos éticos e culturais da direita, o mesmo *statu quo* é uma maneira errada e horrível de viver.

No fluxo moderno, que valores devem os conservadores manter e quais devem abandonar? Terão os conservadores uma ortodoxia intelectual própria ou apenas um conjunto de críticas e queixas antiliberais? Será o conservadorismo uma tradição substantiva com valores distintos ou uma tradição estilística de administração prudente? Estas questões percorrem toda a história conservadora. Ao longo desta história, também há o debate sobre até que ponto se devem fazer cedências à modernidade liberal. Este debate confere vitalidade e forma ao conservadorismo. Faz dele uma luta pela tradição em dois sentidos. Os conservadores lutam para identificar e proteger tradições minadas pela modernidade liberal, e lutam entre si mesmos pela propriedade da sua própria tradição conservadora.

PARTE III

A PRIMEIRA FASE DO CONSERVADORISMO (1830–1880)

RESISTIR AO LIBERALISMO

O ANO DE 1830

As populações, o comércio e as viagens estavam a crescer depressa. A França tinha 33 milhões de habitantes; a Grã-Bretanha, 24 milhões; e os Estados Unidos, 13 milhões, dos quais dois milhões eram escravos. Sobrelotada, Londres acolhia 1,5 milhões de almas e Paris tinha 800 000 habitantes. Berlim tinha 250 000; e Nova Iorque, 200 000. A maioria dos cidadãos franceses vivia e trabalhava no campo. Na Grã-Bretanha, um quarto trabalhava nas cidades, muitos em fábricas. A esperança de vida à nascença era de cerca de 40 anos. As crianças que sobreviviam aos 10 anos podiam esperar viver até aos 50.

Manchester e Liverpool ficaram ligadas por caminhos de ferro. A máquina de coser e o cortador de relva foram patenteados. O editor alemão Baedeker planeou os seus primeiros guias turísticos. O Altes Museum neoclássico de Schinkel abriu em Berlim.

Entre os livros publicados, incluíam-se os *Princípios de Geologia* de Lyell, *O Vermelho e o Negro* de Stendhal e o *Livro de Mórmon* de Joseph Smith. A *Sinfonia Fantástica* de Berlioz estreou-se em Paris.

William Hazlitt e Benjamin Constant morreram. Camille Pissarro, Emily Dickinson, Robert Gascoyne-Cecil (lorde Salisbury) e Louise Michel, anarquista deportada da Comuna de Paris, nasceram.

Em Paris, a monarquia da Restauração foi derrubada. Na Grã-Bretanha, um partido *tory* dividido perdeu o poder para os *whigs* reformados. Nos territórios germânicos, as cortes conservadoras sufocavam os apelos à liberdade e à participação popular. Os democratas jacksonianos e os *whigs* protorrepublicanos dividiam a política americana. Os conflitos agravaram-se entre o Norte livre e industrial e o Sul agrário e esclavagista.

O presidente Jackson assinou o *Indian Removal Act*, uma lei que o autorizava a transferir tribos índias para além do Mississípi. Tropas francesas começaram uma ocupação sangrenta da Argélia.

3

PARTIDOS E POLÍTICOS

UMA DIREITA SEM AUTORIDADE

Os primeiros liberais consideravam-se construtores. Viam a sua tarefa como a de substituir uma estrutura de governo rígida e mal-adaptada que fora abalada pela mudança social. Viam-se como as novas autoridades da sociedade, que vinham assegurar a ordem política numa nova estrutura flexível depois de as autoridades anteriores terem perdido o controlo e terem sido desacreditadas.

Para os conservadores, a autoimagem lisonjeira do liberalismo assentava num erro. Para eles, os liberais eram subversivos, pouco melhores do que revolucionários. Os conservadores eram o partido natural do governo. Os liberais, pelo contrário, eram usurpadores inexperientes. Os sonhos irrealizáveis e uma imagem errada da sociedade em conflito consigo mesma iriam rapidamente desacreditá-los. A autoridade da direita não fora perdida, mas apenas obscurecida pela politiquice liberal maldosa. A primeira tarefa do conservadorismo era eliminar o erro e restabelecer a sua autoridade.

O sonho do restabelecimento interpretava mal o equilíbrio das forças sociais e não compreendia o carácter do novo jogo político. É verdade que as elites fundiárias, os notáveis locais, os nobres, os fidalgos rurais, os *Honoratioren* e as velhas hierarquias e instituições sobreviveram, com muitos dos antigos poderes intactos. De facto, eles e os seus auxiliares conservadores — juízes, funcionários, oficiais militares, sacerdotes e professores — sobreviveriam durante grande parte do século XIX. Em 1880, na Grã-Bretanha, 325 dos 652 deputados da Câmara dos Comuns eram jovens pares, baronetes ou fidalgos. Em 1912, na Alemanha, dois em cada cinco membros do Parlamento do Partido Conservador alemão eram aristocratas com títulos. A modernidade liberal, porém, trouxe uma mudança profunda que acabou com a aparência de continuidade.

A autoridade incontestada destas elites desapareceu. Para que fosse detido e conservado, o poder tinha de ser disputado, partilhado e trocado. Se a direita quisesse reclamar a autoridade — ou seja, o poder aceite, estabelecido e legítimo —, teria de lutar por ele. Os liberais, que havia minado a legitimidade do regime anterior, não eram todos escrevinhadores invejosos e arrivistas, como Burke caricaturou os franceses de 1789. Em certo sentido, os liberais eram apenas mensageiros. Falavam em nome de um novo tipo de cidadão exigente, que gostava de questionar a autoridade e em cujo consentimento se baseava agora grande parte da nova ordem. Este cidadão, observado pelo olhar mais arguto de Benjamin Constant pouco depois de Burke, pertencia às classes médias, das quais dependeriam a ordem social e a prosperidade económica. Os conservadores teriam de convencer e conquistar essas pessoas.

Quando a política partidária moderna surgiu em inícios do século XIX, os conservadores enfrentaram uma escolha estratégica. Podiam tentar recuperar a autoridade incontestada, quer como restauradores com o olhar no passado (os ultrarrealistas franceses pré-1830, os absolutistas alemães pré-1848) ou como autoritários num esforço para controlar o presente (Napoleão III, Bismarck). Ou podiam abandonar os sonhos de controlo absoluto, aceitar a paridade com os liberais e lutar para ganharem o novo jogo segundo as regras do liberalismo. A segunda foi a escolha maioritária da direita britânica e, com exceção do Sul, da direita americana. Para isso, os conservadores teriam de aceitar uma política de autoridade contestada e de debate constante. Teriam de lutar pelo controlo numa moldura de governo que gozava da preferência dos liberais.

Esta moldura liberal incluía uma soberania parlamentar, direitos de voto alargados e igualdade cívica. Dava corpo aos grandes ideais liberais de poder limitado e de respeito igual. Estes ideais, por seu lado, recebiam o seu conteúdo da moldura institucional que eles defendiam. Além disso, como os liberais acreditavam que a sociedade podia melhorar, favoreciam um Estado com alcance e autoridade para promover o progresso social e desbloquear o que se interpusesse no seu caminho, ou seja, promoviam os grandes Estados-nação unificados, os mercados não divididos e os poderes centrais consolidados. Quando surgiu em inícios do século XIX, esta moldura liberal impôs uma escolha aos conservadores. Alguns conservadores esforçaram-se por se adaptar, outros por substituir a moldura por alternativas não liberais. Os poderes do Parlamento, os direitos dos cidadãos e o alcance do Estado tornaram-se temas de discussão entre os próprios conservadores.

A forma, intensidade e oportunidade da escolha variavam. Na França, depois de 1789, as velhas autoridades sociais e as antigas estruturas políticas desapareceram. Era preciso estabelecer novas autoridades e estruturas. A tarefa de encontrar uma nova moldura duradoura prolongou-se até aos anos 1880, em parte porque a direita francesa dificultou enormemente essa procura. Só com a aquiescência da direita moderada a democracia liberal começou a consolidar-se na Terceira República Francesa. Na Grã-Bretanha, após 1830, surgiram novas autoridades sociais; as velhas estruturas institucionais foram conservadas, mas democraticamente adaptadas. Neste país, a direita também fez uma longa retirada estratégica, que terminou com o compromisso e a preparação para a recuperação do século XX. Na Alemanha, os velhos poderes sobreviveram, mas lutaram por uma autoridade democrática em estruturas improvisadas e híbridas criadas nos anos 1860 e 1870. Desmoronaram-se em inícios do século seguinte sob a pressão democrática e por causa da guerra. Nos Estados Unidos divididos, a criação de novas estruturas e de novas autoridades foi trabalhada nos anos 1870 e até depois, consolidando-se apenas em meados do século XX. Em cada país, o sucesso da modernidade liberal dependeu fortemente do modo como a direita escolheu entre o compromisso ou a resistência.

I. Improvisações da direita francesa

Na França, o compromisso revelou-se a escolha acertada para a direita. Em finais do século XIX, o liberalismo democrático estabilizara. Para aí chegar, foi preciso percorrer um caminho sinuoso e difícil. As outras vias para a direita — reação, autocracia — foram tentadoras. Nos momentos de agitação republicana ou democrática da esquerda — 1848 e 1871 —, o medo da revolução uniu a direita, que se debatia em torno das alternativas que seriam menos más. O absolutismo limitado da Restauração Bourbon (1815–1830) derrotou-se a si próprio. De 1830 a 1848, governada pelos *notables* orleanistas, a monarquia liberal promoveu os mercados modernos num Estado central, mas ignorou as pressões a favor da democracia até à explosão de 1848. O bonapartismo (1848–1870) teve sucesso durante algum tempo ao combinar o liberalismo económico, a autocracia plebiscitária e a recuperação do poder da Igreja, mas cedeu à reforma liberal e derrotou-se a si próprio ao provocar a guerra com uma Alemanha mais forte. O monarquismo acabou de forma ridícula na primeira década da Terceira República (anos 1870) com três pretendentes — um legitimista, um orleanista e um bonapartista — a lutar, como Thiers disse, por uma cadeira vazia.

Na França, a ideia de que a contenda esquerda/direita exigia um vencedor final revelou-se tenaz. Na direita, os apoiantes da reação, da monarquia liberal e da autocracia viam o Estado francês como um prémio a ser capturado e usado ao serviço, respetivamente, da velha ordem, dos proprietários ricos ou desse ente imaginado, o povo, pensado como a classe média sensata e proprietária. O mesmo faziam os republicanos, os democratas e os socialistas do outro lado, que queriam conquistar o Estado para o povo, pensado sem classes e com cidadãos iguais, ou sob uma perspetiva de classe, como as massas trabalhadoras. A esquerda podia afirmar que falava por todos, mas só com relutância ouvia a direita. Adorava imaginar que a direita e os interesses que esta representava eram uma minoria pequena em recuo que, de alguma maneira, poderia ser totalmente banida da política.

Só em 1870, com a chegada da Terceira República — após os fracassos sucessivos dos restauradores, dos monárquicos de Julho, dos republicanos de 1848 e dos bonapartistas em encontrarem uma moldura de ordem moderna na mudança capitalista —, é que a ideia liberal de conflito sem vencedores finais foi aceite pela direita. Mesmo então, não foi aceite por toda a direita. Politicamente, uma franja antirrepublicana estava irritada e opunha-se. Intelectualmente, as fontes da democracia liberal eram vistas como corrompidas. A primeira parte da história da Revolução Francesa de Taine, publicada pouco depois da instauração da Comuna de Paris, descrevia como 1789 resultara não só de um «longo suicídio» das elites francesas, mas também das ideias iluministas que minaram a tradição: a irreligião de Voltaire, o desprezo pela sociedade e a adoração da natureza de Rousseau, e a confiança desmesurada na razão para criar e sustentar novas instituições.

Os erros e o fracasso da reação pós-napoleónica foram uma dádiva generosa para progresso francês. Com efeito, os 16 anos da Restauração (1815–1830) mataram o monarquismo francês, deixando-o como um fantasma morto-vivo após 1830, mas sem esperança de vida. Sob o regime de Luís XVIII e da *Charte* constitucional, um tímido afastamento semirrepresentativo do absolutismo, a Restauração estabilizou e fizeram-se aberturas à reforma. Quando Luís morreu (1824), o seu irmão obstinado assumiu o trono como Carlos X, governando com o apoio dos ultrarrealistas. Em julho de 1830, quando Carlos encerrou a assembleia recentemente eleita, impôs a censura e excluiu os eleitores da classe média, os protestos espalharam-se por Paris, com os banqueiros, os jornalistas, os apoiantes do ramo real orleanista e as pessoas comuns a dizerem claramente que estavam fartos. Após três «dias gloriosos» de protesto, de barricadas e de ocupação de edifícios públicos, Carlos abdicou no início de agosto. Fugiu para a Inglaterra, onde o primeiro-ministro Wellington lhe deu permissão para entrar sob um nome fictício.

No entanto, os conservadores ganharam ânimo com as desilusões da monarquia liberal que se seguiu de 1830 a 1848 e com o fracasso da Segunda República Francesa em 1848–1851. Do ponto de vista das classes, a queda dos Bourbons assinalou o triunfo de uma burguesia em ascensão. Politicamente, o controlo passou para os monárquicos liberais, os orleanistas. Luís Filipe, filho do regicida duque de Orleães, assumiu o título de Rei dos Franceses e era conhecido como «rei cidadão». Marx estava perto da verdade ao chamar à Monarquia de Julho uma sociedade por ações. Os interesses financeiros dos credores foram servidos, ainda que os cargos governamentais e a autoridade permanecessem nas mãos dos *notables*. Dos mais de 60 ministros, a maioria vinha das altas profissões ou da aristocracia. As empresas conquistaram mais liberdade na lei. Os caminhos de ferro expandiram-se: o Estado mantinha os impostos baixos, contraía grandes empréstimos e pagava as linhas ferroviárias, enquanto empresas privadas geriam os comboios. A perspetiva governamental da Monarquia de Julho era economicamente liberal na sua simpatia pelo progresso capitalista, mas hostil à democracia eleitoral. Isto era exemplificado no liberalismo antidemocrático de direita de François Guizot. As suas palavras de ordem eram paz, compromisso e uma política de «meio-termo». No entanto, o liberalismo hierárquico de Guizot de liberdade económica para as empresas, combinado com o direito limitado de voto e o controlo político apertado, não era estável.

O fim da Monarquia de Julho chegou em fevereiro de 1848, após o colapso financeiro e as más colheitas de meados dos anos 1840. Os apelos à reforma não eram ouvidos por um governo que fechava os olhos aos acontecimentos. As campanhas a favor de mudanças encheram as ruas de Paris. Num sarau, a confidente de Guizot, Madame Lieven, uma conhecida espiã russa, falava ansiosamente com o chefe da polícia. Perguntaram a Guizot sobre os motins. «Ah» disse ele, «não se preocupem com *isso*.»

Poucos dias depois, fora demitido pelo rei e estava numa carruagem a caminho do exílio na Inglaterra, disfarçado de lacaio alemão. Numa escaramuça às portas do Ministério dos Negócios Estrangeiros, soldados nervosos dispararam contra uma multidão de manifestantes, matando muitos deles. Barricadas foram erguidas em Paris. O rei abdicou a favor do seu neto de nove anos, uma admissão tácita de que a autoridade do Estado chegara ao fim. No vácuo, a Segunda República Francesa foi declarada.

O primeiro partido moderno francês de direita foi formado em maio, quando alguns deputados monárquicos se reuniram na Rue de Poitiers para organizar uma defesa conservadora. A perspetiva de uma mudança que não controlavam assustava os *notables* e a classe média de França. Pouco importava que a mudança viesse de uma legislatura popular ou das ruas de Paris; ambas as hipóteses eram alarmantes. Os medos da classe média diminuíram quando as eleições de abril deram maioria aos antirradicais, mas regressou quando as reivindicações económicas dos pobres e dos desempregados se tornaram mais ruidosas. As palavras de ordem da Rue de Poitiers eram «Ordem, propriedade, religião». O partido da ordem incluía legitimistas e orleanistas, absolutistas e constitucionalistas, liberais e antiliberais. Não contava com democratas. Ninguém confiava na república.

No partido da ordem, destacavam-se Guizot e Thiers. Cada um deles exemplificava um compromisso conservador distinto com a modernidade liberal. O paternalista e antidemocrático Guizot, que só regressara da Inglaterra em 1850, era defendido pelos seus seguidores da Rue de Poitiers. O seu liberalismo hierárquico não se ajustava às pressões populares. Por contraste, o experiente e adaptável Thiers desempenhou papéis importantes na Monarquia de Julho, na Segunda República, no Segundo Império e na Terceira República. A sua carreira acompanhou as várias fases da reconciliação conservadora com a democracia liberal: oposição aos ultrarrealistas e reação como o «partido do movimento» (anos 1820), apoio à monarquia constitucional (1830–1848), rejeição do monarquismo e, por fim, adoção da democracia liberal como primeiro presidente da Terceira República (1871–1873).

O bonapartismo parecia oferecer uma alternativa à direita francesa. Recentemente regressado da Inglaterra, Luís Napoleão apoiou-se numa terceira moldura, a autocracia plebiscitária. Combinava os ganhos a breve prazo e os erros a longo prazo da reação monárquica e da democracia jacobina. Durante três anos, Luís Napoleão governou como presidente da República, supervisionando as medidas conservadoras para voltar a colocar a Igreja Católica a cargo da educação (as leis Falloux, 1850–1851), amordaçar a imprensa socialista e providenciar apoios sociais, a fim de roubar as ideias da esquerda. Nenhuma destas medidas atenuou as queixas ou acalmou a dissidência. As vitórias dos radicais nas eleições para a Assembleia Nacional voltaram a alarmar a direita. Em dezembro de 1851, Luís Napoleão e o seu ministro do Interior lançaram a Operação Rubicão, um golpe contra a república que lideravam. A polícia prendeu vários opositores, incluindo Thiers, que começara por apoiar Napoleão. Um plebiscito manipulado aprovou o golpe. Seguindo uma sequência do seu tio, Napoleão foi nomeado presidente durante dez anos e, depois, imperador (novembro de 1852).

Mais tarde, Luís Napoleão gracejou, dizendo que o Segundo Império não podia ser catalogado. A imperatriz era uma legitimista; o seu primo Jérôme era um republicano; ele próprio era um socialista; e o seu aliado Charles de Morny era um orleanista. De facto, o Segundo Império foi uma experiência de modernização hierárquica com mercados mais livres e um Estado mais forte, mas com uma política limitada. A sua reivindicação de autoridade baseava-se naquilo a que hoje se chama legitimidade de desempenho, ou seja, criava ordem social e prosperidade crescente, enquanto negava liberdades civis e políticas.

O regime, porém, raramente parecia estável ou duradouro. Entre os agentes do controlo estatal, os autarcas franceses, incluíam-se reformadores autoritários, reformadores liberais, velhos reacionários e democratas moderados, mas não havia opções para a mudança porque grande parte do debate público fora silenciado. Os notáveis orleanistas — Charles de Rémusat, Victor e Broglie, Tocqueville — foram postos de lado para escreverem memórias e histórias. O seu liberalismo de direita vivia do silêncio. Era secular, pouco interessado na glória nacional e entusiasta dos pequenos orçamentos. Nos anos 1860, o império tornou-se mais liberal, tanto no plano económico como político: acordos de comércio livre com a Grã-Bretanha e a Prússia, mais leis empresariais, concessões políticas e maior abertura da imprensa. Como acontece muitas vezes com as autocracias, o fim do Segundo Império veio quando se liberalizou e pagou o preço das aventuras provocatórias no estrangeiro. Os exércitos de Napoleão III foram derrotados numa guerra imprudente com a Prússia (julho–setembro de 1870), o próprio imperador foi capturado e enviado, através da Alemanha, para o exílio na Inglaterra.

A Terceira República Francesa foi declarada numa capital cercada pelo inimigo. Quando, para selarem a vitória e o fim da guerra, os Alemães sitiaram Paris, os Franceses negociaram a paz. Cansados da guerra, os eleitores escolheram um governo de direita dirigido pelo indomável Thiers, que aceitou uma paz severa. No entanto, Paris estava inconformada. Os radicais ocuparam os seus assentos parlamentares. Estavam repugnados com a capitulação francesa, furiosos com a ajuda do governo aos credores do Estado enquanto a cidade passava fome e estimulados pela esperança da conquista de direitos civis e de reforma social. Depois de as tropas regulares se terem aliado a uma milícia de Paris radicalizada em março de 1871, Thiers retirou o exército para Versalhes. Sitiada por um exército hostil, abandonada pelos seus próprios defensores e despojada da autoridade do Estado, Paris elegeu uma comuna autogovernada com cerca de 90 membros, ainda mais radicalizada quando 20 delegados dos *arrondissements* ricos recusaram ocupar os seus lugares.

Como Marx admitia, a Comuna não era socialista nem proletária. Os seus membros eram, na sua maioria, artesãos independentes ou pequenos profissionais. Os discursos anarquistas e utópicos enchiam os clubes políticos. Os objetivos práticos da Comuna eram menos ambiciosos: mais autogoverno para Paris e ajuda para os artesãos e os pequenos empresários. A Comuna durou 72 dias, pouco tempo para alcançar qualquer objetivo, mas suficiente para que Thiers se reagrupasse e enviasse o general Mac Mahon para esmagar, com grande brutalidade, uma revolta espontânea que o seu governo muito contribuíra para provocar. Os factos da Comuna depressa passaram a importar menos que os seus mitos. Para a esquerda, 1871 foi outra esperança perdida, acrescentada às de 1793 e de 1848. Para a direita, mostrara os limites da democracia e os perigos da populaça.

A Terceira República sobreviveu ao seu nascimento turbulento e aos seus primeiros anos incertos com uma direita recalcitrante que esperava estancar a maré democrática. Depois de 1871, porém, as opções para a direita francesa diminuíram rapidamente: aceitar o liberalismo democrático como o quadro político vigente ou enfrentar a irrelevância. Thiers eliminara a Comuna e evitara a ocupação alemã, mas com um custo pesado: a perda da Alsácia e de parte da Lorena, esta extorquida por Bismarck em troca da redução da grande indemnização devida pela França. Os antirrepublicanos não estavam tranquilizados. Os sonhos monárquicos reanimaram-se. Graças a uma vitória eleitoral esmagadora (1871), a direita controlava o Parlamento e os antirrepublicanos controlavam a direita. O Parlamento recompensou Thiers substituindo--o na presidência (1873) por Mac Mahon, o carniceiro da Comuna. No entanto, os antirrepublicanos estavam demasiado confiantes, com pretendentes Bourbons, orleanistas e bonapartistas a competirem em vão por um trono que a nação já não queria. Os conservadores reconciliados hesitaram, permitindo que o Parlamento aprovasse leis constitucionais, em 1875, que consolidaram um regime republicano e parlamentar, com sufrágio masculino universal, um Parlamento forte e um presidente fraco durante sete anos.

A direita irreconciliada fez uma última tentativa para deter a república no seio das instituições que detestava, mas que não compreendia. Quando Mac Mahon avaliou erradamente a sua autoridade e demitiu um primeiro-ministro reformador em 1877, a direita francesa esperou ganhar as eleições seguintes, não sabendo que a opinião conservadora mudara. Os conservadores moderados haviam-se rendido à república, admitindo trabalhar com os republicanos moderados. Ambos viam um inimigo comum no socialismo em ascensão. Os partidos pró-republicanos venceram as eleições, conquistando quase o dobro dos assentos parlamentares. A direita recalcitrante foi esmagada. As suas opções práticas estavam fora do Parlamento, na rua, o que, apesar do ruído e do tumulto, revelou ser um beco sem saída.

II. O coração dividido da direita britânica: Peel ou Disraeli

Como os conservadores britânicos evitaram os impasses e as calamidades da direita vividos na França e na Alemanha no século XIX, é tentador tratar o conservadorismo da Grã-Bretanha como uma exceção histórica, talvez um tipo muito específico. Em contrapartida, a continuidade e o bom senso aparentes da política britânica eram admirados, invejados e mal entendidos pelos pensadores conservadores do continente, desde Rehberg e Stahl, na Alemanha, até Guizot, Rémusat e Thiers na França. Pensava-se que a Grã-Bretanha tivera a sua guerra civil e a sua «revolução» no século XVII, mas, em finais do século XIX, estava a entrar na modernidade capitalista com uma moldura estável de instituições familiares e de competição bipartidária. Parecia que a paridade esquerda/direita integrara o reconhecimento mútuo das principais fações. Dado que a Grã-Bretanha não tinha uma constituição escrita, não havia nada para escrever, reescrever ou rasgar; por isso, não havia pontos de rutura para perturbar uma atraente imagem institucional de continuidade e origens seminaturais. As ruturas e inovações óbvias — a remoção de um rei católico suspeito, a imposição de reis holandeses e, depois, alemães, a revolta da América britânica, a criação de um comércio moderno de escravos, a predação comercial da Índia, a introdução de um império administrativo no século XIX, as linhas de fratura nacionais dentro de um Reino Unido, as só de nome —, foram ignoradas ou engenhosamente defendidas como muito diferentes do que pareciam. Longe de ruturas ou de novidades, estas mudanças foram explicadas de modo variado como um regresso a velhas práticas, como expedientes lamentáveis, mas temporários, como a extrusão de elementos estrangeiros, uma recuperação de direitos consuetudinários ou como a extensão natural da nação britânica.

Hume, um *tory* com sentimentos *whig*, ironizava sobre a natureza colusiva da luta partidária na Grã-Bretanha, pensando como era difícil distinguir *tories* e *whigs*. Os seus próprios nomes eram termos hostis de escárnio adotados pelos seus alvos. Em irlandês, *toraigh* significava «campónio» ou «bandido». Foi usado politicamente pela primeira vez em finais do século XVII por protestantes da corte contra a Coroa Stuart. Os «whigamors» eram protestantes escoceses (anos 1640) que se manifestavam contra a Igreja inglesa. Abreviado para «whig», o termo foi usado pela fação de Jaime contra os inimigos anticatólicos.

Durante grande parte do século XVIII, a competição por cargos e privilégios foi menos entre *whigs* e *tories* do que entre os próprios *whigs*. Disputaram a influência com a Coroa até à sucessão hanoveriana de Jorge I, em 1714, após a qual o apoio *tory* inflexível a uma restauração Stuart desacreditou o partido na corte, mas não nos assentos do Parlamento. Os ministérios foram largamente dirigidos por círculos *whigs* até aos anos 1760, quando a dívida de guerra e a agitação colonial esgotaram as capacidades executivas, obrigando Jorge III, coroado em 1760, a procurar mais poder para a Coroa e a libertar o governo da fação. Jorge era apoiado pelos *whigs* de Pitt e sofria a oposição dos *whigs* de Rockingham, cujo porta-voz parlamentar era Burke. Parecia que a querela de Bolingbroke entre a corte e o país havia regressado, opondo os poderes centrais e os poderes locais, Whitehall e «o povo». De facto, o radicalismo e a revolução estavam a constituir uma nova divisão, a partir da qual se formaram os partidos pós-oligárquicos e modernos da Grã-Bretanha. Em 1794, os *whigs* de Rockingham, agora liderados por Portland, dividiram-se quanto à Revolução Francesa. Fox, um antigo aliado de Burke, mas entusiasta de 1789, favorecia a paz com a França revolucionária. Portland apoiava Pitt, *o Novo*, na sua ideia de unir a Europa para uma guerra contrarrevolucionária. Os *whigs* Pitt-Portland tornaram-se *tories*. Os seguidores de Fox, como anti-*tories*, mantiveram o seu rótulo de *whigs*. Os rótulos partidários continuaram a ser usados até meados do século XIX. Em 1834, os *tories* renomearam-se oficialmente como conservadores; em 1859, os *whigs* passaram a chamar-se liberais.

No estabelecimento ou na resistência a uma moldura moderna liberal da política, o toryismo do século XIX teve momentos decisivos de escolha política (extensão do sufrágio, 1832 e 1867), de escolha económica (comércio livre ou proteção, 1846) e de escolha ético-cultural (emancipação católica, 1829). As figuras que enfrentaram estas escolhas e lideraram o partido neste período foram Peel, Derby, Disraeli e Salisbury. Peel, um liberal de direita, dividiu o partido em torno da emancipação católica e da abolição das Leis dos Cereais protecionistas. Ao longo de décadas de oposição, dos anos 1840 aos anos 1870, Derby e Disraeli conduziram habilmente o conservadorismo para a conciliação com a democracia liberal. Na sua juventude, lorde Salisbury era um *tory* radical e, depois de 1880, tornou-se um conservador pragmático. (Regressaremos a ele na parte IV.) Derby e Disraeli deixaram a Salisbury as bases de um partido de massas moderno e de sucesso à direita.

O primeiro líder do partido conservador moderno, Robert Peel (1788–1850), foi duas vezes primeiro-ministro (1834–1835, 1841–1846) e, na expressão de Salisbury, traiu duas vezes o seu partido. Enquanto defensor do governo limitado e eficaz, Peel representava metade da alma dividida do conservadorismo britânico. Filho inteligente e devoto de um rico fabricante de têxteis, Peel foi secretário do Interior reformista de 1822 a 1827 no governo de Liverpool e, depois, no de Wellington, de 1828 a 1830, quando suavizou o direito criminal e anulou as inabilidades cívicas para os católicos (1829). A lei abriu os cargos da Coroa e o Parlamento aos católicos leigos (não clérigos), proibiu os padres católicos de usarem vestes religiosas em público e criminalizou a pertença aos Jesuítas ou a qualquer outra ordem católica (ainda que esta proibição não tenha sido estritamente imposta). O apoio relutante de Peel à causa católica não decorria de uma crença liberal na liberdade religiosa, pois era um protestante convicto. Ao invés, partilhava a ideia do seu primeiro-ministro, Wellington, de que a tolerância religiosa era a única via na Irlanda entre a autonomia e a ocupação militar.

A emancipação católica abriu uma brecha entre os *tories* moderados liderados por Peel e os *tories* radicais, liderados pelos conservadores na

Câmara dos Lordes. Peel começou por se opor à Lei da Reforma, mas aceitou-a após a promulgação (1832). A reforma aboliu os «burgos podres» detidos pelos nobres, criou novas circunscrições eleitorais nas cidades do Norte e deu votos aos proprietários ou rendeiros de propriedades no valor mínimo de dez libras, incluindo pequenos agricultores e lojistas rurais, bem como alguns locatários nas vilas. Também definiu legalmente os eleitores como pessoas do sexo masculino. A reforma aumentou o eleitorado de cerca de 500 000 pessoas, número estimado na ausência de um registo nacional, para cerca de 750 000, mais ou menos sete por cento da população adulta. Quando os Lordes bloquearam uma primeira versão do projeto-lei, eclodiram protestos nas vilas e nas cidades, que esperavam ter representação pela primeira vez. Em Bristol, os revoltosos agitaram a cidade durante três dias.

As esperanças de Peel para o conservadorismo britânico consistiam em reunir os liberais económicos em defesa da ordem estabelecida, opondo-se assim os *tories* ultras, mas sem proceder a reformas radicais. O nome «conservador» estava em vigência. Com o auxílio do diretor do *Times*, Thomas Barnes (1785–1841), Peel redigiu o Manifesto Tamworth (1834), que explicava os dois temas flexíveis que esperava que o seu partido seguisse: a resistência à mudança social desnecessária sempre que possível e o compromisso quando necessário. O manifesto via a Lei da Reforma (1832) como «uma resolução final e irrevogável de uma grande questão constitucional» (ou seja, não haveria mais reformas); prometia, sem cedências, uma «revisão» das instituições civis e religiosas; aceitava reformas sob a forma de «correção de abusos provados» e «admissão de verdadeiras queixas»; mas traçava uma linha contra a mudança incauta e um «turbilhão perpétuo de agitação». Com a derrota eleitoral dos *whigs* em 1841, Peel tornou-se primeiro-ministro. Introduziu um imposto sobre os rendimentos e, fatidicamente, propôs a revogação da Lei dos Cereais, sobre a qual os conservadores se dividiram. A maioria opositora a Peel uniu-se em torno de Derby, enquanto Peel só manteve o apoio de uma minoria conservadora, os peelistas, que se juntaram aos *whigs* — mais tarde, liberais — após a morte de Peel em 1850.

Disraeli descreveu jocosamente a carreira de Peel como «uma longa cláusula de apropriação». É recordado positivamente como criador do conservadorismo liberal e, negativamente, como um dogmático do mercado livre justificado pela fé. O liberalismo económico de Peel, baseado na eficiência, representava metade do conservadorismo. Era parte de um único coração, sendo a outra um apelo unificador à sociedade e à nação. Os apelos conservadores à nação não eram apenas emocionais, mas também económicos. O comércio livre liberal continuou a viver com o mercantilismo *tory* no seio do partido conservador durante o século XX.

Ex-*whig*, Edward Stanley, lorde Derby (1799-1869), foi primeiro-ministro três vezes nos anos 1850 e nos anos 1860, e líder *tory* de 1846 a 1868, nos anos conturbados do partido, quando o conduziu entre o liberalismo de direita de Peel e o *jusqu'auboutisme* dos ultras *tories*. Enquanto secretário colonial para os *whigs*, Derby redigiu a proposta de lei para a abolição da escravatura nas colónias em 1833 que, de forma progressiva durante sete anos, libertou os escravos da servidão e compensou os donos de plantações pela perda de «propriedade» com o equivalente a 20–30 mil milhões de libras esterlinas em valores atuais. Na qualidade de secretário para a Irlanda, deu um apoio estatal modesto ao ensino não controlado pela Igreja. Opositor do reformador católico irlandês Daniel O'Connell, abandonou os *whigs* por causa do enfraquecimento da supremacia anglicana na Irlanda em 1834 e, com o seu pequeno número de seguidores, aliou-se aos deputados conservadores liderados por Peel. O Credo Knowsley de Derby perdeu por pouco para o Manifesto Tamworth de Peel como novo documento fundador do partido. Derby separou-se então de Peel e liderou a oposição à revogação das Leis dos Cereais. Após 1849, foi assistido na Câmara dos Comuns pelo seu protegido Disraeli que, depois da morte de Derby, o afastou em grande medida da epopeia conservadora. Um dos primeiros sinais da crítica liberal conservadora à direita foi o apoio de Derby ao liberal Palmerston em inícios dos anos 1860. Reprovava as aventuras da política externa de Palmerston, mas partilhava a sua hostilidade em relação aos radicais.

Juntamente com Disraeli, Derby foi responsável pela concessão aberta do partido à democracia eleitoral. Derby pensava que era um «salto no escuro», mas «inevitável». Ao contrário dos conservadores de 1832, Derby tinha fundamentos para pensar que o conservadorismo poderia prosperar no jogo democrático. A sua Segunda Lei da Reforma (1867), de que Disraeli foi coautor, quase duplicou o eleitorado nacional (que tivera um crescimento natural) para 2,2 milhões de pessoas (16 por cento da população) ao ajustar a qualificação de propriedade para conceder direito de voto aos pequenos proprietários rurais, rendeiros, artesãos e trabalhadores urbanos.

Fidalgo de Lancashire com uma grande propriedade em Knowsley, então vizinha de Liverpool, Derby era sensível à queixa de que, durante o século anterior, os magnatas ingleses deslocaram os pequenos proprietários e apelou a um registo predial que ele esperava que mostrasse o contrário. (O desfecho foi incerto.) Num espírito semelhante de preocupação paternalista, Derby procurou aliviar os tecelões locais afetados pela falta de algodão durante a Guerra Civil Americana. Membro da classe superior, erudito e tradutor de Homero, sentia-se à vontade com treinadores de cavalos e ajudantes de caça, mas não com a imprensa ou com a classe média, que não entendiam o seu tom distanciado e cansado do mundo. Diz-se que as suas últimas palavras quando lhe perguntaram como se sentia foram: «Entediado até ao cúmulo da extinção.» O sentido público de Derby confinava-se ao Parlamento e o seu conservadorismo era pragmático, mais um estilo de manobra do que um corpo de ideias. Pouco depois da sua morte, um ensaísta vitoriano escreveu que Derby «nada acrescentou de novo ao pensamento político da época», que adotava uma conceção demasiado estreita do pensamento político. Derby era um pragmático conservador que procurava canalizar ou asfixiar a reforma política através da concessão política e do alívio social. Acreditava que os benefícios do progresso vinham com malefícios. Um conservador alerta devia estar atento aos males inesperados. Os caminhos de ferro, por exemplo, destruíram a habitação da classe operária. Da «máquina» imparável da mudança, podiam vir benefícios com «uma mão hábil», mas se a mudança fosse «imprudentemente acelerada», o «desastre ruinoso» era inevitável. O conservadorismo de Derby baseava-se num entendimento intuitivo daquilo a que os estudos sociopolíticos do século XX chamaram funções latentes e consequências inesperadas. A resposta liberal de que as consequências inesperadas podiam ser tanto boas como más não impediu que estas se juntassem ao reportório da direita de argumentos contra a intervenção do governo e a reforma social.

Como estadista, romancista político, líder partidário e primeiro-ministro (1868, 1874–1880), Benjamin Disraeli (1804–1881) sintetizava a acomodação cautelosa da direita britânica à modernidade liberal. *Tory* romântico da «Jovem Inglaterra», Disraeli começou por ser um opositor do alargamento do sufrágio e um defensor das instituições estabelecidas — propriedade fundiária, Igreja Anglicana, Coroa, universidades antigas e lordes —, que, para ele, encarnavam não os interesses, mas os ideais conservadores de lealdade, deferência e fé. Acabou por se tornar um tático e gestor pragmático largamente reconciliado com a democracia de massas, a reforma social e a perda dos privilégios culturais das classes superiores.

Disraeli conferia dava uma forma ficcional e não ficcional às suas ideias políticas. Na sua ficção popular de ideias, Disraeli abrangia o oportunismo de Peel (*Coningsby, or The New Generation* [*Coningsby ou a Nova Geração*], 1844), o conflito social durante a década marcada pela fome, os *Hungry '40s* (*Sybil, or The Two Nations* [*Sybil ou as Duas Nações*], 1845), o império emergente da Grã-Bretanha (*Tancred*, 1847) e a política confessional (*Lothair*, 1870). Um ensaio anterior, *Vindication of the English Constitution* (*Em defesa da Constituição Inglesa*, 1835), era um folheto galopante e não um argumento refletido. Abria com um ataque àquilo que Disraeli via como o centro da filosofia da reforma, o utilitarismo: entendia a felicidade como um estrito interesse próprio; presumia que qualquer pessoa com poder agiria como tirano ou ladrão; então, num salto lógico, defendia o governo democrático exercido por todos. Os utilitaristas, como «novos estudantes», pensavam abstratamente, ignoravam as circunstâncias locais e não percebiam que as boas instituições não podiam ser avaliadas pelo cálculo de «utilidades», mas refletiam o carácter e a história nacionais.

À maneira de Burke, Disraeli chamava ao Estado «uma criação complexa de arte refinada», rejeitava os direitos naturais e via a lei como nascida historicamente por convenção. As robustas instituições britânicas contrastavam com as construções de bugiganga que a França tinha desde 1789. Os experimentadores franceses de 1830 depressa se viram «à cabeça de um povo sem uma constituição, sem possuírem quaisquer elementos para formar uma constituição». Entre o «tumulto geral da Europa», ao qual a Inglaterra também sucumbira, só a Prússia, impassível, autocrática, mas bem governada, permanecia calma.

O ataque de Disraeli às ideias erradas seguia as críticas feitas por Burke. A sua acusação político-partidária fazia eco do romance histórico de Coleridge sobre a harmonia política e social perturbada pela ganância e pelo descontentamento. Segundo a imagem redesenhada por Disraeli, havia dois campos em confronto. Os *whigs* representavam uma oligarquia. Os *tories* defendiam a nação. Num lado, estavam os *whigs* magnatas, banqueiros e dissentes urbanos. No outro, a Coroa, a Igreja e as pessoas comuns, ou seja, os «cavalheiros» dos condados e burgos da Inglaterra. As novas elites comerciais tinham poder sem responsabilidade. Ao contrário dos fidalgos paternais, que cuidavam dos seus rendeiros e trabalhadores, os novos patrões tratavam os seus trabalhadores como fatores de produção que eram comprados e vendidos por valores de mercado. O governo limitado pediria melhor da indústria, não exigiria melhor por lei. Nos anos 1830, a persuasão moral já era uma esperança vazia. Uma vez no governo, Disraeli invocou a lei para proteger os trabalhadores e limpar as cidades. O conservadorismo social de Disraeli foi um pequeno passo na direção do Estado social.

Dois anos antes do seu segundo mandato como primeiro-ministro, Disraeli estabeleceu a base tripla da sua perspetiva geral — as instituições britânicas, o império e «a elevação da condição das pessoas» — no seu Discurso no Crystal Palace (junho de 1872). É discutível se o apego de Disraeli à Coroa, à Igreja e aos lordes seria sincero ou instrumental. Tal como Burke, o apelo de Disraeli à fé e ao sentimento em defesa das instituições estabelecidas tinha um traço de cinismo que nunca se dissipou por completo. A fé religiosa seria boa por ser verdadeira ou por ser útil? Tratava-se de um caso exemplar do dilema atrás observado. A defesa do império no discurso de Disraeli no Crystal Palace era retórica e sentimental. Afirmou que a tentativa liberal de «desintegrar» o império ao mostrar que nunca existiu uma «joia da coroa» tão cara como a Índia — ou seja, tratando o império como uma proposta comercial impagável — falhara porque os liberais ignoravam «a simpatia das colónias pelo país materno». Independentemente dos motivos, Disraeli fora sincero em relação à sua terceira preocupação e, como primeiro-ministro, empreendeu realmente reformas para melhorar as condições de trabalho e a vida na cidade.

Os historiadores discordam sobre em que medida Disraeli merecia os seus rótulos contrastantes de reformador social, democrata popular e *tory* «One Nation» ou Nação Una. Encantador, grosseiro, promotor de si mesmo e frequentemente endividado, era visto pelo seu grande rival, o liberal Gladstone, como «só espetáculo... sem nada de genuíno». Era provável que Disraeli desviasse os ouvintes dos dilemas do conservadorismo com a sua língua dourada. No entanto, na lealdade ao partido, na habilidade de manobra e no faro para o governo, Disraeli sintetizava um elemento distinto da direita britânica: o instinto para a autopreservação em que assenta a continuidade impressionante de um partido dominante. Tal como Baldwin depois dele, Disraeli tinha ouvido perfeito para os sentimentos do núcleo eleitoral conservador, a Inglaterra média: frio diante da pretensão, do privilégio oligárquico e do intelectualismo quando visto em pessoa ou nos opositores, mas fervoroso quando defendia ideias abstratas como a nação, a Coroa e o império.

Juntos, Peel, Derby e Disraeli criaram um partido moderno que aliava os interesses das empresas, da finança e da propriedade fundiária à defesa das instituições familiares da Grã-Bretanha, a Coroa, a Igreja Anglicana e os lordes. Fundindo-se com os liberais de direita, os seus antigos rivais, os conservadores britânicos refletiam as elites sociais que o seu partido, em primeira instância, servia. Ambos tinham capacidade de absorção e de adaptação, preferindo abafar a esmagar os seus inimigos. Este carácter subsistiu no conservadorismo britânico em tempos democráticos. O partido defendia o império e a união com a Irlanda, causas que, na Inglaterra, tinham grande aceitação popular. Além disso, as primeiras bases evoluíram e encontraram novos objetos. Em 1830, o conservadorismo britânico defendia a Igreja Anglicana contra as outras confissões, as quintas contra as fábricas e o campo contra a cidade. Em 1880, a forma ética destas bases — a ortodoxia contra a dissidência, a tradição contra a inovação, a virtude contra o vício — ainda era reconhecível, mas afirmada de forma flexível e mais pragmática. Nas condições urbano-industriais do capitalismo moderno, os conservadores estavam a tornar-se um partido de direita adaptável e de largo apelo democrático. À medida que a sociedade mudava, o sucesso iria depender do modo como ajustavam o equilíbrio destas bases e da abertura à opinião popular.

III. Os conservadores alemães sem caricatura

O espírito que presidia ao conservadorismo alemão era o *Junker*, um fidalgo rural ignorante do leste da Prússia que enganava os camponeses nas feiras com truques baratos, esperando um dia enganar a nação. Foi isto que o poeta Heinrich Heine escreveu num prefácio aos seus despachos políticos de França em 1832. Os censores prussianos cortaram a passagem sobre os *Junkers*, além de muitas outras coisas, ainda que tivesse visto a luz numa edição francesa no ano seguinte. O escárnio de Heine sobre o «rei-cidadão» indolente da França, Luís Filipe, e os políticos dóceis da Monarquia de Julho era moderado comparado com a sua imagem impiedosa da Alemanha dominada por uma classe fundiária retrógrada.

A caricatura de Heine demorou a morrer. Esteve perto de um lugar-comum histórico segundo o qual os *Junkers* prussianos atrasaram e, depois, ajudaram a destruir a democracia liberal na Alemanha. O seu domínio do Estado, do Exército e da Igreja na Prússia para lá de finais do século XIX permitiu a unificação pela guerra, a modernização hierárquica e evasão das liberdades cívicas e da democracia eleitoral que emergiam nos vizinhos «normais» como a França e a Grã-Bretanha. Comparado com o destas, o conservadorismo alemão era unidimensional, estava ligado aos interesses fundiários, era mal organizado e mal adaptado às condições democráticas.

Contudo, havia uma incoerência na caricatura, tal como havia na imagem fatalista das poucas hipóteses da democracia liberal na Alemanha, que se influenciou nessa caricatura. Se os *Junkers* como classe eram uniformemente obtusos, pouco representativos e retrógrados, como é que dirigiram uma nova prática, rica e variada, da política — o conservadorismo — e, ainda mais, uma nação moderna, vasta e complexa? Em meados do século XIX, a Prússia era mais do que um país de fidalgos atrofiados e camponeses mudos. Incluía a Renânia, em rápida industrialização, bem como funcionários públicos, escolas e universidades que conquistaram a admiração do mundo.

Alguns conservadores prussianos eram rústicos. Outros eram professores ou funcionários públicos de direita. Elard von Oldenburg-Januschau, por exemplo, era um *Junker* grosseiro e reacionário, nunca terminou o ensino secundário, adorou o tempo que passou num regimento de cavalaria ulano e é recordado por ter dito aos colegas deputados no Reichstag: «O *Kaiser* deve estar sempre preparado para enviar um tenente e dez homens para encerrarem esta câmara». Tormento de Bismarck no Parlamento prussiano, Hans von Kleist-Retzow (descrito mais à frente) veio da alta classe administrativa da Prússia. Frequentou a universidade e obteve vários diplomas, tendo começado na Schulpforta, a escola exigente perto de Lípsia, onde Nietzsche e Bethmann-Hollweg estudaram.

Longe da perspetiva fixa de uma nobreza prussiana unida, o conservadorismo alemão, como o conservadorismo na França e na Grã-Bretanha, era fértil em conflitos e tensões internas. Os conservadores alemães incluíam radicais e reconciliadores, defensores do *Ständestaat* (antigas prerrogativas e localismo) contra o *Beamtenstaat* (administração moderna e centralismo); as reivindicações antagónicas dos bancos, das fábricas e das quintas; grandes variações regionais; e a divisão religiosa entre protestantes e católicos, que frustrou as primeiras tentativas de criação de um partido conservador moderno na Alemanha entre as reivindicações de liberalização e de representação nos anos 1830. Os conservadores discordavam sobre até que ponto deviam aceitar ou cooptar a oposição liberal e democrática no campo da política moderna.

A direita alemã também se dividia sobre a questão social, que passou para o primeiro plano nos tempos duros dos anos 1840, quando a pobreza entrou no debate político. (O termo *Pauperismus* apareceu pela primeira vez na enciclopédia *Brockhaus* em 1840.) Em 1848, 30 por cento da população de Colónia viveria na pobreza. Os conservadores concordavam que a pobreza, em especial a pobreza urbana, era um problema, mas discordavam sobre a causa do problema e sobre como devia ser resolvido. Alguns culpavam os industrialistas liberais pela pobreza, outros a preguiça dos trabalhadores e a moral fraca. Alguns queriam uma ajuda estatal modesta e outros, com efeito, um Estado social. Não havia uma resposta conservadora uniforme para a questão social.

Numa Confederação instável (1815–1848, 1850–1866), os desacordos complicavam-se porque os conservadores alemães também tinham de decidir o que seria o seu campo político moderno: uma confederação continuamente desarticulada sob a liderança austríaca (a solução *großdeutsch*) ou um Estado-nação alemão unificado guiado pela Prússia (a resposta *kleindeutsch*). Os conservadores dos estados alemães mais pequenos, antiprussianos e antiliberais, tendiam a apoiar a Áustria. Os conservadores dispostos a negociar com os liberais e os liberais que gostavam menos da autocracia austríaca do que da prussiana apoiavam a Prússia.

Outra fonte de divisão na direita alemã era Bismarck. Ao surgir com poderes de decisão nos anos 1860, quando o recém-nascido Parlamento da Prússia hesitava e enfraquecia, os conservadores tiveram de decidir se eram a favor ou contra Bismarck. Quando Bismarck mudava a sua atitude em relação aos conservadores, estes também mudavam a atitude em relação a Bismarck. Começou como um ultra e devoto da direita e, uma vez no poder, tornou-se um pragmático sem escrúpulos. Um grupo minguante de ultras, através do seu jornal *Kreuzzeitung*, erguia-se contra Bismarck. A maioria dos conservadores apoiava-o e a tocha anti-Bismarck passou da velha direita para os conservadores católicos, para os liberais democratas e para os socialistas.

Os primeiros conservadores da Alemanha eram politicamente mimados. Nunca haviam perdido completamente a autoridade; continuavam a ter acesso aos instrumentos do Estado. Só de forma intermitente eram democraticamente testados. No plano partidário, o conservadorismo começara como redes informais de notáveis locais após a mudança política de 1815. Os defensores da velha ordem estavam determinados a proteger o poder principesco contra o liberalismo e a democracia. Os velhos privilégios foram abolidos, as práticas feudais acabaram e acenava-se a um governo constitucional. Com exceções como Baden, um absolutismo conciliador e incerto prevaleceu. Em 1815, haviam prometido uma constituição aos Prussianos; só chegou em 1848, imposta a partir de cima, que foi logo truncada e revista meia dúzia de vezes nos anos 1850. Em 1851, Francisco José impõe uma constituição austríaca redigida à pressa. As velhas elites monopolizaram os cargos nas cortes principescas, nas igrejas, nas forças armadas e no corpo de funcionários. No entanto, a sua autoridade já não era incontestada.

Se a Revolução Francesa despertou o pensamento político alemão, a Revolução de 1848 empurrou os conservadores alemães para o debate público. Começaram a abordar ideais, argumentos e políticas. Redigiram declarações de objetivos e manifestos. Em resposta à Monarquia de Julho de França, um jornal semanal, o *Berliner Politisches Wochenblatt* (1831), já havia sido lançado, mas os esforços para criar um partido de direita falharam quando os católicos e os protestantes se dividiram em 1837. Uma década depois, as questões tornaram-se mais urgentes. «Pensem o que quiserem sobre os clubes políticos», anunciava o recém-fundado *Kreuzzeitung* em junho de 1848, «mas é aqui que temos de combater o inimigo no seu próprio jogo ou seremos derrotados». Nesse verão, em Berlim, um grupo de 400 conservadores ricos e maioritariamente nobres fundou a União para a Defesa da Propriedade e Promoção do Bem-Estar de Todas as Classes, conhecido mais simplesmente como o Parlamento *Junker*. Os seus objetivos eram combater a interferência na propriedade, promover o bem-estar geral e fomentar a unidade de classe. Ao organizar-se como partido no Parlamento prussiano em 1861, descreveu os seus objetivos como a unidade a partir de cima, mantendo uma Prússia forte com um exército forte, garantindo a disciplina social e moral e conservando o controlo dos bancos.

Os conservadores alemães começavam a jogar segundo as regras da modernidade liberal. Tinham de defender políticas e interesses, e não apenas emitir diretivas. O jogo segundo as regras permitia, como noutros sítios, a manipulação eleitoral, o suborno da imprensa e, de um modo geral, a perversão do sistema. No entanto, ver os conservadores guilherminos como manipuladores do sistema a partir de cima é tão deturpador como a caricatura dos *Junkers*. O conservadorismo também tinha apoio das bases. Em toda a Alemanha, movimentos populares e reivindicações locais pressionavam os políticos partidários em Berlim. O envolvimento na discussão pública deu origem a divisões. Para muitos, apelar ao povo era, de forma pouco conservadora, *völkish*, ou seja, populista ou popular num mau sentido. Para outros, o apelo ao povo era a única via para a sobrevivência. Este conservadorismo seria, pelo contrário, *volkstümlich*, popular no bom sentido. Mais tarde, o contraste implícito nos entendimentos da democracia ganhou importância. Os conservadores que aceitavam o jogo moderno tinham de se organizar. Isto era difícil na Alemanha porque não eram bons nessa tarefa. A direita do Reich de

Guilherme continuava indiferente à democracia, localmente dispersa e desorganizada.

Durante quase 20 anos após a unificação alemã (1871), os três maiores partidos de direita ganharam juntos quase metade dos votos para o Reichstag, agora escolhidos por sufrágio masculino universal. Eram o Deutsche Konservative Partei (DKP, Partido Conservador Alemão); o Frei Konservative Partei (FKP, Partido dos Conservadores Livres) e o Nationalliberale Partei (NP, o Partido Nacional Liberal).

O DKP e o FKP nasceram da fação pró-ministerial da assembleia prussiana que combatera os liberais em inícios dos anos 1860 por causa dos poderes orçamentais do Parlamento. Ambos saíram da velha direita do Parlamento *Junker* (1848), que estava determinada a resistir à maré liberal e democrática, mas sem chegar a acordo sobre como fazê-lo. Os Conservadores Livres descendiam dos moderados dos anos 1850 e 1860, que queriam usar meios novos para fins conservadores; o DKP surgiu dos velhos resistentes antimodernos. Estes concordavam em adotar a política partidária, mas em termos que se revelaram mais difíceis de defender: sufrágio limitado, Parlamentos subordinados e conservação dos velhos privilégios, incluindo liberdades fiscais e uma palavra hereditária na política. Enquanto estes redutos enfraqueciam, em finais dos anos 1860 enfrentaram questões mais prementes: a unificação pela guerra e uma nova constituição do Reich, que incluía o sufrágio masculino universal. Dado que Bismarck, um conservador confesso, apoiava as duas questões, a escolha para a direita tornou-se, com efeito, ser a favor ou contra Bismarck.

O partido dos negócios e dos banqueiros, o FKP, apoiava Bismarck. Foi o seu primeiro elemento de base para as coligações conservadoras no Reichstag. Era mais forte na Prússia renana, onde a industrialização se desenvolvia rapidamente. O partido tornou-se menos útil para o chanceler depois de se dividir em torno do comércio livre, e o seu apelo eleitoral começou a decair. Ao contrário do DKP, que ainda era guiado pelos velhos compromissos e pelas desconfianças em relação ao liberalismo, os Conservadores Livres estavam preocupados com a administração eficiente, a força nacional e, acima de tudo, a resistência ao socialismo. Tal como os Nacionais Liberais, seus aliados pró-Bismarck, eram modernizadores de direita a partir de cima, desconfiados da democracia liberal, mas resignados a usarem-na o melhor que podiam. Ambos os partidos apoiavam Bismarck na sua tentativa de dobrar duas forças independentes da vida pública alemã à vontade do Estado — a Igreja

Católica e o movimento socialista —, ainda que, no seio de cada partido, houvesse uma minoria liberal que se opunha a essas campanhas.

Os velhos conservadores alemães do DKP vieram do bloco resistente dos Parlamentos prussiano pré-Reich e do norte da Alemanha. Face à guerra com a Áustria e à unificação alemã, o partido também se dividiu em duas alas, uma a favor e outra contra Bismarck. A primeira dominava no Reichstag, encabeçada pelo líder do DKP, Otto von Helldorff-Bedra, um lealista de Bismarck. A outra ala controlava o Parlamento prussiano.

Após a unificação, estes velhos conservadores aceitaram o sufrágio universal para o Reichstag, mas tentaram criar uma câmara alta do Reich como mecanismo de bloqueio contrarreformas indesejadas. Embora tenham fracassado, obtiveram como compensação o Parlamento da Prússia, que, após a unificação, representava dois terços da população alemã. Ao contrário do Reichstag, o Parlamento prussiano tinha grandes poderes fiscais. Controlado até 1918 pelo DKP, fazia a vida miserável aos chanceleres reformadores e manteve grande parte da política fiscal fora do alcance da democracia.

Depois de oficialmente fundado como partido nacional, em 1876, o DKP anunciou os seus objetivos em termos vagos como apoio à constituição do Reich, rejeição da extensão do sufrágio nos estados e nas localidades, das liberdades civis e da limitação dos poderes do governo central. O DKP queria que a religião tivesse um papel na política, pois só a religião, na opinião do partido, podia responder à «desorientação crescente» das pessoas e travar a «dissolução dos laços sociais» causada pela tripla ameaça da liberdade excessiva, do capital financeiro e do socialismo. Os conflitos entre os partidos da direita permitiram que o Centro Católico (fundado em 1870) agisse como um partido charneira. Quando o Reich e o Vaticano se reconciliaram após 1878, com a *Kulturkampf* anticatólica a perder ímpeto, o Centro aliou-se ao DKP, separando-se deste mais tarde.

Estes conflitos e alianças cruzadas desmentiam uma imagem enganadora do conservadorismo guilhermino como um bloco sólido de reação liderada pelos *Junkers*. Longe de atrasar a democracia liberal na Alemanha com uma posição de unidade e força, a direita dividida ajudou a obstruí-la ou a desorientá-la por fraqueza. Os poderes, os interesses e as elites que se sentiam ameaçados pela reforma liberal, pela democracia económica e pelo declínio da autoridade cultural não tinham um partido de direita seguro em que se pudessem basear para moderar a mudança moderna.

Estes dramas tinham atores que exemplificavam os tipos distintos da direita. Os seus papéis e temperamentos contrastantes evidenciavam a variedade da direita alemã de meados do século: o ultra, o conservador social, o modernizador contrariado, o garante do equilíbrio partidário entre os moderados e os obstinados.

Ultras típicos eram os irmãos Gerlach, Leo e Ludwig. Formavam o núcleo da camarilha que guiava o desorientado rei Frederico Guilherme IV. A sua perspetiva patriótica fora moldada pelas guerras com a França (ambos eram veteranos), a sua convicção religiosa pelo despertar pietista, com o seu apelo à fé pessoal e à ação comunitária. A primeira tradição conservadora social-cristã era representada por Hermann Wagener, um antigo clérigo e publicista que fez campanha como a consciência da resistência à sociedade moderna que o capitalismo estava a criar.

Entre os conservadores dispostos a ceder aos sinais do tempo, incluíam-se modernizadores contrariados como Joseph von Radowitz. Católico, começou na direita reacionária com o *Berliner Politisches Wochenblatt*, mas tornou-se um constitucionalista liberal disposto a satisfazer as reivindicações da classe operária. Tal como os Gerlachs, Radowitz era próximo do rei, mas, ao contrário deles, aprendeu com os acontecimentos. Nos anos 1830, defendeu a Igreja e a Coroa contra a reforma. Nos difíceis anos 1840, Radowitz escreveu em *Gespräche aus der Gegenwart über Staat und Kirche* (*Conversas Contemporâneas sobre Estado e Igreja*, 1846) que o governo devia agir para reduzir a pobreza. Os conservadores eram insensatos, pensava ele, em afastar os liberais quando a ameaça era o radicalismo da classe operária. O rival ministerial de Radowitz era Otto von Manteuffel, um funcionário público inteligente formado na Schulpforta, que foi ministro do Interior de 1848 a 1850 e, depois, primeiro-ministro e ministro dos Negócios Estrangeiros de 1850 a 1858. No período do constitucionalismo atrofiado após 1848, Manteuffel manteve o equilíbrio no governo da Prússia entre os moderados e os ultras.

Embora estas figuras, sobre cujas vidas podemos ler mais no Anexo C, ilustrem a variedade do primeiro conservadorismo alemão, estavam todas envolvidas, cada uma à sua maneira, numa operação semelhante de contenção. O seu estilo político pré-democrático tornou-se irrelevante com a ascensão de Bismarck, a unificação alemã e a criação de um Parlamento nacional, o Reichstag, eleito por sufrágio masculino universal. O sistema de Bismarck substituiu um conservadorismo mais antigo de política cortesã e de representação limitada por um híbrido democrático-autoritário. Assentava numa interação complexa entre a Coroa, a burocracia e o Parlamento, tudo sob a orientação de Bismarck, ainda que menos sob o seu controlo do que fazia parecer a lenda autoritária.

Um conservador partidário que se aliou a Bismarck foi Otto von Helldorff-Bedra (1833–1908). Liderou o Partido Conservador Alemão desde a sua fundação (1876). Helldorff uniu os conservadores prussianos atrás de Bismarck, afastando, por um lado, os últimos ultras e, por outro, os conservadores sociais liderados por Wagener. Um obstrucionista prussiano que se voltou contra Bismarck foi Hans von Kleist-Retzow (1814–1892). Como o Salisbury britânico na sua juventude, Kleist começou por ser um defensor brilhante de ideias que já haviam visto melhores dias. Depois, aliou-se a Bismarck (com cuja sobrinha casou), mas, após 1870, voltou-se para a direita cristã-patriarcal.

Um problema comum para os primeiros conservadores alemães era o facto de, embora ainda detivessem as rédeas do poder, já não estarem totalmente aos comandos. Não tinham aceitação popular, de que sentiam necessitar, mas que receavam captar. Em suma, faltava-lhes legitimação democrática. Que preço deveriam pagar para viver em paz com uma modernidade mais liberal e democrática? A moeda de troca eram as velhas lealdades conservadoras — a Coroa, o poder principesco, o privilégio nobiliárquico, a unidade e a hierarquia social. Abandonar a maioria ou muitas destas lealdades era, para os conservadores dispostos a ceder, um preço que valia a pena pagar, desde que a propriedade, a base da ordem social, fosse protegida.

Os irredutíveis da velha direita, descontentes com um preço tão elevado, agarraram-se às instituições que se desmoronavam. Uma direita nova, mais popular e mais a par com o tempo, separou as lealdades conservadoras dos velhos interesses e reorientou-as. A unidade social já não era vista como uma hierarquia, mas como nacionalidade partilhada e germanidade, ainda que pensada de forma exclusiva. Outros conservadores agarravam-se à esperança pragmática de evitar de algum modo a mudança. Os sucessos e fracassos de Bismarck como primeiro-ministro prussiano e, depois, chanceler do Reich (1862–1890) dependeriam da gestão destas contracorrentes, evitando a calamidade e armazenando problemas para o futuro, como sugerirá a secção «A ambivalência dos conservadores alemães» no capítulo 5.

Pesarosos, os conservadores alemães irreconciliados resignaram-se e recuaram face a forças populares que não podiam aceitar e a que não podiam resistir. Theodor Fontane capturou esta atitude da recusa conservadora em adotar a política moderna no seu último romance, *Der Stechlin* (1898). Passada em inícios dos anos 1890 na zona dos lagos de Brandeburgo, a norte de Berlim, a história centra-se num velho nobre prussiano chamado Dubslav. É o tipo de *Junker* de que Heine troçava e cujo mundo passara à história. Com relutância, é convencido a candidatar-se ao Parlamento do seu distrito como conservador. Na noite das eleições, o candidato social-democrata é declarado vencedor. Os liberais estão desiludidos. Dubslav está aliviado. Pouco impressionado com a política democrática, não pode levar a sério a eleição. Vai jantar com os seus assessores, contente com a ideia de que «ganhar é bom, mas jantar é melhor».

IV. Estados Unidos: *whigs* e jacksonianos; republicanos e democratas

Em janeiro de 1831, o estadista e antigo presidente americano John Quincy Adams preocupava-se, no seu diário, com o possível impacto das revoltas liberais da Europa no seu próprio país. Iriam, pensava ele, «reforçar o princípio da democracia» e «diminuir proporcionalmente as seguranças da propriedade». A redução dos impostos conduziria a uma «absorção» da dívida nacional (ou seja, perdas para os obrigacionistas) e a um «abalo» da confiança no crédito. A reforma política e a «infidelidade religiosa», especialmente na França, destruiriam as autoridades «que detestam a democracia» — bispos e nobres hereditários — que não podiam aguentar o «fogo consumidor da opinião pública». Na sua ansiedade, Adams não sabia bem o que concluir. Por um lado, pensava que «a doutrina da democracia europeia» não «seria aqui aceite». Por outro, perguntava-se se as instituições americanas poderiam aguentar o conflito popular em torno da escravatura. A abolição iminente da escravatura britânica ameaçava propagar-se, «como uma peste», das Índias Ocidentais aos Estados Unidos. Iria sofrer aqui resistência tanto dos sulistas como dos nortistas interessados em manter o Sul na União. Contudo, Adams receava que a pressão democrática pela abolição prometesse «frutos amargos» aos Estados Unidos.

Adams (1767–1848) é um bom contraexemplo da ideia de que os Estados Unidos não tinham uma tradição conservadora. Adams era um *whig* de direita e, ainda que os dois termos precisem de uma explicação no contexto local, exemplificava um conservadorismo distintamente americano, tanto no seu compromisso com a unidade nacional e com a ordem social como na sua convicção firme de um direito quase natural a governar. Adams foi presidente dos Estados Unidos (1825–1829), tal como o pai antes dele, secretário de Estado (1817–25), senador (1803–1808) e representante do Massachusetts (1831–1848), bem como embaixador americano na Holanda, na Prússia, na Rússia e na Grã-Bretanha. Redator da Doutrina Monroe, Adams estabilizou a política externa do seu país após a retoma da guerra com a Grã-Bretanha e a retirada da Espanha da América Latina.

Como sugere este historial de alto desempenho, a política, para Adams, era sobretudo a administração do Estado. Crente no destino da sua nação, detestava o espírito partidário, mas era um grande crítico e um lutador competente. Sem sentido de humor, rápido a enfurecer-se e autodisciplinado, manteve um diário impessoal e político durante 50 anos. Calvinista rigoroso, via o evangelho moderado da redenção secular por meio do autodesenvolvimento espiritual dos transcendentalistas como uma mentira irresponsável. Descartava Emerson como um «jovem lunático». Segundo a visão sombria de Adams, só a graça imprevisível de Deus podia domar e guiar uma natureza humana depravada.

Em termos menos doutrinários, Adams compreendia o papel ineliminável do acaso na vida humana e aquilo a que chamava «lotaria de uma criança recém-nascida». A sua própria família malfadada era um exemplo extremo. Dois irmãos e um filho morreram cedo de alcoolismo. Outro filho morreu jovem após uma vida perdulária. No entanto, a grande linhagem Adams incluía, além dos seus dois presidentes, o terceiro filho de Adams, que se tornou líder dos republicanos Free Soil, e um neto — que apareceria mais tarde —, o escritor Henry Adams, historiador dos Estados Unidos, satirista da corrupção de Washington e crítico pesaroso do progresso moderno.

Do ponto de vista político-partidário, Adams tornou-se um opositor antifederalista do governo central prepotente e, após 1824, um *whig* antijacksoniano, receoso da democracia popular. Os *whigs* americanos surgiram nos anos 1820 e 1830 como opositores dos democratas jacksonianos, formando o segundo dos três sistemas partidários normalmente identificados do século XIX: federalistas e republicanos-democratas (1792–1824), *whigs* e democratas (1824–1856), republicanos e democratas desde a Guerra Civil até à Era Dourada (1856–1892).

Os *whigs* eram liberais na sua crença no progresso material e moral, e conservadores na sua confiança nas elites e desconfiança na democracia. Não eram dogmaticamente pelo mercado livre, mas aceitavam a taxação e o governo para «melhoramentos» públicos — desde logo, estradas e canais — necessários a um mercado nacional florescente. Olhando em retrospetiva, Adams escreveu, em julho de 1834, sobre as suas esperanças de ter feito «do domínio nacional o fundo inexaurível de melhoramento progressivo e constante». Ao mesmo tempo, os *whigs* viam o ramo executivo com suspeição, como um antro de corrupção, ligando-o a uma tradição posterior de republicanismo da boa governação. Quanto ao progresso moral, eram firmemente hierárquicos quanto ao melhoramento das pessoas, que precisavam da orientação dos seus melhores. Sem um melhoramento radical do carácter do cidadão, os *whigs* temiam que a democracia estivesse condenada à ruína. Por isso, queriam que as igrejas, os jornais, as escolas e as universidades domassem uma cultura masculina indisciplinada. Viam-se como os herdeiros que melhoram as tradições inglesas — o direito consuetudinário, a responsabilidade aristocrática, a política ordeira — que se haviam enfraquecido ou esgotado no velho país.

A disputa entre os jacksonianos democratas e os *whigs* conservadores era assim frequentemente apresentada como uma luta classista dos ricos contra os pobres, das elites privilegiadas contra o povo americano. Na verdade, o conflito era mais entre diferentes elites: de um lado, o Sul e o Oeste; do outro, o Norte. Era menos sobre a inversão da ordem social do que sobre a direção correta da nação. A primeira tarefa da política deveria ser melhorar ou expandir os Estados Unidos?

Os *whigs* queriam melhorar a América e os americanos antes de se expandirem para o Oeste. O grande jornalista *whig* Horace Greeley escreveu: «O instinto da aquisição ilimitada opõe-se ao instinto do melhoramento interno.» Uma nação, dizia ele, não podia «investir as suas energias na absorção de territórios de outros e, ao mesmo tempo, no melhoramento dos seus próprios territórios». Por contraste, não muito depois, o jornal jacksoniano *Democratic Review* declarou: «Sim, mais, mais, mais!... Até que o destino da nossa nação seja cumprido e todo o continente seja nosso.»

Os *whigs* apelavam aos bem-sucedidos ou que esperavam ser bem-sucedidos na moderna economia de mercado. Conquistaram os protestantes brancos em ascensão, os funcionários urbanos, os profissionais especializados, bem como os agricultores perto de transportes que os ligavam aos mercados da cidade. As elites *whig* incluíam banqueiros, empresários ricos e outros nas cidades em crescimento do Leste. Os opositores democratas dos *whigs* no Norte reuniam artesãos cujas aptidões estavam a ser descartadas pelo desenvolvimento da indústria, católicos descontentes com a interferência *whig* nos seus salões e nas suas escolas, e camponeses do interior que não gostavam dos trapaceiros da cidade nem dos banqueiros.

«Whig» não era apenas um rótulo político-partidário, mas também o nome de um clima de opinião, como Daniel Walker Howe o caracterizou num estudo clássico, *The Political Culture of the American Whigs* (*A Política Cultural dos* Whigs *Americanos*, 1979). Para os reformadores *whig*, o resto da América não era o Oeste Selvagem, mas o Tudo Selvagem, um mundo sem noivas e dominado por homens, livre para todos, marcado por duelos, álcool, prostituição e motins. Nos anos 1830, só um em cada 15 americanos vivia numa cidade com mais de 8000 habitantes. Comparadas com Paris ou Londres, as maiores cidades americanas — Nova Iorque, Boston e Filadélfia — eram vilas provincianas sem cultura metropolitana. Como a Alemanha de inícios do século XIX, os Estados Unidos não tinham um foco urbano. Mas, ao contrário da Alemanha, não tinham cortes principescas com tradições culturais distintas, e havia apenas meia dúzia de cidades universitárias.

Numa tal sociedade, a reforma dos costumes americanos requeria novas instituições culturais, como defendeu o jurista e pedagogo *whig* Rufus Choate (1799–1859) em duas palestras famosas, «Mental Culture» (1844) e «The Conservative Force of the American Bar» (1845). Para Choate, os estudos de Direito e a «profissão jurídica» eram fundamentais, pois fomentavam no espírito popular opiniões «indispensáveis à conservação». Na Europa, as instituições sociais e políticas ainda precisavam de reformas, mas não nos Estados Unidos, pois «aqui, a era deste modo e deste nível de reforma acabou; o seu trabalho está feito». Segundo Choate, um americano patriota era um conservador que defendia as tradições do direito num quadro constitucional aperfeiçoado. À maneira de Burke, Choate explicou o valor destas tradições, porque há «um sentimento profundo a favor daquilo que durou tanto tempo». (Antes da sua redescoberta em finais de século XIX na Grã-Bretanha, Burke esteve em voga na América, com sete edições nos anos 1830. Em várias cartas e palestras, Choate incluía Burke num pequeno panteão variável de virtuosos, clássicos ou de língua inglesa, que os americanos deviam admirar. «Cícero, Homero, Burke, Milton»; «Burke, Platão, Hamilton»; «Milton, Bacon, Burke, Johnson.»)

Os primeiros democratas, pelo contrário, tinham o espírito não conservador de Thomas Jefferson e de Andrew Jackson para os guiarem, um libertário e o outro popular. Na visão jeffersoniana, tal como bem evocada em «The Jacksonian Tradition» (1999) de Russell Mead, os cidadãos eram todos igualmente livres e, apesar de não serem perfeitos, não precisavam da interferência de outros para serem melhorados. Tampouco tinham a obrigação de interferir nos esforços para melhorar a sociedade, que podia florescer em liberdade e igualdade se deixada à sua sorte. Para os jacksonianos, os americanos tinham muitos recursos para se guiarem a si próprios. É verdade que havia pessoas boas e más. As boas, porém, podiam punir ou excluir as más porque escolhiam sem a interferência de outros. À sua maneira, os jacksonianos eram tão rigorosos quanto os *whigs*, mas o seu rigor era exclusivista e baseado no povo, enquanto o rigor dos *whigs* era orientado pelas elites, inclusivo e hierárquico. Nem uns nem outros eram permissivos no sentido moderno de «Eu estou bem, tu estás bem». Cada um alimentava o conservadorismo moral americano do século XX nas suas variantes baixa e alta — o evangelismo de direita e a pregação ética neoconservadora.

O Iluminismo falava aos jeffersonianos. Indiferentes às desigualdades reais, imaginavam toda a gente, segundo Russell Mead, como seres com interesses próprios, mas sensatos, capazes de uma vida republicana em conjunto numa harmonia bucólica de quintas e vilas. O evangelismo pregava aos jacksonianos. Lutadores por circunstância, dividiam o mundo em amigos e inimigos, fossem índios ou as antigas elites que se atravessassem no seu caminho. Foram rápidos a ver o Despertar Cristão num espírito pós-milenar. Como uma restauração contra-iluminista da fé religiosa, o Despertar ecoava o wesleyanismo e o pietismo que haviam varrido a Europa protestante, mas adquiriram uma forma distinta na fronteira americana. Para os pós-milenares, a Segunda Vinda de Cristo estava próxima, momento em que os bons (amigos) seriam salvos e os maus (inimigos), condenados.

Para os *whigs*, a mensagem do Despertar Cristão era diferente. Viam-na no espírito pré-milenar como um evangelho do progresso social e da reforma. O fim não estava próximo e Cristo não estava a chegar. Um mundo imperfeito — com os seus amigos e inimigos, a sua variedade de pessoas boas e más — não seria simplificado e resolvido num juízo final que aliviaria a escolha. Os cristãos despertados da casta milenar tinham a tarefa mais árdua de melhorar o mundo a fim de o tornar merecedor da eventual Segunda Vinda de Cristo.

Como aperfeiçoadores morais e culturais numa sociedade violenta e fortemente masculina, os *whigs* destacavam-se em campanhas a favor da temperança, dos direitos das mulheres e da abolição da escravatura. Ainda que de forma relutante e prudente, eram democratas eleitorais que aceitavam o voto dos libertos e dos proprietários. John Adams, por exemplo, resistira à mudança no Massachusetts em 1820. Apesar de ter falhado, os *whigs* envolveram-se em lutas perdidas contra o sufrágio universal noutros estados com elites ricas, como Nova Iorque e no Sul das plantações. Um veículo do pensamento *whig*, a *American Whig Review* (1845–1852), pregava contra a democracia em termos burkeanos antes de mudar o seu discurso. A expansão para o Oeste contribuiu bastante para enfraquecer a resistência conservadora. Numa sociedade de fronteira, não era prático defender uma política hierárquica. Tal como os conservadores adaptativos da Europa, os *whigs* perceberam que tinham de legitimar a sua pretensão de guiar o país desafiando o mercado político. Também como na Europa, os *whigs* americanos perceberam que podiam ganhar eleições de forma tão bem-sucedida como os jacksonianos. Quando o candidato *whig* William Henry Harrison conquistou a presidência em 1840, um jacksoniano observou com pesar: «Ensinámo-los a derrotarem-nos.»

Uma versão famosa da ideia de que os Estados Unidos não tinham uma tradição conservadora encontra-se exposta em *The Liberal Tradition in America* (*A Tradição Liberal na América*, 1955), de Louis Hartz. A nação era liberal desde o nascimento, dizia Hartz, pois não teve *ancien régime* nem tradições feudais; por isso, não havia nada para os liberais atacarem ou para os conservadores defenderem. Sem raízes numa disputa liberal-conservadora, a política americana era pragmática, ideológica e consensual, sem espaço para o socialismo, que era outra tradição que não tinha.

A história de Hartz de uma fundação americana liberal nasceu de um interlúdio consensual pós-1945, do mesmo modo que a descrição clássica de Charles Beard, em *An Economic Interpretation of the Constitution of the United States* (*Uma Interpretação Económica da Constituição dos Estados Unidos*, 1913), das origens da Constituição no conflito de classe entre os ricos e os pobres, os credores e os devedores, nasceu da Era Progressiva. De forma similar, as histórias pluralistas do início da república refletem preocupações contemporâneas com a diversidade, conflitos sobre a «identidade» e a recusa mundial de acreditar no excecionalismo americano. Se Hartz escrevesse hoje, talvez ampliasse a sua ideia limitada do conservadorismo como a resistência de uma classe moribunda à modernidade. De facto, a resistência à modernidade faz parte do núcleo conservador. A tarefa, porém, não é específica de uma classe nem está enraizada no tempo. Tendo em conta a imagem social contestável de Hartz de uns Estados Unidos pós-feudais e pós-tradicionais, a nova nação era terreno fértil para o conservadorismo no seu modo contrademocrático. Para os *whigs* americanos, o dilema assemelhava-se ao enfrentado pelos conservadores europeus: até que ponto deveriam aceitar a modernidade liberal — e democrática — com as reivindicações populares a aumentarem? Os *whigs* eram liberais na sua confiança no progresso, mas não democratas na sua falta de confiança nas pessoas para fazerem elas próprias o progresso. Eram conservadores na sua insistência de que as elites competentes deviam supervisionar a economia e elevar o espírito sem a interferência popular.

De forma confusa, os jacksonianos e os *whigs* defendiam a liberdade, mas não pensavam a liberdade da mesma maneira, como Walker Howe explicou. Para os jacksonianos, a Revolução libertara a América não só de Westminster e da Inglaterra, mas também de todo o passado europeu e, em certo sentido, da história europeia. Para os *whigs*, a Revolução também fora um triunfo da liberdade, mas compreendido de maneira diferente — como o culminar e a recuperação das liberdades inglesas. Para o *whig* Daniel Webster, a «liberdade americana» tinha «uma ascendência, um *pedigree*, uma história. Os nossos antepassados trouxeram para este continente tudo o que pensavam ser válido nas instituições políticas da Inglaterra». Na tradição inglesa, os *whigs* encontraram aquilo que os conservadores procuravam entre a agitação da modernidade: coisas de valor para estimar e transmitir.

Daniel Webster (1782–1852), da Nova Inglaterra, e Henry Clay (1777–1852), do Kentucky, foram os dois principais antijacksonianos a par de Adams. Webster era um advogado *whig* do Massachusetts. De 1823 a 1850, com curtos intervalos, foi membro da Câmara dos Representantes e, mais tarde, senador desse estado. Conservador nacionalista, Webster pensava e falava sobre a nação como uma unidade. Quando falava das «classes trabalhadoras», referia-se tanto aos banqueiros como aos mecânicos e aos agricultores, mas também se opunha a uma extensão do direito de voto no Massachusetts. Economicamente liberal, defendeu no Supremo Tribunal os contratos privados e os poderes federais para impedir que os estados interferissem no comércio. Também se opôs às altas tarifas federais de Clay e à campanha estadual de Calhoun para as anular (anos 1830). Tal como Clay e, mais tarde, Stephen Douglas, mas ao contrário de Abraham Lincoln, queria que a expansão da escravatura para o Oeste fosse decidida pela «soberania popular», ou seja, pelos eleitores dos novos territórios.

Henry Clay também era um conservador nacionalista e promotor do «Sistema Americano» (tarifas protecionistas, obras públicas federais, um banco nacional). Clay pensava que a nova nação tinha de ser próspera, independente e unida. Nascido na Virgínia, o jovem Clay mudou-se para o Kentucky, onde herdara uma plantação com escravos. Clay foi presidente da Câmara dos Representantes, senador e representante do Kentucky (1806–1852, com intervalos). Crente na emancipação gradual e no regresso dos libertos a África, Clay, tal como o seu partido, não tinha solução para a questão da escravatura. Político de fronteira, «Harry do Oeste» era um «grande conciliador» para os admiradores e um negociador sem princípios para os inimigos. Tal como Adams, teve uma família desafortunada. Dos seus onze filhos, todas as seis filhas morreram cedo e três filhos eram loucos ou alcoólicos. O filho favorito morreu na Guerra Mexicana pela expansão ao Oeste, a que ele se opunha.

Clay e Webster eram formidáveis no Congresso, tanto nas suas qualidades oratórias como na capacidade de ganharem votos. Por outro lado, os *whigs* tinham má sorte com a Casa Branca. Foi um historial triste. Tendo conquistado a presidência, o *whig* Harrison morreu de uma pneumonia poucas semanas depois da tomada de posse num dia gélido. Foi substituído pelo vice-presidente John Tyler, que não tinha partido. Em 1848, de forma oportunista, os *whigs* dispensaram Clay e nomearam o vencedor da Guerra Mexicano-Americana, o general Zachary Taylor. Era popular no Norte, onde era visto como oposto à expansão da escravatura para o Oeste, e também no Sul, onde era considerado um herói militar (foi aqui que obteve 55 dos seus 163 votos eleitorais decisivos). Quando Taylor morreu de cólera (1850), o seu fraco sucessor, Millard Fillmore, era especialmente popular entre o partido dos Know Nothings anticatólicos e anti-imigrantes, e mostrou-se impotente no conflito que se agravava entre o Norte e o Sul. Fillmore promulgou as propostas de lei que permitiram a admissão da Califórnia como estado livre a troco do endurecimento das leis dos Escravos Fugitivos (1850). O seu sucessor, Franklin Pierce, assinou a lei Kansas-Nebraska (1854) que, ao deixar que os eleitores do Norte decidissem a favor ou contra a escravatura, acabou por revogar o Compromisso do Missuri (1820), que aceitava a escravatura num futuro Sudoeste, mas deixava livre o Noroeste.

Os *whigs* ficaram divididos em fações e eram geralmente vistos como não tendo um princípio orientador. Para eles, o problema Norte-Sul não era o carácter errado da escravatura como tal, mas a ameaça da escravatura para a sobrevivência da nação. Webster bem podia proclamar «Liberdade e união, agora e para sempre, unos e inseparáveis!», mas a insistência *whig* na unidade da nação soçobrava nos factos da desunião, sobretudo nos entendimentos distintos da liberdade: como a liberdade da escravatura e a liberdade de possuir escravos.

Os campos político-partidários americanos foram redefinidos pela Guerra Civil, que Adams receara e que Clay e Webster tentaram em vão prevenir. A guerra deixou as forças do conservadorismo numa aliança embaraçosa através de uma linha divisória regional e de designação partidária: Sul e Norte, democratas e republicanos, um novo partido, que fora fundado em 1854 para promover a causa do solo livre. Os republicanos, por seu lado, ficaram de imediato divididos quanto a lidar com o Sul derrotado. Lincoln, assassinado no fim da guerra, traçara as linhas para um Sul pós-guerra (1863): o restabelecimento rápido do governo civil e a reintegração na União. Os radicais republicanos queriam indemnizações e a readmissão negociada na União.

A Reconstrução começou segundo as linhas de Lincoln no Arkansas e no Luisiana, mas foi subvertida pela resistência sulista (códigos negros, que prendiam os escravos emancipados a escrituras e que lhes limitavam o movimento; violência contra os negros). O Congresso aprovou depois, apesar do veto do presidente Andrew Johnson, as Leis da Reconstrução (1867–68). Estas impunham o governo militar e condicionavam a readmissão na União à redação de novas constituições estaduais e à ratificação da Quarta Emenda, que garantia a igualdade civil e jurídica de todos os Americanos. Entre a constante resistência sulista branca, a corrupção generalizada e o cansaço nortista, acompanhados do preconceito contra os negros, numa terceira fase (1870–1877), a reconstrução foi gradualmente abandonada. O Texas, a Virgínia, o Mississípi e a Geórgia completaram a reentrada do Sul na União em 1870. A corrupção política, o colapso de 1873 e a falta de apoio à Reconstrução combinaram-se para provocar um desastre eleitoral que custou aos republicanos 93 assentos na Câmara dos Representantes na eleição congressional de 1874. A Reconstrução foi reconhecida como morta após a eleição presidencial de 1876. Os democratas venceram, mas os votos eleitorais de três estados foram contestados com sucesso em tribunal e invertidos em troca de uma promessa de retirada das últimas tropas federais, dando a presidência a um republicano, Rutherford Hayes.

Com o fim da Reconstrução, o conservadorismo nos Estados Unidos foi reformulado segundo linhas de secção e de classe ao longo de uma linha divisória Norte-Sul. Numa economia urbano-industrial florescente e em rápido crescimento, os republicanos do Norte defendiam os interesses empresariais, que resistiam aos sindicatos e mantinham o controlo das fábricas. Num Sul rural e atrasado, as elites brancas empobrecidas sob a bandeira do Partido Democrata dividiram negros pobres contra brancos pobres, detinham maiorias inquebráveis nas legislaturas estaduais e resistiram ao liberalismo democrático até aos anos 1960, quando, enriquecido, o Sul cedeu a uma combinação de pressão federal e de calculismo pragmático. Os conservadores culturais do Sul — por exemplo, os Agrários Sulistas (que veremos mais à frente) — defendiam os valores «superiores» da região contra o «materialismo» rude do Norte. Constituíam um exemplo da estratégia de «retirada» usada pelos críticos da modernidade liberal da direita, que resistiam mais por meio dos livros do que da política.

Como os primeiros conservadores americanos, os *whigs* antijacksonianos herdaram um novo meio de controlar o conflito social numa república ampla e diversa: o direito constitucional. Dado que partilhavam esta herança com os seus rivais jacksonianos, o próprio direito estava aberto ao debate político. As questões sobre como o mecanismo devia ser entendido e elaborado tornaram-se temas de debate partidário. A tradição conservadora americana aceitava o carácter partidário da discussão constitucional e a mutabilidade da lei numa sociedade moderna e fluida. O capítulo 4 introduzirá um exemplo proeminente da defesa constitucional dos interesses do esclavagismo por um formidável intelectual conservador, John Calhoun.

Apesar das grandes diferenças evidentes no crescimento do conservadorismo inicial nos quatro países aqui referenciados, houve desafios comuns que a direita enfrentou para restaurar a sua autoridade num mundo liberal moderno. Nos anos 1830, a primeira escolha da direita foi entre resistir à modernidade liberal ou aceitá-la. Uma coisa era aceitar o liberalismo, outra era aceitar a democracia. O liberalismo prometia os benefícios da proteção em relação ao poder e respeito igual por todos, fossem quem fossem. Mas dizia pouco sobre quem deveria ter esses benefícios. Era omisso sobre o alcance do «todos». Ou seja, o liberalismo democrático exigia que a proteção em relação ao poder — o poder do Estado, da riqueza ou das pressões sociais — estivesse disponível para todos, fossem quem fossem. Este «todos» incluía não só as maiorias — os menos educados, os mais pobres —, mas também as minorias, fossem ricos ou pobres, que as maiorias podiam explorar. Quando a democracia se resume a um princípio simples e não controlado de domínio da maioria, deixa de ser realmente democrática e torna-se demótica. Pode então ser exclusiva e iliberal, exercendo uma tirania sobre «os poucos» em nome de «todos» com um falso apelo à vontade do povo. Esta é a democracia iliberal, geralmente chamada populismo, um flagelo, como veremos, com que a direita dos séculos XX e XXI joga muitas vezes.

Quando os liberais começaram a exigir que os poderes estabelecidos se explicassem, o debate público fazia-se dentro de salas pequenas entre meia dúzia de homens literatos informados por revistas e jornais de pequena tiragem. Os primeiros apelos liberais ao isolamento da propriedade contra a interferência do Estado surgiram quando os proprietários eram uma pequena minoria entre as massas sem propriedade, com pouco ou nenhum poder económico. Quando os liberais começaram por rejeitar a tutelagem das autoridades culturais, imaginavam que as liberdades éticas e intelectuais seriam exercidas por homens educados e com propriedades. A democracia destruiu esta imagem limitada. O novo tipo de pessoa exigente a que o poder tinha de responder em democracia, fosse o poder do Estado, os ricos ou a sociedade, era potencialmente cada um dos cidadãos.

Em finais do século XIX, a igualdade na política, apesar de limitada e filtrada, era amplamente admitida. No entanto, a igualdade económica alarmava os liberais e os conservadores. As suas reivindicações reconfiguraram o campo político. Novas coligações foram formadas tanto à esquerda como à direita. Os conservadores que se moveram para o centro e em direção ao liberalismo encontraram-se com os liberais que se moveram para a direita da democracia económica. Os liberais que se moveram para a esquerda e em direção à democracia económica encontraram-se com os socialistas que se moveram para o centro em direção ao liberalismo. Nenhuma destas coligações foi estável. Os liberais de esquerda e os socialistas bateram-se sempre em torno do nível de democracia económica. Os liberais de direita e os conservadores liberais uniram-se para defender a propriedade e a prosperidade contra a igualdade económica em quantidades que não paliativas. No entanto, ao contrário dos liberais de direita, os conservadores, mesmo os que adotaram o mercado, nunca se sentiram à vontade na democracia cultural. A história político-partidária do período seguinte do conservadorismo, 1880–1945, gira em torno do sucesso ou insucesso da direita na gestão destas contracorrentes poderosas.

4

IDEIAS E PENSADORES

VIRAR A RAZÃO CONTRA O LIBERALISMO

Obrigada a entrar no debate público, a direita precisava de arranjar justificações para uma política conservadora que convencesse a mente de pessoas críticas, exigentes e modernas. Grande parte da direita precisava de encontrar maneiras de restaurar a autoridade política e, por isso, do ponto de vista intelectual, tinha de encontrar uma perspetiva sem recorrer às defesas antigas. Precisava de argumentos para conquistar as pessoas atraídas pelas promessas do liberalismo e da democracia.

Esta segunda tarefa era, de certo modo, mais difícil. Politicamente, a direita herdara os velhos hábitos e a longa experiência de governo, o que era vantajoso quando estava no poder. Intelectualmente, a direita percebeu que tinha de fazer aquilo que os poderes outrora estabelecidos em nome dos quais falava — Coroa, Igreja, elites fundiárias — raramente esperavam ter de fazer, ou seja, justificarem-se a um público amplo e instruído cuja anuência e consentimento não podiam ser tomados como garantidos. Uma abordagem frontal apelando à autoridade incontestada já não era suficiente. Os pensadores e escritores conservadores sintonizados com os tempos procuravam argumentos na política, na religião e na filosofia que, esperavam, pudessem conquistar as audiências contemporâneas.

Dois pensadores exemplares da direita de meados do século XIX, John Calhoun e Friedrich Stahl, misturavam o ensino moderno e o pensamento jurídico em defesa de regimes pré-democráticos e semiliberais. Ambos eram advogados e, apesar de conservadores, faziam concessões a um novo ambiente intelectual. Calhoun usava argumentos constitucionais e históricos para defender o Sul americano esclavagista como uma via mais segura para o eventual progresso social do que a oferecida pela modernidade liberal. Com uma mistura de erudição filosófica, jurídica e teísta, Stahl defendia a modernização rápida da Prússia com uma monarquia limitada, uma autoridade clerical e a representação indireta por classe social. Ambos tentavam, por meios constitucionais, imunizar os poderes enfraquecidos — a plantocracia do Sul; a hierarquia sociopolítica da velha Prússia — contra os dois perigos do governo moderno centralizador e do descrédito popular crescente. Nenhum deles teve êxito nos seus objetivos imediatos: Calhoun queria defender o indefensável; Stahl queria manter vivo o insustentável. No entanto, ambos deixaram princípios que, mais tarde, foram usados pelos conservadores, muito depois de as instituições que defendiam terem desaparecido: a ideia de Calhoun sobre a necessidade de forças contramaioritárias nas democracias; e a ideia de Stahl de que o objetivo conservador da ordem social era alcançável em várias formas institucionais — mais representativas, mais autoritárias — tendo em conta a autoridade final e indiscutível da lei.

De todas as tradições autoritárias ameaçadas pela modernidade e defendidas pelos conservadores, nenhuma parecia mais vulnerável do que a religião. A sua autoridade no debate público já enfraquecera. A ciência minara as premissas metafísicas tradicionais da religião. A divisão confessional reduzira a sua autoridade pública e limitara a sua utilidade para a coesão social. No entanto, na sua própria esfera, quer no ritual partilhado, quer na crença privada, a religião permanecia forte. A fé continuava a ser a norma. Neste clima, era impensável que os conservadores fizessem outra coisa que não defender a fé contra os seus detratores e apoiassem as autoridades religiosas, por muito divididas que estivessem. Pessoalmente, os conservadores não eram normalmente obrigados a escolher entre cinismo e sinceridade. A maioria pensava que a ordem social dependia da presença generalizada da fé religiosa. A maioria acreditava nisto.

Mas não havia certezas sobre qual a dimensão da esfera da religião e sobre como esta deveria intervir na vida pública. Deveria continuar a procurar um papel social? Ou deveria retirar-se para uma convicção privada, necessária para fazer bons membros da sociedade, mas efetivamente silenciosa no debate público? Além disso, deveria a religião envolver-se na política partidária? Em caso afirmativo, arriscava perder o seu papel distinto e não secular. Mas, ficando de fora, como poderia a religião defender-se das pressões seculares? Para os conservadores religiosos, o problema da modernidade secular tinha a forma da questão que os conservadores políticos enfrentavam com a modernidade liberal: ceder ou resistir, adaptar-se ou retirar?

Félicité de Lamennais, na França, e Wilhelm von Ketteler, na Alemanha, deram uma resposta pragmática. Encontravam um papel contemporâneo para a fé cristã na sua missão social. Com base nos ensinamentos do papa Leão após 1878, abriram vias para a democracia cristã na Europa após 1945. John Henry Newman, um anglicano descrente na democracia, via a Igreja Católica como uma fonte de autoridade contramoderna. Nos Estados Unidos, a Constituição separou a Igreja e o Estado, proscrevendo uma Igreja estabelecida e garantindo a liberdade religiosa, mas não manteve a fé fora da política ou a política fora da fé. Entre pessoas religiosas com diversas confissões, como poderia ser de outro modo? As próprias confissões americanas dividiam-se em alas direita e esquerda, como ilustrado pelo académico Charles Hodge, uma força antimodernista entre os presbiterianos, e Orestes Brownson, um católico liberal frequentemente em oposição à sua Igreja conservadora. Preocupado com a atração do liberalismo e com a autoridade crescente da ciência, o escritor e poeta Coleridge apelou à resistência de uma espécie de clero leigo — chamava-lhe um «clerisy» — que sustentaria os valores éticos e espirituais de uma cultura tradicional e promoveria as ideias conservadoras. Com efeito, estava a dizer que o conservadorismo precisava dos seus próprios intelectuais.

Quando os pensadores liberais se mostraram um alvo nos seus próprios escritos, os conservadores, mais tarde nesse século, atacaram filosoficamente o liberalismo. Exemplos notáveis foram o juiz e escritor James Fitzjames Stephen, que escreveu contra Mill sobre as liberdades civis e a igualdade social; o historiador do direito Otto von Gierke, que conferiu peso histórico à afirmação conservadora de que uma sociedade saudável precisava de instituições voluntárias que não fossem criaturas de um Estado soberano centralizador nem produtos dos interesses privados mutáveis; e o filósofo F. H. Bradley, que atacou o «individualismo» ético (num dos muitos sentidos deste termo incerto), de que um liberalismo político necessitava entre as suas defesas filosóficas. Stephen era o mais abertamente político de todos, Bradly o menos político, com Gierke, que começou por ser liberal e depois se tornou um conservador de espírito nacionalista, no meio. Por muito ténues que fossem as linhas entre a erudição e o partidarismo, o trabalho destes homens deu início a um longo período de debate público no século XX, que acabou por colocar os liberais na posição defensiva de terem de se justificar aos conservadores e não o contrário, como no início.

I. Constituições para fins inaceitáveis: Calhoun

John Calhoun (1782–1850) é recordado com justiça como um apologista dos interesses esclavagistas, embora o termo «apologista» dê a entender que ele seria cínico ou não tivesse argumentos, o que não era verdade. Não só se considerava correto com uma sinceridade cega, como também exerceu o seu grande talento, a argumentação, com uma habilidade implacável desde a sua entrada no Congresso (1811) até pouco antes de morrer, quando o seu último discurso em defesa do Sul foi lido por um colega no Senado, pois estava demasiado doente para falar.

Os ouvintes dos discursos de Calhoun ficavam geralmente mais impressionados do que convencidos. Um visitante alemão ouvia neles um «escárnio mefistofélico» pela «absurdidade» das opiniões dos seus opositores. Harriet Martineau dizia que Calhoun era feito de «ferro fundido» e mentalmente «possuído». Toda a gente ficava impressionada com os seus olhos inquietantes e flamejantes. Era muitas vezes ultrapassado por colegas com capacidades mentais mais fracas, mas com uma melhor compreensão da natureza humana. Mill considerava Calhoun superior, como «pensador político especulativo», a qualquer pessoa nos Estados Unidos desde Madison ou Hamilton. Este elogio a um esclavagista sulista era surpreendente vindo do autor de *Sobre a Liberdade*, uma das poucas figuras proeminentes da política britânica a escolher o lado da União na Guerra Civil. No entanto, Mill ouvira em Calhoun a mesma questão desmoralizadora para a democracia maioritária que o perturbava: como é que, por uma simples contagem de cabeças, podem as opiniões e as preocupações da minoria ser justamente «descartadas»?

A defesa irredutível do Sul por Calhoun conferia coerência àquilo que, de outro modo, pareceria um curso sem programa. O seu pai era um próspero proprietário de escravos nas Carolinas rurais, onde os colonos lutavam por espaço vital com os que já aí estavam instalados. A avó e um tio morreram num ataque índio. Assim que lhe foi possível, o rapaz inteligente e sério, que lia clássicos políticos por gozo, escapou dos limites da fronteira e foi para Yale, onde construiu uma vida pública. Tinha um entendimento da política difícil de igualar, mas já não compreendia bem os colegas políticos, que tendia a ver com desconfiança e desprezo.

Calhoun era um *whig*, um democrata, e nem uma coisa nem outra; foi o competitivo vice-presidente de John Quincy Adams e de Andrew Jackson, e, alternadamente, um defensor, opositor e negociador das tarifas. Liderou os falcões de guerra do Sul no apelo à guerra contra a Grã-Bretanha por causa da sua interferência nos navios americanos e da sua agitação dos índios na fronteira (1812) — «A honra de uma nação é a sua vida!» —, mas mudou de ideias quando se começou a falar de secessão no Norte e o conflito parecia ameaçar a União. Mais tarde, Calhoun opôs-se à guerra com o México por causa do Texas, uma causa popular entre os democratas, receando também que a vitória acirrasse o conflito entre as secções sobre o futuro da escravatura no Oeste. Por duas vezes, falhou a eleição para a presidência (1824, 1844). Jackson levou-lhe a melhor politicamente (1832) na tentativa da Carolina do Sul de anular as tarifas federais, retirando-lhe pessoalmente a candidatura à vice-presidência e, socialmente, mortificando publicamente a esposa pudica de Calhoun. As suas mais altas ambições estavam condenadas e, nos 18 anos seguintes, com exceção de um breve regresso ao governo, Calhoun falou no Senado como uma voz do Sul.

Ao falar pelo Sul, Calhoun pensava falar também pela União. Estavam juntos. Cada um tinha de viver e prosperar com o outro. Um podia ser mais pequeno e mais fraco, mas, em justiça, tinha o direito à mesma palavra e à mesma importância. O Norte não podia pedir ao Sul que se tornasse nortista, tal como o Sul não podia insistir para que o Norte se tornasse sulista. Fazer uma ou outra coisa era negar a paridade, a sua igualdade como parceiros. No entanto, o Sul tinha lições a dar a um Norte explorador e ávido, pois estava mais sintonizado com as virtudes sociais e os objetivos superiores da vida. Era isto que Calhoun defendia vigorosamente nos seus discursos e nas obras postumamente publicadas, *Disquisition on Government* (*Disquisição ao Governo*, 1851) e *Discourse on the Constitution* (*Discurso Sobre a Constituição*, 1851).

O primeiro livro abordava o modo como se deveriam proteger os interesses de uma minoria grande e estável numa democracia eleitoral. Com efeito, a resposta de Calhoun era a codecisão legislativa e os poderes locais de bloqueio executivo. O segundo livro tentava mostrar que a Constituição dos Estados Unidos, corretamente lida, exigia aquela resposta. Embora os seus intérpretes tivessem uma variedade de influências, Calhoun, tal como os Fundadores, dirigia-se a pessoas formadas em direito e não em filosofia. Depois de alguns preliminares rápidos — as pessoas são sociais e egoístas; sem governo, não há sociedade; sem constituição, não há governo —, Calhoun chega ao cerne da questão: para que servem as constituições? Para ele, eram dispositivos de bloqueio contra o poder excessivo. As constituições protegiam os governados do governo, que tendia a tiranizar se não fosse controlado. Quando bem feitas, as constituições também protegiam as minorias contra as maiorias.

Com «minoria», Calhoun não queria dizer, no seu sentido de finais do século XIX, um grupo menosprezado — por exemplo, negros, mulheres ou hispânicos. Queria dizer um duradouro «interesse» regional ou social suficientemente grande para ter peso na nação, mas demasiado pequeno para ter a maioria dos votos. Além disso, para Calhoun, os «interesses» não significavam classes económicas, sectores ou grupos de pressão. Os seus interesses tinham unidade política e cultural. Tinham história. Eram, com efeito, nações em miniatura. Mais do que isto, Calhoun não dizia. Embora falasse em termos gerais, um interesse minoritário estava sempre presente: o Sul da América, com as suas plantações e os seus escravos. O «interesse» da maioria era o Norte, que, rapidamente, estava a crescer, a produzir e a armar-se mais do que o Sul.

Para Calhoun, os interesses, juntos, constituíam uma comunidade nacional. O «sentido de comunidade» podia ser adquirido diretamente pelo «direito de sufrágio sem ajuda» (ou seja, de um modo geral, uma pessoa, um voto) ou filtrado «através de um organismo apropriado» (ou seja, alguns meios de votação por interesses e não por cada pessoa). Quando «um interesse ou porção» da comunidade pode ser «afetado de forma desigual ou injuriosa», o seu julgamento «concorrente» é necessário para a redação da lei. Se uma lei ofensiva fosse aprovada, um interesse minoritário podia vetar a sua execução.

Apesar da variedade da terminologia e da falta de explicações, Calhoun, em *Disquisition*, resumiu tudo o que disse num ponto claro e simples: «É este poder negativo, o poder de prevenir ou de deter a ação do governo, seja o que for que se chame — veto, interposição, nulificação, controlo ou equilíbrio do poder —, que, de facto, forma a constituição.»

A ideia de maiorias qualificadas, «concorrentes» ou de «supermaiorias» não era nova. N'*O Contrato Social* (1762), Rousseau afirmara que «quanto mais sérias e importantes são as questões discutidas, mais perto deve estar a opinião prevalecente de chegar à unanimidade». Em *Federalist Papers*, Madison preocupava-se com a ideia de as maiorias pobres despojarem as minorias ricas. Acalmara os seus receios com a ideia de que, numa república grande e diversa, havia demasiados interesses concorrentes para que um dominasse os outros. Além disso, a própria Constituição era fértil em mecanismos contrademocráticos para filtrarem o tipo de maiorias simples que Calhoun procurava. Calhoun não se tranquilizava. A Constituição tinha de ser interpretada e adjudicada. As suas injunções tinham de ser impostas. As maiorias políticas poderiam prevalecer sobre os tribunais e sobre o poder executivo.

Calhoun deixava em aberto algumas questões difíceis. O que era um interesse grande e duradouro? Até que ponto poderiam os poderes de veto ser usados (que tópicos; que detentores) antes de o governo paralisar? No seio de um interesse da minoria, quem deveria deter este veto? O que, em justiça, vale um veto da minoria se for capturado por uma submaioria intimadora ou por um pequeno tirano autonomeado? Estas questões punham à prova os liberais e os conservadores na Europa do século XIX, que enfrentavam as pressões contraditórias da nacionalidade moderna em tempos democráticos. A eficiência requeria grandes nações, grandes mercados e governos centrais. A equidade precisava da atenção aos costumes e às preocupações locais. Poucas soluções funcionavam na totalidade e muitas não duravam. O desafio de Calhoun ao sistema maioritário regressou em finais do século XX, no regime liberal e democrático, com os apelos crescentes ao regionalismo, ao multiculturalismo e ao separatismo.

Calhoun percebia que nenhum mecanismo institucional podia, por si mesmo, resolver os problemas. Entre os povos modernos, as secções e as comunidades só poderiam viver em paz juntas numa única nação se decidissem fazê-lo. Num espírito pré-rawlsiano, antevendo a ideia de que, numa comunidade ideal, as instituições justas e os cidadãos justos reforçar-se-iam mutuamente, Calhoun escreveu que a existência de um veto mútuo entre as secções pressuporia um reconhecimento mútuo que tornaria desnecessário o veto. Além do reconhecimento mútuo, não havia uma resposta constitucional totalmente segura, apenas separação ou guerra.

Discourse on the Constitution procurava estas lições de *Disquisition on Government* na Constituição americana. Segundo Calhoun, os Fundadores haviam reconhecido o perigo de o poder federal se sobrepor aos poderes reservados dos estados e, por isso, adotaram a ideia de uma maioria «concorrente» — ou seja, as grandes decisões só podiam ser tomadas com a aprovação da minoria. Só assim as ameaças da «consolidação» (um governo central demasiado poderoso) e da «desunião» (a separação federal) podiam ser evitadas.

Calhoun deixou *Discourse* inacabado. Em discursos anteriores e menos doutrinários, avançara muitos argumentos a favor das causas americanas que o ocuparam nas suas últimas duas décadas: resistência às tarifas e defesa da escravatura. Os argumentos eram mais pragmáticos dos que baseados em princípios, e mostravam a sua força como advogado. Em vez de demolir um único alvo, espalhava amplamente o fogo, deixando toda a oposição ferida.

Calhoun dizia que as tarifas para a proteção da indústria eram injustas, pois aumentavam os preços. No Norte, os salários podiam ser aumentados para compensar, mas isto não era possível no Sul esclavagista, onde não havia salários. Em segundo lugar, a economia do Sul assentava na exportação de algodão, uma vez que os americanos compravam, no máximo, um sétimo da produção anual. Quando as tarifas protecionistas reduziam as exportações, quem compraria o défice? Em terceiro, a proteção beneficiava os que menos precisavam dela: os ricos e os seus agentes «que enchiam o Congresso de petições para subvenções»; os «corpos ativos, vigilantes e bem treinados» de funcionários e reguladores que viviam do governo; e os bancos, que financiavam a indústria.

Calhoun tinha uma abordagem igualmente pragmática à escravatura. Sem uma defesa baseada em princípios, a sua perspetiva desmoronava-se, pois tudo o que dizia assentava no pressuposto, exprimido ou não, de que a escravatura era justa. Sem isto, os argumentos de Calhoun, mesmos os válidos, tornavam-se infundados. Uma breve secção de *Disquisition* abordava a desigualdade e, de forma oblíqua, a escravatura. Calhoun admitia que, num sentido moral final, as pessoas eram iguais. Em talento e energia, começavam de forma desigual. O progresso moral e material baseava-se nessa desigualdade, pois incitava as pessoas a tornarem-se melhores. A liberdade não é um direito e, pelo contrário, só se conquista com o esforço que conduz ao progresso social. No entanto, o esforço tem de ser pessoal e não governamental. Uma sociedade progressista é como um exército em marcha. Se o governo forçasse a retaguarda para a frente, o movimento de avanço pararia e «travaria a marcha do progresso». Contudo, Calhoun não disse de que modo homens e mulheres sem liberdade, proibidos em muitos locais de ler ou escrever, se poderiam melhorar através do esforço pessoal.

Como orador público, Calhoun era menos subtil. A escravatura, longe de ser «um pecado e odiosa», é «um bem positivo», declarou ele num discurso famoso de 1837 que representa um pequeno reportório de justificações aparentemente plausíveis para o inaceitável. A escravatura criava laços de simpatia entre o senhor e o escravo. Lentamente, civilizava um povo bárbaro. Unia os brancos do Sul além das fronteiras de classe. Servia uma economia rural que se harmonizava com a indústria do Norte. Numa nota burkeana que sugeria que o costume conferia legitimidade,

Calhoun também disse sobre a escravatura: «Seja boa ou má, cresceu na nossa sociedade e nas nossas instituições.» Webster, que respeitava Calhoun como adversário, não aceitava nada disso. No seu discurso de 1850, dirigido ao moribundo Calhoun, Webster lembrou o Senado que os sulistas haviam mudado de ideias para se ajustarem aos tempos. Antes, concordavam que a escravatura era má, quando muito uma aberração temporária e dispendiosa que, em breve, morreria economicamente. Depois, a escravatura tornou-se rentável, primeiro por causa da descaroçadora de algodão, depois com a expansão para o Oeste. Para os seus defensores, a escravatura já não era um mal, mas um benefício, ainda que um benefício, como Lincoln disse mais tarde, que nenhum homem quereria para si mesmo.

Calhoun tinha uma visão pouco elevada da política e o tom frio ouvido em conservadores ulteriores como Bismarck (sem o humor sardónico) e Salisbury. Ponderava cuidadosamente o equilíbrio de forças na política, uma atitude vista como peculiarmente conservadora e apelidada, com um termo multifuncional, de «realista». «Nunca existiu uma sociedade próspera e civilizada», disse Calhoun, na qual «uma parte da comunidade não vivesse, de facto, do trabalho de outra parte.» Antevendo a derrota sulista na sua contenda histórica com a modernidade liberal, previu sombriamente em 1828: «Depois de ficarmos exaustos, a luta será entre os capitalistas e os operários.» Temendo ser vistos como piedosos, os marxistas promoveram o tom pouco exultante. Observando a semelhança, o historiador americano Richard Hofstadter chamou amavelmente a Calhoun o «Marx da Classe dos Senhores». Apesar de dizer que acreditava que o Sul esclavagista, e não o Norte capitalista, representava o avanço da civilização, Calhoun não partilhava da esperança *whig* no progresso humano nem do sentido jacksoniano da igualdade democrática. A sua afirmação histórica geral sobre o verdadeiro progresso era pouco mais do que um ponto de debate. Talvez o capitalismo do Norte estivesse a corroer os valores cívicos, mas daí não se seguia que um Sul esclavagista era uma alternativa melhor.

Embora Calhoun partilhasse com Mill a desconfiança liberal em relação ao poder maioritário, o seu conservadorismo distinguia-se claramente em quatro aspetos. Não acreditava na igualdade liberal — ou seja, no respeito cívico — para todos; temia a pressão destrutiva de um Estado central e reformador sobre os direitos tradicionais e os costumes locais; percebia que a direita política tinha agora de lutar pela opinião, observando que o abolicionismo, o demónio que o assombrava, «tomara posse do púlpito, das escolas e, em grande medida, da imprensa, os grandes instrumentos pelos quais a mente da nova geração será formada». Quanto à democracia, Calhoun era um democrata processual, não substantivo. Aceitava os processos eleitorais da democracia, mas defendia a limitação da sua operação por meio de dispositivos constitucionais para proteger uma minoria privilegiada. Enquanto descrente na igualdade liberal, Calhoun não aceitava a ideia substantiva de que os benefícios do liberalismo deviam ser democraticamente distribuídos, ou seja, para todos. Após a sua morte, a resistência conservadora ao Estado liberal foi extremada até à guerra. Para a direita americana irreconciliada, a Guerra Civil Americana seguia a Revolução Francesa como uma segunda fundação do conservadorismo.

II. Para a direita, a razão substitui a nostalgia: Stahl

Interrompido por jovens hegelianos desafiadores na sua palestra inaugural em Berlim, em 1840, o novo professor, Friedrich Julius Stahl, repreendeu-os: «Meus senhores, estou aqui para ensinar e os senhores estão aqui para ouvir.» As autoridades prussianas haviam-no nomeado para contrariar aquilo que viam como crenças prejudiciais e racionalistas entre os estudantes sempre perturbadores da nação. Stahl fez o melhor que pôde, formulando um conservadorismo que ele pensava que podia ser defendido de forma racional. Aceitava uma monarquia constitucional, mas insistia na igualdade de soberania da fé cristã e da nação prussiana, cujas imposições às pessoas não decorriam da escolha ou do consentimento. «Autoridade, não maioria», era o lema antidemocrático de Stahl.

Neste espírito, o primeiro volume da *Filosofia do Direito* (1830) de Stahl punha em causa as teorias jurídicas de pensadores modernos que os representantes do Estado podiam não entender em profundidade — os escritores dos direitos naturais do século XVII, Kant, Hegel —, mas cujas ideias e reputação eles acusavam de fomentar a insatisfação entre os jovens. O segundo volume de Stahl (1833) conferiu peso aos antiliberais e aos antidemocratas com a sua imagem abrangente do direito como decorrente, não do costume humano ou da decisão social, mas de uma ordem moral universal dada por Deus. Era notavelmente duro em relação às ambiguidades e aos perigos do hegelianismo de esquerda.

Atualmente pouco ouvido e raramente lido, Stahl (1802–1861) foi uma figura distinta no seu tempo. Lorde Acton disse à filha de Gladstone que Stahl tinha mais talento e influência na Alemanha do que Disraeli na Grã-Bretanha. Stahl era filho de um comerciante judeu de Munique. Embora a Prússia tenha concedido direitos civis aos judeus em 1812 — várias décadas antes da atrasada Grã-Bretanha —, Stahl converteu-se ao protestantismo, tal como Disraeli, ao chegar à idade adulta.

Stahl era culto e ríspido e, como Calhoun, queria vencer os seus oponentes em todos os pontos. Vestia-se de cinzento ou preto, as cores dos advogados, dos professores e dos clérigos, sendo ele próprio os três. Numa fase mais tardia da vida, foi alto funcionário da Igreja estatal evangélica da Prússia. Stahl parecia exemplificar a pertença ao tipo de «clerisy» (que já descreveremos) que o germanófilo Coleridge desejava na Grã-Bretanha: um corpo de professores e intelectuais de tipo clerical que manteria vivas as tradições normativas da cultura e fé de uma nação. O problema era que nem a sociedade nem as instituições deste «clerisy» existiam. A Alemanha de Stahl era um território diverso de muitas regiões e confissões com um emaranhado de 39 autoridades religiosas discordantes, e não a estrutura ordenada e hierárquica de direito e lealdade sobre a qual especulava e que procurava justificar nas suas aulas. A própria Igreja Evangélica era uma união recente de luteranos e calvinistas imposta em 1817 por uma monarquia prussiana recém-devota, disputada por luteranos saxónicos (que iam para a prisão ou emigravam para os Estados Unidos) e em breve abandonada num cisma oficioso.

Stahl foi impelido para a política partidária pela Revolução de 1848. Aderiu aos antiliberais da Prússia e redigiu um manifesto do conservadorismo para o seu novo jornal, o *Kreuzzeitung*. Os seus principais desígnios eram combater a revolução, mas evitar a reação, respeitar a lei, rejeitar a arbitrariedade principesca ou popular, mas manter a coroa suprema, permitir a liberdade sindical e a herança, defender a igualdade jurídica das pessoas cristãs e manter a unidade alemã e a independência dos estados alemães. Stahl contribuiu com os seus conhecimentos jurídicos para a redação da constituição tardia da Prússia e entrou no Senado prussiano, onde permaneceu até à sua morte, sempre a defender a causa conservadora.

Ainda que a Revolução de 1848 tenha fracassado, sobreviveu na mente dos seus defensores e opositores. Os protestos vagamente interligados, as revoltas e as redações de constituições por liberais e democratas em toda a Europa foram rapidamente repudiados, pela força ou por outros meios. Aquele episódio turbulento, como Marx percebeu, não era o regresso de 1789. Mas voltava a confirmar a divisão do campo político em esquerda e direita. Apurou a consciência que cada um dos lados tinha da sua fraqueza. A esquerda esforçava-se por perceber porque perdera. A direita sentia a força da esquerda, temendo que esta vencesse na próxima vez. No entanto, ao contrário da França e da Grã-Bretanha, a direita estava no poder. Stahl percebia que, para permanecer no poder, a direita teria de prevalecer na argumentação. O seu manifesto publicado no *Kreuzzeitung*, «A Bandeira Conservadora» (julho de 1848), formulava uma estratégia para a direita: não voltar ao passado, mas tomar o controlo do presente. Os conservadores, instava ele, não deviam culpar a Coroa por aceitar uma constituição, mas louvá-la por se adaptar aos tempos.

Stahl dirigia-se a dois tipos de ouvintes. Um era o ultraconservador, abalado por 1848 e incapaz de distinguir uma constituição de uma guilhotina ou um modernista religioso de um ateu. O outro era a opinião liberal, que Stahl via como as classes médias proprietárias. Haviam fomentado 1848 e, depois, recuado, alarmadas com o radicalismo e a democracia. Olhando para a direita, Stahl esperava puxar os ultras para o lado dos liberais. Olhando para a esquerda, esperava puxar as classes médias para o lado conservador. Stahl exprimia os lados reconciliado e irreconciliado da alma conservadora. Percebia que os conservadores tinham de viver na modernidade liberal, mas esperava limitar as condições da coabitação.

A iniquidade que organizava os pensamentos de Stahl era a revolução — na política, na filosofia ou na religião. A revolução, explicou ele, não era uma revolta ou um motim. O protesto contra injustiças evidentes ou a remoção de maus governantes gerava benefícios incontestáveis. Citava os exemplos da Magna Carta, da Revolução Gloriosa (1688) e até da Revolução de 1789. Quem é que na França, perguntava ele, queria de volta as detenções arbitrárias, os impostos injustos sobre a classe média, a subjugação dos camponeses e a exclusão dos protestantes? Eram injustiças, desde então propriamente corrigidas. Contudo, constituíam a parte mais pequena da revolução. Isto porque a revolução, vista na sua realidade, não era um episódio ou um acontecimento, mas uma atitude de espírito.

Para Stahl, a revolução era obstinação, licenciosidade ética, desrespeito da autoridade e a adoção de um mundo sem normas. Em suma, era a principal fonte dos males sociais e morais da modernidade liberal. Ao generalizar, o trabalho de Stahl servia de entreposto entre os escritores anteriores contra a Revolução Francesa e o vernáculo antiliberal do pensamento conservador dos séculos XIX e XX. Ao separar a revolução do episódio histórico que originou o conservadorismo, Stahl «revolucionava» o ponto de vista liberal. Transformava uma busca pragmática e gradual liberal pela ordem social numa campanha de destruição ética sem regras.

Pensamentos similares haviam despontado nos primeiros escritores contra a Revolução Francesa, de forma apaixonada em Burke e incisiva em Gentz. Para os dois escritores, os acontecimentos eram demasiado numerosos e próximos. Os liberais políticos, e muito menos os filósofos liberais, ainda não tinham aparecido. Stahl trouxe a lição antiliberal para a luz do dia. Na verdade, a inspiração para o seu maligno 1789 é mais Maistre do que Burke. Enquanto os rabiscos de Burke eram tolos ao negar o costume, os de Maistre eram perversos ao negar Deus. A Revolução, para Stahl, vinha do orgulho luciferiano. O fogo do inferno, por contraste, não era o estilo luterano. A *psicomaquia* de Stahl era mais calma, menos irada e mais útil do que a de Maistre. A sua resposta à apostasia da revolução não era o carrasco, mas o Estado de direito.

Sem o Estado de direito, não havia ordem social. O direito privado era necessário para arbitrar as disputas entre as pessoas. O direito público era necessário para controlar o Estado. Era notavelmente rico na Alemanha. (Quando o jurista inglês John Austin teve de dar uma primeira aula sobre direito público, deu-se conta de que havia muito poucas fontes inglesas e recorreu às autoridades alemãs.) Stahl via o direito público como um meio mais seguro de conter a autoridade do Estado do que as constituições e os Parlamentos. Para explicar a sua força, comparava o Estado patrimonial favorecido por Haller e que ainda existia na Rússia, onde a palavra do soberano era uma questão de direito privado e o Estado, com efeito, pertencia à Coroa, com o novo Estado prussiano, onde a lei vinculava tanto os cidadãos como os organismos do Estado. O poder soberano, investido na Coroa, era absoluto e indivisível, mas o seu exercício era limitado pela opinião das elites proprietárias e profissionais da sociedade e pelo direito público. Em consideração pelos tempos, Stahl admitia que a opinião podia ser canalizada através de um Parlamento com poderes limitados. Este tipo de monarquia era, segundo a expressão de Stahl, «institucional» ou, de forma mais familiar, «constitucional».

Stahl insistia que tanto os liberais como os democratas compreendiam mal as constituições. Os Meios (*Halben*, liberais alemães de 1848) desejavam desnecessariamente que as constituições limitassem o poder, quando já tinham nas mãos o instrumento do direito público. Os Inteiros (*Ganzen*, democratas da Alemanha de 1848 que reivindicavam mais representação) eram, para Stahl, revolucionários disfarçados. Ao imaginarem que as pessoas eram iguais — em interesses, capacidades e direitos —, os democratas afirmavam falar por uma humanidade única e uniforme. Ao negligenciarem as diferenças reais, provocavam insatisfação, geravam a discórdia e encorajavam a descrença com um zelo só visto nas religiões fanáticas.

Stahl deu corpo constitucional a estas ideias ajudando a redigir e a defender (e, mais tarde, a aparar) a Constituição prussiana de 1850. A Coroa mantinha o poder de decisão final, guiada e, em certa medida, limitada pelas câmaras alta e baixa. A câmara baixa era eleita por um eleitorado triplo: cada terço dos assentos era escolhido por assembleias eleitorais de três classes de rendimentos tributáveis: a classe dos ricos, a classe de rendimentos médios e a classe de rendimentos baixos — por outras palavras, os poucos, os alguns e os muitos. Enquanto o Reichstag, após 1871, era escolhido por sufrágio masculino universal — o que deu ao centro católico, aos liberais e aos sociais-democratas, apesar de divididos, uma voz maioritária em finais do século —, a câmara baixa prussiana permaneceu solidamente em mãos conservadoras até à sua abolição em 1918. Mais uma improvisação do que um sistema, a mistura guilhermina de Coroa e Parlamento, prussiana e Reich, decretos e lei, herança e invenção, deveu muito à conciliação de opostos tentada por Stahl.

A improvisação de Stahl era uma adaptação dos velhos «estados» da Alemanha sob uma nova roupagem constitucional. Tal como tudo o que escrevia, falava para o passado e para o presente, para a direita e para a esquerda. A representação era, estritamente, um contrassenso. O exercício da soberania não podia ser partilhado (erro liberal). Não derivava do povo (erro democrático). No entanto, os Parlamentos deviam guiar e aconselhar a Coroa. A nobreza fundiária era a voz natural do Parlamento. Estava entre a Coroa e o povo, e o seu papel era defender o povo e não apenas lutar pelos seus próprios interesses. As classes altas da sociedade deviam realizar a mesma tarefa de mediação abnegada. No entanto, Stahl não explicou como é que as classes de rendimentos correspondiam aos velhos «estados» e porque é que o sentido de dever da nobreza devia ser levado em conta. Ao invés, insistia que o estatuto e o privilégio da nobreza haviam sido abolidos na lei, mas as tarefas da nobreza permaneciam. Numa frase críptica que deixava sem resposta as reivindicações de democracia, Stahl afirmava recomendar *Stände* (estados ou estatutos sociais) «de responsabilidade e não de privilégio».

Para preencher o vazio que pensava ter encontrado nas filosofias modernas do direito, Stahl voltou-se para o entendimento protestante da visão cristã. A ordem social assentava na lei e na moralidade. Juntas, retiravam a autoridade de um Deus pessoal, que presidia a um «reino moral». O Estado cristão, com a sua ética de livre iniciativa e de responsabilidade, era a sua forma mais elevada. Numa interpretação compassiva e pós-teológica, poder-se-ia sugerir que Stahl dizia que a ordem moral não era um artefacto social, humano ou filosófico. Ou seja, não podia ser pensada como decorrente de uma decisão coletiva, real ou pressuposta, ou de um argumento *tu quoque* num espírito de reciprocidade. Tampouco podia ser minada pelo pensamento cético, cuja pertinência pressuporia uma ordem moral que procurava negar.

As roupagens teológicas de Stahl eram demasiado largas para a política. As suas injunções eram brandas e frouxas, bem como punitivas e estritas. Era contra a servidão e a escravatura (ainda que as não condenasse no Sul da América). Aceitava mais castigos humanos. Era a favor de muitas liberdades civis, incluindo o direito de escolher uma religião (pelo menos em privado) e de mudar de país. Em contraste, reprovava o divórcio legal, defendia a pena capital, via a blasfémia como um crime e achava que os suicídios não deviam ter um enterro «honorável». Os liberais e os hegelianos de esquerda, como Bauer e Feuerbach, consideravam que Stahl não tinha princípios e usava argumentos circulares: usava a autoridade para justificar a autoridade, diziam eles, e não explicava como os juízos práticos decorriam de premissas mais elevadas. As suas dúvidas eram fortes, mas passavam ao lado do apego menos racional de Stahl a uma certa ideia da Prússia e ao valor elevado que os cristãos davam à pessoa humana, sem o qual a sua moralidade política não tinha sentido.

Para Stahl, o carácter social prussiano era ordeiro, eficaz, regia-se pela lei e era zeloso. Sem o sentido de dever das elites da Prússia, as estruturas constitucionais de Stahl desmoronar-se-iam. Adequado ou não, o orgulho na eficácia e no dever prussiano era um lugar-comum patriótico, em contraste com a frivolidade francesa e com a mentalidade lojista britânica.

O segundo apego menos racional de Stahl era ao respeito cristão pela pessoa humana, independentemente do que isto quisesse dizer. Entre os filósofos que admirava pelo espírito conciliador estava Friedrich Schelling (que o encorajara na sua filosofia do direito) e Hegel; ambos diziam que qualquer coisa era um aspeto do todo. Stahl afastou-se deles porque um Deus pessoal parecia ter desaparecido dos seus pensamentos e, sem um Deus pessoal, Stahl não era capaz de racionalizar a sua outra convicção profunda: a intocabilidade da pessoa humana. Stahl pensava que, ao contrário de qualquer outra fé, o cristianismo protestante valorizara e libertara a pessoa humana para viver com os outros numa sociedade de leis.

Stahl via o seu conservadorismo em termos estratégicos e como uma questão de princípio. Para ele, o capitalismo industrial era imparável, mas esperava que a modernidade capitalista pudesse ser impedida de se tornar liberal e até democrática. De forma pragmática, Stahl via a sua tarefa, tal como a de muitos conservadores, como a preservação, se possível, daquilo que tinha valor na velha ordem. Para adaptar a metáfora de Calhoun, a sociedade estava em marcha. A tarefa de um conservador era convencer a vanguarda a não avançar e a retaguarda a não parar e a não amuar. Stahl queria convencer as velhas elites a trocarem o privilégio *ständisch* pelo primado dos sistemas representativos de governo. Filosoficamente, acreditava que uma fé racionalmente defendida podia sustentar uma política conservadora e uma ética estrita, ainda que a orientação prática dada pela sua teologia fosse limitada. A ética que favorecia parecia ser mais a do seu meio e do seu tempo do que uma ética à que a teologia apelava e que poderia voltar a ser aplicada quando o tempo e o meio mudassem.

III. Como devem os conservadores defender a religião: Lamennais, Ketteler, Newman, Brownson e Hodge

Stahl não estava sozinho na sua hostilidade em relação ao pensamento liberal. De uma forma geral, para os conservadores religiosos, o adversário era claro. O liberalismo «pulveriza a humanidade» e transforma a sociedade numa «máquina calculadora racional-liberal» (bispo Ketteler). Depois de as ideias liberais se imporem, «ninguém poderá esperar progresso na sociedade, felicidade ou sequer liberdade» (abade Lamennais). É um fraco consolo que o liberalismo seja «um princípio demasiado frio para apelar à multidão» (cardeal Newman). As pessoas precisavam de um credo. Os «loucos tentaram separar o progresso da sociedade da religião... tornaram destrutivo o liberalismo moderno e um fracasso em toda a parte» (Orestes Brownson). O consenso era que o inimigo, o liberalismo, estava à vista.

Este era o problema. Se, como parecia, o liberalismo estava a vencer na sociedade, que deveria fazer o seu opositor cristão? Lutar ou ceder? Resistir ou adaptar-se? Se os pensadores religiosos lutassem e resistissem, como iriam eles argumentar? Tal como a generalidade dos conservadores, os pensadores religiosos enfrentavam um problema espinhoso de estratégia intelectual. Se argumentassem contra a modernidade liberal em termos religiosos, corriam o risco de não ser ouvidos. Se argumentassem em termos não religiosos, não estariam a render-se antes da luta?

Nas sociedades modernas seculares, as razões religiosas tendem a ser descartadas no debate público. Não é que as afirmações e as causas dos crentes sejam silenciadas, mas os argumentos dos crentes para as suas afirmações — políticas, sociais ou morais — precisam, por precaução, de ser exprimidas em termos não religiosos para terem alguma aceitação. Na França, nos anos 1960, olhando para a frente, quando os partidos de direita resistiram às propostas de lei para a legalização do aborto, os seus argumentos eram seculares: a França precisava de mais bebés; mesmo os abortos realizados com competência eram perigosos; reduzindo os seus custos, encorajava-se a vida despreocupada. Foi acrescentado um argumento de princípio, mas continuava a ser secular: o aborto era uma morte injusta. Assim, nos Estados Unidos, por exemplo, o aborto continua a ser publicamente atacado por crentes religiosos não com a justificação de que é proibido por Deus, mas porque o consideram uma morte injusta. Os modernos seculares não aceitam argumentos religiosos. Podem concordar que a morte é injusta e errada. Os crentes religiosos e os modernos seculares podem então discutir — será o aborto uma morte injusta? — em vez de falarem cada um para o seu lado.

Além disso, se houver muitas confissões concorrentes, cada uma com as suas crenças e doutrinas, há um segundo motivo para excluir as razões religiosas do debate público. Serve tanto os crentes como os descrentes: manter a paz argumentativa e permitir a tomada de decisão coletiva em sociedades diversas e antagónicas.

Estas pressões para manter separadas as argumentações religiosas e políticas podem ser vistas como um facto da secularização pública (na medida em que é um facto) e uma política de privatização da razão religiosa (ou seja, da sua exclusão do debate público). Estas pressões são hoje tão familiares que quase nos passam despercebidas. Não era assim em meados do século XIX, quando eram frescas como um vento frio de primavera e fortemente sentidas. Moldaram a forma como os conservadores religiosos lutaram para preservar aquilo que receavam que a modernidade liberal ameaçava perder.

As vidas e os pensamentos de cinco conservadores cristãos servem aqui para ilustrar algumas abordagens a essa escolha de resistência ou adaptação. Era uma escolha enfrentada igualmente pelas confissões cristãs.

Lamennais, Ketteler e Brownson eram católicos romanos, Newman era um protestante da igreja alta que se tornou católico romano. Hodge era um estrito presbiteriano. Todos viam grandes problemas na vida pública contemporânea, que pensavam que uma abordagem cristã podia e devia tentar resolver.

Rejeitavam os apelos dos liberais e democratas à igualdade humana, que pareciam vazios face aos factos sociais. Para eles, o igualitarismo exagerava as capacidades das pessoas, estabelecia objetivos inalcançáveis e distraía das necessidades práticas. Denunciavam a exploração cruel dos trabalhadores pobres pelo liberalismo, bem como o encorajamento que dava à ajuda ateia a esses trabalhadores sob o nome de socialismo. Também criticavam a decadência moral da sociedade moderna: a vida licenciosa, o desrespeito pelas autoridades, a violação das regras e a atenção dada a pensadores espertos que negavam a existência das regras ou que diziam que faziam as suas próprias. Os medos éticos deste género intensificaram-se com a aceleração da urbanização após os anos 1830. Para as mentes preocupadas, a vida na cidade estava ligada aos aprendizes petulantes, aos casamentos mistos e ao laxismo geral das pessoas arrancadas ao domínio rural do pároco e do fidalgo. Na Europa, esta reprovação ética das cidades estava associada à celebração romântica do campo. Os *whigs* americanos eram geograficamente mais imparciais nas suas preocupações. Inquietavam-se mais com o comportamento não controlado na fronteira ocidental maioritariamente masculina e com a vida desleixada nos bairros pobres e sobrelotados das cidades.

Para os intelectuais cristãos, havia uma preocupação que abrangia tudo o resto: o receio pela própria fé cristã. Para eles, a ordem social, a moralidade e a fé estavam encadeadas. Se a fé desaparecesse, o mesmo aconteceria à confiança na moralidade e, neste caso, a ordem social ficaria em perigo. A ciência natural, a crítica intelectual das fontes escritas da religião e a filosofia crítica minavam a confiança cristã não só nos factos da sua fé, mas também na razoabilidade das próprias crenças cristãs. Lamennais e Newman sentiam fortemente, e tentavam deter, a procura incansável de razões pela modernidade. Newman escreveu que o «racionalismo», que ele acusava não só de negar, mas também de pensar demasiado a religião, era «o grande mal da época». Se se mostrasse que a fé era irracional, não se seguiria a irracionalidade da moralidade?

A resposta que Lamennais dava para o novo lugar do cristianismo era, porém, mais prática do que doutrinária. O mesmo acontecia com Ketteler. O cristianismo devia mostrar o seu valor na modernidade liberal, não pelo testemunho de uma verdade superior, mas pela prática do bem. Ketteler resumiu este credo pragmático: «A religião e a moralidade não podem, por si mesmas, curar o flagelo dos trabalhadores.» Ketteler e Lamennais defendiam um catolicismo de ação social que ajudasse os necessitados antes de se envolver em polémicas religiosas ou na política partidária. Tratava-se de uma versão social, mais tarde sublinhada por Durkheim, da tentativa de arranjar um lugar para a religião na modernidade, vendo-a como um modo de vida partilhado e não como uma teologia ou uma visão anticientífica do mundo.

Ketteler era mais estratégico. Pensava que um catolicismo empenhado podia deter o socialismo e proteger os católicos da Alemanha. Lamennais, que começou por ser um ultra de direita, tornou-se um democrata radical cuja proposta da constituição de 1848 foi rejeitada pelos colegas republicanos por ser demasiado extrema. Ketteler estava dentro do sistema, os seus objetivos eram claros, mas era cuidadoso com o seu opositor secular em Hesse, um primeiro-ministro reacionário, bem como com o Vaticano. Com o tempo, acabou por aceitar a ideia de um partido católico na Alemanha. Lamennais estava fora do sistema, passou da direita para a esquerda, incompatibilizou-se com o papa e acabou sem uma plataforma política própria. No entanto, abriu um espaço na França para um catolicismo de esquerda que nunca abandonou a sua hostilidade aos liberais defensores do mercado livre.

Félicité de Lamennais (1782–1854) era filho autodidata de um bretão rico e recentemente enobrecido. Aos cinco anos, quando a sua mãe morreu, foi enviado para a propriedade do tio, onde se tornou erudito ao ler tudo o que podia encontrar na grande biblioteca. A experiência de juventude voltou-o contra a política. A Bretanha sofreu grandes crueldades na Revolução, quando a sua família escondeu padres dos jacobinos anticlericais. As tréguas de Napoleão com a Igreja em 1801, que deram ao Estado francês um controlo amplo sobre o clero católico em troca do pagamento das suas contas, confirmaram o desagrado do jovem Lamennais com a política. Achava que um Estado moderno que pagava por uma religião nacional por questão de prudência acabaria por estrangular a verdadeira fé. Lamennais sonhava, ao invés, com uma federação europeia teocrática guiada pelo papado. Na monarquia da Restauração, escreveu para o *Conservateur* de Chateaubriand e, como este, sentia-se repugnado com a corrupção e incompetência dos Bourbons. Lamennais decidiu então separar uma fé beneficente e universal da defesa de déspotas nacionais.

Em 1830, Lamennais ajudou a fundar um jornal radical, *L'Avenir*. Era impresso na Bélgica, que tinha uma nova constituição tolerante, e foi logo condenado pelo Vaticano. Voltou a ser censurado pelo papa por apoiar a revolta dos Polacos contra os seus ocupantes russos, quando o papado achou mais urgente defender o despotismo ortodoxo contra os católicos patriotas (1830–1831). Nos anos 1840 da Fome, a adoção clara do catolicismo popular e social colocou Lamennais em guerra com a hierarquia da Igreja. Agora próximo do socialismo, Lamennais considerava que o liberalismo de mercado, se não fosse moderado pela responsabilidade social e baseado numa fé comum, seria uma guerra de todos contra todos. Defendia as liberdades pessoais, mas duvidava de que fossem alcançáveis nos mercados económicos desenfreados. Como editor de um jornal, Lamennais sabia quanto dinheiro era preciso para poder gozar da liberdade de expressão.

A obra religiosa mais conhecida de Lamennais, o seu *Ensaio Sobre a Indiferença em Matéria de Religião* (1817), parece superar este radicalismo social. Aborda o lugar da fé na sociedade moderna. Ataca aquilo que via como as desculpas que os modernos usam para evitar a convicção religiosa: a afirmação cética de que a fé religiosa é inverosímil, mas útil para a ordem social e só necessária para o povo; a ideia anti-universalista de que, como todas as fés são igualmente discutíveis, o melhor é adotar a fé da nossa própria sociedade; e a afirmação protestante anticlerical de que, como a revelação bíblica precisa de intérpretes (e a ideia de que o registo histórico foi explorado pela crítica bíblica), o recurso às Escrituras é infundado para desafiar a autoridade clerical.

A ligação entre o Lamennais jovem e adulto era a hostilidade ao «individualismo» liberal, uma ideia vaga que se tornou rapidamente um alvo liberal para os conservadores. No *Ensaio Sobre a Indiferença*, Lamennais condenava Lutero, sozinho com o seu Deus, e Descartes, sozinho com o seu Génio Maligno, por sobrevalorizarem o juízo privado e negligenciarem o facto de a linguagem e o raciocínio serem necessariamente sociais. Certos hábitos de pensamento, escreveu ele, eram locais, outros «naturais» ou comuns à humanidade. Estes formavam um *sens commun*, a que Hume chamava «hábito» e que Lamennais, fazendo eco de Burke, designava por «preconceito». Na religião, estes hábitos mentais inclinavam as pessoas, sem razão ou argumento, para a fé religiosa. Na política, a opinião do povo inclinava para a resposta adequada. Os críticos céticos e as opiniões estafadas das minorias atravessavam-se no caminho. Para o antiliberal Lamennais, a diferença entre a autoridade papal e a autoridade popular não era, no fundo, muito grande.

Enquanto bispo de Mainz desde 1850 até à sua morte, Wilhelm von Ketteler (1811–1877) foi um distinto porta-voz alemão do catolicismo social católico baseado na hierarquia. Em nome da paz social entre o capital e os trabalhadores, Ketteler pensava que as reivindicações económicas, mas não políticas, da classe operária deviam ser ouvidas. Opunha-se à *Kulturkampf* anticatólica de Bismarck e defendia a reconciliação entre católicos e protestantes.

Ketteler via a sua tarefa clerical como a proteção da Igreja alemã, numa nação maioritariamente protestante, das pressões de um Estado reformador, em particular no governo da Igreja e na educação; a sua tarefa diplomática, juntamente com os bispos católicos da mesma mentalidade, consistia em limitar as intrusões do Vaticano na política nacional; e a sua tarefa política era acabar com as reivindicações socialistas da propriedade coletiva e do controlo democrático da economia, que, em todas as confissões, atraía as classes operárias para as cooperativas e para os sindicatos.

A família de Ketteler pertencia à aristocracia da Vestefália. Foi educado por jesuítas, estudou em quatro universidades e perdeu a ponta do nariz num duelo de estudantes. Advogado e funcionário público antes de se tornar sacerdote católico, Ketteler abandonou a suas funções no governo em protesto contra a detenção do arcebispo de Colónia (1838), a primeira escaramuça do conflito entre a autoridade protestante e católica que culminaria na *Kulturkampf* anticatólica de Bismarck (anos 1870). Enquanto delegado do Parlamento abortado de Frankfurt que lutava por uma constituição pangermânica (1848–1849), aliou-se aos liberais moderados. Quando a industrialização da Renânia acelerou nos anos 1850, Ketteler pregou e escreveu contra a negligência dos seus severos efeitos sociais. Em *Die Arbeiterfrage und das Christentum* (*A Questão Laboral e o Cristianismo*, 1864), culpava os liberais pela imagem ruinosa de uma sociedade que via as pessoas como «átomos de matéria» a serem reduzidos a pó e «espalhados pela terra». Influenciado pelo socialista Ferdinand Lassalle, pensava que os trabalhadores deviam poder sindicalizar-se e, se necessário, fazer greve. A mensagem social de Ketteler não tinha muito a dizer sobre as condições de trabalho nas quintas do leste da Prússia que, mais tarde, horrorizariam Max Weber. Era a favor das liberdades pessoais, mas seguia sem reservas a visão patriarcal que a sua Igreja tinha dos homens e das mulheres. Partilhava o antissemitismo casual da sua classe e da sua fé, que disfarçava numa reprovação generalizada da banca.

Ketteler era um dos bispos alemães que temiam que, resistindo ao mundo moderno, o papado romano estivesse a marginalizar o catolicismo e a provocar a retaliação dos poderes seculares. No Primeiro Concílio do Vaticano (1868), Ketteler argumentou contra a declaração da infalibilidade papal em sérias questões doutrinárias (1868), receando a reação que isso provocaria na Alemanha, mas teve o cuidado de não afrontar o papa ou de contestar a autoridade do Vaticano. Sem rejeitar a doutrina, um papa mais flexível, Leão XIII (1878), deu ouvidos à mensagem social, dizendo de Ketteler: «Aprendi com ele.» A encíclica *Rerum novarum* (1891) apelava a relações equilibradas entre os trabalhadores e o capital e ao direito à sindicalização (ainda que fossem preferíveis as associações de patrões e trabalhadores). Opunha-se ao socialismo e às greves.

Após a unificação alemã, quando os protestantes passaram a constituir o dobro dos católicos no novo Reich, Ketteler pensou que a Alemanha precisava de um partido católico. Antes, hesitara, pensando que o papel da Igreja era social e clerical, e não político. Receava que um partido confessional fomentasse o anticatolicismo. Quando a *Kulturkampf* recaiu sobre a sua Igreja, esse argumento deixou de ter sentido. Ketteler defendeu o novo Partido do Centro Católico em *Katholiken im Deutschen Reiche* (*Católicos no Império Alemão*, 1873). Combinava uma visão neotomista do direito natural com a imagem de Hegel de um Estado socialmente articulado. Os objetivos do partido católico, escreveu Ketteler, devem ser resistir aos erros éticos e intelectuais da época, combater um Estado demasiado poderoso, proteger as liberdades pessoais e salvaguardar os direitos naturais das instituições intermediárias, como a Igreja, as escolas e a família.

Ketteler era conservador na sua hostilidade ao liberalismo político e na sua desconfiança da democracia de massas. Para ele, o liberalismo político exaltava o Estado, fazendo deste a única fonte do direito e negando qualquer autoridade superior — nomeadamente a moralidade cristã — ao Estado: «Se o Estado é Deus, então todo o desenvolvimento da religião cristã é desprovido de sentido.» (Isto parecia um ponto político baseado num exagero filosófico; um liberal político podia aceitar a autoridade superior da moralidade sobre a lei e admitir que uma lei positiva, ainda que fosse lei, podia ser injusta.) No entanto, Ketteler achava que havia um parentesco entre o cristianismo e o liberalismo. A liberdade e o dever não eram dissociáveis, e a liberdade não estava em guerra com a autoridade. A autoridade mostrava às pessoas refletidas e livres aquilo que deviam fazer em boa razão. Os liberais não viam grandes motivos de discórdia nestas afirmações, ainda que pudessem pensar que Ketteler tinha mais a dizer quando escreveu: «Nenhuma instituição é mais liberal do que a Igreja Católica.»

Uma das preocupações do Partido do Centro era encontrar uma moldura popular para o catolicismo social. Lutava com o regionalismo alemão. Os católicos bávaros só aderiram ao partido em 1894, que voltou a dividir-se em 1920. Em 1933, o centro votou pela lei que abriu caminho à ditadura nazi. Na Alemanha, os cristãos conservadores só encontraram um lar político democrático-liberal após 1945, num novo partido de centro-direita que reunia católicos e protestantes.

Ao contrário de Lamennais e de Ketteler, o cardeal John Henry Newman (1801–1890) estava pouco envolvido no mundo que o rodeava. Filho de um banqueiro e educado em Oxford, via o cristianismo mais como um guia espiritual do que como uma presença social. Newman, à semelhança de Friedrich Schleiermacher e de Søren Kierkegaard, tratava a fé como o elemento definidor da vida de uma pessoa, e não como uma mão auxiliadora ou uma assistência psicológica que podia ser fornecida de outras maneiras.

Newman via a tarefa cristã como a manutenção da «religião num mundo anárquico». Para ele, a democracia era «horrível», os *whigs* eram uma «peste» e o liberalismo estava condenado a ser um credo minoritário de intrometidos. Nem todos os conservadores partilhavam do alarme de Newman sobre a condição da sociedade, mas a maioria partilhava do seu desprezo pelos liberais e da sua convicção de que a sociedade precisava de uma fé religiosa, embora não o exprimissem com a franqueza de Napoleão: «A sociedade não pode existir sem possessões desiguais e a desigualdade de possessões não pode subsistir sem a religião.» De um modo geral, os conservadores concordavam que uma religião sólida e partilhada era essencial para a ordem social. O problema era: que religião? O cristianismo tinha muitas confissões. Cada confissão tinha várias tradições, vários entendimentos de si mesmas e várias defesas filosóficas. Para um conservador experiente e de espírito prático, a escolha confessional era secundária; qualquer credo familiar amplamente aceite e não perturbador poderia servir. Para Newman, tal como para muitos crentes, era frívolo responder à questão sobre que fé seguir no que toca à utilidade social. A questão da escolha — se fosse uma escolha — era importante. A vida de Newman tornou-se uma busca de um lar religioso, cujo percurso foi uma série de encontros, rejeições e mais buscas. A sua vida foi também uma busca do papel do intelectual religioso numa cultura que se secularizava com rapidez.

Newman procurava por meio da exclusão. Cresceu num período em que a ciência e a filosofia avançavam ao lado de um novo entusiasmo pela religião. Formas diferentes de oração comum e de comunhão cristã revelavam-se nos dois lados do Atlântico. Algumas vinham do pietismo, do quacrismo, do metodismo e de outras fontes pós-clericais dos séculos XVII e XVIII. Outras eram novas. O elemento comum destes despertares evangélicos era a ênfase no sentimento religioso e na convicção pessoal, e não na doutrina ou nas Escrituras. Com origem em liberais seculares, o despertar religioso tendia a provocar compaixão ou desprezo. Para os crentes convencionais, os evangélicos não eram melhores do que os anarquistas. Em 1807, Sydney Smith chamou-lhes «uma conspiração geral contra o senso comum e o cristianismo ortodoxo racional». Smith via o despertar religioso do seu tempo como uma Segunda Vinda do puritanismo do século XVI, que Hooker vira, com o catolicismo romano, como um inimigo do sistema religioso isabelino.

Entre os filósofos, Schleiermacher era o filósofo do revivalismo do encorajamento e da calma, Kierkegaard era o da luta e da ansiedade. Newman tinha ouvido para os dois registos. No seu descontentamento com o anglicanismo ortodoxo, Newman começou por tender para um cristianismo evangélico de tipo intelectualizado, mas acabou por vê-lo como um passo em direção à dúvida renovada e ao julgamento excessivamente pessoal. A crítica bíblica, por outro lado, abalara o apego protestante às Escrituras e, além disso, nenhum livro podia «opor-se ao intelecto vivo e selvagem do homem». Ao invés, Newman voltou-se para uma espécie de arqueologia religiosa, procurando recuperar o núcleo espiritual do cristianismo por meio do estudo dos seus primeiros ensinamentos. Defendeu esta abordagem em *Tracts for the Times* (*Panfletos Sobre os Tempos que Correm*, 1833–1941), que atraiu muitos seguidores em Oxford, onde era sacerdote anglicano.

No entanto, esta abordagem também desiludiu Newman. Decidiu que, para dar força à fé num tempo moderno de dúvida, o que era necessário não era uma fonte pura e antiga, intocada pela doutrina e interpretação posteriores, mas uma autoridade atual e incontestada. Em 1845, tornou-se católico romano — mais tarde, descreveu os passos da sua conversão pessoal em *Apologia pro vita sua* (1864) — quando foi acusado, como Napoleão, de apelar cinicamente a uma fé irrefletida por ser útil. Newman apresentou uma defesa mais filosófica do «fideísmo» em *Ensaio a favor de uma Gramática do Assentimento* (1870). O fideísmo, em termos gerais, era a ideia de que era razoável uma pessoa aceitar uma proposição de grande importância na sua vida quando o peso da evidência dos dois lados estava equilibrado ou era incerto. Com mais pormenores argumentativos, o ensaio de Newman fazia eco do ataque de Lamennais ao indiferentismo.

Politicamente, Newman passou do «toryismo» duro para o paternalismo católico de carácter social. Para ele, a humanidade era corrupta e a sociedade imperfeita; nem sequer uma sociedade de bons cristãos seria justa. Contudo, a sociedade podia ser estável e sã se partilhasse uma religião. Uma fé comum uniria a sociedade, permitindo que a autoridade governasse por consentimento. Das quatro formas de governo, que ele descreveu num ensaio intitulado «De quem é a culpa?» (1855) — «subordinação» (autoritarismo), «participação» (democracia de massas), «delegação» (uma variação burocrática da primeira) e «coordenação» —, Newman preferia a última. No espírito do corporativismo europeu, Newman imaginava uma união social que reconciliaria as classes, oferecendo proteções e liberdades ao abrigo de uma única crença abrangente.

A Igreja Católica que encontrou em Roma desiludiu-o. Um filósofo complacente, Anthony Kenny, escreveu que Newman passou a primeira metade da vida a tentar convencer a Igreja de Inglaterra a ser mais como a Igreja de Roma, e a segunda metade a desejar que os católicos romanos fossem mais como os anglicanos. Newman esperava encontrar em Roma uma fé que fosse mais acreditada, mais autoritária. Encontrou uma fé em que já se nascia, mais tomada como garantida e, apesar das suas reivindicações de autoridade, menos obedecida.

Orestes Brownson (1803–1876) enfrentou uma versão americana das dificuldades de Newman com uma igreja universal que não era a religião principal da sua terra. Como promotor católico do americanismo baseado na fé, Brownson oferecia uma defesa contra o preconceito protestante. Também era um defensor dos trabalhadores e um conservador que compreendia que tanto a liberdade do governo como a do cidadão consistiam simplesmente na obediência às leis. Começou como Lamennais acabou, um defensor apaixonado das classes trabalhadoras, mas abandonou a política progressista e, como Newman, adotou a Igreja romana. Brownson tornou-se católico um ano antes de Newman (1844) e, como este, escreveu uma autobiografia do seu percurso espiritual.

Nascido numa quinta no Vermont, Brownson foi dado para adoção a uns vizinhos calvinistas aos seis anos, quando a sua mãe morreu. Detestava a soturnidade do seu lar adotivo e, em jovem, caiu sob o feitiço de Channing e dos unitários. Autodidata, Brownson leu com voracidade, mergulhou na vida intelectual e fundou a *Boston Quarterly Review.* Via os *whigs* como elitistas hipócritas e a classe média, em nome da qual falavam, como inimiga dos trabalhadores. O novo poder era o capital industrial e, embora a escravatura do Sul fosse abominável, era menos cruel para os que a sofriam do que o trabalho livre do Norte, como escreveu em «As Classes Trabalhadoras» (julho de 1840). Pouco depois, Brownson abandonou toda a confiança na política progressista. Qualquer pretensão de fazer reformas profundas na sociedade era uma tentativa humana vã e arrogante de agir «como deuses». A sociedade requeria ordem e aceitação, e não críticas e disrupção. O protestantismo tinha demasiadas seitas. Só o catolicismo oferecia a coerência necessária. Tal como mostrara contra os *whigs* capitalistas, Brownson usou a sua verve contra protestantes, transcendentalistas, individualistas, niilistas e todos os outros «istas» manchados pelo liberalismo.

Brownson via-se como um conservador antiliberal, o que ele era em grande medida, embora as suas opiniões políticas fossem moderadas e os seus instintos, conciliatórios. O sentimento anticatólico explodira nos Estados Unidos quando o número de católicos aumentou entre os anos 1820 e os anos 1840, inflacionado por imigrantes irlandeses e renanos. O preconceito entre a maioria protestante continuava forte. Em *The American Republic* (*A República Americana,* 1865), Brownson queria mostrar aos americanos desconfiados que os católicos podiam ser bons cidadãos. Ao mesmo tempo, esperava convencer uma Igreja defensiva e tradicionalista de que os católicos podiam ser bons americanos. Brownson defendia a liberdade religiosa, opunha-se ao preconceito religioso de todos os lados e apoiava a separação da Igreja e do Estado. O Vaticano recompensou-o, bem como ao seu discípulo Isaac Hecker, diretor do *Catholic World,* denunciando, numa carta aos bispos americanos (1899), o «americanismo» como um erro.

Embora fosse aliado dos liberais religiosos na sua igreja, Brownson, em *The American Republic* (*A República Americana,* 1865), criticava o liberalismo político por representar erradamente a liberdade e a sociedade. Para o governo e para os cidadãos, a liberdade era a obediência a leis justas. A sociedade não era um compacto, mas «um organismo, e os indivíduos vivem na vida do organismo, tal como este vive na deles». Brownson era conservador na sua tentativa de temperar o liberalismo democrático com uma orientação moral beneficente. Defensor católico do americanismo baseado na fé, opunha-se ao preconceito protestante e apoiava um cristianismo social paternalista, que também emergia na Europa.

Charles Hodge (1797–1878) era um teólogo presbiteriano do Seminário Teológico de Princeton, que via as Escrituras como a palavra de Deus e defendia um calvinismo estrito e pessimista que inspirou os fundamentalistas e os evangélicos conservadores do século XX. Embora formado na crítica bíblica e na filosofia alemã, Hodge não invocava o racionalismo kantiano, nem a metafísica hegeliana, nem a religião do sentimento de Schleiermacher. Defendia a sua teologia estrita apelando à intuição e ao senso comum, acerca dos quais, de um modo que poderia surpreendê-los, citava pensadores do iluminismo escocês. De maneira firme e cordial, liderou a Velha Escola dos presbiterianos nas suas disputas com os seus correligionários da Nova Escola. Para Hodge, o darwinismo equivalia ao ateísmo. Opunha-se ao revivalismo religioso e recusava condenar a escravatura. O revivalismo, quer na visão radical e popular do abolicionista Charles Finney (1792–1875), quer no evangelho moderado e de classe alta de William Ellery Channing (1780–1842), era, para Hodge, uma campanha temporal, ou seja, ímpia de edificação moral e de autoaperfeiçoamento.

Descrito em termos teológicos, o revivalismo destacava a capacidade do crente cristão de acabar com a ansiedade espiritual e de redimir a sua vida abraçando livremente a fé. O calvinismo mais pessimista de Hodge negava o controlo das pessoas sobre o tempo e os meios da sua salvação. Em termos seculares, Hodge rejeitava o evangelho americano de autonomia, com a sua promessa esperançosa de autoaperfeiçoamento. Aceitava o «individualismo» luterano (cada crente responde diretamente a Deus) e a «solidariedade corporativa» (por causa de Adão, todos somos pecadores; por causa de Cristo, todos podemos ser salvos). Proprietário de escravos, Hodge via esta instituição como biblicamente justificada, mas deplorava a forma como o Sul maltratava os escravos e achava odiosas as leis que lhes negavam a escola. No entanto, nacionalista convicto, Hodge apoiou a União na Guerra Civil. O tipo de nação ímpia que os Estados Unidos não deviam ser era exemplificado, a seu ver, pela França, onde, como Hodge declarou (1852), «a parte inteligente da população não tem religião e a parte religiosa não tem inteligência». Hodge queria uma ortodoxia religiosa conservadora, mas que tivesse um arsenal intelectual para se defender. Durante a sua longa carreira no Seminário de Princeton, Hodge terá ensinado mais de 3000 estudantes.

Se, para as mentes pós-religiosas sem paciência para a disputa bíblica, é difícil apreender o clima mental de Hodge, a imaginação ficcional pode preencher a lacuna. Um escritor contemporâneo que evocou fortemente a mente calvinista americana foi Nathaniel Hawthorne. Os seus romances e contos alegóricos oferecem uma representação do elemento puritano no pensamento americano, com a sua certeza sobre a depravação humana e o desprezo pela esperança no aperfeiçoamento. Hawthorne era um anti-*whig* por experiência e convicção. Em Boston, foi demitido da sua carreira na função pública por ser democrata e não acreditava no progresso nem na causa abolicionista. A sua obra está impregnada de um sentido de pecado e de insensatez. Qualquer nova sociedade, declarava uma personagem de Hawthorne, depressa se via necessitada de uma prisão e de um cemitério. A sua alegoria popular, «O Holocausto da Terra», troçava das esperanças evangélicas nesta reforma terrena da humanidade imperfeita. *The Blithedale Romance* (*O Romance de Blithedale*, 1852) satirizava a comuna da Brook Farm baseada nos conceitos de Fourier, que ele ajudou a pagar e onde viveu durante um breve período de tempo. *A Letra Escarlate* (1850) apresentava, sem o resolver, o conflito persistente do puritanismo entre a consciência pessoal e a vergonha social. Nos seus diferentes modos, Hodge e Hawthorne eram contraexemplos conservadores da imagem ingénua do antigo espírito nacional americano como liberal, democrático e otimista.

Estes vários pensadores conservadores mostravam formas diferentes de encontrar um lugar moderno para a fé religiosa no debate público. Três deles falavam da religião na política. Lamennais escolheu a busca pessoal dos ideais sociais-cristãos, desafiando a autoridade clerical. Ketteler escolheu a busca clerical de ideais semelhantes num quadro da autoridade da Igreja, que também tentou defender contra o Estado. Brownson dizia que uma democracia moderna precisava da orientação de uma moralidade universal.

Os outros dois expressavam uma luta da direita e da esquerda no seio da religião. Contra os liberais religiosos e modernistas, Newman queria mostrar a razoabilidade da aceitação de uma fé irracional e da autoridade de uma Igreja hierárquica. Contra a oposição similar entre os correligionários liberais, Hodge afirmava a autoridade das Escrituras, tal como estritamente entendidas pelos intérpretes de autoridade. Nenhum dava espaço para as razões papais ou bíblicas no debate público. Ambos queriam criar espaços cognitivos seguros para os crentes sensatos numa cultura cética e de espírito científico.

Todos os cinco eram conservadores num sentido geral. Numa perspetiva negativa, pensavam que o liberalismo era inadequado como moralidade pública e que os liberais eram demasiado complacentes em relação aos males da sociedade moderna. Numa perspetiva positiva, queriam isolar e conservar aquilo que importava na vida humana entre a agitação do progresso capitalista, um trabalho visto como o resgate dos (altos) valores espirituais das (baixas) preocupações materiais. Do ponto de vista doutrinário, isto significava proteger a fé da ciência e, se possível, o sobrenaturalismo do naturalismo, ou pelo menos das versões do naturalismo que deixavam pouco ou nenhum espaço para a religião. Estes pensadores queriam que os mundos intelectuais e religioso se reforçassem mutuamente na causa da moralidade e da ordem social. Newman queria que «o leigo intelectual fosse religioso e que o devoto eclesiástico fosse intelectual». Hodge acreditava que a «liberdade só pode existir com base na inteligência e na religião».

IV. A necessidade de intelectuais pelo conservadorismo: o *clerisy* de Coleridge

Nem Newman nem Hodge estavam diretamente envolvidos na política, e nenhum deles falava em termos nacionais. Newman adotou uma igreja universal. Hodge falava pelo lado conservador de uma das muitas confissões americanas. Coube ao poeta Coleridge apelar, na política nacional, à criação e ao desenvolvimento de uma figura que praticamente não existia no tempo em que viveram, mas que obteve o reconhecimento e a autoridade no nosso tempo: o intelectual conservador.

A obra em que Samuel Taylor Coleridge (1772–1834) concentrou os seus muitos pensamentos políticos foi *On the Constitution of Church and State* (*Sobre a Constituição e o Estado,* 1830). Foi escrito por ocasião da lei da emancipação católica (abril de 1829). Coleridge opunha-se à concessão de direitos civis aos católicos da Grã-Bretanha, em parte devido ao velho motivo de que os católicos deviam lealdade a uma potência estrangeira (o Vaticano) e em parte pelo estranho motivo de que os seus sacerdotes eram celibatários. Apesar do contexto tópico, os dois principais pontos do livro tinham um interesse geral para o pensamento conservador. Um era familiar entre escritores românticos angustiados com os custos sociais e humanos do início do capitalismo industrial, que estava mais avançado na Grã-Bretanha do que em qualquer outro lado. O outro era uma proposta original de Coleridge.

Coleridge era um dos poetas e escritores que se distanciavam da modernidade liberal virando-se para o passado e para a direita. Incluíam-se aqui outros radicais que se tornaram conservadores: Wordsworth, o ex-entusiasta da Revolução Francesa, com quem Coleridge publicou a sua antologia de manifestos, *Lyrical Ballads* (*Baladas Líricas*, 1798); e Southey, então colaborador da revista *tory Quarterly Review* e poeta laureado, com quem Coleridge esperara, durante algum tempo, fundar uma comuna utópica na Pensilvânia. Também se incluíam William Cobbett, um *tory* do povo, que amava o campo e a Coroa, mas odiava o comércio arrivista, bem como os cortesãos, os financeiros e os «borough-mongers» (políticos comprados) que alimentavam «o quisto» (Londres). Entre eles, também estava o historiador Thomas Carlyle. Este publicou o seu ataque a uma era sem espírito e mecânica, *Signs of the Times* (*Sinais dos Tempos*) no mesmo ano da *Constitution* de Coleridge e tornou-se no flagelo conservador da sociedade liberal.

Estes escritores partilhavam um rol de críticas aos defeitos culturais do capitalismo liberal: uma filosofia atomista e unidimensional herdada de Locke e Newton, uma ideia miserável da felicidade como prosperidade material e uma cultura popular que estava a emergir não, como esperado, num idílio natural ou respeitosa da excelência e dos grandes homens, mas como algo urbano, grosseiro e manipulável. Como veremos, estas ansiedades tiveram uma vida longa na tradição conservadora. Tinham homólogos, especialmente na Alemanha, do tipo mais filosófico ou académico — Müller e Rehberg, como observámos —, mas eram mais fortes na Grã-Bretanha, onde as convulsões da modernidade liberal chegaram mais cedo. As preocupações percorrem a copiosa escrita e as conversas de Coleridge, a que depois deu forma política em *Constitution*.

Coleridge via uma «deplorável divisão» na sociedade britânica e lamentava a perda da harmonia da vida, que se imaginava que prevalecera antes dos tempos modernos. É verdade que uma voz responsável no governo exigia propriedade, mas Coleridge temia um «peso excessivo do espírito comercial» no capitalismo industrial. As suas energias impetuosas tinham de ser contidas pelo interesse fundiário, ou seja, a supervisão dos Comuns pelos Lordes. Coleridge apresentava estes pensamentos sociais e institucionais com um vocabulário anglicizado do idealismo alemão de quebrado de contrastes que aprendera em Gotinga.

Para se apreender a natureza de uma coisa, era preciso compreender a sua «Ideia», o seu propósito ou a sua finalidade. O propósito de um Estado ou de uma nação — Coleridge não os distinguia claramente — era tornar-se constitucional, ou seja, estabelecido, consolidado, aceite. Uma constituição não era um contrato entre as pessoas de uma época; em vez disso, como um organismo vivo que cresce ao longo do tempo, uma constituição equilibrava as forças internas antagónicas de uma nação. Estas forças eram a permanência (que lutava pela manutenção) e a progressão (que empurrava para a frente). Na Grã-Bretanha, a permanência encontrava-se na propriedade fundiária e na agricultura; a progressão estava no comércio. Os «barões» falavam pela primeira na Câmara dos Lordes. Asseguravam a estabilidade política. Os «proprietários de terras e burgueses», ou, em termos pós-medievais, os plebeus ou as classes médias, falavam pela progressão na Câmara dos Comuns. Asseguravam a prosperidade e as liberdades pessoais. Tal como no sistema de Hegel, a Coroa representava a unidade superior do Estado, que conciliava os interesses. Escondido nesta verbosidade estava um esquema em miniatura correto, mas pouco original, das instituições oligárquicas da Grã-Bretanha.

O segundo ponto de *Constitution* de Coleridge era mais expressivo. Uma sociedade moderna conservadora, continuava Coleridge, precisava de mais do que barões e classes médias para a manter unida: precisava de um credo cívico comum que pudesse ser articulado e propagado por intelectuais conservadores. O credo e os intelectuais formariam um «*clerisy* ou Igreja nacional». O seu propósito seria controlar os perigos da sociedade liberal — a liberdade excessiva e a diversidade ética —, bem como o embrutecimento cultural da democracia de massas.

O neologismo de Coleridge, «clerisy», era sugestivo. Os seus intelectuais, esperava ele, teriam a autoridade tutorial do antigo clero sem (necessariamente) o seu estatuto sacerdotal ou as suas doutrinas religiosas. Não seriam clérigos nem leigos — outra conciliação de opostos —, mas algo entre eles. Alguns seriam «fontes das humanidades», que tendiam a aumentar o conhecimento. Outros seriam professores, espalhados por toda a nação para não deixarem lado algum sem «um guia, guardião e instrutor residente». O professor (um toque burkeano) «ligaria o presente ao passado» e, assim, «uniria o presente ao futuro». A nação devia pagar por «esta classe ou ordem permanente» a partir da «nacionalidade», dinheiro destinado a fins públicos; ou seja, em linguagem simples, dos impostos. O credo seria amplo e variado, mas suficientemente coerente para servir de força unificadora, como uma fé religiosa, mas sem conteúdos cismáticos e doutrinários.

Mais um conservador da reconciliação do que da resistência, Coleridge reconhecia a inevitabilidade da mudança social. Admitia que a sociedade podia progredir, mas queria que a educação geral e os altos níveis culturais orientassem o progresso numa direção escolhida, mas não para o «polido» civilizado (que servia para mascarar o mau comportamento dos finos dissolutos do século XVIII), tampouco para a eficiência e para o conforto (as maiores esperanças das classes médias). Coleridge defendia uma cultura mais humana e mais moral, sem a qual a sociedade não seria «permanente nem progressista».

Sobre Coleridge, Hazlitt escreveu que não houve tema que ele não tenha abordado e em que se tenha demorado. O seu *Constitution* tratava de outros tópicos, incluindo a educação. O *clerisy* deveria ser educacional ou político? Coleridge achava que devia ser as duas coisas. A preservação da educação humana numa época técnica e instrumental era uma preocupação de Newman, que se esforçou em vão por instilar estes valores nos currículos como reitor de uma nova universidade católica em Dublin. Também preocupava Matthew Arnold, em *Culture and Anarchy* (*Cultura e Anarquia*, 1869), e continuou a preocupar os críticos culturais de direita da modernidade liberal até meados do século XX, com corajosos defensores da causa nos nossos tempos. De forma constante, os críticos tinham de se perguntar: «Por quem ou pelo que lutamos?» A questão será repetida por críticos culturais de direita mais recentes, em especial T. S. Eliot, os neoconservadores americanos e Scruton. A resposta verdadeira e óbvia à questão era que lutavam para manter e propagar os altos valores culturais. Para isso, porém, tinham de lutar na sociedade por tempo de palavra e atenção cultural.

Coleridge fez o melhor que pôde para esconder a questão numa nuvem de palavras, mas percebia claramente que os conservadores estavam numa luta de ideias e que, numa sociedade moderna, a luta precisaria de instituições e dinheiro. Antecipando a ideia do «soft power», Coleridge avançou um argumento que esperava que agradasse aos contribuintes. Um *clerisy* «asseguraria à nação, se não a superioridade sobre os Estados vizinhos, pelo menos uma igualdade no carácter de civilização geral, que, tanto ou mais do que as frotas, os exércitos e as receitas, constitui a base do seu poder defensivo e ofensivo».

Mill compreendia a questão de Coleridge. A par de Jeremy Bentham, considerava Coleridge uma «das duas mentes seminais da época». Ambos, escreveu Mill em 1840, eram «grandes questionadores das coisas estabelecidas», mas cada um fazia uma pergunta diferente. Bentham perguntava sobre a opinião tradicional: «É verdade?» Coleridge perguntava: «Que significa isso?» Para Bentham, a opinião tradicional era um sinal dos interesses egoístas da aristocracia, dos sacerdotes ou dos juristas. Para Coleridge, era um sinal da «luta para exprimir por palavras algo que tinha realidade para eles», o que, por implicação, devia ser preservado. Fora da política, Mill via Coleridge como um espírito companheiro da sua própria tentativa de humanizar o benthamismo. A frase em *Sobre a Liberdade* com que Mill esperava ampliar a ideia limitada de Bentham de felicidade humana como desfruto do prazer e prevenção da dor — «os interesses permanentes do homem como um ser progressista» — devia muito a Coleridge.

Quão conservador era Coleridge? Começou como unitário radical, entusiasta da Revolução Francesa, aspirante utópico e opositor do tráfico negreiro da Grã-Bretanha, bem como adversário do gosto britânico por guerras com o estrangeiro. Acabou como defensor das instituições religiosas e políticas da Grã-Bretanha tal como existiam nos anos 1820, na mesma altura em que iriam mudar para sempre. Era abstrato, especulativo e pouco prático. Faltava-lhe o ceticismo sobre o conhecimento político, mas isto talvez porque sabia muito pouco sobre a política e os políticos. Uma carta sua de 1807 dirigida ao lorde Liverpool, na qual incitava o primeiro-ministro *tory* a liderar uma campanha contra o empirismo e outros erros filosóficos, gerou uma perplexidade compreensível. Tal como Burke, Coleridge tinha tendências liberais pouco democráticas em relação às liberdades pessoais — ou seja, para homens de certa posição. De forma menos liberal, queria um credo nacional e uma moralidade comum. Em vez da representação de uma pessoa, um voto, favorecia, como os conservadores alemães da época, a representação por interesses ou por «estados», que não distinguia de forma clara. A visão burkeana de Coleridge da constituição como um crescimento «orgânico» e a sua visão idealista alemã da constituição como a forma visível da «Ideia» ou dos propósitos do Estado eram conservadoras (porque antiprogressistas) naquilo que negavam de maneira silenciosa: a existência de uma máquina estatal que podia servir objetivos liberais ou utilitaristas.

V. Contra o individualismo liberal: Stephen, Gierke e Bradley

Se os conservadores viam o liberalismo como o seu inimigo partidário, tratavam o individualismo como o grande erro de princípio dos seus opositores políticos. Mas qual era esse erro? Um afastamento da sociedade com a retirada para redes privadas? Alexis de Tocqueville pensava ter visto isto na sociedade americana, descrevendo o individualismo, em 1840, como «um sentimento maduro e calmo, que dispõe cada membro da comunidade a separar-se dos seus semelhantes e a distanciar-se da sua família e dos seus amigos». Um afastamento não patriótico dos deveres para com a nação? O *whig* conservador Henry Clay sugeria isto mesmo quando, em julho de 1850, perguntava no Senado: «O que é um homem individual? Um átomo, quase invisível sem uma lente... Deverá um ser tão pequeno, tão insignificante, tão fugaz, tão evanescente, opor-se à marcha para a frente de uma grande nação, subsistir durante anos e anos no futuro?» Ou seria o individualismo uma retirada egoísta da comunidade e da civilidade? Era o que sugeria, em 1864, o pensador social Frédéric Le Play: «Sempre que o individualismo passa a dominar as relações sociais, as pessoas caem rapidamente para o barbarismo.»

O termo «individualismo» não tinha um uso definido. Como um estereótipo moral inócuo, destacava quatro convicções profundas e bem atestadas com longas linhagens na tradição comum. Em primeiro lugar, no plano moral, as pessoas importavam como pessoas, não como homens ou mulheres, judeus, cristãos ou muçulmanos, negros ou brancos, ricos ou pobres. Ninguém andava nu na sociedade. Todos tinham de vestir alguma coisa. As suas roupas sociais particulares, porém, eram moralmente irrelevantes. Em segundo, todas as pessoas tinham a mesma importância. Se a roupagem social era moralmente irrelevante, ninguém podia ser devidamente excluído do cuidado da sociedade, ver negadas as suas proteções ou ficar isento dos seus deveres. Em terceiro, todas as pessoas tinham uma esfera de privacidade que não dizia respeito a mais ninguém, na qual nem o Estado nem a sociedade se podiam intrometer. Por último, todas as pessoas tinham em si sementes de capacidade e de crescimento pessoal, que não podiam ser ignoradas sem perda moral.

Chamar «individualistas» a estes princípios morais era, de certa maneira, inofensivo, ainda que «humanistas» fosse um rótulo menos controverso e mais informativo. Estas convicções morais diziam respeito ao tratamento correto dos seres humanos, fossem quem fossem. O seu ponto era a universalidade (o que era devido a toda a gente), e não a unicidade, a separação ou o isolamento (como uma pessoa diferia de outra ou de algum grupo maior). Ao contrário do rótulo «individualista», o rótulo «humanista» não continha sugestões de antagonismos entre pessoas. Sem negar o sentido de orgulho e de distinção das pessoas, do tipo «não me toques», estas quatro convicções morais tinham que ver com o que cada pessoa tinha em comum. Visavam proteger as pessoas das hierarquias moralmente irrelevantes, das categorizações, das discriminações e da negligência. Além disso, as convicções eram «humanistas» no que diziam respeito à pessoa humana e não a não-pessoas, como entidades transcendentais, outras espécies animais ou o planeta. Eram singulares e não, ou não diretamente, sobre o respeito devido a agregados de pessoas como nações, tribos ou classes sociais. O rótulo «individualista», apesar do seu emaranhado de associações enganosas e prejudiciais, ficou e foi usado livremente pelos conservadores em vários contextos para criticarem os liberais.

Aplicados na política, estes quatro princípios morais — dignidade, igualdade, privacidade e autodesenvolvimento — foram enxertados em teorias controversas sobre como as pessoas pertenciam à sociedade — na verdade, como uma pessoa pertencia a grupos ou a empreendimentos maiores. Enquanto doutrina de método, pensada na mesma altura em que o estudo da sociedade e da economia se estava a desenvolver seriamente, a teoria individualista dava às pessoas, uma a uma, um primado constitutivo ou explicativo. Apresentava a pessoa humana, completa com os seus objetivos e capacidades, como abstrata no sentido de separável, desenraizável e transportável — na verdade, em certa medida, como anónima e intermutável. Esta era a imagem das pessoas dada ao liberalismo político pelo utilitarismo benthamista. Não era a única imagem filosófica a que o liberalismo podia apelar. No entanto, em meados do século XIX, esta imagem «individualista» era geralmente vista como uma imagem que os liberais adotavam e que era necessária à sua perspetiva. Numa palestra em Harvard (1898), o constitucionalista A. V. Dicey fazia da dependência, com efeito, uma equivalência: «O individualismo benthamista [...] segundo a fraseologia popular, pode ser convenientemente chamado liberalismo.»

Os críticos conservadores arranjaram um alvo, um tanto caricaturado, que podia ser tratado como a casa da filosofia do liberalismo: uma mistura vaga de metodologia empirista, psicologia associacionista e ética utilitarista. A filosofia começa no plano do pormenor, esperando passar depois para totalidades maiores — explicações na ciência, comunidades na história, unidades normativas na moral. A ciência acumula factos singulares. A história regista os atos singulares de homens e mulheres, e não de grandes movimentos ou forças. A ética atende as satisfações das pessoas de forma singular e não em grupos. Retira a sua força das necessidades e escolhas das pessoas, consideradas uma a uma. Para os críticos conservadores, esta imagem da vida humana e da sociedade era falsa. Não por ser tudo falso, mas porque começava no lugar errado. Dava ao interrogador — qualquer interrogador dos costumes e das normas sociais

— uma espécie de primado argumentativo, permitindo-lhe questionar a sociedade e pedir uma resposta à pergunta: «Que são essas normas e esses costumes para *mim*?»

Embora três pensadores representativos — Stephen, Gierke e Bradley — fossem, em certo sentido, anti-individualistas, as suas preocupações eram diferentes. Stephen pretendia defender a autoridade da convenção social. Contra Mill, insistia no primado da conformidade sobre a individualidade. Stephen estava menos preocupado com a constituição da sociedade ou com as origens do valor. Gierke opunha-se a uma imagem da lei e do Estado em que estes se dirigiam diretamente a cada um dos cidadãos, sem os intermediários da sociedade civil. Para Gierke, a lei e o Estado descendiam dos «estados», das «corporações» e de outros corpos coletivos. Estas coletividades de nível médio tinham os seus próprios direitos e as suas próprias opiniões que não podiam ser traduzidos nos direitos e nas opiniões dos seus vários membros. Bradley, um filósofo puro, preocupava-se com o conteúdo e o carácter dos princípios da moralidade em nós. Para Bradley, o conteúdo da moralidade era social. Separadas da sociedade, as pessoas perdiam a base dos seus deveres. A moralidade, por outro lado, tinha um carácter que se encontrava em toda a parte. Entre as marcas da moralidade estava uma autoridade vinculativa sobre cada uma das pessoas. Bradley seria anti-individualista ou individualista? Apesar de uma reputação enganadora como filósofo do comunitarismo, era as duas coisas ou nenhuma delas. Stephen era o mais abertamente político, Bradley o menos político, com Gierke, que começou como liberal e acabou como um conservador alemão, no meio.

No plano familiar, James Fitzjames Stephen (1829–1894) era um espírito conservador num meio liberal. O espírito dos dois lados da família era o da reforma vitoriana evangélica. O avô materno era vigário de Clapham e líder unitário do movimento antiesclavagista. O pai, funcionário público colonial, ajudara a redigir a abolição da escravatura no Império Britânico em 1833. Como estrelas no firmamento de Bloomsbury, as suas sobrinhas Vanessa Bell e Virginia Woolf eram provas vivas da velha compreensão que Stephen tinha do género.

Politicamente, Stephen exemplificava a aliança crescente entre os conservadores e os liberais de direita, ambos alarmados com as pressões da democracia. Apesar de não gostar da democracia económica (tema do capítulo 6), Stephen tinha muita experiência na democracia ética e cultural. Nas mentes conservadoras, a localização da sabedoria política mudara. Para Burke, as pessoas — ou seja, as elites da sociedade — não eram tão sábias quanto o costume e a tradição. Para Stephen, as pessoas — ou seja, as massas — não eram tão sábias quanto as elites.

No que toca à argumentação, Stephen era obstinado. Na universidade, onde tinha a alcunha de «o Áspero», encantava os amigos e os professores, mas teve dificuldade em acabar o curso e em entrar na advocacia, onde também não brilhou. Promovido a juiz, trabalhou na Índia de 1869 a 1872. Tal como Mill, acreditava que as normas liberais serviam melhor os Indianos do que os costumes do país e, neste espírito, estabeleceu as regras de admissão de provas sem consideração pelas castas. De regresso aos tribunais na Grã-Bretanha, algumas decisões controversas em julgamentos famosos de casos de homicídio e a saúde declinante conduziram à retirada de Stephen. Depois de ter batido com a cabeça na manivela de uma bomba de água, ficou mentalmente instável e foi declarado legalmente louco.

Os principais rendimentos de Stephen vinham do jornalismo, sobretudo os seus escritos para o semanário conservador fundado pelo cunhado de Salisbury, o *Saturday Review*. Conhecida como *Saturday Reviler** pelo seu tom sarcástico e a troça da treta liberal, a publicação era o veículo perfeito para Stephen, que afirmava sentir melhor o pulso popular do que os liberais aperfeiçoados. Imitando o desprezo de Bentham pelo gosto requintado, dizia que *Robinson Crusoé* era o seu livro favorito. Stephen poderia ser lembrado apenas como um excêntrico vitoriano, se não fosse o seu talento notável como polemista de direita. Como os críticos da Revolução Francesa, Stephen alimentava a causa conservadora com armas simples, mas eficazes no debate público. Nem tópicas nem filosóficas, eram suficientemente gerais para poderem ser reutilizadas, mas não suficientemente elevadas para saírem da política partidária. Também eram adequadas aos tempos, pois contornavam as velhas agonias da fé e da ciência. Stephen defendia um conservadorismo secular, que tratava a fé como socialmente útil, mas não intelectualmente necessária.

Para Nietzsche, a moral baseada no costume era uma proteção sem fundamento usada pelos fracos contra os fortes. Para Stephen, era um instrumento sem fundamento para os fortes controlarem os fracos. Segundo esta perspetiva instrumental, a tarefa da moral era a proibição apoiada pela ameaça: «Não deves fazer *x*», dizia Stephen, deve ser

entendido como: se fizeres *x*, «Deus condenar-te-á, os homens enforcar-te-ão se te apanharem e odiar-te-ão se não te apanharem, e irás

* «Reviler» significa «injuriador». [*N. do T.*]

odiar-te a ti próprio». O conteúdo da moral vinha da sociedade; ou seja, o que era proibido decorria da convenção social, a qual podia ou não estar codificada num credo religioso. A tarefa da lei, como promotora do bem da sociedade — a ordem e a estabilidade — era apoiar a moralidade convencional, não tentar aperfeiçoá-la ou questionar a sua verdade. A consciência e o sentido de dever eram úteis para a ordem social, mas não eram suficientes. A tarefa principal cabia à lei — acima de tudo, à lei criminal. Devia ser racionalizada e modernizada, mas não enfraquecida.

Stephen receava que uma «segunda ortodoxia» de crenças liberais estivesse a amolecer a opinião abalizada e a distraí-la da sua tarefa de controlo social. O seu ataque mais concentrado surgiu em *Liberty, Equality, Fraternity* (*Liberdade, Igualdade, Fraternidade*, 1873), que escreveu a bordo de um barco no regresso da Índia. O seu alvo imediato era *Sobre a Liberdade*, de Mill. Tal como Mill, Stephen era um utilitarista. O bem e o mal deviam ser avaliados socialmente, como benefício ou prejuízo para «o maior número». De um ponto de partida partilhado, Stephen chegava a conclusões opostas. Embora ambos temessem a sociedade democrática, Mill esperava que a ordem social e o progresso moral decorressem da educação, enquanto Stephen não acreditava no progresso social e olhava para a ordem moral como decorrente da lei criminal.

A ordem de que a sociedade dependia requeria o controlo moral. No entanto, haveria sempre «uma massa enorme de pessoas más e indiferentes», cujos «profundos defeitos morais» só podiam ser controlados por coação. Dado que as pessoas não melhoravam, a fé liberal no progresso baseava-se na ilusão. Como as pessoas não eram iguais, as esperanças na soberania democrática eram cegas: «Os homens inteligentes e bons devem governar sobre os tolos e maus.» Porque as pessoas não são fraternas, mas parciais, «a religião da humanidade» é uma fraude. Stephen rejeitava ou restringia todos os motes de Mill. Há «um grande número de matérias a respeito das quais os homens não devem ser livres». As pessoas são «fundamentalmente desiguais» e «não são de modo algum irmãs».

À maneira de um tribunal, Stephen atacava as fraquezas da proscrição, por Mill, da interferência coerciva na liberdade pessoal, que o próprio Mill reconhecia e tentara resolver. A sociedade nada tinha a dizer sobre a conduta pessoal, insistia Mill, salvo se prejudicasse outros. Stephen fazia objeções familiares a este «princípio do dano». A distinção entre o dano próprio e o dano causado a outros era instável. Além disso, Mill não oferecia um indicador prático para o mal da coerção ou para o valor da liberdade. Os argumentos de Mill a favor da liberdade de expressão falhavam ou iam contra os seus princípios utilitaristas. Stephen também não aceitava os «elogios à individualidade» de Mill. A variedade, em si mesma, não era útil. Na medida em que tinha valor, a individualidade exigia não a liberdade, mas a disciplina e a inibição. Repetindo um medo de Tocqueville sobre os efeitos niveladores da democracia, Stephen escreveu que, «dada a macadamização social», a liberdade para todos mina a individualidade.

A igualdade era necessária, mas apenas no sentido jurídico do tratamento igual dos casos iguais e da aplicação cega da lei à pessoa. Em qualquer outro sentido, as pessoas eram e continuariam a ser diferentes. As mulheres são fracas e devem ser mantidas sob o «comando» dos homens. Uma ordem social adequada só pode perdurar se as pessoas obedecerem a quatro regras: não cometer crimes, não infligir males, cumprir o dever e guardar o que puder para si e para os seus. Esta ordem não requeria igualdade num sentido lato. Não havia dano para a desigualdade em si mesma. As elites eram, com frequência, mais generosas com os pobres do que os igualitários. Uma voz igual para todos na política conduzia geralmente, na prática, ao despotismo: o resultado de cortar o poder político «em pedacinhos é, simplesmente, que o homem que puder juntá-los num monte governará os outros».

A fraternidade era uma falsa esperança baseada na negligência dos factos. Haveria sempre inimizade entre as classes. As pessoas nunca concordariam sobre o conteúdo da felicidade. Na sociedade humana, o altruísmo era escasso. A ordem social dependia não do respeito mútuo, e ainda menos do sentido de fraternidade, mas do medo do castigo, quer no inferno quer neste mundo.

Tratava-se, em termos simples, de um catecismo conservador moral moderno. Rejeitar as afirmações de Stephen como as de um juiz pouco subtil e combativo é vê-las a partir de um ângulo demasiado estreito. Stephen deve ser visto como uma ponte entre Maistre e os «conservadores morais» do nosso tempo. Estes, Maistre e Stephen punham peso na sanção da sociedade — normas claras, castigo exemplar, a inflição da vergonha como vital para a saúde social e para a ordem social. Os conservadores morais são menos extremos e mais esperançosos no aperfeiçoamento pela educação para a manutenção da ordem social. Têm em reserva, se a opinião tender para o seu lado e as proteções constitucionais permitirem, o instrumento que Stephen colocava no primeiro plano: a lei criminal.

O trabalho de Otto von Gierke (1841–1921) lembra-nos que, enquanto os primeiros defensores do Estado moderno eram liberais orientados para a eficiência e para a construção da nação, os seus primeiros opositores eram conservadores orientados para a comunidade, com lealdades locais ou sectoriais. A carreira intelectual de Gierke como historiador do direito alemão deve ser vista como uma tentativa de justificar aquela segunda perspetiva. Na comparação dos dois lados, uma questão geradora de divisões tinha que ver com o funcionamento do Estado e das suas leis. As leis operam diretamente sobre os cidadãos, um a um? Ou será que a lei funciona através de corpos intermédios? De forma resumida, os liberais tendiam a querer um mercado nacional unificado, com leis uniformes sobre uma única autoridade soberana. Os conservadores, em geral, por várias razões, resistiam a esse poder. Queriam defender os direitos e as opiniões das coletividades e de outras autoridades intermédias que existiam entre o Estado e os cidadãos. Podiam ser os «estados» sociais, com os seus poderes e privilégios, ou as velhas regiões que haviam mantido um certo grau de autonomia.

Um desacordo de ordem mais elevada tinha que ver com a constituição da sociedade, sobre se devia ser «individualista» ou «coletivista». Seria a sociedade um agrupamento derivado de pessoas independentes, do qual retiraria os seus poderes morais (a perspetiva individualista)? Ou seria uma comunidade autónoma de pessoas socialmente dependentes com poderes morais próprios (a perspetiva coletivista)? O lado individualista contava com Locke, Hugo Grotius e Kant como guias intelectuais, enquanto os coletivistas procuravam precursores nas tradições medievais e em Hegel Nestes termos, Gierke era um coletivista.

Os coletivistas enfrentavam outra questão. A sociedade era uma comunidade ou seria composta de subcomunidades? Ou seja, a sociedade era unicelular ou multicelular? Gierke pensava que a sociedade era multicelular. Conjuntamente com o Estado moderno e as suas leis, uma sociedade nacional emergira a partir de muitas comunidades independentes e antigas. A sua resposta misturava preocupações liberais e conservadoras. Era conservador ao insistir no respeito pelos direitos e pelas opiniões dos corpos intermediários entre o cidadão e o Estado moderno. O entendimento de Gierke assentava sobretudo na experiência alemã de soberanias dispersas e sobrepostas. Para ele, o Estado moderno não ligava a soberania e o povo sem nada pelo meio. Esta imagem, popular no cânone liberal, era conceptual e historicamente errada. O Estado moderno emergira gradualmente quando as instâncias inferiores e os poderes locais se fundiram ou se esbateram. Gierke era liberal ao insistir no carácter plural e diverso dos muitos agrupamentos da sociedade.

Em termos de política partidária, Gierke começou por ser um liberal. Com a unificação, tornou-se um fervoroso nacionalista alemão. Descreveu uma epifania na Unter den Linden em Berlim (julho de 1870), quando teve uma sensação arrebatadora de unicidade com uma multidão patriótica que se reunira em antevisão da guerra que se anunciava com a França. Na sua escrita posterior, a germanidade e o carácter excecional do seu direito e da sua história surgiram com mais destaque. Num discurso inflamado após a derrota da Alemanha numa segunda guerra (1919), Gierke falou da «ideia alemã do Estado». Pouco antes da sua morte, aderiu ao Partido Popular Nacional Alemão (DNVP). Esta «germanização» não era inevitável. O seu defensor e tradutor britânico, Frederick Maitland, via a sua mensagem mais geral — levar a sério a vida e o ser dos corpos intermédios — como transponível e não enraizada em solo alemão.

O carácter das corporações definia-se pela sua origem e pelo facto de terem ou não direitos próprios, independentemente dos seus membros. Uma ideia herdada do direito romano era que as corporações são ficções jurídicas — uma ideia criada pelos juristas papais italianos no século XIV, durante a longa querela com o Império Germânico. Enquanto ficções jurídicas, as corporações só tinham existência quando reconhecidas por lei. Gierke pensava o contrário. As corporações nasciam por si próprias. A conceção romana, dizia ele, confundia o reconhecimento jurídico com a vida independente. Deste modo, Gierke rejeitava uma das principais implicações da ideia da ficção jurídica: a ideia de que, se eram ficções, as corporações não tinham verdadeira personalidade, não tinham objetivos nem direitos próprios. Eram tratadas como se só existissem para fins jurídicos. Gierke negava isto, afirmando que as corporações eram entidades em si mesmas, com personalidade, objetivos e direitos. Quanto ao carácter do direito, a tradição romana fazia dele a vontade do soberano. Tratava-se da perspetiva hierárquica, favorecida pelos liberais alemães. Gierke tinha uma perspetiva oposta. O direito vinha do costume. A diferença, naquilo que era então visto pelos não participantes como uma questão sobretudo escolástica, tornou-se evidente nas disputas sobre a harmonização e a codificação do direito alemão após 1870. Os Nacionais Liberais queriam um direito uniforme que defendesse a propriedade e se ajustasse a uma economia capitalista vigorosa, enquanto Gierke e outros conservadores se opunham às primeiras redações do código, que, pensavam eles, não protegiam os direitos consuetudinários.

No seu *Direito Corporativo Alemão* (1868–1913), Gierke ofereceu um estudo maciço da vida e do carácter de muitos corpos «coletivos» alemães desde o início da Idade Média. O seu pressuposto era de que estes corpos tinham personalidade e valor moral próprios, independentes dos seus membros. Da grande massa de matérias, destacavam-se vários elementos temáticos. Um deles era a variedade. Gierke descreve as guildas, os municípios, as ligas e os estados. Outro era a mudança. As guildas, tal como Gierke as descreve, tornam-se corruptas ao longo do tempo, à medida que a condição de membro e os cargos se tornam hereditários e comercializáveis. Os municípios, no início mais iguais no seu governo, tornam-se hierárquicos com o aparecimento das «aristocracias» urbanas e da consciência de classe. Gierke também apresenta um vasto estudo histórico, à maneira hegeliana ou marxista, de antes de Carlos Magno até ao século XIX. O tema recorrente é a competição entre a *Genossenschaft* (corporação) e a *Herrschaft* (domínio senhorial). A corporação foi forte antes de 800, fraca durante o feudalismo, forte na Revolta Camponesa (1525), fraca durante o absolutismo (1525–1806) e novamente forte no século XIX, quando Gierke pensava nos sindicatos (a esquerda) e nas ligas agrárias (a direita).

Segundo Gierke, a representação democrática não emergiu da representação pelos estados. Era moderna. Num eco burkeano, Gierke escreveu sobre a voz representativa, não em nome dos seus constituintes, mas de «todo o povo». Noutros textos, numa linguagem facilmente distorcida em populismo, falava do governo representativo que exprime «o espírito do povo». De forma mais inocente, Gierke podia ser interpretado como estando a falar simplesmente da opinião pública.

As lições da obra de Gierke para o conservadorismo eram variadas. Era contra um Estado moderno demasiado forte. A sua sociedade «multicelular» vivia com muitos tipos de corpos intermediários: associações, guildas, corporações, uniões. Pode ser visto como tomando o lado da sociedade civil contra aquilo que os críticos da modernidade liberal viam geralmente como inimigos gémeos: o Estado sufocante e o cidadão liberal associal e isolado. Mas Gierke disse mais do que isto. Para ele, a autoridade da nação e do povo estava acima do Estado, da sociedade e do indivíduo. Esta perspetiva conservadora e anti-individualista apontava para dois caminhos. Podia dirigir-se para o pluralismo e a diversidade liberal ou para um holismo iliberal.

Na Grã-Bretanha, F. H. Bradley (1846–1924) foi um distinto pensador do idealismo de finais do século XIX, uma tradição metafísica que devia mais a Kant, Hegel e outros pensadores alemães do que a precursores britânicos. O seu núcleo consistia na suspeição das escolhas binárias comuns da filosofia e na determinação a reconciliar as suas oposições normais: partes e todo, mente e mundo, indivíduo e comunidade. Este tipo de idealismo holista nunca encontrou uma base firme na Grã-Bretanha e a reputação do pensamento ético e social de Bradley sofreu as consequências disso.

Contrariamente às aparências, o objetivo de Bradley na sua obra *Ethical Studies* (*Estudos Éticos*, 1876) era resgatar as nossas crenças comuns sobre a moralidade dos exageros filosóficos concorrentes. Reconhecemos que somos responsáveis pelas nossas ações. Pensamos que somos nós que iniciamos a ação, e não forças externas. Acreditamos que fazemos escolhas livres sem imaginarmos que temos poderes mágicos. Procuramos o prazer, mas não pelo prazer, e cumprimos o nosso dever, mas não pelo dever. A sociedade mostra-nos os nossos deveres. Se pensarmos como, enquanto crianças, estávamos integrados na moralidade, é difícil ver a consciência e o dever de outra maneira. Estas eram as nossas convicções intuitivas, que, por seleção e organização, a filosofia falsificava. Bradley pensava que era necessário um melhor entendimento psicológico da ética. No entanto, na Grã-Bretanha e na América, o pensamento ético estava a afastar-se da psicologia, tal como a lógica.

Contudo, a sugestão de Bradley sobre como uma psicologia da moral podia funcionar parecia estar longe do senso comum. Segundo Bradley, a satisfação não era uma relação (como, por exemplo, a possessão) entre as pessoas e aquilo que desejavam, por exemplo, uma maçã. Ao invés, a satisfação era o fecho da lacuna entre pensamentos distintos: o desejo de uma pessoa e o seu «objeto ideal» (a ideia de maçã). Querer e obter uma maçã era um caso trivial de «autorrealização», o objetivo de tudo o que fazemos. Este termo compacto servia a mais simples satisfação, em que o *meu* objetivo é alcançado. Também servia o grande objetivo geral de se tornar o «si mesmo» ideal de uma pessoa, o tipo de pessoa que podemos e devemos idealmente ser.

A obra escrita ética de Bradley valeu-lhe a reputação de filósofo do conservadorismo. Para os críticos liberais, era um «derrotista» que via a sociedade com «complacência hegeliana» e tinha uma perspetiva de «lojista» da política. Esta caricatura baseia-se numa leitura incorreta e seletiva de um capítulo apaixonadamente «comunitário» de *Ethical Studies*. O seu título já permitia isso: «A minha posição e os seus deveres». Um conservador de espírito tradicional e hierárquico que procurasse armas contra os críticos liberais podia encontrá-las neste capítulo. «O homem "individual", o homem em cuja essência não entra a sua comunidade com os outros, que não inclui a relação no seu próprio ser, é, dizemos nós, uma ficção.» O erro «individualista» de tratar as comunidades humanas como «"agrupamentos" mantidos juntos pela força, ilusão ou contrato» era não só filosoficamente inepto, como também foi desacreditado pela ciência (para Bradley, o darwinismo), que nos mostrou que evoluímos dos animais sociais. Quanto aos nossos objetivos mais elevados na vida, devemos manter o nosso lugar, pois não há «nada melhor do que a minha posição e os seus deveres». O desejo de nos aperfeiçoarmos, ou, por implicação, de aperfeiçoar a sociedade é presunçoso, pois tudo está bem no mundo: «Desejar ser melhor do que o mundo é já estar no limiar da imoralidade.»

Homem doente e excêntrico, diz-se que Bradley disparava sobre gatos vadios na janela da universidade. Mas este não era o seu comportamento em filosofia. Alternava entre posições extremas, expondo os defeitos de cada uma e tentando chegar a uma conclusão. Bradley termina «A minha posição e os seus deveres» anunciando que a sua imagem comunitária e socialmente enraizada da moralidade era, de facto, um erro. Isto porque a oposição entre o si mesmo «bom», que alinha o «é» e o «deve» ao ser como requer a sociedade, e o si mesmo «mau», que persegue os seus próprios fins, não pode ser suprimida ou eliminada. Além disso, qualquer pessoa pode sair do quadro convencional e ver que a sociedade está «podre». Bradley reconhecia que o «individualista» que era capaz de deixar a equipa para trás e o crítico social que exigia melhor para a sociedade podiam, em certas circunstâncias, estar certos.

No capítulo seguinte, «Moralidade ideal», Bradley desiludia mais quem ainda esperava um desenlace. Tal como a própria moralidade, somos uma «autocontradição». Usando o termo «realmente» para aquilo que costuma significar «idealmente», escreveu: «Nunca somos o que sentimos ser realmente; somos realmente o que sabemos não ser; e se nos tornássemos no que somos, raramente seríamos nós mesmos.» Não se tratava, gnomicamente exprimida, da banalidade de que somos imperfeitos e que falhamos muito do que desejávamos fazer ou ser. Para Bradley, a incompletude era o destino de todo o nosso pensamento. Na metafísica, na ciência ou na moral, visamos a completude, necessária como caso-limite, mas, enquanto tal, inalcançável. Em relação à ética, Bradley colocava a questão com outro aforismo: «A moral visa a cessação daquilo que a torna possível.» Esta «contraditoriedade» da moralidade, demasiado exigente e inescapável, não devia ser lamentada, mas sim compreendida. Surgia da «estrutura» do querer e escolher, que fazia parte da nossa natureza humana. Talvez, mas se a moralidade é demasiado exigente, viola o princípio apelativo de que o «dever» implica o «poder». Neste caso, a moralidade seria irracional.

Bradley considerou por um breve tempo, mas depois rejeitou, a ideia de que o nosso desejo de «realizar» os nossos eus ideais, cumprindo assim as maiores exigências da moralidade, poderia ser concretizado na experiência religiosa. Ou seja, não oferecia uma defesa final da racionalidade da moralidade. Enquanto não crente, limitava-se a oferecer uma história inteiramente secular do domínio da moralidade sobre nós, sugerindo apenas que esta história era incompleta.

A ideia de que o compromisso com a moralidade era necessário para a ordem social constituía um princípio que fazia parte do catecismo da maioria dos conservadores. Este compromisso, aparentemente, requeria a confiança em que as exigências da moralidade fossem alcançáveis, mas como as exigências eram duras e não totalmente viáveis, era necessária mais segurança. A fé cristã oferecia este reforço de segurança. Os cristãos acreditavam num redentor divino, que preencheria a lacuna entre o «ser» imperfeito e o «dever» demasiado exigente. A fé cristã prometia a redenção. Ou seja, prometia que o «si mesmo ideal» seria finalmente alcançável. A negação da fé eliminava este reforço de segurança. Por isso, a urgência dos conservadores cristãos em mostrar a razoabilidade da fé, pois, com a fé, vinha a razoabilidade da moralidade.

Um conservador comunitário perturbado com a fluidez da sociedade liberal poderia achar atraente uma linha de pensamento que o próprio Bradley não seguiu. A sociedade podia estar «podre» de várias maneiras. Bradley pensara sobre como as pessoas podiam desiludir-se a si mesmas e à sociedade através do autoisolamento ou da recusa do dever, mas havia um risco homólogo na sociedade. Podia desiludir as pessoas ao não providenciar posições e estabilidade a partir das quais surgem os deveres vinculativos e a autoconsciência. Esta ideia seria rapidamente usada, no século XX, pela crítica da sociedade liberal moderna hiperfluida. (Regressará, por exemplo, na discussão sobre MacIntyre na parte V.)

Não havia nada de estritamente político na forma como Bradley via a nossa integração social. As pessoas, afinal de contas, podiam estar tão integradas numa sociedade progressista como numa sociedade tradicionalista e conservadora. Tampouco o enraizamento social significava que todas as pessoas chegavam às mesmas conclusões morais ou políticas. A observação e o juízo, o uso da moralidade do senso comum da sociedade liberal, podiam levar um conservador moral a discordar do laxismo ou da anomia do liberalismo. Wilberforce podia erguer-se contra a escravatura na mesma medida em que Shaftesbury podia criticar o trabalho infantil.

A julgar pelos seus poucos escritos tópicos, as opiniões não filosóficas de Bradley eram ferozes e iliberais. Não tinha mais paciência do que Stephen para a «religião da humanidade», que — como os conservadores até hoje — via como um sentimentalismo de fazer o bem. Sobre o castigo, Bradley escreveu que «os direitos do indivíduo [...] hoje, não merecem críticas sérias», e «sobre os seus membros, o direito do organismo moral é absoluto». Sobre a guerra e a paz, escreveu: «Uma nação deve visar a paz da humanidade e a paz final, mas, como as coisas são, este princípio, em certos casos, justificará a violência e até o extermínio [...] Os mansos não herdarão a Terra.» Como outros da sua época, da direita à esquerda, Bradley estava preocupado com a «degenerescência» das ordens inferiores e indignado com «o direito do indivíduo de propagar sem restrição a sua progenitura doente». A sua perspetiva sobre o género, revelada em *Aphorisms* (*Aforismos*, 1930), que foi publicado, de acordo com a sua vontade, após a sua morte, era primitiva. No entanto, nada disto deve obscurecer a noção de que Bradley era um conservador e um filósofo, e não um filósofo do conservadorismo. Como fazem os filósofos, levantava, sem responder, a questão da razoabilidade do domínio da moral sobre nós. Não dizia, como alguns conservadores queriam que dissesse, que a moral estava socialmente enraizada. Ao invés, tentava uma conciliação das exigências da moralidade, de modo que fossem locais e universais, comunais e pessoais. A moralidade era um exemplo da campanha mais geral de Bradley para superar as oposições comuns na filosofia que, acreditava ele, eram rejeitadas pelo senso comum. Tratava-se de um objetivo nobre, mas com poucas hipóteses de sucesso no debate público, onde as ideias vagas e mal compreendidas, como *indivíduo* e *comunidade*, eram postas em confronto como lutadoras a prémio.

Como estes três pensadores mostraram, os pensadores conservadores, ao enfrentarem aquilo que ficou conhecido como o individualismo liberal, podiam seguir caminhos diferentes. Um era em direção ao polo «coletivista», no qual a comunidade ou o organismo social se torna uma espécie de superindivíduo, dotado de fins e propósitos dos quais os seus membros eram seguidores passivos. Esta imagem era útil para os conservadores populistas, nacionalistas e outros da direita exclusivista que diziam falar pelo povo. O outro era em direção ao reconhecimento liberal do valor pessoal e da independência moral, particularmente na tradição protestante do «individualismo» religioso», que não colocava intermediários entre o crente e Deus ou entre o agente e a sua consciência.

Também havia formas práticas e económicas de compreender a disputa pública entre o individualismo e o coletivismo. Giravam em torno dos interesses económicos e do conflito entre os trabalhadores e o capital. Henry Sidgwick, em *The Elements of Politics* (*Os Elementos da Política*, 1891), oferecia esta descrição do contraste económico: «Aquilo que o adulto saudável é legalmente obrigado a dar aos outros deve ser apenas o serviço negativo da não interferência, salvo se tiver dado voluntariamente serviços positivos; desde que se inclua na noção de não interferência a obrigação de remediar ou de compensar pelos danos causados intencional ou irresponsavelmente pelos seus atos — ou prevenir o mal que, de outro modo, resultaria de algum ato prévio. Este princípio de determinação da natureza e dos limites da interferência governamental é atualmente conhecido como "individualismo" [...] Ao requisito de que um adulto saudável, com exceção de um contrato ou direito de reparação, deve contribuir positivamente com dinheiro ou serviços para o apoio dos outros, chamarei "socialista".» Na defesa das liberdades económicas contra o princípio «socialista», os conservadores aliaram-se aos liberais de direita, como os críticos da democracia económica — Mallock, Sumner e Schumpeter — mostrarão no capítulo 6.

PARTE IV

A SEGUNDA FASE DO CONSERVADORISMO (1880–1945)

ADAPTAÇÃO E COMPROMISSO

O ANO DE 1880

A catedral de Colónia foi concluída depois de mais de 600 anos de construção. As catacumbas de Palermo foram encerradas. Um confronto de quatro dias entre padres beneditinos e a polícia, a sudoeste de Avinhão, chamou a atenção para a expulsão de 5600 membros das ordens religiosas francesas ilegais das suas abadias e dos seus mosteiros.

A revista americana *Science* começou a ser posta à venda. A iluminação elétrica das ruas foi instalada no Indiana. Carne de carneiro congelada da Austrália chegou à Inglaterra. A caixa registadora foi aperfeiçoada e, pouco depois, patenteada. Os primeiros telefones pagos foram instalados e os diagramas de Venn foram inventados para apresentar conjuntos. A Universidade de Londres começou a conceder diplomas a mulheres. O nevoeiro de inverno cobriu Londres. Tropas britânicas foram mobilizadas para defender o império na África do Sul e no Afeganistão. A França anexou o Taiti.

As economias europeia e americana gozavam de uma longa expansão, interrompida por contrações e colapsos. Após uma breve contração em 1873, o novo crescimento terminou em 1884, seguido de uma recuperação rápida. Os preços baixos que prejudicavam os agricultores subsistiram ao longo da década. A riqueza e a propriedade distribuíam-se de forma desigual. Na Prússia, 60 por cento da população possuíam terra, mas mais de metade da terra estava nas mãos de 15 000 latifundiários.

Henry James publicou as primeiras partes de *Retrato de Uma Senhora* e Henry Adams publicou *Democracia*. Gustave Flaubert e George Eliot morreram. Apollinaire, H. L. Mencken, Sean O'Casey e Oswald Spengler nasceram.

O aspeto magro das mulheres dos anos 1870 deu lugar às saias compridas, cinturas estreitas e bustos largos. Numa convergência de classe, os fatos masculinos começaram a substituir as sobrecasacas entre as classes médias e as batas deram lugar às jaquetas entre os artesãos e os operários.

5

PARTIDOS E POLÍTICOS

A AUTORIDADE RECUPERADA E DISSIPADA

«A República será conservadora ou não sobreviverá», proclamou Adolphe Thiers em novembro de 1872. Paladino liberal de 1830, aliado pontual de Luís Napoleão e némesis da Comuna de Paris, o velho e sempre adaptável Thiers era o presidente da Terceira República. Avisava todos que a democracia liberal não subsistiria sem uma direita de espírito liberal e moderada.

Thiers não fez referência à democracia liberal, mas era disso que estava a falar. No contexto francês, o termo «republicanismo» ocupava o mesmo espaço político que «democracia liberal» veio a designar em inglês. Numa nação conflituosa que lutava desde 1789 a fim de arranjar uma moldura para a política moderna, o republicanismo — pelo qual designava um tipo democrático de liberalismo, alargado a todos — era, para Thiers, a moldura que «dividia menos». O republicanismo podia tender para a esquerda ou para a direita. Podia ser mais ou menos inclusivo nas suas promessas. Mas tinha de trabalhar no centro liberal e não ser atraído para os coletivismos dos dois lados. O aviso de Thiers aos conservadores franceses era para se aliarem aos liberais de direita ou correriam o risco de se tornarem irrelevantes. O aviso à esquerda era para reduzirem as suas ambições políticas e económicas e não tratarem o conservadorismo e a propriedade como relíquias históricas que, de alguma maneira, podiam ser varridas do terreno.

O aviso de Thiers não se aplicava apenas à França. A história política partidária da direita (1880–1945) girou em torno do modo como os conservadores acataram o aviso de Thiers: quão bem ou mal o liberalismo de direita realizou as tarefas da época e quão bem os conservadores mantiveram unidas as forças antagónicas dos adeptos do compromisso e dos da rejeição. Sucintamente, a história pode ser narrada desta maneira. Onde prevalecia — na França, na Grã-Bretanha e, até certo ponto, nos Estados Unidos —, o conservadorismo do compromisso permitiu que a democracia liberal sobrevivesse aos medos e às hesitações da direita pós-1880, bem como às suas próprias calamidades autoinfligidas de excesso imperial, guerra e crise económica. Cedendo ao liberalismo e à democracia, o compromisso permitiu que o próprio conservadorismo sobrevivesse como uma força político-partidária. Quando a rejeição prevaleceu na direita, o conservadorismo degenerou em formas extremas, quer populistas, quer autoritárias. No pior dos casos, os conservadores abandonaram totalmente o campo liberal moderno da política e caíram no fascismo ou no nazismo.

Esclarecendo os termos aqui usados, o liberalismo e a democracia faziam várias exigências. Os liberais pretendiam limitar o poder coercivo do Estado e o poder cultural da sociedade. Os liberais de esquerda também queriam limitar o poder da riqueza, enquanto os liberais de direita queriam deixar a riqueza em paz. Os democratas queriam essas limitações liberais ao poder para todos. Como a democracia liberal era variada, o compromisso dava aos conservadores vários graus de envolvimento. Dava-lhes pontos de ligação com os liberais de direita e pontos de oposição aos liberais de esquerda.

Os conservadores do compromisso deixaram de resistir à democracia eleitoral (voto para todos), mas, com os liberais de direita, resistiam à democracia económica (uma partilha económica para todos), quer sob a bandeira do reformismo liberal de esquerda ou, mais radicalmente, quer do socialismo. Dispostos a preservar as autoridades éticas e religiosas e relutantes em acabar com o policiamento moral, os conservadores também tendiam a resistir à democracia cultural. Ou seja, o compromisso conservador era parcial, gradual, relutante e reversível. No entanto, no período de 1880–1945, o compromisso da direita chegou e, onde chegou, um liberalismo democrático acabou por ser integrado no Ocidente depois de 1945, com um centro-esquerda e um centro-direita em concorrência aberta e restrita.

Em termos eleitorais, o compromisso revelou-se uma vitória estratégica para a direita, mas a custo da sua natureza particular e do modo como se via a si mesma. As vitórias eleitorais e o controlo do poder tornaram os conservadores donos do presente liberal. Em termos partidários, deixou-os abertos a uma direita recalcitrante que rejeitava o compromisso com a modernidade liberal, quer em defesa de um passado moribundo, quer na perseguição de visões pós-liberais. Em termos intelectuais, a adaptação deixou os conservadores inseguros sobre o que tornava especial a sua perspetiva ou sobre o que defendiam.

Uma direita irreconciliada que rejeitava a modernidade liberal subsistiu no século XX. Adiou a concretização plena da democracia liberal nos Estados Unidos até aos anos 1960, ameaçou-a na Terceira República Francesa e destruiu a sua promessa na Alemanha depois de 1918. O conflito entre a direita liberal e a antiliberal era mais difícil de seguir na Grã-Bretanha. Desenvolveu-se no seio de um partido nacional único e disciplinado. Correndo frequentemente o risco de naufrágio, os *tories* britânicos ultrapassaram as contracorrentes da direita, embora com menos sucesso depois de 1980.

Neste segundo período (1880–1945), os conservadores tradicionais que se mantiveram na política partidária e que concorreram a eleições tornaram-se, em termos económicos, liberais com espírito de mercado, ou aquilo a que Clinton Rossiter chamou, num sentido económico, «conservadores *laissez-faire*». Falavam dos velhos ideais, mas lutavam por interesses mais vastos, invocavam os símbolos da sua tradição enquanto adotavam agendas económicas e resistiam às exigências mais fortes da democracia económica.

Quando feita de forma democrática, a promessa liberal de proteção contra o poder da riqueza era para todos. A democracia económica aspirava a não deixar ninguém impotente nos mercados que recusavam direitos aos pobres ou no trabalho, onde o patrão tinha a palavra final. Tal como adotada na prática em meados do século XX, a democracia económica acabou por oferecer o Estado social, direitos sindicais, normas de produtos, proteções do consumidor e a regulação dos mercados.

Devemos sublinhar que a democracia económica tinha formas liberais e iliberais. Nas formas liberais, estendia a todos a promessa de proteção contra o poder. Ainda que fosse difícil de cumprir, a promessa era dupla. Oferecia às pessoas proteção contra o poder da riqueza e proteção da riqueza contra o poder do Estado e da sociedade. Na forma liberal, a democracia económica reconhecia os dois requisitos. Nas formas não liberais, a democracia económica rejeitava esse reconhecimento. Dava ao Estado e à sociedade um trunfo imbatível contra a riqueza e os mercados, deixando-os politicamente desprotegidos. Entre, por um lado, a não democracia liberal dos mercados desregulados e, por outro, a democracia iliberal das economias coletivizadas, estava um oceano no qual os liberais e os conservadores, de esquerda ou de direita, podiam navegar e discutir.

Fazendo da falta de ideias uma vantagem, os conservadores começaram a atrair os eleitores, não porque aquilo que ofereciam fosse diferente do que os liberais ofereciam, mas porque os conservadores o faziam melhor. Os conservadores começaram a reformular as suas ideias para se ajustarem às sensibilidades democráticas. Por exemplo, como a sua encarnação da unidade social, a hierarquia de classes deu lugar à ideia de um povo, uma nação, um apelo que podia ser levado para direções nativistas, populistas e totalitárias. Os conservadores continuavam a insistir que a propriedade e a autoridade eram necessárias para a ordem social, mas pensavam e falavam delas de novas maneiras.

A propriedade mudara de forma. Como partido dos proprietários, os conservadores não só tinham a propriedade fundiária para defender, como também a indústria, o comércio e a banca, além do seu rol rapidamente crescente de advogados, contabilistas, vendedores e funcionários dos escritórios urbanos e das lojas. Os principais opositores dos conservadores já não eram os eminentes liberais que competiam pela dominância no pequeno círculo da política semidemocrática. Geralmente nos braços dos liberais de direita, os conservadores *laissez-faire* enfrentavam, em finais do século XIX, os sindicatos industriais, os planeadores económicos e os intervencionistas estatais, além do seu rol mais pequeno, mas bem articulado, de funcionários do governo e intelectuais.

No período de 1880–1945, os conservadores no governo aliaram-se ou fundiram-se com os partidos liberais de direita existentes para resistirem ao sindicalismo e limitarem a interferência administrativa nos mercados. Num compromisso histórico, pararam de lutar para substituir o quadro institucional da democracia liberal ou resistir ao seu motor económico, o capitalismo de mercado. Ao invés, passaram a gerir as exigências antagónicas daquilo que evoluíra para uma tradição mista de elementos liberais de direita e velhos elementos conservadores: ou seja, as exigências de um Estado limitado e de um Estado autoritário; de mercados livres e inovadores e de comunidades estáveis; de autonomia e coesão social. Atualmente abertos e ferozes, estes conflitos no seio do conservadorismo têm raízes em finais do século XIX e inícios do século XX.

Até que ponto deveriam os conservadores permitir que o *laissez-faire* também prevalecesse nas questões éticas e culturais foi uma questão que continuou a dividir a direita. As velhas autoridades estavam a enfraquecer ou a desaparecer. Instâncias previamente independentes de decisão ou controlo — monárquicas, aristocráticas ou clericais — estavam, neste período, absorvidas ou contidas num Estado moderno dominante. Desde logo, o Estado moderno preservava os velhos controlos sobre as normas éticas e a vida cultural. Fazia-o diretamente através da lei e dos tribunais, ou indiretamente ao apoiar a autoridade dos árbitros culturais, como as igrejas, as escolas, as universidades, a imprensa e a edição. Com o tempo, o Estado cedeu à pressão liberal em defesa da reforma e de mudanças nas atitudes públicas. De forma lenta a partir de finais do século XIX — e mais depressa após 1945 —, os baluartes foram cedendo à democracia cultural, na qual as escolhas de vida das pessoas sobre aquilo de que esteticamente deviam gostar ou como deviam pensar ou comportar-se eticamente não podiam ser contraditas pelo Estado nem pelos árbitros éticos e educativos da sociedade. Neste novo clima emergente, os defensores conservadores da velha ordem enfrentaram uma escolha difícil. Podiam lutar corajosamente, mas em vão, para defender o indefensável. Ou podiam viver em tormento com a modernidade liberal, criticando-a por ter, na sua opinião, abandonado todos os tipos de normas. Depois de 1980, quando os conservadores conseguiram reverter a democracia económica, a ansiedade aumentou na direita em torno da democracia cultural e da anomia ética.

I. A direita moderada na Terceira República Francesa

Em 1880, a direita responsável na França abandonou a esperança de conter a democracia liberal. As elites sociais e profissionais subsistiram na Terceira República, mas os *notables* anteriores da França já não formavam uma classe governante. Em janeiro de 1879, depois de os republicanos terem obtido uma primeira vitória na Assembleia Nacional ao conquistarem o controlo do Senado, o presidente Mac Mahon cedeu às novas forças e demitiu-se. Tendo sobrevivido a uma primeira década turbulenta, a república estabilizou-se e integrou-se. Os herdeiros realistas foram banidos da presidência. Os exames substituíram o apadrinhamento como escada ascendente na função pública. As restrições à imprensa foram levantadas. Os presidentes de câmara (à exceção do de Paris) tornaram-se eletivos. O trabalho dominical foi legalizado. Os hospitais e os cemitérios foram secularizados. O ensino religioso foi abandonado nas escolas públicas e o Estado francês deixou de pagar ao clero católico. No plano internacional, a vingança contra a Alemanha cedeu prioridade à expansão colonial. Contudo, muitas coisas não mudaram. Os mandatos vitalícios dos senadores foram abolidos, mas o próprio Senado permaneceu. Pouco foi feito para reduzir a representação excessiva dos interesses rurais. As reivindicações da classe operária foram ignoradas.

As vitórias eleitorais dos anos 1880 e 1890 consolidaram a direita pró-republicana e empurraram a direita irreconciliada e antirrepublicana para a rua. Em nove eleições antes de 1914, de 1876 a 1910, a maioria antirrepublicana na Assembleia Nacional — monárquicos de várias tendências e bonapartistas — diminuiu para uma presença minoritária com um terço dos assentos e, depois, para um resquício fantasma. No Parlamento, o combate entre a esquerda e a direita passou a ser travado por uma esquerda liberal, cujos membros eram conhecidos como Radicais e tinham vários nomes partidários, e uma direita liberal cujos membros eram conhecidos como Republicanos.

Podemos abordar rapidamente dois obstáculos à compreensão do conservadorismo francês na Terceira República. Em primeiro lugar, na França, as lutas partidárias eram bailes de máscaras. No Parlamento, os conservadores franceses designavam-se a si mesmos como liberais, moderados, progressistas e até republicanos, e os nomes dos grupos parlamentares raramente correspondiam aos dos grupos que se apresentavam a eleições. Durante as campanhas moribundas da velha direita nos anos 1880, os seus resíduos juntaram-se numa *union conservatrice*, mas o fracasso de Boulanger deitou por terra o rótulo *conservateur*, que desapareceu da política eleitoral. Ninguém interpretou o abandono do termo como o desaparecimento do conservadorismo ou da própria direita.

Em segundo, o sucesso conservador dependia totalmente de alianças instáveis. Ao contrário da Grã-Bretanha ou, salvo uma grande exceção no Sul, dos Estados Unidos, a direita francesa não desenvolveu um partido único e unido. Em parte, não precisava disso. Os conservadores podiam usar a força de zonas regionais — o oeste católico, partes do nordeste e o sul do Maciço Central. Além disso, os deputados conservadores tendiam a ser inflexíveis, isto porque as eleições de duas voltas por cada círculo eleitoral (1875) favoreciam os incumbentes locais de qualquer partido e porque os eleitores conservadores tinham o hábito de se submeterem à autoridade. Para terem sucesso, os políticos parlamentares da direita não precisavam da interferência de um partido nacional.

No início, os membros da direita maioritária na Assembleia Nacional eram conhecidos como oportunistas (o termo teve origem numa paródia dos radicais sobre o líder da direita republicana, Léon Gambetta).

Os oportunistas e os radicais discordavam sobre as instituições (a favor ou contra a ideia de uma câmara alta no Parlamento), sobre a Igreja e o Estado (anticlericalismo moderado ou radical) e sobre as suas afinidades respetivas (pela velha direita; pelos novos socialistas). A unidade quebrou-se nos anos 1890, quando os republicanos se dividiram nas suas próprias alas esquerda e direita. A direita republicana, por sua vez, dividiu-se na Alliance Démocratique (1901), mais leiga e urbana, e na Fédération Républicaine (1903), mais clerical e rural.

Estas famílias do conservadorismo parlamentar pró-republicano, flanqueadas à esquerda pelos radicais nos seus próprios grupos instáveis, forneceram um carrossel ministerial de 27 primeiros-ministros de 1880 a 1914. À primeira vista, parecia inconsistente, mas transformou-se num centro de base estável. O Parlamento chegava a acordos que satisfaziam as elites burguesas e os interesses mais pequenos e diversos da França: as empresas familiares e as pequenas quintas, as profissões provinciais e os lojistas. Fora deste contrato social estava uma classe operária crescente e as mulheres de todas as classes, que só obtiveram direito de voto em 1944. Apesar de governada por elites masculinas, a república, com os seus festivais e símbolos, gozava do apoio popular. Para ligar a república à boa Revolução de 1789, o 14 de Julho (Tomada da Bastilha) passou a ser feriado. Com o seu barrete frígio de escrava emancipada, Marianne, a filha secular de uma Igreja-mãe outrora protetora, foi escolhida como o símbolo da república. Ao contrário do John Bull da Grã-Bretanha, que personificava um tipo de carácter nacional, ou do Tio Sam, que representava o poder federal, Marianne personificava uma moldura idealizada da vida comum.

A «síntese republicana» de tom conservador sobreviveu a escândalos, a vendas de privilégios e a reveses. Resistiu ao abrandamento económico durante o período de 1882 a 1896, desfrutou de um longo período subsequente de rápido crescimento económico de 1896 a 1914, ignorou as poucas críticas francesas do império liberal e derrotou três campanhas de finais do século XIX de «antis» conservadores hostis: revanchistas antialemães, antissemitas nacionalistas e antirrepublicanos católicos.

Um dos principais defensores da revanche era Paul Déroulède (1846–1914), poeta soldado, prisioneiro da Guerra Franco-Prussiana e escaramuçador da direita dura. Déroulède ficou conhecido por causa dos *Chants du soldat* (*Baladas do Soldado*, 1872), um livrinho de baladas que lamentavam os camaradas caídos, apelavam à desforra nacional e ligavam o amor pelo campo francês ao luto pelos seus mortos na guerra:

«Eles estão naquela floresta escura [...]. Ali, na nossa França.» A Ligue des Patriotes, que Déroulède fundou em 1882 como grupo de pressão nacionalista no Parlamento, tornou-se uma força de rua antirrepublicana. Déroulède transformou-se numa figura cada vez mais arruaceira e em breve ridicularizada. Teve uma liderança ineficaz no Caso Boulanger (1889), quando um general republicano fraco e inseguro foi erradamente escolhido por antirrepublicanos ricos para o papel de um último Bonaparte como líder salvador da nação.

Num país onde a tradição católica continuava forte, o preconceito contra os judeus e a hostilidade aos protestantes eram endémicos. No entanto, não foi fácil colocar o antissemitismo na política democrática. O trabalhador mais esforçado da Terceira República foi Edouard Drumont (1844–1917), autor de *La France juive* (*A França Judia*, 1886) e diretor do jornal antissemita *La libre parole* (fundado em 1892). O talento de Drumont era fazer o preconceito parecer aceitável, distinguindo as variedades aparentemente racionais das evidentemente irracionais. Drumont identificava as formas cristãs tradicionais de antissemitismo (os judeus como assassinos de Cristo), as formas antropológicas (com base no racismo «científico») e os descontentes político-económicos (os judeus como controladores do capitalismo financeiro). A implicação sugerida era falsa, mas tentadora para os incautos: enquanto a primeira forma era um mito e a segunda provavelmente também um mito, a terceira enraizava-se em factos.

A tropelia de Drumont deu frutos no Caso Dreyfus, em que um capitão do exército francês, judeu da Alsácia, foi falsamente condenado como espião alemão, demitido do exército e enviado para a prisão na ilha do Diabo (1894). As campanhas nacionais a favor e contra Dreyfus dividiram a opinião nacional. Durante algum tempo, os «dreyfusianos» e os «antidreyfusianos» tornaram-se sinónimos de «esquerda» e «direita». Do caso, esqueceu-se facilmente que a direita perdeu. Dreyfus foi ilibado, readmitido no exército e indemnizado pelo Estado francês. Os oficiais antirrepublicanos foram afastados ou reformados antecipadamente, e o controlo civil sobre as forças armadas foi reafirmado, mas com um custo. O uso descarado de espiões e de denunciantes pelo governo para purgar o exército chocou até os dreyfusianos.

Nas suas primeiras décadas, o esforço da Terceira República para impor a autoridade cultural, em particular na educação, sofreu uma forte resistência da Igreja Católica. A secularização imposta pelo governo teve de competir com a obstrução clerical e com a mobilização dos católicos da classe média. A renovação da devoção popular via-se nas muitas peregrinações e celebrações de aparições marianas. Houve um aumento do número de membros das ordens religiosas. As escolas católicas eram tão numerosas ou, em certa medida, até mais numerosas do que as escolas estatais. Nos seus sermões, os padres avisavam os paroquianos que o voto nos republicanos era um pecado mortal. No entanto, a hostilidade oficial da Igreja foi abruptamente invertida num *ralliement* (1892), quando os católicos foram instados pelo papado a apoiar a república. O abrandamento da hostilidade do Vaticano era a grande causa de uma fé global. O papado romano reconheceu uma harmonia de interesses com a França republicana. A república queria uma rápida expansão colonial e os missionários católicos mais ativos eram franceses.

O conflito francês entre clericais e anticlericais subsistiu, com nenhum dos lados a obter vitórias completas ou finais. As reformas educativas de Ferry (anos 1880) e a separação da Igreja e do Estado (1901, 1905) envolveram compromissos. Ferry reafirmou o controlo leigo sobre as escolas estatais, enquanto permitia as *écoles libres* religiosas financiadas por privados. As reformas posteriores de Combes removeram os privilégios da Igreja e reorganizaram o modo como o Estado francês subsidiava a fé maioritária da nação. Contudo, não eliminou, como os anticlericais mais fervorosos desejavam, a presença ético-cultural do catolicismo.

A recuperação económica dos anos 1890 reduziu as desavenças e atenuou os conflitos. Propagou-se um ambiente de bem-estar, mais tarde recordado como a Belle Époque, da qual a brilhante Paris era o centro cultural. O revanchismo antialemão desvaneceu-se e algumas das feridas da derrota de 1870 estavam a fechar-se. A França pagara rapidamente a odiosa indemnização à Alemanha, que foi financiada pela dívida do Estado, pagando uns juros tentadores de 5 por cento (numa altura em que os juros eram de 3,5 por cento). Na Lorena ocupada, o minério de ferro e o carvão alemão serviriam em breve os dois países para a produção de aço. Pouco interessado em colónias, Bismarck dava-se bem com os republicanos franceses, que, como colonialistas liberais, estavam mais interessados em alargar e consolidar o império ultramarino da França do que em recuperar a Alsácia-Lorena. Para lá da direita dura, o antissemitismo reduziu-se ao preconceito privado, ainda que comum. Um sinal significativo era a imprensa popular. Nos anos 1900, a circulação do *Petit Journal* antissemita diminuiu, ultrapassado pelo *Petit Parisien*, que, após a hesitação inicial e quando se tornou claro que estavam a ganhar, acabou por apoiar os dreyfusianos. No entanto, as paixões hostis na direita recalcitrante continuavam latentes. Foram mantidas vivas sobretudo pelo Action Française, fundada por Charles Maurras (1898), e reacendidas nas ligas extremistas dos anos 1920 e 1930.

No entanto, as questões económicas e sociais eram mais prementes. A economia francesa fraquejou nos anos 1880, mas, em meados dos anos 1890, cresceu rapidamente até 1914. O lóbi do comércio livre — os exportadores — cedeu ao interesse agrário, liderado por Jules Méline (1838–1925), um protecionista conservador. Jurista de Vosges, Méline entrou no Parlamento (1872) e, enquanto as barreiras eram levantadas nos outros países, liderou o lóbi da França contra o comércio livre. Impôs a Tarifa Méline (1892), que aumentou o imposto sobre as importações agrícolas de 3 para 21 por cento. A partir de 1903, foi líder da Fédération Républicaine, o partido pró-clerical da direita moderada que atraía os agricultores e os pequenos interesses comerciais com uma mistura de antiestatismo (oposição ao imposto sobre os rendimentos), mutualismo (Méline promoveu o Crédito Agrícola em 1894) e apoio às escolas católicas.

As proteções laborais mantinham-se fracas, embora tenham sido feitas algumas reformas para os trabalhadores industriais. Os sindicatos foram regularizados na lei (1901), mas as greves eram brutalmente reprimidas tanto pelos radicais (com George Clemenceau à cabeça) como pelos republicanos. Dado que as receitas do Estado dependiam fortemente de tarifas regressivas e de impostos sobre vendas, o Senado liderado pelos conservadores rejeitou uma proposta liberal de um imposto sobre os rendimentos (1895). Quando a proposta de lei de Joseph Caillaux do imposto sobre os rendimentos foi aprovada na Assembleia Nacional em 1914, foram necessários dois anos, mesmo num tempo de guerra com poucos rendimentos, para que o Senado concedesse de forma relutante.

Quando a paz chegou em 1918, a Union Sacrée de todos os partidos da França desmembrou-se e os eleitores escolheram uma Assembleia Nacional solidamente conservadora, organizada como o Bloco Nacional. A direita moderada francesa adquiriu uma espécie de força de inércia como a solução que poucos podiam remover. Não havia uma maioria estável no Parlamento para as reformas sociais de que o país precisava. Os seus advogados naturais, os partidos da esquerda, estavam divididos. Os radicais tornaram-se paternalistas, demasiado preocupados com as manobras parlamentares e desligados da realidade. Os socialistas disputavam o domínio da esquerda com os comunistas, que, nervosos, mas obedientes, seguiam as linhas instáveis de Moscovo. Algumas pequenas vitórias para o Cartel des Gauches radical e socialista (1924, 1932) e uma grande vitória para a Frente Popular radical-socialista-comunista (1936) conduziram a governos de esquerda, que se dividiram rapidamente em disputas sobre os impostos, a despesa pública e as proteções sociais.

O líder que melhor personificava o centrismo conservador da Terceira República era Raymond Poincaré (1860–1934). Natural da Lorena, assistira à ocupação alemã quando era um rapaz. Embora a sua hostilidade se tenha atenuado nos anos 1900, reacendeu-se com a guerra, quando Poincaré se tornou um incansável belicista antialemão. Fez pressão para uma paz dura em 1919 e enviou tropas francesas para o Ruhr quando as indemnizações alemãs se atrasaram em 1923. Burguês e jurista, Poincaré falava pelos valores do trabalho, da sobriedade e da honestidade da classe média. Na Terceira República, a corrupção partidária prosperava, mas, em 40 anos de vida pública, nenhum escândalo afetou Poincaré, conhecido por ser «branco como arminho». Embora ele e Clemenceau fossem iguais no seu antigermanismo, Poincaré via o seu rival como um homem sem princípios, tal como Clemenceau via Poincaré como um pedante. Poincaré destacava-se dos seus rivais pela sagacidade e pela dedicação ao trabalho, mas faltava-lhe o sentido popular. Liderou o país em tempo de guerra como presidente de 1913 a 1920, mas, pelo menos na França, Georges Clemenceau (*Père victoire*), conjuntamente com os líderes militares Foch e Pétain, recebeu mais crédito pela vitória, enquanto Poincaré granjeou o ódio do estrangeiro por insistir numa paz cartaginesa. Rígido e íntegro, preferia o papel de estadista ao de adepto partidário, ainda que a sua fidelidade mais regular fosse à Aliança Republicana Democrática. Enquanto primeiro-ministro, uma vez antes da guerra e duas depois, Poincaré governou quando a esquerda e quando a direita controlaram o Parlamento. Como o homem do dinheiro vivo dos banqueiros, em 1926, resgatou um franco em queda livre, uma operação tão bem-sucedida que inundou o Banco de França com ouro, o que ajudou depois a agravar as instabilidades financeiras da Europa.

A visão conservadora da política de Poincaré assentava mais em resultados tangíveis do que em causas ou ideais. A visão incluía os elementos conservadores conhecidos da ordem social, economicamente baseada em dinheiro estável, e da unidade social, enraizada na força nacional. Em termos partidários, Poincaré pensava que o governo era mais bem conduzido no centro por conservadores moderados, auxiliados, se necessário, por uma esquerda responsável. O herdeiro pós-1945 de Poincaré foi Antoine Pinay, líder do partido que descendia da ARD de

Poincaré, o Centro Nacional dos Independentes. Da classe média, leigo, economicamente liberal e de direita, o partido de Pinay fundiu-se depois com os independentes de Giscard nos anos 1970, que acrescentaram o elemento do liberalismo cultural.

A política externa francesa foi dificultada nos anos 1920 e 1930 por conflitos que congelaram tanto a direita como a esquerda. As tarefas urgentes eram a gestão da dívida de guerra, a resposta a uma crise económica mundial e a contenção de uma Alemanha ressuscitada. A esquerda do pós-1918 era maioritariamente pacifista. Na direita, o desejo de manter a Alemanha debilitada gerava receios de que uma Alemanha fraca significasse o triunfo do bolchevismo. Além disso, a ascensão do fascismo na Itália e na Alemanha encorajava a esperança, entre uma minoria ruidosa da direita francesa, em que uma variedade local poderia resolver de uma só vez os problemas sociais e externos da nação.

Apesar de ter falhado os testes económicos e de política externa da França, o centrismo conservador sobreviveu nos anos 1930, com os ministros a passarem uns aos outros as dificuldades não resolvidas. Foram condicionados à direita pela oposição aberta, na rua, das Ligas extraparlamentares e pelas queixas crescentes no seio da própria classe política, com os políticos e os intelectuais convencidos do atraso da nação e da necessidade de um *redressement* (recuperação).

Na rua, os fantasmas antirrepublicanos dos anos 1880 e 1890 regressaram. As queixas dos veteranos foram canalizadas na Cruz de Fogo, de François de La Rocque, que era um movimento de apoio difuso e popular com três milhões de seguidores, transformando-se numa pequena força de ataque da direita. Regressando às suas antigas hostilidades antiliberais, a Igreja Católica dava a crer nos seus sermões paroquianos que o comunismo era um perigo maior do que o fascismo. No seu ódio ao compromisso conservador-liberal, os extremos da política diluíram-se. Jacques Doriot, o autarca comunista de Saint-Denis, na «cintura vermelha» de Paris, tornou-se anticomunista e fundou o Partido Popular Francês de extrema-direita (1936). Estas causas recebiam dinheiro de empresários, por exemplo do fabricante de perfumes fascizante François Coty, bem como a indulgência de uma minoria da Federação Republicana.

A fúria e a veemência teatral destes grupos abalaram a Terceira República, mas não a quebraram. Os motins antiparlamentares de Paris (fevereiro de 1934) sofreram resistência e, pouco depois, foram largamente esquecidos. A autoridade do Estado foi reafirmada pelo primeiro-ministro da Frente Popular, Léon Blum, que baniu as ligas políticas (1936). Uma ameaça menos teatral, mas mais forte, à estabilidade republicana era a resistência da classe média às reformas sociais da Frente Popular. Foi parcialmente atenuada pelo governo de Daladier, que limitou ou suspendeu os melhoramentos da Frente quanto às horas e aos salários (1938). Para refrear os receios contra os imigrantes, Édouard Daladier também abriu campos de concentração para refugiados republicanos da Guerra Civil de Espanha e outros recém-chegados sem documentos. No final da década, a Terceira República sobrevivera às disrupções da direita dura francesa, mas com um custo elevado em concessões a exigências iliberais ou não democráticas.

A preocupação com o declínio nacional é uma marca conservadora que assume formas ético-culturais e políticas, como os capítulos seguintes analisarão. Politicamente, nos anos 1920 e 1930, a preocupação concentrava-se no alegado atraso «estrutural» da França e na necessidade de uma modernização abrangente. Nesta perspetiva, os sinais do atraso eram muitos. A França estava demasiado dependente da agricultura, era economicamente demasiado lenta, demasiado laxista na manutenção das pontes e estradas, socialmente demasiado reacionária, demasiado partidária e demasiado mal servida por uma administração desatualizada. Fosse qual fosse a veracidade desta perspetiva – e tudo indica que será extremamente exagerada —, tinha adeptos proeminentes, em particular após os dramas políticos de 1934–1936.

Um dos principais advogados da modernização tecnocrática era André Tardieu (1876–1945). Foi um político e jornalista conservador que entrou no Parlamento em 1914 e geriu todos os ministérios mais importantes, incluindo o cargo de primeiro-ministro (três vezes, 1929–1932). Os seus lemas eram a defesa forte, a modernização social e um Estado eficaz. Tardieu não tinha interesse na política religiosa e não se preocupava com a putativa erosão da *ordre morale* da França. A seu ver, uma nação modernizada seria mais racional, especializada, industrial, urbana e democrática (entre outras coisas, queria conceder direito de voto às mulheres). Via um obstáculo na «nuvem de poeira» criada pela querela partidária, que contrastava desfavoravelmente com aquilo que via como um acordo amplo de tipo empresarial entre os principais partidos nos Estados Unidos, que ele admirava. A reforma requeria um quadro de apoio de paz vigilante (daí a sua defesa do Tratado de Versalhes) e a exclusão ou o afastamento da esquerda («Le socialisme», dizia ele, «voilà l'ennemi»).

Os planos de obras públicas de Tardieu, nos anos 1920, eram modestos e, como primeiro-ministro durante a crise económica, as suas políticas pré-keynesianas eram confusas e tímidas. É recordado como um dos primeiros representantes do espírito tecnocrático que, mais tarde, marcou o centro-direita francês na Quinta República após 1959. Em termos mais imediatos, as dúvidas crescentes de Tardieu sobre a viabilidade da democracia de massas — expressada na sua obra inacabada, *La révolution à refaire* (*Refazer a Revolução*) — e a sua insistência no atraso francês alimentaram uma perspetiva de atribuição de culpas que se tornou popular na direita após a queda da França em 1940. Dizia-se que a derrota militar não se devera à hesitação política, aos erros militares e à má sorte, mas à decadência nacional. Onde a direita não chegava a acordo no seu seio era naquilo que causava a perigosa vulnerabilidade da França: a falta de modernização, como Tardieu pensava, ou o abandono cego à modernidade, como defendiam os conservadores culturais.

A Terceira República sobreviveu ao descontentamento da direita e da esquerda, à hostilidade da Igreja Católica, à ocupação militar alemã de todo o Nordeste, à perda de 10 por cento de todos os seus homens em idade militar (1914–1918) e à crise económica da qual, por muito profunda que fosse, a França estava a recuperar em finais dos anos 1930. A república só sucumbiu depois da derrota militar (1940), ainda que «sucumbir» seja uma meia-verdade, como se a Terceira República tivesse sofrido um desastre natural ou morrido por causa de uma doença. Em julho de 1940, as duas câmaras do Parlamento — reunidas na cidade termal de Auvergne, na França não ocupada — votaram de forma esmagadora para substituir a república pelo regime autoritário de Vichy. Só os socialistas e os radicais de esquerda se opuseram à mudança, ainda que outros radicais e alguns conservadores da Federação Republicana se tenham abstido. (Os deputados comunistas, fiéis à União Soviética em paz com o invasor alemão da França, não eram elegíveis.) Após a libertação, a autossupressão da Terceira República foi eliminada do registo constitucional da França. A lei de julho de 1940 foi revogada, o regime de Vichy foi apagado como um interlúdio não francês e, depois de 28 meses de um governo provisório pós-guerra, a Quarta República Francesa sucedeu à Terceira, como se não tivesse ocorrido uma quebra.

Sem a derrota da França, não teria havido o interlúdio de Vichy. No entanto, sem as tradições antiliberais e antidemocráticas da direita francesa antes da guerra, o regime de Vichy não teria sabido que forma assumir. Sob o governo de Pétain, as fações concorrentes da direita irreconciliada — autoritária, *ordre morale*, clericalista, corporativista, fascista — viram uma oportunidade e lutaram por influência. O lema de Vichy era «Trabalho, família e pátria», uma alternativa auspiciosa ao trio republicano de «Liberdade, igualdade e fraternidade». Na prática, o governo de Vichy oscilava entre os objetivos conflituais da renovação nacional, da «proteção» do povo francês e da preservação da ordem. Pouco importava que as fações de Vichy discordassem sobre se a renovação nacional devia ser moral ou tecnocrática. O regime não tinha meios nem para uma, nem para a outra. A proteção do povo francês — da ocupação e das exações alemãs — terá sido, para alguns, parcialmente conseguida, mas foi rejeitada por outros como uma desculpa fraca para as agendas da direita dura que a França republicana rejeitara durante 70 anos. Com o tempo, os objetivos de Vichy resumiram-se à manutenção da ordem, o que significava mais policiamento, mais violência contra o seu próprio povo e mais concessões aos ocupantes alemães, incluindo a cooperação na deportação de judeus franceses.

A figura que representava estes conflitos era Pierre Laval (1883–1945), migrante, como Doriot, da esquerda para a direita, duas vezes primeiro-ministro na Terceira República e duas vezes vice-primeiro-ministro no regime de Pétain em Vichy (1940, 1942–1944). Filho de um estalajadeiro de Auvergne, Laval ascendeu de advogado sindical e socialista a autoritário antiparlamentar, enriquecido com a ajuda de amigos empresários. Pouco doutrinário, via a sua missão não como a busca da recuperação moral, mas como a aproximação franco-alemã. Apesar de acreditar ser um astuto avaliador do poder, Laval não percebia a disparidade de força entre o ocupante e o ocupado. A sua preocupação com «o acordo» não lhe deixava ver o carácter irracional e intratável da Alemanha hitleriana. Após um julgamento controverso em 1945, Laval foi executado. Para as famílias políticas da direita francesa que haviam votado pelo fim da Terceira República, 1944–1945 foi um ponto zero a partir do qual a única direção era para cima.

II. A adaptação dos conservadores britânicos

Na Grã-Bretanha, a adaptação do conservadorismo ao capitalismo liberal e à democracia eleitoral foi personificada na longa carreira de Robert Gascoyne-Cecil (1830–1903), mais conhecido por lorde Salisbury. Tendo sido um crítico antiliberal quando era um jovem jornalista e membro do Parlamento em meados do século, depois de 1880 Salisbury tornou-se o consolidador de um partido de massas bem-sucedido que governou a Grã-Bretanha no espírito do liberalismo de direita durante grande parte dos 140 anos seguintes. Altivo e erudito, Salisbury foi o arquiteto e fundador de um partido *tory* modernizado que, com sucesso, triangulou os seus adversários democráticos liberais — económicos, institucionais e sociais. Com Salisbury, o toryismo aprendeu a falar pelas empresas e pela finança, bem como pelos interesses fundiários. Continuou a respeitar, mas abandonou gradualmente os velhos apegos institucionais (Coroa, lordes, Igreja estabelecida) em proveito de lealdades mais vagas, mas igualmente fortes, ao império e à nação. Tornou-se suficientemente popular entre a classe média e outros eleitores, em especial na Inglaterra, para se tornar no partido mais forte do século XX. Depois da morte de Disraeli (1881), Salisbury liderou o partido a partir da Câmara dos Lordes. Foi primeiro-ministro três vezes (1885–1886,1886–1892, 1895–1902) e serviu quatro vezes como ministro dos Negócios Estrangeiros (1878–1880, 1885–1886, 1887–1892, 1895–1900).

O jovem Salisbury, que precisava de dinheiro, escrevia artigos para revistas conservadoras como a *Quarterly Review* e a *Saturday Review*. Alvejava as crenças democráticas liberais com um escárnio que nunca abandonou, embora, mais tarde, tenha suavizado em público o seu tom corrosivo. O liberalismo, dizia Salisbury, era como uma «religião insustentável», enraizada em visões sentimentais da humanidade e numa compreensão errada do cristianismo: «O bom senso da cristandade prescreveu sempre para a política nacional princípios diametralmente opostos aos que foram anunciados no Sermão da Montanha.» Sobre a democracia, Salisbury pensava que todas as comunidades geravam «líderes naturais» que o povo, sem pensar, aceitava, salvo se enganado pelos igualitários. A democracia ilimitada promoveria os carreiristas e os profissionais, e não um governo melhor ou mais consensual. Pior, encorajaria a espoliação dos ricos pelos pobres, que não eram menos maus do que os ricos, mas apenas mais numerosos.

Considerando-se a si mesmo como um «patologista dos estados», Salisbury, tal como Calhoun, era quase marxista na sua perspetiva da política orientada para a busca dos interesses materiais. Não tinha mais apego do que os utilitaristas ao costume e à tradição. As instituições deviam ser avaliadas pelos resultados e não pela familiaridade ou pela durabilidade, que ele pensava serem indicadores fracos da sua utilidade. Para o jovem Salisbury, o teste de qualquer sistema era o seguinte: contribuiu para a estabilidade, para a segurança e para a prosperidade, acima de tudo para a sociedade fundiária, alta e baixa, sem as quais a ordem social era impossível?

Com o tempo, a crença de Salisbury no primado do interesse rural cedeu ao reconhecimento de que os ricos incluíam grandes detentores de propriedades em geral, ou seja, banqueiros e industriais, e não apenas proprietários de terras. A sua imagem pouco elevada da política manteve-se essencialmente inalterada, ainda que a cedência ao capitalismo liberal lhe tenha obscurecido o tom. Em «Desintegração» (1883), Salisbury lamentava o efeito desestabilizador dos ciclos económicos na sociedade moderna. Nos bons períodos, a prosperidade propagava-se, bem como as desigualdades materiais, que as pessoas aceitavam melhor do que os estatutos e os privilégios aristocráticos. Nos maus períodos, o aumento das necessidades materiais era explorado pelo «agitador radical», que virava o ressentimento popular contra as instituições da sociedade. Salisbury ansiava sombriamente por um «longo conflito entre a posse e a não posse, que foi a doença fatal das comunidades nos tempos antigos».

Para Salisbury, a tarefa do conservadorismo consistia em manter a ordem sem restringir a liberdade, o que, na esteira de Mill, queria dizer a liberdade de «fazer o que se quiser desde que não se cause danos ao próximo». A manutenção da ordem implicava a eliminação da «lava ardente da paixão humana» e a supressão das esperanças ilusórias no progresso, que ignoravam a fragilidade da «crosta» da civilização.

Como líder partidário e primeiro-ministro, Salisbury adaptava esta imagem do conservadorismo às circunstâncias sem a trair ou esbater a sua especificidade. Quando o seu pai morreu (1868), herdou um rendimento equivalente ao valor atual de 50 milhões de libras esterlinas, bem como o título de marquês de Salisbury. Demitiu-se do governo de Derby em protesto contra a extensão do sufrágio (1867). Os anos 1870 ocuparam-no com responsabilidades ministeriais na Índia e na Europa de Leste. Depois de regressar das suas missões diplomáticas, as críticas anteriores de Salisbury em relação à democracia não serviam de guia para as suas manobras habilidosas na prática. Os conservadores ficaram surpreendidos quando venceram as primeiras eleições após a reforma do direito de voto (1884), que alargou o direito de voto às classes rurais mais pobres. Salisbury continuava a lamentar-se em privado sobre as ilusões do progresso, mas, em público, desempenhava com sucesso o papel do democrata patrício.

A Irlanda serviu de entrada para Salisbury. O *Home Rule* dividiu os liberais e deu a Salisbury um aliado no ex-liberal Joseph Chamberlain. Os seus unionistas apoiaram Salisbury e aliaram-se aos conservadores em 1895, antes de se fundirem em 1912. Tal como os Nacionais Liberais de Bassermann na Alemanha, Chamberlain era uma nova força na direita: para as grandes empresas, para as tarifas e, acima de tudo, para manter o socialismo afastado. Com Chamberlain, Salisbury criou maiorias ou coligações vencedoras em três eleições (1886, 1895, 1900).

Apesar de implacável em relação à Irlanda e ao império, Salisbury fez concessões ao reformismo liberal sob a pressão de Chamberlain. O seu governo introduziu a remuneração do trabalhador (1897). Longe de obstruir o sufrágio de 1884, aprofundou a democracia eleitoral ao tornar eletivos os conselhos de condado, quebrando assim o último domínio dos proprietários rurais sobre o governo municipal. Igualmente relevante para o futuro do conservadorismo britânico, o partido liderado por Salisbury modernizou-se, tornando-se uma organização nacional disciplinada capaz de prevalecer no jogo democrático. A Liga Primrose, fundada em 1883 para promover o conservadorismo popular, dizia ter 1,5 milhões de membros em inícios dos anos 1900. Os «puxadores de cordelinhos» locais foram substituídos por funcionários partidários profissionais. Os manifestos eleitorais foram introduzidos e foi criado um governo sombra na oposição para se preparar para governar. O Gabinete Central Conservador (criado originalmente em 1870) foi reforçado e dirigido pelo líder parlamentar. Era muito forte o contraste com a fluidez partidária da direita francesa e a disparidade regional do apoio aos conservadores alemães. O alcance e a coerência de um único partido de direita após 1918 facilitaram o trabalho do conservadorismo para absorver ou afastar a direita dura nos anos 1920 e 1930.

Tal como Garibaldi, Salisbury era tímido em privado, mas saía-se bem com as multidões. De forma trocista, dizia que o *Daily Mail* (1896) era «escrito por ajudantes de escritório para ajudantes de escritório», mas compreendia a necessidade do uso da imprensa e falava com jornalistas. Recordada pelos conservadores reconhecidos durante o século seguinte, a carreira de Salisbury foi uma aula magistral sobre como agir numa posição de fraqueza com um credo difuso em nome de um poder declinante e sobrecarregado.

Embora, para Salisbury, o interesse impulsionasse a política, percebia que a política também tinha de ser ensinada e exprimida em símbolos. Habilmente, misturava a nação, o império e a Coroa como objetos de lealdade comum. Num discurso por ocasião do Jubileu de Diamante da rainha Vitória, em junho de 1897, Salisbury louvou a «grande experiência» da nação de «tentar sustentar um império totalmente na base da boa vontade mútua». Como um novo elemento conservador, o império tinha grande apelo popular, ao contrário da Igreja e dos lordes. O livro *Expansion of England* (*Expansão de Inglaterra*, 1883), de J. R. Seeley, anterior ao império, vendeu 80 000 exemplares em três anos e, 20 anos depois, ainda vendeu mais de 10 000 exemplares. Até ter azedado com as baixas inesperadas, a Guerra Bóer era popular na Inglaterra, ajudando os *tories* a vencerem a Eleição Caqui em 1900.

Os 21 anos de Salisbury no poder foram uma operação de controlo, o que, na sua visão melancólica do conservadorismo, contava como um feito. Aos sucessores, deixou dúvidas sobre o que o partido defendia, que as jogadas táticas e os apelos patrióticos não podiam esconder. Pouco depois de Salisbury ter entregado a chefia do governo e a liderança partidária ao seu sobrinho Arthur Balfour em 1902, os *tories* foram esmagados por um Partido Liberal reanimado e de espírito social, que se convertera do *laissez-faire* para a reforma social. Nas eleições de 1906, os *tories* ficaram reduzidos a 157 assentos, 100 dos quais detidos por unionistas de Chamberlain ou por apoiantes das suas políticas protecionistas. Os conservadores ficaram devastados. Para os protecionistas, as tarifas prometiam resolver três problemas ao mesmo tempo: ajudariam a indústria britânica, que estava a perder terreno para a concorrência externa; pagariam, como na França, as reformas sociais para afastar a esquerda sem taxar diretamente os ricos; e, como o nome sugeria, uma política protecionista atenuaria as ansiedades generalizadas sobre a perda da proeminência britânica, o seu declínio económico relativo e as suas debilidades militares, como expostas no conflito sul-africano, que não teve um desfecho tão jubilante como se esperava. Para os adeptos do comércio livre, como Arthur Balfour e Winston Churchill, que passou para os liberais, o protecionismo era um meio certo de perder eleições. O comércio livre, com a sua promessa de comida barata, tornara-se para muitos eleitores uma parte importante da constituição não escrita da Grã-Bretanha, tal como aconteceu depois de 1945 com o Serviço Nacional de Saúde.

O conservadorismo britânico enfrentava a sua versão do dilema da direita já visto na França: aceitar compromissos com os liberais, preocupados com o facto de as forças liberais estarem a orientar o liberalismo para a esquerda, ou ceder à direita para apaziguar os ultras conservadores em relação à Irlanda, os lordes e os sindicatos. Deveria o partido ceder à vontade democrática como exprimida no Parlamento? Ou deveria arriscar uma solução extraparlamentar? O partido estava dividido entre os que se esquivavam e os inflexíveis, os que aceitavam compromissos e os recalcitrantes. A guerra civil pairava sobre a Irlanda, atiçada pelos conservadores inflexíveis, apoiados pelos líderes *tories*.

Toryism (1913), um livrinho do historiador do conservadorismo Keith Feiling, exprimia os dilemas e as ansiedades da direita da Grã-Bretanha de inícios do século XX na forma de um diálogo irónico entre quatro conservadores típicos. Juntos, cobriam todo o espetro interno do partido: um «cínico de nobre nascimento» e «verdadeiro *tory*» (o fantasma de Salisbury); «um homem de posses e de lazer» que era um *tory* «por princípio» (ou seja, um homem rico que era conservador por interesse pessoal); um deputado ex-liberal (um carreirista político, *tory* por conveniência); e um *tory* democrata, radical e imperialista (um adepto de Chamberlain com grandes ideais). Os quatro estavam preocupados porque o «navio era muito pesado»: império grande, país pequeno; impostos altos, classe pequena para pagá-los; grandes importações, moeda frágil; mundo incerto, exército pequeno. Sem um resultado claro, também temiam que o Partido Conservador estivesse a perder o seu propósito e a sua especificidade. O tom lúdico do livro não escondia o medo de, desde 1846, o partido estar dividido, inseguro e sem ideias orientadoras. Em 2020, se juntássemos quatro *tories* britânicos similares e substituíssemos «império» por «Brexit», as preocupações com o estado da nação e do partido não seriam muito diferentes.

A guerra salvou os conservadores do desânimo. Congelou a competição partidária (em 1916, os *tories* aliaram-se aos liberais no governo chefiado por David Lloyd George), adiou o problema da Irlanda e deu aos conservadores tempo para se repensarem e se reagruparem. Em 1918, ainda não haviam conquistado o poder, mas controlavam o Parlamento, posição que mantiveram durante os 27 anos seguintes, com exceção de três. Nas primeiras eleições após a guerra (1918), os *tories* de Bonar Law conquistaram 382 assentos e os liberais divididos perderam mais de 100, dando início a um deslize para as margens. A partir de 1908, os deputados passaram a ser pagos, abrindo a Câmara dos Comuns à representação de um Partido Trabalhista em ascensão. Os sindicatos duplicaram o número dos seus membros, de quatro milhões (1914) para mais de oito milhões. Nessas mesmas eleições após a guerra, o Partido Trabalhista conquistou 57 assentos. Cinco anos depois, conquistou 197, superando os liberais e tornando-se o segundo maior partido.

Em termos de direita-esquerda, o socialismo parlamentar, na forma do Partido Trabalhista reformista, estava a substituir os liberais como o adversário dos *tories* à esquerda. Um novo tipo de conservadores de espírito empresarial — «homens sem escrúpulos que se deram bem com a guerra», segundo a expressão irónica de Lloyd George — ocupou os assentos previamente liberais. O líder da recuperação dos *tories* foi o filho de um industrial das Midlands, Stanley Baldwin. Apesar dos seus conflitos internos, o partido que herdou de Salisbury e de Bonar Law era, comparado com os rivais, uma máquina nacional formidável.

Com leveza e habilidade, Baldwin (1867–1947) modelou o conservadorismo como a política natural e inevitável da Inglaterra média, centrada na unidade nacional, nos valores comuns e na ausência de classes. Ignorado pelos incautos como uma farsa e alguém que nada sabia, Baldwin percebia a importância das palavras. O seu primo, Rudyard Kipling, chamava-lhe o verdadeiro poeta da família. Em discursos e ensaios, que foram reunidos em *On England* (*Sobre a Inglaterra*, 1926), Baldwin criou uma visão do povo inglês e do que lhe interessava que serviu o seu partido durante muito tempo. Baldwin misturava patriotismo com conservadorismo, o amor à Inglaterra com a hostilidade ao socialismo e ao intelectualismo.

Foi três vezes primeiro-ministro (maio de 1923–janeiro de 1924, novembro de 1924–junho de 1929, junho de 1935–maio de 1937) e obteve três vitórias eleitorais. Após a reunião do Carlton Club em 1922, quando os conservadores votaram para abandonar a sua coligação com o odiado Lloyd George, Baldwin emergiu como o homem forte do partido e tornou-se líder em maio de 1923. Baldwin acabou com a breve Greve Geral (1926), resistiu à Depressão, afastou os adeptos de Mosley e geriu a abdicação de Eduardo VIII, que perturbou uma nação que ainda favorecia a Coroa. Contra este registo, Baldwin perdeu duas de três eleições como primeiro-ministro, cedeu à ala do seu partido que defendia as tarifas altas, mimava o Sul enquanto ignorava o Norte e enganou-se — como outros — em relação a Hitler. Foi dos poucos conservadores que saiu do governo quando assim quis (1937), em vez de sair devido a uma doença ou de ser afastado por um partido rápido a abandonar líderes fracos.

Baldwin via os seus adversários como sensatos e abertos ao compromisso. Aceitava a paridade esquerda/direita e tratava o Partido Trabalhista como um rival legítimo, enquanto tentava atrair os eleitores da classe operária. Evitava estigmatizar os adversários. Rejeitou os apelos (entre outros, de Churchill) para enfrentar a Greve Geral com a força, apresentando-a como um teste para a nação e não um problema de classe, e deixou-a desvanecer-se. No início, resistiu aos apelos da direita do seu partido para reprimir os sindicatos, mas, mais tarde, cedeu, aceitando o *Trades Disputes Act* (1927), a lei que bania as greves por solidariedade e restringia as doações obrigatórias de quotas sindicais ao partido — uma grande fonte de rendimentos do Partido Trabalhista.

Baldwin tinha tato público. Deixava os adversários desferirem o primeiro golpe; guardava para si as suas fortes convicções religiosas; e não falava sobre o gosto de tocar piano e de pintar, nem sobre as suas muitas leituras, consciente de que os eleitores ingleses, de uma forma geral, não apreciavam a ostentação cultural e desconfiavam dos intelectuais. «Intelligentsia», escreveu ele, «é uma palavra muito feia para uma coisa muito feia». A imagem de Baldwin de um povo insular satisfeito consigo mesmo e, de certo modo, isolado do mundo era uma ficção cativante que sobreviveu durante muito tempo.

Apesar de terem a reputação de nada fazerem, os conservadores deram passos, nos anos 1920 e 1930, em direção à reforma social: a lei de pensões para viúvas, órfãos e Idosos (1925), erradicação de barracas e habitação; reforma dos impostos sobre propriedades, na indústria e nas quintas, com a diminuição de receitas das autoridades locais compensada por subsídios do governo central; e «racionalizações» industriais no carvão, nos têxteis e na eletricidade. Sob a chefia de Baldwin, o governo concedeu a carta da British Broadcasting Corporation (1927) e reduziu a idade de voto das mulheres para 21 anos (*Equal Franchise Act*, lei da igualdade do direito de voto, 1928), convicto de que as mulheres votavam mais à direita do que à esquerda. Em 1935, quando as mulheres constituíram mais de metade do eleitorado, os *tories* conquistaram 386 assentos.

Graças a um partido unido e inclusivo, com uma forte organização nacional, o conservadorismo britânico deixou pouco espaço, nos anos 1920 e 1930, para uma franja disruptiva de direita, como na França, ou para um extremo destrutivo, como na Alemanha. No Partido Conservador, havia uma admiração inicial generalizada pela forte liderança de Hitler, pela supressão da esquerda alemã e pela recuperação económica da Alemanha, mas o mesmo já não acontecia em relação ao fascismo marginal na Grã-Bretanha. Os outros partidos da Grã-Bretanha estavam em declínio ou divididos. Os *tories* partilharam o poder em governos nacionais de 1931 a 1935, mas mais nenhum partido conquistou uma maioria parlamentar nos anos 1930.

Baldwin encorajava esforços práticos para superar o sentimento de inferioridade intelectual dos *tories*. Antes, o problema era abordado pela negação. O escritor conservador Arthur Boutwood racionalizou a falta de ideias do partido ao insistir, na *National Review* (1913), que não precisava de uma «filosofia da política» ou de um «ideal distintivo» porque o conservadorismo era uma atitude prática. Estava a repetir o que Hugh Cecil afirmara em *Conservatism* (*Conservadorismo*, 1912): o conservadorismo era menos um corpo de objetivos e de ideais do que uma atitude de segunda ordem em relação à governação. O livro de Cecil era uma resposta, pedida pelo editor, a *Liberalism* (*Liberalismo*, 1911) de Leonard Hobhouse. Ao contrário do liberalismo, com as suas esperanças e os seus ideais, o conservadorismo, para Cecil, estava enraizado numa «disposição» natural para estar atento a mudanças grandes ou rápidas, na «desconfiança do desconhecido» e, numa frase misteriosa, «numa preferência por aquilo a que estamos acostumados, porque o costume assimilou a nossa natureza a isso». Esta atitude «natural» adquirira uma forma histórica nas reações conservadoras à Revolução Francesa. A partir destas premissas, Cecil inferia, nas palavras do filósofo Anthony Quinton, «defesas mais ou menos engenhosas da taxação limitada, a manutenção do Império Britânico e outros elementos relativamente contingentes da plataforma do partido conservador eduardiano».

Nem todos os conservadores partilhavam o desprezo complacente de Boutwood e de Cecil pelas ideias. Em *A Defence of Conservatism* (*Defesa do Conservadorismo*, 1927), Antony Ludovici lamentava o silêncio *tory* face ao fermento intelectual na esquerda. Nos anos 1920, os conservadores enfrentavam a oposição intelectual da esquerda, com o Left Book Club, a Fabian Society e a Workingmen's Educational Association. Pressionados por Lloyd George, os intelectuais liberais publicaram documentos políticos codificados com cores — Livros Amarelos, Livros Cor de Laranja, etc. Os conservadores atentos responderam. Harold Macmillan publicou (com outros) *Industry and the State* (*A Indústria e o Estado*, 1927) e *The Middle Way* (*A Via Intermédia*, 1938). Com dinheiro do Bonar Law Memorial Trust, o Ashridge College foi fundado em 1929 para formar quadros conservadores. Nesse ano, foi também fundado o Conservative Research Department. O objetivo era saber mais sobre como era a sociedade no momento, e menos como fora ou devia ser. O espírito era o de tecnocratas como Tardieu na França. No discurso conservador, o costume e a tradição cediam o lugar aos problemas atuais e à forma como deviam ser resolvidos. O conhecimento estava a substituir a autoridade natural como a legitimidade da direita para governar.

A simpatia inicial pelo hitlerismo na direita britânica era encorajada pelo medo do comunismo alemão. Se Hitler enfraquecesse e o comunismo alemão ganhasse força, a direita da Europa, e talvez também da Grã-Bretanha, ficaria em perigo. No entanto, com o aumento das forças e das exigências da Alemanha, o medo do hitlerismo cresceu, deixando os conservadores britânicos inseguros nas suas ideias. O Partido Trabalhista, como a esquerda na França, era pacifista. Os governantes e diplomatas britânicos eram, em simultâneo, a favor e contra o apaziguamento. Dependia do onde e do como. Deviam fazer-se concessões táticas com a finalidade maior de resistir à pressão alemã. Isto era consensual. Mas que concessões? Entre os principais agentes, havia uma maioria de bloqueio em relação a todas as opções: concessões no império ou na Europa de Leste; aliança ou não com a França; desenvolver a marinha e a força aérea. O Tesouro disse que não havia dinheiro para nada disto. E a Alemanha não era a única ameaça. A Grã-Bretanha também receava o Japão (por causa das colónias asiáticas da Grã-Bretanha) e a Itália (por causa da liberdade de movimento no Mediterrâneo). Uma Grã-Bretanha isolada, avisavam os chefes militares, não poderia travar uma guerra em três frentes. Nem Baldwin nem Neville Chamberlain, que lhe sucedeu como primeiro-ministro em 1937, resolveram o problema.

A reputação de Baldwin no pós-guerra como sonâmbulo numa década perdida, encorajada por Churchill e os seus amigos na imprensa Beaverbrook, era imerecida. A reavaliação histórica nos anos 1970 e 1980 descreveu os anos 1930 da Grã-Bretanha como menos maus do que profissional e popularmente se imaginava. Por outro lado, Baldwin recebeu crédito por alguns sucessos sociais e económicos e por ter modernizado o partido. A nova avaliação, ainda que mais equilibrada, também continha riscos de distorção. Um partido declaradamente nacional governava uma nação de duas partes dividida entre um Sudeste e Centro protegidos e prósperos (onde a engenharia e os automóveis se revelavam lucrativos, aumentando a produtividade laboral) e um Norte empobrecido, sobre o qual o conservadorismo de Baldwin pouco tinha a dizer. O orgulho nacional e a ambição imperial levaram Churchill a valorizar demasiado a libra esterlina (e as taxas de juro) em 1925, e a depressão da queda dos preços foi combatida com uma austeridade continuada, que não reduziu o nível da dívida pública na economia. Embora o número de trabalhadores fosse mais elevado em 1939 do que em 1929, o desemprego subiu em flecha em meados dos anos 1920 e manteve-se alto até à Segunda Guerra Mundial.

Mesmo depois de corrigida esta subavaliação, Baldwin nunca superaria, na imaginação histórica do partido, o colega que o acossou a partir da direita do partido durante duas décadas, Winston Churchill. Enquanto primeiro-ministro, Churchill tomou conta de um partido que o considerara um rebelde egoísta e tornou-se um líder inspirador no tempo de guerra. Como Disraeli ou Margaret Thatcher, Churchill (1874–1965) parecia resumir numa personalidade abrangente os conflitos internos do partido. Inicialmente conservador, depois liberal e novamente conservador, Churchill deteve altos cargos no Estado desde 1908 e foi duas vezes primeiro-ministro (1940–1945, 1951–1955). Os erros e os fracassos perseguiram-no no governo, bem como o álcool, a depressão e as dívidas, mas, com sorte e determinação, nunca chegou a ser ultrapassado ou retirado do terreno. Impetuoso e inflexível, Churchill enfrentou a crítica e o desdém durante uma década: calamidade militar (Galípoli, 1915), má gestão da moeda (regresso da libra esterlina ao ouro a uma taxa demasiado elevada, 1925), nostalgia imperial, admiração pelo fascismo e ambiguidade sobre o apaziguamento (anos 1930), nova calamidade militar (Noruega, 1940) e indiferença em relação aos assuntos internos (1940–1945). Se a primeira escolha do partido, lorde Halifax, tivesse aceitado ser primeiro-ministro em maio de 1940, Churchill seria recordado como uma figura cismática e quixotesca. À frente do governo como líder em tempo de guerra, transmitiu uma vontade indomável de resistência, primeiro de forma impiedosa ao governo e aos generais e, depois, à nação por rádio e em discursos na Câmara dos Comuns. Como de Gaulle, com quem nunca se deu bem, Churchill tinha o poder criativo das palavras para formar imagens simples e mostrar caminhos claros na mente de milhões de pessoas, tornando o hitlerismo, e depois o comunismo, adversários inequívocos e implacáveis numa guerra que, de algum modo, combinava a proteção do lar com a sobrevivência da civilização. O seu livro *Memórias da Segunda Guerra Mundial* (1948–1953) foi criticado como uma história do vencedor e a sua *História dos Povos de Língua Inglesa* (1956–1958) foi censurada por criar no seu próprio título uma ficção pós-imperial, mas estas obras marcaram a memória comum e foram enormemente populares, valendo-lhe o prémio Nobel da Literatura (1953).

Indiferente ao partido e impaciente com a doutrina, Churchill considerou-se sempre um liberal. É verdade que o era, um liberal de direita do tipo *laissez-faire*. Não acreditava em dizer às pessoas como se deviam comportar nem em ajudá-las nas suas vidas. Ao contrário dos críticos morais vitorianos ou dos reformadores sociais eduardianos, nem o vício nem a pobreza eram grandes motivos de preocupação para Churchill. Por outro lado, Churchill tinha um gosto não cobdeniano pela guerra e uma crença paternalista de que a sua posição natural era liderar por ter nascido rico (do lado da mãe americana) e possuir um título britânico aristocrático (do pai).

Churchill entendia o elemento teatral na democracia de massas. Os seus discursos e as suas histórias elaboraram um épico nacional credível. Ele próprio desempenhou o papel de uma personagem: apresentador de espetáculo e malandro; amante autoindulgente de champanhe e charutos; batalhador visceral geralmente endividado e ávido por dinheiro; e, acima de tudo, lutador incontestável, que retirava sucesso do fracasso e vice-versa, como numa história em episódios. Contudo, Churchill não era um mero ator. O papel que desempenhava era um exagero de si mesmo. Entre os eleitores desconfiados dos seus supostos superiores, a falta de pretensão dava crédito a Churchill. Para um conservador distante, Churchill, tal como de Gaulle, tinha faro para o sentimento popular.

A Grã-Bretanha escapou ao pior dos anos 1930, mas foi menos uma exceção do que pareceu. Tornou-se uma democracia liberal de um modo mais suave do que na França e sem o desastre autoinfligido da Alemanha. No entanto, a Grã-Bretanha precisou de tempo. Liberal e não democrática durante grande parte do século XIX, começou a tornar-se mais democraticamente liberal em inícios do século XX. O direito de voto para todos, uma voz pelos trabalhadores e proteções sociais foram introduzidos e tornaram-se parte da mobília constitucional. O conservadorismo foi um obstáculo e uma ajuda. Obstruiu e atrasou, mas roubou roupagens liberais — e, mais tarde, socialistas. O principal peso do conservadorismo britânico seguiu a linha estratégica de Derby e Salisbury: parecer obstinado, mas antes conceder do que lutar em vão. O trajeto dos conservadores de 1880 a 1945 confirma assim aquilo a que o historiador E. H. H. Green chamou a sua «absorção gradual e o domínio do liberalismo». Os *tories* duros subsistiram, mas viraram o seu radicalismo para fora, para a defesa de um império indefensável, para a causa protestante na Irlanda e, mais tarde, para o antieuropeísmo.

III. A ambivalência dos conservadores alemães

Por causa da catástrofe que, mais tarde, a Alemanha infligiu a si mesma e ao mundo, é difícil não falar da história político-partidária do conservadorismo guilhermino e de Weimar como uma sequência de passos fatais no caminho para 1933. Neste sentido, a Alemanha começou por ser unificada a partir de cima na guerra e, depois, intimidada por Bismarck, um autoritário conservador ao serviço da reação do Leste da Prússia. Depois de este ter saído de cena, uma casta militar incitada por armadores e fabricantes de armas conduziu as elites conservadoras, que temiam o socialismo e o «cerco» nacional, para uma guerra europeia desastrosa. Após a derrota da Alemanha, uma direita desacreditada encontrou como seu único propósito subverter a nova república e permitir a ascensão de Hitler.

Alguns dos elementos desta caricatura são verdadeiros, mas esta descrição de um caminho único para o desastre, que elimina a complexidade e a sorte, é falsa. De 1880 a 1945, o conservadorismo alemão não foi simples nem uniforme. Não foi o porta-voz de um interesse. Tampouco foi um instrumento dos *Junkers* antes de 1918 ou, mais tarde, do fascismo nascente. O conservadorismo guilhermino tinha apoio fora do Leste da Prússia e apelava às classes médias, aos pequenos agricultores e às classes altas. O conservadorismo de Weimar incluía apoiantes e inimigos da república. Além disso, a direita não tinha um carácter especificamente alemão. Face à modernidade liberal, a direita liberal enfrentou as escolhas familiares de adaptação ou resistência, tal como aconteceu na França, na Grã-Bretanha e nos Estados Unidos.

O conservadorismo tinha peculiaridades nacionais. Cada um era especial à sua maneira, mas o conservadorismo alemão não era especificamente especial. Partilhava com a direita da França a desvantagem de ter fações rivais e mal organizadas, em vez de um partido nacional, unido e forte como na Grã-Bretanha. As discussões entre os conservadores alemães sobre política — tarifas ou comércio livre; a favor ou contra o império; impostos indiretos ou impostos progressivos sobre a riqueza e o rendimento — também eram comuns na direita na França, na Grã-Bretanha e nos Estados Unidos. As fricções confessionais — católicos contra protestantes, luteranos contra calvinistas — afetavam o conservadorismo alemão, mas, em certa medida, também estavam presentes na direita britânica e americana. Um Leste «atrasado» e um Oeste «moderno» davam ao conservadorismo alemão uma forma regional, mas o mesmo acontecia com o conflito entre o Norte e o Sul nos Estados Unidos.

Dito isto, alguns fatores distintamente alemães complicaram as escolhas conservadoras entre acelerar ou abrandar a democracia liberal. Um era a confusão de autoridades no Reich guilhermino. Outro era a novidade do governo parlamentar após 1918. Durante os anos 1870 e 1880, a confusão de autoridades foi disfarçada pela figura dominadora de Bismarck e pela fraqueza relativa do Parlamento. Depois de o jovem Kaiser, que queria afirmar-se, ter forçado a demissão de Bismarck (1890), a confusão tornou-se mais clara quando o Parlamento se reforçou. Na República de Weimar, a autoridade parlamentar era reconhecida em teoria; precisava do apoio de uma direita liberal e democrática, mas nunca o recebeu em pleno.

Após a queda de Bismarck, desenvolveu-se o mito de que nada funcionava sem Bismarck. «Ele nunca esteve ligado ao insucesso e só ele conta», disse o seu leal assistente e publicista Lothar Bucher. Muito antes da avaliação de Max Weber, segundo a qual Bismarck deixou a nação sem uma educação política, o liberal de esquerda Theodor Barth escreveu em 1888: «É o tipo de mestre que não deixa escola. Tem seguidores, mas não sucessores.»

O mito Bismarck era, quando muito, semiverdadeiro. Os partidos, a política e as instituições do período guilhermino funcionavam, apesar de tudo, sem Bismarck. A verdade no mito reside no espaço indevido que Bismarck ocupava na direita. A sua presença dominadora ajudou a impedir que a direita alemã fracionada se organizasse melhor como uma força partidária na política democrática.

Entre os conservadores do século XIX, Otto von Bismarck (1815–1898), o Chanceler de Ferro, fazia parte de um tipo especial. Era um autoritário pragmático que desprezava os liberais e os democratas, mas que era capaz de trabalhar com ambos desde que tivesse a última palavra. Foi primeiro-ministro e ministro dos Negócios Estrangeiros da Prússia de 1862 a 1890, com exceção de um interlúdio de dez meses em 1873, chanceler da Confederação da Alemanha do Norte de 1867 a 1871 e chanceler imperial de 1871 a 1890. O seu domínio da política alemã durante quase 30 anos baseou-se na proximidade pessoal à Coroa (o seu lado autoritário) e no controlo do palco público, tanto no Parlamento como na imaginação popular (os elementos liberal e democrático). Natural do Norte da Saxónia, nascido *Junker*, tinha as atitudes da sua classe: desconfiança dos empresários e das classes médias, desdenho pelas massas e, como Salisbury, uma visão sombria das possibilidades da vida, sustentada por uma fé pietista. A sua personalidade prepotente vinha em grande parte de um enorme espírito sardónico e de um apetite voraz pelo trabalho, apesar das insónias e da hipocondria. Como foi ricamente evocado com a ajuda de Bucher em *Pensamentos e Memórias* (1898), a boa política, para

Bismarck, significava pôr os partidos e as instituições em luta uns com os outros. A diplomacia habilidosa (como resumida no seu Memorando Kissingen, 1877) envolvia jogar com as potências estrangeiras adversárias.

Mais pela força do que pela persuasão, Bismarck levou a cabo a unificação alemã em três guerras (contra a Dinamarca, a Áustria e a França). Quando se tornou chanceler imperial, aliou-se aos liberais parlamentares e usou os poderes do Estado contra a Igreja Católica (cuja pregação questionara a autoridade do Reich em 1872–1878) e, depois, contra os socialistas (cujo apelo à representação eleitoral alarmara os empresários e os financeiros em 1878–1890). Para equilibrar o segundo ataque, vários esquemas de reforma social para seguros de saúde, cobertura de acidentes industriais e pensão estatal para os idosos foram introduzidos de 1883 a 1889. As leis antissocialistas foram ampliadas quatro vezes, mas o Reichstag rejeitou um quinto pedido, numa altura em que o tempo de Bismarck estava a chegar ao fim. No plano internacional, Bismarck adotou a viragem do comércio livre liberal em 1878, mas rejeitou a corrida liberal às colónias para, ao invés, se concentrar no domínio alemão da Europa.

Bismarck improvisou uma constituição complexa para o Reich que apelava aos seus talentos diretivos. Combinava o sufrágio masculino universal com um Parlamento fraco sem poderes fiscais: um chanceler com ministros que o imperador escolhia e demitia; e sem carta de direitos, tribunais independentes ou imunidades para os deputados fora do Parlamento. O Reich contornou as velhas instituições da Prússia, que eram chefiadas por um rei (em pessoa, também imperador) e controladas por uma direita obstrucionista e eleita de forma não democrática.

Para funcionar, este esquema requereria uma mão forte. Após a sua morte, centenas de torres totémicas e estátuas de Bismarck de armadura foram erguidas na Alemanha. Poucos monumentos foram erguidos ao Reichstag ou aos seus políticos partidários. No entanto, a veneração em pedra pode ser enganadora. Bismarck não foi todo o conservadorismo guilhermino, que constituiu mais uma história de fraqueza do que um épico de força.

Após a unificação, a direita guilhermina aceitou, de um modo geral, que teria de lutar democraticamente. Ou seja, aceitou que precisava do apoio popular e que, com novos e fortes rivais na esquerda, a aquiescência passiva do povo já não contava como apoio. No entanto, a partir dos anos 1880, a fraqueza eleitoral da direita começou a revelar-se. Depois de um ponto alto em 1887, quando, juntos, conquistaram 47 por cento do voto nacional, os três partidos da direita — os Conservadores Alemães (DKP), os Conservadores Livres (FKP) e os Nacionais Liberais (NL) — foram perdendo terreno no Reichstag. Em 1912, o DKP, o FKP e o NL conquistaram apenas 26 por cento dos votos. Enquanto o apoio aos velhos partidos da direita se reduzia, o apoio aos sociais-democratas e ao Centro Católico aumentou, até constituírem mais de metade do Reichstag em votos e assentos. O partido do Centro, que tinha alas liberais e conservadoras, tendia por vezes para a esquerda e, outras vezes, para a direita.

O declínio nas urnas refletia o facto de os partidos conservadores não terem trocado o campo pelas cidades alemãs em rápido crescimento. Em 1912, a direita conquistou 55 por cento dos votos em localidades com menos de 2000 habitantes, mas apenas 25 por cento nas cidades com mais de 100 000 habitantes. A direita tinha apoio fora do Leste da Prússia, mas era geralmente ultrapassada pelo Centro Católico nos distritos conservadores. Num ritmo estável após 1890, depois de o Partido Social-Democrata (SPD) ter sido legalizado, os mapas eleitorais do Reich alemão passaram a assemelhar-se a uma bandeira de três cores: negro para a Renânia e para a Baviera católicas, onde o Centro era forte; vermelho na Saxónia industrial (SPD); e azul no Leste da Prússia (conservadora).

Uma dificuldade mais profunda era a incerteza sobre o que os conservadores defendiam. O seu adversário original, o liberalismo, mudara. Depois de alguns liberais terem virado à esquerda e outros à direita, o liberalismo já não oferecia um alvo claro contra o qual o conservadorismo se podia definir. Nem os liberais nem os conservadores tinham um partido unido e dominante. A viragem de Bismarck para o comércio livre dividiu os Nacionais Liberais (1880). Uma dissidência formou o pequeno, mas ruidoso grupo de liberais de esquerda. A maioria restante apoiava Bismarck e trabalhava com os dois partidos nominalmente conservadores. Os três enfrentavam disputas internas sobre os objetivos e as políticas, bem como a ameaça de captura externa por uma das ligas de direita de interesses especiais, que defendiam tarifas mais elevadas, mais colónias, uma marinha maior e menos imigrantes, em especial imigrantes judeus.

Estas pressões incitaram Wilhelm von Kardorff, que liderou os Conservadores Livres de 1880 a 1906. Como porta-voz das empresas, Kardorff fundou o lóbi nacional da indústria em 1876. O seu partido baseava-se em eleitores urbanos da classe média, como os Nacionais Liberais, aos quais se assemelhava em perspetiva e interesse. Tal como os *tories* urbanos e os liberais de direita na Grã-Bretanha, os Conservadores Livres queriam um governo local eficiente e livre dos interesses fundiários, que Kardorff promovia com sucesso. Para servir as grandes empresas, apoiava as tarifas protecionistas, mas não conseguiu obter apoio para o bimetalismo e para o dinheiro barato. Também não conseguiu satisfazer o terceiro eleitorado do seu partido, os pequenos agricultores do Oeste. Estes queriam tarifas mais altas sobre as importações agrícolas, a que os eleitores urbanos se opunham como um imposto sobre a comida. A dificuldade de Kardorff não era especificamente alemã. Para os seus conflitos entre o campo e a cidade, a direita francesa e britânica, como vimos, também tinha poucas respostas. A luz de Kardorff apagou-se quando a votação do seu partido diminuiu e quase desapareceu — 3,5 por cento (1903).

A tarefa de Helldorff como líder dos Conservadores Alemães (1876–1892) não foi menos difícil. Poucas das suas tropas sob o seu controlo nominal queriam marchar na mesma direção. Entre estas, incluíam-se velhos românticos cristãos, conservadores da providência social e obstrucionistas anti-Bismarck no Parlamento prussiano. Apesar das dificuldades, Helldorff deu um forte apoio a Bismarck no Reichstag durante os anos 1880. Lealmente, apoiou a abortada quinta tentativa de renovação das leis antissocialistas de Bismarck em 1890. No entanto, o estado de espírito mudara e a direita dividira-se. Aos liberais de esquerda, juntaram-se o Centro Católico e os Nacionais Liberais em oposição a essa tentativa, pensando que seria mais sensato domar do que ilegalizar o socialismo.

Helldorff foi derrubado em 1892, quando o seu partido guinou mais para a direita. O partido temia ser ultrapassado pelo antissemitismo popular. A némesis de Helldorff era Adolf Stoecker, um pregador e demagogo luterano. Fundara o seu próprio Partido Social Cristão em 1878, que combinava a hostilidade aos banqueiros, judeus e liberais com apelos à piedade cristã na ajuda aos pobres. Stoecker tinha seguidores na corte, onde pregava, e uma relação com as multidões da grande cidade, que viam o DKP de Helldorff como abafado e antiquado. Com o historiador Treitschke, Stoecker defendia o fim da imigração judia do Leste. (O nacionalismo de direita de Treitschke será abordado no capítulo 6.) A atração por Stoecker assustou o DKP, que fez do antissemitismo uma política oficial no seu Programa do Tivoli (1892). A mudança não deu grandes ganhos ao partido, não lhe conquistou assentos e revelou-se uma desvantagem quando o antissemitismo público esmoreceu, como aconteceu na França. Desiludido com a demagogia, o DKP voltou a concentrar-se na defesa das tarifas e na resistência à tributação da riqueza. A estrela de Stoecker desvanecera-se, mas redigira o guião para um novo tipo de conservadorismo demótico que estigmatizava os inimigos internos.

O conservadorismo alemão na República de Weimar mostra a força da ausência. O nascimento, a vida breve e a morte da república são demasiado bem conhecidos para os resumirmos, mas o papel da direita alemã em cada uma destas fases faz parte da história político-partidária do conservadorismo.

Após o colapso do Reich guilhermino no fim da guerra de 1914–1918, os três partidos da direita parlamentar dissolveram-se e reformaram-se como dois novos agrupamentos. Uma maioria dos velhos Nacionais Liberais formou o Partido Popular Alemão (DVP, nas suas iniciais alemãs), liderado por Gustav Stresemann. Inicialmente hostil à república, acabou por apoiá-la. Juntos, os antigos Conservadores Alemães e os Conservadores Livres criaram um partido único de direita, o Partido Popular Nacional Alemão (DNVP). Além de reunir os dois partidos guilherminos, juntou o resto da União Social Cristã de Stoecker e da franja ultradireita dos Nacionais Liberais, bem como os seguidores de dois lóbis populares, um novo e o outro velho: o Stahlhelm, que reunia os veteranos do pós-guerra, e a Liga da Terra, que defendia os agricultores. Para a sua organização, o novo partido recorreu às fracas redes nacionais dos velhos Conservadores Alemães. Embora se chamasse «nacional», o DNVP era fortemente protestante e estava concentrado no Leste da Prússia. Oscilava entre a hostilidade clara e a aquiescência relutante em relação à nova república.

O nome do novo partido — Partido Popular Nacional Alemão — era revelador. Na sua fundação (novembro de 1918), rejeitou o rótulo «conservador». Os críticos diziam que o nome estava manchado pela associação às elites guilherminas desacreditadas, que os eleitores odiavam por causa da guerra. Os conservadores tradicionais, por seu lado, criticavam o facto de lhe chamarem partido «popular». Para eles, era bajular o povo. As querelas sobre o nome refletiam as duas faces do novo partido. Era elitista e popular, moderado e radical, disposto a trabalhar com a república e, ao mesmo tempo, a destruir a república.

Nos seus primeiros anos perigosos, quando as oportunidades de destruição da república eram maiores, a direita aproveitou-as, mas fracassou. Na Assembleia Nacional Constituinte, os dois partidos conservadores, o DNVP e o CVP, votaram em vão contra a paz de Versalhes e contra a Constituição de Weimar em 1919. Alguns membros destacados do DNVP apoiaram o fracassado Golpe Kapp (1920). No entanto, nenhum dos partidos tinha uma alternativa séria à paz entre trabalhadores e patrões, tal como encarnada no Pacto Stinnes-Legien (1918). Após as crises de

1923 — tentativas de golpes da esquerda e da direita, ocupação estrangeira, hiperinflação —, a república estabilizou-se. A economia cresceu, as relações franco-alemãs melhoraram e o governo parlamentar cumpria as suas funções.

Neste segundo período, entre 1924 e 1928, os moderados do DNVP, liderados por Kuno von Westarp, conduziram o partido na direção da cooperação com a república. Numa eleição livre, metade do partido votou pelo Plano Dawes, que aliviou as odiadas reparações de guerra com um empréstimo americano. Antes, Westarp apoiara o fracassado Golpe Kapp, mas acabou por perceber a futilidade de uma resistência aberta. O radicalismo antirrepublicano estava a perder a atratividade. Enquanto a república se estabilizava, a promessa de pastas de governo atraía o partido de Westarp. De 1924 em diante, o DNVP ocupou vários ministérios. O conservadorismo tornou-se muito menos radical. Com a própria sociedade a estabilizar-se, aumentou o custo político da resistência e disrupção da direita. No quotidiano, o sentimento não partidário de preferência da ordem ao caos e da estabilidade à incerteza, as forças do conservadorismo nas empresas, nos tribunais, nas igrejas e nas universidades, e até o exército reduzido da Alemanha começaram a ver a república como um mal menor comparativamente com as alternativas sonhadas pela direita radical. Durante um breve período, enquanto a república se aguentava e começava a estabilizar-se em meados dos anos 1920, o caminho da direita radical parecia bloqueado. Com um novo normal a parecer assentar, um núcleo resistente da direita abandonou a política partidária e passou para as franjas intelectuais. No capítulo 6, voltaremos a falar dele como «a revolução conservadora».

Contudo, as tréguas com a nova democracia liberal da Alemanha foram breves, bem como o controlo de Westarp sobre o DNVP. Não se percebia bem o que este defendia. Se o partido se fundisse com os liberais de direita, perderia a sua especificidade. Se recusasse, integraria a «revolução conservadora» anti-Weimar. Entusiasmavam os leitores de pequenas revistas, mas tinham pouca influência na política partidária. À exceção da sua proposta teatral de restaurar uma monarquia constitucional, o partido de Westarp já não era abertamente contra a República de Weimar.

Sendo o partido defensor das empresas, o DVP de Stresemann tinha mais peso. Fora do Leste da Prússia, nas partes da Alemanha onde se gerava o clima económico, o DNVP passou a ser visto por muitos da direita como irrelevante. O desastre eleitoral chegou em 1928. Os votos do partido caíram para metade e perdeu 30 assentos. A sua ala direita, liderada por Alfred Hugenberg, depôs Westarp, que, com um punhado de aliados, formou uma dissidência impotente e rapidamente esquecida, o Partido Popular Conservador. Em seguida, Westarp retirou-se para escrever uma história da direita alemã em vários volumes. Hugenberg passou para a frente do palco, assumindo um protagonismo no terceiro período calamitoso de Weimar (1920–1933).

Se havia um homem que combinava os interesses e as preocupações da direita irreconciliada na República de Weimar, era Alfred Hugenberg (1865–1951). O seu império empresarial incluía o fabrico de armas, a imprensa e o cinema. Ganhar dinheiro ajustava-se bem aos seus objetivos políticos: fazer a Alemanha forte e impedir que se tornasse socialista. Para ele, a força alemã significava poder nacional e germanidade pura. O auxílio aos pequenos empresários e aos agricultores em dificuldades era necessário para conter o socialismo. Enquanto crente na ajuda mútua e nos bancos mutualistas, Hugenberg estava atento aos pactos corporativos entre as grandes empresas e os grandes sindicatos.

Os seus interesses empresariais e políticos tornaram-se indistintos. Tornou-se gestor financeiro do fabricante de armas Krupp, que, sob a sua orientação, aumentou em 75 por cento os seus dividendos em cinco anos. No início das hostilidades em 1914, estabeleceu objetivos de guerra centrados em anexações. Em 1920, foi um dos Nacionais Liberais da direita dura que se juntaram ao DNVP do pós-guerra (com uma breve passagem pelo Partido da Pátria no tempo de guerra, que fora formado para se opor a uma paz negociada). Os interesses de Hugenberg na comunicação social incluíam serviços de imprensa, agências de publicidade, gabinetes noticiosos parlamentares, jornais regionais, filmes de atualidades e o estúdio de cinema UfA.

Apesar de todo o seu alcance e poder empresarial, Hugenberg era estranhamente mau na política partidária. Ao contrário da maioria do partido que tomou e que tentou dirigir, não era monárquico nem antissemita, ainda que não tenha interferido quando os seus jornais atacaram os judeus. O seu referendo contra o Plano Young (1929), uma segunda tentativa de aliviar o peso das reparações, fracassou. Logo depois, Hugenberg promoveu a Frente Harzburg (1931), uma aliança de curta duração entre o DNVP, os nazis e o Stahlhelm. O seu principal resultado foi introduzir os nazis nos distritos anteriormente conservadores de classe média. Com o desemprego a aumentar para mais de 17 por cento em 1932, os nazis tinham uma carta de trunfo. Estavam fora da política partidária e constituíam uma alternativa que ainda não fora experimentada.

Ao contrário dos partidos pró-Weimar e da direita conservadora, não havia culpas a apontar aos nazis. Os comunistas podiam dizer o mesmo, mas os nazis eram menos assustadores para as classes médias. Hugenberg, tal como outros conservadores alemães, percebeu tudo isto demasiado tarde. Quando tentaram travar Hitler, já não o puderam fazer. Para o controlarem, como esperavam, precisavam dos meios liberais e democráticos para cujo apoio haviam feito muito pouco.

A República de Weimar foi o avanço da Alemanha para a democracia liberal. No entanto, a democracia liberal requer uma paridade de esquerda e direita, na qual cada um reconhece a legitimidade do outro e a sua oportunidade de alternar no governo. Após 1918, a direita alemã não estava suficientemente organizada ou empenhada para preencher essas condições. Os historiadores discutem se a força de uma direita ativa e hostil minou a República de Weimar ou se, pelo contrário, a direita não avançou por temer ser demasiado fraca para prevalecer no jogo democrático. Seja como for, o conservadorismo na Alemanha mostrou o poder da ausência. O desmoronamento de Weimar deveu muito à fraqueza de um conservadorismo democrático liberal.

IV. A não exceção americana

A Era Dourada nos Estados Unidos — mais ou menos o período desde o fim da Reconstrução até ao início do novo século — teve duas faces. Uma foi a construção épica da nação e a expansão económica maciça; a outra foi a negligência social, a miséria urbana e a divisão persistente entre o Norte e o Sul. A face destacada dependia da posição de cada um. A riqueza e os seus defensores viam um sucesso manifesto e quase natural. A pobreza e os seus opositores viam um fracasso social corrigível. Estas perspetivas antagónicas dividiam os obstinados conservadores à direita e os ávidos reformadores à esquerda. Dado que os republicanos monopolizavam amplamente o governo, o contraste funcionava tanto entre os republicanos como entre estes e os democratas.

No meio século após a Guerra Civil, os Estados Unidos refizeram-se numa explosão impressionante de crescimento económico concentrado nas regiões industriais do Norte e do Centro-Oeste. Uma pequena economia atlântica cujos modestos rendimentos provinham da agricultura, do comércio e da escravatura transformou-se num dínamo moderno de geração de riqueza a partir da inovação técnica e da indústria. Um grande continente aberto à conquista e o estímulo da guerra ajudaram ao descolamento, mas estas vantagens, em si mesmas inertes, tiveram de ser capturadas. Nos anos 1880, os Estados Unidos haviam superado a Grã-Bretanha como o maior produtor mundial de aço. Em 1913, tinham construído mais de 200 000 quilómetros de linhas ferroviárias, o dobro da Europa Ocidental. Em inícios do novo século, os Estados Unidos ultrapassaram a Grã-Bretanha, que até então, com exceção da Austrália, tinha o maior PIB *per capita*. A façanha americana era visível nas taxas médias de crescimento anual da economia de 1870 a 1913: Grã-Bretanha, a atrasada, 1,3 por cento; França, 1,4 por cento; Alemanha, 1,8 por cento; Estados Unidos, 2,2 por cento. Esta transformação impressionante deu ao partido dos abastados muito com que se orgulhar.

Nos grandes empresários e financeiros do período — Andrew Carnegie (aço), John D. Rockefeller (petróleo), Cornelius Vanderbilt (caminhos de ferro), J. P. Morgan (finança) —, o conservadorismo americano encontrou heróis modernos que não precisavam de exumações do passado ou de vagas esperanças no futuro. Como modelos de ambição e agentes do progresso, estas figuras gigantes falavam pelo conservadorismo *laissez-faire* com uma autoridade a que nenhum partido político ou pensador político se podia equiparar. Melhor do que um manifesto partidário, encarnavam um «evangelho da riqueza», como pregado eloquentemente por Andrew Carnegie (1835–1919) no seu ensaio «Riqueza» (1889) e na sua *Autobiography* (*Autobiografia*, 1920) imensamente popular. Segundo o evangelho de Carnegie, o progresso social era tratado como uma força da natureza, devendo ser deixado em paz para difundir, sem ajuda, os seus benefícios claros. Carnegie escreveu no seu ensaio que a sociedade avançava de acordo com uma «lei da concorrência», que era geralmente «dura para o indivíduo», mas «a melhor para a raça», porque a concorrência, não perturbada por interferências bem-intencionadas, assegurava «a sobrevivência dos mais aptos sob todos os pontos de vista». Eticamente, só o progresso distinguia o certo do errado. Na sua *Autobiography*, publicada pouco depois da sua morte, Carnegie refletia: «A humanidade é um organismo que rejeita inerentemente tudo o que é nocivo, ou seja, errado, e, após avaliação, absorve o que é benéfico, ou seja, certo». Carnegie foi buscar esta maneira de falar, grandiosa, mas factual, a Herbert Spencer e aos darwinistas sociais. Nas mãos erradas, poderia parecer justificar a concorrência selvagem e o desprezo pelos fracos. Para Carnegie, a metáfora do «organismo» funcionava de maneira diferente. Acreditando que «um homem que morre rico morre desgraçado», Carnegie reconhecia as emoções sociais da vergonha e da gratidão. Doou milhões a bibliotecas públicas e para outros fins, e financiou instituições para o estudo e a promoção da paz mundial.

Em termos partidários, os republicanos estavam divididos. Uma maioria de titulares de cargos, originalmente conhecidos como *stalwarts* («adeptos intransigentes»), não queria interferências nos negócios nem nas suas relações confortáveis com as empresas. Uma minoria de reformadores queria limpar a política e as empresas, acima de tudo impedindo-as de se comerem umas às outras. Estes republicanos eram conhecidos como «*half-breeds*», «*mugwumps*» («moderados») e, mais tarde, «progressistas».

A maioria do *laissez-faire* pensava que a economia não devia ser incomodada para criar riqueza, a lei devia orientar-se para esse fim e os detentores de cargos eleitos estavam mais seguros quando comprados do que quando entravam em cruzadas. O senador republicano de Nova Iorque Roscoe Conkling resumiu a visão pouco exaltante que os *stalwarts* tinham dos deveres dos políticos: «Os partidos não são formados por boas maneiras, por revistas de senhoras ou sentimentalismos.»

A minoria republicana reformadora começou a defender uma política mais limpa e cidades mais limpas. Ainda não defendiam a interferência do governo nas empresas nem a proteção estatal dos operários e dos pequenos agricultores. Isto mudou nos anos 1890, após uma longa depressão agrícola e o colapso de 1893, quando os progressistas republicanos apelaram a um novo rumo. Liderados por Theodore Roosevelt, dividiram o partido em direita e esquerda, conservadores e anticonservadores, permitindo que os democratas progressistas conquistassem a Casa Branca com a vitória de Woodrow Wilson (1912).

Os democratas também tinham uma direita e uma esquerda. Os democratas Bourbon, do Norte e do Sul, formaram uma direita *laissez-faire.* Quase cobdenianos no seu liberalismo económico, eram contra as tarifas altas, o dinheiro barato e a expansão imperial, que os Estados Unidos empreendiam nas Américas e no Pacífico. Por duas vezes, retiraram a Casa Branca aos republicanos, com vitórias em 1884 e 1892 de Grover Cleveland, que acabara com a máquina de corrupção em Buffalo, Nova Iorque. O objetivo dos democratas Bourbon era que as empresas dependessem dos mercados e não do governo, e que este se mantivesse fora da economia. O *laissez-faire* Bourbon era diferente no Sul. O objetivo era manter as elites empobrecidas dos plantadores e não perturbar a subordinação dos negros aos brancos. Com a abolição da escravatura, esta subordinação teve de ser reintegrada em leis discriminatórias que as legislaturas estaduais democratas aprovaram até aos anos 1960.

Na esquerda democrata, a Democracia Bourbon foi ultrapassada no fim da Era Dourada, após 1896, com a ascensão dos Democratas Populistas (liderados por William Jennings Bryan) e dos Democratas Progressistas (liderados por Woodrow Wilson). Eram respetivamente adeptos da classe operária e da classe média que defendiam uma ideia alargada dos deveres do Estado para com a sociedade. Como na Europa, a nova visão democrata de um Estado ativo e com deveres iria marcar a disputa partidária nos Estados Unidos no século XX. Deu aos conservadores americanos dos dois partidos um Outro bem delineado contra o qual se podiam definir. Nem os Democratas Populistas nem os Democratas Progressistas incluíam a interferência no Sul entre o aumento dos deveres do Estado, e ambos eram sensíveis ao preconceito contra os negros disseminado no Norte.

Num período de 64 anos, de 1869 a 1933, os republicanos controlaram a Casa Branca durante 48 anos, o Senado durante 56 e a Câmara dos Representantes durante 32 anos. Deveram este sucesso a vários fatores. Um era o eleitoralismo. Durante este período, falavam para as empresas, mas, tal como as empresas, adaptavam-se à medida que a sociedade ia mudando. Desde logo, os republicanos conquistaram os votos da América rural e das pequenas cidades no Norte com uma variedade de apelos nacionais. Nos períodos eleitorais, receberam a ajuda do Grande Exército da República, um grupo de veteranos que «agitavam a camisa ensanguentada», descrevendo os democratas como o «partido da revolta». Quando a memória da Guerra Civil se desvaneceu, os republicanos apelaram aos medos nativistas da diluição americana, descrevendo os democratas como o partido dos imigrantes — católicos da Irlanda, da Itália e da Polónia, judeus do Leste da Europa —, que disseminavam o carácter estrangeiro em cidades insalubres. No entanto, tal como na Europa, os apelos ao orgulho nacional e ao preconceito nem sempre conquistavam votos. Eram demasiado facilmente ultrapassados pelas preocupações de marmita com os salários e os preços para serem um recurso de campanha para todas as circunstâncias. Também eram necessárias técnicas modernas, acima de tudo a angariação de fundos. Típico do novo republicanismo centrado nas eleições era Mark Hanna (1837–1904). Como os agentes conservadores de Salisbury na Grã-Bretanha, Hanna criou uma caixa de ferramentas para o eleitoralismo americano do século XX.

Hanna foi um homem de negócios criado em Cleveland e um gestor político republicano que dirigiu com sucesso a campanha de William

McKinley para as presidenciais de 1896. Sacou mais de 100 milhões de dólares, em valores atuais, à Standard Oil, ao banco Morgan e a outros interesses; obrigou o pouco carismático McKinley a mostrar-se no seu alpendre no Ohio; e enviou porta-vozes republicanos a todo o país para falarem de dinheiro estável, de tarifas altas e da prosperidade restaurada. O adversário de McKinley, William Jennings Bryan, candidato pelo Partido Democrata e pelo Partido Populista, dirigia-se aos operários, aos pequenos agricultores e aos pobres urbanos, falando do dinheiro barato para curar a depressão. Ficou próximo do seu adversário republicano no voto popular, mas assustou os eleitores da classe média fora do Sul, das Planícies e do Oeste Montanhoso e perdeu no Colégio Eleitoral. Bryan perdeu mais duas vezes, em 1900 e 1908, com os seus resultados eleitorais a diminuírem cada vez mais, enquanto os republicanos começaram a conquistar o voto da classe operária. Face ao sindicalismo, a sua primeira escolha, como na Europa, era a conciliação, ainda que fossem rápidos a usar a coerção como reserva. Por exemplo, como governador do Ohio, McKinley defendeu os sindicatos. Preferia aceitá-los a travar uma guerra de classes. O seu lema emoliente era: «Bom para a empresa, igualmente bom para os trabalhadores.» Os republicanos não esqueceram as lealdades e os preconceitos da classe operária. Pediam os votos dos «americanos trabalhadores». Ao sublinharem a segunda palavra, podiam reprovar silenciosamente os ociosos. Mas, ao sublinharem a primeira, excluíam silenciosamente os católicos, os imigrantes e os negros.

O controlo das instituições, sobretudo o Congresso e a lei, foi o segundo fator do sucesso conservador. Como Woodrow Wilson escreveu em *Congressional Government* (1885), a presidência era fraca, o Congresso era forte. Recordemos que o originalmente conservador liberal Madison ajudara a elaborar a Constituição tendo em mente o receio do governo intrusivo. Para os conservadores que desejavam obstruir um executivo demasiado ativo, havia muitas técnicas de atraso e desvio no Congresso. Um bom exemplo do obstrucionismo conservador era Joseph Cannon (1836–1926), um congressista do Ilinóis muito experiente. Como presidente da Câmara dos Representantes de 1903 a 1911, de espírito muito controlador, Cannon via a sua missão como a atividade de frustrar as más experiências propostas por Theodore Roosevelt e os seus Republicanos Progressistas. O belicoso «Tio Joe» Cannon distribuía lugares nas comissões para se certificar de que os projetos de reformas não passavam pela sua Velha Guarda. O republicano William Howard Taft, sucessor de

Roosevelt na Casa Branca, quis usar Cannon para a sua causa conservadora. No entanto, os democratas aliaram-se aos Republicanos Progressistas para quebrar o poder de Cannon e, assim, o veto conservador da Câmara dos Representantes à mudança. A mudança permitiu a adoção das reformas da primeira administração de Wilson (1913–1917), que incluíram a aprovação de um imposto sobre os rendimentos e a eleição direta para o Senado, medidas anteriormente bloqueadas por um Congresso obstrucionista.

O poder de bloqueio senatorial no novo século passou para as coligações conservadoras de republicanos e democratas do Sul. Os democratas de direita venceram eleições no Sul, graças a leis que, na prática, impediam que os negros votassem. Sem oposição republicana ou rebeldes democratas como adversários, os congressistas e senadores do Sul eram reeleitos quase de forma vitalícia, acumulando antiguidade e presidências de comissões. Com a ajuda dos republicanos conservadores no Norte, o Sul fez do Senado uma câmara de bloqueio, cujo poder só foi quebrado nos anos 1960. Votou ao lado dos democratas do Norte pelo grande governo no New Deal após 1933, quando as obras federais ajudaram uma região necessitada e o apoio federal aos preços auxiliou os agricultores, em especial os grandes agricultores. Depois de 1945, o Sul tornou-se mais rico e mais industrial. Os democratas do Sul votaram ao lado dos republicanos do Norte contra o grande governo e os grandes sindicatos, mas apoiaram os grandes gastos em defesa, que ajudaram o Sul. O controlo do Senado pelos democratas do Sul atrasou o voto feminino e os direitos civis para os negros, e frustrou o seguro de saúde obrigatório e a humanização do castigo. Para muitos conservadores americanos, mas não para todos, a obstrução congressional era uma posição valorosa contra a engenharia social maliciosa ou inepta. Contra o wilsonianismo (anos 1910), o New Deal (anos 1930) e a Grande Sociedade (anos 1960), os obstrucionistas do Congresso podiam invocar o triplo argumento conservador contra a reforma liberal: era demasiado dispendiosa para os benefícios que trazia; era geralmente fútil e ineficaz; ou era perversa nas suas consequências inesperadas.

O último fator de sucesso dos conservadores foi a lei. No período de construção da nação, entre a Guerra Civil e o New Deal, a lei americana serviu os grandes fins de proteger a liberdade das empresas para expandirem a economia e difundirem a prosperidade, criar um mercado nacional removendo as barreiras internas, alinhar as leis estaduais, facilitar o progresso dos transportes, em especial os caminhos de ferro, e isolar os estados do Sul de intrusões federais que podiam ameaçar a sua subordinação legal dos sulistas negros.

O Supremo Tribunal limitou os esforços de organização dos sindicatos; anulou regulações estaduais que estabeleciam normas para salários mínimos, horas máximas e condições do trabalho infantil; rejeitou um imposto federal sobre os rendimentos como inconstitucional; e reconheceu as corporações como pessoas jurídicas com todos os direitos dos cidadãos comuns, colocando-as ao abrigo das proteções do devido processo legal da Décima Quarta Emenda. O Supremo Tribunal e outros tribunais americanos anularam as leis dos Direitos Civis do pós-guerra e apoiaram a famosa doutrina «separados, mas iguais» que sustentava a segregação no Sul.

Um destacado jurista conservador da época foi o californiano e lealista da União Stephen J. Field (1816–1899). No Supremo Tribunal a partir de 1863, Field aliou-se a juízes que tinham as mesmas ideias para apoiar a lei federal na defesa do liberalismo económico. O seu princípio doutrinário era o devido processo «substantivo», oposto ao tipo processual. A Quinta e a Décima Quarta Emendas da Constituição protegiam os cidadãos americanos da violação dos direitos, salvo por «devido processo legal». Field considerava que estes direitos incluíam os direitos de propriedade investidos ou entrincheirados de modo que fossem invulneráveis à interferência de legislação social dos estados.

A «força conservadora da advocacia americana» que Choate procurara havia 40 anos estava a despontar. Com a finalidade de elevar os padrões, harmonizar as qualificações dos estados e refutar acusações de ilicitude, foi fundada a American Bar Association (1878). O número de escolas de Direito aumentou, de 28 com 600 alunos (1870) para 100 com 13 000 alunos em finais do século. As principais escolas de Direito serviam, como Oxford ou Cambridge na Grã-Bretanha ou as *grandes écoles* na França, para formar uma elite nacional que forneceria pessoal para o governo, serviria a política e, direta ou indiretamente, daria ao debate público nos Estados Unidos a sua forma distinta e legalista.

Nos anos 1920, enquanto um tom elegíaco se tornava popular no pensamento conservador americano, um elemento tranquilizador e nostálgico entrou nos discursos republicanos. O tom era semelhante ao dos hinos de Baldwin ao carácter inglês como «nação unida». Falava às preocupações originais conservadoras com a unidade social e as lealdades partilhadas, procurava acalmar a ansiedade sobre a mudança rápida e desconcertante e tentava dizer quem eram os americanos e o que defendiam os Estados Unidos. O conservadorismo precisava de eloquência, pois a sociedade, a economia e a nação não eram como os conservadores desejavam. A sociedade era diversa e dividida. O governo era pequeno, mas crescia depressa. E, gostassem ou não, os Estados Unidos estavam integrados no mundo. A direita americana discutia sobre até que ponto se devia aceitar ou tentar alterar este perturbante estado de coisas. A questão dizia respeito a três áreas de preocupação: a coerência social, o papel do governo e o uso do poder nacional. Fazer nada significava aceitar o inaceitável. Resistir significava tornar os conservadores em radicais ou revolucionários. O dilema preocupou e dividiu a direita americana durante todo o século XX e até depois.

Uma nação que se vira predominantemente branca e protestante, dispersa por pequenas cidades, mudara de forma profunda. A indústria já era familiar, mas o novo século trouxe mudanças mais profundas. Tal como na Alemanha, um país que fora agrícola desde que se lembrava passou a correr pelo industrialismo e estava a obter os seus ganhos mais rápidos de produtividade em lojas e escritórios. A transição para uma economia baseada nos serviços estava a ocorrer de forma rápida. O mercado estava a expandir-se para áreas cada vez mais amplas da vida humana. A compra e venda de aptidões humanas, um ponto quase antevisto por Marx, eram visíveis não só nos campos e nas fábricas, mas em toda a parte. O orgulho nas melhores condições de vida e a profusão crescente de bens convenientes e acessíveis reavivou a velha preocupação conservadora com o valor do progresso material. Recordemos a dúvida de Coleridge sobre o «aperfeiçoamento moral» e as preocupações de Taine com a «infelicidade moderna». No mesmo espírito, os pensadores conservadores americanos preocupavam-se com as consequências éticas deste sucesso material. O conservadorismo religioso ganhou terreno nas igrejas, tanto protestantes como católicas.

Do mesmo modo, a imagem de um mundo americano mais antigo e protegido marcava os escritos e os discursos da direita. O tom republicano dos anos 1920 foi estabelecido por Warren G. Harding e Calvin Coolidge nos seus discursos inaugurais. Os discursos foram redigidos por Judson Welliver (1870–1943), o «secretário literário» de Harding e Coolidge na Casa Branca. Repórter do Centro-Oeste que, mais tarde, fez lóbi para o American Petroleum Institute, Welliver exemplificava a profissionalização crescente do trabalho político.

Os temas de Harding, em 1921, eram o providencialismo e o unilateralismo americano. Para Harding, a nação fora escolhida e era excecional.

«Não há dúvida», disse ele aos seus ouvintes, «de que deve ter havido uma intenção divina na criação desta República do novo mundo [...]. Vimos a liberdade civil, humana e religiosa a ser confirmada e glorificada.» Para as outras nações, os Estados Unidos eram um modelo, não um guardião ou um protetor. Eram soberanos e indissociáveis: «Não podem entrar em acordos políticos nem assumir quaisquer obrigações económicas que sujeitem as nossas decisões a qualquer outra que não a nossa autoridade.»

O discurso inaugural de Coolidge, em 1925, tomou como temas o orgulho nacional, o verdadeiro valor da propriedade e a virtude da parcimónia. Os apelos a uma maior igualdade económica foram por ele rejeitados com uma ambiguidade sobre a propriedade: «Não nos devemos preocupar muito com os direitos de propriedade se, fielmente, observarmos os direitos das pessoas. Sob as nossas instituições, os seus direitos são supremos. Não é a propriedade, mas o direito de deter propriedade, grande e pequena, que a nossa Constituição garante.» Quanto à parcimónia, aplicava-se tanto ao governo como às famílias: «A própria estabilidade da nossa sociedade assenta na produção e na conservação. Para os indivíduos ou para os governos, esbanjar ou dilapidar os seus recursos é negar esses direitos e desprezar essas obrigações. O resultado da dissipação económica, para uma nação, é sempre a decadência moral.»

Coolidge falava de uma maneira que se transformaria em letra morta. Uma crise terrível iria em breve devastar a prosperidade americana. Não foi o mercado, mas sim o governo e a guerra que foram em seu socorro. Os democratas conquistaram a presidência e o Congresso (1932). Mantiveram a primeira durante 20 anos e o segundo durante quase 50 anos, com exceção de dois breves intervalos. Para os críticos à esquerda, as reformas lideradas pelo governo dos democratas — com sucesso, o *New Deal*, o *Fair Deal*, a *New Frontier* e a *Great Society* — eram demasiado tímidas na correção dos males sociais e das desigualdades económicas. Para os críticos à direita, o uso do Estado para fins sociais era um alvo socialista que os conservadores, apesar dos seus outros desacordos, concordavam em alvejar.

Embora eleitoralmente no deserto, nos anos 1930, os republicanos começaram um longo contra-ataque intelectual. Com dinheiro dos irmãos Du Pont, a Liga Americana da Liberdade foi fundada em 1934 para promover a livre iniciativa e resistir à interferência do governo. Os escritos de Friedrich Hayek e de Ludwig Mises, amplamente ignorados como economistas na Europa, mas respeitados como publicistas para as empresas nos Estados Unidos, conquistaram um grupo pequeno, mas crescente de seguidores na direita americana. Como citado por Kim Phillips-Fein em *Invisible Hands* (*Mãos Invisíveis*, 2009), Jasper Crane, o promotor americano de Hayek, reformulou bem a lição fundamental de Coleridge sobre a necessidade de intelectuais conservadores em termos modernos: «Aquilo que os intelectuais lá de cima falam hoje tem uma influência decisiva na opinião pública de amanhã.» Com o libertariano Leonard Read e outros, Crane estabeleceu a Fundação para a Liberdade Económica (1946), precursora dos grupos de reflexão sobre o mercado livre que se tornaram parte da paisagem político-governamental a partir dos anos 1970.

No contexto americano, podia parecer que o aviso de Thiers à direita com que iniciámos este capítulo — aceitar a democracia liberal ou enfrentar a irrelevância — não era necessário nos Estados Unidos. A política americana não era liberal de nascimento e, pouco depois, democrática? Como vimos, isto é, quando muito, uma meia-verdade. O conservadorismo americano era forte desde o início. Era liberal de algumas maneiras, mas não doutras. Em suma, os conservadores americanos eram economicamente *laissez-faire*, mas céticos quanto à fé liberal num progresso sem fim. Não acreditavam na igualdade, duvidavam da capacidade das pessoas para a autonomia e opunham-se à democracia direta e sem filtros. Em termos religiosos, o conservadorismo americano tendia para uma visão mais agostiniana do que pelagiana da humanidade como imperfeita e, neste mundo, irredimível. A resistência à liberdade ética e cultural para todos do capitalismo liberal foi desde cedo apoiada pelas Igrejas protestante e católica.

O conservadorismo americano era ímpar, mas não singularmente ímpar. Partilhava conflitos internos e tensões com os seus homólogos europeus. Todos enfrentaram um avanço da mudança modernizadora com o capitalismo, o liberalismo e a democracia. Cada um teve de decidir até que ponto podia entrar em compromissos com os seus primeiros adversários liberais. Todos tiveram de ponderar, economicamente, em que medida podiam os interesses dos abastados, a sua principal responsabilidade, ceder ao compromisso. Todos tiveram de avaliar, politicamente, em que medida podia o carácter distinto do seu partido ceder ao compromisso.

As respostas não caíam do céu. Os conservadores podiam vociferar, mas já não acreditavam nas afirmações de Burke sobre o facto de a direita política não precisar de grandes ideias. Começando com a defesa da propriedade e do capitalismo, uma grande batalha intelectual foi iniciada contra a esquerda liberal e iliberal.

6

IDEIAS E PENSADORES

DESCONFIANÇA DA DEMOCRACIA E DA RAZÃO PÚBLICA

O compromisso histórico do conservadorismo com o liberalismo nunca foi claro, completo ou final. Em finais do século XIX, o próprio liberalismo estava a mudar em resposta às exigências — eleitorais, económicas e culturais — da democracia. Os liberais progressistas estavam a virar à esquerda para apaziguarem o descontentamento económico com o Estado social e as reformas reguladoras. Os liberais orientados para o mercado moviam-se para a direita para resistirem a estes esforços paliativos. Vindo ao seu encontro da direita, encontraram-se com os conservadores, que haviam desistido da preservação do «mundo de ontem» para impedirem um futuro socialista. O liberalismo conservador identificado por um advogado alemão clarividente no início do século estava, no seu fim, à vista de todos.

A primeira questão era se o pensamento conservador teria mais a oferecer do que apenas máximas de prudência e conselhos de advertência. Teria mais a dizer além de que os conservadores geriam melhor as democracias liberais do que os liberais e os democratas? Se o pensamento conservador tinha mais a dizer, poderia esse suplemento ser articulado num corpo distinto de objetivos e ideais? E se tinha mais a dizer, seriam essas ideias mais do que negativas e reativas, ou seja, mais do que um manual crítico para usar contra as tentativas de autojustificação do liberalismo e da democracia? A partir de finais do século XIX, os pensadores conservadores tenderam a dividir-se entre os que se limitavam a expor os erros dos opositores e os que continuavam a procurar uma filosofia conservadora própria.

De 1880 a 1945, os pensadores conservadores reuniram um poderoso arsenal contra o liberalismo democrático. Rejeitavam as propostas económicas do socialismo e a eficácia da reforma liberal paliativa; questionavam a razoabilidade das pessoas em massa com os limites da razão pública; lamentavam a falta de objetivos éticos e a satisfação com a mediocracia encorajada pela cultura democrática. Os críticos da direita apontavam para uma fraqueza fulcral da democracia liberal: ou o liberalismo prometia as coisas erradas ou, se prometia as coisas certas, estas não podiam ser alargadas a todos. Nem todos eram igualmente capazes ou merecedores. Os críticos conservadores mais severos chegaram à conclusão disruptiva — na verdade, revolucionária — de que, nas condições modernas, a forma característica do liberalismo democrático — governo parlamentar multipartidário e eletivo — estava condenada a falhar.

Alarmados com as ameaças da democracia à eficiência económica, Mallock, Sumner e Schumpeter esforçaram-se por repudiar as esperanças socialistas num controlo popular da economia. Mallock e Sumner sublinhavam a futilidade da reforma social bem-intencionada. Todos insistiam que a sociedade precisava de elites competentes.

Outros concentravam-se nos aspetos sociais e culturais da modernidade liberal. Le Bon, Treitschke e Sorel focavam-se na irrazoabilidade do povo e na volatilidade da sociedade de massas, que os liberais demasiado pensadores e pouco fiáveis não compreendiam e para as quais não tinham resposta. Na mesma veia, os escritores Maxime Du Camp, Henry Adams e H. L. Mencken escarneciam do gosto popular e da opinião comum, retocando para a direita moderna um quadro antigo das pessoas comuns como atrofiadas, tipo rebanho e facilmente guiadas.

Face àquilo que viam como uma cultura sem base nem espírito, escritores conservadores como Eliot instavam a uma retirada para a excelência. Os escritores alienados da sociedade democrática liberal pregavam a renovação dos valores nacionais (Moeller) ou a fuga para a ação (Jünger). A aversão ao mundo moderno liberal inspirava as orações fúnebres pela democracia parlamentar feitas por Maurras e Schmitt.

Como representantes do pensamento conservador de finais do século XIX e inícios do século XX, estes vários pensadores partilhavam preocupações comuns. Os seus textos eram maioritariamente críticos. Eram mais claros sobre aquilo que eram contra do que sobre o que eram a favor. Criticavam os liberais democráticos pela sua crença na igualdade e confiança da razoabilidade do povo. E, subjacente às suas críticas sociais e culturais, estava uma insistência grave numa coisa de que, a seu ver, a ordem social dependia e que os liberais recusavam teimosamente reconhecer: o desejo das pessoas de acreditar, seguir e pertencer.

I. Defender o capitalismo: Mallock, Sumner e Schumpeter

William Mallock (1849–1923) era um romancista de ideias inglês, um escritor político prolífico e um porta-voz das causas conservadoras que não acreditava no progresso da humanidade. Convicto de que os liberais de esquerda e os socialistas argumentavam melhor do que os conservadores, Mallock decidiu despertar a direita britânica do seu torpor mental. Face àquilo que via como a indolência mental da direita, o antissocialista rugiu em frustração (1882): «Tudo o que tem alguma semelhança com um pensamento ou sistema organizado pertence ao partido oponente» — ou seja, a esquerda —, que era combatido pelo seu lado apenas com «um dogmatismo obsoleto que nem sequer é capaz de se explicar a si próprio».

Na sua fundação em 1884, os fabianos britânicos, que defendiam um socialismo parlamentar moderado, atraíram rapidamente uma série de seguidores intelectuais bem conhecidos, incluindo Beatrice e Sidney Webb, Bernard Shaw, H. G. Wells e Emmeline Pankhurst. Antes, Henry Hyndman, um conservador rico que se tornou marxista, fundara a Federação Social-Democrata (1879). A obra de Henry George, *Progress and Poverty* (*Progresso e Pobreza*, 1879), que afirmava que os trabalhadores e os capitalistas deviam guardar o que cada um ganhara devidamente, mas que a renda não ganha da terra pertencia a todos, ajudou a inspirar as propostas fiscais do Programa Radical (1885) de um grupo de pressão do partido liberal apoiado por Joseph Chamberlain.

Para Mallock, as ideias da democracia económica, quer embaladas como socialismo, social-democracia, marxismo ou georgismo, baseavam-se em desejos vãos. Os apelos à gestão estatal da produção, à provisão pública de apoios sociais ou à voz dos trabalhadores na indústria podiam ser apoiados por tabelas e estatísticas, mas assentavam num erro duplo: a subestimação da complexidade produtiva nas economias modernas e a sobrestimação da capacidade de auto-organização das pessoas. Como Mallock disse nos seus muitos livros antissocialistas a partir de *Social Equality* (*Igualdade Social*, 1882), a melhoria material e a prosperidade sustentável dependiam da boa orientação por uma elite talentosa. A sua elite não era uma classe hereditária ou uma casta social, mas um grupo de talento empreendedor. As aptidões e excelências específicas podiam variar, mas os requisitos gerais do empreendedorismo eram constantes: inovação, capacidade organizativa e talento para dar ordens. Pela sua natureza, estas virtudes produtivas eram raras. Seria insensato esperar que pudessem ser propagadas às massas pela educação ou reincorporadas na democracia operária. «A única maneira de aumentar o produto total de uma dada população», escreveu Mallock, «não é uma nova lida da parte dos muitos trabalhadores, mas uma orientação intelectual dos muitos pelos poucos supercapazes».

Mallock não era um pessimista malthusiano. Tinha confiança em que a prosperidade económica poderia crescer e propagar-se. No entanto, isto não podia decorrer do melhoramento das capacidades produtivas da maioria. O papel desta era o de consumidora para aumentar a procura. O progresso material só viria, como Mallock escreveu em *Aristocracy and Evolution* (*Aristocracia e Evolução*, 1898), dos «talentos e da atividade de uma minoria excecionalmente dotada». Além disso, quando a riqueza se propagasse, as condições materiais de toda a gente poderiam melhorar, mas os resultados nunca seriam iguais. A pobreza podia ser reduzida e até eliminada, mas a desigualdade não desapareceria.

Mallock estendia o seu franco sistema desigual à democracia política. A sua visão cética da legitimidade democrática fazia eco das dúvidas muito elaboradas dos teóricos de elite Pareto, Mosca e Michels. A seu ver, a política não era um reflexo da opinião popular, mas uma luta pelo poder entre pequenos grupos. Pensava que os conservadores deviam resistir e não ceder acerca do alargamento do direito de voto. Com efeito, a Lei da Reforma de 1884 alargara o direito de voto à maioria dos homens da classe operária nas cidades. No total, cerca de 60 por cento dos homens britânicos do tempo de Mallock tinham direito de voto, e ele receava os efeitos em cadeia na democracia económica: impostos mais pesados sobre os ricos para pagar esquemas de apoio social aos operários e aos pobres; proteção excessiva da autoridade sindical nos locais de trabalho.

Nos anos 1900, o Conservative Central Office usava o *Labour and the Popular Welfare* (*O Partido Trabalhista e o Estado de Previdência Popular*, 1893) de Mallock como material de campanha para os seus oradores. Este livro, baseado nos *Princípios de Economia* de Alfred Marshall, oferecia contra-argumentos para as propostas socialistas populares: a ideia de que «toda a riqueza era devida ao trabalho», que o lucro era uma exploração e que a riqueza era suficiente para dar força à taxação redistributiva (criticava o georgismo por sobrestimar as receitas da renda fundiária na Grã-Bretanha num fator de 75). Tal como Schumpeter mais tarde, Mallock destacava o empreendedorismo como um quarto fator de produção depois da mão de obra, da terra e do capital. Chamava-lhe «habilidade industrial», apesar de, nas suas mãos pré-técnicas, ainda não estar quantificada e ser, em certa medida, misteriosa. Mallock não era contra toda a reforma económica e social. Os sindicatos podiam melhorar as relações entre os trabalhadores e a administração e encorajar a estabilidade salarial, mas não podiam aumentar permanentemente o nível dos salários. A despesa em certos serviços públicos era útil e necessária, e se esta despesa era «socializante», então Mallock aceitava que ele também era socialista.

Embora se dedicasse sobretudo à escrita, Mallock esteve envolvido na Liga de Defesa da Propriedade e da Liberdade, de cariz antissocialista, fundada em 1882 por lordes, magnatas dos caminhos de ferro e grandes patrões da indústria. Mallock pensou em candidatar-se ao Parlamento, mas recuou. Envolveu-se durante um breve período nos negócios, mas desiludiu-se com os compromissos mundanos das reuniões da administração. Provavelmente, a cooperação não era o forte de Mallock. «Nenhum esforço empreendido por várias pessoas», registou ele de forma rabugenta nas suas *Memoirs* (*Memórias*, 1920), «pode ter sucesso se não tiver por líder um homem de força excecional».

As narrativas darwinistas sociais eram comuns no tempo de Mallock. Em *Aristocracy and Evolution* (1898), apresentava a evolução como, em pequena medida, «uma sequência ordenada do inesperado» dirigida, grande medida, pelas «atividades intencionais de poucos». Determinado a encontrar uma autoridade providencial, Mallock não aceitava a força aleatória da natureza. A sua explicação da evolução era uma amálgama improvisada. Juntava a evolução animal aplicada à sociedade ao providencialismo cristão, no qual o papel de Deus era substituído pelos poucos «supercapazes».

Mallock era melhor polemista do que pensador. Filho de um clérigo de Devon, foi um estudante medíocre em Oxford, mas um escritor habilidoso que viveu dos seus artigos frequentes e de mais de 30 livros. Ganhou fama com *The New Republic* (*A Nova República*, 1877), um romance de ideias que gozavam com o intelectualismo liberal e secular, passado numa casa de campo inglesa cujos hóspedes eram obrigados pelo anfitrião a falarem ao jantar do «Objetivo da Vida». Mais pesada do que em Love Peacock e sem a malícia de Waugh, a sátira de Mallock escarnecia de alguns dos principais espíritos do tempo, incluindo Arnold, Huxley, Jowett e Ruskin.

Mallock tinha uma fraqueza por falsas alternativas. Em economia e política, tendia fortemente para as alternativas alegadamente exclusivas do individualismo e do coletivismo. Ao reconhecer a existência da excelência pessoal e do talento superior, parecia sugerir que se devia negar a autoridade ou o valor moral a todos os tipos de coletividades humanas. O seu ensaio sobre fé e moral «A Vida Vale a Pena?» (1879), afirmava que, ao abandonarem a crença no sobrenatural, as pessoas ficaram sem defesa contra a rejeição niilista da própria moralidade.

Desmancha-prazeres por temperamento, Mallock ainda suspirava pela fé religiosa, preocupado com a perda moderna da espiritualidade. No mesmo ensaio, observava como «peculiaridades» da era moderna o impacto formador do cristianismo na sociedade ocidental; a insignificância a que a ciência estava agora a reduzir o cristianismo; e a forte «autoconsciência da pessoa moderna», que Mallock via como demasiado preocupada consigo mesma e excessivamente autocrítica. Ao perderem a crença no sobrenatural, dizia Mallock, as pessoas retiraram à arte «todo o seu estranho interesse» e criaram um mundo com uma «paisagem moral arruinada». Embora nunca tenha aderido à Igreja Católica Romana, Mallock admirava, como Newman, as suas afirmações de autoridade de magistério. A Igreja Católica, escreveu ele, era «o crescente sentido moral da humanidade organizado e desenvolvido sob uma tutelagem sobrenatural».

Em vez de procurar, com os secularistas, bases não religiosas para a moralidade, Mallock escarnecia deste próprio esforço, a que chamava «positivismo». Era uma «superstição» que substituía um criador providencial por uma humanidade idealizada como guia moral do mundo. Dado que a humanidade era fraca de vontade, diversa e vazia de generosidade e altruísmo, o positivismo estava obrigado a ver as pessoas como melhores do que eram. Assim, a moralidade secular do positivismo ensoberbeceu um «entusiasmo artificial pela humanidade» que, quando face aos factos humanos da melancolia, se desmoronava em desilusões de «autocensura, cansaço da vida e indiferença». Tratava-se de outra alternativa falsa. Os entusiasmos da fé religiosa também estavam sujeitos à desilusão. A falta de coerência nas críticas de Mallock importava menos do que a verve com que as exprimia. Este tipo de ataques à benevolência liberal e ao secularismo liberal continuou a servir o cânone conservador do século XX.

Tal como Mallock, o pensador social americano William Graham Sumner (1840–1910) estava convicto de que, para responderem aos reformadores socialistas e democráticos liberais, os conservadores tinham de melhorar o seu desempenho intelectual. Ao contrário de Mallock, Sumner não se importava de trocar a autoridade sobrenatural de Deus pela autoridade terrena da natureza, na esperança de que esta desse uma base sólida à moral e à política.

Sumner cresceu com a religião, tornou-se pastor e perdeu rapidamente as suas crenças religiosas. Recordou que não abandonara a sua fé religiosa; guardara-a apenas numa gaveta, como dizia, e, mais tarde, ao abrir a gaveta, não estava nada lá dentro. A sua passagem da pregação para o ensino parece ter sido igualmente fácil. Sem abandonar formalmente o ofício clerical, Sumner tornou-se professor na Universidade de Yale (1872), onde lecionou o estudo da sociedade durante 37 anos. Yale estava a evoluir de uma escola de etiqueta para jovens e colégio de formação clerical para uma universidade moderna com cursos superiores segundo as linhas alemãs dedicados ao conhecimento prático em ciências e humanidades. Sumner fazia parte desta evolução. Para ele, o estudo da sociedade era um domínio empírico, com o mesmo carácter que as ciências naturais.

Nos seus muitos livros e artigos, Sumner defendia um conservadorismo *laissez-faire* que via a vida humana como movida pelo «estímulo da competição», considerava os mercados livres a melhor garantia de aumento da prosperidade e achava que o Estado só devia às pessoas «paz, ordem e garantias dos direitos». Não era um anarquista utópico ou um crente dogmático na ordem espontânea e autocorretora. A competição constante que tinha em mente não era uma guerra hobbesiana de todos contra todos. A sociedade precisava de instituições e de normas comuns; as crianças deviam ser educadas e introduzidas na vida moral.

No entanto, a base partilhada por Sumner e os opositores liberais democráticos e socialistas ficava por aqui. Sumner não acreditava que houvesse normas morais gerais para a humanidade em todo o mundo. As sociedades tinham as normas e os sistemas — chamava-lhes «culturas populares» (*folkways*) — que lhes convinham. As culturas populares mudavam de forma lenta e impercetível, impelidas por forças de adaptação e seleção sobre as quais as pessoas tinham pouco ou nenhum controlo. A crítica social era vazia, e a interferência bem-intencionada era fútil. Na visão sombria de Sumner, as pessoas também não eram iguais. As exigências inexoráveis da competição dividiam as pessoas em «aptas» e «mais aptas», que tinham «valor pessoal e social», e as «inaptas», menos capazes e com menos valor. A igualdade era uma «falsidade flagrante» e todos os grandes progressos vinham das elites da humanidade. «Só a elite de qualquer sociedade, de qualquer época, pensa», escreveu ele em *Folkways* (*Culturas Populares*, 1906).

A partir destas premissas confiantes, que transformavam magicamente os factos morais em factos «naturais», retiravam-se recomendações práticas. Dado que as «culturas populares» variavam em todo o mundo, as tentativas imperiais de impor costumes estrangeiros estava condenada ao fracasso. Sumner discordava das anexações imperialistas liberais do seu país na América espanhola. Como as pessoas não eram muito melhoráveis, o governo e a autoridade cultural deviam ser deixados para os poucos que tinham cérebro e juízo. O governo democrático representativo dava muito poucas garantias aos «aptos» para liderarem. Sumner, que fez uma breve passagem pelo governo em New Haven, pensava que, no governo local, os proprietários deviam ter mais voz e que os «preguiçosos» não deviam ter nenhuma. Uma visita ao Luisiana, após a guerra, como parte de uma delegação para investigar uma fraude eleitoral (1876) convenceu Sumner de que a negação do direito de voto aos negros livres era um expediente legítimo, ainda que temporário.

Apesar de ser um democrata assumido, Sumner era um convicto da economia liberal. A pobreza não era provocada pela exploração, insistia ele, e não seria resolvida por capitalistas empobrecidos. Ao invés, a pobreza devia ser curada por meio do aumento da produtividade e, para isso, como Mallock e Schumpeter acreditavam, eram necessários capitalistas inteligentes e não a interferência de gente bem-intencionada.

A defesa de Sumner das elites não era a defesa de uma classe. Indo mais longe do que Rehberg, que pensava que alguns aristocratas eram inaptos para governar, Sumner adotava a linha já antes seguida pelo liberal britânico lorde Acton, segundo a qual todas as classes eram inaptas para governar. Todos os interesses procuravam capturar o governo. Os ricos tendiam a procurar rendas e as tarifas serviam para amimar as indústrias não competitivas. A crença de Sumner no primado dos mercados livres era fortemente afirmada, mas nem sempre fácil de praticar. Quando os progressistas atacaram as empresas e os consórcios bancários em nome da concorrência, Sumner, um conservador antiprogressista, ficou ao lado dos consórcios.

Fiel à sua crença de que os factos morais se encontravam nos factos «naturais», Sumner contava uma história impressionante e abrangente da evolução social a partir da qual decorreriam várias ideias gerais e recomendações práticas. Uma maneira menos simpática de organizar o seu pensamento político é inverter a ordem lógica do argumento. Quase tudo o que Sumner dizia sobre política decorria de um par de pressupostos morais e de *laissez-faire* com que começava: os pobres não merecedores eram perdedores inevitáveis da natureza e era um desperdício gastar recursos para os ajudar; todos os grandes esforços para mudar os hábitos e as atitudes morais de uma sociedade por meio de reformas abruptas e «arbitrárias» eram infrutíferos e constituíam objetivos errados.

Apesar de normalmente considerado um darwinista social, Sumner formou as suas principais ideias antes de ler a obra de Darwin. Usava a frase de Spencer «sobrevivência dos mais aptos», mas o seu evolucionismo social era distintivamente próprio. Não ligava a sociedade ao reino animal, tampouco tentava reduzir os factos sociais aos factos biológicos. Tratava os instintos como características herdadas de traços físicos transmitidos às pessoas de hoje por antepassados animais distantes. Segundo a imagem de Sumner, a mudança social era regida pela «seleção natural», mas, para ele, a seleção funcionava por crenças, práticas e instituições concorrentes e não por variação biológica. As instituições que se «adaptavam» às suas condições sobreviviam. Só elas eram «boas» ou «certas» e a resistência provava o seu valor.

Os mecanismos de competição e seleção social eram vagos. Sumner distinguia a «luta pela existência» (os humanos contra a natureza) e a «competição pela vida» (humanos contra humanos), mas tinha dificuldade em manter as lutas separadas. Para os críticos de Sumner, todo o aparelho evolucionista era um cenário para opiniões *laissez-faire* independentes. Ao defender a resistência natural das normas, em *Folkways*, Sumner passou do darwinismo para a história comum, com um cortejo de humanistas renascentistas, puritanos da Nova Inglaterra, reformistas josefinos da Áustria e os *Sozialpolitiker* na Alemanha guilhermina, que, segundo Sumner, não conseguiram enxertar costumes estrangeiros nas suas próprias sociedades ou acelerar uma taxa supostamente natural de mudança cultural impercetível. A suspeita de que as opiniões conservadoras de Sumner se destacam do seu evolucionismo social foi reforçada pela presença na discussão contemporânea de progressistas e feministas que usavam um aparelho evolucionista para defender opiniões distantes das de Sumner.

Sumner é mais recordado, talvez, pelo seu argumento do «homem esquecido» contra a interferência no funcionamento «natural» da sociedade, originalmente publicado em *What Social Classes Owe Each Other* (*Dívidas Mútuas das Classes Sociais*, 1883). A ajuda estatal aos necessitados, por exemplo, recaía sobre os contribuintes de uma forma geral, mas desigual. O «homem esquecido», neste caso, era a pessoa A muito pressionada que paga impostos para ajudar a pessoa B pobre com programas de reforma escolhidos por um C distante que interfere. Ou então, o «homem esquecido» podia ser o trabalhador afastado de um emprego por um sindicato que restringia o número de membros para manter os salários altos. Nesta interferência, Sumner incluía o policiamento moral — campanhas de temperança, por exemplo —, a que chamava o «evangelho da efusão». «Quase todos os esforços legislativos para prevenir o vício são, na verdade, protetores do vício», dizia ele. Estas leis, afirmava Sumner, interferiam nos «remédios naturais» contra o vício, ou seja, «o declínio e a dissolução». Considere-se um bêbedo na sarjeta, sugeria Sumner. Era inútil pagar à polícia ou a outros para o ajudarem, pois o bêbedo na sarjeta estava «exatamente onde devia estar, segundo a adequação e a tendência das coisas». Em vez de pagar para o salvar, era melhor deixar a «natureza» fazer o seu trabalho para «o tirar do caminho».

Embora convincentemente apresentadas, temos aqui em confronto afirmações separadas a que um reformador social podia responder. Os impostos também podiam ser vistos como um pagamento dos benefícios da ordem social gozados por todos. Os custos dos sindicatos tinham de ser ponderados com os seus benefícios, o que outros conservadores, como Mallock, reconheciam. O bêbedo podia ser inútil para a sociedade, mas chamar-lhe recusa da natureza mais não era do que evitar a questão sobre porque se lhe deve negar compaixão.

O rebaixamento de Sumner da compaixão de virtude social para vício social levou um historiador da sociologia, J. H. Abraham, a chamar à sua obra uma «abordagem extrema e desumana à sociedade». É possível que Sumner estivesse a generalizar em excesso as lições duras de autonomia que aprendeu quando jovem. A morte da mãe, quando ele tinha oito anos, deixou-o aos cuidados de uma madrasta pouco amorosa. O pai, afetuoso, mas muitas vezes ausente, mecânico de Lancarshire, percorreu a fronteira ocidental, então não longe do Ohio, em busca de fortuna, mas morreu arruinado. A ascensão notável de Sumner no estudo da teologia e dos clássicos até aos estudos superiores na Alemanha e em Oxford, e depois professor em Yale, só se explicava, para ele, graças ao talento e ao trabalho árduo. Se o conseguiu fazer, por que não os outros? A falta de compaixão atrás da questão exprimia uma severidade liberal que nem todos os conservadores americanos partilhavam.

Embora a celebração do espírito solitário por Sumner fizesse do seu conservadorismo *laissez-faire* um caso atípico, pertence de outras maneiras claramente à tradição conservadora. Ainda que, para ele, os mercados devessem ser deixados livres para fazerem as suas mudanças sem serem perturbados, as elites autoritárias, os costumes sólidos e as instituições estáveis também eram necessários para a ordem social. Tratava-se de um argumento atrativo e influente numa sociedade livre para todos onde as condições materiais estavam a melhorar depressa, embora de forma desigual, mas onde as elites da sociedade estavam alarmadas com as pressões democráticas vindas de baixo.

As ideias positivas de Sumner sobre como os conservadores podiam conciliar a tradição com a mudança eram mais vagas e fracas do que a sua certeza negativa sobre os limites das boas intenções. O seu escárnio dos «sentimentalistas» reformadores, que não percebiam a chamada lei das consequências inesperadas, tornou-se parte do arsenal retórico da direita do século XX para ser usado contra as propostas de reforma social dos liberais progressistas. No entanto, como o filósofo C. D. Broad observou a outro respeito pouco depois da morte de Sumner, o ceticismo racional em relação à reforma funciona em dois sentidos. De facto, é provável que nem todos os efeitos de uma mudança proposta sejam sempre previstos; no entanto, a «lei das consequências inesperadas» diz mais do que isto. Alega que estas consequências imprevistas podem ser mais más do que boas, e não há razões para acreditar nisto.

Um pensador menos extremo, mais prático e com melhores bases era Joseph Schumpeter (1883–1950), um economista e conservador de origem austríaca e defensor do capitalismo. Pondo de lado a nostalgia histórica e a crítica moral, Schumpeter colocou a economia política no centro do conservadorismo. O capitalismo liberal, afirmava ele em *Capitalismo, Socialismo e Democracia* (1942), era a melhor das maneiras más de organizar uma sociedade estável, pois as maneiras boas eram inalcançáveis. O seu compromisso conservador com a modernidade liberal era subtil, hegeliano-marxista na sua conciliação dos opostos e rico em «Sim, se» e «Sim, mas». O capitalismo era criativo, mas destrutivo. A inovação destruía continuamente bens, empresas e empregos familiares, substituindo-os por outros pouco familiares. O capitalismo precisava destas inovações, bem como de empreendedores que as pusessem no mercado, mas, ao crescer e ao tornar-se mais complexo, o capitalismo precisava de racionalização burocrática. Sem a aceitação popular, o capitalismo era insustentável, mas a interferência democrática ameaçava a sua eficiência. Poderia o capitalismo sobreviver à democracia? Schumpeter achava que não, mas acrescentava um «Sim, se»: o capitalismo poderia sobreviver com uma classe alta aberta e autoritária, uma burocracia não corrupta, um vasto consenso social e barreiras institucionais contra as pressões da maioria, em especial na gestão económica e financeira.

O ano de nascimento de Schumpeter (1883) foi notável para a economia: foi também o ano em que John Maynard nasceu e em que Karl Marx morreu. Ao contrário de Marx, Schumpeter não considerava que o carácter autofágico do capitalismo fosse fatal. E, ao contrário de Keynes, não pensava que a ação do Estado pudesse controlar os seus ciclos. A turbulência do capitalismo era, por assim dizer, um facto da vida moderna. «A destruição criativa», escreveu ele, «é o facto essencial do capitalismo. É aquilo em que consiste o capitalismo e que deve preocupar todos os capitalistas». Para Schumpeter, a vida económica não era uma busca do equilíbrio, mas, como escreveu, «um processo de mudança». Para um conservador, em especial um conservador liberal e *laissez-faire*, não se tratava de uma doutrina fácil de articular e de defender. Como ironista, Schumpeter estava ciente dos conflitos.

Schumpeter desprezou sempre os intelectuais anticapitalistas que escreviam de forma depreciativa sobre as empresas e a finança sem terem experiência em nenhum destes domínios, mas lamentava a perda da autoridade cultural das velhas elites e os hábitos de controlo que o capitalismo minara. A sua própria origem era mista. Na Áustria, onde havia consciência de classe, Schumpeter era, em simultâneo, burguês e da classe alta.

Refletindo no capitalismo e no imperialismo no final da Primeira Guerra Mundial, Schumpeter negou a ligação leninista entre o capitalismo e o conflito mundial. Num eco dos pensadores do século XVIII, que haviam olhado para o comércio a fim de suavizar as maneiras e para a retirada do combate como forma de vida, Schumpeter escreveu em «Sociologia dos Imperialismos» (1918) sobre os efeitos civilizadores e pacificadores das instituições democráticas liberais. Um quarto de século depois, no meio de outra guerra mundial ainda mais terrível, Schumpeter, num espírito de dúvida reforçada pelos acontecimentos, escreveu sobre as fraquezas da democracia e do capitalismo.

Nos anos 1920 e 1930, grande parte da Europa — Itália, Espanha, Portugal, Polónia, Grécia, Lituânia e Jugoslávia — era governada por ditaduras fascistas ou autoritárias. A Alemanha e a Itália haviam sucumbido ao nazismo. Nos Estados Unidos, onde Schumpeter estava então a lecionar, a economia recuperara de uma crise profunda graças, em parte, à preparação americana para a guerra. Intelectualmente, os defensores do capitalismo de mercado estavam na defensiva. O planeamento socialista, a propriedade pública e a intervenção keynesiana eram vistos pela esquerda como remédios necessários para um sistema socioeconómico em falência.

O economista polaco Oskar Lange e outros ofereciam respostas para a ideia antissocialista de Mises de que os preços precisavam dos mercados e, como os recursos não podiam ser eficientemente afetados sem preços, uma economia sem mercado e planeada estava condenada ao fracasso.

Neste clima de incerteza, Schumpeter descreveu, em *Capitalismo, Socialismo e Democracia*, as muitas maneiras como o capitalismo estava a autodestruir-se. Encorajava vícios sociais que lhe minavam a saúde e desencorajava as virtudes sociais da parcimónia, da recompensa diferida e da disciplina necessárias à sua sobrevivência. Na desordem que causava, o capitalismo estimulava uma preocupação exagerada com as vítimas da turbulência, como resumida no liberalismo gladstoniano e legada à reforma keynesiana. «Os radicais podem insistir que as massas gritam pela salvação de sofrimentos intoleráveis», escreveu Schumpeter, mas «nunca houve tanta liberdade pessoal de mente e corpo para todos... nunca houve tanta simpatia ativa... [e] disposição para aceitar encargos como há agora na sociedade capitalista moderna».

Em vez de uma fortaleza bem defendida, Schumpeter via «os muros a cair» do capitalismo. Temia estar a assistir a um declínio do espírito aventureiro e inovador do capitalismo original. Receava que o empreendedorismo estivesse a ceder o lugar à tecnocracia empresarial e à regulação governamental. As sociedades por quotas com ações transacionáveis haviam quebrado o elo vital entre a propriedade e a inovação.

Um problema mais subtil era a eliminação dos remanescentes «feudais» — as práticas sustentadas e os hábitos autoritários das velhas elites pré-capitalistas —, que Schumpeter receava que não pudessem ser substituídos num capitalismo de mercado fluido. Tal como Weber, temia que uma burguesia racionalista, pouco heroica, incapaz de seriedade nacional, estivesse «mal equipada para enfrentar os problemas, tanto internos como externos, que têm normalmente de ser enfrentados por um país de alguma importância». Numa metáfora que misturava uma barragem do New Deal com uma catedral gótica, Schumpeter escreveu: «Ao quebrar a estrutura pré-capitalista da sociedade, o capitalismo [...] quebrou, não só as barreiras que impediam o seu progresso, mas também os pilares que preveniam o seu desmoronamento.»

Como noutras histórias providenciais do rumo futuro do capitalismo, não era claro o que causava o quê, como O. Hirschman observou num ensaio brilhante, «Interpretações Rivais da Sociedade de Mercado» (1982). Se, de facto, o capitalismo suavizava as maneiras e tornava a competição menos belicosa, isto seria bom ou mau? Schumpeter, de início, pensava que seria bom, pois as nações estariam menos dispostas a lutar entre si. Mais tarde, achou que a «suavização» poderia desarmar a burguesia para a sua tarefa histórica de se libertar dos «grilhões» da velha ordem e retirar-lhe a abnegação necessária para ser efetivamente capitalista. Como outro observador de meados do século, o liberal Louis Hartz, Schumpeter perguntava-se se uma sociedade capitalista, totalmente sob a autoridade do mercado, não funcionaria melhor se alguns dos antigos grilhões que providenciavam orientação cultural e moral fossem de algum modo conservados. Como Hirschman sugeria, havia partes de verdade em cada uma destas grandes afirmações. Subsistiram no pensamento sobre as «contradições culturais» do capitalismo, que se começou a desenvolver entre os neoconservadores alemães e americanos nos anos 1950 e 1960.

Entre os problemas do capitalismo, a maior preocupação de Schumpeter dizia respeito aos intelectuais anticapitalistas. Entre a «hostilidade crescente», escreveu Schumpeter, emergia a crítica social cujos danos corrosivos ameaçavam tornar «a fortaleza burguesa [...] politicamente indefesa». Os intelectuais requeriam um talento para as palavras, mas não tinham responsabilidade na conduta das políticas. O seu desapego tornava-os inaptos para funções oficiais. O compromisso burguês liberal com a liberdade de expressão tornava-os incontroláveis. Só os autoritários eram capazes de manter os intelectuais na ordem. Nenhuma lição de Schumpeter foi mais levada à letra pelos conservadores após 1945 do que o seu apelo à direita para se preparar para a batalha de ideias em defesa do capitalismo.

Tal como os teóricos das elites já referidos, Schumpeter acreditava na soberania popular, mas apenas de um modo muito limitado e figurativo. Via a democracia eleitoral como uma luta entre pequenos grupos pelo poder: «A democracia é o regime dos políticos». As velhas justificações populares do governo democrático — que servia o bem comum ou exprimia a vontade popular — não funcionavam. O bem comum era uma invenção teórica ou uma quantidade genuína, mas impossível de avaliar. As pessoas, como indivíduos ou em massa, não eram suficientemente razoáveis para ter uma vontade consolidada e discernível. Ao invés, Schumpeter propunha uma teoria hierárquica da luta pela liderança. A democracia eleitoral, escreveu Schumpeter, era um «sistema para chegar a conclusões políticas no qual os indivíduos adquirem o poder de decidir por meio de uma luta competitiva pelo voto do povo». Entre os benefícios de aceitar, mas confinar assim a democracia, Schumpeter enumerava a criação de um espaço incontestado de liderança decisiva, a contenção da luta de classes, oportunidades regulares para remover governos indesejados e o abandono dos apelos populistas contra as minorias em nome da vontade do povo.

Para que o «regime dos políticos» democrático não prejudicasse o capitalismo, Schumpeter estabelecia várias condições. Tinha de haver políticos de calibre. O leque de decisões políticas devia ser limitado, em especial nas questões económicas e monetárias. O «autocontrolo» democrático devia prevalecer: ou seja, as pessoas tinham de aceitar leis devidamente impostas mesmo que as reprovassem, e todos deviam ser encorajados a tolerar opiniões diferentes. Vistas no seu todo, estas condições eram suficientemente exigentes para perguntar se Schumpeter não estaria, com efeito, a dizer que, não, o capitalismo não poderia sobreviver, ou que poderia subsistir, mas castrado por um reformismo socialista bem-intencionado.

Como que para sublinhar esta visão melancólica, Schumpeter tornava claro quem — ou melhor, quem não — estava nos comandos. «A humanidade não tem a liberdade de escolher», escreveu ele. «As coisas económicas e sociais movem-se por impulso próprio e as situações consequentes obrigam os indivíduos e os grupos a comportaram-se de certas maneiras, independentemente do que desejarem fazer — não destruindo a sua liberdade de escolha, mas [...] reduzindo a lista de possibilidades à escolha. Se esta é a quintessência do marxismo, então todos devemos ser marxistas.»

Recordemos que Schumpeter era um ironista. A sua deriva não era sempre o que parecia. Era demasiado conservador para confiar na esperança e demasiado ciente dos fracassos e das catástrofes do seu século para fazer hinos ao progresso. Rodeado de otimistas com o socialismo, fazia de pessimista sobre o capitalismo. Se esta leitura do pensamento de Schumpeter estiver correta, ele tinha mais esperança no capitalismo do que parecia. O meio século após a sua morte, em 1950, deu-lhe razão. No entanto, a sua ironia tinha outra faceta. Estaria ele muito confiante de que o conservadorismo poderia sobreviver ao capitalismo?

Schumpeter venerava a economia analítica de Walras e, embora ele próprio não fosse um grande matemático, defendia as econometrias de que Walras fora o criador. No entanto, Schumpeter achava que era incompleto modelar uma economia como um sistema em busca de equilíbrio. Isto retirava à economia a sua forma histórica. Schumpeter não era o único a pensar que a economia tinha de ser dinâmica e não apenas estática. No seu tempo, abundavam as teorias do ciclo económico e do crescimento. Schumpeter, porém, foi mais longe, ou talvez tenha mudado de direção. A forma histórica que via no capitalismo era, num sentido não técnico, caótica. As inovações técnicas e o empreendedorismo que as levava para o mercado estavam a revirar incessantemente os padrões socioeconómicos do trabalho e da vida das pessoas.

Para os conservadores, que se preocupavam com os objetivos escolhidos pelas pessoas ou com os seus deveres, tratava-se de uma visão alarmante. Um dos argumentos fundamentais dos conservadores nas suas objeções ao liberalismo era que os objetivos e os deveres das pessoas só tinham sentido num quadro sólido da sociedade que mudava, quando muito, de forma lenta. Se, como parecia inevitável no capitalismo, o quadro estava a mudar de maneira contínua e imprevista, o discurso sobre os objetivos e os deveres perdia a sua sustentação. A base de uma ética e de uma cultura comuns começava a desaparecer. Será que este capitalismo permitiria que a sociedade conservasse os hábitos, as práticas e as lealdades que faziam da vida humana mais do que um mercado livre para todos, no qual tudo era transacionável, mas raramente ao preço do passado?

Schumpeter, o ironista, não tinha uma resposta clara, mas a sua deriva era outro «sim, se». O conservadorismo liberal poderia sobreviver se houvesse classes altas abertas e abrangentes, uma burocracia proficiente e independente e um certo nível de acordo entre as pessoas sobre os valores éticos e culturais na sua vida comum. Em suma, o conservadorismo liberal poderia sobreviver se o mercado não devorasse a sociedade.

Schumpeter legou ao conservadorismo de finais do século XX conselhos económicos de prudência e um enigma social. Reafirmou velhos avisos conservadores sobre a política discreta e o governo competente em termos de boa gestão económica. Era urgente, sublinhava ele, isolar a gestão económica e sobretudo monetária das pressões democráticas, ter cuidado com as políticas e as reformas que desencorajavam o empreendedorismo e enfrentar os intelectuais disruptivos da esquerda com defesas vigorosas do capitalismo. Salvo nos termos mais gerais, deixou em suspenso o enigma social que, mais tarde, colocaria à prova os pensadores conservadores, em especial na Alemanha e nos Estados Unidos, sobre como a excelência, a autoridade e os valores éticos podiam ser preservados na agitação produtiva da destruição criativa.

Face ao problema de como conciliar as exigências antagónicas do liberalismo económico e a preocupação conservadora com o tecido ético da sociedade, os pensadores da direita tradicional, logo após Schumpeter na segunda metade do século XX, tinham uma escolha a fazer: ou resolviam o conflito pela força e subordinavam a sociedade à economia, esperando que a eficiência, com o tempo, tomasse conta da ética; ou continuavam a procurar, como Diógenes, os valores sociais que tinham de ser salvos enquanto as normas familiares e o respeito pelas autoridades éticas pareciam desaparecer a um ritmo desconcertante.

II. Seis maneiras de imaginar o povo: Treitschke, Le Bon, Du Camp, Adams, Mencken e Sorel

Em 1880, a construção da nação e a democracia haviam criado uma nova entidade, o Estado-nação. Mas que era um Estado-nação? A entrada do *Oxford English Dictionary* para «Estado-nação» diz: «Estado político independente formado por um povo que partilha uma identidade nacional comum, em termos históricos, culturais ou éticos. Mais geralmente, qualquer Estado político independente. Um Estado-nação pode distinguir-se dos Estados que incluem dois ou mais povos historicamente distintos, ou que incluem apenas parte de um povo histórico.» Com um eufemismo pouco subtil, a entrada acrescenta: «No entanto, estas distinções são frequentemente problemáticas.» Não menos que os liberais, os conservadores esforçavam-se por organizar a sua compreensão destas ideias voláteis — *povo, nação* e *Estado.*

Desde os tempos clássicos, o «povo» tem significado coisas diferentes. Enquanto termo político, podia significar uma *cidadania* de uma cidade, comunidade ou condição, ou seja, homens com deveres cívicos, direitos comuns e um papel no debate público, ao contrário de todas as outras pessoas. Como termo de contagem de cabeças, podia significar simplesmente uma *populaça,* um corpo de pessoas num território reconhecido, independentemente da idade e do estatuto, incluindo talvez estrangeiros. Depois, como termo de classe, o «povo» podia significar as *pessoas comuns,* a grande massa da sociedade sem riqueza, estatuto ou voz que, quando descontente ou com fome, podia formar uma multidão reivindicativa.

Por último, e de forma muito intrincada, o «povo» podia significar um *povo nacional* ou *nação,* uma ideia aparentemente natural, mas recente e contestada que retirou elementos das outras três. O povo de uma nação — os Franceses, os Ingleses, etc. — era distinto do povo de outra (estrangeiros). Não era nobre, rico ou comum, mas de qualquer classe. Estava sujeito às mesmas leis e ao mesmo governo, que, se sensato, deveria ouvir o que o povo tinha a dizer. Em condições de vasta ignorância social, quem compunha a nação — qual e como era o povo nacional — tinha o trabalho inicial da imaginação.

Ao juntarem estas ideias diferentes, os liberais e conservadores do século XIX, para reforçar o contraste, começaram em extremos opostos. Acerca de uma coisa pouco conhecida ou controversa, é natural perguntar: de onde veio e do que é feita? O mesmo se aplica à nação. De onde vieram as nações? Como é que o povo se tornou uma nação? Ao responderem a estas perguntas, os liberais começavam com os cidadãos de um Estado e, destes, geravam uma nação. Se os liberais fossem democratas, incluíam as pessoas comuns na cidadania. Assim, para os liberais, a nação era uma ideia política derivada. Os conservadores, pelo contrário, começavam com a nação e, a partir desta, construíam uma cidadania. Como um corpo distinto de pessoas, a nação era imaginada de forma ancestral ou cultural; ou seja, o seu povo podia ser visto como partilhando origens ou partilhando crenças, vínculos e memórias históricas. Sem um destes, um povo não podia constituir uma cidadania. Assim, para os conservadores, a nação tornou-se uma ideia social e fundacional.

Apesar de começarem em extremos opostos, os dois lados tinham pontos de encontro. Os liberais podiam sublinhar que, para formarem uma nação, o povo precisava, na prática, de algum tipo de «espírito comum». Mill, por exemplo, falou eloquentemente desta questão em *Sobre o Governo Representativo* (1861). Os conservadores, por seu lado, podiam alargar as crenças partilhadas requeridas para o povo formar uma cidadania, a fim de incluir compromissos explícitos com um dado modo de vida político.

Até ao século XIX, estas questões intrigantes de povo, nação e Estado ocuparam sobretudo juristas ou clérigos que aconselhavam monarcas e nobres. Na era democrática, entraram na política de duas formas, uma horizontal e outra vertical. Povos separados, mas de espírito semelhante, quiseram unir-se (a Alemanha, por exemplo). Povos de espírito não semelhante quiseram separar-se (os sulistas americanos; os povos dos impérios Austro-Húngaro e Otomano; a Irlanda como parte disputada do Reino Unido combinava os dois problemas). A questão vertical sobre o povo, a nação e o Estado era o carácter da soberania popular. Quão extenso e apertado devia ser o controlo? A soberania popular significava uma coisa quando exercida por grupos internos pequenos, belicosos, mas familiares. Significava outra quando exercida por uma massa popular formidável, mas pouco conhecida.

Os conservadores sabiam muito sobre o povo. Os proprietários de terras conheciam rendeiros. Os patrões conheciam trabalhadores. Os políticos conheciam eleitores. Os sacerdotes conheciam paroquianos e os professores conheciam estudantes. O seu conhecimento, porém, era mais íntimo do que social, mais pessoal do que anónimo. Ou seja, o conhecimento que a direita tinha do povo tendia a ser espesso e estreito, em vez de fino e largo. Isto dava-lhe uma espécie de vantagem sobre a esquerda, cujo conhecimento da massa do povo, ao qual dizia falar, se baseava sobretudo em livros e teorias. No entanto, a direita também tinha de pensar na massa do povo se quisesse prosperar na democracia. O povo era hostil ou amigável? Volúvel ou fiável? A direita precisava de respostas. Mas para aonde se deveria virar? As teorias sociais abundavam, mas as estatísticas sociais, as amostras de opinião e o conhecimento da sociedade estavam, em geral, na sua infância. A partir dos anos 1840, como já referimos, alguns observadores sociais — Friedrich Bülau, Eugène Buret, Friedrich Engels e Louis-René Villermé — estudaram o trabalho fabril e a pobreza humana. Nos anos 1850, o engenheiro francês e protossociólogo Frédéric Le Play estudou as estruturas da família e os padrões de transferência da propriedade. O economista histórico alemão Gustav Schmoller fundou o primeiro grupo de reflexão socioeconómico, o Verein für Sozialpolitik (1872). Contudo, pouco de sólido se sabia ainda sobre a massa do povo, que os conservadores agora viam relutantemente como o seu senhor. Enquanto a contagem, a classificação e a tipificação da sociedade avançava lentamente, a direita virou-se também para a sua imaginação. Preenchia as lacunas naquilo que conhecia sobre o povo com imagens. Desde logo, estas eram ansiosas e escuras.

Ao imaginarem o povo, os pensadores e escritores conservadores de finais do século XIX e inícios do século XX organizaram tipicamente as suas imagens em torno de um de seis temas: o primado do carácter *nacional* do povo, como destacado por historiadores patrióticos como Heinrich von Treitschke; a *não racionalidade* das multidões, como afirmada por Gustave Le Bon; uma variação depreciada desta ideia, a sua *bestialidade*, como apresentada na descrição intensa que Maxime Du Camp fez da Comuna de Paris; a sua *venalidade* quotidiana, como lamentada por Henry Adams na sua sátira ambivalente sobre a democracia eleitoral; a sua *estupidez*, como ridicularizada por H. L. Mencken nas suas sátiras contra a opinião liberal e a cultura da classe média; e a sua *hostilidade* redentora, como invocada contra o liberalismo e a democracia parlamentar por Georges Sorel, um radical difícil de classificar que partilhava uma aversão conservadora ao discurso liberal hipócrita sobre o progresso e via o povo como um salvador mudo, mas eficaz.

A *nação* era uma ideia unificadora que serviu aos conservadores de finais do século XIX como uma forma de diminuir a tensão entre a sua visão esperançosa de um povo em paz consigo mesmo e as divisões manifestas da sociedade. Internamente, a ideia de *nação* podia ser usada de formas moderadas e inclusivas como um foco de lealdade comum, como na velha monarquia. Ou podia ser usada de forma imoderada, de maneiras exclusivas e frequentemente racistas para dividir os que pertenciam e os que não pertenciam à verdadeira nação. Externamente, a nação era vista como um Estado num mundo competitivo de outros Estados, quer pacificamente como um modelo e um melhoramento do mundo, quer belicosamente, como um retificador armado dos males nacionais. Em todas estas formas, a nação servia de ideia unificadora: simbolizava o povo (um todo comum), purificava o povo (excluindo os indesejados) e, por orgulho ou vingança, animava o povo (para agir no resto do mundo). Os conservadores disraelianos britânicos e os republicanos americanos apelavam à nação inclusiva como uma unidade simbólica. Durante os anos 1880 e 1890, alguns segmentos da direita francesa e alemã adotaram ideias exclusivistas e purificadoras das suas nações. Os imperialistas liberais na Grã-Bretanha e na França e os *realpolitiker* bismarckianos na Alemanha invocavam o espírito nacional para fins militares e diplomáticos.

Um exemplo notável de um historiador nacionalista que combinava a *realpolitik* e a exclusão era Heinrich von Treitschke (1834–1896). Desprezado pelos colegas académicos, era um escritor de grande poder e popularidade. Nos séculos XVIII e XIX, a sua história da Alemanha em vários volumes adornava as estantes das classes médias educadas e conquistou apoio público para as reivindicações estratégicas da Alemanha de um estatuto de igual entre as potências mundiais. O historiador Theodor Mommsen, que duvidava da sua erudição e que o censurava pelo seu antissemitismo, dizia que a caneta de Treitschke era a espada mais afiada da nação. Treitschke tinha plataformas intelectuais e políticas como professor universitário, foi diretor durante muito tempo da revista política mensal *Preussische Jahrbücher* e membro do Reichstag. Pertencia ao partido dos Nacionais Liberais, embora o seu liberalismo fosse ténue. Saxão nascido em Dresda, tornou-se um forte patriota prussiano. Depois de ter defendido o comércio livre, tornou-se protecionista. Originalmente um cético de Bismarck, tornou-se seu adorador. O enaltecimento da dinastia de Hohenzollern e o antissemitismo de Treitschke capturaram um momento na direita alemã nos anos 1880 e 1890. O conservadorismo oscilava entre a reforma liberal cautelosa e a autoafirmação nacional, acompanhada do ativismo popular. O conservadorismo de Treitschke era do segundo tipo.

Treitschke escreveu uma história nacional que reunia as complexidades e as divisões dos estados alemães num único caminho que conduzia ao Reich guilhermino súbdito de um monarca prussiano. A diversidade alemã — a Renânia e o Leste da Prússia, católica e protestante, das quintas e da indústria — foi integrada na unidade superior do Estado prussiano. A sua história alcançou o sentimento nacional alemão antes da era napoleónica, atacando a Federação Germânica pós-napoleónica, os austríacos e os alemães do Sul por, juntos, obstruírem a unidade alemã. Atacava os liberais franceses, os racionalistas da lei natural e os cosmopolitas judeus, além de lançar farpas ao poeta Heine. Treitschke também atacava o socialismo por «alienar os seus camaradas do Estado e da pátria» em nome da «inveja e da cobiça» (1874). Tratava as reformas liberais paliativas como as propostas por Schmoller como recusas sentimentais de reconhecer a inferioridade e a fraqueza natural. No entanto, aceitava o sufrágio universal e era hostil ao direito de voto dividido por três classes na Prússia.

Escrevendo a um amigo (1879), Treitschke queixava-se da correção política *avant la lettre*, lamentando que se podiam dizer as coisas mais severas contra os defeitos nacionais dos Alemães ou dos Franceses, mas não contra os judeus. Num panfleto famoso redigido em 1880, emprestou a sua autoridade como historiador ao antissemitismo crescente. «Ano após ano, do inexaurível berço polaco chega à nossa fronteira oriental uma hoste de jovens vendedores de calças, cujos filhos e netos dirigirão um dia as bolsas e os jornais da Alemanha.» Mommsen censurava Treitschke por fomentar as manifestações antijudaicas dos estudantes de Lípsia. A disputa entre eles evoluiu para compreensões rivais da assimilação. Mommsen pensava que os judeus deviam integrar-se politicamente no Reich. Treitschke confundia essa assimilação cívica com o abandono da fé judaica. A dividi-los, estava uma ideia inclusiva liberal uma ideia exclusiva conservadora da nacionalidade. Na opinião do liberal Mommsen, para se ser um bom Alemão, era preciso ser-se um bom cidadão. Para o conservador Treitschke, para se ser um bom Alemão, era preciso ser-se um tipo particular de pessoa.

Treitschke transformou a *realpolitik* — termo cunhado por Karl Rochau em 1853 — de um aviso dos liberais para si mesmos para estarem atentos às circunstâncias atuais num apelo da direita ao uso desinibido do poder nacional. Para Treitschke, o «Estado» não era «um bom rapazinho que devia ser penteado, lavado e mandado para a escola». O Estado, tal como no pensamento de Hegel, era o quadro mais abrangente da «vida ética», da vida governada por normas de pessoas juntas numa sociedade. O quadro crescia, partindo das famílias, através da lei, do comércio e da burocracia, até aos órgãos superiores do poder do Estado. Hegel dividira-os em Coroa, executivo e legislatura, mas Treitschke não acreditava na separação dos poderes.

Sobre a unificação alemã, escreveu que o exército era o laço nacional mais forte, e não o Reichstag, onde as pessoas aprendiam a «odiar e a abusar umas das outras». Treitschke escrevia como se seguisse um esquema que contrastava fraqueza (paz, sociedade, classes médias e política social liberal) com força (guerra, Estado, exército e conservadorismo *Junker*). Na sua hierarquia do controlo, a Prússia dominava a Alemanha; a Alemanha dominava a Europa (em especial a hipócrita Inglaterra); e o império alemão dominava os povos inferiores das colónias.

Quem constituía o povo alemão? Para Treitschke, eram sobretudo patriotas, que partilhavam a devoção à ideia nacional. Era nesta devoção, e não na ancestralidade ou na biologia, que residia a sua germanidade. Esta devoção era partilhada por todos os verdadeiros Alemães, mas, embora presente na nobreza e nas classes inferiores, era mais forte no núcleo social: as classes médias instruídas. «Sem se sobrevalorizar, um povo não chega a conhecer-se a si mesmo. [...] Os Alemães estão sempre em perigo de perder a sua nacionalidade porque têm demasiada escassez deste orgulho sólido.» O sentimento de concidadania, um sentido de passado partilhado e um orgulho nacional não estavam longe do modo como Mill e muitos outros liberais do século XIX viam a nação. Residia aqui uma diferença entre isto e a visão conservadora de Treitschke. Para um liberal, o apego à nação era uma virtude política entre outras. Não era um trunfo. Para Treitschke, era como se o sentimento nacional fosse tudo.

À luz da história da Alemanha de inícios do século XX, é tentador, mas errado, ver o nacionalismo exclusivista como típico de todos os Alemães ou único na Alemanha. Na Alemanha, embora forte, este nacionalismo não era generalizado nem estável. O jingoísmo alemão dos anos 1890 e a corrida às armas de 1914 contrastam com o desanuviamento dos anos 1910 e com a desilusão militar, os esforços de paz e os motins de 1917–1918. O Reich guilhermino não tinha símbolos nacionais. Até 1922, não havia um hino oficial alemão. A bandeira vermelha, branca e negra de 1871, adotada, não por causa do sentimento patriótico, mas pelas companhias de navegação que precisavam de uma insígnia nacional, foi escolhida para satisfazer a Prússia (branco e negro) e as grandes cidades comerciais da Alemanha (vermelho e branco). O título imperial nunca foi acordado. Os estados alemães mantiveram os seus próprios símbolos e instituições. A constituição do Reich, como vimos, era geralmente vista como um tratado internacional e não como a certidão de batismo de uma nova nação.

Os mitos nacionais unificadores também foram popularizados na segunda metade do século XIX nos Estados Unidos, na Grã-Bretanha e na França. A história épica (1854–1878) de George Bancroft tratava a fundação dos Estados Unidos e o seu rumo subsequente como uma cruzada voluntária de americanos altruístas pela liberdade do mundo civilizado. As histórias populares de John Fiske misturavam a especulação darwinista com o americanismo providencial. A história mais famosa de Theodore Roosevelt, *The Winning of the West* (*A Conquista do Oeste*, 1889–1896), descrevia como, ao estabelecerem a fronteira, os «selvagens» bons, ou seja, cooperantes, foram realojados e os maus, os resistentes, foram postos de lado. Na Grã-Bretanha, a «bíblia do imperialismo», *The Expansion of England* (*A Expansão da Inglaterra*, 1883), de J. R. Seeley, falava de uma anglicidade desterritorializada que se propagava pacificamente pelo mundo, mas não, segundo o autor, na Índia. Vendeu 80 000 exemplares em três anos e, em 1911, ainda vendia mais de 10 000 por ano. O biógrafo de Thomas Carlyle e professor de história em Oxford, James Froude, escreveu uma história anticatólica da Irlanda, bem como celebrações jingoístas do Império Britânico. A *History of the Norman Conquest* (*História da Conquista Normanda*, 1867–1879), de Edward Freeman, comparava as antigas liberdades saxónicas da Grã-Bretanha com a opressão normanda da França. Embora fosse um liberal gladstoniano em termos partidários, Freeman era um conhecido racista, que desprezava os negros, os judeus e os Irlandeses. No outro lado do canal da Mancha, o arqueólogo e historiador francês Numa Fustel de Coulanges suprimia as tribos germânicas dos seus estudos eruditos da fundação da França. O grande educador e «professor nacional» da Terceira República, Ernest Lavisse, supervisionou manuais históricos para as escolas que celebravam o épico francês. O seu manual para as crianças dizia-lhes: «Devem amar a França porque a natureza a fez bela e porque a história a fez grande.»

Em lado algum o sentimento nacional era espontâneo. A imaginação nacional tinha de ser estimulada e fomentada em toda a parte pelos escritores e intelectuais. Dito isto, as nações não eram imaginárias. Para as estimular e promover, tinha de haver, desde logo, crenças e afeições comuns. Para os conservadores, o que importava era se as nações eram imaginadas de maneira inclusiva ou exclusiva.

A tradição comum tratara as pessoas em multidões como maravilhosas, insensatas, aterradoras, selvagens e bestiais. Quando calmas, as pessoas em multidões agiam de forma razoável, como um rebanho. Quando excitadas, comportavam-se como bêbedos violentos, mulheres caprichosas ou lunáticos. Era assim que a tradição comum apresentava as pessoas em massa. O contributo de Gustave Le Bon (1841–1931) consistiu em instalar o medo imemorial da multidão num pedestal aparentemente factual. Médico polímato francês, pensador social e divulgador científico, Le Bon ganhou fama entre os políticos e os pensadores que, embora duvidassem dos seus métodos, concordavam com a sua conclusão de que não se devia confiar nas pessoas em massa.

Parte do sucesso de Le Bon passou pelo reenquadramento do antigo preconceito. As multidões não eram irracionais, insistia Le Bon, mas tinham um tipo especial de mentalidade. Em *A Psicologia das Multidões* (1895), Le Bon escreveu sobre uma mente coletiva movida por instintos ocultos que silenciava até os membros mais razoáveis da multidão. «Isolado», escreveu ele, «um homem pode ser um indivíduo culto; numa multidão, é um bárbaro». O aforismo era típico de Le Bon. Como *salo-niste* bem conhecido de Paris, Le Bon era um dos primeiros exemplos de um tipo agora familiar, o dotado divulgador de ciência social que reduzia as complexidades e as incertezas a esquemas aprazíveis. Quando perguntaram à escritora e anfitriã francesa Marthe Bibesco porque é que as luminárias políticas ouviam Le Bon, respondeu que ele lhes dava fórmulas e que os políticos viviam de fórmulas, tal como os cozinheiros viviam de receitas.

Para os leitores alarmados com a democracia de massas, *A Psicologia das Multidões* tinha boas e más notícias. As sociedades nunca foram refeitas por intervenção radical. Mudavam lentamente, numa evolução gradual de ideias e rotinas. Por muito reconfortante que isto parecesse, tinha de admitir-se que as molduras pré-democráticas haviam passado à história. A ameaça das massas residia menos no seu peso em votos do que nos conteúdos intimadores das suas reivindicações. Pior, as massas eram irracionais. Contudo, eram governáveis se entendidas como multidões.

Uma multidão, explicava Le Bon, não era uma aglomeração fortuita. Era organizada e tinha um propósito, ainda que de forma inconsciente e não racional. As multidões formavam-se sem que os seus membros disso se apercebessem. Cada membro sentia um «poder invencível» conferido pelo número, mas eram todos «sugestionáveis» e a multidão adquiria o seu propósito por «contágio». Numa multidão, cada indivíduo tornava-se «um bárbaro, ou seja, uma criatura que age por instinto». Em vez de raciocinar, as multidões pensavam em imagens e analogias. Não agiam de forma inteligente, embora pudessem ter um «estado de espírito» determinado pelas circunstâncias. O estado de espírito podia ser alegre e pacífico, ou de ódio e agressivo. Assim, as multidões eram capazes de agir criminosamente (motins) ou heroicamente (batalha).

Na sociedade de massas, os velhos controlos sobre o povo eram ineficazes. Nem a religião nem as instituições tradicionais eram capazes de dominar a multidão; no entanto, de forma inevitável, emergiam líderes das multidões que lhes serviam de guia. Podiam ser tirânicos ou de espírito estadista, bons ou maus. Eram sempre despóticos e retiravam a sua autoridade não da inteligência ou de uma capacidade superior, mas da compreensão da multidão e da tipificação dos seus membros. Os líderes de multidões bem-sucedidos nunca explicavam ou procuravam justificar o que diziam; pronunciavam-no apenas e repetiam-se a si mesmos.

Le Bon dividia as multidões em heterogéneas (com diferentes tipos de membros) ou homogéneas (o mesmo tipo de membros). O primeiro tipo podia ser «anónima» (multidões de rua) ou «não anónima» (júris ou Parlamentos, ambos com tendência para pensar em grupo). As multidões homogéneas incluíam seitas e castas (por exemplo, sacerdotes, juízes, oficiais militares ou operários), bem como classes sociais (o campesinato, as classes médias). Quando o pensamento da multidão capturava uma casta social, tendia a cristalizar-se e a perdurar. A casta só se ouvia então a si mesma e tentava capturar a autoridade a fim de controlar as massas.

Dado que a propensão para pensar como uma multidão não distinguia as elites sociais e os povos «civilizados» das classes inferiores ou dos povos «primitivos», Le Bon recorria ao preconceito comum para as suas opiniões hostis sobre as mulheres (que eram naturalmente inferiores aos homens); a educação universal gratuita, um dos objetivos das reformas de Ferry nos anos 1880 (poucas pessoas melhoravam com a educação escolar); e os negros («Podemos atribuir a um negro um bacharelato ou um doutoramento», pensava Le Bon, mas «não podemos torná-lo civilizado»).

Segundo Le Bon, o sufrágio universal era lamentável, mas inevitável. O governo era cada vez mais incapaz de dirigir a opinião pública.

No entanto, para os «povos civilizados», as assembleias parlamentares continuavam a ser a melhor forma de governo, admitia Le Bon, acrescentando com ironia: «pelo menos para pensadores, escritores, artistas e homens cultos». As multidões eram intolerantes, ditatoriais e conservadoras, com um «fetiche absoluto pela tradição, um horror inconsciente a qualquer novidade que pudesse alterar a condição das suas vidas». Eram governáveis por um líder dominador e poderoso.

Apesar das inconsistências e sobreposições evidentes no esboço de Le Bon para um estudo do comportamento de massas baseado em factos, a sua imagem vívida das pessoas em massa como uma multidão pressionada por forças que não entendia por completo marcava a imaginação de todos, da esquerda ou da direita, que se perguntavam se o parlamentarismo liberal poderia superar os desafios da Terceira República: a crise económica de 1893, a fragilidade fiscal, os escândalos de corrupção e a disseminação das greves.

Le Bon rejeitava a intenção partidária, mas *A Psicologia das Multidões*, que teve rapidamente muitas edições, alimentou as dúvidas conservadoras sobre o liberalismo democrático, e isto de maneiras óbvias. Ao estigmatizar a ação coletiva como ação da multidão e a ação da multidão como irracional, parecia legitimar os medos da direita quanto à organização e às reivindicações da classe operária (direitos sindicais, pressão eleitoral para a reforma social e controlos estatais da economia). Ao sugerir que toda a ação de grupos sociais tendia para a irracionalidade da multidão, o trabalho de Le Bon reforçava as dúvidas conservadoras sobre a influência e até a existência do cidadão racional e de espírito independente em que o liberalismo político se apoiava.

Sem ter dito que foi o primeiro a fazê-lo, em 1921, Sigmund Freud elogiou Le Bon por este ter reconhecido o papel da «vida mental inconsciente». Na opinião de Schumpeter, Le Bon «desferiu um golpe forte na imagem da natureza do homem subjacente à doutrina clássica da democracia e ao folclore democrático sobre as revoluções». Apesar de todos os seus exageros, escreveu Schumpeter, Le Bon «levou-nos a encarar factos terríveis» de «impulsos primitivos, infantilismos e tendências criminosas» que «todos conheciam, mas ninguém desejava ver».

Le Bon era mais uma pessoa que usava e juntava ideias de terceiros do que um pensador sistemático. Do darwinismo social dos spencerianos, retirou a ideia de uma hierarquia biocultural que dividia a humanidade em civilizações superiores e inferiores. De Alfred Fouillée (1838–1912), Le Bon usou a ideia de que a nossa compreensão da moral e da sociedade, longe de ser silenciosamente moldada por forças materiais de que não estamos cientes, era, pelo contrário, moldada por ideias diretrizes, a que Fouillée chamara «*idées forces*». A obra de Le Bon surgiu depois da de Gabriel Tarde (1890) sobre a força da imitação na vida social e da de Scipio Sighele (1891) sobre as multidões criminosas, o que levanta questões de prioridade. Estes escritos marcaram o pensamento conservador sobre a sociedade democrática liberal no século seguinte, tipificado em *A Rebelião das Massas* (1930), do pensador espanhol de direita José Ortega y Gasset. Subsistiu na visão desoladora da ética e cultura democráticas que preocupou os neoconservadores americanos e alemães depois de 1945.

O estudo das pessoas em massa tornou-se mais sofisticado, mais empírico e mais profissionalizado. No entanto, apesar das aspirações científicas, estes estudos nunca foram realmente despolitizados. No século XX, surgiram tradições distintas das massas, uma proeminente na psicologia social, a outra na economia do mercado livre. A primeira era favorável aos medos conservadores em relação à democracia. Pretendia confirmar as posições de Le Bon sobre a irracionalidade das multidões e a sua submissão a líderes despóticos. O desmoronamento das democracias liberais nos anos 1920 e 1930, conjuntamente com a ascensão do fascismo, do nazismo e do comunismo soviético, encorajaram, em meados do século, o estudo da irracionalidade na política, dos movimentos de massas disruptivos e da personalidade alegadamente «autoritária» (ou seja, submissiva). Uma investigação sobre as raízes do fanatismo, do psicólogo social americano Eric Hoffer, *The True Believer: Thoughts on the Nature of Mass Movements* (*O Verdadeiro Crente: Reflexões sobre a Natureza dos Movimentos de Massas*, 1951), tornou-se um sucesso de vendas e dizia-se que era o livro que Eisenhower mais gostava de oferecer às suas visitas.

A segunda tradição, económica, colocava o acento tónico na sabedoria das multidões. Baseando-se na teoria da escolha racional e na crença nas capacidades superiores de recolha de informação dos mercados livres, esta tradição mais esperançosa não via com ansiedade a tomada de decisões pelas pessoas em massa. A tomada coletiva de decisões estava minada de armadilhas e de paradoxos, mas não chegavam a arruinar a confiança na multidão racional. Enquanto a multidão em causa fosse diversa, de espírito independente e, acima de tudo, não guiada ou liderada, a tomada coletiva de decisões era tanto melhor quanto maior fosse a multidão.

Em suma, a multidão irracional preocupou os conservadores ansiosos desde finais do século XIX até meados do século XX. Após 1945, os conservadores agora tornados liberais de mercado passaram a aceitar a multidão racional sem se esquecerem totalmente da multidão irracional e desejosa de autoridade. O conservadorismo ficou preso entre a ansiedade e a esperança. A defesa da propriedade, a confiança nos mercados e a suspeita em relação ao governo levaram os conservadores a verem sagacidade nos juízos cegos e não guiados da multidão numerosa, desligada e sensata. A levá-los para o outro lado estava o seu medo original da multidão igualmente numerosa, mas ligada e insensata. Os conservadores nunca abandonaram totalmente a suspeita de que a multidão sensata da teoria económica, longe de ser uma fonte de ordem espontânea, era, de facto, uma libertinagem amoral disfarçada.

A imagem simples, mas compreensível, que Le Bon oferecia do povo como multidão subsistiu nos medos conservadores da democracia de massas, no lamento do nivelamento cultural e na rejeição da imagem do cidadão autónomo e razoável do liberalismo político. Recebeu uma cor sombria dos escritores que escreviam com uma perspetiva contemporânea sobre a volubilidade e os perigos da multidão. Um exemplo notável era Maxime Du Camp (1822–1894). Escritor menor e fotógrafo aventureiro, Du Camp era mais conhecido pelas suas amizades literárias com Gustave Flaubert e Baudelaire, que lhe dedicou «Le Voyage», o cáustico hino ao desencantamento de *Fleurs du mal*. Du Camp podia ter ficado esquecido se não fosse a sua descrição veemente em quatro volumes da Comuna de 1871, *Convulsions de Paris* (*Convulsões de Paris*, 1878–1880). Acrescentou a Comuna a 1798 e 1848 no cânone conservador do horror à turba de Paris. Obra-prima de vitupério e escárnio, o trabalho de Du Camp assentava numa base enganosamente factual de documentos e relatórios oficiais da Comuna. Como guarda nacional em 1848, Du Camp combateu os insurgentes, foi ferido e conservou uma aversão aos republicanos que dava força literária ao seu livro. *Convulsions* apresentava uma imagem polémica e fantasiosa das gentes comuns da cidade como simplórios fracos de espírito, dados à doença e desencaminhados por umas centenas de vilões semieducados.

Ao diabolizar o povo de Paris, Du Camp invertia claramente a questão. A Comuna era menos uma revolta do que uma luta de Paris para sobreviver após o desaparecimento da autoridade do Estado. O desmoronamento dos exércitos de França (julho–setembro de 1870) numa guerra mal decidida com a Prússia acabara com o Segundo Império autoritário. Para selarem a vitória e o fim da guerra, os Alemães cercaram a capital francesa. Quando as reservas de víveres começaram a escassear, em janeiro de 1871, os Franceses negociaram a rendição. Numa campanha eleitoral, as cidades francesas radicais disputaram com um campo conservador o controlo de uma nova república frágil. Cansados da guerra, os eleitores escolheram um governo de direita chefiado por Thiers, atribuindo-lhe um mandato para aceitar uma severa paz alemã.

Nestas eleições, os candidatos radicais conquistaram a maioria dos assentos parlamentares de Paris. Nos *quartiers* mais pobres e mais populosos do Leste, a revolta com a paz, o desejo de continuar a lutar e a fúria por causa da ajuda do governo aos credores misturavam-se com as esperanças nos direitos democráticos e na reforma social. Quando as tropas regulares começaram a confraternizar com a milícia de Paris (março de 1871), Thiers, sentindo algum pânico, chamou o exército e os ministérios para Versalhes. Despojada de autoridade estatal, Paris elegeu uma Comuna autónoma de cerca de 90 membros, a maioria deles profissionais e artesãos independentes. Aquilo que Paris radical via como autonomia, Versalhes conservadora via como revolução. Aquilo que, para Versalhes, era a restauração da ordem política, a Comuna via como uma guerra de classes travada pelos ricos.

Havia discursos anarquistas e utópicos nos clubes políticos, mas a Comuna não era proletária nem revolucionária. Os seus objetivos eram uma maior autonomia para Paris e a remoção dos encargos sobre os artesãos e os pequenos negócios. A Comuna durou 72 dias, sem tempo para alcançar qualquer objetivo, mas tempo suficiente para que Thiers se reagrupasse e esmagasse uma revolta espontânea que o seu governo muito fizera para provocar. Em maio, 130 000 soldados do exército regular francês entraram em Paris pelos subúrbios do Oeste. Sete dias depois, o exército matara talvez 10 000 defensores, ajudantes desarmados e espectadores desafortunados. Os prisioneiros eram executados no momento. Das 36 000 pessoas detidas, cerca de 10 000 foram executadas, encarceradas ou deportadas.

Com a habilidade de um advogado de acusação, Du Camp retirou destes acontecimentos confusos e terríveis uma causa à qual atribuir as culpas: um «quarto estado» de desordeiros radicais e intelectuais de esquerda. Queriam acabar com privilégios que «só existiam na sua imaginação» e atribuir o governo «por direito de nascimento aos que nada aprendem, nada sabem e nada querem fazer». Eram movidos pela inveja, «esse vício primitivo» de «gente básica com mentes suspeitas». Este exército não representativo dos desiludidos incluía «pequenos burgueses desclassificados, trabalhadores desesperados por não serem patrões, patrões indignados por não fazerem fortunas, jornalistas sem jornais, médicos sem doentes, professores sem ninguém a quem ensinar». A lição política da cedência a este monstro imaginário era, para Du Camp, muito geral para a Europa como um todo: «Coletivistas, *communards* franceses, sociais-democratas alemães, niilistas russos... Nomes diferentes, o mesmo veneno.»

Enquanto Du Camp era inflamado e direto, o autor americano e historiador dos Estados Unidos Henry Adams (1838–1918) era alusivo e elegíaco. Progressista desiludido, Adams via as pessoas em massa como bem-intencionadas, mas fáceis de controlar. O envolvimento político era uma parte da vida dessas pessoas, mas não a maior parte. Sem uma cidadania suficientemente vigilante, as admiráveis instituições democráticas do seu país teriam sido capturadas por interesses financeiros, que pagavam aos políticos para governarem em nome do povo. Para Adams, era um negócio sórdido.

Neto de um presidente e bisneto de outro, Adams nascera na riqueza e na excelência num país que via a primeira como desejada e a segunda como suspeita. Pensava que ambas eram necessárias numa comunidade democrática, mas não era capaz de entender como a riqueza, a excelência e a democracia podiam coabitar. Esta tensão percorre a sua autobiografia na terceira pessoa, *The Education of Henry Adams* (*A Educação de Henry Adams*, 1907), e *Democracia* (1880), uma sátira ficcional, mas sempre atual sobre os interesses corruptos durante a Era Dourada de Washington.

Olhando como historiador para o passado dos Estados Unidos, Adams via o país como especial e com um carácter fixo no fim da sua segunda guerra com a Grã-Bretanha (1815). No seu tempo, o país fora singularmente democrático. Como escreveu na sua descrição da república inicial, publicada em 1889–1891: «A guerra contava pouco, o herói ainda menos; só no povo é que o olhar podia assentar permanentemente.» Refletindo no seu próprio tempo, Adams tinha pouca esperança no autogoverno democrático, distorcido como era pelos interesses privados.

A desilusão atravessa toda a obra *Democracia*, cujo enredo — um romance matrimonial misturado com intriga partidária — serve de pano de fundo às ideias de Adams. A protagonista é uma viúva bem-intencionada que vai a Washington para observar os seus costumes. O anti-herói é o corrupto e poderoso senador Ratcliffe. Na boca de Ratcliffe, Adams põe uma visão escarnecedora do sufrágio de massas e da reforma social: «Nenhum governo representativo», dizia ele, «pode ser muito melhor ou muito pior do que a sociedade que representa. Se purificarmos a sociedade, purificamos o governo.» Enquanto jovem progressista, Adams acreditara na reforma social, mas perdera a fé. O leitor não percebe bem se Adams é repelido pelo cinismo de Ratcliffe ou atraído pela sua franqueza. A mesma incerteza ocorre na sua autobiografia, quando Adams escreve sobre o senador e manipulador político da vida real da Pensilvânia, Simon Cameron.

Apesar de atraída por Ratcliffe, como Adams, a protagonista rejeita os seus avanços. Quando ela o confronta com as suas negociatas corruptas, ele responde que receber dinheiro de uma companhia de barcos a vapor pouco seguros em troca de favores legislativos era inofensivo desde que isso ajudasse o seu partido, pois o partido fazia mais pela sociedade do que o seu rival, e trabalhar para a sociedade era o seu mais alto dever. A protagonista acha que Ratcliffe é um «lunático moral», mas, com pesar, conclui que, ao rejeitá-lo, «nove em cada dez dos nossos concidadãos diriam que cometi um erro». Ela deixa o ambiente político de Washington para fazer boas obras com «os seus pobres e as suas prisões, as suas escolas e os seus hospitais». Adams nunca perdeu a crença no ideal de soberania popular como a maneira menos má de organizar a política, mas acabou por concluir que as pessoas eram demasiado dispersas, preocupadas e fracas para resistirem ao poder concentrado do dinheiro.

Adams era um conservador hesitante e perturbado. H. L. Mencken (1880–1965), pelo contrário, era o rugido de um bombástico panfletista de direita. Adams desejava que as pessoas fossem mais sensatas do que eram. Mencken nunca duvidara da estupidez das pessoas. Gozava com os seus leitores da classe média, a que chamava uma «tolacracia», pelo pretensiosismo e pela conformidade. No entanto, estes mesmos leitores permitiram-lhe ter uma carreira brilhante como o sábio rabugento favorito da nação. Mencken foi um jornalista de Baltimore, crítico e editorialista, conhecido como o espírito das revistas *The Smart Set* e *American Mercury*, que expunham os escândalos políticos e escarneciam do ambiente cultural.

Os preconceitos pessoais de Mencken — contra os negros, contra os judeus, contra quase todos os estrangeiros menos os Alemães, o único povo que admirava — eram ilimitados e já não são publicáveis, salvo quando claramente sinalizados entre aspas ou como discurso indireto. Uma breve seleção de escritos publicados e inéditos mostra-nos o seu sabor ácido: «Misógino, um homem que odeia tanto as mulheres quanto estas se odeiam umas às outras». «O preto educado de hoje é um fracasso, não por deparar com dificuldades insuperáveis na vida, mas porque é um preto. Em suma, é um homem de casta inferior, assim nascido, e continuará inerte e ineficiente até que cinquenta das suas gerações vivam em civilização. E mesmo então, a raça branca superior estará cinquenta gerações à sua frente.»

O governo, o cidadão comum e a inteligência do público também eram alvos do escárnio de Mencken: a democracia era «a arte de dirigir o circo a partir da jaula dos macacos». «Qualquer governo, na sua essência, é uma conspiração contra o homem superior: o seu objetivo permanente é oprimi-lo e paralisá-lo.» Mencken adorava incitar os seus leitores à violência: «Suponhamos que dois terços dos membros da Câmara dos Representantes são atirados amanhã para o incinerador de lixo de Washington: que ganharíamos em compensar a nossa poupança dos seus salários com os salários dos seus parasitas?» «Proponho que deixe de ser um *malum in se* o cidadão agredir, chicotear, pontapear, espetar, cortar, ferir, mutilar, queimar, espancar, esfolar ou até linchar um trabalhador empregado.»

Sobre as capacidades morais e mentais do cidadão comum, Mencken escreveu: «O amor do homem comum à liberdade é nove décimos imaginário, tal como o seu amor à razão, à justiça e à verdade. Não é realmente feliz quando é livre; sente-se desconfortável, um pouco alarmado e intoleravelmente solitário.» O americano normal e devoto era crédulo, pois «a religião, de um modo geral, foi uma maldição para a humanidade». Era incapaz de raciocinar claramente. Os cidadãos nunca formavam um todo deliberativo, continuando a ser um rebanho irrefletido. «Quando um candidato a um cargo público enfrenta os eleitores, não enfrenta homens sensatos; enfrenta uma multidão de homens cuja marca distintiva é o facto de serem incapazes de ponderar ideias.»

As classes inteligentes também não eram uma grande ajuda. A nação não tinha uma «aristocracia intelectual — correta na sua informação, cética nos seus hábitos de pensar e, acima de tudo, segura na sua posição e autoridade». Aqueles que deviam servir de autoridades éticas e culturais falhavam ridiculamente na sua tarefa. O típico reitor era um «sicofanta perambulante, envolvido não na «batalha das ideias, na busca e disseminação do conhecimento», mas no «cortejo de burros ricos e no entretenimento das turbas».

No seu tempo, Mencken era reverenciado por muita gente, mas não universalmente, como o flagelo da opinião convencional. Nos anos 1920, Walter Lippman considerou-o «a influência pessoal mais poderosa sobre toda esta geração de pessoas educadas». Nos anos 1930, o estado de espírito do público leitor mudara. Mencken parecia velho e cansado.

Sem opiniões positivas próprias, tornou-se um conservador rabugento e afastado da realidade, que dizia que Roosevelt merecia ser tão condenado quanto Hitler.

As suas investidas baseavam-se mais do que em caprichos. Lia Nietzsche, o seu pensador favorito, sobre quem redigiu um estudo. Tal como George Orwell e Victor Klemperer, Mencken entendia a política das palavras que usamos. Em *The American Language* (*A Língua Americana*, 1921), defendia a inventividade e a vitalidade demótica da fala americana contra a congestão do «uso apropriado». No entanto, o próprio Mencken era pródigo no uso de palavras lesivas.

A favor de Mencken, os seus defensores dizem que ele nunca era pomposo ou presunçoso. Os seus preconceitos eram tão exagerados que escarneciam do próprio preconceito e os seus diários recentemente publicados mostraram que, indiscriminado nos seus alvos, o desprezo de Mencken pela estupidez humana não era seletivo, mas universal; ou seja, escarnecia dos humanos e das suas falhas fossem quais fossem os seus credos ou géneros. Além disso, ninguém lutou mais do que ele pelo seu princípio supremo, a liberdade de expressão, como ele próprio proclamou em *What I Believe* (*Aquilo em que Acredito*, 1930). Por último, os seus defensores viam no pavor de Mencken pela multidão um aviso contra a democracia não filtrada de um tipo populista para o qual receava que o seu país tendia.

A reputação de Mencken serve de teste informal do clima político — tendo caído em desuso nos anos 1930, recuperou nos anos 1980, quando um menckenismo grosseiro se tornou popular na comunicação social de direita americana e os liberais eram ridicularizados por causa do discurso politicamente correto. No espírito de Mencken, nos anos 2010, a direita dura alemã e francesa começaram a dizer corajosamente aquilo que, como afirmam, «não eram autorizados a dizer». A descrença de Mencken na capacidade dos eleitorados democráticos em tomar decisões sensatas ecoa nos eruditos atuais americanos de direita, que, com efeito, defendem a retirada do direito de voto aos eleitores estúpidos ou ignorantes.

As respostas a Mencken dependem, em parte, de se pensar se é lamentável ou bom que as pessoas tenham aprendido a lição de não falar em público como Mencken escrevia. Também dependem do quão são as pessoas convencidas pelo tom sábio de Mencken. Baseava-se neste argumento capcioso: acredita-se comummente em *p*; as crenças comuns são geralmente erradas; logo, não *p*.» Mencken era um admirador profundo e acrítico dos escritos de Nietzsche sobre a moral. Como cético moral, o problema de Nietzsche era que, para deitar abaixo a moral, era preciso deixar algo dela em pé. Como oposicionista conservador, Mencken parecia saber sempre que opiniões estavam erradas. Mas raramente ou nunca dizia quais estavam certas.

De todos os pensadores e escritores que aparecem neste capítulo, Georges Sorel (1847–1922) foi o mais abertamente político, mas também o politicamente mais difícil de classificar. Via o povo como a classe operária e a classe operária como uma arma condigna para usar contra os liberais e os democratas parlamentares. Dado que nenhuma destas imagens era totalmente verdadeira ou falsa, a obra de Sorel tornou-se uma caixa de retalhos para todos os que pensam a democracia liberal como irresgatável. Sorel foi classificado como um marxista excêntrico e arauto do fascismo. Isto fez dele aceitável para a esquerda radical, mas também para a direita irreconciliada, o que lhe confere um pequeno lugar na história do conservadorismo.

Sorel escreveu muito, mas é recordado sobretudo por *Réflexions sur la violence* (*Reflexões sobre a Violência*, 1906) e por *Illusions du progrès* (*Ilusões do Progresso*, 1908). O primeiro era uma antologia de ensaios sobre o liberalismo e o socialismo; o segundo era uma história do *progresso* como ideia política. Partilhavam alguns temas comuns fortes: em termos políticos, o desdém pela confiança liberal democrática na razão pública, nas eleições e no governo parlamentar; em termos sociais, a crítica da flacidez da classe média em que assentava a política liberal democrática. Na hostilidade à classe operária, Sorel via um meio para desmascarar a impostura liberal democrática e uma fonte de energia para revigorar uma sociedade decadente.

A sociedade liberal perdera as energias produtivas outrora vindas do capitalismo. Sem o antigo vigor, prevalecia uma ética decadente e pacífica do consumo. Politicamente, esta ética tinha expressão no embuste sufocante da democracia liberal. Enfraquecia a vitalidade social com processos, conversas e reformas paliativas. Sorel olhava para a hostilidade à classe operária para expor a disparidade hipócrita entre as piedades liberais de progresso igualitário e a condição real da sociedade liberal dividida em classes.

Ao negar que a razão e a argumentação guiavam a ação coletiva, Sorel seguia Le Bon e Tarde, duas pessoas que admirava. Enquanto estes se concentravam no modo *como* as pessoas em massa pensavam (como uma multidão e por imitação, respetivamente), Sorel concentrava-se *naquilo* que pensavam. O comportamento social, escreveu Sorel, era guiado por mitos. Estes eram pré-reflexivos, imponderados e irrefutáveis. Neste sentido, eram irracionais. No entanto, os mitos não eram vazios de pensamentos. Tinham conteúdo e referiam-se a alguma coisa. Os mitos mostravam como a sociedade era e como devia ser. Assim, serviam de normas coletivas, como as «autoridades» que o conservador Le Play (que Sorel também admirava) pensava serem essenciais para a ordem social. Para Sorel, os mitos eram profundos e imperativos. Exprimiam os compromissos mais fortes de um povo.

Sorel distinguia os mitos revolucionários, que eram genuínos e populares, das utopias, que eram artificiais e inventadas por intelectuais. Os mitos populares tinham a capacidade necessária para durar, carácter que faltava aos mitos intelectuais. Os mitos populares eram, em certo sentido, justificados e credíveis. Os mitos intelectuais eram fictícios e enganadores. Dos mitos utópicos fabricados pelos intelectuais, nenhum era mais fraco do que o mito liberal da sociedade de mercado que se auto-organiza. (Sorel podia ter acrescentado um mito liberal mais tardio, o mito do fim dos mitos.) O mito do socialismo era, em parte, revolucionário e, em parte, utópico. Era «sério, formidável, sublime». Tinha um adversário realmente revolucionário no mito do sindicalismo, que defendia a greve geral. Os socialistas queriam substituir os que dirigiam o Estado. Os sindicalistas queriam substituir o próprio Estado.

Para Sorel, «violência» não significava partir montras de lojas ou matar os ricos, mas a disposição de virar as costas às normas liberais e democráticas numa separação abrupta e clara. Assim entendida, a violência política incluía todas as ações radicais, não limitadas pela lei, para derrubar a antiga ordem. Era exercida sem ódio nem espírito de vingança e de forma desapaixonada, como uma operação militar. Neste sentido, uma greve geral seria violenta. A disposição para derrubar as normas sociais era endémica. Assim entendida, a violência nunca seria superada. A única questão em aberto era se a violência deveria ser selvagem ou nobre. A violência física era apenas uma forma, uma forma defensiva extrema quando confrontada com a polícia do Estado.

Sorel não era estritamente conservador, uma vez que não pertencia estritamente a nenhum campo político. Enquanto defensor de Dreyfus, atacou os políticos liberais que abusaram do governo para imporem os seus princípios e as suas carreiras. Depois, como sindicalista radical, defendeu Marx na França e apoiou a onda de greves em inícios dos anos 1900. O seu marxismo era mais ético do que económico. Para Sorel, Marx sofria da mesma deficiência redutora dos economistas políticos que o próprio Marx criticava: ambos se baseavam na economia, enquanto, para Sorel, era ao contrário. Os trabalhadores, a seu ver, deviam derrubar a burguesia, não porque os burgueses tinham dinheiro, mas porque eram frouxos e de vontade fraca. Após a Primeira Guerra Mundial, foi simpatizante da direita antiliberal e tornou-se antissemita antes de acabar como admirador de Lenine.

As críticas de Sorel a Marx estendiam-se a uma insatisfação geral com as ideias acanhadas do progresso humano. Mais conhecimento, mais bens materiais e mais lazer não faziam, escreveu ele no fim de *Illusions du progrès*, as pessoas mais felizes. O erro de pensar que faziam as pessoas felizes foi herdado dos reformistas esclarecidos do século XVIII. Decorria de uma suave «ética do consumo». A felicidade, sugeria Sorel numa breve passagem que ecoava a reverência de Mill à sabedoria imemorial sobre a questão, dependia fortemente de se ser ativo e de ter um trabalho satisfatório. O contraste de Sorel entre a ética da produção e a ética do consumo voltou a ouvir-se nas ansiedades pós-1945 sobre o poder do capitalismo para minar a sua própria vitalidade.

O pensamento de Sorel tinha elementos difíceis de conciliar: ciclos de crescimento e de declínio, bem como fases históricas de avanço marcadas por ruturas bruscas: mitos sociais como armas de classe que não eram verdadeiros nem falsos, como normas sociais pragmáticas aptas no seu tempo, ou como ilusões e logros (nas mãos erradas) e verdades emancipadoras (nas mãos certas); certeza sobre os defeitos de um sistema à vista de todos (democracia liberal) com um silêncio claro sobre o seu eventual substituto. Para alguém convencido (e contente) de que o liberalismo democrático está a morrer, os escritos de Sorel fornecem munições retóricas. Para os críticos do liberalismo democrático, a obra de Sorel é uma lição útil sobre os males do excesso.

A atração de Sorel era um desprezo crítico — pela democracia liberal e pela reforma paliativa. Para ele, só serviam a burguesia e os seus auxiliares políticos e intelectuais, enquanto enganavam e distraíam as massas. O desdém de Sorel pelas eleições, pelos Parlamentos e pelo debate interminável continuou a provocar descargas elétricas no século XX. Mussolini dizia que mantinha a obra de Sorel na sua mesa de cabeceira. A celebração da ação não racional e o desdém pelos Parlamentos de Sorel pairavam sobre o «decisionismo» executivo de Schmitt. A sua imagem do povo como uma massa homogénea unida pelo desdém pelas elites liberais ecoou fortemente na ascensão da direita dura e populista dos anos 2010.

III. Declínio cultural e anomia ética: Jünger e outros alemães, Drieu la Rochelle, os Agrários Sulistas e Eliot

Os danos na autoconfiança liberal democrática a partir da guerra de 1914–1918 revigoraram os conservadores irreconciliados. Deu-lhes grande abertura para denegrirem as sociedades liberais, que eles consideravam degradadas, sem objetivos e sem espírito. A matança mútua entre nações prósperas e abertas, que, segundo a teoria liberal, nunca devia ter acontecido, abalou as certezas liberais. A dominação colonial dos povos «inferiores» e as rivalidades imperiais que abriram caminho à matança expuseram o discurso liberal do progresso e da igualdade. O extasiante apoio popular à guerra quando esta começou transformou-se em motim, revolta e revolução quando acabou, obscurecendo a confiança liberal na democracia eleitoral.

O estado de espírito liberal abalado foi capturado como quase um desespero num artigo do economista John Maynard Keynes em 1923: «Hoje, somos os menos crentes dos homens. Todas as nossas religiões e construções políticas são antiquadas.» Keynes não dizia «liberal» num sentido político-partidário. Falava de um mundo liberal que os governos conservadores muito haviam feito para criar. Na distribuição de culpas pela guerra de 1914–1918 e pela paz severa que se seguiu, o conservadorismo tradicional ficou com uma grande parte, em especial os intelectuais da direita.

Tal como a Revolução Francesa, que os seus críticos viram como sintomática de deficiências mais graves, a Primeira Guerra Mundial forneceu à direita irreconciliada, nos anos 1920 e 1930, provas decisivas do fracasso da ortodoxia liberal. Alguns mantiveram-se na política, agindo como militantes nas franjas para mudarem o estado de coisas. Outros, sobretudo escritores e pensadores, retiraram-se para uma crítica mais elevada de um liberalismo vazio de espírito e de uma cultura democrática ordinária. A linha entre eles podia ser ténue. Maurras na França e, durante algum tempo, Ernst Jünger na Alemanha desempenharam os dois papéis. O poeta anglo-americano Eliot foi um caso puro de retirada para a crítica antimoderna. As suas críticas contrastavam com as desculpas pragmáticas e as defesas gastas do «podia ser pior» dos escritores do conservadorismo tradicional. O tumulto das opiniões da direita ecoa nas confusões intelectuais do conservadorismo atual, com, de um lado, ataques cerrados e fortes reclamações dos inflamados descontentes e, do outro, defesas gastas e obstinadas do liberalismo de direita.

O tumulto dos anos 1920 e 1930 variava em tom e em volume. Os alemães Oswald Spengler, Arthur Moeller van den Bruck e Ernst Jünger falavam, cada um à sua maneira, a favor de uma «revolução conservadora». Nos Estados Unidos, os Agrários Sulistas defendiam as quintas e o campo como uma vida mais elevada do que o trabalho operário nas cidades. O escritor francês de direita e simpatizante fascista Pierre Drieu la Rochelle abordou o enfraquecimento liberal que via em seu redor com um culto da ação pessoal. Contra a anomia da modernidade liberal, o grande poeta modernista Eliot, americano que se tornou britânico, apelava, como que fazendo eco de Coleridge, a um alto cânone cultural integrado na tradição cristã. Todos estavam fora da política. As suas críticas do clima intelectual do liberalismo democrático eram claramente éticas e culturais. Enquanto conservadores, atribuíam uma importância política às suas críticas.

A expressão «revolução conservadora» foi popularizada por um eminente conservador alemão, Armin Mohler, num livro com esse título publicado em 1949. Olhando em retrospetiva para a República de Weimar, Mohler analisou o fermento intelectual da direita alemã após 1918 em cinco tipos: os Jovens Conservadores, os *Völkish*, os adeptos de várias ligas anti-Weimar, os Agrários e os Revolucionários Nacionais. A minúcia e o rigor da tipologia de Mohler, que depois alterou, importavam menos do que o seu propósito histórico mais abrangente: encontrar uma estirpe mais pura do radicalismo conservador antiliberal nos anos 1920 através da qual o fascismo e o nazismo podiam ser vistos como contaminações ou como movimentos não conservadores de um tipo totalmente diferente. Segundo Mohler, aquilo que os pensadores da revolução conservadora partilhavam era um sentido da incapacidade do liberalismo para reconhecer as suas incoerências, bem como o desdém pela hipocrisia liberal: professava o bem universal, enquanto servia a classe e a riqueza; afirmava a fé no progresso, enquanto saqueava o mundo e mergulhava os seus povos na guerra.

À distância de um século, destacam-se três escritores da «revolução conservadora» da Alemanha: Oswald Spengler, autor de *Das Untergang des Abendlandes* (*O Declínio do Ocidente*, 1918); Arthur Moeller van den Bruck, que escreveu *Das dritte Reich* (*O Terceiro Reich*, 1923), e Ernst Jünger, um escritor experiente e controverso para quem Mohler trabalhou como secretário literário (1948–1952).

Se o grande estudo de Spengler sobre a ascensão e queda das civilizações fosse conhecida pelo seu subtítulo, *Esboços Para Uma Morfologia*

Histórica Mundial, seria de perguntar se teria vendido mais de 100 000 exemplares nos oito anos após a sua publicação. Muitos alemães viam-no com um estudo da derrota nacional e da humilhação do Tratado de Versalhes, embora Spengler tenha começado a desenhar o seu panorama em inícios dos anos 1910, um período de relativo desanuviamento e de esperança liberal. Descendente de um mestre de bailado e de uma bailarina, Spengler (1880–1936) estudou com eminentes economistas e filósofos antes de herdar dinheiro após a morte da mãe, que lhe permitiu viver como um cavalheiro intelectual.

Como arquiteto do alto gótico, Spengler aspirava à clareza estrutural e ao simbolismo abrangente. Pretendia dispor grandes espaços históricos em categorias lúcidas e abrangentes organizadas numa sequência inteligível. Praticamente todos os aspetos da vida humana tinham um significado simbólico e ajustavam-se no todo. O presente moderno podia ser caótico e desconcertante. Nas mãos de Spengler, a super-história prometia ao presente o seu lugar na ordem mundial. As notícias para os modernos ocidentais — que, para Spengler, eram os liberais progressistas — eram desanimadoras. Era de algum modo reconfortante que o Ocidente liberal tivesse desempenhado o seu papel no esquema histórico mundial. Menos reconfortante era a mensagem atual de Spengler de que o papel do Ocidente chegara ao fim.

Segundo Spengler, as altas culturas cresciam, prevaleciam e depois declinavam em ciclos de cerca de mil anos. O Ocidente emergira das últimas três das oito «altas» culturas que Spengler identificava: Apolínea (Grécia), Magiana (semítica-paleocristã-islâmica) e Faustiana (cristã tardia). Cada cultura era um todo vivo e autorreflexivo. Nenhuma estava encarnada numa suposta raça ou num grupo étnico. As culturas uniam as classes, fundiam a fé, o costume e as artes. Na sua forma pura e inicial, as culturas eram enraizadas, orgânicas, rurais. Cresciam, a par das cidades, mas conservavam sementes de decadência — excesso de razão, desprezo do instinto, perda da intimidade e da naturalidade. Enquanto se expandiam, as altas culturas «mumificavam-se» e tornavam-se civilizações. No esquema de Spengler, vemos os contrastes antimodernos familiares do conservadorismo romântico — o campo contra a cidade; o sentimento contra a razão; o todo contra a parte, bem como o pressuposto de que os habitantes da cidade, os pensadores críticos e os liberais estavam no lado errado do contraste.

O Ocidente passara da força para a fraqueza, da cultura para a civilização. A sua mumificação era evidente na política. As instituições livres da democracia e o dinheiro eram armas usadas pela burguesia contra a nobreza, ajudada pela imprensa. A liberdade permitia que o engenho criasse máquinas que beneficiavam e, ao mesmo tempo, escravizavam. O dinheiro conduzia à mercantilização de todos os valores. Numa «última batalha», a ditadura do dinheiro chegaria ao fim com o cesarismo e o ciclo histórico recomeçaria.

A posição política de Spengler era identificável sem a história inflamada ou o antimodernismo romântico. Disse-o claramente em *Preussentum und Sozialismus* (*Prussianidade e Socialismo,* 1919): a Alemanha não precisava nem do marxismo nem do liberalismo, mas de um «socialismo prussiano», um desejado híbrido que combinaria o Estado social e a aprovação popular sob um controlo conservador.

Arthur Moeller van den Bruck (1876–1925) também defendia a reconciliação dos opostos em *Das dritte Reich* (1923), a sua visão de uma vindoura Alemanha conservadora. Moeller era o filho autodidata de um arquiteto que lhe chamou Arthur em homenagem ao pessimista Schopenhauer. O seu estudo arquitetónico, *Der Preußischer Stil* (*O Estilo Prussiano,* 1916), via, como Ruskin, importância moral na forma arquitetónica, ainda que com um propósito claramente chauvinista. Moeller contrastava os valores «masculinos» existentes na tradição prussiana de pragmatismo, sentido de dever, respeito pela autoridade e comedimento, com os valores «femininos» do universalismo onírico e da exuberância sensual que se encontravam na arquitetura barroca e romântica de outros lados da Alemanha.

No plano político, Moeller, tal como Spengler, era essencialmente negativo. Sabia bem ao que se opunha: o tempo presente. A nova Alemanha, tal como desejada em *Das dritte Reich,* não seria progressista nem reacionária, nem absolutista nem constitucional. Os seus valores vagamente especificados seriam intemporais e conservadores, mas com a coragem moderna de viver «com a contradição». O seu socialismo seria «orgânico», ou seja, nascido do carácter nacional. O novo Reich seria antigo, mas moderno. Acima de tudo, não seria liberal ou parlamentar. «O liberalismo», escreveu Moeller, «é a morte das nações». O historiador americano Fritz Stern chamou justamente ao estilo de argumentação de Moeller «aniquilação por rótulos». O desejo de Moeller de ser simultaneamente moderno e tradicional ecoou nos discursos e nas doutrinas nazis. A sua mistura de raiva, ressentimento e pseudossaber tipificava o acolhimento dado à irracionalidade no debate público em grandes partes da direita alemã nos anos 1920 — um rebaixamento que ecoa na direita dura atual.

O experiente e controverso Ernst Jünger conquistou a sua fama militar na guerra de 1914–1918 como o oficial mais jovem que obteve a maior condecoração do país, a medalha *Pour le Mérite*. Conquistou a sua fama literária com *Tempestades de Aço* (1920), um sucesso de vendas que descreve a luta nas trincheiras a partir de diários de guerra. As memórias de guerra britânicas tendiam a ser elegíacas, autodepreciativas e até cómicas. Jünger era diferente. Como corrigido mais tarde e expandido noutros ensaios, em especial em «A Guerra como Experiência Interior» (1922), o livro de Jünger colocava o acento tónico nas oportunidades morais da guerra. A coragem face aos horrores, sugeria Jünger, podia elevar as vidas enfadonhas.

A lição do tempo de guerra de Jünger generalizou-se, nos seus escritos posteriores, numa ética da redenção através da desmobilização. Toda a gente estava esmagada na sociedade de massas, quer as suas forças fossem caóticas (liberalismo) ou organizadas (totalitarismo). No entanto, quando Jünger refletia sobre a sua reduzida unidade no fim da guerra, esmagado não significava conquistado. O respeito próprio pessoal podia ser salvo por táticas de rejeição: politicamente, na rejeição do trabalho político-partidário convencional; culturalmente, na renúncia à admiração e ao entusiasmo em proveito da observação distanciada (Jünger era especialista em escaravelhos); eticamente, na recusa das grandes ideias e do cumprimento do nosso dever pelos colegas e pela família. Apesar de não ser um pensador, Jünger considerava-se um inimigo conservador do niilismo moral, que ele julgava que assolava a modernidade liberal. A sua busca de um ponto de descanso passou pela «revolução conservadora» nos anos 1920 e pela emigração interior nos anos 1930, para terminar, após 1945, não longe do sentido de dever silencioso de Oakeshott na Grã-Bretanha: serviço estoico na guerra, recusa do tormento político na paz.

Nos anos 1920, Jünger aderiu à Revolução Conservadora, redigindo livros e panfletos contra a República de Weimar, acusando-a de tentar impor o liberalismo e a democracia, que Jünger detestava. Culpava os liberais burgueses pelos males civilizacionais da vida moderna. Sobre a democracia, escreveu em 1925: «Odeio-a como a praga.» Nesta década, tentou criar um movimento de trabalhadores de direita com amigos igualmente difíceis de classificar, como Ernst Niekisch, mas fartou-se das lutas faccionais. As ideias abertamente políticas de Jünger têm a sua expressão plena em *Der Arbeiter* (*O Trabalhador*, 1932), uma visão turva de uma sociedade de linha de montagem dirigida por soldados-artistas. Era difícil de distinguir do «socialismo prussiano» de Moeller e os críticos chamaram-lhe justamente bolchevismo de direita. Depois de Hitler ter tomado o poder, Jünger, que não era nazi, repeliu os esforços de admiradores no partido para fazerem dele a sua estrela literária e retirou-se da vida pública. *Sobre as Falésias de Mármore* (1939), a sua novela em prosa cristalina sobre os habitantes das margens de um lago pacífico esmagados por rufias liderados por um demónio, foi lida por muitos (mas não por todos) como resistência silenciosa. Para alguns, era um ataque velado ao hitlerismo, para outros era um protesto neonietzschiano contra a sociedade de massas por esmagar a excelência e a audácia.

Jünger, o conservador político que escarnecia da desordem da modernidade, tinha uma prosa muito moderna e pouco conservadora. André Gide, Bertolt Brecht e Jorge Luís Borges eram seus admiradores. Em 1939, depois de voltar a voluntariar-se, começou a redigir um segundo diário de guerra como oficial da força invasora alemã na Paris ocupada e na Frente Oriental. Aforismos, pensamentos filosóficos e meditações religiosas misturam-se com sonhos estranhos e por vezes engraçados. Os pequenos prazeres convivem com horrores súbitos. Imagens bruscas aparecem e desaparecem como que na superfície de um lago. O crítico alemão Karl-Heinz Bohrer chamou justamente à estética de Jünger «a estética do choque». Mas isto não acrescenta muito. Não há linhas demarcadas nem equilíbrios desfeitos. Os admiradores julgavam a sua escrita calma e desligada fiel às desconexões da vida moderna. Para os críticos, era rebuscada e amoral.

Num passeio pelo campo ao longo de uma estrada esburacada pelas bombas perto da sua casa, em 1944, Jünger gozou de um momento de prazer conservador, que registou no seu diário. Enquanto caminhava, dizia a si mesmo que os liberais eram os culpados pelo que acontecera. Como era maravilhoso, escreveu ele, «ver o drama dos velhos liberais, dadaístas e livres-pensadores, enquanto começavam a moralizar no fim de uma vida totalmente dedicada à eliminação da velha guarda e à destruição da ordem». «Culpem os liberais!» era a acusação básica do conservadorismo. Estorvou a República de Weimar e atormenta a política atual. Não lamentar Jünger pelos seus dramas pessoais — um filho morto em combate, outro por suicídio — seria inadequado. Não responder à prosa seria surdo. Politicamente, era como se nada tivesse aprendido.

Após 1945, Jünger abandonou o trabalho no seu «Apelo aos Jovens do Mundo». Apesar do tom um pouco místico, a sua visão do entendimento cristão entre as nações europeias pacíficas era muito partilhada pelos conservadores alemães que estavam então a reconstruir uma direita democrática liberal. Jünger manteve-se afastado deste empreendimento. Em escritos frequentemente alegóricos, partilhou com a direita intelectual alemã do pós-guerra muitas críticas a que regressaremos na parte V: a distribuição injusta da culpa pela guerra, o poder não controlado do Estado moderno, a erosão global do elemento local e da tradição e a disseminação global e cega da tecnologia não controlada.

Certa vez, Jünger escreveu que os conservadores conservavam os seus inimigos. A seu ver, o conservadorismo era um credo de resistência. No mesmo espírito, descreveu-o noutro texto como anarquista. Este tipo de conservadorismo era amplamente negativo, um virar de costas à sociedade e à cultura democráticas, e o único conselho construtivo era o recolhimento pessoal, uma atitude recomendada em *O Passo da Floresta* (1951). Este conservadorismo «individualista» de salvação pessoal teve uma segunda vida, como veremos, após 1980, com os críticos filosóficos que sugeriam uma retirada de princípio das minorias conservadoras que não viam espaço para compromisso com a modernidade liberal.

A guerra de 1914–1918 também foi vista pelo escritor francês Pierre Drieu la Rochelle (1893–1945) como um suicídio liberal. No entanto, ao contrário de Jünger, os veteranos de Drieu não eram heróis, mas cínicos. Além disso, segundo Drieu, uma calamidade maior estava para acontecer. Como outros da direita francesa, estava preocupado com a decadência social e o declínio nacional. Devemos sublinhar que o alarme com a situação da França atravessava toda a política. As preocupações concentravam-se na industrialização atrasada da França, nas perdas da guerra (mais de 10 por cento dos homens ativos), na queda da taxa de natalidade, no despovoamento do campo e das vilas, no recuo da língua francesa e na invasão da cultura americana, sobretudo o cinema, de que a França fora a pioneira. Somados, estes receios tendiam a cancelar e a paralisar. Por exemplo, eram necessárias mais fábricas e mais vilas, mas a terra precisava de manutenção e as pessoas das vilas tinham menos filhos. Ou, mais uma vez, os franceses tinham de trabalhar mais e, em simultâneo, tirar mais tempo para a cultura. Não importava, o evangelho do declínio era popular e difícil de resistir.

Se a França estava presa, para que lado do exterior se deveria virar? Os conservadores moderados como Tardieu, já aqui referido, olhavam para os Estados Unidos como um modelo de modernidade bipartidária. Os conservadores culturais franceses, pelo contrário, tendiam a ver o americanismo como uma doença civilizacional, uma mistura de cobardia liberal e autoindulgência popular. Em *Scènes de la vie future*

(*Cenas da Vida Futura*, 1930), Georges Duhamel representou os Estados Unidos contemporâneos como uma anti-França de filmes idiotas, *jazz* selvagem, comida industrial e desportos bárbaros. Em contraste com o francês humano e enraizado, os americanos *déracinés* eram escravos da consciência, que passavam as poucas horas livres do trabalho rotinizado num autoaperfeiçoamento punitivo. Para Duhamel, a cultura americana promovia valores «reversíveis» — ou seja, alteráveis —, enquanto um país precisava de valores «irreversíveis». Uma rejeição breve comparável podia ser lida em *Le Cancer américain* (*O Cancro Americano*, 1931), de Robert Aron e Arnaud Dandieu.

O olhar de Drieu era mais seco e menos entusiasmante. Não acreditava na renovação tecnocrática e a crítica cultural estava fora de questão. Olhava para o Sul e para o Leste, para a modernidade iliberal, coletivizadora e unipartidária em Roma, Berlim e Moscovo. Tudo isto o atraía, mas não se fixava em nada. Em vez disso, Drieu vagueava pelas franjas políticas em busca de um espaço não liberal que não fosse comunista nem fascista.

A sua vagabundagem desenha um mapa simples da direita dura francesa do período entre as guerras. Em primeiro lugar, o surrealismo de esquerda (atração: a irracionalidade), depois o Action Française (atração: autoritarismo, ainda que detestasse a moralização cristã). O *Socialisme Fasciste* (*O Socialismo Fascista*, 1934) de Drieu pode ser lido como um engarrafamento de «ismos», nenhum aplicável França: capitalismo (esgotado), marxismo (demasiado estritamente económico e não suficientemente nietzschiano), nacionalismo (não suficientemente fascista), fascismo (era preciso um líder carismático, mas não havia nenhum na França). Drieu virou-se para o Partido Popular antiparlamentar de Doriot como alternativa a outras vias unipartidárias, mas voltou a afastar-se. Após a ocupação alemã, Drieu dirigiu a *Nouvelle Revue Française* e colaborou com os censores nazis. Depois da libertação de Paris, Drieu suicidou-se em desgraça.

A obra-prima de Drieu foi *Gilles* (1939), um romance autobiográfico de autoaversão e desespero com a política, passado em Paris antes da guerra. O sedutor herói de Drieu, Gilles, ferido, tal como o autor, nas trincheiras, erra pela cidade, desprezando-se a si mesmo, a sua amante judia rica, os seus amigos marxistas-boémios e os liberais republicanos sitiados da França. Gilles combina o discurso elaborado do ódio e ideias repugnantes com pequenos atos de decência — ou melhor, incita a agir de forma decente, pois o torpor e a repugnância de si mesmo intrometem-se habitualmente na ação. A ineficácia era o problema de Gilles, tal como era o problema, segundo Drieu, da França. A saída ficcional, para Gilles, era martirizar-se como um voluntário infeliz, impreparado e descrente para a guerra civil espanhola contra os republicanos. Muito antes da derrota militar da França (1940), a submissão nacional desse tipo era, para Drieu, a única opção prática da França — uma conclusão desesperada e negativa que sublinha a sua exaustão intelectual. A sua rejeição da ortodoxia democrática liberal da França era tão radical que não o deixava imaginar qualquer outra alternativa. Dizia que era «fascista sem o saber». Um rótulo melhor seria niilista de direita. «A única maneira de amar a França», escreveu Drieu, «é odiá-la na sua forma presente».

A entrada dos Estados Unidos na guerra europeia (abril de 1917) e a Revolução Bolchevique (novembro de 1917) alteraram o roteiro do conservadorismo americano. A criação da União Soviética transformou uma nação outrora revolucionária numa potência mundial contrarrevolucionária, como bem disse Patrick Allitt em *The Conservatives: Ideas and Personalities throughout American History* (*Os Conservadores: Ideias e Personalidades da História Americana*, 2009). O anticomunismo já não distinguia a direita da esquerda americanas. A guerra no estrangeiro, pelo contrário, dividia a direita americana. Como vimos, os conservadores dividiram-se sobre como os Estados Unidos deveriam usar o seu poderio mundial: com outros ou sozinhos. Na alta política internacional, os republicanos dividiam-se em multilateralistas e unilateralistas, mais conhecidos, ainda que de forma enganosa, como isolacionistas.

A linha de envolvimento e de não envolvimento dividia os conservadores em torno da política interna. Os conservadores tradicionais continuavam ativos, competindo e fazendo compromissos com os liberais democráticos. As minorias sonoras da direita americana mantinham-se distantes. Criticavam a sociedade contemporânea como que de fora da luta partidária habitual. O principal exemplo conservador dos anos 1930 foi o Agrarianismo Sulista.

Os Agrários, escritores e intelectuais sulistas ligados à Universidade Vanderbilt, empreenderam a defesa dos objetivos e ideais culturais da sua região contra os preconceitos do Norte. Um livro dos seus ensaios, *I'll Take My Stand* (*Assumo a Minha Posição*, 1930), defendia o «estilo de vida sulista» contra o «estilo americano ou prevalecente». Via o conflito como «Agrário *versus* Industrial». Uma sociedade agrária, sendo imemoravelmente familiar, não precisava de definição. Era útil para as indústrias, para as profissões, para os académicos, para os artistas e até para as cidades. No entanto, a agricultura era «a principal vocação» e o trabalho mais recompensador, quer feito por riqueza, prazer ou prestígio. A «cultura do solo» era «a melhor e mais sensível das vocações» e, por isso, devia ter «a preferência económica e recrutar o maior número possível de trabalhadores».

Celebração da escrita sulista, o livro era uma réplica tardia de «The Sahara of the Bozart» («O Saara de Bozart», 1917) de Mencken, uma sátira (jogando com a expressão «beaux arts») que rejeitava as afirmações de superioridade cultural no Novo Sul — «um paraíso colossal de quarto nível» — e troçava dos sulistas brancos com um racialismo próprio por serem maioritariamente mestiços. No principal ensaio de *I'll Take My Stand*, John Crowe Ransom atacava as piedades liberais do progresso, do trabalho árduo e da inovação. Um historiador atacava a hipocrisia nortista por reescrever a Guerra Civil como uma cruzada contra a escravatura. Na verdade, dizia ele, a guerra foi uma luta da indústria contra a agricultura (enfraquecendo a sua argumentação com a depreciação racialista dos negros). No seu contributo, «The Briar Patch» («O Impasse»), Robert Penn Warren fazia uma defesa forte, mas confusa, da segregação e da doutrina de «separados, mas iguais». Era correto, sugeria ele, que um sulista negro esperasse uma cama de hotel tão confortável como a oferecida a um sulista branco, mas não podia exigir ficar no mesmo hotel — evitando assim a simples questão de que os males da discriminação não tinham que ver com o conforto, mas sim com a dignidade.

Como os conservadores ingleses católicos Hilaire Belloc e G. K. Chesterton, os Agrários favoreciam um loteamento «distributivo» da terra às pessoas, para as cultivarem em pequenas comunidades. O apelo do «regresso à terra» era excessivamente esperançoso. O escritor Allen Tate, que herdara a sua quinta de um irmão citadino rico, percebeu depressa que o trabalho era demasiado árduo. Os contribuintes mais práticos achavam que a disrupção a que apelavam era radical ou até utópica. De forma relutante, aceitavam a indústria, mas segundo os termos sulistas e não imposta ou dirigida por nortistas.

As objeções à civilização empresarial dos Estados Unidos não eram exclusivas dos Agrários. Eram comuns na crítica social da esquerda à direita. A esquerda cultural ridicularizava o consumismo americano e a superficialidade materialista em nome da libertação pessoal e de vidas mais férteis. A direita cultural, representada por figuras como Irving Babbitt e Elmer More, fazia o mesmo em nome de valores humanos mais elevados. Os Agrários partilhavam algum deste elitismo cultural, mas atacavam de outra maneira a civilização «empresarial»: em nome do Sul e das suas práticas especiais. Como Calhoun, queriam que os deixassem em paz. Quão conservadores eram os Agrários? O separatismo e o regionalismo, em si mesmos, não eram de direita nem de esquerda, conservadores ou não conservadores. No entanto, tal como em Calhoun, os valores e as atitudes locais que os Agrários defendiam estavam bem à direita, eram não democráticos e iliberais.

T. S. Eliot (1888–1965) era um americano que havia muito trocara o seu Centro-Oeste natal pela Europa, tornando-se um modernista literário proeminente. Eliot foi poeta, dramaturgo, editor, crítico e dissidente conservador da modernidade liberal. Aquilo que as instituições estáveis eram para a mente política conservadora, a tradição cultural era-o para a mente literária de Eliot. A tradição respondia ao vazio espiritual da modernidade, que foi poeticamente explorado em *A Terra Devastada* (1920). As tradições não eram herdadas, mas tinham de ser trabalhadas e conservadas, explicava Eliot em *The Sacred Wood* (*O Bosque Sagrado*, 1920). Os seus ensaios visavam fixar um cânone poético e estabelecer, nem de forma puritana nem didática, o valor moral distintivo da poesia como a «verdade vista na paixão». Sem uma tradição central, os escritores e os pensadores tornavam-se limitados, pobres.

Eliot abordou a crítica social em *The Idea of a Christian Society* (*A Ideia de uma Sociedade Cristã*, 1939). Foi neste ano que encerrou a revista *The Criterion*, que dirigia desde 1922. O seu diagnóstico da sociedade moderna, que os conservadores religiosos atuais podem achar agradável, era desolador. Contrastava uma sociedade de espírito religioso, «em conformidade com a natureza», com uma sociedade pagã, não em conformidade com a natureza, baseada no «lucro privado», na «destruição pública» e no «esgotamento dos recursos naturais». Na altura, o liberalismo estava a fracassar, mas não havia alternativas claras. Embora conciliasse a autoridade e a comunidade, o fascismo tinha o defeito do paganismo. Para resistir ao avanço do paganismo e do materialismo, Eliot encarava a «perspetiva de uma sociedade cristã». A ideia, reconhecia ele, não apelaria à maioria. Mas quais eram as alternativas? Ou o «declínio apático, sem fé e, portanto, sem fé em nós mesmos, sem uma filosofia de vida, quer cristã ou pagã, e sem arte». Ou «a democracia totalitária», com a «arregimentação e a uniformidade» de uma «moralidade higiénica no interesse da eficiência». Entretanto, ter uma vida cristã numa sociedade não cristã era cada vez mais difícil, pois os cristãos estavam implicados numa «rede de instituições» já não neutrais, mas não cristãs, da qual não podiam sair. Para os cristãos, não era suficiente serem uma minoria tolerada. De facto, talvez «a coisa mais intolerável para os cristãos é serem tolerados».

A perspetiva de Eliot no pós-guerra era mais esperançosa. Em *Notes towards a Definition of Culture* (*Notas para uma Definição da Cultura*, 1948), dizia que a alta sensibilidade ainda podia «permear» a cultura mais geral. O termo «cultura» não podia ser claramente definido, reconhecia Eliot, mas a cultura podia ser reconhecida e caracterizada. Entre as coisas que destacava sobre a cultura encontramos a ideia de que esta se transmitia principalmente através da família. A hierarquia era outro elemento: «Numa sociedade vigorosa, tanto a classe como a elite serão visíveis.» Acima de tudo, era errado pensar que podia haver cultura sem religião ou pensar, com Arnold, na cultura como religião. Não se pode, escreveu Eliot, fazer uma religião a partir de uma cultura.

Eliot era versado no passado contraliberal. Admirava a insistência de Coleridge em que os intelectuais conservadores deviam ter ideias claras sobre as questões políticas e sociais. A sua própria tese universitária era sobre o pensamento ético de Bradley. Eliot pensava, tal como Bradley, que a liberdade pessoal, os deveres para com os outros e a ordem social não eram dissociáveis. Tampouco pensava que a ordem social podia estar separada da cultura ou a cultura estar separada da religião. Num ensaio em *Democracia e Liderança* (1924) de Irving Babbitt, seu professor de Harvard, Eliot contrastava o apoio ao ensino humanístico, que ele aprovava, com o humanismo, no sentido religioso de secularismo, que ele reprovava. Babbitt defendia a educação humana abrangente nas universidades como um contrabalanço necessário numa cultura democrática. Opunha-se aos cursos eletivos de Charles Eliot Norton, que davam aos alunos de licenciatura demasiada escolha, bem como ao modelo alemão de investigação para os licenciados, que produzia especialistas restritos. Eliot defendia Babbitt neste debate, mas criticava a tentativa deste último de «alinhar» o humanismo «em ordem de batalha com a religião contra o humanitarismo e o naturalismo». O que Eliot queria dizer era que, no que respeitava aos conservadores de espírito religioso, o humanista (ou seja, o secularista culto), o humanitário (o liberal secular bem-intencionado) e o naturalista (o negador da religião de espírito científico) estavam todos no lado errado da linha. Babbitt, na opinião de Eliot, cometia o mesmo erro que Arnold cometera em relação à cultura, ou seja, tentar transformar a cultura numa religião. «Não podemos transformar o próprio humanismo numa religião.» Eliot era intransigente: «O ponto de vista humanístico é auxiliar e dependente do ponto de vista religioso.» Com a sua eloquência característica, Eliot resumiu o seu conservadorismo cultural nestes termos elevados: «A resposta conservadora à modernidade é abraçá-la, mas abraçá-la criticamente, em plena consciência de que as conquistas humanas são raras e precárias, de que não temos o direito conferido por Deus de destruir a nossa herança, mas de que devemos submeter-nos sempre pacientemente à voz da ordem e dar o exemplo de uma vida ordenada.»

IV. Oração fúnebre pela democracia liberal: Schmitt e Maurras

Nos anos 1920 e 1930, o descrédito político causou danos mais diretos à autoconfiança democrática liberal. À esquerda, havia escritores em busca de um espaço entre o liberalismo e o estalinismo. Esperavam reescrever a grande narrativa marxista do progresso histórico rumo a uma emancipação na qual terminaria o conflito humano. À direita, os conservadores radicais insistiam na incapacidade do liberalismo para conquistar a paixão popular e no fracasso da democracia representativa em governar e tomar decisões. Destes, os exemplos mais distintos eram Carl Schmitt na Alemanha e Charles Maurras na França. Nenhum deles tinha alternativas claras. Ambos estavam na franja do conservadorismo e detestavam o liberalismo. Quando a crise chegou, Schmitt abraçou o nazismo e Maurras militou pelo autoritarismo.

Fora da sua Alemanha nativa, Carl Schmitt (1888–1985) tinha algo de monstro marinho, muito falado e raramente visto, embora seguramente profundo e alarmante. Foi um conservador antiliberal, um católico romano e um nazi (1933–1945). O seu longo envolvimento com o hitlerismo dificulta o tratamento imparcial do pensamento de Schmitt, mas, como jurista público, escreveu uma obra normativa sobre direito constitucional. Como ensaísta político antes de 1933, questionou as certezas democráticas liberais em livros breves e cáusticos.

Schmitt levantava questões desconcertantes sobre a natureza do Estado, a autoridade política e a democracia em epigramas profundos e sugestivos: «Todos os conceitos importantes da teoria moderna do Estado são conceitos teológicos secularizados.» «O soberano é aquele que decide a exceção.» «A ditadura não é antitética da democracia.» «Quando falamos de humanidade, mentimos.» O estilo deste jurista singular foi comparado à iluminação momentânea da luz do *flash*. O seu biógrafo, Paul Noack, descreveu Schmitt como alguém que argumentava com «mitos cheios de conceitos».

O epigrama mais conhecido de Schmitt — «A distinção específica da política… é entre amigo e inimigo» — visava chocar. Tal como muitos bons epigramas, continha verdade suficiente para distrair da sua falsidade geral. Depois de ler *O Conceito do Político*, Ernst Jünger escreveu uma carta a Schmitt em outubro de 1930, congratulando-o por «uma mina que explode silenciosamente». Sob a capa de um pensador do direito, Jünger encontrara um sapador ideológico.

Nos anos de Weimar, os conhecimentos especializados de Schmitt envolveram-no nas disputas constitucionais que marcaram a vida curta da república. Como muitos em todo o espetro político, Schmitt queria uma presidência mais forte. Como conservador preocupado com a ordem social, Schmitt receava a direita e a esquerda anticonstitucional. O seu *Legalidade e Legitimidade* (1932) defendia o banimento dos nazis e dos comunistas.

Enquanto, em 1933, os conservadores alemães aceitaram o nazismo como o mal menor, Schmitt tornou-se um entusiasta. Aderiu ao partido nazi, encorajado por Martin Heidegger, e contribuiu para a redação das leis de nazificação dos estados alemães, mas manteve-se desconfiado de Hitler até, em 1934, o Führer ter eliminado de forma sangrenta os seus rivais, incluindo Kurt Schleicher, o patrono de Schmitt. Num artigo famoso, intitulado «O Führer Protege a Lei», Schmitt tentou justificar a matança. No entanto, apesar da sua ambição e adaptabilidade, Schmitt era demasiado erudito e não suficientemente bruto para se tornar no «jurista da coroa» dos nazis. Posto de lado, retirou-se para a vida académica, mas não o suficiente para escapar à desgraça após 1945. Ao contrário de Heidegger, que manteve um silêncio relativo depois dos primeiros elogios pró-nazis, o envolvimento de Schmitt com o nazismo foi longo e aberto. Higienizou os seus escritos cortando as referências aos pensadores judeus ou de esquerda e acrescentando excursos antissemitas. Em 1936, lecionou sobre o «direito alemão na luta contra o intelecto judeu», terminando com as palavras de Hitler: «Ao combater o judeu, luto pelo trabalho do Senhor.» Depois de 1940, ministrou palestras na Europa ocupada sobre a política jurídica e cultural nazi. Interrogado e libertado pelos americanos após 1945, Schmitt virou-se para a geopolítica, escrevendo *O Nomos da Terra* (1950), uma história de poder político sobre o domínio gradual americano da ordem internacional.

O trabalho de Schmitt anterior a 1933, pelo qual é principalmente recordado, concentrava-se no poder político e na unidade da nação. Mais crítico do que construtor, Schmitt atacava as fraquezas da democracia liberal. Em muito grande medida, partilhava a crença conservadora na incapacidade das pessoas para se governarem a si mesmas, na vulnerabilidade das instituições e na consequente necessidade de uma mão decisiva e forte no governo. Schmitt pensava que os liberais e os democratas estavam errados nestes três aspetos. As paixões populares apanhavam geralmente os liberais desprevenidos e estes eram lentos a defender as suas instituições e os seus valores contra os inimigos. A democracia representativa era vã na sociedade de massas, onde o mito popular batia a argumentação racional entre os bem informados.

Um dos primeiros passos de Schmitt contra a democracia liberal foi dissociar a representação democrática das limitações liberais impostas ao poder. Apesar de serem joias da teoria liberal, os Parlamentos não eram pontos de decisão soberana nem lugares de debate informado, como disse Schmitt em *A Crise da Democracia Parlamentar* (1923). As decisões parlamentares ou eram tomadas através de negociações (não democráticas), ou eram adiadas em discussões intermináveis (ineficazes). Os limites ao poder arbitrário, vitais para os liberais — separação dos poderes, tribunais independentes, um executivo eficaz e limitado pela lei —, eram possíveis sem Parlamentos eleitos. No lado democrático da relação que Schmitt queria romper, os Parlamentos eleitos eram um embuste. A soberania popular invocava uma identidade de governantes e governados que não tinha expressão prática. Schmitt reconhecia que os plebiscitos e os referendos podiam tornar o governo parlamentar mais democrático. Mas tinha má opinião sobre o conhecimento e a sabedoria dos eleitores. Além disso, a democracia direta também estava aberta à manipulação pelos partidos políticos, que eram o tormento de Schmitt.

A outra grande deficiência da democracia liberal era a sua incapacidade de usar o elemento mítico. Era um cumprimento a Sorel, de cujo trabalho Schmitt gostava. Os mitos podiam ser racionais ou irracionais; o marxismo, por exemplo, oferecia o «mito racional» do autogoverno proletário. No entanto, Schmitt pensava que os mitos de classe eram contingentes e fracos. Tornavam-se em cálculos variáveis de interesse económico. À medida que a classe operária enriquecia, a atração do mito proletário tendia a diminuir. Mais poderosos eram os mitos «irracionais». Schmitt pensava que só estes podiam envolver e unir as pessoas em grande número. O mito mais ajustado ao presente era o da nação.

A pertença a uma nação não envolvia «ses» nem «mas». Era um facto bruto ou um relacionamento irrefletido, como um ato de fé. Fosse o que fosse, a devoção à nação oferecia a coesão necessária que o marxismo e a democracia liberal não tinham. (A coesão marxista não durava; a democracia liberal não tinha nenhuma.) A democracia que se ajustava ao presente, concluía Schmitt, não era parlamentar nem plebiscitária. Ao invés, seria a palavra de uma nação voluntariamente mobilizada com um líder carismático. Schmitt lembrava aos leitores a grande extensão que havia no espaço conceptual para a democracia iliberal. Daqui até ao fascismo ou ao nazismo era apenas um passo.

A nação podia unir as pessoas, mas o que unia a nação? A resposta de Schmitt foi dada em *O Conceito do Político* (1927). Em 60 páginas, Schmitt abordava a obrigação política, a soberania, a identidade de grupo e os propósitos da vida. Para ligar estes temas diferentes, Schmitt usava um único termo emotivo, «o inimigo». A presença de um inimigo, escreveu ele, engendrava a nação, unia o povo ao Estado, criava a necessidade de um soberano e elevava a política acima do mundano. O seu ensaio era tão rico e denso que Schmitt foi visto diversamente como um «realista» hobbesiano, um devoto do Estado-nação hegeliano e um pessimista agostiniano. A comparação com Hobbes oferecia mais luz, mas, ao contrário dos vizinhos rivais de Hobbes, os inimigos de Schmitt eram externos. Para Schmitt, o inimigo era qualquer forasteiro contra o qual a nação podia definir-se e talvez lutar para sobreviver. (O círculo era evidente: sem inimigo, não há nação; só uma nação podia identificar o inimigo nacional.) Schmitt sublinhava que a inimizade unificadora tinha de ser razoável e sentida de forma apaixonada. Os inimigos não tinham de ser rivais económicos ou geopolíticos. Nem precisavam de ser odiados. Bastavam ser o Outro da nação.

Como observou o filósofo Bernard Williams, a ideia de amigo-inimigo de Schmitt é, num sentido, banal e inofensiva. Toda a política envolve partidos e campos. Toda a política envolve competição e conflito. Noutro sentido, porém, a ideia de Schmitt não era banal nem inofensiva, pois parecia fazer da política um tipo especial de conflito, nomeadamente, a guerra. Se a política põe inevitavelmente o amigo contra o inimigo, a unidade cívica requer, não um princípio partilhado, mas um inimigo externo. A diversidade cívica teria de ser pensada, não como uma luta de interesses negociáveis e de argumentos controláveis, mas como uma guerra civil de baixo nível.

Uma inimizade pura sem objetivo nacional ou sentimento hostil era suficientemente misteriosa para que Schmitt acrescentasse depois (numa edição revista) uma razão instrumental para a vigilância defensiva: manter a guarda contra um inimigo externo dava à política uma urgência e um carácter decisivo que a democracia liberal nunca poderia igualar. Apesar da mudança, Schmitt continuava a tratar a sua distinção amigo--inimigo de uma forma quase espiritual. Se reconhecida, parecia ele dizer, a inimizade aprimorava e intensificava a vida. Como os conservadores culturais antes e depois dele, Schmitt também se sentia perturbado com a perda aparente de rumo e a desoladora falta de sentido da modernidade liberal. A singularidade, para um conservador, era o facto de Schmitt olhar para a política a fim de preencher a lacuna. Uma solução mais natural — procurada por Newman, por exemplo — seria uma religião autoritária. O correspondente e interlocutor de Schmitt, Leo Strauss, observou isso a Schmitt, que reconhecia o elemento religioso no seu pensamento.

Schmitt tendia a argumentar com alternativas cativantes, mas falsas: os liberais eram fracotes ineficazes ou manipuladores hipócritas; a verdadeira democracia ou era um plebiscito constante ou uma ditadura permanente; a política era totalmente amoral ou era a moralidade mais elevada. Tinha razão ao dizer que, ao defender a sua vida, a democracia liberal podia lesar outro valor elevado, mas o dano podia ser limitado sempre que possível, mesmo em condições extremas. Uma coisa eram os poderes limitados de emergência controlados pelos tribunais. Outra era a ditadura «comissarial» ilimitada, mesmo que temporária, que Schmitt favorecia. Os liberais, ao contrário do que ele sugeria repetidamente, não ignoravam as lealdades, a paixão e o mito. Porque os liberais compreendiam o poder destes, insistiam na não discriminação, na separação do Estado e da Igreja e na não intrusão nas crenças mais profundas das pessoas.

Havia um padrão recorrente no rendilhado de Schmitt. Enquanto antiliberal político, Schmitt atribuía um valor alto à unidade social e aos objetivos comuns. O pluralismo liberal, a concorrência e a diversidade preocupavam-no. A moralidade, a vida moderna, como Taine a descrevia, eram por ele vistas como privadas e sem finalidade. Segundo Schmitt, o liberalismo devia ser assim duplamente culpado, e uma política pós--liberal oferecia uma cura dupla. Schmitt não percebia como a autoridade política poderia sobreviver à competição partidária e ao debate público. Não percebia como a autoridade poderia sobreviver ao juízo pessoal e ao descrédito dos guias tutelares. De forma confusa, pensava que um poder não controlado podia restaurar as duas autoridades, a política e a moral. Como Jan-Werner Müller disse claramente em *Ein gefährlicher Geist: Carl Schmitts Wirkung in Europa* (*Uma Mente Perigosa: a Influência de Carl Schmitt na Europa*, 2004), Schmitt exigia «demasiado da política em termos de sentido e excessivamente pouco em termos de moralidade».

Charles Maurras (1868–1952) era a força intelectual atrás do Action Française, o principal partido monárquico, crítico incansável da Terceira República e descrente do liberalismo e do governo parlamentar. Em epigramas graciosos, abraçava o moralmente repugnante e incitava os seguidores à violência, rejeitando depois quaisquer responsabilidades. O seu alvo favorito era o «estrangeiro interno», um termo arbitrário que usava para os protestantes, judeus e maçons franceses, bem como para os imigrantes ainda não franceses.

O panorama mental de Maurras tinha três pontos fixos. Um era um passado clássico iluminado, enraizado no mundo mediterrânico, onde nascera no porto de Martigues, a norte de Marselha. Lia os autores clássicos para se descontrair e escrevia uma prosa límpida e clara que escondia pouco a sombra ou a ironia. Maurras de modo algum permitia que as cortesias democráticas escondessem o seu desdém pela turba. Via a autoridade, à imagem da beleza ou da inteligência, como uma dádiva da natureza, reconhecida e respeitada em toda a parte, e pensava que as virtudes ou excelências humanas, apesar de inconfundíveis, eram raras. «Sou um romano», disse ele, «e sou humano. Para mim, significam o mesmo». O seu respeito pelos valores romanos, tal como os imaginava, estendia-se à herdeira de Roma, a Igreja Católica, o segundo ponto do seu triângulo intelectual. Maurras não era um crente religioso, mas via na Igreja, nos seus ritos e nas suas tradições uma fonte de ordem ética que a modernidade, a seu ver, destruíra.

O terceiro elemento do seu panorama era o «positivismo» de Auguste Comte. Maurras não partilhava a crença de Comte no progresso humano nem a sua fé na capacidade de organização racional da sociedade. Mas seguia Comte na rejeição das abordagens místicas ou irracionalistas à política. Para Maurras, o pensamento político devia emergir de um entendimento dos factos da vida humana, que começavam com o carácter particular da tradição em que as pessoas viviam.

A principal objeção de Maurras ao liberalismo era que qualquer imagem da sociedade como uma reunião de unidades pessoais a cooperarem entre si e a obedecerem a uma autoridade por escolha era fantasiosa, uma negação flagrante dos factos visíveis. Maurras também seguia Comte na ideia de que a sociedade precisava de um cimento agregador da fé partilhada. O conteúdo não importava. Apelar a uma fé parecia ir contra a rejeição «positivista» e científica da metafísica e o respeito pelos factos sociais. A objeção não perturbava Maurras, pois, para ele, o catolicismo romano estava enraizado na tradição francesa. Esta também era uma verdade observável. O catolicismo servia bem como a fé comum de que uma sociedade saudável necessitava. A perspetiva «positivista» comteana colocava Maurras fora das correntes irracionalistas da extrema-direita francesa.

Ao refletir sobre a sociedade, Maurras dava mais atenção ao passado do que ao presente. Os seus inimigos liberais podiam sentir nostalgia pelo século XIX, mas Maurras tinha saudades da Idade Média. Para ele, o século XIX fora uma era de anarquia moral e intelectual que tinha as suas raízes da Reforma protestante. A sua era dourada terminara com o desmoronamento do universalismo cristão.

Maurras não se opunha à autoridade nem, de facto, ao poder como tal, tratando a dominação e a submissão como partes naturais e inevitáveis da vida social. Não acreditava no progresso em nenhum sentido geral, apenas em melhoramentos locais. Os liberais que ligavam o progresso à mudança natural, observava Maurras, pareciam esquecer que, na natureza, o nascimento e o crescimento conduzem à decadência. A humanidade não era uma pessoa, acrescentava ele, mas se os liberais insistiam em pensar nela como tal, estavam seguramente errados ao verem o seu potencial de aperfeiçoamento como ilimitado. Os liberais tratavam a humanidade como um deus. Porque é que os liberais não aceitavam simplesmente, perguntava Maurras, que, quando falavam de progresso, estavam a falar de esperança?

Maurras via o respeito liberal pelas pessoas, onde quer que estivessem, como uma máscara fraca para interesses comerciais. A busca liberal da ordem estava condenada ao fracasso. Ao lutarem contra o poder, insistindo em reformas infindáveis e no respeito pela escolha pessoal, os liberais envenenavam as únicas fontes de ordem que existiam realmente na sociedade: o respeito pela autoridade, o respeito pela continuidade e o respeito pelo tecido das coletividades de que a sociedade era composta. Para Maurras, «liberal» e «anarquista» eram palavras diferentes para a mesma coisa. Não via meio-termo entre o liberalismo e o libertarianismo.

Estes argumentos de princípio contra o liberalismo eram acompanhados, no panorama de Maurras, por preconceitos violentos. Para ele, a fraqueza da Terceira República devia muito à sua dependência de forasteiros internos que ele desprezava: protestantes, judeus, maçons e imigrantes. Juntos, estes formam uma conspiração do «país legal» — uma entidade amplamente ficcional, a nação na lei — para explorar e manipular o «verdadeiro país», a nação autêntica dos homens e mulheres comuns, das aldeias, das vilas, das associações e das paróquias. A resposta de Maurras era a monarquia, a forma «menos imperfeita» de governo. Restaurada na França, defenderia a tradição contra a modernidade; defenderia a hereditariedade contra as eleições, uma maneira mais perigosa de escolher bons líderes do que o nascimento; defenderia a autoridade contra a indecisão e a paralisia do governo parlamentar; e defenderia as liberdades descentralizadas das comunas, das regiões e das associações, livres da mão sufocante do Estado jacobino-bonapartista.

As confusões das sugestões práticas de Maurras eram evidentes. Apesar da sua insistência em que as ideias e as políticas deviam emergir naturalmente das suas redondezas, o seu monarquismo era radical e até revolucionário — uma tentativa utópica de derrubar uma forma republicana de política que criara raízes e que se reforçara ao longo de um século. Os seus ódios antiliberais eram mais claros do que as suas sugestões de verdadeira mudança. A ideia de Maurras de uma monarquia descentralizada parecia uma proposta demasiado prosaica. O seu amor apaixonado e exclusivo pela França não se ajustava bem ao seu universalismo romano-cristão. Tal como odiava os forasteiros internos da França, também odiava os Alemães e a Alemanha. «São bárbaros», escreveu ele, «e os melhores alemães sabem isso». Maurras pensava que as nações não eram mais iguais do que as pessoas, e nenhuma era superior à França — ou seja, a «verdadeira França e não a «França legal», que já estava nas mãos do inimigo.

Os seguidores de Maurras na «rua» monárquica preocupavam-se menos em vencer debates do que em criar perturbações. Maurras preocupava-se com as duas coisas. Incitava os lutadores de rua de direita com prosa violenta no jornal que dirigia, *Action Française*, e depois rejeitava a responsabilidade pelos danos que causavam. Em 1934, por exemplo, desordeiros de direita, impelidos pelo *Action Française*, tentaram atacar o Parlamento em Paris. Durante o governo da Frente Popular de 1936–1938, o jornal de Maurras invetivou os seus seguidores a «ceifarem» o primeiro-ministro, Léon Blum, um socialista judeu. O mesmo jornal acusou o ministro do Interior de Blum, Roger Salengro, de ter desertado na guerra de 1914–1918. Na verdade, Salengro fora prisioneiro de guerra, mas a calúnia contribuiu para o seu suicídio. O centro liberal da política francesa aguentava, mas este tipo de veneno pairava no ar, limitando e piorando as escolhas francesas após 1940.

Nesta altura, o ódio de Maurras à Terceira República superou um pouco o seu ódio à Alemanha. A queda da França foi, para ele, uma «surpresa divina» e aceitou o marechal Pétain como a segunda melhor alternativa autoritária à monarquia. Como que para confirmar que o zelo doutrinário não salva as pessoas das escolhas difíceis, os seguidores de Maurras dividiram-se. Alguns colaboraram com os Alemães, alguns juntaram-se à resistência antialemã e outros não fizeram nem uma coisa nem outra. Caracteristicamente em discordância, Maurras opunha-se à colaboração e à resistência. Após a guerra, pagou o preço pelas suas subtilezas motivadas. Um tribunal francês condenou-o a prisão perpétua por traição. Cumpriu a pena até 1952, quando foi libertado por razões de saúde. Maurras afirmou com seriedade que aceitara a fé cristã e morreu pouco depois.

Os pensamentos e as carreiras de Schmitt e Maurras servem para marcar uma fronteira da direita política que coloca os autoritários conservadores no interior e os fascistas não conservadores no exterior. Na prática, as diferenças podem ser pequenas e os custos humanos de ambos altos, mortalmente altos, mas não são iguais. O fascismo, para resumir, é uma forma de totalitarismo. Impõe o controlo sobre todos os aspetos do Estado, da sociedade, da economia e da vida cultural. Funciona através de um partido único com uma ideologia abrangente, sob o governo de um líder carismático que diz falar pelo povo. Os seus inimigos são o pluralismo e a diversidade. O fascismo reprime a oposição por meio da violência e do medo e estabiliza-se mobilizando o apoio popular. O autoritarismo, pelo contrário, tolera corpos económicos e sociais, formas de representação limitada e um certo nível de liberdade de religião. O seu inimigo é a participação democrática. Também reprime a oposição por meio da violência e do medo, mas estabiliza-se graças à aquiescência passiva numa troca de paz social por perda de papel político. O fascista é um não conservador que leva o antiliberalismo ao extremo. O autoritário de direita é um conservador que leva o medo da democracia ao extremo.

Se vista como a promessa dos benefícios do liberalismo para todos, a democracia oferecia aos conservadores um duplo alvo. Os conservadores podiam criticar o alcance da promessa ou os seus conteúdos. Podiam opor-se à lista de convidados democrática ou à ementa liberal. Um problema da lista de convidados era o excesso distributivo. O liberalismo prometia às pessoas o respeito cívico e a proteção em relação ao poder, fossem quem fossem e independentemente dos seus méritos ou capacidades. O problema era o custo do cumprimento universal. Entendida democraticamente — para todos —, a proteção e o respeito liberais eram demasiado caros, contraproducentes ou inalcançáveis. A crítica era mais pragmática do que baseada em princípios. Sobre o valor dos objetivos liberais, ficavam em silêncio. Estas queixas, quando agrupadas à crítica geral de que o liberalismo democrático sobrecarregava o governo, tornaram-se moeda comum na direita após 1945.

Uma objeção diferente dos conservadores à lista dos convidados tinha que ver com matérias de facto e de princípio sobre a igualdade. O problema era que a ementa do liberalismo era demasiado rica para servir todos. O respeito era devido ao mérito e à excelência. Poucos tinham algum destes. Assim, ninguém merecia respeito, a não ser como igual perante a lei ou num sentido muito restrito e quase religioso. Além disso, se todos, como insistiam os liberais, pudessem dizer «não» ao poder, fosse o Estado, a riqueza ou a convenção social, então todos teriam de ser autónomos, economicamente autossuficientes e eticamente orientados por si próprios. No entanto, estas pessoas, se existissem, eram cada vez mais raras. Assim, quando muito, o liberalismo poderia funcionar para alguns. Nunca poderia funcionar para todos. Poderia funcionar entre iguais, mas nem toda a gente era igual. Para os conservadores, o liberalismo democrático — liberalismo para todos — estava condenado a ficar aquém das expectativas ou a fracassar.

Contudo, para os conservadores, o problema da ementa era mais profundo. Não era apenas o facto de as promessas do liberalismo não poderem ser cumpridas para todos. Vistas como um todo, não podiam ser cumpridas para ninguém, pois eram incoerentes. O liberalismo prometia respeito para cada cidadão e progresso para a sociedade, mas era incapaz de dizer o que mais importava. Dizia providenciar ordem social, mas tratava o conflito material e moral como inevitável, e até o encorajava. O pior de tudo era que o liberalismo fantasiava sobre as pessoas em vez de as ver como eram: apaixonadas, irracionais, necessitadas de orientação e de raízes. Distribuía liberdades e escolhas, enquanto negligenciava as necessidades das pessoas. Se isto é correto, «conservador liberal» significava, quando muito, uma suspensão conservadora na qual flutuavam pedaços liberais, e não uma solução em que se misturavam. Neste sentido, para um conservador sincero, o compromisso com o liberalismo democrático nunca podia ser mais do que tático.

PARTE V

A TERCEIRA FASE DO CONSERVADORISMO (1945–1980)

DOMÍNIO POLÍTICO E RECUPERAÇÃO INTELECTUAL

O ANO DE 1945

A guerra mais destrutiva de que há memória chegara ao fim, tendo levado a vida de mais de 20 a 30 milhões de soldados e de 50 milhões de civis. As bombas atómicas americanas obliteraram Hiroxima e Nagasáqui no Japão. Os britânicos e os americanos lançaram bombas incendiárias sobre as cidades alemãs, matando centenas de milhares de pessoas. Seis milhões de judeus morreram num genocídio alemão. Inúmeros prisioneiros de guerra morreram em mãos russas. Tropas americanas, britânicas, francesas e soviéticas ocuparam uma Alemanha derrotada, agora dividida numa zona de ocupação soviética no Leste e em três zonas ocidentais.

No contexto da resistência anticolonial, as forças francesas mataram milhares de argelinos e centenas de pessoas na Síria, com Damasco a ser bombardeada. No Vietname e nas Índias Orientais Holandesas (mais tarde, Indonésia), então libertados da ocupação japonesa, as tropas britânicas reprimiram as tentativas de independência, permitindo que os Franceses e os Holandeses retomassem o controlo colonial.

Na França, Pétain e Laval, líderes do regime colaboracionista de Vichy, foram julgados por traição. Pétain foi poupado devido à sua idade; Laval foi executado. De Gaulle, líder da França Livre, continuou como chefe de um governo provisório, que depois se dividiu por causa da redação de uma nova constituição. Na Grã-Bretanha, os conservadores foram esmagados pelo Partido Trabalhista nas eleições de julho. Nos Estados Unidos, o presidente Roosevelt morreu. O seu sucessor, Truman, começou o 13.º ano dos democratas na Casa Branca.

Só 5000 famílias americanas tinham televisão. Em dólares ajustados, um galão de gasolina nos Estados Unidos custava mais ou menos o que custa hoje. Os alimentos essenciais, como pão e leite, custavam o dobro de hoje. Um dos primeiros computadores, o ENIAC, entrou em funcionamento. O novo forno micro-ondas e a primeira esferográfica chegaram ao mercado. O escritor de ficção científica Arthur C. Clarke sugeriu, num artigo de uma revista, que satélites artificiais poderiam um dia ser usados para comunicações. A revista *Ebony*, dirigida aos leitores afro-americanos, começou a ser publicada em Chicago.

Nasciam bebés que, desconhecidos do mundo, cresceriam para reformular os modelos éticos e culturais nos anos 1960: Daniel Cohn-Bendit (política estudantil), Eric Clapton e Pete Townshend (música *rock*), e Rainer Werner Fassbinder (cinema).

7

PARTIDOS E POLÍTICOS

RECOBRO E RECONQUISTA DO PODER

Para o conservadorismo, 1945 foi o ano zero. A única direção era para cima. A direita política governara durante grande parte do meio século passado, mas, justa ou injustamente, pagava agora o preço da crise económica e da guerra. O liberalismo de espírito social reinava. Para recuperar, a direita não tinha alternativa senão adaptar-se. Depois desta adaptação, a recuperação da direita foi rápida. Nos anos 1950, os partidos da direita haviam regressado ao poder ou, como na França, partilhavam-no. Governavam ao centro como liberais de direita. Esta consolidação foi facilitada pelo desaparecimento das opções iliberais e autoritárias.

Embora rápida, a recuperação na própria direita não foi suave nem incontestada. O conservadorismo tradicional aceitou e, pouco depois, dominou um novo *statu quo* democrático liberal. Nas margens partidárias, a resistência da direita continuava forte. Intelectualmente, estava a decorrer uma recuperação da autoconfiança conservadora. O sucesso, mais uma vez, era ambivalente. Quanto mais os pensadores conservadores aceitavam as ideias prevalecentes, menos distintos se tornavam e mais vago se tornava o seu panorama. Quanto mais rejeitavam as ortodoxias democráticas liberais, menos relevantes pareciam para a política partidária e para o governo.

À medida que aumentavam as exigências do liberalismo democrático, aumentavam também os custos do compromisso conservador. A velha questão de Chamberlain — «Que resgate é preciso pagar à democracia pela propriedade?» — surgia sob novas roupagens. Até que ponto poderiam os conservadores aceitar o capitalismo assistencialista?

A preocupação com a propriedade e com os mercados livres inclinava-os para um lado; a preocupação paternalista com os males do mercado inclinava-os para outro. Até que ponto iriam os conservadores aceitar a integração e o multilateralismo? A respeito da mudança rápida da sociedade em direção ao *laissez-faire* cultural e ético (anos 1950–1960), os conservadores também se dividiam. Alguns aceitavam, num espírito de prudência, travar apenas as guerras que podiam vencer. Outros resistiam, num espírito de princípio em nome de valores mais antigos e estritos.

Durante quatro décadas depois de 1945, os conservadores tradicionais aceitaram, de um modo geral, estes custos do compromisso. Fizeram-no devagar ou com pesar — mas fizeram-no. A recompensa era a eleição, que vinha com um preço. O sucesso convencional armazenou os problemas internos no partido para mais tarde. Uma franja resistente achava os custos do compromisso demasiado elevados: o assistencialismo era ineficaz e moralmente corrosivo; a nação não mudara muito; largar as rédeas éticas era uma perda irrecuperável. Embora estas acusações diferentes não constituíssem um todo organizado, cada uma era sentida de forma suficientemente forte para se reunirem após 1980 numa revolta da direita dura contra o velho convencionalismo conservador.

Os padrões nacionais variavam. Na Alemanha, após 1933, os conservadores haviam ficado em silêncio ou cedido a uma perversão totalitária que gerou ruína moral, ocupação militar e divisão nacional. O dano autoinfligido foi tão grande que ofereceu ao conservadorismo alemão do pós-guerra um espaço no qual se poderia reconstruir usando elementos anteriores a 1933, nomeadamente a tradição social-cristã.

Os partidos franceses da direita anteriores à guerra estavam manchados pela derrota militar e pelo conluio com a experiência autoritária de Vichy. Reconstruídos nos anos 1950, partilharam o poder, sem o controlarem. Não marcado pela derrota ou pelo conluio, de Gaulle uniu os conservadores franceses e assumiu a chefia do governo nos anos 1960 e quando, nos anos 1970, estes voltaram a dividir-se, a diferença entre os liberais e os gaullistas ficou suficientemente pequena para haver alianças duradouras.

Em 1945, os conservadores na Grã-Bretanha e os republicanos nos Estados Unidos, ambos fora do governo, partilharam muitas das celebrações do lado vencedor. Embora tivessem sido responsabilizados, e não só pela esquerda, pelo fracasso económico anterior (anos 1930) e por não se terem oposto mais cedo à Alemanha e ao Japão, os dois partidos regressaram depressa ao poder com líderes do tempo de guerra, Winston Churchill e Dwight Eisenhower. Tal como na França, os esforços vãos da Grã-Bretanha para conservar um império desmembrado dividiram os partidos mais internamente do que entre os próprios partidos. Omitia-se que os comunistas, e não apenas os democratas liberais, haviam vencido a guerra. Pouco depois, a Guerra Fria gerou um contexto de Mundo Livre contra o comunismo, que limitou a luta direita-esquerda em nome de uma maior unidade ocidental. Os multilateralistas e os unilateralistas continuaram a dividir a direita americana. Os unilateralistas perderam (1945–1980), mas regressaram com mais força no fim do século e no seguinte.

Após 1945, os conservadores toleraram mais do que criaram o clima social. À medida que as economias mudavam e o conhecimento se propagava, as velhas desigualdades gravadas no entendimento conservador da ordem social e da autoridade começaram a ruir: homens acima das mulheres, brancos acima dos negros, velhos acima dos jovens. (As disputas sobre a desigualdade binário-não binário ainda estavam para chegar.) Os conservadores perturbados com a agitação ética e cultural gerada por estas mudanças na sociedade não sabiam bem como responder. Na tradição conservadora, a família era uma célula a partir da qual crescia a ordem social. No entanto, agora, as mulheres trabalhavam e frequentavam o ensino superior. Quando os conservadores olhavam para a sociedade, a maternidade já não tipificava a feminilidade. A mudança podia ser irreversível, mas, para muitos da direita, continuava a ser inaceitável. Os conservadores culturais viram-se na posição embaraçosa de não se sentirem à vontade num mundo que o conservadorismo político muito fizera para criar.

Com o nivelamento das hierarquias éticas e culturais, disseminou-se uma ansiedade geral. Será que importava *quem* defendia as normas culturais, desde que alguém o fizesse? A resistência contra uma ética de liberdade para todos e uma democracia do gosto poderia, em princípio, ser assumida por qualquer um. Os árbitros não tinham de ser homens, brancos ou velhos. O que, de facto, importava para um conservador de espírito liberal era a existência e a defesa de normas. A distinção entre os papéis necessários e quem os desempenha é fácil de afirmar, mas, na confusão das guerras culturais a partir dos anos 1960, era geralmente mais fácil para os conservadores culturais esquecerem isso.

I. Normalidade, orgulho e raiva na França: Pinay, de Gaulle e Poujade

Na França pós-1945, as opções oferecidas aos eleitores conservadores eram a normalidade (a prosperidade crescente numa sociedade de consumo), o orgulho (a grandeza nacional da França descolonizada e europeizada) ou a raiva (as frustrações da direita dura).

Antoine Pinay, o herói da normalidade, liderava o Centre Nationale des Indépendants et Paysans (CNIP), herdeiro dos liberais económicos do centro-direita rural anterior à guerra. Charles de Gaulle, a voz do orgulho e da honra nacional, liderava o movimento partidário com vários nomes que se formou em seu redor (1958). Pierre Poujade, porta-voz da raiva, reunia os elementos dispersos da extrema-direita francesa no seu partido opositor ao fisco (fundado em 1953), criando um espaço político-partidário que, nos anos 1970, acabou por ser ocupado pela Frente Nacional anticonvencional. Os partidos eram fluidos e as coligações eram possíveis. A raiva era compatível com o orgulho (Poujade, a direita dura), e o orgulho era compatível com a normalidade (gaullismo).

A luta partidária foi travada em sucessivos quadros institucionais: um governo provisório (1944–1946), liderado por de Gaulle até à sua derrota e retirada por causa da nova constituição; a Quarta República, com um Parlamento forte e um presidente fraco (1944–1958); e a Quinta República (a partir de 1958), quando de Gaulle conseguiu impor uma nova constituição, com um presidente forte e um Parlamento fraco.

A lenda gaullista (e comunista) menosprezava a Quarta República, ainda que as suas conquistas tenham sido consideráveis. Entre provações de escassez e de invernos frios, a França danificada pela guerra enfrentava a reconstrução nacional. Um terço da mão de obra ainda vivia no campo, abatido pela depressão agrícola que o assolava pontualmente desde os anos 1880. As grandes áreas industriais do Nordeste haviam sido pilhadas ou destruídas. O governo estava praticamente falido, a França estava endividada e o franco era fraco.

Depois de um início deprimente, a França recuperou depressa nas três décadas seguintes, um período que foi retrospetivamente visto como os «gloriosos trinta». A economia francesa teve um crescimento médio anual de 4-5 por cento (1947–1973). Em inícios dos anos 1960, o seu crescimento era maior que o da Grã-Bretanha. Em 1945, um indivíduo francês médio ganhava cerca de metade do que o americano médio. Nos anos 1970, a diferença passara para quatro quintos. A explosão do crescimento, nunca antes vista nem nunca repetida, foi em parte uma recuperação da crise económica e da guerra. Mas a França não o fez sozinha. O auxílio dos Estados Unidos, interessados numa Europa estável e alarmados com o forte Partido Comunista Francês, contribuiu para o começo da recuperação da França.

Com a França estabilizada e modernizada, a normalidade sem raiva ou sem orgulho tornou-se popular entre os eleitores da direita. Um político para o qual a prosperidade estável constituía um alvo para o conservadorismo era Antoine Pinay (1891–1994), que se autodenominava Sr. Consumidor. Prudente na abordagem e simples nos discursos, Pinay atraía os conservadores franceses que queriam uma vida sossegada. Estavam contentes por terem uma opção na direita para além da cruzada moral e da guerra social (Pétain, com o exemplo contemporâneo de Franco na vizinha Espanha) ou do *ralliement* nacional em torno de um objetivo inspirador, mas incerto e de tom autoritário (de Gaulle). Ao defender as preocupações universais dos consumidores e dos contribuintes, Pinay afastava os apelos de classe da esquerda à redistribuição e à democracia no local de trabalho.

Filho de um fabricante de chapéus de Saint Symphorien, uma vila no centro sudeste de França, Pinay encarnava os valores do seu partido CNIP e dos seus eleitores. «O dinheiro», gostava ele de dizer, era «uma imagem da nação». A disciplina fiscal, a saúde económica, a ordem social e a probidade moral eram, segundo Pinay, interdependentes. Era, em certo sentido, um conservador nos valores, sendo estes a boa economia familiar e as finanças saudáveis. (Encarregado das finanças nacionais, eliminou duas vezes a inflação.) Apoiava a independência marroquina e, embora desconfiasse da autodeterminação argelina, desaprovava os indefetíveis da Argélia Francesa. Pinay não exibia nenhum do antiamericanismo conservador de de Gaulle. Tampouco era antieuropeu. Não sendo jurista nem intelectual, Pinay não gostava de Paris e apresentava-se como um simples francês, desconfiado dos governos gastadores e dos coletores de impostos. Era a esperança do centro-direita não gaullista para as eleições presidenciais (1965), mas declinou o convite sem explicação: diz-se que por medo de ser exposto num escândalo pessoal.

O conservadorismo de Pinay era de centro-direita, uma política do quotidiano, leve em doutrina e em grandeza, pouco preocupada com a justiça social ou com a moral das pessoas, prometendo apenas manter o barco estável e uma vida sossegada. Esta perspetiva apelava ao eleitorado rural do CNIP, composto sobretudo por pequenos agricultores e comerciantes locais. Olhando para trás, podemos ver a «normalidade» de Pinay no liberalismo económico orleanista da Monarquia de Julho. Reaparece na Alliance Démocratique, laica e urbana, de Poincaré (a que Pinay pertencera) e na Fédération Républicaine, rural e católica, de Méline e Marin na Terceira República. Olhando para a frente, o legado da «normalidade» de Pinay dividiu-se. A sua disciplina fiscal continuou com Valéry Giscard d'Estaing (1926–2020), que ofereceu uma nova versão de um conservadorismo da vida sossegada.

Duas vezes ministro das Finanças (1962–1966, 1969–1974) e presidente de 1975 a 1981, Giscard dizia que «dois em cada três franceses» eram social e economicamente liberais, mas hostis à esquerda socialista. Giscard acreditava na gestão económica e fiscal tecnocrática, idealmente não perturbada por pressões democráticas. Como o velho CNIP, achava que a Quinta República estava excessivamente centralizada. O seu governo devolveu poderes às regiões, reforçou o Parlamento e libertou os meios de comunicação social da supervisão do governo. Ao contrário do velho CNIP, o seu partido era socialmente, e não apenas economicamente, liberal. O seu governo aliviou as leis francesas restritivas sobre a contraceção, o aborto e o divórcio. Pró-europeu, Giscard reforçou os laços franco-alemães e promoveu a evolução da Comunidade Económica Europeia no sentido de uma união mais próxima. Depois de de Gaulle o ter demitido do governo em 1966 por causa do seu pró-europeísmo, Giscard formalizou a reunião dos seus adeptos no partido dos Republicanos Independentes. Rebatizado Union pour la Démocratie Française (UDF, 1978), tornou-se o veículo de Giscard para a consolidação da sua presidência em 1978.

Para Charles de Gaulle (1890–1970), a política não tinha que ver com a mediação de interesses ou com a gestão do quotidiano, mas com o uso correto do poder nacional. Militar de carreira, presidente e estadista, exemplificava, como Churchill, com quem nunca se deu bem, a força da vontade e do mito na vida política. A visão da política de de Gaulle combinava uma perspetiva fortemente plebiscitária da democracia, uma desconfiança do Parlamento e uma proximidade entre o líder e o povo que levava os opositores a considerarem-no autoritário. Era difícil integrá-lo numa categoria da tradição francesa. Adquiriu rapidamente o seu próprio «ismo», como que para sugerir, apesar de tentarem, que não era categorizável. Como o seu tempo, de Gaulle era fora do vulgar.

Veterano da guerra de 1914–1918, de Gaulle apelou em vão, como oficial superior, à mecanização do exército. Durante a ocupação alemã

(1940), depois de a sua unidade de tanques ter oferecido uma resistência ousada, mas sem sucesso, refugiou-se em Londres e tornou-se na encarnação pessoal de uma fantasmagórica França Livre. Nas vésperas da libertação, em 1944, conseguiu impedir a ocupação aliada da França, assegurou a ocupação francesa na Alemanha e garantiu à França um lugar na mesa de negociações de paz no pós-guerra. Como chefe do governo provisório de 1944 a 1946, as suas prioridades foram restaurar a economia, refrear a vingança contra os colaboradores, retomar o controlo colonial francês na Indochina e na Argélia e estabelecer uma presidência forte. Repudiado, deu início a uma longa «travessia do deserto», mas regressou na altura da crise argelina em 1958. A pressão dos americanos e de outros sobre a França para negociar com as forças independentistas argelinas gerou divisão no governo, provocou a revolta dos argelinos franceses e criou a ameaça, temida por muitos, de guerra civil. Os opositores diziam que a sua ascensão ao poder fora um golpe, mas, em termos formais, de Gaulle fora nomeado primeiro-ministro pelo presidente Coty e confirmado pelo Parlamento. À sugestão de que confiscara o poder, respondeu em tom trocista: «Como poderia o poder ser confiscado? Tinha de ser limpo.» Promoveu uma constituição fortemente presidencial, que foi maciçamente aprovada num referendo em 1958, bem como as tréguas e a cessão da Argélia pouco depois.

De Gaulle supervisionou então a independência da África francesa, o desenvolvimento (com *know-how* americano) do arsenal nuclear francês e o compromisso da França em relação à integração europeia. Quer os seus gestos contrários de orgulho nacional — retirada francesa da NATO, obstrução do clube europeu, boicote à Grã-Bretanha, apelo ao Terceiro Mundo como escolha intermédia da Guerra Fria — fossem teatrais ou sinceros, foram todos revertidos ao longo do tempo, com a França a manter-se profundamente atlantista, antissoviética e europeia. Os pontos altos e baixos do gaullismo podem ser vistos nos votos dos seus referendos: constituição (1958), 83 por cento; autodeterminação argelina (1961), 75 por cento; paz e independência (1962), 91 por cento; eleição direta do presidente (1962), 62 por cento; e senado e regiões (1969), rejeitada, o que conduziu à sua retirada.

Desengonçado, distante e calmo, de Gaulle foi alvo de troça durante toda a vida, mas tornou-se imune a essa troça. Detestava a política partidária e, apesar de ser difícil rotulá-lo de forma mais rigorosa, pertencia decisivamente à direita. De estilo autocrítico, estava convicto e convencia os outros dos seus deveres providenciais para com a França. No entanto, quando era contrariado, em vez de tentar impor a sua vontade, afastava-se (1946, 1969), o que desmentia a acusação de autoritarismo. Católico tradicional, via as leis sobre a moralidade pessoal, quando pensava nelas, como um mobiliário familiar e confortável sem motivos para ser substituído. Mas, para ele, a política tinha um imperativo moral: defender a independência e a segurança da nação.

Sendo o próprio homem *hors catégorie*, podemos tentar categorizar o gaullismo. Seria uma alternativa moderna e idiossincrática à democracia liberal na tradição local conhecida como bonapartismo? Ou seria um regresso, por meios anormais, às normas democráticas liberais quando estas normas estavam em perigo ou a ser postas de lado? Uma pista para a resposta (que era mais a segunda do que a primeira) está no conservadorismo da Terceira República, que de Gaulle tentou defender, e no conservadorismo gaullista da Quinta República que ele deixou para trás. A derrota militar conduziu a Terceira República para fora da democracia liberal e em direção ao iliberalismo e à autocracia. Quando de Gaulle saiu de vez (1969), o conservadorismo gaullista estava a seguir caminhos mais liberais, mais parlamentares e mais diversos. Por muito obstinado e inclassificável que fosse o homem, o gaullismo pertencia ao conservadorismo do compromisso.

Depois de de Gaulle, Georges Pompidou (1911–1974) ajudou a transformar o gaullismo, de um movimento transitório e personalizado, num partido europeísta de centro-direita que, com o tempo, se confundiu com o seu rival giscardiano, a UDF. Quando fazia campanha, Pompidou, que foi primeiro-ministro e, depois, presidente de 1969 a 1974, recorria às suas raízes de Auvergne, ainda que fosse um ex-banqueiro *normalien*. Conservador pragmático, não acreditava (com a esquerda doutrinária) que os humanos fossem bons nem (com a direita doutrinária) o contrário. Defensor de um capitalismo vigoroso e de um Estado forte, Pompidou seguia, como Giscard, a linha do liberalismo de direita que vinha da Monarquia de Julho, passando pela Terceira e Quarta Repúblicas até ao presente.

Depois de Pompidou, a sucessão gaullista passou para Jacques Chirac, que fundou o Rassemblement pour la République em 1976. Nos discursos e nos símbolos, usava um reportório bonapartista do povo, do líder e da nação. No seu eleitorado nuclear, era mais provinciano e de classe média do que a UDF de centro-direita de Giscard, que apelava aos eleitores urbanos e profissionais. O contraste partidário era mais pessoal e histórico do que programático. Partilharam o governo e, nos anos 1990, fundiram-se, mas voltaram a dividir-se duas décadas depois na confusão contra os êxitos da Frente Nacional da direita dura.

O porta-voz da fúria do pós-guerra foi Pierre Poujade (1920–2003), o pai original da direita dura francesa pós-1945. Seguidor adolescente de Doriot desiludido com Vichy, Poujade fugiu da França e foi para Argel. Quando regressou, tornou-se vendedor ambulante de livros religiosos antes de abrir uma livraria-papelaria no seu departamento natal, Lot. A experiência como pequeno lojista conduziu Poujade à política. Em 1953, fundou um partido de protesto contra o fisco para defender os lojistas e os pequenos negócios contra as grandes cadeias e o fisco. O seu movimento criou espanto na direita tradicional três anos depois, ao conquistar 13 por cento dos votos e mais de 50 assentos, incluindo um para o jovem Jean-Marie Le Pen, que, mais tarde, fundaria a Frente Nacional. O movimento de Poujade era uma coligação fluida de indivíduos que protestavam contra o fisco e descontentes com a direita, uma mistura de pró-argelinos franceses, relíquias monárquicas e revanchistas de Vichy. Aquilo que ligava este grupo heterogéneo era uma raiva ao Parlamento («o maior bordel de Paris», como Poujade lhe chamava), aos tecnocratas do governo (a origem de todos os problemas) e ao Estado francês («ladrão e vilão»). A onda poujadista passou, mas regressou com mais força após os anos 1970. Pompidou ainda ouvia o poujadismo, mas Giscard ignorava-o. Consistente no seu desprezo pelo centro-direita tradicional, Poujade deu o seu apoio ao socialista Mitterrand (1981). Poujade e a direita dura de Le Pen partilhavam com o gaullismo os temas retóricos do povo e da nação, mas usavam-nos de maneira diferente, de uma maneira furiosa, exclusivista e antielitista. O gaullismo queria estabilizar, enquanto a direita dura queria perturbar.

II. *Tories* «molhados e secos» na Grã-Bretanha: de Macmillan a Thatcher

Ainda que, em 1945, a direita da Grã-Bretanha não precisasse de uma nova casa partidária, a velha residência estava sem telhado e inundada. Nas eleições gerais de julho de 1945, os conservadores perderam metade dos seus deputados, obtendo o pior resultado desde 1906. A organização do partido evaporara-se durante a guerra quando os organismos locais fecharam, as atividades sociais pararam e a angariação de fundos foi interrompida. A única esperança eleitoral dos conservadores, Churchill, foi um fracasso nas urnas. A sua equiparação dos trabalhistas — parceiros de governo dos conservadores durante a guerra e agora rivais populares na disputa pelo poder — à Gestapo alemã foi ridicularizada. Embora agradecido pelo seu papel de liderança durante a guerra e consciente daquilo que a Grã-Bretanha sofrera, o povo percebia que a vitória se devera mais aos russos e aos americanos do que à Grã-Bretanha. Os eleitores de esquerda suspeitavam de que os conservadores, incluindo Churchill, haviam entrado na guerra menos para derrotar o fascismo ou defender os trabalhadores britânicos do que para preservar o império. A guerra adiara uma agenda de reformas populares e sociais de inspiração liberal que os eleitores agora desejavam e relativamente às quais os conservadores pareciam hesitantes ou divididos.

Apesar de derrotados, os *tories* depressa demonstraram a sua formidável capacidade de recuperação. A sua votação total (com os partidos aliados Liberal Nacional e Trabalhista Nacional) de mais de 39 por cento foi só um pouco inferior às das eleições anteriores realizadas havia dez anos. A organização do partido foi rapidamente reanimada. Em inícios dos anos 1950, tinha quase três milhões de membros em todo o país, triplicando o número dos membros do Partido Trabalhista. Sob a direção de R. A. Butler, o Conservative Research Department criou estudos e programas políticos que restauraram a confiança intelectual e devolveram ao partido um papel no debate público.

Tal como antes, havia lutas internas no partido. Alguns conservadores seguiam o trabalhismo na sua via de reforma social inspirada no Partido Liberal. De um modo geral, seguiam a linha conciliatória do toryismo «Nação Una» de Disraeli-Baldwin, liderado nos anos 1950 por Macmillan, que estava disposto a aceitar um conservadorismo liberal moderadamente reformista. Outros conservadores seguiam uma linha mais dura na tradição radical de Peel e Chamberlain. Todos estes políticos haviam visto o apoio conservador às ortodoxias prevalecentes como sintomas do esgotamento do partido e do declínio nacional. O opositor mais aberto dos anos 1950 ao conservadorismo de meio-termo era Enoch Powell, um dos primeiros arautos da direita dura hiperliberal, mas protecionista, que, mais tarde, tomaria conta do partido.

Cada corrente tinha os seus clubes e grupos de pressão. Em 1951, os conciliadores fundaram o Bow Group, que um dos seus membros caracterizou, de forma trocista, como um esforço que visava tornar o toryismo aceitável para os leitores do *Guardian*. Em 1961, os resistentes fundaram o Monday Club, defensor do mercado livre. Mais tarde, quando os radicais estavam na mó de cima, nos anos 1970, os dois lados ficaram conhecidos como os molhados (*wets*) e os secos (*dries*). Como outros «binários», o contraste era discutível. Muitos *tories* faziam parte dos dois ou de um e, depois, de outro. Contudo, os «molhados» e os «secos» marcavam os extremos opostos de uma casa comum.

No início, os conservadores ladearam os trabalhistas adaptando, em vez de se oporem, a reforma social liberal. Não prometiam alternativas ao capitalismo assistencialista senão um capitalismo mais bem gerido, menos gastador e, embora não o dissessem explicitamente, menos generoso no plano da providência social. O apoio da direita a um serviço nacional de saúde, por exemplo, só foi dado depois de os trabalhistas terem concedido que os médicos no novo serviço poderiam continuar a exercer também no privado. Um keynesianismo moderado foi adotado na economia, explicitado na *Industrial Charter* (1947), que fazia do pleno emprego o objetivo da política e o défice orçamental o seu meio. Havia poucas diferenças com o Partido Trabalhista em relação à política externa. A Declaração da Conferência do Partido Conservador sobre a Política Externa (1949) era, como a dos trabalhistas, fortemente antissoviética e falava ambiguamente de um império em «constante evolução», ou seja, não duradouro na sua forma atual. A Índia e a Birmânia já eram independentes, entregues pelos trabalhistas, que haviam perdido o controlo dos acontecimentos. Ao reconquistarem o poder, os *tories* tiveram de aprender dolorosamente que não tinham nem a vontade nem a capacidade de conservar o resto do império.

Os tormentos do Partido Trabalhista contribuíram para a recuperação rápida dos conservadores. Os líderes trabalhistas — no governo sozinhos ou em coligações durante a guerra desde 1940 — estavam cansados e doentes. A Grã-Bretanha estava endividada e financeiramente sobrecarregada. A defesa de uma libra fraca no sistema de paridade fixa de Bretton Woods tornou-se um drama nacional. Nas eleições gerais (fevereiro de 1950), a maioria trabalhista ficou reduzida a cinco. Arrastou-se durante mais dezoito meses, quando os conservadores obtiveram uma vitória clara, ficando no poder durante os treze anos seguintes. A retirada do império, um castigo no Médio Oriente (crise do Canal do Suez, 1956) e o declínio económico da Grã-Bretanha em relação à França e à Alemanha renascentes abalaram mais as classes políticas conservadoras do que os eleitores. Durante os anos 1950, o parque imobiliário da Grã-Bretanha aumentou, a economia cresceu, o nível de vida aumentou e os governos aumentaram a despesa sem que tal afetasse muito os impostos. Em cada uma das eleições seguintes (1955, 1959), os conservadores reforçaram as suas maiorias. Na segunda, os eleitores responderam à alegre afirmação dos conservadores — retirada do derrotado Truman em 1952 — de que «nunca haviam estado tão bem», obtendo pouco menos de 50 por cento do voto popular.

O beneficiário foi Harold Macmillan, primeiro-ministro de 1957 a 1963. Macmillan (1894–1986) era um editor e político que, antes de 1945, fora deputado por Stockton, no Norte assolado pelo desemprego e, depois, pela suburbana Bromley, no Sudeste próspero. Antes da guerra, Macmillan falava pela Grã-Bretanha que o conservadorismo de Baldwin negligenciara, procurando a ajuda do governo. O seu livro, *The Middle Way* (*A Via Intermédia*, 1938), era uma bíblia para os *tories* «molhados» estatistas. Depois, sem abandonar o assistencialismo ou a intervenção, Macmillan tentou, de uma forma economicamente liberal, aumentar a prosperidade a fim de cuidar da saúde da sociedade. A política externa preocupava-o. Acelerou o fim da África britânica, concluindo assim a retirada do império. Convenceu parte do seu partido de que o futuro da Grã-Bretanha estava então na Europa, mas de Gaulle rejeitou a sua candidatura para se juntar ao clube europeu.

A prosperidade aumentou, mas não continuou a crescer de forma tão rápida ou estável. Os peritos eleitorais conservadores avisaram que os fracos resultados eleitorais durante 1955–1958 eram sinais da impaciência da classe média com um Estado subsidiador e interventivo que parecia crescer tão ou mais depressa do que a economia. Uma crise fiscal em 1958, durante a qual Macmillan recusou fazer grandes cortes orçamentais, provocou demissões nas Finanças, incluindo a de Powell, então ministro-adjunto e defensor radical do mercado livre. Intelectualmente, a direita *tory* estava silenciosa, mas ativa nos bastidores. O Monday Club reunia o velho Aims of Industry e a League for Freedom como fóruns onde os conservadores irreconciliados podiam pensar em alternativas à via intermédia de Macmillan.

Em inícios dos anos 1960, na chefia de um governo assolado pelos escândalos, Macmillan estava velho e doente, e encontrava-se no lado errado de uma mudança cultural na qual o respeito pela idade e pela autoridade estavam a desaparecer. Depois de um interlúdio com um impasse *tory*, durante o qual o Partido Trabalhista reconquistou o poder, a alma do partido foi contestada por um velho centrista, um publicista radical (Powell) e Edward Heath, que se apresentou como uma via intermédia e ganhou a corrida à liderança em 1965. Foi a escolha transitória entre um toryismo mais velho do compromisso e consensual e um novo tipo irreconciliado e conflituoso que em breve ficaria conhecido como thatcherismo.

Heath (1916–2005), que liderou o partido até 1975 e foi primeiro-ministro de 1970 a 1974, era recordado pelos admiradores como o precursor do thatcherismo e pelos detratores como um «molhado» fracassado. As temerosas palavras radicais — «compromisso», «embuste» — voltaram a ouvir-se. Na verdade, Heath partilhava muitos princípios dos radicais: menos regulação, mais concorrência, controlo dos sindicatos (como haviam feito os trabalhistas), taxação menos direta e mais indireta e providência social «direcionada», ou seja, menos generosa. No entanto, a direita *tory* nunca perdoou Heath por conduzir a Grã-Bretanha, por fim, para a Europa (1973). Heath teve azar (uma terceira guerra israelo-árabe, uma crise petrolífera e uma estagflação global). Também tinha uma confiança excessiva na razoabilidade das pessoas em relação aos conflitos profundos e duradouros (sindicatos, Irlanda).

Um *tory* intelectual que passou pessoalmente por estas mudanças do partido foi Keith Joseph (1918–1994), deputado conservador de 1956 a 1987. Ministro-adjunto de Macmillan, começou por apoiar Heath e, depois, Thatcher. Nos anos 1960, não tinha paciência para a direita do partido, quando votou pelo fim da pena de morte e pela descriminalização da homossexualidade. A sua conversão à direita radical ocorreu nos anos 1970, quando colocou o seu cérebro e os seus dotes oratórios ao serviço da criação do thatcherismo. A iniciativa privada não falhara na Grã-Bretanha, dizia Joseph: só não fora tentada. A Grã-Bretanha era «governada em excesso, gastava em excesso, tributava em excesso, endividava-se em excesso e era manipulada em excesso». Fundou o Centre for Policy Studies em 1974, como base para as suas próprias esperanças (falhadas) de liderança e, mais duradouramente, para uma reformulação do pensamento conservador.

O livro de Joseph, *Reversing the Trend* (*Inverter a Tendência*, 1975), exprimia uma crença generalizada entre os conservadores de que a Grã-Bretanha estava no caminho para a perdição. Invocando o tema do declínio clássico da direita, Joseph reuniu problemas discretos — transportes subsidiados, habitação pública, pais solteiros, por exemplo — numa imagem convincente de uma sociedade falida a precisar de um resgate. Joseph pensava que os valores fortes e uma imagem clara da saúde social importavam mais na política do que a estrita racionalidade económica, que era necessária, mas não suficiente. Uma economia sólida e a saúde social estavam ligadas pelas virtudes expedientes da responsabilidade e do trabalho árduo.

Se estas existissem na Grã-Bretanha, Joseph teria sido um neoconservador. Como os seus homólogos americanos e alemães (que descreveremos), Joseph entendia os elementos políticos essenciais de uma forma distante e profunda, sem um mínimo sentimento pela democracia popular. Legou ideias a Thatcher, mas esta relacionava-se com os eleitores conservadores de uma maneira que Joseph — liberal, subtil, não jingoísta — nunca poderia fazer. Thatcher cresceu com as ideias dele, mas também sabia ser — ou parecer — iliberal, franca e nacionalista. Joseph, a este respeito, foi o padrinho bom de Thatcher; Powell foi o padrinho mau. Joseph defendia um radicalismo económico que aceitava os limites liberais democráticos. Powell, como veremos, representava uma direita dura mais disruptiva e populista.

III. A reconstrução do meio-termo alemão: Adenauer e a democracia cristã

Em 1945, pouco daquilo em que um sincero conservador alemão acreditava permaneceu intacto pela ruína que a Alemanha provocara a si mesma. Os elementos familiares de uma perspetiva conservadora — a unidade social, a autoridade dos costumes, as lealdades irrefletidas — pareciam manchados. A aversão aos ocupantes soviéticos e ocidentais da Alemanha era um fraco substituto para o sentimento, vital para os conservadores, de orgulho nacional. A Alemanha fora derrotada, perdera território e estava dividida. Muitas cidades estavam destruídas. Milhões de pessoas foram deslocadas ou estavam em movimento. No inverno de 1946–1947, a doença e a fome alastravam-se. No Ocidente, o *stock* de capital da economia sobrevivera, notavelmente, à guerra e à pilhagem soviética, mas a indústria, as cadeias de distribuição e o comércio foram fortemente afetados. A catástrofe autoinfligida da guerra e a enormidade do Holocausto exigiam que se encontrassem explicações e responsabilidades. Muitos conservadores alemães haviam visto a guerra como uma campanha a favor do Ocidente contra o bolchevismo. Os Alemães de todas as opiniões sentiam-se ofendidos com a ocupação estrangeira.

Aos políticos alemães da direita do pós-guerra que assumiram a responsabilidade de consertar os escombros coletivos, cabiam as tarefas estratégicas da reconstrução económica, do restauro da soberania política e da unidade nacional e da recuperação da reputação moral da Alemanha no mundo. Todas estas tarefas foram realizadas, ainda que não em sequência ou ao mesmo ritmo. Todas foram discutidas no seio da direita. Em primeiro lugar, foi necessária uma nova estrutura política. Incluía uma constituição provisória para a Alemanha Ocidental, conhecida como Lei Básica (1949) e novos partidos conservadores: a União Democrática Cristã (CDU) e o seu partido «irmão» bávaro, a União Social Cristã (CSU).

Segundo uma visão tentadora, mas falsa, os aliados ocidentais vitoriosos levaram a democracia liberal a uma Alemanha arruinada e indesejada. De acordo com esta imagem, a Lei Básica era uma imposição estrangeira, alheia à tradição alemã, onde a esquerda não era liberal e a direita não era democrática. Na verdade, os juristas democratas-cristãos e sociais-democratas juntaram-se para redigir, sem a intimidação estrangeira, o modelo de uma carta democrática liberal. O seu objetivo principal foi resumido pelo jurista democrata-cristão Adolf Süsterhenn como evitar a «concentração do poder num único lugar», um princípio liberal com o qual muitos conservadores estavam então de acordo. A tradição política católica ecoava no primeiro artigo: «A dignidade humana deve ser inviolável», que toda a autoridade estatal estava obrigada a respeitar e a proteger. Além disso, os cidadãos tinham o dever de resistir a um governo tirânico. Com um olho nos comunistas ocidentais, mas também na sua própria extrema-direita problemática, os conservadores aceitaram que o tribunal superior podia banir os partidos «anticonstitucionais».

Os desacordos entre a esquerda e a direita, bem como as diferenças regionais no seio da direita foram negociados. Os democratas-cristãos queriam uma taxação e uma distribuição das receitas menos centralizadas do que os sociais-democratas. A Baviera católica, que queria mais autonomia regional, foi acompanhada por Baden e Vurtemberga, onde o localismo liberal dos pequenos agricultores e da indústria artesanal era forte. Quando a constituição foi enviada para ser ratificada pelos *Länder*, a Baviera votou contra a nova república federal, mas concordou em aderir se dois terços dos outros *Länder* aceitassem, o que fizeram. Embora os bávaros mantivessem as velhas suspeitas de um Norte protestante dominador, o peso do catolicismo aumentou entre os conservadores quando a Prússia protestante ficou sem o Ocidente na divisão da Alemanha em Potsdam.

A região central do novo Partido Democrata-Cristão (CDU) era o Reno-Ruhr. A região era industrial e rural, bem como protestante e católica. A CDU, por isso, era uma grande tenda. Os centristas do núcleo do partido queriam fomentar a economia e a paz social. À direita, estavam os descendentes conservadores nacionais do antigo DNVP de Weimar. À esquerda, o partido falava pelo movimento operário católico. O catolicismo social marcava, por exemplo, o Programa Ahlen do partido (1947), que declarava: «O sistema económico capitalista não esteve à altura do Estado e dos interesses sociais do povo alemão.»

A União Social Cristã (CSU), na Baviera rural e tradicionalista, aceitava a recuperação económica baseada na paz industrial e no Estado social. Tal como a CDU reivindicava o manto do Centro Católico pré-1933, a CSU dizia descender do antigo Partido Popular Bávaro. Tal como o seu antecessor, a CSU conservava a sua identidade católica e independência conservadora. Formalmente, a CSU era um partido distinto, aliado, mas não fundido com a CDU.

Um terceiro elemento do conservadorismo convencional pós-1949 era o Partido Democrático Liberal (FDP), conhecido como os Liberais. Partido charneira, o FDP tinha uma ala permissiva e de espírito social, que permitiu uma coligação com os sociais-democratas (1969–1982), e uma ala mais conservadora e adepta do mercado livre, que permitiu coligações com os democratas-cristãos (1949–1956, 1961–1966, 1983–1998, 2009–2013). Nos anos 1950, como um partido da classe média forte no plano das liberdades civis e popular entre os funcionários públicos, o FDP, com o Bloco dos Refugiados e Expatriados, defendeu os antigos funcionários sancionados por terem servido o Estado nazi.

Ladeando os partidos da direita convencional, havia várias formações das franjas. A maior era o Partido Alemão (1947–1961), que era forte na Baixa Saxónia. Juntava os descontentes da direita e as reivindicações que eram abafadas ou ignoradas pela CDU: o monarquismo e o regionalismo de Hanôver, bem como a oposição liberal ao Estado social e aos sindicatos. Sob as cores vermelho, branco e negro do Reich guilhermino (e do partido nazi), o seu tom prevalecente era nacionalista popular. Conquistou alguns assentos no Reichstag (1949, 1953, 1957). O Bloco Pangermânico dos Refugiados e Expatriados juntava os refugiados do Leste da Prússia e os funcionários públicos impedidos de trabalhar por terem servido no período nazi. A sua força encorajou uma adição à Lei Básica, que foi emendada em 1953 para exigir que os partidos conquistassem pelo menos cinco por cento dos votos nas suas listas para terem assentos parlamentares.

A mudança acelerou uma consolidação da direita política alemã numa grande aliança, a CDU-CSU. O período de Weimar ensinara que as divisões partidárias e a confusão de objetivos enfraqueceram as forças da direita que podiam ter impedido o assalto nazi ao poder. Em 1949, dez partidos conquistaram assentos no Bundestag. A CDU obteve apenas 31 por cento dos votos; o FDP, 12 por cento; e o Partido Alemão, quatro por cento. Em 1957, o campo dos partidos resumia-se a quatro. A CDU-CSU obteve 50,5 por cento dos votos.

À medida que a nova estrutura da Alemanha Ocidental se estabilizava e a prosperidade aumentava, o apelo dos partidos das franjas diminuía. A CDU oferecia espaço para as preocupações desses partidos, bem como oportunidades de cargos governamentais. Em finais dos anos 1950, os políticos e eleitores do Partido Alemão estavam a aderir à CDU-CSU e, em 1961, o próprio partido desmembrou-se. As pobres fortunas destes grupos das franjas não significavam que a direita dura desaparecera da política partidária. Ressuscitou e morreu várias vezes antes de regressar em força após a reunificação, em 1990, enraizada no antigo Leste, para assolar e enfraquecer o centro-direita, como veremos no capítulo 9.

Para a direita recalcitrante, a Alemanha dos anos 1950 não era o país com que sonhavam e que esperavam amar. Uma nova moeda, uma nova constituição e até um país dividido acabaram por ser aceites e até normalizados. Para os conservadores antimodernos e outros rebeldes da direita, era incómodo reconhecer que a República Federal era capitalista, liberal, democrática e ocidental. Era próspera, inesperadamente estável e, a julgar pelo teste decisivo dos resultados eleitorais dos seus campeões conservadores, popular. Os resultados combinados da CDU-CSU e dos liberais nas primeiras cinco eleições da Alemanha Federal foram de 43 por cento (1949), 55 por cento (1953), 58 por cento (1957) 58 por cento (1961) e 57 por cento (1965).

As críticas à República Federal vindas da direita continuaram a ser feitas por pensadores e em pequenas revistas, como veremos no capítulo 8, sobre as ideias da direita de 1945 a 1980. Faziam eco de acusações familiares contra a modernidade liberal pelos conservadores irreconciliados, acusações agora redirecionadas para a conformidade e o materialismo da sociedade de consumo, a falta de orgulho nacional alemão e a perda da fé nos valores, a não ser nos valores públicos «instrumentais» do bem-estar económico e da paz social. Os críticos mais subtis e mais interessantes da direita faziam algumas destas objeções e rejeitavam outras, abrindo linhas de compromisso intelectual com as ortodoxias democráticas liberais.

O líder que presidiu à normalização da Alemanha Ocidental e à consolidação da direita alemã foi Konrad Adenauer (1876–1967). Foi chanceler (de 1949 a 1963) e liderou a CDU de 1950 a 1966. A política sóbria de Adenauer de recuperação e de reparação deixava pouco espaço a entusiasmos ou extremismos. «Sem experiências!», diziam os cartazes de campanha em 1957. O lema resumia o conservadorismo de Adenauer, bem como o cumprimento cuidadoso e obstinado das suas tarefas na Alemanha do pós-guerra, que tinham que ver com a economia, a soberania nacional e a reputação moral.

Adenauer fixou o seu tom num discurso inaugural como chanceler em setembro de 1949. Colocou o acento tónico nas liberdades e responsabilidades pessoais, nos mercados eficientes e nas provisões sociais para assegurar o bem-estar. Rejeitando as revindicações do carácter especial alemão, Adenauer colocou a Alemanha claramente no mundo ocidental e reconheceu a dívida da nação para com os Estados Unidos (a dívida soviética foi menosprezada). Situou as raízes morais da nação numa cultura política «cristã-ocidental» de respeito pela lei e pelo valor moral intrínseco das pessoas. Segundo Adenauer, o tema do ocidentalismo cristão misturava ideais iluministas com a tradição cristã. Os liberais e os cristãos, sugeria ele, tinham pouco a temer uns dos outros.

O tema do ocidente cristão tinha usos de campanha inequívocos. O controlo do estalinismo na Europa de Leste, o esmagamento de uma revolta na Alemanha Oriental em 1953 e a fuga de cidadãos do Leste para o Oeste ajudaram os eleitores conservadores a aceitar a imagem de Guerra Fria da CDU de uma luta civilizacional entre o despotismo totalitário e a liberdade ocidental cristã. A campanha da CDU denegria os sociais-democratas como marxistas perigosos. Um cartaz dos anos 1950 da CDU com o líder social-democrata dizia: «O que Ollenhauer semeia, Estaline colhe.» Com um fundo de imagens de uma cruz e um santo medieval, outro cartaz exortava: «Salvemos a cultura ocidental!»

Consciente dos danos que uma direita dividida provocara na República de Weimar, Adenauer estabeleceu os democratas-cristãos como um partido dominante e abrangente do centro-direita. Além de absorver as franjas radicais, a CDU conservou a sua aliança (muitas vezes de rivalidade) com o CSU mais à direita, liderado a partir de 1961 e durante as três décadas seguintes por Franz-Josef Strauss (1915–1988). Nascido em Munique e filho de um talhante e veterano da Frente Oriental, Strauss era o flagelo da esquerda e o espinho do centro-direita, embora fosse mais calmo nos bastidores do que fazia parecer o seu rosto público de direita dura.

Contra a direita revanchista alemã, Adenauer aceitou a perda pesada de territórios nacionais e supervisionou o regresso de milhões de expatriados e refugiados. Contra uma esquerda neutralista, resistiu à pressão no sentido da unificação (acenada pelos soviéticos em inícios dos anos 1950), preferindo restaurar e reforçar a República Federal sob um escudo dos Estados Unidos (o que também provocou críticas dos conservadores antiamericanos). Ouvindo o Bloco Pan-Alemão, Adenauer substituiu o castigo dos perpetradores (desnazificação) por indemnizações às vítimas. Encorajou muito pouco um ajuste de contas nacional em torno do hitlerismo e do Holocausto. Adenauer pensava que a recuperação da reputação moral da Alemanha seria mais bem servida pelo comportamento decente e pelo respeito das amizades. Nos anos 1960, coube a um sucessor social-democrata, Willy Brandt, bem como aos historiadores e aos pensadores, a tarefa de preencher as lacunas deixadas pela abordagem de Adenauer no pós-guerra.

No entanto, Adenauer enfrentou diretamente a questão persistente do lugar do catolicismo na política e do papel do partido no catolicismo. Renano católico, Adenauer partilhava a desconfiança da sua família em relação à Prússia e o rancor face à *kulturkampf* protestante de Bismarck. Foi presidente da Câmara de Colónia pelo Partido do Centro Católico (1917–1933) e hostil aos nazis, ainda que lhes tenha proposto uma coligação contra a esquerda, que eles recusaram. Duas vezes preso, Adenauer voltou a ser presidente da Câmara em 1945. Nos anos 1920, pertenceu à ala do Partido do Centro que fizera pressão para «tirar isso da torre» (ou seja, para abandonar as suas principais lealdades católicas) e tornar-se transconfessional, objetivo que não foi conseguido.

Quando os críticos conservadores censuraram Adenauer por ter sacrificado os territórios orientais, cedendo aos interesses americanos e cimentando a divisão da Alemanha, respondeu que uma Alemanha Ocidental confiante e próspera, com o tempo, revelar-se-ia demasiado atrativa para que o Leste lhe resistisse. E a Alemanha Ocidental tornou-se próspera. Guiada pelo seu ministro da Economia, Ludwig Erhard, a economia alemã recuperou depressa. Durante 1950–1963, os salários reais duplicaram, as horas de trabalho diminuíram e o desemprego desceu de oito por cento para quase zero. Foi preciso mais um quarto de século, mas a Alemanha Oriental acabou por colapsar nos braços da Alemanha Ocidental. Para que o abraço, quando chegou, tenha sido tão rápido e pacífico, também foi necessária a abertura diplomática dos sociais-democratas ao Leste e a redução da suspeição mútua (nos anos 1970), a que a direita alemã, liderada por Strauss e pela CSU, se opunha calorosamente.

Como de Gaulle, Adenauer era conservador em termos sociais e morais, via as eleições como necessárias, mas lamentáveis, e governava com autoridade. Governava a partir do centro-direita, com dúvidas conservadoras em relação à modernidade liberal. Pensava que, contra a sociedade de massas, o materialismo e o ateísmo, as melhores armas eram as virtudes cívicas da paciência, da responsabilidade e da coragem.

Adenauer legou um partido cujos objetivos estratégicos eram nunca trair os americanos na Guerra Fria, manter na ordem os seus revanchistas que defendiam a Alemanha em primeiro lugar e nunca perder as oportunidades de melhorar as relações com a Alemanha Oriental. Na Europa, o objetivo era a reaproximação entre a França e a Alemanha e a criação de uma união europeia mais estreita. O sucessor de Adenauer, Helmut Kohl, prosseguiu esta via. Tornou-se presidente do partido em 1973, num período em que a CDU estava a perder eleições. O SPD abandonara as suas pretensões marxistas em Bad Godesberg em 1959 e governava então com os liberais. Kohl estabeleceu como objetivos a estabilização do partido, o aumento do número de membros e a reconquista dos liberais. Derrotou uma tentativa de Strauss para liderar o partido, que pretendia refazer a CDU como um partido maioritário e solitário da direita. Quando a CDU-CSU escolheu Strauss para liderar a sua candidatura em 1980, perdeu, abrindo o caminho a Kohl. Em 1982, os liberais voltaram a trocar de aliança, abandonando os sociais-democratas e entregando a chancelaria a Kohl. O centro sólido da política alemã conquistou mais três décadas de vida, mas, como veremos, foi depois abalado pelas agitações de um novo século num mundo pós-Guerra Fria.

IV. A direita americana dividida: Eisenhower-Taft, Rockefeller-Goldwater, Ford-Reagan

«Bem, isto significa mais oito anos de socialismo», lamentou um republicano conservador, consternado por ver Dwight Eisenhower a conquistar a nomeação do partido para presidente (1952). O favorito da direita do partido, Robert Taft Jr., fora derrotado por um herói militar apartidário, maltratado por um partido que o via como um *New Dealer* não assumido. Taft reunia uma nova geração de conservadores que voltavam a travar as batalhas dos anos 1930 e 1940, orgulhosos de defenderem as tradições guerreiras dos protecionistas e da Liga da Liberdade anti-Roosevelt. Mas não eram suficientes. Eisenhower, que acabou por ganhar a Casa Branca, foi a escolha dos republicanos satisfeitos por viverem no presente e por fazerem compromissos com os Estados Unidos tal como se haviam tornado sob o governo democrata reformador durante vinte anos.

Sem terem ouvido falar de nenhum deles — de Gentz, Chateaubriand ou Stahl —, os republicanos de Eisenhower estavam a aplicar uma lição desses acomodacionistas prudentes do século XIX: não tentes desfazer uma revolução começando outra. A sua vitória, porém, foi apenas o início e um pequeno guia do que estava por vir. Havia uma luta pela tradição republicana entre os defensores da direita moderada do *statu quo* democrático liberal e os insurgentes conservadores que queriam mudanças radicais. A história do conservadorismo americano durante as três décadas seguintes, até à eleição de Ronald Reagan, pode ser vista como uma longa vingança de 1952.

Robert A. Taft (1889–1953) era o herdeiro natural: nascido no Ohio, filho de um presidente da região central americana, líder dos republicanos no Senado e inimigo do grande governo, uma vez que crescera durante o New Deal e a guerra. Taft opusera-se às preparações cautelosas de Roosevelt para a guerra durante 1939–1941 e às intervenções antissoviéticas de Truman em várias partes do mundo. Via o direito internacional e a política multilateral como os instrumentos errados para uma nação orgulhosa e autossuficiente. Questionava a legalidade dos julgamentos de Nuremberga e opunha-se à NATO, que, a seu ver, era um dispositivo oneroso criado para enfrentar uma ameaça exagerada. Taft criticava Truman por pregar a paz enquanto fazia a guerra e por mascarar o envolvimento americano na Coreia como uma operação patrocinada pela ONU.

Como defensor das liberdades económicas, Taft moldou as relações entre os trabalhadores e os patrões. Em resposta a uma vaga de greves desencadeada pelos *layoffs* do pós-guerra e pelo aumento acentuado da inflação, Taft copatrocinou o projeto-lei Taft-Harley (1947), que reduzia as liberdades sindicais, tendo a lei sido aprovada apesar do veto de Truman. Embora a lei não afetasse os direitos gerais de sindicalização e da greve, que foram alicerçados pela Lei Wagner do New Deal (1935), proibiu as greves fora do âmbito sindical, os piquetes secundários e as greves por solidariedade, bem como as greves jurisdicionais sobre quem fazia que trabalho, uma medida que assegurava o controlo das fábricas pela administração. A lei também bania ou restringia os esquemas que faziam da sindicalização ou do pagamento de quotas sindicais uma condição para o emprego. Os estados do Sul e do Oeste impuseram restrições próprias aos sindicatos, conhecidas como as leis do «direito ao trabalho». Este tipo de legislação antissindical desempenhou um papel importante na atração da região do Cinturão do Sol para as empresas do Norte e no aumento da força desta região na política nacional.

Embora ridicularizado pelos liberais democratas como um jogador de golfe inútil e pelos seguidores de Taft como um globalista alheio aos riscos, Eisenhower (1890–1969) presidiu como um administrador habilidoso à consolidação do poder económico e estratégico americano após 1945. Como ex-Comandante Supremo Aliado na Europa e, depois, presidente dos Estados Unidos de 1953 a 1961, as mudanças que fez na tradição do New Deal foram mais de ritmo do que de direção. Promoveu a «contenção» da União Soviética (ou seja, o fim da expansão, enquanto os falcões da Guerra Fria queriam o «recuo»); aceitou um empate na Coreia, reconhecendo que os Estados Unidos não podiam vencer; ficou calado sobre a invasão soviética da Hungria em 1956; e procurou o desanuviamento com Krushchov. Cancelou a intervenção franco-britânica mal concebida no Suez, mas aprovou uma invasão de Cuba dirigida pelos americanos (mais tarde, tentada de forma atabalhoada durante a presidência de Kennedy) e sancionou golpes apoiados pelos americanos na Guatemala e no Irão. Face ao descontrolado e caçador de vermelhos Joseph McCarthy, em vez de falar contra um colega republicano, Eisenhower esperou que McCarthy se arruinasse a si próprio. Apesar de também silencioso sobre a segregação, Eisenhower nomeou Earl Warren presidente do Supremo Tribunal e, em 1957, ordenou às tropas federais do Arkansas que fizessem cumprir a decisão de Warren quanto à dessegregação, que havia uma década sofria a resistência de uma campanha de obstrução em todo o Sul. Defendeu os orçamentos pequenos e a segurança monetária, e achava que a economia devia sair sozinha das recessões, mas não fez nenhum esforço sério para impedir que os congressos democratas aumentassem fortemente a despesa do governo. O seu programa de autoestradas federais contribuiu para a criação dos subúrbios, que retiraram as classes médias das cidades e ajudaram a transformar as diferenças político-partidárias em divisões sociogeográficas.

No seu discurso de despedida, Eisenhower advertiu a nação contra o crescimento excessivo do «complexo militar industrial», mas grande parte da despesa que não conseguiu controlar foi para as forças armadas. Sobre a fé e a moral, Eisenhower era convencionalmente conservador, sem grande entendimento dos conflitos culturais que estavam prestes a incendiar o país. Prudente com as propriedades constitucionais da separação da Igreja e do Estado, começou o seu primeiro discurso inaugural, antes de se dirigir aos seus «Concidadãos», com uma oração pessoal para «os Meus Amigos». O Estado podia estar impedido de intervir na religião, mas a religião continuava a fazer parte da vida pública. O seu segundo discurso inaugural foi uma invocação lírica da «América, a Abundante», com um aviso para não esperarem muito da ação do governo. Para muitos americanos, a vida melhorou nos anos de Eisenhower, que, no meio da agitação posterior, foram vistos em retrospetiva como um tempo de certeza e de bem-estar. O juízo era sedutor, mas seletivo. Mais do que o amarem, os republicanos conservadores toleravam Eisenhower. Tinha o talento, muitas vezes visto como conservadorismo prudente, de não travar as batalhas que não podia vencer e deixá-las para os seus sucessores.

Uma dessas batalhas era pelo espírito do republicanismo. Dispersas, fora de vista, dentro e fora da política, as forças do retrocesso estavam a reunir-se. A partir de cerca de 1960, o último ano de Eisenhower na presidência, a direita republicana começou o seu regresso lento ao poder. Formaram-se movimentos vagos de resistência que reuniam conservadores: opunham-se ao reformismo social pós-New Deal, aos direitos civis impostos pelo governo e à disseminação de um novo modernismo secularista confiante. O primeiro era sobretudo económico. Baseava-se nos lóbis das grandes empresas, que se haviam oposto ao New Deal e que agora se opunham à Grande Sociedade dos democratas, bem como no contribuinte descontente da classe média, o «homem esquecido» de Sumner, que estava farto de pagar, como diziam, para ajudar ociosos, mães solteiras e outros pobres «indignos».

O segundo elemento de resistência da direita era a reação branca contra a dessegregação e os direitos civis. Começou no Sul, mas não se limitou a esta região. Em finais dos anos 1960, depois de as leis dos direitos civis terem tornado fúteis as obstruções claras, a resistência à integração prosseguiu com mudanças de condições em nome dos «direitos suburbanos» para o controlo dos impostos locais, as escolas de bairro (ou seja, o fim do *busing*) e o loteamento residencial. O sucesso do ex-governador racista George Wallace entre os trabalhadores sindicalizados do Norte, nas eleições primárias de 1968, foi um sinal de aviso que Nixon levou em conta. A resistência vinha também dos liberais brancos da classe média, que, silenciosamente, isolavam as suas casas e os seus filhos, aprofundando assim o desprezo a que os liberais eram votados pelos conservadores, mais dispostos a admitirem os seus medos e preconceitos. Uma terceira vaga de resistência da direita veio dos conservadores cristãos, alarmados com a licensiosidade moral, com a indiferença em relação à religião e com uma interpretação mais liberal da separação constitucional da Igreja e do Estado, como exemplificada na decisão de 1962 do Supremo Tribunal, que baniu a oração oficial nas escolas públicas.

Estas várias causas — oposição ao grande governo, aos direitos civis e à irreligião — não tinham uma ligação óbvia. No entanto, podiam apresentar-se juntas, como no berço da direita republicana dos anos 1950, o Sul da Califórnia e o Sudoeste. Os migrantes do Centro-Oeste rural e do Sul, nos anos 1930 e 1940, haviam trazido fés simples e a aversão às atitudes cosmopolitas. A direita religiosa usava a televisão local para desenvolver as suas igrejas. As faculdades de direito ensinavam formas contraliberais de interpretar a lei. O espírito de empreendimento local — quintas, pequenos negócios — era autónomo e antigovernamental. As empresas agrícolas, dependentes de trabalhadores mexicano-americanos, evitavam as regulamentações federais e os sindicatos. A defesa era uma grande empregadora, paga pelo grande governo, mas na boa causa de enfrentar o comunismo. Foi neste território que Barry Goldwater cresceu e floresceu.

Goldwater (1909–1998) formou uma ponte entre a velha ala Taft dos republicanos e o partido dirigido por Reagan, do qual, após 1980, os liberais foram rapidamente excluídos. Nascido no Arizona, Goldwater obteve uma licença de piloto e fez transportes aéreos na Ásia durante a Segunda Guerra Mundial, entrou na política de Phoenix e, seguindo as pisadas de Eisenhower, derrotou o líder da maioria democrata na corrida do Arizona ao Senado em 1952. Goldwater promoveu leis antissindicais e fez pressão para que a extorsão sindical fosse investigada.

A sua entrada na política nacional ocorreu em 1960, quando se virou contra o republicanismo de Eisenhower por causa de uma agenda doméstica a que chamava «um New Deal de pacotilha». Richard Nixon, vice-presidente de Eisenhower, dependia dos liberais da Costa Leste no partido para conquistar a nomeação em 1960, e fez dum destes grandes o seu companheiro de candidatura. Magoados, os republicanos do Sul e do Oeste decidiram tentar tomar conta do partido e fizeram de Goldwater o seu porta-estandarte.

Para a direita republicana, Nelson Rockefeller (1908–1979), filho do homem do petróleo, governador de Nova Iorque e líder dos republicanos liberais, representava tudo o que detestavam naquilo a que, pejorativamente, chamavam «o Sistema da Costa Leste». Era a favor do aborto, do ambiente e da ONU, e defendia uma política externa bipartidária, tudo coisas que a direita republicana reprovava. A sua derrota face a Goldwater na convenção republicana em São Francisco (1960), quando foi vaiado no palco, marcou o início do fim do republicanismo liberal. Ainda que alguns dos seguidores de Goldwater fossem extremistas, ele era menos extremista do que libertariano, tendo aprovado, por exemplo, já em idade avançada, o casamento entre homossexuais. No entanto, uniu as várias correntes da direita dura numa força com a qual Nixon e Ford tiveram de lidar e que conquistou o Partido Republicano depois de 1980.

A presidência de um republicano «charneira», Richard Nixon (1913–1994), marcou uma mudança dupla no centro de gravidade republicano da Costa Leste para o Sul e para o Oeste e da abordagem de meio-termo de Eisenhower para o partidarismo antiliberal que acabou por prevalecer após 1980. O Sul da Califórnia lançou Nixon, onde começou como um jurista zeloso e anticomunista. Eisenhower escolheu-o para vice-presidente a fim de apaziguar a direita republicana, tal como Nixon escolhera em 1964 um representante da elite de Boston para seu companheiro de campanha a fim de apaziguar os moderados. Nixon perdeu, mas os democratas liberais e os republicanos liberais enfrentavam agora a reação contra os direitos civis, a Guerra do Vietname e as guerras culturais. Com estes ventos de feição, Nixon ganhou duas vezes a presidência (1968, 1972). Nixon fazia campanha a partir da direita, mas governava (com um Congresso democrata) ao centro. A sua administração introduziu a discriminação positiva na contratação federal, promoveu grandes aumentos na despesa e na dívida, impôs controlos de salários e de preços, levou a cabo uma desvalorização do dólar, promoveu o desanuviamento com a União Soviética e a abertura da China, bem como a saída do Vietname, apesar de relutante e brutal. A carreira de Nixon terminou em escândalo — a campanha ocultou crimes e mentiu a favor do presidente. Demitiu-se em 1974 para evitar uma condenação quase certa no Congresso. Figura transitória, Nixon deixou um partido dividido entre moderados em declínio e radicais cuja capacidade e confiança estavam a crescer, bem servidos por grupos de reflexão contraliberais e doadores conservadores generosos.

Jesse Helms, ex-jornalista e senador durante 30 anos pela Carolina do Norte (a partir de 1973), foi um mensageiro da mudança. Como porta-voz habilidoso da direita dura, Helms (1921–2008) desempenhou um papel semelhante ao de Enoch Powell na Grã-Bretanha. Vindo das franjas, Helms contribuiu muito para fazer da voz sulista do republicanismo a sua voz nacional. Orgulhosamente antiliberal, opunha-se aos direitos civis, ao *busing* para a dessegregação, ao banimento das orações escolares, à descriminalização do aborto, ao alargamento do prazo para a emenda falhada que concedia igualdade de direitos às mulheres e à promoção dos direitos dos homossexuais. Helms via o liberalismo como ineficaz e corrosivo, o que não era coerente como acusação, mas era amplamente persuasivo. Helms ajudou a criar um inimigo na chamada esquerda cultural, tornando-a, de um objeto de ódio na rádio, num dos principais alvos da direita conservadora. Apesar de ter falhado a sua candidatura à liderança da direita, a campanha de Helms facilitou a ascensão de Reagan à Casa Branca em 1980 e à conquista republicana do Senado nesse mesmo ano — uma vitória que só fora adiada pelo escândalo Watergate. Em certo sentido, os republicanos estavam a empurrar uma porta aberta. A estagflação nos anos 1970 e a Segunda Guerra Fria (1978–1986) haviam quebrado o consenso pós-New Deal (keynesianismo assistencialista mais a contenção-desanuviamento). O republicanismo de Taft do Centro-Oeste regressara, pois o conservadorismo de Reagan tinha raízes no Sul e no Oeste. No entanto, a mudança sísmica não ocorreu apenas na política partidária. Como veremos no capítulo 8, a direita irreconciliada e contraliberal também tinha fortes fontes intelectuais.

8

IDEIAS E PENSADORES

RESPONDER ÀS ORTODOXIAS LIBERAIS

Ao analisar a cena intelectual do pós-guerra, o crítico literário americano Lionel Trilling escreveu, em *A Imaginação Liberal* (1950), que já não havia conservadorismo «sério e inteligente» com o qual os liberais pudessem discutir. Trilling estava a falar dos Estados Unidos, mas a sua opinião depreciativa era amplamente partilhada na Europa. As recompensas comuns para os pensadores da direita nos dois lados do Atlântico, nos anos após 1945, eram a obscuridade e o desprezo. No entanto, o trabalho silencioso e persistente que questionava as ortodoxias democráticas liberais iria em breve restaurar a confiança intelectual da direita.

Não era fácil responder à acusação de Trilling, tal como formulada, pois o que era um pensamento conservador «sério»? Afinal de contas, os conservadores dirigiam os seus ataques às políticas liberais prevalecentes: reforma social, regulação dos mercados e crescimento do Estado. De uma forma mais geral, muitos questionavam como é que a imagem dos liberais de uma sociedade aberta e competitiva os levou a menosprezarem os seus danos morais. Alguns procuraram até princípios distintamente conservadores para apoiarem essas críticas, mas ninguém oferecia uma ortodoxia conservadora alternativa. Se esta falta é aquilo a que Trilling chamava a ausência de um pensamento conservador «sério e inteligente», estava a colocar uma fasquia demasiado alta. Pondo de lado este nível exigente, o pensamento da direita do pós-guerra era vigoroso e, em breve, teria impacto na política partidária.

A direita convencional beneficiou de um quadro clarificador de pensamento no anticomunismo da Guerra Fria e no liberalismo económico. O apoio ao primeiro decorreu de *A Sociedade Aberta e os Seus Inimigos*

(1945), uma crítica de um filósofo da ciência centrista, Karl Popper, do determinismo histórico e do pensamento totalizante na tradição hegeliana e marxista. A obra de Popper acrescentou lastro antitotalitário às razões geopolíticas que os liberais, de esquerda ou de direita, tinham para prosseguir a Guerra Fria. Economicamente, as ideias influentes do teórico social Friedrich Hayek sobre a sabedoria dos mercados e a ordem social espontânea (reforçadas pelos colegas economistas da Universidade de Chicago) serviram um liberalismo económico das liberdades empresariais e o governo limitado.

Michael Oakeshott acrescentou ideias de segunda ordem sobre o estilo de ação política que devia ser preferido. Os seus apelos «antirracionalistas» à discrição intelectual e à modéstia política foram vistos por alguns (num espírito não oakeshottiano) como o epítome de um conservadorismo genuíno e por outros, tipicamente, como uma polémica enluvada contra a reforma social liberal de esquerda. Uma interpretação diferente de Oakeshott classificá-lo-ia claramente numa caixa não partidária, mas podiam ouvi-lo a apelar à moderação contra o fanatismo, o pensamento de sistema e o extremismo, de qualquer cor, que ele vira muito durante os anos 1920 e 1940.

Na Grã-Bretanha, fez-se ouvir um arauto da direita dura do século XXI. Enoch Powell colocou-se a si mesmo e à sua carreira contra o centrismo amigo do Estado e o multiculturalismo que haviam atraído o toryismo nos anos 1950 e 1960. Mente poderosa e inflexível, Powell foi um precursor de uma contrafé popular na instável monarquia dual do mercado livre e da nação, que, em breve, iria capturar a direita na Europa e nos Estados Unidos.

O desprezo liberal pela autoridade social e cultural era um alvo favorito da crítica conservadora. Na Alemanha, Gehlen expôs uma antropologia filosófica que via as pessoas como ansiosas e desnorteadas, sem disciplina e instituições para as guiarem. Outros atacavam a disformidade ética da sociedade liberal a partir de diferentes pontos de vista. A trabalhar em Londres, o filósofo austríaco Aurel Kolnai contrastava o livre-para-todos ético-cultural do liberalismo com o respeito pela excelência e pela «nobreza social» — uma ideia aberta de não classe —, e só este respeito podia afastar o «igualitarismo quantitativo» no qual nenhuma fidelidade ou crença valia mais do que qualquer outra. O pensador francês Bertrand de Jouvenel reanimou junto dos leitores atuais a queixa do século XIX de que, ao isolar as pessoas umas das outras e ao enfraquecer a intermediação das associações civis, o liberalismo dava poder excessivo ao Estado central. O filósofo e historiador R. G. Collingwood defendeu em nome do conservadorismo a causa do conhecimento histórico. Pensava que a história era vital para o entendimento da política, que o liberalismo, no espírito utilitarista do cálculo custo-benefício, estava a resumir à economia e à observação social.

As universidades americanas acolhiam forasteiros especuladores com histórias imponentes e lapsarianas das origens falhadas do liberalismo. Eric Voegelin, outro emigrado austríaco, datava o utopismo da modernidade liberal numa viragem na direção errada por antigos cristãos idealistas que pensavam que o homem caído em desgraça podia ser redimido por meios terrenos. Um historiador das ideias conservador de Chicago, Richard Weaver, datava a fatídica queda da humanidade no modernismo liberal nos teólogos escolásticos do século XIV, que retiraram aquilo que é naturalmente bom para as pessoas dos comandos da moralidade e colocaram no controlo qualquer coisa que as pessoas quisessem. Com mais acuidade e um foco histórico mais tardio, Alasdair MacIntyre, um britânico emigrado nos Estados Unidos, questionou a base ética do liberalismo em *Depois da Virtude* (1981) e noutras obras.

Os conservadores americanos também davam ouvidos a pensadores mais terrenos. Todos se sentiam envolvidos numa psicomaquia pela alma nacional. Cada um tinha uma perspetiva ético-cultural clara e armas com que lutar. William Buckley, conservador católico e fundador-diretor da *National Review* (desde 1955), reuniu as forças dispersas da direita, restaurou-lhes a confiança e deu-lhes uma plataforma. Irving Kristol, judeu ex-marxista, conduziu o ataque neoconservador que, a partir de finais dos anos 1960, abalou as ortodoxias liberais de esquerda. Eram todos nova-iorquinos que, nos anos 1980, espetariam as suas bandeiras de vitória na capital dos Estados Unidos.

I. O arauto da direita dura britânica: Powell

Se há um pensador que merece o crédito de ter dado início à longa viragem para a direita do conservadorismo britânico a partir dos anos 1980 é Enoch Powell (1912–1998). Num período de compromisso centrista, Powell anunciou o thatcherismo, mas fez mais do que isso. Ao enaltecer o mercado, o thatcherismo, ou até a própria Thatcher, era essencialmente global e multilateral. Powell venerava o mercado, mas queria devolver a política à nação. Economicamente globalista e geopoliticamente unilateralista, Powell foi o arauto da viragem do conservadorismo britânico contra a Europa.

Quando Powell foi afastado do governo sombra, em 1968, por ter feito um discurso inflamado sobre a imigração, um perspicaz editorialista conservador que percebeu o seu apelo escreveu que a contenção do powellismo iria ocupar o seu partido durante a próxima década. O editorialista errara por um fator de cinco. A contenção do powellismo iria ocupar o partido durante o meio século seguinte, até que acabou por fracassar nos anos 2010.

Em inícios dos anos 1950, Powell foi um membro de direita do grupo One Nation de jovens deputados conservadores. Embora o nome fizesse lembrar o toryismo de unidade social de Disraeli e de Baldwin, o grupo incluía, além de «molhados» de espírito social, elementos «secos» cismáticos e de espírito de mercado, como Powell. Em vez de um Estado social, propôs, em 1953, que as autoridades locais e as organizações voluntárias cobrissem as necessidades sociais e de saúde básicas. Também fez pressão para uma redução dos impostos.

Powell endureceu o *slogan* sentimental da «Nação Una», interligando as questões geopolíticas, sociopolíticas e nacionais. Em primeiro lugar, a Grã-Bretanha pós-imperial estava sozinha no mundo; a Commonwealth era um embuste; os Estados Unidos não eram um país amigo, mas sim intimidatório; a Europa era uma armadilha. Em segundo, o Estado britânico liberal do pós-guerra contrastava com uma sociedade britânica alienada. Por último, a Grã-Bretanha era especial e única. Todas estas ideias — o isolamento, a alienação e o carácter especial — seriam adotadas pela direita britânica depois de 2010.

As ideias de Powell sobre o isolamento da Grã-Bretanha foram confirmadas por três epifanias pós-imperiais. Ao saber do plano de Attlee para a concessão imediata da independência indiana em 1947, Powell contou que caminhou confuso pelas ruas durante toda a noite. Depois, Powell viu a intervenção americana para acabar com a desventura britânica no Suez, em 1965, como uma traição que confirmava a tolice da Grã-Bretanha em depender do seu antigo aliado muito mais poderoso. Por último, a direção federalista da Europa virou-o contra uma aventura que chegara a apoiar e tornou-se um feroz antieuropeu.

Quanto ao «distanciamento perigoso» que Powell via entre a sociedade e o governo, a experiência no seu círculo eleitoral de Wolverhampton convencera-o de que os governos britânicos não entendiam os efeitos sociais da imigração vinda das ex-colónias. Achava que era errado que os políticos perdessem o contacto com os seus eleitores. «Sobre a grande multidão, que já conta com dois milhões, de indianos ocidentais e de asiáticos na Inglaterra», escreveu ele em 1972, «não é mais verdadeiro dizer que a Inglaterra é o país deles do que dizer que as Índias Ocidentais, o Paquistão ou a Índia são países nossos. [...] São e continuam a ser aqui estrangeiros». Como se tentasse ver quantos erros poderiam ser incluídos num aforismo, Powell disse pouco depois: «A cor da pele é como um uniforme» (1978). Powell dizia falar pelo povo, e de uma maneira especial. Num espírito popular, afirmava estar a dizer o que «o povo» sabia ser verdade, mas que temia dizer alto porque a ortodoxia da «elite» o proibia.

O carácter especial da nação britânica era um conceito pessoalmente associado a Powell. A Grã-Bretanha era o seu «aqui». Era especial para ele porque era sua. Não tentava destilar uma essência do carácter inglês à maneira de Disraeli ou Baldwin. Escarnecia dos «mitos» nostálgicos com que os colegas conservadores descreviam o passado da nação, em particular os tempos vitorianos dourados da indústria e do império. Powell não defendia os supostos valores britânicos contra os valores estrangeiros. Neste aspeto, o seu nacionalismo não era chauvinista. Tradutor poliglota e académico de Cambridge especializado em paleografia grega, cujo primeiro amor intelectual foi o pensamento e a literatura alemães, Powell era, em termos culturais, um universalista cosmopolita. Defendia a Grã-Bretanha tal como era, da mesma maneira que o romano-cosmopolita Maurras defendera a França por ser francês. O patriotismo de Powell, apesar de contingente, era absoluto e incondicional. Fazendo eco de Maistre, que disse que honraria o diabo se o papa lho ordenasse, Powell insistia: «Eu lutaria por este país mesmo que tivesse um governo comunista.» A sua ideia de Nação Una era neo-hobbesiana na sua visão monista da autoridade: o Reino Unido era indissolúvel; a nação era indivisível; o Parlamento era soberano, insubmisso a qualquer lei ou tratado.

Um intelectual num partido manifestamente não intelectual, Powell começou como um cético ateísta nietzschiano e acabou como um crente inabalável na nação inglesa e na sua Igreja nacional. O que sobreviveu à mudança foi uma mente feroz, um temperamento apaixonado e uma língua mordaz. Powell era capaz de tudo e era um trabalhador árduo, mas era demasiado senhor de si para se sentir à vontade ou útil na política partidária. Em intelecto e talento, superava os rivais, mas passou os 37 anos, com exceção de três, que esteve no Parlamento sentado nas filas traseiras. Orgulho combatido com princípios. Rejeitou cargos que considerava indignos de si. Demitiu-se em vez de seguir uma linha que não podia aceitar. Depois de 1968, foi afastado do Partido Conservador. Embora tenha sido um eficaz ministro da Saúde, os contemporâneos consideravam-no um rebelde ou um oportunista. Powell foi um dos dois pensadores de direita que o conservador «molhado» Ian Gilmour trucidou no seu estudo sobre o conservadorismo, *Inside Right* (*No Seio da Direita*, 1977). O outro era Hayek. O seu defeito era o dogmatismo. O de Powell era a inconsistência, como se via, segundo Gilmour, nas suas inversões de direção: sobre a imigração, a Europa, o Egito, a defesa e a Irlanda.

A veemência de Powell disfarçava-o, mas acreditava na «fragilidade e na vulnerabilidade que sustentam a sociedade». Num espírito burkeano, opunha-se às experiências disruptivas. No entanto, no seio da conciliação centrista, era disruptivo. A sua fé cristã era agostiniana e pouco sentimentalista. Esta fé aliava-se à descrença no progresso liberal ou na igualdade terrena. O cristianismo não era, disse Powell à maneira de Salisbury, uma «história com um final feliz» contada para agradar à «mentalidade adocicada» da idade moderna. Os seres humanos estavam abertos à «ignorância, à incapacidade e à perversidade». E a «propensão total humana para o erro» era «suficiente para assegurar uma alta taxa de fracasso». Nem o sucesso nem o fracasso na vida se deviam ao mérito. Os pobres não eram merecedores nem os ricos culpados. Dito isto, toda a gente tinha deveres para com a família e a comunidade.

Como é que Powell reconciliava o seu populismo com o seu parlamentarismo? A sua veemência radical em relação aos valores estabelecidos? Gilmour resumia a reputação de Powell à oratória, isto num sentido crítico. Mas a acusação era infundada. A oratória era o dote profético de Powell. As pessoas ouviam o que ele dizia e, porque o ouviam e o repetiam, Powell ajudou a criar um novo clima na direita britânica.

II. A nossa segunda natureza conservadora: Gehlen

Para um liberal, incluindo os conservadores liberais, o problema da visão hobbesiana de Powell da autoridade legítima era tornar o seu exercício demasiado deliberado, demasiado forte e, no fim, sem limitação. Era o problema que desconcertava Schmitt. Independentemente de quem ou do que exercesse a autoridade legítima na visão constitucional de Powell — Parlamento, nação, povo ou alguma combinação imaginada —, um liberal teria de saber como a autoridade podia, na prática, ser justificada e contradita. Mesmo admitindo que a supremacia e a indivisibilidade eram necessárias para a autoridade eficaz, não eram suficientes, na opinião dos liberais, para a autoridade legítima. Para os liberais, também importava como a autoridade era exercida. Para Powell, pelo contrário, parecia que a eficácia era tudo o que importava.

Uma versão social deste problema surgiu para o conservadorismo de Arnold Gehlen (1904–1976), um dos mais inquisidores pensadores da direita do pós-guerra alemão. Escolheu uma maneira naturalista de falar de um elemento que estivera sempre no núcleo da visão conservadora: as instituições estáveis. Estas eram necessárias e valiosas devido ao modo de ser dos homens. Sem instituições estáveis e geralmente aceites, as pessoas nada tinham que as guiasse ou que lhes desse propósito. Por «instituições», Gehlen queria dizer normas sociais e costumes num sentido lato. Sem elas, as pessoas ficavam desorientadas, incapazes de dizer o que queriam e perdidas. O enraizamento social da ética era familiar na tradição conservadora, bem como o requisito de haver uma ética social aceite. Gehlen explicava isto pela vulnerabilidade e dependência do animal humano. Faltava saber se algumas normas eram mais aceitáveis do que outras. Ou só importaria que uma norma prevalecesse?

O seu conservadorismo não era nacionalista nem chauvinista. Para Gehlen, a necessidade de normas era universal, mas o seu conteúdo era relativo; ou seja, o modo como as normas eram feitas e experienciadas variava de cultura para cultura. Nenhuma sociedade estava em posição de vantagem para julgar as outras melhores ou piores. E as culturas de Gehlen nada tinham que ver com a raça, uma ideia que ele considerava falsa. O seu apelo à biologia humana era negativo. Segundo Gehlen, a biologia dizia-nos muito sobre a origem humana, mas pouco sobre os humanos gerados pela vida em sociedade.

De acordo com Gehlen, somos, como na frase de Nietzsche, «animais incompletos». Uma impotência inicial, uma longa maturação e uma impreparação física única entre os animais superiores eram elementos de abertura que, ao criarem ansiedade e tensão, nos levavam a desejar um sistema de ordem. Nascemos com órgãos subdesenvolvidos e instintos inespecíficos adaptáveis a muitas tarefas, mas não estamos pré-adaptados a nenhuma; com um equipamento sensorial invulgarmente extenso, que nos deixa abertos ao mundo, «instáveis e em risco, sobrecarregados de afeto»; e com um excesso de energia sem qualquer propósito particular. As instituições, que deviam incluir normas, costumes e molduras sociais, ofereciam guias, libertando-nos assim da abertura excessivamente estimulada e causadora de ansiedade. As normas acabavam por ser sentidas como naturais. O seguimento das normas criava «um sentimento de certeza benéfica, um alívio vital». A energia libertada da ansiedade e da escolha podia então «ascender, se assim se pode dizer», tornando-se «disponível para propósitos particulares, pessoais, únicos e novos». A variedade e a originalidade pessoais eram assim possíveis, mas só dentro das normas prevalecentes. Quem procurasse distinguir-se fora das normas estava condenado ao fracasso.

O carácter tecnocrático da sociedade moderna liberal não preocupava Gehlen. A tecnocracia — o governo neutral da especialização e da gestão — era estabilizadora e, por isso, legítima. A tecnocracia não devia ser romanticamente lamentada pelos conservadores, mas usada num espírito de «realismo», uma linha de pensamento que ligava Gehlen a Schmitt e, antes dele, a Gentz, que também sublinhavam a necessidade primária de os conservadores gerirem as circunstâncias atuais, para o bem ou para o mal.

O carácter liberal da modernidade, pelo contrário, não preocupava Gehlen. Criticava o «humanitarismo» excessivamente ambicioso, bem como a tendência liberal crescente para confundir o pessoal e o político. Partilhava as ansiedades conservadoras sobre a indisciplina social. Temia que, sem os sentimentos semirreligiosos de temor, sacralidade e tabu, as normas sociais ficassem perigosamente expostas, uma ideia seguida por conservadores católicos nos Estados Unidos e por Scruton na Grã-Bretanha.

Segundo Gehlen, as instituições podiam entrar em decadência ou ser transformadas em várias fases. As normas acerca das quais estávamos demasiado conscientes eram «abaladas», perdiam o sentido de naturalidade, ficavam abertas ao questionamento e eram tratadas como convenções opcionais. O subjetivismo podia despontar. As pessoas podiam experienciar «predisposições fortuitas» como se tivessem um sentido «superpessoal». Nas «instituições que funcionam bem», as sensibilidades individuais e as fricções subjetivas» eram «neutralizadas» porque as pessoas tinham consciência de si mesmas «com base em realidades externas». Por contraste, a sociedade atual parecia estar a falhar. Em 1960, Gehlen escreveu que «nunca como agora as pessoas foram mais decisivamente atiradas para as reservas limitadas das suas disposições fortuitas». Ao mesmo tempo, estas mesmas disposições fortuitas nunca foram tão vulneráveis.

A ideia de que a escolha pessoal não guiada, longe de libertar as pessoas, ameaçava escravizá-las sob os poderes do Estado ou da convenção social não era nova, pois constituía um lugar-comum desde Tocqueville e outros preocupados com a democracia cultural no século XIX, incluindo Mill. No entanto, Gehlen retirava uma nova lição. Em tais condições «subjetivas», o debate público decaía. Quando as «sensibilidades irritadas» emergiam, cada uma contra algum aspeto da sociedade, não podiam ser «aliviadas» por meio da discussão aberta. Nas palavras de Gehlen: «Quanto mais as pessoas usarem a liberdade fundamental para dizerem o que pensam, ou seja, para professarem o seu subjetivismo, menos contacto autêntico resultará daí.» Jürgen Habermas, liberal de esquerda que levava a sério a obra de Gehlen, concordava com ele sobre a decadência do debate público, ainda que não sobre a sua causa. Habermas culpava as instituições dominantes pelo problema. Gehlen responsabilizava as pessoas por falarem demasiado em seu nome.

O antiliberalismo conservador de Gehlen era sofisticado e profundo. Os ideais liberais reduziam as normas convencionais, mas impunham tarefas impossíveis às pessoas. Com habilidade dialética, à maneira hegeliana, Gehlen invertia a importância da liberdade humana. Longe de ser uma dádiva da natureza, a liberdade era, desde logo, a nossa maldição. Os direitos naturais lockeanos, associados a uma imagem vazia da mente, mostravam-nos um cativo impotente e lamentável. Era preciso que nos libertássemos da nossa liberdade primitiva por meio da educação familiar e das regras sociais. Os pré-liberais do pensamento ocidental clássico olhavam para a autoridade política a fim de proteger a liberdade natural das pessoas e de as manter em segurança umas das outras. Gehlen olhava para a sociedade para salvar as pessoas da sua liberdade natural e para ficarem em segurança em relação a si mesmas.

A contraimagem de Gehlen era estimulante, o raciocínio era engenhoso. No entanto, havia dificuldades, que estavam interligadas. A partir do esquematismo impressionante de Gehlen, era difícil retirar conselhos práticos, não só porque o seu ângulo de abordagem era muito acentuado, mas também porque não havia qualquer princípio de escolha — fosse a justiça ou o bem-estar. Recordemos que Powell padecia do defeito de não dizer que limites de princípio havia para o exercício da autoridade legítima. Do mesmo modo, Gehlen não dizia que instituições ou normas nos salvavam melhor do desnorte e nos davam um melhor modelo segundo o qual se devia viver.

Gehlen foi um dos intelectuais alemães de direita do pós-guerra que se esforçou por repensar o conservadorismo. Tinham diante de si a escolha que os conservadores enfrentavam em toda a parte: encontrar e defender valores conservadores distintivos ou, num espírito pragmático e pós-ideológico, transformar o conservadorismo num estilo político ou marcador de tempo: *moderato, andante.* Também tinham uma questão relativa ao passado imediato do conservadorismo alemão. Com exceção de uma franja de descontentes, concordava-se que os ideais e os compromissos da direita alemã — a unidade social, a suspeição do pensamento filosófico e o sentido da imperfeição humana — tinham de ser reformulados. Tinham de ser purgados do chauvinismo nacionalista e do irracionalismo pagão que haviam arruinado a direita alemã no meio século anterior. O problema era como fazê-lo. Uma abordagem adotou a visão a longo prazo. Repensou o conservadorismo como a expressão política moderna da tradição cristã ocidental. Uma segunda abordagem adotou a visão recente. Repensou o conservadorismo como um reconhecimento de que a direita alemã do século XX, apesar dos crimes de Hitler, era o partido virtuoso. Fora para a guerra contra o bolchevismo. Definira-se no combate. O conservadorismo cristão ocidental da visão a longo prazo floresceu na direita intelectual nos anos 1950 e depois desvaneceu-se, antes de regressar com os jovens alemães de direita nos anos 2010. A abordagem da visão recente — o conservadorismo moderno como antibolchevismo — explodiu na *Historikerstreit* (anos 1980). Esta discussão político-académica sobre as raízes históricas do nazismo também se desvaneceu, tendo regressado no novo século como parte do vernacular da direita dura do «dizer o que não pode ser dito».

Havia a tentação de reformular o conservadorismo cristão ocidental num espírito católico e aristocrático. A Prússia protestante fazia agora parte da Alemanha Oriental. A presença católica era, por isso, mais forte na República Federal. Um dos seus focos era um grupo erudito, o Neues Abendland (Novo Ocidente), financiado por um bávaro rico e da classe alta. O seu jornal, publicado de 1946 a 1958, tinha o mesmo nome. Defendia a integração europeia, não pelo comércio ou pela segurança, mas pela recriação do *Abendland,* uma unidade cultural imaginada da Europa pré-moderna. O grupo era moderadamente democrático, com tendências autoritárias. O *Neues Abendland* defendia Franco na Espanha e Salazar em Portugal como modelos contemporâneos da liderança contemporânea. Os males da modernidade — a secularização, a perda da bússola moral, o conflito social e a rivalidade nacional — eram contrastados com as virtudes pré-modernas da unidade, da estabilidade e da fé. O nazismo era explicado como uma metástase fatal dos vícios da modernidade: liberalismo, marxismo, individualismo nietzschiano e darwinismo. Um segundo jornal, o *Merkur*, fundado em 1947 sob a direção de Hans Paeschke, dava espaço a este tipo de ideias de direita, mas também a controvérsias que atravessavam todo o espetro esquerda-direita.

A corrente mais forte do pensamento da direita alemã do pós-guerra era pragmática. As preocupações civilizacionais, os medos a respeito da cultura de massas — em particular a cultura americana — e as críticas à vida urbana (o ambientalismo ainda estava por vir) desvaneceram-se nos anos 1950. A direita via a prosperidade e a segurança nacional como vias melhores para a ordem social do que o fogo-fátuo ético-cultural. O conservadorismo pragmático da Alemanha era uma busca de normalidade em condições anormais de divisão nacional e de recuperação da vergonha histórica. Quando a revista *Der Monat*, em 1962, perguntou aos pensadores e escritores alemães «Was ist konservativ?» (Que é ser conservador?), a maioria dos respondentes descreveu o conservadorismo como uma mistura feliz, ainda que não especificada, de liberalismo, prudência e cristianismo pouco exigente. Só Mohler, ex-secretário de Jünger, falou abertamente contra o liberalismo e os seus defeitos.

O apetite pelos princípios não morreu. Nos anos 1960, a direita intelectual alemã voltou a atacar o liberalismo. Dois tópicos — a discussão sobre o passado recente da Alemanha e a eclosão de protestos estudantis — deram à direita novos alvos e nova energia. O jornal *Criticón* (1970–1998), fundado por Caspar von Schrenck-Notzing, fez sua marca a *Unbefangenheit* («desinibição») sobre o passado nazi da Alemanha. O *Criticón* ajudou a inflamar o *Historikerstreit* entre os historiadores conservadores e os historiadores liberais de esquerda sobre a adequação do reconhecimento académico alemão do período nazi. Nos anos 1960, os protestos políticos e a exuberância contracultural reavivaram as ansiedades conservadoras sobre a modernidade liberal. Juntos, como os neoconservadores nos Estados Unidos, suscitaram apelos a disciplinas sociais que o vitorioso capitalismo de consumo pareceria incapaz de providenciar.

III. A queda do estado de graça dos modernos liberais: Weaver, Voegelin e MacIntyre

Num discurso fascinante na Universidade de Harvard (junho de 1978), o autor russo Alexandr Soljenítsin disse aos ouvintes que o Ocidente perdera toda a coragem e que os seus políticos e intelectuais haviam caído numa perplexidade deprimida. Uma comunicação social irresponsável disseminava desinformação, alimentava «fortes preconceitos de massas» e silenciava as opiniões antiquadas. Os males morais eram ignorados em nome da liberdade pessoal. Um povo tiranizado por interesses materiais já não estava disposto a morrer por ideais. A origem comum destes males era o abandono ocidental dos valores espirituais e a consequente submissão à «corrosão do mal».

A filípica de Soljenítsin dividiu as opiniões. Foi geralmente bem aceite pelos conservadores americanos, alarmados com a pressão soviética no início da Segunda Guerra Fria e perturbados com os sinais que viam da decadência moral da sua nação. Para os não conservadores, o discurso era partidário, seletivo e exagerado. Duas semanas depois, num acontecimento público em Washington, Rosalynn Carter, esposa do presidente, respondeu: «Alexandr Soljenítsin diz que podemos sentir a pressão do mal nesta terra [...]. Bem, eu não sinto nada essa pressão. [...] As pessoas deste país não são fracas, cobardes ou espiritualmente esgotadas.»

Estavam aqui em competição duas imagens imaginadas da saúde civilizacional de uma nação. A imagem de Soljenítsin de um Ocidente sem espírito vinha de uma galeria imponente de mestres modernos conservadores. A galeria abria com russos do século XIX — nomeadamente Fiódor Dostoiévski e Konstantin Pobedonostsev, o reacionário conselheiro czarista — e exibia Spengler e outros declinistas modernos, tendo sido renovada em meados do século nos Estados Unidos com pensadores conservadores que retrabalhavam um idioma agora familiar de perplexidade e decadência moral.

Os três mestres pintores da desordem liberal de meados do século XX aqui considerados — Richard Weaver, Eric Voegelin e Alasdair MacIntyre — trabalharam nos Estados Unidos. Voegelin e MacIntyre eram emigrados europeus. Escreviam com um amplo raio histórico e geográfico. Por «Ocidente», queriam dizer, mais ou menos, o mundo mediterrânico clássico, a cristandade medieval e as nações atuais ricas e não comunistas. Todos tomavam por garantido um declínio espiritual generalizado. Nenhum se concentrava topicamente em algum mal social particular ou na sua solução. Escreviam como se os problemas ocidentais, apesar de não serem todos iguais, tivessem a mesma origem numa desordem moral coletiva. O detalhe escolástico e histórico era imponente. Com Voegelin, era esmagador. No entanto, apesar do detalhe, o apelo da imagem residia na sua simplicidade e familiaridade. Cada um contava uma história antiga de orgulho luciferiano e de queda. Aquilo que os liberais viam como progresso, estes pensadores viam como um declínio ruinoso e merecido. A inversão do declínio, supondo que fosse possível, era uma questão de moral e de como pensar sobre a moral.

Cada um tinha um diagnóstico social, um conto histórico e uma cura sugerida. Sobre o diagnóstico, coincidiam. Sofremos de modernidade liberal. Sobre o momento da eclosão, divergiam: século XII ou talvez antes (Voegelin); século XIV (Weaver); Iluminismo do século XVIII (MacIntyre). A cura sugerida consistia em rejeitar os esforços de privatização da moralidade e voltar a pôr a moralidade na política e na vida pública. Weaver, Voegelin e MacIntyre abriram caminhos para o atual conservadorismo dos «valores». Apontavam para uma esfera da política que os conservadores poderiam reclamar como sua.

Richard Weaver (1910–1963) era um erudito nascido na Carolina do Norte que estudou na Universidade Vanderbilt, onde esteve em contacto com os Agrários Sulistas, e, mais tarde, lecionou na Universidade de Chicago. A sua obra mais conhecida é *As Ideias Têm Consequências* (1948). Começava ironicamente com um aceno aos pessimistas culturais conservadores dos anos 1920 e 1930, como Spengler, Moeller e Duhamel: «Este é mais um livro sobre a dissolução do Ocidente.» Seguia-se um lamento de 187 páginas contra os pecados da modernidade liberal. Segundo Weaver, o erro era abandonar uma visão do mundo na qual tudo tinha o seu fim próprio, um valor, quer os humanos gostassem ou não, por uma visão na qual nada tinha sentido até os humanos terem dado valor às coisas pelos seus próprios fins. «O homem neste mundo», escreveu ele, «não pode fazer da sua vontade a sua lei sem levar em conta os limites e a natureza fixa das coisas». As unidades de fé e sociedade e de moralidade e natureza existiram na Idade Média. Agora, haviam sido perdidas. Entre os mortos e desaparecidos da luta da unidade e da modernidade que Weaver descreve em capítulos sucessivos estavam o sentimento de maravilhamento «não sentimental», o respeito pela hierarquia, um sentido de propósito na natureza, a arte sem ego, a ligação de ferro da personalidade e da propriedade e o discurso público incorrupto e autêntico. A perda mais dolorosa era a piedade, uma atitude de respeito sereno que admitia «o direito de existência de coisas maiores do que o ego». Livres do erro profundo, as pessoas modernas ainda podiam regressar ao respeito pela propriedade, voltar a cuidar da linguagem política e recuperar a piedade para com a natureza, a comunidade e o passado.

A celebração de Weaver da Idade Média refletia uma mudança nas atitudes dos historiadores em relação ao passado pré-moderno que já eram familiares no século anterior. O período medieval deixava de ser caricaturado como estagnado e tenebroso. No entanto, os historiadores podiam reconhecer os progressos intelectuais dos tempos pré-modernos sem, como Weaver, denegrir a modernidade. Outro problema era o destaque excêntrico que Weaver dava a Guilherme de Ockham, o teólogo franciscano do século XIV, como a serpente que precipitou a nossa queda na modernidade. Segundo Weaver, Ockham tentou-nos astuciosamente com a maçã do nominalismo, uma das explicações filosóficas da natureza dos conceitos universais, que alguns estudiosos de Ockham até negavam que ele tivesse defendido.

Apesar de peculiar, o livro de Weaver tinha uma mensagem para a direita. Nos anos 1940, todos os tipos de ideologia haviam adquirido um mau odor intelectual. A ideologia, dizia-se, jogava com ideais utópicos, e os ideais utópicos, como mostrou a experiência dos anos 1920 e dos anos 1940, anunciavam a tirania coletivista. As grandes ideias estavam fora de moda. O costume prevalecente era tratar os estudos políticos como uma ciência neutral e baseada em factos. Na Alemanha, o costume anti-ideológico atraía conservadores como Gehlen e Odo Marquard. No entanto, Weaver dizia aos conservadores para ignorarem o costume da época. Em vez de aceitar o estado de espírito intelectual prevalecente, incitava-os a tornarem-se ideológicos.

Weaver escreveu depois um livro melhor e apresentou um plano de ação. O seu *Ethics of Rhetoric* (*A Ética da Retórica*, 1953) era um lembrete necessário de que a política é praticada com palavras carregadas de normas, sobretudo nos discursos e no debate público. Weaver reconhecia que as ideias e os termos tinham um manuseio impróprio na política. Suspeitava em especial da «retórica da ciência social», que, pensava ele, disfarçava o discurso inevitavelmente normativo sob as roupagens emprestadas e mal ajustadas das ciências naturais. Contudo, era essencial estar atento aos abusos da retórica. Weaver escrevia no mesmo espírito monitório de «A Política e a Língua Inglesa» (1946) de Orwell e do estudo de Victor Klemperer sobre o discurso fascista, *Lingua Tertii Imperii* (1947). Usando os discursos deles como material, Weaver reprovava o excesso retórico, a fluidez argumentativa e o sentido de conveniência de Burke; elogiava a insistência de Lincoln, à maneira dos advogados, na exposição clara de definições e princípios.

O outro contributo de Weaver para a direita pós-1945 nos Estados Unidos foi um plano de batalha intelectual. Em «Estratégias Retóricas da Causa Conservadora» (1959), Weaver elaborou um programa gramsciano de guerra dialética: aguçar os argumentos; apontá-los aos alvos mais vulneráveis; e defendê-los em escolas bem financiadas e em grupos de reflexão. Nos anos 1980, a campanha conservadora a que Weaver apelara estava em andamento e prometia varrer a oposição do campo político.

Mais especulativa era a grande abordagem histórica ao discurso político de Eric Voegelin (1901–1985), académico e pensador social americano de origem alemã. Estudou e lecionou em Viena, trabalhando como assistente de Jans Kelson, o teórico do positivismo legal. Perseguido pelos nazis por ter criticado a teoria racial como uma ciência falsa, Voegelin emigrou para os Estados Unidos em 1938. Encontrou refúgio no ensino de história das ideias na Universidade Estadual do Luisiana (a partir de 1942), uma universidade exclusiva de brancos que estava então a recuperar de um escândalo de desvio de fundos que levara o seu presidente e vários funcionários públicos para a cadeia.

A história de Voegelin era lapsariana, como a de Weaver, mas contada com um conhecimento mais profundo das linguagens e do passado. A escala temporal ia dos tempos clássicos até ao presente. Elaborou uma história abrangente da queda da humanidade na modernidade em muitos ensaios, numa história das ideias políticas em oito volumes escrita para uso escolar, e na sua obra principal, *Order and History* (*Ordem e História*, 1965–1987) em cinco volumes. Para Voegelin, a maçã «ismática» que precipitou a nossa queda na modernidade não fora o nominalismo, mas o gnosticismo. Por «gnosticismo», queria dizer um erro corrosivo sobre a natureza das normas sociais, originalmente feitas por seitas puritanas e místicas — os gnósticos — no início do período cristão. Segundo Voegelin, o erro gnóstico disseminou-se mais tarde no mito, na religião e na política. O erro consistia em confundir as normas que ligavam a sociedade atual com as representações idealizadas de uma sociedade futura desejada. A esta ideia aparentemente simples — de que querer refazer a sociedade era perseguir uma fantasia — Voegelin dava uma rica roupagem histórico-filosófica.

A religião e a política, na história de Voegelin, eram outrora indistintas. A autoridade dos reis e dos sacerdotes era a mesma. A ordem divina e a ordem social não eram distintas. Depois, com a ajuda dos cristãos, as esferas foram separadas. Os reis já não tinham de ser sacerdotes e as pessoas podiam ser governadas sem Deus. Para rematar a separação, as pessoas quiseram governar-se a si mesmas sem reis. No entanto, segundo Voegelin, a unidade da política e da religião foi apenas suprimida e não ultrapassada. A religião voltou a entrar, disfarçada, pela porta das traseiras. As pessoas autónomas, mal-adaptadas para a tarefa, procuraram uma autoridade divina em falta. Incapazes de a encontrar em tempos seculares e naturalistas, divinizaram-se a si mesmas. O contraste entre os seus seres divinos imaginados e os seus seres reais era demasiado marcado, e a modernidade gnóstica foi uma sequência de más tentativas de resolver o conflito. Todas adquiriram a forma de tentativas impacientes de realizar as promessas redentoras de revelação cristã neste mundo.

Em *Order and History*, Voegelin rastreia o erro desde os gnósticos no nascimento do cristianismo, passando por reaparecimentos no pensamento medieval tardio, até ao seu triunfo no liberalismo. Os modernos tardios sofreram uma forma particularmente grave. Por um lado, viam o mundo tal como era. (Para eles, invocando uma distinção instável, nada era «transcendente»; tudo era «imanente».) Por outro, os modernos tardios ainda estavam presos a visões do progresso em direção a um ideal: um «*eschaton*» ou estado final. O aviso de Voegelin contra a modernidade liberal estava capturado na palavra de ordem «Não imanentizem o eschaton», que se dizia que os estudantes usavam em *T-shirts*.

No gnosticismo, Voegelin acreditava ter um diagnóstico dos males familiares da modernidade: demasiada individualidade associada à «massificação» da sociedade, que, juntas, deram origem ao espetro do controlo total. Ao confundirem as descrições da sociedade desejada e os padrões pelos quais se deve julgar a sociedade atual, os liberais modernos negavam as limitações humanas. Só podiam esperar o fracasso, a desilusão ou coisas piores.

Voegelin não encaixava facilmente em nenhuma classificação partidária ou intelectual. A sua questão sobre a sociedade moderna liberal esvaziada não era original. Tocqueville, que escreveu no século anterior como liberal conservador, já se preocupava com a associação nociva entre a liberdade pessoal excessiva e a tirania coletivista. A ideia era comum para os conservadores de meados do século, como Jouvenel, Kolnai e, num sentido mais moderado, Collingwood. Tampouco era original a antipatia de Voegelin em relação à ideologia.

A abordagem de Voegelin à história era, em simultâneo, apelativa e desmotivadora. A parte apelativa era o seu antipositivismo. Sem um envolvimento solidário, Voegelin achava que era impossível entender o sentido da história de um povo. O conhecimento do passado implicava não a descoberta e a confirmação de leis causais, mas a compressão imaginativa de como as pessoas pensavam e simbolizavam a sua experiência histórica. Collingwood e Oakeshott teriam concordado. No entanto, o modo como Voegelin fazia esta abordagem era incondicionado e difícil de seguir. A sua história abrangente remontava a Toynbee, passando por Spengler, até às aulas de Hegel sobre a filosofia da história (1822) e à obra *As Épocas do Mundo* (1815) de Schelling. Depois, contra isto, num espírito aberto perto do fim da sua carreira, Voegelin reconheceu os limites de tais épicos. Abandonou a ideia de que a história seguia um sentido único, quer para cima, como insistiam os progressistas dogmáticos, quer para baixo, como diziam os conservadores pessimistas.

Quão conservador era Voegelin? Se todos os «ismos» partilhavam o erro gnóstico de confundir o atual com o ideal, como é que o conservadorismo poderia ser inocente? Para responder a este dilema, Voegelin insistia, de forma familiar, que as ideias conservadoras não eram as ideias de primeira ordem e excessivamente ambiciosas que os conservadores proscreviam. Para Voegelin, o conservadorismo era uma «ideologia secundária». Sabia a que é que se opunha. Desmentia e rejeitava as ideias esperançosas e os planos inexequíveis. Este conservadorismo de segunda ordem é geralmente designado como «negativo» e não tem afirmações «positivas» ou «substantivas» próprias. A repetição desta ideia, desde Burke, não resolvia o dilema. A resposta parecia uma evasiva. O negativo pode ser sempre reformulado como positivo e vice-versa. Uma ideologia secundária é ou não é uma ideologia? A rejeição persistente e abrangente das grandes ideias na política será em si mesma uma grande ideia política? O conservadorismo anti-ideológico raramente deu uma resposta clara ou estável.

Face à crítica de Voegelin, o pobre liberal poderia sentir que não seria capaz de vencer. O liberalismo, acusava Voegelin, estava preso no pensamento mítico e iludido ao pensar que escapara ao pensamento mítico. A acusação contra o modernismo liberal era comum a pensadores pós-teológicos, como Heidegger e Strauss. Das muitas caracterizações que Voegelin fez da perspetiva distintamente moderna, uma das mais incisivas era a tendência do pensamento moderno para se minar a si próprio. «A essência do modernismo», escreveu ele, «reside, a meu ver, no uso dos métodos característicos de uma disciplina para criticar essa mesma disciplina». Um pensamento mais compreensível subjazia à crítica antimoderna do terceiro lapsariano, Alasdair MacIntyre.

Em palestras e escritos nos anos 1970 que culminaram em *Depois da Virtude* (1981), MacIntyre dizia que o liberalismo assentava numa imagem errada da moralidade. Os liberais pressupunham que aquilo que as pessoas queriam determinava os seus valores e ideais, enquanto, na verdade, os valores e os ideais determinavam o que as pessoas deviam querer. Os valores e os ideais decorriam de práticas partilhadas na sociedade. Só estas práticas davam um sentido à vida. A modernidade liberal desmantelara a sociedade e destruíra as suas práticas. Sem práticas partilhadas que dessem propósitos e «narrativas» às pessoas — ou seja, maneiras de entenderem as suas práticas —, qualquer discurso sobre os valores e os ideais deixava de ter sentido, era um eco do discurso moral que teve coerência, mas que deixou de o ter.

Para MacIntyre, a incoerência moral era o pecado original do liberalismo. A mácula transmitiu-se aos marxistas e a outros utilitaristas liberais. O liberalismo, para MacIntyre, vedava modos de vida. Longe de ser uma filosofia da liberdade, o liberalismo era uma doutrina de constrangimento. Os liberais herdaram o seu defeito fatal do Iluminismo do século XVIII, «uma máquina de demolição de paisagens». Ao abandonar uma imagem aristotélica do homem que encontra propósito na sua natureza social, o Iluminismo rompeu o laço entre a moralidade e a sociedade, e, desde então, o discurso moral caiu na desordem.

Os sintomas da desordem eram a abstração, a falta de enraizamento social, a impessoalidade e a indecisão. A moral era supostamente autoritária, mas MacIntyre dizia que o debate liberal sobre a moral era interminável. Os únicos guias que restavam na moralidade privada eram o «esteta» e o «terapeuta». A vida pública era supervisionada pelo «gestor». Na «tecnocracia», a principal tarefa da sociedade política passou a ser o equilíbrio imparcial, em termos de custo-eficácia, das necessidades das pessoas. Apesar de esvaziado de sentido, o discurso moral permanecia no liberalismo sob formas características: reivindicações de direitos, que MacIntyre ligava aos sinais de «Entrada Proibida» colocados por intrusos em terrenos comuns; o desmascaramento ou a exposição dos verdadeiros interesses atrás do seu disfarce moralista; e os protestos, que era tudo o que restava à dissidência, agora que a guerra civil já não era uma opção e a esperança na persuasão pela argumentação se desvanecera.

Nas suas convicções pessoais, MacIntyre passou do liberalismo de esquerda para o marxismo antiliberal e, depois, para a ala esquerda antiliberal do catolicismo. Aquilo que alguns viam como uma moda de vagabundagem, outros viam como uma autêntica busca, no espírito de experiências de vida de Mill. Os críticos mais amistosos suspeitavam de que MacIntyre era, de facto, um liberal no armário. Tendo em conta as suas concessões e condições, a sociedade virtuosa que MacIntyre visava não era radicalmente diferente do tipo de lugar com que os liberais sonhavam — como os cooperativistas alemães do século XIX, que defendiam o controlo local e em pequena escala —, embora provavelmente com mais conformidade mental do que os liberais, regra geral, gostariam. Segundo MacIntyre, ninguém devia ser assediado ou intimidado a ter uma vida menos liberal e mais virtuosa. Ao invés, MacIntyre desejava uma ética de «resistência moral» para as minorias pós-liberais, que se retirariam, por exemplo, para «pequenas comunidades», sociedades autogeridas ou universidades confessionais. As suas ideias passaram para conservadores mais tardios depois de 1980, quando uma espécie de resistência passiva macIntyrista se tornou popular nos dois lados do Atlântico entre os conservadores dos «valores» do século XXI.

A crítica de MacIntyre da modernidade liberal era menos imatura do que a de Weaver e mais fácil de seguir do que a de Voegelin, mas partilhava os mesmos defeitos de ambas. A crítica do que estava presente (a desordem moral) e do que estava ausente (a ordem moral) era apresentada a um nível de generalidade quase sem conteúdo que dificultava a avaliação da sua plausibilidade. Os que apreciavam os seus sermões tenebrosos tendiam a concordar; os que os preferiam mais solarengos, discordavam. Quando pressionado, podia ser difícil encontrar em MacIntyre esquemas particulares e atitudes a que se opusesse. A história intelectual, com as suas datas muito variadas, era demasiado grande e fluida. A queda da humanidade na modernidade, com as suas datas muito variadas, faz lembrar o postal escrito a Heidegger pelo anti-herói do romance *Herzog* de Saul Bellow: «Que é a queda no quotidiano? Onde estávamos quando isso aconteceu?»

Além disso, havia uma tensão na imagem dos tempos pré-modernos. A sua unidade intelectual era exagerada. Se, como os historiadores ensinaram desde o século XIX, o pensamento e a discussão estivessem vigorosamente vivos na Idade Média, então nem todos concordariam com todos ou acreditariam na mesma coisa. O MacIntyre de *Depois da Virtude* parecia ter esquecido a sua própria *Short History of Ethics* (*Breve História da Ética*, 1966), na qual descrevia lucidamente os conflitos profundos e duradouros do platonismo e do aristotelismo, do estoicismo e do epicurismo.

Se, como dizem alguns críticos como MacIntyre, a sociedade liberal estava inundada de direitos pessoais, também estava inundada de deveres homólogos. Longe de um abandono da moralidade, a rede moderna de direitos e deveres cívicos pode ser vista como uma nova moralidade na política, a expressão da perspetiva partilhada da comunidade política. As regras de antidiscriminação, em toda a sua variedade, são um bom exemplo. De facto, são incómodas para partes da direita. São estigmatizadas como interferências do Estado liberal nas liberdades das pessoas ou como a imposição da correção política pela sociedade. As acusações são exageradas, mas, mesmo que fossem verdadeiras, não constituiriam provas de amoralismo liberal ou de anomia moderna.

No entanto, ficar por aqui seria menorizar as dúvidas dos críticos. As de MacIntyre eram as mais incisivas. Queria saber por que razão era a sociedade liberal tão rica em sonhos próprios não realizados e tão repleta de deterioração de coisas de valor que todos, liberais ou não, deviam estimar. Porque é que a sociedade liberal era tão eficaz a arruinar as instituições colegiais, a erodir a excelência, a mercantilizar a cultura e a marginalizar os necessitados? Estes males, sugeria MacIntyre, não eram fracassos da realização de ideais liberais. Surgiam como consequências previsíveis dos ideais liberais. O pecado liberal, para MacIntyre, era incitar a sociedade a abandonar as pessoas e encorajar as pessoas a fazerem o que quisessem.

Aos liberais que diziam que MacIntyre exagerava os males da sociedade moderna e ignorava as suas conquistas, respondia que os liberais estavam tão confundidos com o seu «individualismo moral» que já não eram capazes de ver os erros. MacIntyre via a sociedade liberal como um jardim infantil de seres egoístas e isolados que já nem sequer eram capazes de reconhecer os bens coletivos que estavam a destruir. Ao culpar o «individualismo moral» pelos defeitos do liberalismo, MacIntyre oferecia uma saída que ele próprio optou por não usar. O ataque de MacIntyre ligava mais estreitamente o liberalismo político a uma imagem controversa da moralidade quando, do mesmo modo, poderia ter rompido a ligação. Muitos liberais políticos podiam concordar com a acusação de MacIntyre de que a modernidade liberal ignorava e deixava morrer muitas coisas de valor partilhado ou intrínseco, mas podiam discordar sobre a causa. MacIntyre dizia que a falha era moral. Para os liberais, pelo menos os liberais de espírito social, a falha era diferente. Quando se perguntavam porque é que a sociedade moderna falhara em proteger o que devia ser protegido, estes liberais não tinham de evocar a indiferença pessoal ou a cegueira moral geradas por um fracasso civilizacional. As causas mais óbvias do fraco desempenho da democracia liberal eram mais concretas: falta de capacidade de despesa e perda de vontade política.

IV. Conquistar o palco americano: Kirk, Buckley e Kristol

Por muito impressionantes que fossem as histórias miltonianas da queda dos modernos em desgraça, a maioria dos conservadores americanos argumentava mais ao nível da rua. A economia de mercado, o anticomunismo e a moralidade cívica definiram o grande plano de ação com o qual a direita americana do pós-guerra reconquistou a sua confiança intelectual. Para o combate, reuniram-se os velhos críticos do New Deal dos anos 1930 e 1940 em nome do liberalismo económico e, pouco depois, novos críticos da Grande Sociedade dos anos 1960; anticomunistas, virados para o exterior contra o poder e a pressão da União Soviética, e virados para o interior numa caça aos coletivistas numa sociedade anticoletivista: e, com denominações variadas, conservadores «dos valores» ou «culturais» preocupados com a licenciosidade ética e o desprezo pelas normas partilhadas da civilidade comum da democracia liberal.

Depois de 1945, era mais fácil para os americanos combinarem o anticomunismo com o liberalismo económico ou com o conservadorismo dos «valores». No entanto, era difícil combinar o conservadorismo dos «valores» com o liberalismo económico. Apesar dos esforços para uma «fusão», nenhum conservador americano conseguia combinar os três.

Um dos pioneiros da «tradição» do pós-guerra foi Russell Kirk (1918–1994). Filho de um engenheiro ferroviário do Michigan, passou a guerra a trabalhar numa instalação de armas químicas no Sudoeste, geriu uma livraria, tornou-se professor universitário e fez amizade com Richard Weaver, que o encorajou a escrever. Kirk foi aluno de John Hallowell, uma força do pensamento conservador na Universidade de Duke, que, por sua vez, fora aluno de Gerhart Niemeyer da Universidade Notre Dame. Estas influências sobre Kirk ligaram uma fé cristã (episcopaliana ou católica) a uma rejeição total do liberalismo político. O contributo de Kirk consistiu em levar este par para fora da universidade. Quase sozinho, Kirk criou, em *A Mentalidade Conservadora* (1953), um cânone de ideias e de pensadores que serviu de resposta inicial à declaração de Trilling de que não havia um conservadorismo sério nos Estados Unidos.

O Adão de Kirk era Burke e a progenitura de Burke era quase totalmente anglo-americana, moderada em estilo e largamente reconciliada com o constitucionalismo liberal e, com reservas, com a democracia eleitoral. O cânone excluía autoritários, antiparlamentares e antidemocratas, bem como liberais económicos e libertarianos. A justificação de Kirk para os excluir era o facto de terem falhado em algum ponto do seu teste de seis partes sobre o verdadeiro conservadorismo: crença na ordem transcendente, admissão do mistério, reconhecimento da ordem social baseada na classe, interdependência das liberdades civis e da propriedade, confiança no costume, que a inovação, embora bem-vinda, tinha de aceitar, e reconhecimento da prudência como o valor prático supremo na política. Apesar de estritamente aplicados por Kirk, os seus testes para o conservadorismo eram generosamente flexíveis. Com uma ou duas mudanças negociadas — objetividade moral por ordem transcendente; ceticismo modesto por admissão do mistério; mérito e resultados desiguais pela ordem social baseada na classe —, um liberal americano da direita económica podia passar por um conservador ao estilo de Kirk.

Kirk oferecia uma ajuda em negativo ao identificar os inimigos do conservadorismo: os *philosophes* do século XVIII, os românticos políticos na tradição de Rousseau, os utilitaristas à Bentham, os positivistas de espírito científico e os marxistas. O seu defeito comum, segundo Kirk, era o pensamento demasiado racional e ideológico. O ataque à ideologia, como vimos, era em si mesmo um lugar-comum nesse tempo. Tal como Weaver, Kirk visava rejeitar a ideologia política sem cair no cientismo. Aquilo que todos os inimigos do conservadorismo usavam mal ou não usavam era a «imaginação moral», o nosso sentido partilhado e intuitivo do certo e do errado. O apelo à imaginação remontava a Burke, relacionava-se com europeus como Gehlen (que escreveu, «a imaginação... é o órgão social fundamental») e olhava para conservadores culturais como Scruton.

A influência imediata de Kirk foi discreta; era um forasteiro em demasiados aspetos. Embora pessoalmente generoso e atento aos necessitados, o seu conservadorismo era visto como afetado e desligado da realidade no seu distanciamento da política partidária e da política governamental. Católico tridentino, favorecia a missa em latim numa altura em que a Igreja se modernizava e se tornava liberal. Os seus conservadores americanos — Fisher Ames, Rufus Choate, John Randolph, por exemplo — nunca teriam o seu momento na comunicação social ou em seminários nas universidades. Coube a outros, com mais jeito para o debate intelectual, reanimarem um conservadorismo menos distante. Um era William Buckley e os colegas escritores na *National Review* (fundada em 1955). Os outros eram neoconservadores, reunidos em torno da *Public Interest* (fundada em 1965) e da *Commentary* (fundada em 1945).

William Buckley (1925–2008) levava a peito o aviso de Schumpeter: «A ordem capitalista não mostra disposição para controlar eficazmente o seu sector intelectual.» Para Buckley, a clareza doutrinária interessava menos do que a conquista da opinião púbica para as causas da direita. Como fórum para as ideias conservadoras, a *National Review* desempenhou um papel importante na reanimação da direita de meados do século, tal como a *New Republic* tivera, havia quarenta anos, um papel importante na vaga progressista liberal. No seu *talk show* emitido na televisão pública, *Firing Line*, os convidados da esquerda liberal bem-pensante ficavam surpreendidos por depararem com um adversário bem informado e dialeticamente formidável. Pouco dogmático e estratégico, mantinha reunido o seu exército turbulento de guerreiros frios, conservadores morais e liberais económicos. Abriu uma via intermédia para os conservadores americanos moderados entre o centrismo de Eisenhower e a franja da extrema-direita.

Entre os colegas escritores de Buckley incluíam-se o Guerreiro Frio James Burnham e o professor de Yale e homem da CIA Willmoore Kendall. Burnham, ex-católico e ex-trotskista, pensava em termos abrangentes e estratégicos, um pensamento dado a volte-faces súbitos, que ele explicava como astúcia tática. Em *The Managerial Revolution* (*A Revolução da Gestão*, 1941), dizia que os gestores controlavam agora a sociedade ocidental e, em *Suicide of the West* (*O Suicídio do Ocidente*, 1964), que o liberalismo tomara o controlo dos gestores. Entre os dois livros, Burnham defendeu o confronto com a União Soviética em vez da «contenção», a posição dos democratas e dos republicanos moderados, ainda que depois tenha mudado de ideias. Kendall, que lecionava ideias políticas, menosprezava Burke e via no seu herói Locke um defensor, não dos direitos naturais como normalmente se pensava, mas da soberania popular e, como tal, o arauto do populismo moderno.

A *National Review* era ignorada pelos liberais e desprezada por muitos conservadores. Kirk achava-a juvenil. Hayek não gostava do seu estilo personalizador e cancelou a sua subscrição. A revista quase não sobreviveu ao seu primeiro ano e passou a ser quinzenal em 1956. No entanto, graças a um duplo movimento de dentro e fora da revista no despertar da direita republicana, a *National Review* sobreviveu às suas primeiras provações e, em inícios dos anos 1960, tinha uma tiragem de mais de 60 000 exemplares.

O dinheiro do pai, um homem do petróleo do Sul, lançou Buckley, mas, em vários aspetos, teve sucesso sem depender das suas origens.

Era um conservador americano atípico: não era provinciano, nem protestante, nem do Centro-Oeste. Tinha amigos liberais inteligentes, incluindo John Kenneth Galbraith e a sua mulher, com quem convivera em Gstaad. Mantinha-se em contacto com um bicho-papão da direita republicana, Henry Kissinger, cujas memórias ajudou a editar. Buckley, dizia ele, era um conservador menos por temperamento do que por convicção.

As convicções estavam bem à direita. Em *God and Man at Yale* (*Deus e o Homem em Yale*, 1951), Buckley escreveu que a Universidade de Yale era paga por individualistas cristãos cujos filhos aprendiam aí a ser ateístas socialistas. A universidade devia abandonar a sua fachada de liberdade académica, deixar que os financiadores decidissem o que devia ser ensinado, demitir os professores que discordavam e voltar a dedicar-se à missão original da universidade, que era promover a «crença em Deus e o reconhecimento dos méritos do nosso sistema económico». Em *Up from Liberalism* (*Ascensão a Partir do Liberalismo*, 1959), Buckley criticava a extensão democrata dos direitos civis a todos e defendia a segregação e a resistência sulista à dessegregação das escolas ordenada pelo tribunal. À semelhança do modo como Calhoun defendera a escravatura, Buckley disse da segregação: errada ou certa, estava demasiado enraizada no costume local para ser mudada rapidamente. Pelo menos, Buckley era consistente ao dizer o mesmo da Segurança Social. Opunha-se-lhe, mas achava que também era demasiado aceite para ser substituída. Em vez de se tentar abolir a segregação ou a Segurança Social, as pessoas tinham antes de ser convencidas de que ambas deviam desaparecer.

Apesar da educação e do dinheiro, Buckley tinha sensibilidade para a opinião popular. Em 1960, fundou os Young Americans for Freedom (YAF). Era um grupo ativista conservador constituído por estudantes universitários, à semelhança dos Students for a Democratic Society (SDS), de esquerda, que foi fundado no mesmo ano. Eram respetivamente as vanguardas de direita e de esquerda dos movimentos de juventude que apareceriam na década seguinte. Um estudo de 1970 mostrou as suas diferenças sociais. Enquanto 55 por cento dos membros do SDS de esquerda tinham pais da classe média alta, apenas 28 por cento dos do YAF partilhavam as mesmas origens. Dos membros do SDS de esquerda, apenas 17 por cento tinham origem na classe operária, enquanto a proporção dos do YAF de direita era de 39 por cento. Buckley era um patrício, mas estava estranhamente mais próximo das massas.

Quando, em 1960, Buckley pediu a Burnham para ver onde, na direita, se posicionava a revista, Burnham reportou que apelava ao «libertarianismo, ao isolacionismo, ao anticomunismo de linha dura, ao tradicionalismo, ao maccarthyismo, ao *laisser-faire*, ao DARismo, ao movimento pelos direitos dos estados e a vários grupos semiexcêntricos». Ou seja, para Burnham, o guerreiro ideológico, a *National Review* não tinha um ponto de vista único. Quando instou Buckley a mover a revista para o centro em busca de leitores para além do núcleo conservador, Buckley acedeu, consciente da posição fraca da revista. Kendall falava negativamente da revista, dizendo que estava envolvida numa «guerra assimétrica». De forma mais jocosa, Buckley tendia a vê-la como o bobo conservador de um monarca liberal. Poucos, se alguns, a viam como uma promessa de futuro. Sobre as perspetivas para o pensamento conservador em geral, Niemeyer achava que os liberais estavam por cima, os conservadores por baixo: ambos tinham opiniões uniformes e inalteráveis; e os conservadores não ficariam por cima no futuro próximo. Niemeyer enganava-se. A *National Review* tornou-se um estandarte para os republicanos de Goldwater nos anos 1960 e, pouco depois, para os republicanos de Reagan nos anos 1970. O homem de fora estava a tornar-se rapidamente alguém de dentro.

Ao apresentar Buckley numa entrevista televisiva em 2005, o colunista conservador George Will disse o seguinte: «Sem Bill Buckley não teria havido a *National Review*, sem a *National Review*... os conservadores não teriam tomado o Partido Republicano. Sem isto, não teria havido Reagan. Sem Reagan, não teria havido vitória na Guerra Fria.» O exagero retórico de Will sobre o papel americano — e da administração Reagan — no fim da Guerra Fria é óbvio, mas o papel de Buckley na ascensão da direita republicana foi grande e inegável. Contudo, não esteve sozinho. Os neoconservadores americanos também desempenharam o seu papel.

Muitos neoconservadores eram ex-marxistas e todos eram liberais, apesar dos liberais conservadores que haviam sido «acometidos pela realidade» no bem conhecido nova-iorquismo de Irving Kristol, um dos membros do seu círculo original. Kristol referia-se aos liberais que haviam abandonado os seus sonhos e aceitado certos factos sociais. Democratas por fidelidade partidária, os neoconservadores começaram a coabitar com os republicanos de Nixon e, depois, com os republicanos de Reagan. No novo século, quando os republicanos passaram para a direita dura, a maior parte dos neoconservadores abandonou o partido.

Os neoconservadores reuniam-se em torno da *Public Interest* (1965), uma revista fundada por Kristol com Daniel Bell, o mais profundo do grupo, e da *Commentary*, dirigida por Norman Podhoretz de 1960 a 1995. O professor democrata e senador por Nova Iorque Daniel Patrick Moynihan intercedeu por eles em Washington de 1977 a 2001, e Robert Bartley, editor da página de opinião do *Wall Street Journal* de 1972 a 2002, abriu as suas colunas ao grupo. Bartley sentia que, apesar de desconfiados dos intelectuais, os leitores de um jornal económico desarmados pelo antiestatismo congénito também ouviriam as opiniões éticas e culturais dos neoconservadores.

Os neoconservadores mereciam os dois elementos do seu nome. Mantinham-se fiéis à imagem conservadora tradicional da ordem social como baseada na disciplina e no respeito pela propriedade. Eram antiliberais, ainda que o liberalismo que combatiam não fosse o liberalismo atacado pelos primeiros conservadores, mas sim um liberalismo de espírito social capturado pelo então grande governo e por uma esquerda dissidente.

Também eram «neo». Eram não tradicionais e estavam enraizados no «agora». Os neoconservadores aceitavam a abertura pluralista e a mobilidade social. Preocupavam-se com o custo cultural do capitalismo, mas aceitavam os seus custos e benefícios económicos. Tal como Gehlen e outros conservadores do pós-guerra na Alemanha, os neoconservadores americanos olhavam para o presente e não para o passado. Não tinham um cânone de grandes pensadores. Não argumentavam por seleção a partir de uma tradição inventada; para eles, a história não iluminava o presente. Podhoretz, por exemplo, disse certa vez que a Guerra Civil americana era para ele tão remota quanto as Guerras das Rosas. Consideravam-se anti-ideológicos, pragmáticos e «realistas». Tinham pouco do pessimismo conservador sobre a natureza humana ou sobre as perspetivas humanas e não achavam, ao estilo inglês, que se poderia avançar sem grandes ideias. Kristol descrevia o temperamento neoconservador como «animado» e «melhorista». Ou seja, os neoconservadores partilhavam uma certa fé no progresso. Em vez de recuarem para um amuo hostil e antimoderno, os melhoristas procuravam melhorar e consertar o mundo em que viviam, segundo a teoria de que «não se pode vencer um cavalo sem cavalo». Kristol fazia eco do antigo aviso de Stahl e de Thiers para não se fazer do conservadorismo uma contrarrevolução.

No entanto, antes, os neoconservadores tinham de tirar do caminho os melhoradores rivais. Estes eram os paladinos do capitalismo assistencialista — New Dealers tardios que, nos anos 1960, defendiam a Grande Sociedade — e os ativistas dos direitos civis, que transformaram uma campanha liberal pela não discriminação e pela igualdade de direitos numa campanha (segundo os seus críticos) iliberal de quotas raciais e de «discriminação positiva». Juntos, o Estado social e a discriminação positiva providenciavam grandes alvos. Politicamente, os neoconservadores respondiam aos protestos das classes médias pressionadas pelos impostos e dos suburbanos brancos do Norte — com frequência, os mesmos —, que receavam as escolas «mistas» (ou seja, brancos e negros) e eram hostis ao *busing* para a dessegregação. Intelectualmente, os neoconservadores reconfiguraram aquilo que os seus opositores liberais consideravam necessidade social e exclusão cívica (a ser corrigida pelo governo) como exigências indevidas à sociedade e rejeição da responsabilidade pessoal (a ser reprovada e depois ignorada). O assistencialismo, criticavam eles, sobrecarregava o governo e desencorajava os seus beneficiários. A discriminação positiva era iliberal, injusta e contraproducente.

Embora o ativismo liberal fornecesse um alvo aos neoconservadores, a verdade é que encontraram outro alvo no inativismo liberal em relação à indisciplina pessoal, à licenciosidade moral e àquilo a que enganosamente se chamava relativismo moral. A *Public Interest* e a *Commentary* publicavam ensaios contra o que viam como os sintomas mais evidentes de uma sociedade perturbada e débil: a disseminação da pornografia; a liberdade sexual; a corrosão da família; a educação progressista ou «centrada na criança»; a arte de vanguarda, em especial quando paga com dinheiro público; a indulgência profissional dos estudantes mal comportados e a disposição crescente para silenciar pensamentos desconfortáveis em nome daquilo que ficou conhecido como o politicamente correto. Contra esta visão hogarthiana do declínio, os neoconservadores defendiam as virtudes sociais da responsabilidade cívica, a recompensa por mérito e a aceitação da mobilidade social (tanto para baixo como para cima, ainda que falassem menos das descidas do que das subidas).

No entanto, os neoconservadores estavam à vontade na sociedade liberal moderna de maneiras que os outros conservadores americanos não estavam. Não tinham paciência para os romances livrescos de Kirk com um passado embelezado ou excursões a tradições remotas, tampouco para as nostalgias sulistas ou para os libertarianos, fossem os libertarianos associais como os adeptos de Ayn Rand ou dogmáticos como os discípulos de Hayek. Kristol, que dizia nunca ter lido *O Caminho Para a Servidão*, pensava que a «argumentação a favor do capitalismo moderno» de Hayek só podia «ser aceite por aqueles cujas mentes foram moldadas por uma exposição excessiva à escolástica».

Nos seus escritos e nas suas críticas, os neoconservadores exibiam uma espécie de sabedoria prática. Queriam limitar e melhorar o governo, e não paralisá-lo ou retirar-lhe poder; promover, não uma sociedade de iguais, mas uma sociedade aberta, inclusiva, móvel e pluralista; moderar o capitalismo, sem o castrar. Eram conservadores liberais ou liberais conservadores. No entanto, eram intelectuais, interessados sobretudo em combater outros intelectuais.

Tendo vencido muitos dos seus debates em finais dos anos 1970, uma geração mais nova foi para o governo — Richard Perle, Elliott Abrams, Paul Wolfowitz, por exemplo, todos durante as administrações de Reagan ou de Bush (1981–1993). A sua batalha não era contra os intelectuais da Grande Sociedade, mas contra os pacifistas dos grupos de reflexão ou das universidades de Washington da Segunda Guerra Fria. Tendo-se convencido da mesma história complacente do fim da Guerra Fria que subjazia ao exagerado tributo de Wills a Buckley, estes neoconservadores da segunda geração entraram no mundo pós-soviético sob a influência de uma ilusão intelectualista: acreditavam que a União Soviética se desmoronara por causa da pressão americana, que a pressão americana decorrera da recuperação reaganiana da autoconfiança americana e que os escritores neoconservadores haviam desempenhado um papel muito importante nessa recuperação. Tal como Buckley, os neoconservadores estavam corretos quanto ao papel do debate e das ideias na ascensão de uma direita republicana florescente. Saltar daqui para a autoconfiança nacional e para uma nova capacidade geopolítica, e ainda mais para uma espécie de omnicompetência histórica, era pensar de forma mágica. O apoio destes neoconservadores mais jovens à guerra contra o Iraque e à ocupação subsequente deste país foi a némesis do movimento, à semelhança do que a Guerra do Vietname fora para o liberalismo reformador pós-1945. Um antigo neoconservador, Francis Fukuyama, redigiu um obituário condenatório do movimento no *New York Times* (fevereiro de 2006). Ligava ao leninismo a crença neoconservadora no poder das ideias apoiado por uma vontade forte. Os bolcheviques «acreditavam que a história podia ser controlada com a aplicação correta do poder e da vontade. O leninismo foi uma tragédia na sua versão bolchevique, e regressou como farsa ao ser praticado pelos Estados Unidos».

Outros aspetos do intelectualismo neoconservador impediram que se alcançasse a ortodoxia na direita americana, ao contrário do que o seu credo e entendimento dos factos sociais, noutros aspetos, mereciam. Um deles era a religião. Por muito que se tivessem esforçado, os neoconservadores nunca estiveram à vontade com os conservadores cristãos, ainda que houvesse algumas harmonias táticas entre eles, a direita israelita e a direita religiosa dos Estados Unidos. Como intelectuais, também nunca estiveram à vontade numa cultura demótica, onde poucos haviam lido a mesma quantidade de livros ou tinham os mesmos dotes para o debate.

Um dos primeiros historiadores do movimento, Peter Steinfels, publicou em 2013 uma edição atualizada do seu estudo clássico, *The Neoconservatives: The Men Who Are Changing America's Politics* (*Neoconservadores: os Homens Que Estão a Mudar a Política dos EUA*, 1979). Resumia aqui as conquistas do movimento nos seguintes termos. Como conservadores, davam atenção às fundações culturais e morais da sociedade que os liberais tendiam a ignorar. Viam de forma crítica as ações bem-intencionadas do governo que tinham resultados perversos. Moderavam a sua tendência progressista para o ativismo com o gradualismo burkeano. Não vinham com a bagagem conservadora do tipo tradicionalista de Kirk e — poder-se-ia dizer — tratavam com desprezo a doutrina do mercado livre. Aceitavam o Estado social e a «racionalidade funcional» do capitalismo empresarial, esperando equilibrar de algum modo ambos com a vida familiar e uma contenção dos sindicatos, das igrejas e dos bairros. Defendiam «uma cultura devidamente patrulhada por intelectuais conservadores». Os neoconservadores americanos eram desencantados num modo weberiano. Defendiam uma ética estoica da liberdade modesta, conquistada com trabalho, do conforto incerto e da «prevenção das febres utópicas».

Havia aqui uma ligação, que o próprio Steinfels não fez, entre os neoconservadores americanos e os seus homólogos alemães, que também acabaram por aceitar os limites e as inevitabilidades de uma sociedade complexa e tecnocrática. Para os liberais reformadores americanos, o neoconservadorismo estava demasiado desconfortável e receoso quanto ao que o governo e a sociedade podiam e deviam fazer. Para os colegas conservadores, os neoconservadores eram demasiado liberais, demasiado intelectuais, demasiado distantes dos indispensáveis mitos nacionais da grandeza e bondade americana. Contudo, a visão deles era, nas palavras de Steinfels, séria e plausível, e inequivocamente baseada nas realidades da América contemporânea. Para conservadores que se esforçavam por partir dos factos sociais, ainda que não de todos os factos sociais, isso era um elogio. O encontro do neoconservadorismo com a responsabilidade e o governo era, porém, sóbrio. A sua passagem agitada da crítica conservadora para o domínio conservador de um presente moderno liberal foi um microcosmos da história mais geral da direita após 1980.

PARTE VI

A QUARTA FASE DO CONSERVADORISMO (DE 1980 AO PRESENTE)

HIPERLIBERALISMO E DIREITA DURA

O ANO DE 1980

A Segunda Guerra Fria intensificou-se. No Afeganistão, as forças soviéticas não faziam progressos contra os rebeldes antigovernamentais, que controlavam as zonas rurais e começavam a ter a ajuda secreta americana. O movimento Solidariedade evoluiu das greves nos estaleiros de Gdansk para uma oposição direta ao governo comunista da Polónia. O físico dissidente Andrei Sakharov foi detido em Moscovo. Os Estados Unidos embargaram as vendas de cereais à União Soviética e boicotaram os Jogos Olímpicos de Moscovo. Na China, Deng Xiaoping começou a introduzir o capitalismo.

Em abril, uma tentativa militar americana de resgatar diplomatas americanos e outros reféns em Teerão falhou, com perdas de vidas. Em novembro, o republicano Ronald Reagan derrotou o presidente em funções, Jimmy Carter, conquistando a presidência com mais de metade dos votos populares e 44 estados.

Nas eleições federais da Alemanha, o bávaro Franz-Josef Strauss conquistou a maioria dos assentos para a CDU-CSU, mas os sociais-democratas, em coligação com os liberais descontentes, mantiveram Helmut Schmidt como chanceler.

Na Grã-Bretanha, onde Margaret Thatcher começava o seu segundo ano como primeira-ministra conservadora, a inflação anual alcançou os 18 por cento. Os benefícios estatais aos grevistas foram reduzidos para metade.

Em Nova Iorque, um jovem perturbado matou John Lennon a tiro. Um ataque terrorista da direita matou 13 pessoas na Oktoberfest em Munique.

Roland Barthes, Alfred Hitchcock, Oswald Mosley e Jean-Paul Sartre morreram. Venus Williams, Ryan Gosling e Kim Kardashian nasceram.

O Cubo de Rubik foi posto à venda. Na medicina, a ressonância magnética de corpo inteiro foi introduzida nos hospitais para uso regular.

Tim Berners Lee começou o trabalho que resultaria na World Wide Web. Bill Gates concordou com a IBM na criação de um sistema operativo para o computador pessoal.

9

PARTIDOS E POLÍTICOS

A ENTRADA DA DIREITA DURA

Durante três décadas após 1980, uma direita autoconfiante e economicamente liberal ocupou o governo e o debate público, mas caiu na armadilha do sucesso. Tendo aparentemente ultrapassado a esquerda histórica, não tinha oposição imediata, o que era uma posição traiçoeira. De fora, a competição partidária continuava. Um centro-direita convencional na Europa e nos Estados Unidos alternava no governo com o centro-esquerda. Com exceção das palavras de ordem, dos símbolos e das lealdades partidárias, seguiam agendas quase indistinguíveis, enquadradas pela promoção do mercado livre e da limitação da ação governamental. O fim da Guerra Fria (1989–1991) encorajou uma esperança profunda de que a própria rivalidade geopolítica acabaria graças à disseminação da prosperidade. Interna e externamente, o triunfo do conservadorismo era amplamente visto como total.

Durante algum tempo, parecia que o conservadorismo convencional estava a alcançar o seu objetivo de pós-1945 de estabelecer um *statu quo* liberal e empresarial como a moldura comum da política. No entanto, quanto mais satisfeito este *statu quo* ficava consigo mesmo, mais crescia a dissidência à sua direita. A geopolítica não desaparecera, mas funcionava sob novas roupagens, o que levava a que fosse mais difícil de entender pela direita, que, na Guerra Fria, se tornara geopoliticamente preguiçosa.

Nos anos 2010, a um ritmo acelerado, uma direita dura e iliberal começou a roubar os eleitores ao centro conservador. Novos partidos devoravam a direita convencional a partir de dentro ou, como na Grã-Bretanha e nos Estados Unidos, os espíritos e as reivindicações do que antes era a franja estavam a capturar o centro. No que dizia respeito às ideias, o centro-direita estava a pagar um preço alto pela sua complacência anterior no que toca à perda de autoconfiança e à incerteza sobre o que defendia. Navegara pelo contrário na onda de um liberalismo económico de direita que parecia indiferente às necessidades locais e nacionais e que era claramente vulnerável às crises económicas, como mostrou o colapso de 2008. Dito de forma simples, a direita convencional não traduzira o sucesso político-partidário pós-1945 numa ortodoxia conservadora distinta e esta lacuna foi preenchida pelos guerreiros desinibidos da direita dura intelectual.

O liberalismo de direita a que os insurgentes se opunham foi justamente designado por *bougisme* pelo pensador francês Pierre-André Taguieff. O seu livro premonitório intitulava-se *Résister au bougisme* (*Resistir ao Para-a-Frentismo*, 2000). Em francês, *bouger* significa «mexer-se», «deslocar-se», «agitar-se». A designação de Taguieff exprimia a principal queixa dos resistentes contramodernos: o *facto* da agitação incessante na sociedade de mercado foi transformado pelos seus celebrantes numa ordem supostamente autoritária: «*Bouge!*», «Mexe-te!», «monta-te na bicicleta!».

A premonição de Taguieff foi ter percebido que gritar para as pessoas fazerem o que não queriam fazer ou que não podiam fazer iria, ao longo das décadas, provocar uma resistência duradoura e obstinada, e, com o tempo, furiosa e aberta. Duas décadas depois, os partidos do centro estavam a enfrentar essa rejeição obstinada em mexer-se. Taguieff estava a mostrar um merecido *bras d'honneur* (o dedo médio) aos *bougistes* da política, que, a seu ver, estavam sempre a proclamar com grandes palavras e teorias aparentemente inteligentes que a mudança era boa para as pessoas, em especial quando a mudança não era guiada ou não sofria intervenção, mas era deixada livre e sem objetivos. A objeção à ortodoxia hiperliberal era dirigida menos à própria mudança agitada do que aos *bougistes* da mudança, que faziam da agitação uma bênção ou uma virtude.

I. O centro-direita nos anos 1980 e 1990

Entre os primeiros e mais eloquentes *bougistes* estava Margaret Thatcher, líder dos conservadores britânicos (1975–1990) e primeira-ministra do Reino Unido (1979–1990). «Qual é o verdadeiro problema do Partido Conservador?», perguntou Thatcher, já reformada, ao escritor George Urban (1993). Respondendo à sua própria pergunta, continuou:

«O seu nome. [...] Não somos um "partido conservador"; somos um partido da inovação, da imaginação, da liberdade, da viragem para novas direções, do orgulho nacional renovado e de um novo sentido de liderança. [...] Isto não é "conservador". O nome está totalmente errado.» No entanto, os problemas do partido não iriam ser resolvidos com uma mudança de nome, ainda que líderes posteriores tenham feito experiências com palavras de ordem e imagens.

O problema da direita britânica era uma versão local de uma dificuldade comum na Europa e nos Estados Unidos. Apesar de todo o seu sucesso, o radicalismo económico já esgotara o seu tempo e estava a tornar-se inepto. Um segundo «verdadeiro problema» era que, após 1990, o Partido Conservador já não contava com Thatcher; ou seja, não tinha um líder que podia ser simultaneamente radical e moderado, *bougiste* e resistente, globalista e nacionalista. O partido não tinha uma presença unificadora que pudesse controlar estes conflitos e virá-los para fora contra os inimigos externos — sindicatos, governo local, funcionários públicos, União Soviética —, ao invés de para dentro, contra o próprio partido.

O domínio das palavras e a concisão foram vitais para a ascensão de Thatcher no partido, para a sua aceitação pelos eleitores britânicos e para a sua reputação no mundo. A coragem e a combatividade num mundo de condescendência masculina também contribuíram para o seu sucesso. No entanto, o seu domínio do Partido Conservador deveu-se sobretudo ao facto de obedecer ao padrão histórico com que os líderes conservadores — Salisbury, Baldwin, Churchill — geriam as divisões internas do partido. Thatcher era uma liberal cobdnenita da classe média que acreditava nos mercados abertos, no comércio livre e no governo limitado que não intervinha nas morais ou crenças pessoais dos indivíduos. Pouco impressionada com as classes ou com os estatutos, Thatcher gostava dos homens e das mulheres de iniciativa que agiam sem inveja ou interesses pessoais. Ao mesmo tempo, ao contrário do pacifista Cobden, era uma patriota firme que escarnecia do apaziguamento, aceitava os riscos da guerra (Argentina, Iraque) e tinha uma visão baseada na «força» sobre a melhor estratégia do Ocidente na Segunda Guerra Fria.

Longe de resistir ao poder ou de o dispersar, Thatcher concentrou e monopolizou o poder. Os seus governos reduziram o poder dos sindicatos industriais, da banca fechada britânica e das administrações locais. Acabaram com o espírito de corpo dos departamentos ministeriais. Apresentadas como uma vitória para as liberdades dos trabalhadores, as mudanças, ao invés, retiraram o poder aos sindicatos e devolveram-no aos patrões. As mudanças concentraram o poder económico em grandes bancos e empresas, em muitos casos estrangeiras; o poder do governo foi concentrado na administração central em Whitehall; e o poder de Whitehall no gabinete da primeira-ministra. A alegação thatcherista de terem salvado a economia (ou de terem evitado o pior) era plausível na altura e aceite por muitos, ainda que tenha sido contestada pela revisão histórica. Muitos dos profundos problemas económicos da Grã-Bretanha — produtividade baixa, salários baixos, poupanças fracas e investimento baixo — persistiram durante décadas.

O «verdadeiro problema» dos conservadores pós-Thatcher não era o nome do partido, mas o facto de, nos anos 1990, já não terem inimigos para abater, ativos do Estado para vender e novas direções aonde seguir. (A sua última privatização — dos caminhos de ferro, depois de Thatcher (1994) — tornou-se rapidamente numa renacionalização encapotada.) O legado económico do thatcherismo foi ambivalente. A inovação do uso da doutrina do mercado livre para tornar o governo mais eficaz foi considerada bem-sucedida e muito copiada, ainda que, com o tempo, tenham aparecido custos inesperados. A criação de uma «democracia detentora da propriedade» falhou. A proporção de britânicos detentores de ações, em 2020, era metade do que fora nos anos 1980. A posse de uma casa, outro objetivo de Thatcher, ficou fora do alcance da maioria dos jovens. Estes custos e fracassos tornaram-se visíveis com o tempo, mas a sua visibilidade foi adiada com a adoção do thatcherismo pelo Novo Trabalhismo após 1997.

Em relação à Europa, Thatcher percebia que o seu partido combinava tradições opostas na visão externa das classes governantes da Grã-Bretanha, tal como capturada no lema de finais do século XVIII: «*Whigs* para o Continente, *tories* para os *shires*.» Thatcher era, em simultâneo, *whig* e *tory*, pró e antieuropeia. Criticava a direção da União Europeia, para cuja criação ela ou o seu partido muito haviam contribuído. Os conservadores defenderam a expansão rápida da União Europeia após 1989. Promoveram um mercado único europeu no qual bens, serviços, capitais e pessoas podiam mover-se livremente, mas resistiram à europeização dos direitos sociais e laborais estabelecidos para equilibrar as liberdades do mercado. Thatcher opôs-se aos pró-europeus do seu partido sobre a integração monetária europeia, o que conduziu à sua queda em novembro de 1990.

O seu liberalismo cobdenita era moderado por um sentido de nação, em particular a nação inglesa. Com exceção dos Estados Unidos e dos antigos Domínios, desconfiava dos estrangeiros, em especial dos Alemães, que Cobdnen admirava, e dos Franceses, amados por Mill. O épico inglês de Thatcher era uma história cativante de salvação da nação do declínio provocado pelos inimigos externos e pelos céticos internos. Evocava as invenções dos historiadores britânicos nacionalistas do século XIX, como o conservador Round e o liberal Freeman; fazia eco das visões obscuras de Enoch Powell, mas sem o seu fatalismo; e antecipava o chauvinismo popular dos *brexiteers*. Thatcher também era capaz de falar, à maneira de Baldwin, da rara moderação e bom senso da Inglaterra.

Thatcher baseava-se mais do que em discursos. Raramente perdia a consciência forte do que era viável e do que apenas se dizia. Sobre a Irlanda e a África do Sul, pontos ex-imperiais da nevralgia conservadora, combinava o sentimento com a razão «Nunca negociar com terroristas», dizia ela em público. De forma secreta e com sucesso, os seus representantes falaram com «terroristas» na Irlanda e na África do Sul. Thatcher era extremamente belicosa em relação à União Soviética na Segunda Guerra Fria, mas, atrás da fachada da força militar, era capaz de ver o sistema falhado e apreciava os seus reformadores e destruidores, em especial Mikhail Gorbachov.

Em 1990, o sucesso abandonou-a. Cedeu a ministros que faziam pressão para uma reforma radical, mas mal concebida, dos impostos locais, que provocaram motins, e foi depois derrubada. O seu desinteresse pela Europa estava fora de sintonia com o pró-europeísmo que prevalecia então no seu partido, no mundo empresarial e no país. Quando a sua liderança desgastada ameaçou a posição do partido nas urnas, foi afastada ao estilo *tory*. Os antieuropeus do partido vingaram-se pouco depois. Um partido habituado à luta interna — em torno das tarifas e do comércio livre, da Irlanda e do Império — voltou o seu gosto pelo combate para a Europa. Thatcher equilibrara as fações do partido. Depois da sua saída, um partido sem ideias ou objetivos claros começou a sua deriva para a direita dura e nacionalista.

Sensível à imprudência conservadora após 1918, a direita alemã pós--1945 adotou o gradualismo e a continuidade, que antes eram rejeitados. Helmut Kohl (1930–2017) começou a sua liderança de 25 anos dos democratas cristãos (1973) e a chefia do governo durante 16 anos (1982) quando o partido dos Democratas Livres se voltou para o liberalismo de mercado e se afastou do liberalismo social dos anos de Brandt na Alemanha. Com falhas, mas subestimado, Kohl era rejeitado por todos como sendo um renano provinciano e mediador do partido com uma visão estreita. A esquerda descrevia-o como um radical do mercado subserviente às empresas (ainda que as mudanças no modelo de «mercado social» da Alemanha tenham sido menores do que a esquerda temia). A direita cristã duvidava das suas credenciais conservadoras. As agitações culturais dos anos 1960 e 1970 haviam-na perturbado e não acreditava nas declarações de Kohl, como católico pouco zeloso, de que a nova coligação iria cumprir a sua promessa de «mudança moral e intelectual». A ala direita do partido também se opunha, em nome da Alemanha, à aparente indiferença de Kohl em relação à soberania e ao orgulho nacionais. Kohl manteve o partido ligado ao ocidentalismo de Adenauer, cedeu à pressão americana para uma renuclearização da Europa na Segunda Guerra Fria e promoveu as relações franco-alemãs, enquanto pouco ou nada fazia para acabar com a divisão da Alemanha.

Kohl parece ter sido o último a rir. Numa torrente de acontecimentos que quase ninguém previra, o comunismo soviético dissolveu-se e a Alemanha Oriental colapsou nos braços da Alemanha Ocidental (1989–1990). Enquanto na Alemanha se acumulavam os debates sobre o que fazer, Kohl tomou decisões claras, para as quais ganhou depois um amplo apoio: as duas Alemanhas seriam uma, não por fases, mas de uma só vez; não após negociações entre os estados com talvez uma nova constituição, mas pela reabsorção com a constituição ocidental de 1949; não como economias separadas, mas como uma economia única, com uma moeda única e a velha divisa da Alemanha Oriental, quase sem valor, a ser trocada pela divisa da Alemanha Ocidental à taxa de um para um. Os defensores das finanças apertadas reclamaram. Os alemães ocidentais reclamaram por terem de pagar mais impostos. As empresas orientais temiam que, em condições financeiras iguais, as concorrentes ocidentais as eliminassem, como aconteceu com muitas. No entanto, Kohl prevaleceu. Os orientais, insistia ele, não se juntariam à Alemanha como pobres.

Apesar de se queixarem do custo, a maioria dos alemães reconheceu a unificação como um sucesso e uma razão de orgulho. No entanto, aquilo que os conservadores irreconciliados esperavam desde os anos 1950, e em relação à qual insistiam que a direita convencional só apoiava de boca — a unificação —, revelou-se uma desilusão. Para os críticos nacionalistas de Kohl, a unificação absorveu a antiga Alemanha Oriental numa *Bundesrepublik* ocidentalizada, num «sistema» democrático liberal e numa rede de alianças que a Alemanha Ocidental semissoberana aceitara, naquilo que representava uma coerção histórica. Em termos geopolíticos, os críticos haviam sonhado com um regresso descomprometido à soberania nacional, uma assunção da responsabilidade mundial e uma liberdade de manobra que nem as capacidades alemãs, por muito grandes que fossem, nem o contexto geopolítico permitiam. Culturalmente, os críticos esperavam uma celebração da germanidade tal como a compreendiam, livre da vergonha inibidora e das supostas regras sobre o que não podia ser dito. Com o tempo, estas discussões fundiram-se com as queixas económicas na antiga Alemanha Oriental, alimentando juntas a ascensão impressionante da direita dura nos anos 2010.

A unificação durante o governo de Kohl realizou-se num clima de paz, perturbando muito pouco os vizinhos e removendo assim um potencial de conflito que pairara durante 45 anos sobre um continente agora em paz, mas propenso à guerra. Para a direita verdadeiramente conservadora e nacionalista, os ganhos estratégicos pouco interessavam quando comparados com os custos da unificação tal como realizada por Kohl: a maior europeização e ocidentalização da Alemanha, a perda do seu carácter distinto e o abandono constante do orgulho alemão. Em vez de recriar a Alemanha, a unificação tornou-se outra fase infeliz do desaparecimento da germanidade.

Poder-se-ia esperar que Kohl aparecesse em qualquer cânone histórico da direita alemã. De forma significativa, não consta do indispensável, mas seletivo Almanaque de Gotha da direita europeia desde o século XVIII, o *Lexikon des Konservatismus* (1996). Foi editado por um guardião erudito da germanidade conservadora, o ex-diretor da *Criticón*, Caspar Schrenck-Notzing. Bismarck, o unificador (1871), e Adenauer, o salvador (1949), agradavam a Schrenck-Notzing, mas não Kohl, o unificador. Seria porque Kohl era demasiado lento, demasiado da classe média, demasiado à vontade com as doações políticas e demasiado preocupado com a pequena gestão do partido e com a ação do governo para se interessar pelos ideais conservadores? Uma corrente da direita alemã nunca aceitou Kohl como um verdadeiro conservador. Kohl não se interessava muito pela alta cultura e, embora tenha supervisionado a unificação, nunca pareceu suficientemente orgulhoso com a Alemanha. O pior de tudo era que parecia concordar com o seu rival social-democrata, Helmut Schmidt, na ideia de que alguém com visões precisava de consultar um oculista; ou seja, Kohl negava a necessidade de grandes ideias para o conservadorismo. Para ele, o que importava era o desempenho na política e não a visão. A sua sucessora, Angela Merkel, acreditava mais ou menos no mesmo. Isto deixou um espaço na direita alemã onde se podiam procurar visões.

Tal como Kohl, Ronald Reagan (1911–2004) foi geralmente ridicularizado e desprezado antes de conquistar facilmente a presidência por duas vezes (1980; 1984). Mesmo no seu próprio partido, era visto como um provinciano impreparado com piadas fracas e ideias extremas. O facto de Reagan ter conquistado duas vezes o governo do estado mais populoso da nação, a Califórnia, era menosprezado: os republicanos do estado deviam as suas vitórias ao Sul da Califórnia, onde a direita era bem conhecida por ser descontrolada.

Reagan levou a melhor sobre os seus detratores, em parte graças à astúcia e ao talento, em parte graças à experiência (fez 70 anos no seu primeiro mês na presidência), muito graças à sorte e por ter mantido unidas as famílias discordantes do conservadorismo americano numa coligação funcional. Tal como Thatcher, quando Reagan saiu de cena, desapareceu um controlo sobre a direita americana e as suas fações ficaram mais livres para regressarem à guerra entre si.

Reagan reuniu, no Partido Republicano, os otimistas do mercado livre, os libertarianos da ultradireita, os moralistas dos valores da família e os nacionalistas. Tal como Nixon fizera, conquistou os votos dos ex-democratas desiludidos e preocupados com a criminalidade urbana e ressentidos com a extensão dos objetivos dos direitos civis da não discriminação para a preferência corretiva. Auxiliado por excelentes escritores de discursos, Reagan tinha bom ouvido para um país dividido que adorava o conflito partidário enquanto desejava sentir-se bem consigo mesmo como nação. Apelava às alas esquerda e direita do liberalismo americano: os democratas do New Deal e da política monetária apertada e os republicanos das grandes empresas. Divorciado e não frequentador da igreja, Reagan era capaz de dizer a uma audiência cristã fundamentalista, com uma sinceridade aparente, que todos eram «instados pelas Escrituras e por Nosso Senhor» a oporem-se ao «pecado e ao mal». Fez o evangelho da liberdade americana ser aceite por jeffersonianos e jacksonianos do Oeste e do Centro-Oeste orgulhosamente convencidos da sua autossuficiência. Levou a que fosse aceite pelos brancos do Sul preocupados com o regresso de nortistas bem-intencionados a uma sociedade que pareciam não entender, bem como pelos jovens libertarianos inteligentes de todas as universidades da nação.

O bom ouvido não foi o único responsável pelo sucesso de Reagan. Um tema geral em torno do qual as fações da direita se podiam unir era a hostilidade em relação ao governo. Reagan conquistava as audiências com piadas contra o «grande governo», de forma tão habilidosa que se esqueciam de que o grande governo era aquilo que ele lhes estava a pedir que deixassem gerir. Falava contra a despesa e o desperdício do governo, mas fazia os défices subirem em flecha, dizendo que podia ser velho, mas não era estúpido, e nunca apresentou ao Congresso um orçamento equilibrado. Não importava. No evangelho antigoverno, a direita sob a administração de Reagan encontrou um tema unificador que dantes lhe faltava. Para cada uma das fações da direita, o grande governo era um vilão conveniente: para as empresas e os bancos, com a sua regulamentação do crédito, da segurança no trabalho, do consumidor e do ambiente: para os conservadores morais, com a cada vez maior licensiosidade liberal da lei; para os nacionalistas americanos, com a sua guerra ruinosa no Vietname, o seu multilateralismo que mimava o estrangeiro e o seu namorico pontual com o desanuviamento soviético.

O sucesso de Reagan deveu-se menos à sorte enquanto tal do que ao reconhecimento e ao uso da sorte. Herdou uma estrutura de defesa iniciada pelo seu antecessor Jimmy Carter, bem como uma explosão de criatividade de alta tecnologia alimentada por essa estrutura. Na pessoa de Paul Volcker, herdou um presidente da Reserva Federal que aumentara as taxas de juro para os dois dígitos um ano antes da sua tomada de posse, uma medida brutal de geração de recessão que, no início da nova presidência, reduziu a inflação para 3,5 por cento, abrindo assim o caminho para a longa expansão económica que durou até ao novo século. Reagan herdou uma rivalidade de superpotências que os Estados Unidos estavam a ganhar, pois o seu adversário soviético, atolado nos seus próprios fracassos e ensombrado por uma China em ascensão, começou a implodir. O presidente americano sabia quando empurrar uma porta aberta, proclamando em Berlim, em junho de 1987: «Sr. Gorbachov, derrube este muro.»

Reagan deixou a presidência (janeiro de 1989) num momento de satisfação americana e de sucesso estratégico que teria dado crédito a um político menor. De facto, a habilidade, a sorte e a oportunidade confirmaram-no entre os contemporâneos como figura histórica. Na direita americana, todas as fações podiam reivindicar Reagan. Por contraste, os republicanos que, mais tarde, o sucederam na Casa Branca, George W. Bush (2001–2009) e Donald Trump (eleito em 2016) dividiram o seu próprio partido e mantiveram os democratas à distância.

Na França, a maré política parecia seguir em contracorrente. François Mitterrand, líder do Partido Socialista, conquistou a presidência (1981) com o apoio dos comunistas. Um governo socialista assumiu o poder com vários ministros comunistas. Seguiu-se uma breve experiência com tentativas estatais de estimular uma economia debilitada. A experiência terminou, como os liberais económicos haviam previsto, quando um franco fraco e o aumento da inflação conduziram a uma inversão de sentido e à contenção orçamental. Nas condições modernas de exposição da divisa e de integração europeia, chegou-se à conclusão de que as políticas solitárias «à albanesa» já não eram possíveis. Em 1985, um quarto de século depois dos sociais-democratas alemães em Bad Godesberg, o Partido Socialista Francês eliminou formalmente da sua plataforma, em Tolosa, os resquícios do socialismo dirigido pelo Estado. A mudança doutrinária refletia as mudanças na sociedade. Em 1930, a força de trabalho francesa ainda estava dividida quase igualmente entre a agricultura, a indústria e os serviços. Agora, a maioria esmagadora estava nos serviços. Quase ninguém trabalhava na terra e apenas 20 por cento dos franceses viviam nas regiões rurais. A mão de obra industrial também diminuiu. Apesar da reputação sindicalista da França, em finais do século XX o país tinha uma das mais baixas taxas de sindicalização na Europa. Longe de terem sido um avanço para a esquerda dura, os dois mandatos de Mitterrand como presidente (1981–1995) marcaram uma consolidação do centro político francês. Ao marginalizar os comunistas e ao sufocar os radicais do seu próprio partido, Mitterrand uniu e moveu a esquerda da França para a direita.

Deste modo, a França era menos uma exceção para o domínio da direita pós-1980 do que parecia. A presidência de Mitterrand também entra na história conservadora porque ajudou a unir o centro-direita da França, que formava uma oposição unida contra o governo socialista. Mas a tarefa tornou-se mais fácil porque as diferenças sociais, confessionais e simbólicas entre os gaullistas e os liberais de direita estavam a esbater-se depressa. Depois de 1981, tornaram-se tão indistintas que o partido gaullista e a UDF liberal concorreram às eleições parlamentares de 1986 com um programa comum. Edouard Balladur, um gaullista adepto do mercado livre, instou os partidos do centro-direita a fundirem-se, dizendo que, apesar de distintos, já não eram diferentes. A proposta de Balladur era prematura, mas os partidos acabaram por se fundir na Union pour un Mouvement Populaire (UMP) em 2002.

Outro contributo de Mitterrand para o conservadorismo francês não foi para os partidos convencionais, mas para a direita dura. A fim de limitar os votos do centro-direita (1986), Mitterrand mudou as regras das eleições para permitir uma distribuição proporcional. Os votos da direita dividiram-se e a Frente Nacional conquistou 36 assentos no Parlamento. A jogada de Mitterrand não evitou a vitória do centro-direita e foi obrigado a «coabitar» com um governo conservador. A Frente Nacional, porém, saíra das margens. Os eleitores conservadores franceses tinham agora uma opção de direita dura nas urnas. Enquanto o centro-direita se tornava cada vez mais nebuloso sobre o que defendia, a direita dura ganhava atratividade. A Frente Nacional desenvolveu-se a partir do seu sucesso nos anos 1980, conquistando normalmente 10–15 por cento dos votos nas eleições e sobrevivendo a uma divisão potencialmente prejudicial (1999).

Por contraste, para os insurgentes da direita na Grã-Bretanha, na Alemanha e nos Estados Unidos, os anos 1990 foram tempos difíceis. Na Grã-Bretanha, o sucessor de Thatcher como primeiro-ministro conservador, John Major, sobreviveu a uma tentativa de derrube da sua liderança (1995) por John Redwood, acérrimo adepto do mercado livre e antieuropeu. Os Alemães estavam preocupados em absorver a Alemanha Oriental de forma dolorosa, mas eficaz, e sem perturbarem os vizinhos. Kohl e o seu partido estavam envolvidos em escândalos financeiros (em parte, consequência das regras fracas concebidas para manter o dinheiro fora da política eleitoral). A direita dura alemã parecia estar onde Adenauer a colocara em quarentena nos anos 1950: para lá das margens da política responsável. No entanto, agitando-se em pequenas revistas, os intelectuais conservadores criticavam o laxismo democrático alemão na ética e na cultura, tal como os neoconservadores americanos haviam feito havia duas décadas. Para os conservadores, a República Federal era provinciana, enfraquecia o espírito alemão e era «aborrecida».

Nos Estados Unidos, uma maioria republicana turbulenta no Congresso, liderada por Newt Gingrich, virava as suas campanhas de obstrução contra o presidente Clinton. Democrata centrista, Clinton cortou os benefícios sociais enquanto os défices orçamentais federais desapareciam. Com os democratas a fazerem aquilo que os republicanos haviam tentado fazer sem sucesso, os republicanos voltaram-se para a guerra institucional (paralisando o governo) e para o assédio moral (explorando uma mentira do presidente sobre uma má conduta sexual). Com um candidato forte, os democratas podiam ter conquistado um terceiro mandato pós-Clinton na Casa Branca (2000), mas um empate num estado decisivo (Florida) foi resolvido a favor dos republicanos pelo Supremo Tribunal, que votou 5–4 segundo linhas conservadoras.

Pondo de lado as diferenças locais, nos anos 1990, um centrismo economicamente liberal que se avaliava mais pelos resultados do que por princípios era agora convencional na direita. Parecia que o conservadorismo da acomodação levara a melhor sobre o conservadorismo de resistência. A direita irreconciliada esperava apenas pelo seu momento. A chegada de um novo século baralhou os pressupostos e abalou o centro conservador. De facto, o novo século chegou três vezes para a direita liberal convencional: em 2001, 2008 e 2016–2017.

No plano geopolítico, os ataques terroristas contra os Estados Unidos (2001) e as guerras dos americanos que se seguiram no Afeganistão e no Iraque, e as divisões que causaram, colocaram em causa a unidade do Ocidente pós-guerra. No plano económico, a crise financeira mundial (2008) e a austeridade que se seguiu colocaram em questão o capitalismo global não regulado. No plano político, a ascensão de uma direita dura, evidente nos êxitos eleitorais (2016–2017), colocou em causa o centrismo democrático liberal.

II. A ascensão da direita dura: Le Pens, AfD, Brexit e Trump

A ascensão eleitoral da direita dura após 2000 não foi tranquila nem uniforme. As diferenças locais eram grandes e claras, mas havia algo comum em marcha. Um dos primeiros avisos veio da França, onde a Frente Nacional chegou à segunda volta das eleições presidenciais (2002). Nos Estados Unidos, o insurgente Tea Party republicano organizou uma marcha dos contribuintes em Washington (2009). Na Grã-Bretanha, o United Kingdom Independence Party (UKIP) antieuropeu provocou o pânico entre os conservadores com sucessos nas eleições locais e europeias (2013–2014). Na Alemanha, uma aliança de adeptos do mercado livre e de opositores à imigração fundaram um novo partido de direita, o Alternativa para a Alemanha (AfD, 2013).

A recompensa para a direita dura chegou pouco depois. Em 2016–2017, os partidos convencionais na Europa e nos Estados Unidos sofreram reveses eleitorais que expuseram o descrédito do centro liberal. Em junho de 2016, 51,9 por cento dos eleitores de um referendo nacional votaram pela saída da Grã-Bretanha da União Europeia sem especificarem uma alternativa, isto apesar da opinião coletiva quase unânime — dos políticos da direita e da esquerda convencionais, dos empresários, dos economistas, dos historiadores, dos cientistas, dos especialistas militares e dos peritos em relações externas — de que a saída seria um erro económico, social e estratégico. Nas eleições presidenciais americanas (novembro de 2016), o construtor imobiliário de Nova Iorque e apresentador de televisão Donald Trump, à frente de uma campanha de direita «América primeiro» e como rebelde republicano, conquistou a presidência com uma minoria do voto popular, mas uma grande maioria no colégio eleitoral. Nas eleições presidenciais francesas a duas voltas (abril-maio de 2017), Marine Le Pen, líder da Frente Nacional, chegou à segunda volta, batendo os partidos convencionais do centro-esquerda e do centro-direita. Embora tenha perdido na segunda volta, Le Pen obteve 34 por cento dos votos, o que foi um grande avanço popular para um partido que costumava estar nas margens. Nas eleições gerais alemãs (setembro de 2017), a AfD da direita dura conquistou 94 assentos no Bundestag, um sétimo do total. Desde inícios dos anos 1950 que a direita dura alemã não obtinha representação nacional e nunca com tanta força.

Nesta viragem, estava uma direita dura que ressurgira e se estabelecera na política tradicional ocidental. Os seus elementos mais distintivos eram o nativismo exclusivista, o libertarianismo doutrinário e o apelo perverso à vontade popular. Ainda que claramente díspares e antagónicos, estes elementos, juntos, ameaçavam o liberalismo democrático ou, para usar o nome comum, a democracia liberal.

Para a descrição destes movimentos, o termo «direita dura» deve ser preferido ao termo «nova direita», pois as palavras de ordem, os temas e as reivindicações não são novos. Remontam às divisões históricas da direita conservadora dos séculos XIX e XX, e, de facto, à ambivalência nunca resolvida do conservadorismo a respeito da modernidade capitalista e, assim, à sua contenda original com o liberalismo político.

O termo «direita dura» também é preferível ao de «extrema-direita», pois «extrema» sugere franjas, e a direita dura deixara as franjas para se tornar uma parte normal da luta política. A direita dura entrou no governo da Grã-Bretanha por um Partido Conservador ensombrado pelo UKIP e purgado dos moderados. Nos Estados Unidos, um Partido Republicano radicalizado controlava (2016) os três ramos do governo federal, 32 das 50 legislaturas estaduais e 33 governos estaduais. Perdeu a sua maioria na Câmara dos Representantes, bem como o controlo em vários estados, em 2018, mas o domínio da direita na justiça federal, incluindo o Supremo Tribunal, aumentou. Embora mantida longe do governo, a direita dura na França e na Alemanha tinham um largo apoio popular, que parecia crescer. A Frente Nacional, agora rebatizada como Rassemblement Nacional (Reunião Nacional), e a AfD alemã desviavam os votos dos partidos conservadores convencionais, obrigando estes partidos a enfrentarem a escolha de manterem as suas posições ou de se moverem para a direita.

Uma patologia normal tornara-se uma normalidade patológica, como disse, de forma incisiva, o especialista holandês na direita dura, Cas Mudde. Um escritor americano, Clay Shirky, ao observar a campanha presidencial de 2016, colocou a questão de maneira similar em termos do apoio popular à direita dura: «Trump é a voz dos brancos zangados. Não estava no palco porque tinha opiniões invulgares. Estava no palco porque tem as opiniões vulgares, ditas em voz alta.» Em suma, a direita dura não era estranha ou extrema. Era popular e normal. De facto, era alarmante por ser popular e normal.

Para que o termo «direita dura» não pareça aqui exagerado, bem como a descrição dos acontecimentos, devemos recordar a paixão e o desalento com que os conservadores tradicionais reagiram. Não jogaram, num espírito distante, confiantemente com as fraquezas e incompatibilidades visíveis da direita dura. Não perguntaram se haveria ali um vilão de pantomina criado pela esquerda liberal. Reagiram com choque e desgosto, como se tivessem perdido um camarada ou uma possessão prezada. Estavam a lutar por uma tradição e, chocados, perceberam que podiam estar a perder. A partir da vitória de Trump, os colunistas George Will, David Brooks e Ross Douthat — vozes representativas da opinião conservadora de três gerações sucessivas — condenaram o republicanismo dominado por Trump nas suas muitas colunas de jornal. A revista conservadora liberal *Economist* foi igualmente severa na sua condenação do toryismo dominado pelo Brexit. Antes das eleições de dezembro de 2019, disse que o líder conservador, Boris Johnson, era «indiferente à verdade», chamou ao seu conselheiro mais próximo, Dominic Cummings, um «ideólogo maquiavélico» e instou os eleitores a escolherem os Democratas Liberais centristas.

Apesar das diferenças nacionais, podemos dizer quatro coisas gerais sobre a direita dura. Em primeiro lugar, tinha um carácter comum. A direita dura combinava os libertarianos económicos e os nacionalistas zangados, unidos em oposição àquilo que viam como as elites com interesses próprios e distantes da realidade que haviam pervertido o verdadeiro conservadorismo. A direita dura mostrava uma disposição radical, quando no poder, para perturbar as normas e os sistemas familiares. Dentro ou fora do poder, a direita dura usava um reportório partilhado de apelos retóricos que, habilidosamente, disfarçavam as suas tensões internas.

Em segundo, era característica de uma corrente histórica do conservadorismo. A direita dura não era nova e, para os seus temas críticos e para os seus apoiantes, baseava-se na longa tradição do conservadorismo irreconciliado. Embora seja comum na direita moderada distinguir o conservadorismo (bom) da direita dura (má), a direita dura faz parte do conservadorismo e não é uma presença estranha que ameaça o conservadorismo a partir de fora. Em certos tempos, a direita dura foi mais silenciosa e contida; noutros, como agora, era mais barulhenta, maior e mais confiante. Esteve sempre ali, como uma sombra ou uma consciência, para lembrar ao conservadorismo a sua ambivalência original em relação à modernidade liberal. Em terceiro, a direita dura é erradamente chamada «fascismo» em qualquer sentido histórico do termo. É corretamente designada como «populista» ou «nacionalista», mas não sem uma compreensão cuidadosa destes rótulos enganadores. Em quarto, o ressurgimento da direita foi auxiliado por vários fatores — a fúria com a imigração, a crise financeira, a debilidade dos candidatos do sistema —, que importavam mais em alguns lugares do que noutros. A razão mais profunda foi um fracasso comum do centro liberal, da direita ou da esquerda, em honrar as promessas do liberalismo democrático e em mantê-lo em bom funcionamento.

As origens da direita dura atual residem numa união estranha de libertarianos adeptos do governo pequeno, socialmente permissivos e indiferentes às fronteiras, que favorecem a globalização económica, e conservadores nativistas preocupados com a identidade cultural e o declínio nacional. Ambos diziam falar por essa entidade imaginada, o povo, contra aquilo a que chamavam as elites. A direita libertariana dizia que o povo ficaria melhor depois de libertado do domínio da classe política do grande governo. A direita nativista dizia que o povo ficaria melhor depois de libertado do domínio dos cosmopolitas desligados da realidade e amigos dos estrangeiros. Os libertarianos e os nativistas de direita abandonavam o centro liberal, mas pressionavam em direções diferentes. Cada um pegava num elemento do conservadorismo — defesa da propriedade e dos mercados; fidelidade à nação — e sobrecarregava-o, negligenciando outros valores e outras preocupações. A ligar este casal estranho havia um inimigo comum — o centro liberal — e um conjunto desconcertante de temas e apelos.

A ascensão da direita dura é geralmente vista como movida pela fúria popular após o colapso de 2008 com a crise económica, a decadência dos serviços públicos e a negligência do governo, tudo isto acrescentado ao longo descontentamento com a imigração aparentemente descontrolada. É verdade que, ao minarem o estatuto de competência do centro-direita, estes fatores abriram um espaço para a direita dura. No entanto, apesar de o seu crescimento rápido se dever a um recrudescimento da fúria popular, a direita dura começou realmente com um decrescimento do dinheiro dos empresários e banqueiros conservadores. Veículos partidários foram criados e financiados a partir de cima, ganhando depois o poder de alavanca do apoio dos eleitores. As finanças da Frente Nacional na França são opacas, embora haja rumores de que Jean-Marie Le Pen tenha sido financiado por apoiantes russos e que tenha começado a ascensão política do partido com uma herança de um conservador magnata do cimento. Apesar de, depois de entrar no Bundestag, a AfD alemã ter sido subsidiada por dinheiros públicos, foi auxiliada no início, segundo a revista *Der Spiegel*, com dinheiro do bilionário August von Finck e do seu gestor de ativos, Ernst Knut Stahl. Dos 24 milhões de libras doados às duas principais campanhas a favor do Brexit na Grã-Bretanha em 2016, cerca de 15 milhões foram doados por sete doadores ricos. Entre os contribuintes republicanos bilionários, em 2016, incluíam-se o fundador da Paypal, Peter Thiel; o dono de casinos de Las Vegas, Sheldon Adelson; o herdeiro da Johnson and Johnson, Woody Johnson; e Carl Icahn, comprador hostil de empresas e dono de um conglomerado. Devemos observar que este apoio não é conspirativo. Todos os partidos dependem do dinheiro de alguém. A questão aqui é que, embora vários eleitores, por várias razões, estivessem fartos dos principais partidos centristas, foi preciso dinheiro, intelectuais e jogo político para darem a essa fúria uma plataforma sólida e um foco com sentido.

Os votos da direita dura têm muitas origens: pessoas que votam pela primeira vez, eleitores de esquerda descontentes e, na sua maioria, conservadores descontentes. São socialmente díspares e alguns têm dificuldades económicas, mas uma característica do eleitor típico da direita dura é a falta de estudos superiores. Nos Estados Unidos, em 2016, Trump igualou ou venceu a sua opositora democrata, Hilary Clinton, entre os eleitores de todas as categorias de ensino, exceto entre os que tinham estudos superiores. Na Alemanha, a AfD conquistou quase 13 por cento dos votos nacionais, mas obteve apenas sete por cento entre os licenciados. A direita dura pode ser financiada por doadores ricos, mas, nos quatro países, tinha um forte apelo para os leitores da classe média baixa e da classe operária.

A idade é um fator em alguns países, mas não noutros. Na Alemanha, a AfD apelava fortemente aos indivíduos que votavam pela primeira vez. Entre os eleitores anteriores, a maioria era constituída por conservadores desiludidos, mas havia alguns que antes votavam à esquerda. Na segunda volta das eleições presidenciais francesas (2017), quase nenhum dos eleitores da esquerda socialista votou na Frente Nacional. Dos votos da nova esquerda pelos Les Insoumises de Jean-Luc Mélenchon, metade foi para Emmanuel Macron, dois quintos abstiveram-se e pouco menos do que um quinto foi para Le Pen. Por contraste, a maioria dos três milhões de votos para Le Pen na segunda volta veio de eleitores do conservador tradicional François Fillon. Não é um truísmo sublinhar que o voto na direita dura é um voto de direita. A direita dura cresceu a partir de um eleitorado conservador.

A idade máxima para o voto na direita dura varia. A campanha do Brexit na Grã-Bretanha era impopular entre os jovens e popular entre os mais idosos. Um padrão semelhante surgiu nas eleições americanas. A popularidade de Trump aumentava fortemente entre os eleitores com mais de 40 anos, e descia entre os mais novos. Por contraste, a força central da direita dura na França e na Alemanha estava entre os homens de meia-idade. Nos dois países, os eleitores jovens tendiam a votar na direita dura um pouco mais do que a média nacional. O apoio à AfD tendia a desaparecer entre os idosos na Alemanha, talvez porque estavam mais próximos da experiência do passado iliberal, nazi ou comunista.

Subjacente a estas variações está uma constância mais geral. Os eleitores da Reunião Nacional (ex-Frente Nacional), do Brexit, da AfD e de Trump, eram, na sua maioria, não eleitores de esquerda, mas de direita. O foco sobre onde viviam, que idade tinham, porque deixaram a escola e quanto ganhavam, na esperança de se estabelecer um estereótipo social convincente, passava ao lado de uma questão política. Os eleitores da direita dura eram, na sua maioria, eleitores conservadores desiludidos com o conservadorismo liberal da época. É verdade que alguns eram da classe operária, mas havia décadas que a esquerda estava a perder votos da classe operária. A aliança da propriedade e da classe operária de direita foi uma componente histórica da cartilha do sucesso eleitoral do conservadorismo.

Se a ligação entre a propriedade e o descontentamento era nova, o conteúdo da mensagem da direita dura era velho. Usava os elementos históricos do conservadorismo — a defesa da propriedade, a celebração da nação — e sobrecarregava-os. O liberalismo económico e o nacionalismo apontavam, intelectualmente, para direções opostas. O primeiro é global e de fronteiras abertas; o segundo, é exclusivista, protecionista e de fronteiras fechadas. No entanto, quando sobrecarregados como «híper» e «ultra», ambos servem para abandonar o centrismo de direita. Os libertarianos de direita querem acabar com o capitalismo moderado, negar a responsabilidade dos mercados para com a sociedade e enjeitar o conservadorismo social. Os ultranacionalistas querem inverter o globalismo e fechar a porta à abertura liberal. Ambos queriam deixar o centro liberal, mas por saídas diferentes. Partilhavam um propósito destrutivo suficientemente forte para esconder as suas diferenças, mas sem promessa de uma alternativa estável. Os seus grandes interesses — globais e nacionais, empresariais e comunais — divergiam. Dadas as incoerências da direita dura, os seus métodos favoritos eram a disrupção político-partidária e a improvisação intelectual.

A AfD alemã surgiu como uma mistura instável que reunia libertarianos e *skinheads*, ex-banqueiros e radicais disruptivos, ex-democratas-cristãos e antigos abstencionistas. Um dos dois líderes parlamentares da AfD, Alice Weidel, trabalhou no Goldman Sachs e no Bank of China, detido pelo Estado chinês, e fala mandarim. Weidel era um novo tipo de conservadora irreconciliada cujas objeções ao estado de coisas atual eram tópicas e práticas, e não moralizadoras ou exortativas. Pensava que a Grécia devia sair da União Europeia e a Alemanha devia ficar, mas abandonar o Euro. A UE devia limitar a migração e investir no Médio Oriente para desencorajar a emigração. Weidel, que vivia parte do ano na Suíça com a sua parceira e os dois filhos, apoiava as uniões civis, mas não o casamento entre pessoas do mesmo sexo. O outro líder da AfD no Bundestag era Alexander Gauland, ex-advogado e publicista da CDU e autor. Numa escrita rebuscada, Gauland combinava as velhas preocupações conservadoras sobre a adoção da tecnologia pela direita convencional, a negligência do carácter alemão e a indiferença em relação à família, à pátria e à alta cultura.

Por contraste, um distinto radical da AfD, Björn Höcke, seguia a tática de falar para chocar. Sobre o Memorial do Holocausto em Berlim, Höcke disse: «Nós, Alemães, somos a única nação do mundo que ergueu um monumento à vergonha no coração da sua capital.» Na mesma veia, um colega de partido da Turíngia, Stephan Brandner, fez campanha com frases do tipo: «Merkel devia ir para a cadeia» e «A família típica de refugiados sírios é um pai, uma mãe e as suas duas cabras.» Höcke espantou a Alemanha em 2019, quando a AfD, sob a sua liderança local, ficou em segundo lugar, com 24 por cento dos votos, nas eleições estaduais da Turíngia.

Na França, a Frente Nacional, fundada em 1972, combinava a xenofobia que atraía os extremistas e o mercado livre que atraía os pequenos empresários. Durante 30 anos, o seu primeiro líder, Jean-Marie Le Pen, manteve o seu veículo barulhento na estrada, guinando entre o triunfo e o desastre. Após o primeiro sucesso eleitoral da Frente Nacional (2002), seguiu-se uma década de divisões e de deriva. Um partido sem dinheiro e liderado por um fundador envelhecido via a direita tradicional, chefiada por Nicolas Sarkozy, a ecoar os seus temas e a roubar-lhe de volta os eleitores.

Quando a filha de Le Pen, Marine, assumiu a chefia do partido (2011), começou a «desdiabolizá-lo», reduzindo o discurso extremista. Defendia os salários e o Estado social, para ganhar votos da classe operária, e mais segurança no clima de terror, para ganhar votos do centro, enquanto continuava a apelar aos preconceitos da base do partido em código. Abandonou o racialismo aberto do pai, fez gestos pró-judeus, deixou de pregar aos eleitores os valores da família e substituiu uma linha estrita pró-empresas e antissindical por apelos assistencialistas ao «état protecteur» (Estado protetor) a fim de garantir a equidade económica para todos. A «etnicidade» substituiu a «raça» nos seus discursos. A «prioridade nacional» do seu pai (para os cidadãos franceses como beneficiários dos serviços do governo) tornou-se «patriotismo social». Mudou o nome do partido para Reunião Nacional, mas um bom ouvido ainda podia sentir a velha música de hostilidade anti-imigrante da Frente Nacional. Tal como a AfD na Alemanha, o sucesso nas urnas gerou rivalidades entre os líderes (depois de 2016, o seu vice-presidente demitiu-se), bem como conflitos sobre o carácter e o objetivo. A sua fórmula funcionou bem nas eleições presidenciais, mas pior nas eleições para o Parlamento por maioria, que puniram os partidos pequenos. Afastou o seu braço direito, Florian Phillipot, que queria limpar o partido dos seus extremistas e avançar sem bagagem para ganhar um espaço eleitoral mais convencional. Le Pen preferiu a sua estratégia prévia de triangular o apelo provado do partido: à velha base da direita dura com preconceitos codificados, à esquerda insatisfeita com justiça social e aos eleitores flutuantes do centro alarmados com o terrorismo e a insegurança. Intelectualmente, a Frente Nacional-Reunião Nacional de Marine Le Pen continuou a ser uma miscelânea de defesa do Estado social, catolicismo de direita, antieuropeísmo suprapartidário e geopolítica oracular do tipo favorecido pela direita dura pelo menos desde Spengler.

Uma terceira geração Le Pen, Marion Maréchal (1989–), neta do fundador, quer reforçar o jogo mental do partido. É diretora de uma ainda pequena escola de formação/ grupo de reflexão em Lyon, o Instituto de Ciências Sociais, Económicas e Políticas, que é financiado por empresas locais. Como Steve Bannon, um aliado americano, Maréchal procura chegar na Europa e nos Estados Unidos aos jovens conservadores desiludidos com a velha direita e com o centrismo liberal.

Maréchal tem o sentido da família para as palavras. Para se distanciar do avô e da tia, abandonou o apelido e assumiu o da mãe, que, para os que se lembram do marechal Pétain, tem os seus próprios ecos de direita dura. É capaz de ser provocativa: «A França está a deixar de ser a filha mais velha da Igreja Católica para se tornar na pequena sobrinha do Islão.» Também é capaz de ser sensata. Aborda dificuldades sobre as comunidades de maioria muçulmana na França que os liberais multiculturais têm dificuldade em enfrentar: «Os direitos das mulheres estão a perder terreno nesses bairros.» Trata de temas contraliberais que ocupam outros jovens de direita: sobre a família e a sexualidade, a comunidade orgânica, a rejeição do neoliberalismo e a desconfiança em relação aos gigantes tecnológicos.

Por muito aberta e improvisadora que Maréchal possa parecer, a sua palavra de ordem principal vem da tradição francesa dura de Barrès e Maurras, do *enracinement* (enraizamento). O termo é ambivalente. O enraizamento é desejável; o desenraizamento, implicitamente, é indesejável. Parece banal, e é-o em muitos sentidos. O desenraizamento pode ser visto de forma inclusiva e empática como uma condição que os modernos cansados aprenderam em geral a suportar e até a usar para sua vantagem. Ou pode ser visto num espírito hostil e exclusivista. Maréchal não tem de explicar que, quando fala dos desenraizados, quer que os seus ouvintes pensem nos liberais seculares sem raízes de princípio, nos muçulmanos sem raízes num mundo cristão e nos terríveis migrantes sem qualquer tipo de raízes.

Nos Estados Unidos, a teatralidade diversiva de Trump e os primeiros fracassos no Congresso mantiveram fora das primeiras páginas uma fogueira de regulamentações sociais e ambientais, bem como uma purga dos juízes liberais dos tribunais federais que permaneciam nos bastidores com pouca resistência e prometiam continuar durante décadas. Quando as suas intenções eram frustradas pelo Congresso, Trump recorria a ordens executivas e aos poderes de emergência, como fizeram outros presidentes antes dele, mas com um sentido radical e de abalo institucional de justificação «para o povo» raramente ouvido desde o New Deal. Internacionalmente, o revisionismo não conservador da direita dura era evidente no questionamento e na rejeição por Trump de compromissos americanos previamente estabelecidos — o acordo nuclear com o Irão, os acordos climáticos mundiais e a própria aliança ocidental. Em vez de defender a democracia liberal e os valores universais, elogiava os líderes autoritários: Xi da China, Putin da Rússia, os príncipes sauditas, Duterte das Filipinas. Em vez de seguir a linha de todas as administrações, democratas ou republicanas, desde 1945 e juntar o americanismo, o ocidentalismo e o universalismo numa trindade declaradamente virtuosa, a direita de Trump destacava o americanismo como justificado e defensável por si só.

Na Grã-Bretanha, o revisionismo da direita dura reuniu-se na opção nuclear, única e autodestrutiva do Brexit. A partir dos anos 2000, o antieuropeísmo foi defendido com habilidade e determinação pelo partido arrivista UKIP (fundado em 1993) e, entre os conservadores, pela franja antiga, nacionalista e reconciliada, talvez um terço do partido parlamentar. Abalado pelos fracassos diplomáticos com os seus parceiros europeus e assustado com a ascensão do antieuropeísmo britânico, David Cameron, que foi o primeiro-ministro de 2010 a 2016, realizou um referendo sobre a participação britânica na UE, que esperava vencer. Com uma derrota por pequena margem, em vez de tentar ganhar tempo, um Cameron abalado anunciou poucas horas depois que «a vontade» do «povo» iria ser «respeitada». Demitiu-se, deixando aos seus sucessores, Theresa May e Boris Johnson, um discurso populista das pessoas contra as elites, da democracia contra o Parlamento, que May mordiscou e Johnson engoliu por inteiro.

Chamar «direita dura» ao radicalismo de Johnson pode parecer excessivo. Não pretendia dirigir o partido mais para a direita ou, de facto, para lado algum. O seu objetivo principal era liderar o partido. Assim, seria vão tentar etiquetar a sua perspetiva. Tal como Trump, não tem uma visão estabelecida. Desde o fim da Guerra Fria e do colapso do thatcherismo que o Partido Conservador não tem objetivos claros. O antieuropeísmo, que parecia preencher a lacuna, era negativo e temporário. Sem objetivos nem conteúdos próprios, o radicalismo de Johnson resume-se ao seu estilo contundente de direita dura, com seu desprezo pelas normas democráticas liberais familiares e a sua pretensão de falar pelo «povo» contras as elites e as instituições. Sendo um «vira-casacas» soberbamente habilidoso, Johnson tem um carácter de improvisador, movido sobretudo pelas situações difíceis. A direita dura dividida da Grã-Bretanha, que Johnson liderou e teve de gerir, prometia de forma implausível agradar às empresas globalistas e aos eleitores fartos dos serviços públicos negligenciados, da precariedade laboral e da falta de habitação.

III. Os principais temas da direita dura: declínio, captura, inimigos e vitimização

Os temas retóricos usados pela direita dura são partilhados e tradicionais. O declínio é um deles. A direita dura vê, em toda a parte, deterioração da saúde social e moral. Uma nação outrora forte, dizem eles, está em decadência. Uma sociedade outrora coesa, está fraturada. Um povo outrora virtuoso, está a decair. O declínio era sugerido na palavra de ordem de Trump: «Voltar a Fazer a América Grande.» Um apetite por narrativas de ruína nacional tornou em *bestsellers* os livros *Le suicide français* (*O Suicídio Francês*, 2004), de Eric Zemmour, e *Deutschland schafft sich ab* (*A Alemanha Anula-se a Si Mesma*, 2010), de um ex-funcionário de um banco central, Thilo Sarrazin. O venerável tema do declínio civilizacional do Ocidente, ouvido desde inícios do século XX com Spengler e outros, ressurgiu.

Segundo a narrativa do declínio nacional, a política e o governo foram capturados por elites egoístas que não entendiam nem falavam pelo povo. Trump prometia «drenar o pântano». A Frente Nacional culpava uma *classe politique* de Paris pelos problemas da França. A AfD apresentava-se como o substituto necessário dos partidos não representativos e esgotados do centro-esquerda e do centro-direita que estavam a deixar a Alemanha desintegrar-se. Nas palavras de Höcke, a promessa do partido é «recuperar a nossa Alemanha, peça a peça».

O declínio e a captura foram usados com habilidade na campanha britânica do Brexit. A Europa minara e agrilhoara uma nação outrora orgulhosa e, ajudada pelas elites europeizadas da Grã-Bretanha, a UE aprisionara a Constituição britânica. Na Grã-Bretanha, os redatores do *Daily Mail* populista e antieuropeísta distinguiam-se a descrever um partido diabólico de parlamentares eleitos («Câmara de Demolidores»), juízes de altas instâncias («Inimigos do Povo») e os seus senhores europeus («Guerra da UE contra a Grã-Bretanha») contra os insulares traídos e virtuosos («Agora, *Tu* decides, Grã-Bretanha»), sendo esta uma elisão habilidosamente enganadora dos leitores do *Daily Mail*, do eleitorado e da nação.

O outro lado da captura era a libertação. A verdadeira nação ou — para empregar o nome que a direita dura usava de forma permutável — «o povo» não tinha representação atual e era impotente. As instituições comuns do Estado e da sociedade — o governo, a comunicação social, as universidades, os tribunais — tinham caído em mãos iníquas. Se a nação se conseguisse libertar das elites hostis, viria depois uma libertação redentora.

Estes inimigos da nação, internos e externos, providenciavam um tema final. Os inimigos internos da nação eram os liberais, da direita ou da esquerda. Trabalhavam para si mesmos e não para o povo ou para a nação. O principal defeito moral do liberal revela-se como a ganância, a impiedade ou a falta de patriotismo. O liberal era egoísta a ponto da amoralidade, surdo ao apelo da fé e sem apego a grande coisa além dos seus objetivos e das suas preferências. A imagem do liberal típico era uma caricatura, mas, como veremos na próxima parte, tinha eminentes defensores filosóficos.

Os captores eram as outras nações, os enredos estrangeiros e os compromissos internacionais. «A nossa nação primeiro» constituía um lema tão comum que a direita dura era frequentemente chamada nacionalista, ainda que fosse uma designação errada. Num sentido estrito e familiar desde o século XIX, os nacionalistas queriam defender ou criar um Estado-nação moderno e fazer dos seus os objetivos mais elevados e predominantes da política. Este sentido, quando muito, capturava parcialmente a atitude da direita dura em relação ao poder nacional.

Em termos geopolíticos, a direita dura entendia que o Estado-nação estava no mundo e tinha de trabalhar com o mundo. Neste sentido, era internacionalista. O que distinguia a direita dura era o facto de querer que a nação trabalhasse no mundo segundo as condições da nação. Ou seja, a direita dura abandonava o multilateralismo pelo unilateralismo. Para uma potência fraca como a Grã-Bretanha, o unilateralismo é uma fantasia. Para as potências fortes, como os Estados Unidos ou a China, promete autarcia e disrupção.

A direita dura também não era nacionalista, no sentido do século XIX, de colocar o dever para com a nação acima de outros deveres públicos, em especial na Alemanha e na Itália, por exemplo, onde o primeiro dever dos nacionalistas era criar um Estado-nação. Os políticos da direita dura, por contraste, falam menos sobre o que os cidadãos devem à sua nação do que sobre quem pertence à nação e quem deve ser deixado de fora da nação. Deste modo, adotam uma ideia exclusivista da nação como *ethnos* e não como *demos* — uma ideia de nação como direito de nascimento, origem partilhada e continuidade histórica —, não uma nação, entendida de modo inclusivo, como cidadania comum e uma aceitação partilhada de um mínimo necessário de normas cívicas. É verdade que, na prática, a defesa da nacionalidade segundo esta conceção inclusiva pode requerer medidas para limitar a imigração, a discriminação entre cidadãos e estrangeiros na provisão de serviços públicos e a insistência no respeito pelas normas liberais. Mas há uma diferença no modo de defesa destas medidas — de forma inclusiva ou exclusiva, liberal ou iliberal.

A vitimização era o terceiro tema da direita dura, o elo que unia os outros entre si. Tal como a nação que a direita dura defendia, a própria direita dura era vitimizada por forças usurpadoras. A direita dura falava pelo povo, mas não era ouvida. A maioria era silenciada, pois só uma minoria falava — os liberais não representativos, a comunicação social e as universidades. No entanto, na fraqueza estava a força, pois a opressão derrotava-se a si mesma e, no fim, a virtude prevaleceria. A ideia de um sofrimento virtuoso que prometia uma justificação futura tinha um venerável *pedigree* religioso. «Neste mundo perverso e nestes tempos malignos», escreveu Santo Agostinho em *A Cidade de Deus*, «a Igreja, pela humilhação presente, prepara-se para a exaltação futura». Esta afirmação profunda assumiu um tom dominante no conservadorismo cristão, que consolava os fracos e tranquilizava os fortes. No entanto, o tema da vitimização não se limitava aos conservadores cristãos. A vitimização servia geralmente à direita dura como ponte entre os seus dois corpos de apoio: por um lado, as ligações privilegiadas, a vantagem social e a riqueza; por outro, a despossessão ressentida, cultural ou económica. Ambos os lados desta coligação pouco natural podiam ser apresentados como vítimas: os que eram vítimas de um Estado ganancioso e intrusivo, que levava o que pertencia a outros e interferia em matérias que não compreendia; os outros, vítimas dos liberais hipócritas e indiferentes, que nada faziam pelos pobres e impunham uma ética permissiva apesar de dizerem não ter qualquer ética própria.

O escárnio e o vitupério da direita dura são mais gritados e mais visíveis em *tweets*, mas seguem uma grande tradição de inventivas contra os modernos liberais que remonta a Mencken, Nietzsche, Baudelaire e Maistre. A direita dura é veemente, inflamada e furiosa, qualidades que lhe conferem orgulho e não vergonha. Quando os liberais fraquejam e se calam face à gritaria, a direita dura não pensa que perdeu a discussão. Pelo contrário, sente que a venceu.

Apesar da surpresa quase universal com a ascensão da direita dura após 2010, nenhum dos seus temas ou apelos eram novos ou originais. As suas alianças confrangedoras, temas variados e o gosto pelo radicalismo eram tradicionais na direita. Remontavam aos anos 1960 e 1970, 1920 e 1930, e 1890 e 1900, à luta original do conservadorismo para se reconciliar com o capitalismo e a democracia.

Os temas da direita dura eram ouvidos nos anos 1960 e 1970. Recordemos, no capítulo 7, como Nixon os usou quando reconquistou os eleitores a George Wallace. O apelo de Nixon à «maioria silenciosa» criou os democratas de Nixon, que se tornaram democratas de Reagan e que foram depois redescobertos com uma surpresa amnésica como democratas de Trump. Lembremos Enoch Powell, o adepto britânico do mercado livre e nostálgico imperial que combinava o alto intelecto poliglota com um ouvido perfeito para a irracionalidade inglesa e que observava, com razão, que os conservadores do século XX tinham «um grande sentido para saber onde estão os votos».

Os temas da direita eram ouvidos nos anos 1920 e 1930. O *slogan* «América Primeiro» de Trump vinha do não intervencionista America First Committee de 1939. O governador demagogo do Luisiana, Huey Long, e o sacerdote radiofónico católico de direita, o padre Coughlin, prometiam, como fazem hoje os republicanos, ajudar os pobres sem prejudicar os ricos. Nos anos 1920, um Ku Klux Klan asseado e higienizado marchou em Washington a favor das leis discriminatórias da imigração. Na Alemanha, Moeller dizia aos leitores desorientados que o liberalismo era a «morte das nações» e instava os jovens a abraçarem uma alternativa coletiva emocionante, mas vaga.

Os temas da direita dura eram ouvidos nos anos 1890 e 1900. Usando a distinção *ethnos-demos*, o ultradireitista francês Charles Maurras escreveu sobre a «nação legal» e a «nação real». Recordemos que, segundo Maurras, a nação legal da França fora capturada por inimigos internos: liberais, judeus, maçons e *métèques*, um velho termo francês ofensivo para designar estrangeiros e imigrantes, como no inglês «wop» ou «wog». Os membros genuínos da nação francesa, pensava ele, eram monárquicos e herdeiros católicos da civilização greco-romana. Na Alemanha, no mesmo período, o jornal prussiano ultraconservador *Kreutzzeitung* estigmatizava o liberal anticlerical — geralmente judeu — como um inimigo interno que minara aquilo que dantes unia a nação, nomeadamente a fé cristã, luterana e não católica. Nos Estados Unidos, a direita dura era menos livresca e doutrinária, mas não menos feroz. As campanhas contra maçons, católicos e judeus eram uma característica da política do século XIX e de inícios do século XX, já para não falar do racialismo antinegro geral, quer legalmente codificado, quer socialmente prescrito, tanto no Norte como no Sul.

É expectável que a direita dura tenha raízes antigas. O seu ressurgimento atual é a manifestação mais recente da ambivalência original e não resolvida da direita sobre a modernidade capitalista. O ressurgimento da direita dura, com a sua ambivalência histórica em relação ao liberalismo democrático, é alarmante porque o liberalismo democrático está degradado e só pode ser reparado com a ajuda ou a aquiescência de uma direita de espírito liberal.

IV. Que é e que não é o populismo

Historicamente, o populismo surgiu em finais do século XIX na esquerda e na direita, quando os políticos de fora, descontentes com os de dentro, começaram a fazer exigências em nome do povo. Na direita, enquanto os conservadores convencionais se adaptavam aos costumes democráticos liberais, uma franja disruptiva e radical transformou os velhos princípios conservadores — harmonia social, unidade nacional — em objetivos exclusivistas. Afirmando falar pela «nação» ou pelo «povo», distinguiam-se das elites não representativas e cismáticas. Os disruptores deram um uso político perverso a uma narrativa cativante e romântica de libertação nacional; na Alemanha, com consequências ruinosas. A narrativa era a seguinte: a nação está doente porque está moralmente dividida. Não se pode curar a si mesma, mas precisa de um guia visionário que lhe possa recuperar a saúde na unidade redentora.

Esta narrativa, bem conhecida dos estudiosos da mente apocalíptica, faz lembrar, no contexto da história do século XX, o fascismo e o nazismo, mas é importante ser muito claro sobre o que não é dito. A direita dura não é fascista nem, com exceção das franjas, protofascista. O fascismo foi alimentado pelos temas e pela fúria da direita irreconciliada dos anos 1880 e 1890, mas era historicamente específico. Ainda que de direita, o fascismo não está à direita, pois está fora do espetro esquerda–direita do mundo democrático liberal. Nasceu na Itália nos anos 1920, após uma guerra mundial ruinosa sem vencedores europeus. Baseava-se não só num culto ao líder carismático e numa visão totalizadora da sociedade, mas também num inimigo unificador bolchevique e num partido único de massas. Ao contrário do autoritário conservador, o fascista, como observámos, visa reprimir toda a independência e diversidade. O autoritário recorre ao medo e à aquiescência para controlar; o fascista recorre ao medo e à mobilização popular. Ainda que o fascismo tenha chegado ao poder através de eleições com o auxílio das autoridades constitucionais irresolutas, abraçava a ilegalidade e a violência como métodos políticos de rotina e aceitáveis. Na Alemanha, o nazismo acrescentou o elemento tóxico do antissemitismo.

Nos quatro países que abordamos, estes elementos históricos nunca se encontram juntos ou, pelo menos, com uma força perigosa. Isto não significa que a direita dura não se possa tornar uma variante moderna, limpa e mais suave do fascismo. O que importa sublinhar é que a direita dura não precisa de ser protofascista para causar alarme. Há aqui mais do que subtilezas histórico-conceptuais. Com frequência, ouve-se a ideia complacente de que, apesar de parecer assustadora, a ameaça da direita dura é exagerada, pois a direita dura não é fascista. Ao defenderem o seu lugar no sistema, os apologistas da direita dura apoiam-se fortemente neste argumento: «Não é fascista, logo, é aceitável.» Bem, sim à primeira premissa, mas não à segunda. A direita dura pode ameaçar o liberalismo e a democracia sem ser fascista em qualquer sentido histórico. O fascismo não é a única maneira de as democracias liberais poderem enfraquecer ou morrer.

O rótulo «populista» é mais apto, mas pode ser mal interpretado. Propriamente entendido, o populismo não é um movimento de massas, um sistema institucional ou uma forma de democracia, mas sim um estilo de autojustificação política. Para usar a sua própria linguagem controversa, o populismo é um fenómeno de elite. Envolve, não uma luta entre o povo e as elites, mas uma luta entre elites, em que um lado, o lado populista, diz falar pelo povo. Marion Maréchal, a inteligente membro do clã Le Pen, disse isto claramente (janeiro de 2019): «Atrás do termo "populismo", está primeiro a palavra "povo": as pessoas abandonadas, as pessoas sem representação» — o que implicava sem representação exceto pela direita dura.

Os populistas de direita dizem defender uma nação virtuosa, com frequência etnicamente imaginada, contra os sistemas corruptos e os estrangeiros ameaçadores. Os populistas de esquerda afirmam defender os trabalhadores contra os sistemas corruptos e os ricos. De direita ou de esquerda, os populistas tendem a ser políticos de fora que exploram o ódio eleitoral contra os que estão dentro. Como insurgentes, perturbam frequentemente os padrões partidários familiares, dando força à definição maliciosa de «populista» como aquilo que os perdedores chamam aos vencedores depois de uma derrota eleitoral inesperada ou do colapso súbito de um partido bem estabelecido. Os populistas podem formar um novo partido ou capturar um partido existente, como, na Grã-Bretanha, o que o Brexit fez ao Partido Conservador e o que os apoiantes da esquerda dura de Corbyn fizeram ao Partido Trabalhista, ou, nos Estados Unidos, o que os insurgentes da direita dura fizeram ao Partido Republicano. O que quer que os populistas façam e por muito alto que falem em nome dessa entidade mística, o povo, são ativistas, normalmente com as mesmas origens e a mesma educação que os rivais no poder que eles visam derrubar.

Mesmo que vençam nas urnas, as afirmações dos populistas de que falam pelo «povo» são exageradas e excessivas. Nas democracias competitivas e multipartidárias, as eleições dão aos vencedores o direito temporário de governar. Nenhuma maioria eleitoral é estável, nenhuma é imune ao derrube na eleição seguinte e, quando são enganosamente vistas como expressão de um ponto de vista coerente — em oposição a um resultado aritmético numa escolha eleitoral apertada —, são todas construções estatísticas de opiniões discordantes e de juízos particulares. No governo, os populistas tendem a intimidar os críticos, a favorecer os amigos, a atacar os juízes de cujas decisões discordam e a ser complacentes com os excessos de outros populistas. Quando isto é entendido, é justo dizer que Trump e os conservadores britânicos May e Johnson se comportavam como populistas.

Questionado sobre afirmações suas que pareciam favorecer a direita dura da Alemanha, o embaixador de Trump na Alemanha respondeu nas redes sociais (junho de 2018) com correção diplomática: «A ideia de que favoreço candidatos ou partidos é ridícula.» Mas acrescentou: «Reafirmo os meus comentários de que estamos a assistir a um despertar da maioria silenciosa — os que rejeitam as elites e a sua bolha.» Ao assumir a chefia do governo — escolhido como líder do seu partido e, assim, como primeiro-ministro numa eleição de 120 000 membros conservadores —, Johnson apelou ao «povo da Grã-Bretanha» contra o Parlamento. Pouco depois, a sua vitória esmagadora nas eleições gerais deu-lhe o controlo do

Parlamento, permitindo um governo convencional sem apelos contra as instituições, ainda que a compulsão populista permanecesse, como nas propostas para controlar a justiça e para voltar a isolar o direito britânico das proteções europeias dos direitos humanos.

É fácil confundir o populismo com a democracia direta ou participativa, em contraste com a democracia representativa. No entanto, isto é errado, como Jan-Werner Müller tornou claro em *O Que é o Populismo?* (2016). Os populistas são a favor do governo representativo, observava ele, desde que sejam eles os representantes. Depois de eleitos para o poder por meios representativos, recorrem, segundo Müller, a plebiscitos ou a referendos para confirmarem planos de ação já decididos. Os populistas estão pouco à vontade com a competição multipartidária ou com os governos de coligação e sentem-se bem quando a oposição eleita está desmoralizada e é ineficaz. Os populistas agem como executantes da vontade do povo, dizendo conhecê-lo melhor do que os seus adversários. Ciosos da sua autoridade, os populistas são indiferentes ou hostis aos contrapoderes existentes no Estado e na sociedade.

Enquanto descrição justificativa de como a política e o governo funcionam em grandes democracias constitucionalmente intricadas, o populismo é inepto. Para a mente liberal, de esquerda ou de direita, não existe estritamente uma coisa como a vontade do povo; por isso, não há nada que o poder eleito possa conhecer ou pelo qual possa falar. A soberania popular, como Madison e Guizot a entendiam, envolvia uma recusa — a negação da soberania a qualquer interesse ou classe únicos. Ao falar pelo povo, a soberania falava pelos cidadãos e respondia aos cidadãos. Ao falar por todos, a soberania não falava por ninguém em particular. As decisões soberanas não resultavam da intuição ou da adivinhação, mas do processo constitucional frequentemente frustrante. Para o espírito populista, pelo contrário, a vontade do povo era única, indivisa e autoritariamente intuída pelo poder. O povo não era os cidadãos, mas uma mistura de nação cultural, que o distinguia dos estrangeiros, e de pessoas comuns, o que o distinguia das elites.

O populismo tem a sua própria história nos Estados Unidos. O Partido Popular americano era constituído por radicais agrários dos anos 1890, metade da classe trabalhadora de um movimento cuja outra metade era o progressismo da classe média. Como o termo «populista» foi expressamente usado, chamar «populista» à corrente republicana de 2016 era por si só enganador. Num artigo clarividente, redigido antes de Trump ter entrado na política nacional, Walter Russell Mead defendia o rótulo «jacksonianos», que considerava mais apto. A seu ver, um jacksoniano é um tipo diferente de eleitor que, por classe ou educação, pode ter sido um democrata leal, mas que, a partir dos anos 1960, tendia a votar nos republicanos. Como caracterizados em «The Jacksonian Tradition» (1999), estes eleitores eram geralmente brancos e da classe média baixa. Não gostavam da intervenção do governo federal no país ou no estrangeiro e não apreciavam os impostos, desde que os programas que os favoreciam — como o Medicare, as deduções hipotecárias e a Segurança Social — não fossem prejudicados. Acreditavam na honra, nas virtudes militares e na igualdade em relação aos que estavam acima, um código ético, como Mead sugeria, partilhado por muitos americanos negros.

Os jacksonianos brancos eram reconhecíveis nos comícios de Trump, nos *slogans* de Trump e nos discursos de Trump, mas não eram os seus únicos eleitores. Por muito forte que fosse o retrato de tipo ideal feito por Mead, o eleitor de Trump não podia ser claramente tipificado, exceto de forma tautológica e inútil como um republicano típico. O mesmo se aplicava à Europa, onde os eleitores da direita dura eram uma miscelânea e não um tipo único: nativistas anti-imigrantes, tradicionalistas morais, libertarianos antieuropeístas e defensores dos valores cristãos e ocidentais contra a temida invasão do islamismo.

Como uma explicação dos votos americanos e britânicos, o democrata branco esquecido e o eleitor trabalhista descontente receberam uma atenção devida. O facto de a esquerda liberal não ter o voto da classe operária não devia ter surpreendido ninguém. Um segmento da classe operária branca, anteriormente leal aos democratas, votava nos republicanos desde finais dos anos 1960. A proporção de votos da classe trabalhadora no Partido Trabalhista já diminuíra de uns históricos dois terços para metade nos anos 1970.

É verdade que, na Grã-Bretanha, o esvaziamento da velha classe trabalhadora e das suas instituições acelerou nas décadas recentes. Em certos sentidos, «classe trabalhadora» está a tornar-se um termo impróprio e insensível para a «classe não trabalhadora». Calcula-se que a proporção de homens não qualificados em idade ativa que não estão a trabalhar aumentou de 3 por cento nos anos 1990 para 30 por cento nos dias de hoje. O membro típico de um sindicato é, hoje, uma mulher com cerca de 50 anos que trabalha no setor público. Uma sondagem recente sugeriu que quase 80 por cento dos membros do Partido Trabalhista pertenciam aos três grupos sociais de topo (ABC1), ou seja, a classe média confortável. Em suma, o outrora eleitor típico — um homem branco

10

IDEIAS E PENSADORES

SIM OU NÃO A UM *STATU QUO* HIPERLIBERAL

Em *Confessions of a Conservative* (*Confissões de um Conservador*, 1979), Garry Wills, um convertido tardio ao liberalismo, observava que a direita americana moderna estava «presa [...] numa filosofia de conservação e numa ordem atual que não quer conservar». Pouco depois, o pensador político conservador David Willetts descreveu penosamente uma versão britânica da mesma tensão. Num panfleto eleitoral, intitulado «Porquê votar no Partido Conservador?», Willetts dizia que, durante duas décadas, os governos conservadores rasgaram como um quebra-gelo através de «desertos gelados de controlo estatal». No entanto, ao angariar votos no seu tranquilo círculo eleitoral de Hampshire, encontrou conservadores para quem o conservadorismo significava mais do que mercados livres e ataques ao governo. Ao bater à porta de uma conservadora, Willetts foi alegremente recebido pela dona da casa, que lhe disse que o partido que durante muito tempo apoiara já não era conservador e que devia ser rebatizado como «esquadrão de demolição».

Nos anos pós-1980, os pensadores da direita enfrentaram uma versão intelectual da armadilha em que os partidos conservadores se encontravam agora. A direita vencera. Os seus velhos inimigos haviam cedido. Em toda a parte, a esquerda estava em desordem ou fugira com as roupas da direita. Os conservadores enfrentavam a verdade dura de que, como disse o erudito americano Harvey Mansfield, «já não eram os poucos resistentes». Habituados a verem-se como os intelectuais de fora, os conservadores estavam agora dentro. No entanto, como é que os conservadores saberiam quem eram e o que defendiam sem uma ortodoxia a que se pudessem opor? Contra quem é que lutariam?

Os conservadores já não tinham um opositor estratégico à esquerda por oposição a quem ou ao seu ponto de vista se pudessem definir. No início, o liberalismo servira o conservadorismo como inimigo definidor. Depois, teve a democracia eleitoral e a democracia económica. Após 1945, o conservadorismo liberal teve dois Outros à sua esquerda por oposição aos quais se podia definir. Um era o capitalismo liberal de esquerda moderado pelo governo. Diversamente chamado estatismo, keynesianismo, «Novo Dealismo», reformismo social ou assistencialismo, este Outro foi afastado nos anos 1980. O segundo Outro do conservadorismo, o comunismo mundial e os seus apoiantes ocidentais, reais ou imaginados, também desapareceu com o desmoronamento da União Soviética e a adoção do capitalismo de partido único pela China.

Para os dissidentes da direita, esta perda de uma moldura dupla foi, de certo modo, uma libertação intelectual. Libertou talentos e energia, e reanimou os velhos princípios conservadores que então pareciam marginais ou antiquados. Os fracassos recentes da direita convencional no governo foram em si mesmos uma dádiva para os críticos. Disparando às cegas, o hiperliberalismo ofereceu aos dissidentes conservadores um alvo económico. Ao aceitar o fim do policiamento moral no novo clima de licensiosidade, o conservadorismo convencional deu-lhes um alvo ético e cultural. Por último, ao promover um globalismo cego ao localismo, a direita convencional ofereceu à direita dura uma causa nacional de forte apelo: proteger e reparar o nosso abrigo nacional! De que modo isto se poderia acrescentar a uma ortodoxia pós-liberal, ninguém na direita dura podia dizer. No entanto, a busca era entusiasmante. Para os exploradores, era mais animado e mais honesto do que repetir argumentos fracos a favor de uma ortodoxia conservadora liberal sufocante.

Para a direita dura, o sistema vigente só tinha duas coisas a dizer a favor da cedência ao presente, nenhuma delas convincente. Uma era que «os mercados funcionam; o governo não». A outra era que a cedência era tática e não estratégica. Os mercados haviam-se estendido a domínios da vida — educação, saúde, artes — que o Estado protegera da pressão comercial em nome da sociedade. A energia dirigida para a moderação do capitalismo e para a moralização das pessoas fora virada para dentro para restringir os próprios apetites do governo, reduzir as suas responsabilidades e perder peso. A direita liberal encorajara o crescimento das castas privilegiadas com a proteção tripla da riqueza imperturbável, da aprovação social e da indulgência política. Esquecera as tradições, negligenciara a necessidade de pertença das pessoas e destruíra todas as autoridades. Em suma, o conservadorismo convencional não fizera compromissos com a modernidade liberal. Rendera-se. Era isto que diziam os críticos da direita dura.

A direita irreconciliada andava a dizer o mesmo sobre a modernidade liberal desde inícios do século XIX. Depois de 1945, repetiu a lição para ouvidos moucos. Após 1980, os dissidentes estavam determinados a fazer-se ouvir. Um pensador da AfD alemã, Marc Jongen, resumiu o descontentamento radical. Os liberais de direita e de esquerda eram ambos «reacionários», pensava ele. O que eles defendiam estava desacreditado e era irrecuperável. Fazendo eco dos descontentes dos anos 1920, os conservadores eram, para Jongen, «os revolucionários de hoje».

I. Liberais de direita, antiglobalistas e conservadores morais culturais

O «paleoconservador» americano Paul Gottfried resumiu a atitude da direita irreconciliada em relação ao *statu quo* liberal em *Conservatism in America* (*Conservadorismo na América*, 2007). Ao contrário dos neoconservadores, que tendiam a ignorar o passado em benefício da observação social do presente, Gottfried defendia a ancoragem da política conservadora na compreensão da história e cultura da nação. A tarefa histórica da direita americana, escreveu Gottfried, consistiu em oferecer «oposição ideológica». Segundo Gottfried, os conservadores eram uma parte da direita, a parte mais verdadeira. Acreditavam na preservação do costume, das normas e da hierarquia. No entanto, os verdadeiros conservadores perderam a batalha da direita. Os vencedores tornaram-se «parceiros de discussão da esquerda». Reconheceram os custos locais do progresso global. Fizeram concessões apaziguadoras às tradições conservadoras sobre a necessidade de pertença das pessoas, o valor da nacionalidade e a necessidade de respeitar os valores não mercantis, mas não se opuseram ao globalismo económico e ao liberalismo cultural. Para os liberais da esquerda e da direita, segundo Gottfried, a democracia liberal dominava todo o espaço. Como a nova direita hiperliberal continuava a chamar-se conservadora, Gottfried cedeu ao uso e inventou o termo «paleoconservador» para os verdadeiros crentes.

A imagem de Gottfried da luta intestina na direita tinha homólogas fora dos Estados Unidos. Um exemplo francês era *Le conservatisme impossible* (*O Conservadorismo Impossível*, 2006), de François Huguenin. Católico antiliberal e de espírito social que escreve para a revista social-cristã *La Vie*, Huguenin descreveu o fracasso histórico, na França, de uma tradição distintamente conservadora antiliberal em assumir forma e perdurar. Uma fratura similar foi identificada, como veremos, pelos conservadores alemães e, na Grã-Bretanha, pelo falecido Roger Scruton.

Para a direita irreconciliada, o conservadorismo do *statu quo* era cego aos seus próprios fracassos. Visto de olhos abertos, prometia a perdição económica e cultural. O seu globalismo era utópico; a sua indulgência, corrosiva. Era aqui que o consenso tendia a terminar. As prioridades foram contestadas. Alguns eram antiglobalistas geopolíticos, que queriam pôr a nação em primeiro lugar. Outros eram conservadores «culturais», que queriam curar ou abandonar uma cultura doente e pensavam, de um modo geral, incluir morais e ideias sobre as boas maneiras de viver. Nenhum dos dissidentes tinha alternativas claras.

Os antiglobalistas acreditavam que os custos da abertura internacional superavam os benefícios. Queriam abandonar ou limitar uma ordem internacional aberta colocando a nação em primeiro lugar, social e economicamente. Defender a democracia liberal promovendo-a em todo o mundo, e ainda mais lutar por ela, era para eles um desvario condenado ao fracasso e irresponsável. Para os conservadores culturais, os problemas políticos e sociais eram, na sua raiz, espirituais. No seu clima contemporâneo secular, os conservadores culturais viam desenraizamento e decadência. De forma intempestiva e irreconciliados, visavam a restauração ou o abandono. Os dois tipos de conservadores tinham pontos de ligação. De maneiras diferentes, ambos se preocupavam com a nação. Para ambos, os liberais venderam a nação a descoberto. O globalismo económico esvaziou socialmente a nação. A democracia ética e cultural minou moralmente a nação. As duas causas faziam dos conservadores irreconciliados, para usar a frase orgulhosa da revista trimestral alemã *Tumult*, «disruptores do consenso».

Podiam ser disruptores, mas os danos que provocavam eram discutíveis. Uma coisa é criticar uma ortodoxia, outra é apresentar uma alternativa. O historiador político alemão Martin Greiffenhagen apresentou o problema geral há mais de 40 anos quando descreveu a dificuldade enfrentada pelos conservadores da época que continuavam a resistir à modernidade liberal. Estava a pensar na Alemanha, mas a sua questão aplicava-se a muitos outros países. Em *Das Dilemma des Konservatismus in Deutschland* (*O Dilema do Conservadorismo na Alemanha*, 1971), Greiffenhagen escreveu: «A dificuldade que o conservadorismo enfrentou, depois de 1945, foi reanimar o entusiasmo pelas suas ideias — unidade da sociedade, antimaterialismo, sentimento nacional — num clima pós-ideológico em que a prosperidade dependia da indústria e do internacionalismo, duas coisas de que os conservadores suspeitavam.» A tarefa de criar uma ortodoxia contraliberal era ainda mais difícil porque os liberais «pós-ideológicos» negavam habilmente a necessidade de ortodoxias.

Esperar novas ortodoxias ou grandes narrativas de conservadores disruptivos, a partir de 1980, é, pois, pedir demasiado. Há nobres exceções, que pensam em grande escala. Exemplos destas figuras (que abordaremos mais à frente) são John Finnis, de Oxford e Notre Dame, um rigorista moral e defensor habilidoso da tradição católica da lei natural, que influenciou as escolas de direito americanas e os tribunais conservadores na viragem contra a licenciosidade liberal; o há pouco referido Scruton, que trabalhou durante décadas numa imagem convincente de um conservadorismo culturalmente atento e antiliberal; e o provocador alemão, difícil de classificar, Peter Sloterdijk, que, com uma audácia enciclopédica, incita os leitores a pensarem e a sentirem uma saída da bolha democrática liberal. Todos eles reuniram materiais para uma imagem alternativa da sociedade e da cultura e todos danificaram as defesas do liberalismo. Mas nenhum reuniu estes materiais numa ortodoxia alternativa; e nenhum conquistou ou manteve um domínio intelectual.

Há apenas 40 anos, estava apenas modestamente ocupado, mas o nível intermédio do debate público é agora densamente preenchido com pequenos jornais, pequenas revistas e *webzines* que questionam as ortodoxias liberais. Além do diário porta-estandarte conservador *Le Figaro*, a França tem a *Valeurs Actuelles*, a *Eléments* e o *L'Incorrect*. Na Alemanha, há um semanário, o *Junge Freiheit*, que serve de charneira entre a direita dura e o centro-direita, bem como a *Tumult*, uma revista trimestral «de disrupção do consenso», e uma revista que anuncia no seu nome os seus objetivos contra-ortodoxos, *Sezession*. Nos Estados Unidos, os conservadores disruptivos têm um leque de meios de comunicação sérios que desmentem a ideia de que o liberalismo, de esquerda ou de direita, monopoliza o debate público. Entre estes, incluem-se o católico, mas ecuménico *First Things*, que fustiga os liberais políticos e prega o rigor moral; o *American Conservative*, de Patrick Buchanan, antiglobalista e pró-Trump; o *Breitbart* da direita dura; a contraliberal *Claremont Review of Books*; e vários *sites* agregadores como o Hoover Daily Report, que publica artigos antiliberais e bem argumentados de todo o espetro conservador.

Nomes proeminentes contraliberais no debate público — Patrick Buchanan, Götz Kubitschek, Alain Finkielkraut, Alain de Benoist — utilizam o veículo do ensaio curto, do artigo, da rádio e do *podcast*. Em vez de tratados, publicam coletâneas de pequenos textos. Quando escrevia como um provocador, e não como um filósofo, Scruton era perito no modo. Refletindo neste género ensaístico da disrupção de direita na viragem do século, o liberal francês Pierre Rosanvallon perguntava-se se haveria no fermento de ideias da direita dura mais do que uma «frente comum de rejeições e aversões». A implicação desta questão incisiva era que aquilo era tudo o que havia.

É verdade que não se pode dizer que a direita irreconciliada tenha uma crítica coerente e refletida da ortodoxia liberal atual, e muito menos uma ortodoxia conservadora positiva. Mas tem um conjunto forte de temas retóricos, como observámos — declínio, captura, inimigos nacionais internos e externos, libertação —, que funcionam bem no debate público. A acreditar na direita dura, o panorama ocidental é desolador: nações em declínio; valores espirituais e culturais espezinhados; inimigos liberais internos; imigrantes não assimiláveis a fazerem pressão a partir de fora. A ruína está à vista de todos, menos dos liberais, que estão cegos por uma ortodoxia que sobrevaloriza a escolha, despreza o mérito, subverte as normas e, pior do que tudo, impede que os conservadores digam a verdade sobre o desolado estado de coisas. A libertação pode conquistar o deserto, mas, sobre como ou quando é que isso ocorrerá, pouco pode ser dito. Tal como qualquer evangelho convincente, nenhum elemento deixa de ter alguma pequena verdade. Visto como um todo, o evangelho radical apresenta-se como estando em guerra com um conservadorismo de prudência e moderação.

II. A direita dura no contexto americano: Buchanan, os paleoconservadores e Dreher

Tal como Enoch Powell, nos anos 1950, anunciava o thatcherismo da Grã-Bretanha 30 anos depois, Patrick Buchanan, nos anos 1990, anunciava o trumpismo atual dos Estados Unidos. Buchanan era o defensor dos paleoconservadores, um movimento vago e anterior ao Tea Party de republicanos da direita dura que recusavam partilhar o bom ânimo da época. Uma economia em expansão estava a reduzir os défices públicos. O fim da Guerra Fria deixara aparentemente os Estados Unidos sem um inimigo ou rival no mundo. Pouco impressionados, os paleoconservadores queixavam-se dos imigrantes. Na nova ordem comercial mundial, viam custos e não benefícios. Criticavam o grande governo por gastar demasiado no país e por se projetar futilmente no estrangeiro. Lamentavam a pobreza cultural e a moral laxista. Culpavam a Washington egoísta, por não pôr os americanos em primeiro lugar, incertos sobre quem era pior, se os democratas desprezíveis, se os pseudorrepublicanos, que haviam traído a causa conservadora. Tinham um ódio especial aos neoconservadores, que haviam provado a sua traição ao subverterem e desacreditarem a administração de George W. Bush.

Das hostilidades mútuas na direita, nenhuma era maior do que aquela entre paleoconservadores e neoconservadores. Entre os paleoconservadores, ninguém tinha melhor ouvido para os estados de espírito da direita americana do que Buchanan (1938–). Redigira discursos para Nixon, dirigira as comunicações na Casa Branca de Reagan e estabelecera um novo padrão para os debates televisivos no programa *Crossfire* da CNN (1982–1991). Poucos eram tão habilidosos a apresentar os argumentos em termos tão simples que todos, menos os seus opositores liberais, eram capazes de entender. Se *Paleoconservadores* fosse um filme, Trump seria o protagonista e Buchanan o argumentista.

O termo «paleoconservador» era um retrónimo cunhado nos anos 1990, mas a corrente no republicanismo já era antiga. Foi observada antes em Taft e Goldwater, heróis que a direita republicana vira o seu partido a sacrificar aos multilateralistas e despesistas da Costa Leste. Reagan, apesar de todas as suas capacidades como unificador do partido, desiludira os paleoconservadores. É verdade que reduziu os impostos, mas aumentou os défices e fez muito pouco pela cruzada moral que os conservadores católicos e evangélicos esperavam de um presidente da direita. Para os paleoconservadores, o «conservadorismo de grande governo» de George W. Bush era ainda pior do que o de Reagan: mais Medicare, mais vigilância pelo governo, mais criação de dívida do banco federal para resgatar bancos.

Muitos dos paleoconservadores mais conhecidos, a começar por Buchanan, eram católicos. A mistura confessional fazia parte da suspeição que os paleoconservadores e os neoconservadores sentiam mutuamente. Muitos neoconservadores eram judeus. Enquanto o orgulho judaico no lado neoconservador era compatível com a recusa liberal de classificar e estigmatizar, o mesmo não se podia dizer em relação aos paleoconservadores. Tendiam a abusar das sugestões antissemitas. Para dar um pequeno exemplo da prosa, um paleoconservador demasiado excitado ao escrever para a *The Imaginative Conservative*, uma *webzine* de direita dedicada ao burkeanismo americano de Russell Kirk, descreveu os neoconservadores como «ex-marxistas que, como a prostituta da terra, aprendem a religião e, depois de ensinarem o coro, querem redigir o sermão do vigário». Nos anais dos martírios de paleoconservadores às mãos das elites, poucos são tão penosamente recordados como o afastamento de Joseph Sobran, em 1993, da *National Review*, para a qual escrevera durante 21 anos. O antissemitismo vil de Sobran tornara-se excessivo para Buckley. Para Buchanan, Sobran era um dos melhores colunistas da época. Os paleoconservadores agiam como «nativos nas margens», invocando o povo contra as elites intelectuais. Na verdade, pertenciam à elite intelectual, combatendo com os outros pelos seus despojos.

Buchanan candidatou-se duas vezes à nomeação para presidente nas primárias republicanas, em 1992 e 1996, perdendo com cerca de um quinto dos votos nas duas vezes, e uma vez como líder de um dissidente Partido da Reforma, em 2000, obtendo menos de um por cento na eleição geral. Fundou a *American Conservative* (2002), uma revista bimestral que concentrava os ataques na administração de Bush, filho, vindos de vários redutos da direita: libertariano, unilateralista e paleocatólico.

Os livros de Buchanan anunciavam os seus temas: *A Republic Not an Empire* (*Uma República, Não um Império*, 1999), que era contra a intervenção estrangeira e o envolvimento multilateral; *The Death of the West* (*A Morte do Ocidente*, 2002), um grito de alarme sobre o declínio demográfico dos povos brancos e um apelo para terem mais filhos; *Where the Right Went Wrong* (*Onde a Direita Falhou*, 2004), um ataque aos neoconservadores, que, para Buchanan, limitaram Reagan e, mais tarde, capturaram o jovem Bush. Os americanos estavam a lutar, criticava Buchanan, onde nunca haviam lutado antes e onde não tinham interesses. Fazendo eco ao apaziguador artigo francês «Morrer por Gdansk?» (1939) de Marcel Déat, Buchanan perguntava em 1990: «Se Kim Il Sung atacar, porque devem ser os Americanos os primeiros a morrer?» Dissidente do comércio livre, Buchanan dizia que a ordem comercial mundial só servia os banqueiros de Wall Street; o NAFTA traíra os trabalhadores americanos. Os imigrantes estavam a invadir o país, a violar as suas leis e a arruinar os estados da Califórnia até à Florida. As «verdades eternas» do Antigo e Novo Testamentos foram «expulsas» das escolas da nação e era preciso lutar para recuperar «a alma da América». As dificuldades crescentes dos «homens e mulheres esquecidos» eram ignoradas pelo grande governo.

Com o «gelo da indiferença», o governo ouvia apenas os lobistas estrangeiros e os doadores das empresas da Fortune 500.

Nos livros de Buchanan, os críticos conservadores viam confusão e exagero, bem como nativismo branco e antissemitismo. Não importava. Buchanan nunca pensou estar a falar para intelectuais. Queria ligar-se, como Trump, à base da direita, com um catecismo útil de ideias simples. Embora Trump se apoiasse menos do que Buchanan em lealdades confessionais, retomou os principais temas de Buchanan com pequenas alterações de palavras.

Por muito desligados que parecessem, os temas de Buchanan podiam ser reunidos na oposição a um inimigo comum. Tal como Reagan, em termos de política, levou as fações da direita americana a não se atacarem mutuamente, mas a dirigirem os seus esforços contra o grande governo. Buchanan, nos debates púbicos, incitava os colegas polemistas a deixarem de lutar entre si e a concentrarem os seus ataques na comunicação social liberal. Buchanan cunhou para Nixon o termo «maioria silenciosa», com a sua sugestão falsa, mas encantadora, de que a opinião popular íntegra estava a ser sufocada. Redigiu o discurso de Spiro Agnew, em Des Moines em novembro de 1969, que serviu de salva de abertura da direita antiliberal na sua guerra de palavras. Agnew falou de uma «forma de censura» em que «as notícias que 40 milhões de americanos recebem todas as noites são determinadas por um punhado de homens que respondem apenas aos seus patrões e filtradas por um punhado de comentadores que admitem ter os seus próprios preconceitos». Quase meio século depois, Buchanan continuava orgulhoso desse discurso. Nixon e Agnew, disse ele a um jornalista em 2016, mostraram às pessoas como a imprensa e a televisão convencionais eram «navios com bandeiras de neutralidade que carregavam contrabando». A mensagem ainda era aceite agora porque, pensava Buchanan, «as pessoas sabem que é verdade».

Embora o tipo de anti-intelectualismo de Buchanan não seja monopólio da direita americana, a suspeita da direita em relação à comunicação social liberal e às universidades que lhes fornecem o pessoal e as ideias é forte e profunda. Segundo um estudo do Pew Research Center de julho de 2017, uma maioria de republicanos e de independentes com tendências de direita pensa que a educação superior tem um efeito negativo no país. O descrédito em relação às universidades, concluía o estudo, aumentou desde 2010, quando as perceções negativas entre os republicanos chegavam aos 32 por cento. Sete anos depois, eram

58 por cento. Lembremos que a maior vantagem de Trump, segundo a categoria educativa, era entre os brancos sem estudos superiores (67 por cento para 28 por cento). Em 1970, o melhor indicador de forte alinhamento conservador era uma educação superior. Agora, é o contrário. Os republicanos ainda têm os votos dos ricos, mas dependem cada vez mais dos votos dos americanos brancos sem estudos superiores. A desconfiança popular na direita em relação ao ensino superior é, por conseguinte, encorajada pelos políticos conservadores. Em 2016, Trump escarnecia das universidades por receberem 200 000 dólares dos pais para ensinarem aos seus filhos «estudos zombies» e como «odiar o nosso país». O sítio de Internet Professor Watchlist enumera os professores universitários que criticam ideias conservadoras e, diz ele, discriminam os alunos conservadores. O desdém pela opinião académica estendeu-se, nos últimos anos, dos tópicos político-culturais à credibilidade das ciências naturais, incluindo a investigação em células estaminais, as alterações climáticas, a evolução e a epidemiologia.

Por muito habilidoso que fosse com as palavras, Buchanan estaria sempre na defensiva contra um manipulador semi-articulado como Trump. Em compensação, Buchanan viu o buchananismo a passar de geração e a florescer na direita republicana. Reconhecido ou não, podia reivindicar justamente um par de afilhados políticos, ambos católicos: um profano, Steve Bannon; o outro sacro, Rod Dreher.

Bannon é um ex-oficial da marinha, banqueiro, executivo da comunicação social e ex-assistente de Trump que tentou construir pontes entre a direita dura americana e a direita dura europeia. Pondo-se ao lado dos pequenos, condenava o comércio livre e a imigração sem, porém, ameaçar os ricos. O evangelho de Bannon retomava o de Buchanan. O descontentamento popular decorria da exportação dos postos de trabalho e do poder excessivo dos bancos. Os Estados Unidos ofereciam «socialismo para ricos e pobres», o «capitalismo darwinista» oferecia-o a todos os outros. Os liberais do mercado livre eram o inimigo do povo. Os liberais de esquerda, que diziam falar pelo povo, ou eram uns intrometidos ou uns «coninhas» desligados da realidade. Bannon dizia-se um «populista de direita» que queria pôr a nação em primeiro lugar e «maximizar o valor do cidadão». Afastado da Casa Branca de Trump, Bannon foi pregar na Europa, encontrando aliados em Maréchal Le Pen e num direitista católico britânico, Benjamin Harnwell. Em finais de 2019, Harnwell e Bannon enfrentaram a expulsão, pelo Estado italiano, de um antigo mosteiro cartuxo no sudeste de Roma, onde haviam formado um grupo de reflexão de direita dura e uma universidade, o Dignitatis Humanae Institute.

Rod Dreher é um forte apoiante da *American Conservative* de Buchanan e um autor proeminente. Partilha as apreensões geopolíticas da revista sobre as intervenções externas, mas é mais conhecido por apresentar uma imagem moral desesperada da cultura americana. A respeito do que aflige a cultura, há muito que circulam histórias contrastantes entre os conservadores americanos, uma esperançosa, outra sombria. A história esperançosa falava da captura liberal. Nos anos 1960 e 1960, uma elite secular e liberal não representativa capturou as igrejas, as universidades, a comunicação social e os tribunais de um povo fundamentalmente temente a Deus e virtuoso. Cabia aos conservadores recuperá-los. Este objetivo inspirou a direita cristã na sua luta pela alma do Partido Republicano. No seu auge, nos anos 1980, durante as administrações Reagan e Bush, a direita cristã esteve perto de acreditar que realinhara a maioria política da América com uma maioria moral subjacente.

A história sombria era a de Dreher, que contou em *A Opção Beneditina* (2017). A decadência secular era demasiado sedutora para não prevalecer; a América tinha agora uma maioria imoral. Nem as empresas nem os políticos se importavam com o que as pessoas faziam na cama ou se faziam as suas orações antes de se deitarem. Uma cultura violenta, ímpia e obcecada com o sexo não podia ser curada, mas apenas abandonada. Dreher recomendava que os cristãos americanos abandonassem a sua resistência frontal e salvassem as suas famílias das devastações espirituais retirando-se para comunidades pequenas e isoladas onde a tradição justa e piedosa podia ser preservada e transmitida. O título do livro de Dreher evocava Bento de Núrsia, um líder do monasticismo cristão do século VI, quando o império ocidental se desmoronou. Uma inspiração mais recente e mais direta era Alasdair MacIntyre. Como vimos, o católico e antiliberal MacIntyre sonhava com um arquipélago de instituições de ensino que pudesse disseminar as tradições contra-ortodoxas. A filosofia de MacIntyre era densa e a de Dreher era rala; do mesmo modo, a visão de MacIntyre era social, enquanto a de Dreher era pessoal, como se ele próprio não pudesse escapar ao autoenvolvimento e à fragmentação social que deplorava. Dreher atacava o pluralismo liberal e a tolerância da diversidade, mas era graças a estas coisas que existiam espaços seguros para o tipo de retiro que Dreher propunha. A sugestão de Dreher de retirada espiritual era adotada pelo liberalismo a que dizia opor-se.

A acusação da direita dura de que as ortodoxias sufocam e censuram o que as pessoas podem dizer tem uma versão popular e uma versão histórica. A versão popular da acusação de censura suave é comum nos Estados Unidos. Com efeito, a ortodoxia silencia o que «o povo» sabe, mas não pode dizer. A versão histórica é mais comum na Alemanha e na França. Aqui, diz-se que a ortodoxia silencia o passado. A vergonha sobre 1933–1945 na Alemanha e sobre 1940–1944 na França impede um sentido honesto e não distorcido da história nacional. Além disso, dado que uma nação é unida por um sentido partilhado do passado, a amputação do passado, com efeito, mina ou nega a nação. É verdade que, depois de 1945, a Neue Rechte alemã e a Nouvelle Droite francesa tinham de absolver o orgulho na tradição nacional da acusação de neonazismo ou de criptopetainismo. Esta tarefa, porém, foi cumprida. A desgraça do passado, diz a direita dura, já não pode ensombrar as controvérsias presentes.

Segundo a sua própria imagem de como as coisas eram, a direita dura tinha verdades a dizer, mas era silenciada pelos liberais, que estavam calados pela consciência histórica e eram demasiado rápidos a ligar os opositores a um passado vergonhoso de que estes não tinham a culpa e que nunca defenderam. A direita queixava-se de que, por exemplo, não podia levantar dúvidas sobre a imigração sem que fosse acusada de defender o racismo biológico ou o catolicismo exclusivista. A Neue Rechte alemã e a Nouvelle Droite francesa esforçaram-se muito, segundo elas, para se distinguirem da direita dos anos 1930 e 1940. Era, insistiam, uma calúnia liberal culpá-las por um passado do qual pensavam estar completamente livres.

III. As novas vozes da direita na Alemanha e na França

Ao contrário dos pensadores alemães conservadores após 1945, como Gehlen ou Marquard, que respondiam de forma filosófica às agitações culturais dos anos 1960 e 1970, os pensadores e publicistas da direita dura alemã são mais abertamente polémicos. Um alemão rápido a negar as ligações da direita a um passado desacreditado é Götz Kubitschek (1970–). Tem um pequeno grupo de reflexão, o Institut für Staatspolitik, no solar Schnellroda, na Saxónia-Anhalt, e um braço editorial, a Antaios. Publica a *Sezession*, uma revista online da Neue Rechte, formada por redatores com formação em história, filosofia e artes. Demasiado jovens para serem refugiados de movimentos centrífugos anteriores — nostalgia neonazi (anos 1950–1960) ou neomarxismo descontente (anos 1960–1970) — estes membros da direita são de catalogação difícil.

Kubitschek é cauteloso com os rótulos políticos. Católico, pensa que os valores éticos e culturais são mais importantes. Ele e o americano Dreher teriam muito sobre que conversar. Para Kubitschek, os males da modernidade são espirituais. Incluem uma visão mecanicista da vida, o consumismo e a perda da fé cristã. O liberalismo desculpa-se demasiado, culpa-se pelos erros dos outros ou de ninguém e é lamentavelmente tímido em relação ao orgulho nacional. Não é que o patriotismo de Kubitschek seja notavelmente liberal ou inclusivo. Numa nação diversa que discute consigo mesma sobre a germanidade desde antes da unificação em 1871, Kubitschek tem poucas dúvidas sobre qual é a região mais alemã. Para ele, os alemães ocidentais são hipermorais (ou seja, mandões e idealistas no sentido errado), demasiado indulgentes com os imigrantes e moles, enquanto na Alemanha Oriental, onde há menos imigração, a «Alemanha ainda é Alemanha».

Ainda que a falta de confiança nacional tenha a sua própria forma na Alemanha, esta falta é comum noutros países da Europa e nos Estados Unidos e, segundo Kubitschek, está a piorar. À maneira de Spengler, pergunta-se se o Ocidente terá vontade de sobreviver. Em 2017, a *Sezession* publicou um número especial, «Finis Germania», uma antologia de ensaios póstumos de Rolf Peter Sieferle que foi um sucesso escandaloso depois de publicada pela Antaios. Os ensaios de Sieferle em «Finis Germania» cobriam os temas familiares da direita dura, como o alívio da consciência alemã, a irresponsabilidade de uma nação que não quer assumir poder no mundo, a conformidade obtusa da *Bundesrepublik* e, de um modo mais geral, os fracassos dos democratas liberais. Kubitschek é amigo de Höcke (mencionado no capítulo 9). Juntos, representam a Flügel, a ala da AfD preocupada sobretudo com a imigração e a identidade nacional e que, pouco depois da fundação do partido, engendrou o afastamento do seu líder, um economista adepto do mercado livre.

Será a *Sezession* a semente de uma nova ortodoxia conservadora ou uma indulgência requintada? No cabeçalho da *Sezession* está a frase latina «Etiamsi omnes ego non» (Ainda que todos, eu não). Era o lema de Stanislas de Clermont-Tonnerre, o monárquico constitucional que foi morto quando uma multidão de Paris atacou o Palácio das Tulherias na altura do derrube da Coroa em 1792. A *Sezession* promove, não uma «Europa das pátrias», mas uma Europa «cética do capitalismo» e além de todo o chauvinismo nacional. Apela ao «combate intelectual» e à «metapolítica», ou seja, falar sobre como falar de política e, com exceção da imigração, parece distante das questões prementes do governo ou da política. O *Junge Freiheit*, um semanário agora também online, explora um território semelhante em tons mais quotidianos. Fundado em 1986 por Dieter Stein, serve de charneira entre a AfD e a direita convencional.

Um exemplo do tom da AfD e da maneira como usa as palavras pode ser visto num breve «manifesto» redigido por Marc Jongen, um intelectual porta-voz do partido insurgente, publicado na revista político-cultural *Cicero* (janeiro de 2014). Os temas familiares da direita dura eram aí expressos sem desculpas na linguagem do «conservadorismo revolucionário» dos anos 1920 aos anos 1930. O partido tinha a «missão histórica» de oferecer à Alemanha uma alternativa ao «descontrolo da modernidade», em que «tudo o que é estável» está aberto à «evaporação permanente». Apesar de rejeitado e de todas as tentativas para silenciar o partido, a AfD era agora reconhecida como «um poder». Para Marx, a burguesia e o proletariado eram inimigos mútuos. Os interesses do «capital financeiro» e a burguesia, tinham-se separado desde então. A AfD falava por uma «classe média burguesa» que sofrera uma «proletarização» e que, por isso, era a nova «classe revolucionária». Os seus inimigos eram o «socialismo burguês», que queria silenciar a oposição, e o seu aliado financeiro, o «socialismo da banca». Ao abrigo de uma «nomenklatura» egoísta, o Banco Central Europeu, ao comprar as más dívidas dos «Estados falidos», ameaçava espoliar os depositantes alemães. O «monstro central da corrupção estrutural» — a União Europeia — tem de ser libertado do seu estatuto «híbrido» de nem confederação vaga nem união política e radicalmente reformado por «bons Europeus». Os alemães que fazem e preservam a cultura têm de libertar a nação do peso do assistencialismo em baixo e da elite financeira em cima. Têm de reprimir a má consciência, defender os valores nacionais com confiança e mostrar-se orgulhosos no mundo. Os imigrantes «dispostos a integrarem-se», dizia Jongen, não desejariam viver num país apologético e inseguro quanto ao que defendia. A luta entre radicais e moderados na AfD, acrescentava ele, era uma invenção da imprensa. A cerveja caseira de Jongen é feita a partir dos ingredientes conhecidos do século XX de insatisfação e ressentimento, como já vimos na história conservadora. À primeira prova, a maioria dos conservadores alemães centristas cuspiria a cerveja, mas Jongen mostrava conhecer o seu mercado minoritário.

Na França, o apelo antiglobalista a um refúgio cultural encontrou expressão em Alain de Benoist, um líder daquilo que se tornou conhecido como a Nova Direita francesa após as agitações 1968, e em Alain Finkielkraut, que pouco depois se voltou contra o universalismo marxista. Benoist pensa mais em termos da Europa, Finkielkraut mais termos da França, mas, num país onde o universalismo romano e o nacionalismo francês se misturaram com frequência, existem entre eles similaridades e diferenças.

Enquanto pensador e crítico cultural, Finkielkraut (1949–) tem defendido a tradição francesa contra aquilo que vê como as corrosões do multiculturalismo e do relativismo moral. Durante três décadas como ensaísta e polemista, Finkielkraut passou pela esquerda, criticando ou abandonando, um a um, todos os ídolos progressistas: o comunismo francês, a libertação sexual, o pós-modernismo, a política identitária. Considerando o Partido Comunista Francês tímido e domesticado, foi maoísta nos anos 1960. Pouco impressionado com o evangelho de Herbert Marcuse segundo o qual, mesmo que fosse bom para a civilização, o controlo da libido era mau para todos, escreveu com Pascal Bruckner *A Nova Desordem Amorosa* (1977). O amor livre, longe de ser libertador, prejudicava as mulheres. Em *A Derrota do Pensamento* (1987), Finkielkraut lamentava o anti-humanismo «teórico» da esquerda e a adoção caprichosa do entretenimento popular à custa do valor cultural. Nos anos 1990, Finkielkraut deixou o iconoclasmo para defender a sua visão daquilo que a França devia preservar: um Estado secular não discriminatório e uma cultura comum partilhada por cidadãos patriotas. O rótulo de «direita», para Finkielkraut, não é seu, pois foram a esquerda liberal e a esquerda dura que o rejeitaram.

A conciliação dos elementos de uma imagem vagamente chamada neorrepublicana não tem sido fácil. Os detratores de Finkielkraut, que eram muitos, tendiam a concentrar-se num elemento — a hostilidade e a suspeição em relação ao relativismo cultural —, enquanto ignoravam a insistência na não discriminação e nos valores cívicos. No seu ensaio *Le Rappel à l'ordre* (*O Apelo à Ordem*, 2002), Daniel Lindenberg chamou a Finkielkraut um dos «novos reacionários» da França, juntamente com um grupo de outros que incluía o romancista Michel Houellebecq; Pierre-André Taguieff, o historiador que, além de cunhar o termo *bougisme* como rótulo da ortodoxia neoliberal, escreveu alarmado sobre o regresso do antissemitismo na França; e o diretor muito liberal do jornal centrista *Débat*, Marcel Gauchet. O livrinho de Lindenberg, cujo título retoma uma coleção de textos de Jean Cocteau de 1927 que apelava aos artistas e aos músicos para abandonarem a vanguarda e regressarem às tradições clássicas, obrigava a uma escolha de lados. Pela lei francesa do meio politicamente excluído, Finkielkraut era então anatemizado na esquerda e celebrado na direita. Para a esquerda, era um pseudopensador sem valor (Pierre Bourdieu chamava-lhe um «pobre branco cultural») e um arauto da Frente Nacional anti-imigração. Para a direita, Finkielkraut era um pensador de claridade e coragem, que dizia as coisas que a esquerda não queria ouvir.

As escolas e o ensino estão no centro do pensamento de Finkielkraut sobre a cultura e a assimilação. Os opositores veem a sua insistência no ensino secular, na defesa da língua francesa e no orgulho das tradições culturais francesas como formas de intimidação neocolonial e preconceito antimuçulmano. Finkielkraut responde que foi a favor da intervenção europeia contra a Sérvia por causa dos seus ataques à Bósnia muçulmana nas guerras da Jugoslávia. Os seus opositores, insiste ele, esquivam-se aos desafios socioculturais da imigração muçulmana e ignoram o crescimento do antissemitismo. Em *L'identité malheureuse* (*A Identidade em Desgraça*, 2013), repetia as suas preocupações por aquilo que via como o fracasso da França em absorver os imigrantes muçulmanos nos hábitos republicanos franceses e o seu lamento pelo declínio do ensino francês. O livro traçava um caminho estreito entre o acolhimento e a exclusão. Finkielkraut, filho do Iluminismo, achava que a identidade francesa era complexa e afirmava que nenhuma tradição devia ser rebaixada ou negada. No entanto, a tradição estrangeira não devia ser implantada e imposta à França: «Pela primeira vez na história da imigração, o recém-chegado (*l'accueilli*) recusa deixar o anfitrião (*l'accueillant*) encarnar o país de acolhimento.» O historiador Pierre Nora, que, mais tarde, pronunciou o discurso de apadrinhamento da admissão de Finkielkraut na Academia Francesa, observou, aquando da publicação do livro, que a identidade francesa seria problemática mesmo se a França não tivesse um único imigrante.

O republicanismo cívico de Finkielkraut e a sua ênfase na *laïcité* podem parecer ir contra o seu próprio judaísmo, a sua afirmação crítica de Israel e os seus avisos constantes contra o ressurgimento do antissemitismo francês. Para os críticos, ele parecia estar a atacar a política identitária enquanto celebrava a sua própria identidade. Como filho de refugiados polacos do nazismo, Finkielkraut tem uma resposta pronta. Por compreender a perseguição étnica e cultural, insiste na não discriminação secular. Só numa tal sociedade pode a fidelidade apaixonada a um credo coexistir com a fidelidade apaixonada a outro. Os seus críticos respondem. Podem dizer qualquer coisa como isto: onde, como na França e noutros países, os que têm uma fidelidade minoritária vivem claramente pior do que os que têm uma fidelidade maioritária, a neutralidade de um Estado secular entre os dois aprofunda a exclusão dos menos favorecidos. A dialética é conhecida. O liberal defende a não discriminação neutral em questões de fé ou de filiação étnica. Em seguida, a esquerda acusa o liberal de negligência hipócrita da desvantagem social e acusa a direita de desprezo humilhante pela fé dos outros, enquanto impõe uma fé do próprio liberal. Preso na teia, Finkielkraut, um potencial liberal, tem tendido mais para a direita.

Uma eminência controversa com mais de 70 anos, Finkielkraut é agora admirado por uma nova geração de católicos de direita que inclui o canadiano Mathieu Bock-Côté e Bérénice Levet. Aplaudem-no por reanimar, segundo eles, um conservadorismo com princípios, ou talvez com um princípio burkeano: a «singularidade», ou o carácter especial da França para os Franceses, com a sua cultura e a sua tradição comuns. Bock-Côté partilha as preocupações de Finkielkraut sobre o multiculturalismo e a erosão de um etnos francês na educação. Levet é uma destacada antifeminista cujos livros acusam as reformas inspiradas no feminismo das décadas recentes de prejudicarem as mulheres e a família. Outra questão é saber até que ponto o republicanismo francês de Finkielkraut se poderá ajustar a estes apelos morais de base religiosa. Bock-Côté, Levet e outros jovens militantes continuam uma tradição de envolvimento ativo na política, como se via nos anos 1980 quando os socialistas foram obrigados a recuar numa reforma educativa face ao protesto das massas católicas. Em 2013, a geração mais nova ocupou as ruas de Paris na La Manif pour Tous, um protesto organizado contra o reconhecimento do casamento de pessoas do mesmo sexo, embora, desta vez, sem resultado a não ser a criação de um movimento político-moral que subsiste com o mesmo nome da manifestação. Este resultado misto era revelador. Na França, parece que o conservadorismo moral tem pouca força salvo quando ligado a outros movimentos ou partidos. Mesmo assim, a influência na política é pequena. A carreira de Christine Boutin, católica de direita que fez uma cruzada contra o aborto, é um bom exemplo. Obteve 340 000 votos nas eleições presidenciais de 2002. Nicolas Sarkozy, que depois conquistou a presidência, recompensou-a pelo seu apoio nomeando-a ministra, não da saúde, mas da habitação. Mais tarde, Boutin apoiou Le Pen e abandonou a política. As leis permissivas do aborto na França permaneceram. Um resquício da antiga proibição, o período obrigatório de uma semana de espera, foi abolido em 2015.

A geração mais jovem dos militantes católicos de direita fala de uma mudança de mentalidades e do abandono da ortodoxia liberal. Na prática, querem dizer mudanças locais no sistema, sobretudo a respeito das escolas e da ética social. Não têm nenhuma grande estratégia a oferecer para derrubar o atual estado de coisas liberal, e muito menos para o tipo de sociedade poderia substituí-lo.

A viagem de Benoist (1943–) para a Nova Direita da França, como era então chamada, começou precocemente na campanha perdida pela Argélia Francesa. Figura menos pública do que Finkielkraut, mas mais concentrado no debate e igualmente prolífico, Benoist fundou o grupo de reflexão Groupement de Recherche et d'Études pour la Civilisation Européenne (GRECE). O nome anunciava o objetivo de Benoist: estabelecer um «contrapoder cultural» para defender os valores europeus. Benoist, que nunca foi fácil de classificar politicamente, era mais claro sobre o que o seu pró-europeísmo não incluía do que sobre o que incluía. Considerava o universalismo cristão asfixiante e «totalitário», um defeito partilhado pelos outros grandes monoteísmos, o judaísmo (que ele via como intolerante, fanático e escravo da divindade) e o islamismo. Assim, a sua «nova direita» era nova ao virar as costas ao conservadorismo cristão. Ao contrário dos neoconservadores dos Estados Unidos e da Alemanha, a sua «nova direita» não pretendia encerrar os estábulos culturais abertos nos anos 1960. O seu intelectualismo e o fascínio com a doutrina — *Vu de droite* (*Perspetiva da Direita*, 1977), um brevíssimo estudo de três dúzias de pensadores, incluindo Clausewitz, Mao Tsé-Tung, Popper, Gobineau e Gramsci — faziam dele um *marxisant* de 68 com os sinais trocados. Os valores europeus de Benoist não incluíam valores liberais. Denunciava a globalização do mercado livre, a igualdade democrática («nivelamento por baixo») e os direitos humanos («lei contaminada pela moralidade»). Detestava as duas principais filosofias em que se baseava o liberalismo político, a «filosofia da eficiência» (utilitarismo) e o liberalismo baseado nos direitos, em especial quando alargado para defender os direitos universais. Benoist não defendia a França em primeiro lugar nem era um hiperpatriota. Ao contrário de muitos conservadores, não acreditava na nação como um etnos cultural e, nesta base, pensava que as comunidades imigrantes deviam ser desencorajadas de viverem isoladas num microetos próprio. O seu europeísmo nada tinha que ver com a União Europeia, que via como um facilitador não democrático do mercado livre. A Europa de Benoist seria composta de regiões com as suas próprias tradições distintas, mas justapostas. Quando os partidos convencionais da direita francesa fizeram a paz com o capitalismo globalista nos anos 1980, Benoist viu os seus anos de labuta gramsciana anónima recompensados como um espaço aberto entre a Frente Nacional e o centro-direita convencional da UDF-RPR.

Benoist distinguia-se da direita católica francesa no seu interesse «trans-humanista» pela engenharia biogenética e pelas possibilidades de melhoramento biológico da espécie. Apesar de alguns dizerem que Benoist era seu defensor, disse em 1992 que a Frente Nacional lhe revolvia o estômago. Benoist admirava os pensadores da revolução conservadora da Alemanha, como Jünger e o seu secretário Mohler, que lhe deu um nome e levou algumas das suas ideias para finais do século XX. As ideias positivas de Benoist, pelo contrário, eram difíceis de classificar. Era supercurioso em relação à história e às ideias, mas pouco interessado nas instituições e na política. A sua talvez maior ideia era negativa: «desigualitarismo». Benoist via como uma ilusão o igualitarismo de respeito igual com que os liberais estavam comprometidos. À maneira de Comte e de Spengler, via o mito como tendo fases distintas, todas elas agora esgotadas: a igualdade cristã mítica, a igualdade iluminista filosófica e a igualdade marxista científica. Benoist dizia que chegara o tempo de reconhecer a desigualdade numa sociedade que não era «individualista» nem «coletivista».

O resultado do «nem-nem» de Benoist era incerto. Com o tempo, a sua oposição à democracia liberal mudou. Aquilo que começara como uma defesa civilizacional do Ocidente transformou-se numa aversão ao «homem económico» do capitalismo americano. O antiamericanismo tardio de Benoist colocava-o ao lado de espíritos igualmente descontentes da extrema-esquerda francesa. Entre os livros recentes, incluem-se *Le moment populiste: Droite-gauche, c'est fini!* (*O momento Populista: Direita-Esquerda, Chegou ao Fim!*, 2017) e *Contre le libéralisme: La société n'est pas un marché* (*Contra o Liberalismo: A Sociedade Não é um Mercado*, 2019). Ainda compreendia as tarefas da direita como a resistência à democracia liberal, a exposição das suas hipocrisias e a ridicularização das suas piedades, mas, além do desprezo pelo presente, tinha apenas um esboço de uma alternativa e dos valores que essa alternativa devia encarnar.

Enquanto nos livros e na sua revista, *Eléments*, Benoist reunia pacientemente argumentos e material para explicar por que razão devem os conservadores atuais rejeitar a democracia liberal, a mais recente *L'Incorrect* usa o sarcasmo e o escárnio com o mesmo fim. O nome, um jogo com «politicamente correto», vangloria-se de dizer o que supostamente não pode ser dito. Nas páginas da *L'Incorrect*, a história francesa recente é um desfile de vilãos e palhaços de esquerda, encabeçado pelo «encantador corrupto» Mitterrand. Dados os seus crimes do século XX, o moralismo da esquerda deve ser atirado à sua própria cara. A velha Europa está morta e a nova Europa está a nascer na Polónia e na Hungria, onde a democracia cristã está a ser reinventada. A democracia liberal está acabada: sem objetivos, sem autoridades, os seus subúrbios em chamas e demograficamente em declínio suicida. Ler a *L'Incorrect* não é diferente de ouvir os programas de rádio da direita. Largamo-la, impressionados, não com a argumentação, mas com a raiva.

É como se a pergunta de Pierre Rosanvallon — haveria mais aqui do que «gostos» e «não gostos» partilhados? — tivesse de ser respondida com «não, ainda não». Os apelos de Finkielkraut em nome da cultura e da língua francesa são feitos numa veia liberal recorrendo, afinal, a uma incorporação local de valores universais e iluministas, nomeadamente a tolerância mútua e o respeito cívico. Apesar do tom furioso e das palavras provocadoras, as declarações da direita dura sobre as ameaças à nação ou sobre os custos da imigração não são, tal como apresentadas, antiliberais ou antidemocráticas. Prestam homenagem ao liberalismo ao repudiarem o preconceito étnico e o racismo biológico. No lado liberal, só os libertarianos dogmáticos e universalistas rejeitam a ligação entre a fidelidade democrática e o sentimento nacional.

Um liberal complacente, de direita ou de esquerda, que estude este fermento da direita dura pode suspirar de alívio. Além das ansiedades conhecidas e da postura erudita, havia pouco que preocupasse os defensores do consenso liberal. Havia pouco que desse coerência intelectual à direita dura, além de pontos táticos de conexão. Contra as ameaças geopolíticas feitas por adversários não liberais e as ameaças planetárias criadas pela própria modernidade liberal, as queixas intelectuais da direita irreconciliada pareciam mais um incómodo local do que uma fonte de verdadeira preocupação. Retomava temas e posturas bem conhecidos desde os anos 1890, sempre reanimados, sempre desacreditados: uma visão apocalíptica do declínio ocidental, um falso contraste do povo e das elites, a desatenção ao governo e à política e uma tentativa desamparada de sair da ortodoxia liberal que se viu gorada apesar de projetos aparentemente grandiosos como a busca da «metapolítica».

Um liberal não complacente poderia concordar com tudo isso, mas ainda ficar preocupado. Das críticas da direita dura, poucas formavam um todo. Nada se reunia numa ortodoxia alternativa. No entanto, dados os defeitos evidentes e as promessas não cumpridas do liberalismo democrático, e tendo em conta a falta de defensores lúcidos no centro político, cada uma destas questões da direita dura apelava a alguém, em algum lado. Quando uma pessoa tem várias infeções menores, cada uma delas é tratável. Nenhuma é perigosa por si mesma. Se não forem tratadas, ameaçam juntar-se e tornam-se sistémicas.

IV. Três pensadores irreconciliados: Finnis, Scruton e Sloterdijk

Enquanto críticos da ortodoxia liberal moderna, o modo escolhido por John Finnis, Roger Scruton e Peter Sloterdijk, quando discutem seriamente, é mais filosófico do que polémico. Finnis é um filósofo do direito; Scruton, que faleceu em janeiro de 2010, era um filósofo da estética; e Sloterdijk é um especulador difícil de classificar. Os três criticaram o liberalismo político por este tentar sobreviver sem uma imagem defensável daquilo que os humanos são e do que é bom para eles.

Contra a expulsão da bondade das preocupações da política, Finnis, como neotomista, pensa que podemos deduzir da natureza humana o que é bom ou mau para as pessoas. Como defensor de uma tradição da lei natural favorecida no catolicismo conservador, Finnis pensa que o direito e a política devem promover as boas maneiras de viver e desencorajar ou proibir as más, em especial no que diz respeito ao sexo e à família.

O ser humano de Scruton é uma pessoa socialmente enraizada, rica em sentimentos que o liberalismo negligencia: fidelidade, piedade, sentido do sagrado e culpa. Crítico cultural britânico numa linha conservadora que descende de Coleridge e de Eliot, Scruton pretendia uma restauração dos valores que o liberalismo ignora. Num espírito liberal, pensava ele, nós mesmos, e não a política ou o direito, devemos proceder a essa restauração.

Sloterdijk é um professor prolífico na Universidade de Artes e Design de Karlsruhe. Durante muitos anos, teve um *talk show* filosófico na televisão alemã. Em parte pensador, em parte animador intelectual, Sloterdijk diz demasiado acerca de demasiadas coisas para responder claramente à questão sobre o que são os humanos e como devem orientar as suas vidas. Ao contrário dos liberais políticos, considera a questão sensível e urgente. O seu humano é um criador de ferramentas inventivo num espaço desordenado. Em livros longos e caóticos, reflete sobre como nos podemos «imunizar» e abrigar do caos atual.

A abordagem de Finnis à moral, ao direito e à política decorre da tradição medieval e do clima do seu tempo. Um dos seus pontos focais é o racionalismo escolástico de Tomás de Aquino. Outro é a liberalização das leis sobre a conduta pessoal e a moralidade nos anos 1950 e 1960. Um século depois de Mill ter defendido estas mudanças, as leis restritivas sobre a conduta pessoal começaram a ser revogadas ou aliviadas e, logo depois, a mudança foi rápida. O proibido passou a ser permitido, aquilo que não se podia dizer passou a ser dito e aquilo que a lei banira e punira tornou-se, não só legalmente irrepreensível, mas também, num crescente corpo de opinião, moralmente inocente: divórcio por consentimento, contraceção, homossexualidade, aborto, casamento entre pessoas do mesmo sexo. Em pouco mais de uma geração, o edifício moral e familiar em que os conservadores — incluindo os conservadores do mercado livre — se sentiam confortavelmente em casa caiu em ruínas. A esfera pública encolheu; a esfera privada aumentou. A lei e, em certa medida, a própria sociedade foram extraídas da moralidade pessoal.

Democraticamente, a opinião pública acolheu as mudanças e, desde então, não mudou de ideias. Intelectualmente, iniciou-se uma reação conservadora. Uma resistência conservadora recusava aceitar que a lei não pudesse pronunciar-se sobre a conduta privada. Na direita, o fantasma de Fitzjames Stephen prevalecia sobre o fantasma de Mill. A lei, insistiam, devia indicar o que era bom e sensato para as pessoas fazerem e proibir ou desencorajar o que era mau e insensato. Uma das armas favoritas na luta era a lei natural. No rigor moral, a vanguarda era Finnis.

Reformado com distinção aos 80 anos, Finnis fez os títulos dos jornais quando uma petição circulou na Universidade de Oxford, onde lecionara durante muito tempo, exigindo que as honras académicas lhe fossem retiradas. A questão tinha que ver com as opiniões de Finnis sobre o sexo homossexual. Finnis pensava que era moralmente errado, pois minava a família e o governo devia desencorajá-lo. Os autores da petição eram académicos mais jovens que viam o trabalho de Finnis como uma capa para a intolerância. Os professores mais velhos, que discordavam das conclusões morais de Finnis, mas que o elogiavam como filósofo, defenderam as suas liberdades académicas.

Na filosofia do direito, muito do que Finnis tinha para dizer também era dito por filósofos do direito de espírito liberal. Considere-se, por exemplo, a ideia de que há factos morais relevantes para a lei que podem ser conhecidos e pensados. Um conservador e um liberal podem concordar com isto, mas discordar sobre até que ponto deve a lei interferir na moralidade. Ou seja, um liberal poderia acompanhar Finnis, o filósofo do direito, pela floresta da jurisprudência. O problema é Finnis, o rigorista moral, que sai do outro lado.

Para Finnis, a moralidade tinha que ver com o que era bom ou mau para as pessoas. A bondade não dependia da escolha ou da convenção. Havia aqui factos que podíamos aprender (e esquecer). Factual, porém, não significava simples ou óbvio. O bem era complicado. Finnis destacava sete bens básicos da vida humana. Eram «estados» (que incluíam atividades e capacidades) a alcançar e prezar: vida e saúde, conhecimento (em si mesmo), amizade, diversão, experiência estética, razoabilidade prática e fé religiosa. (O trabalho com propósito estava estranhamente de fora, ainda que surja noutras listas de bens básicos na tradição moderna da lei natural.) Nenhum dos pontos da lista era redutível a algum dos outros. Neste quadro e com habilidade dialética, Finnis defendia uma moralidade pessoal estrita em contradição com as normas dominantes, nomeadamente sobre o sexo e o matrimónio.

Finnis aceitava o clima secular do debate público liberal moderno, como já referimos. Quando defendia as suas posições morais, não invocava diretamente a fé religiosa e pensava que os outros conservadores morais do Ocidente liberal deviam fazer o mesmo. Ao reformular a tradição da lei natural, Finnis começou por usar elementos não teológicos de Tomás de Aquino. Ou seja, Finnis queria justificar as máximas morais, quer recorrendo às normas universais da razoabilidade humana (porque os humanos são criaturas racionais), quer recorrendo àquilo, como facto confirmado pela experiência, que mais fomenta o bem-estar humano geral. Dado este resultado, alguns colegas académicos viram nos métodos de Finnis elementos kantianos (a universalidade das máximas) e utilitaristas (o bem comum como finalidade partilhada da moralidade e do direito). A moralidade da lei de Finnis tem, pois, um duplo aspeto. Por um lado, ao argumentar como um secularista, Finnis tinha de usar muita corda liberal. Por outro, para alcançar as suas máximas iliberais, nomeadamente sobre a moral sexual e o castigo criminal, tinha de estender o que era visto como bem-estar humano geral muito além daquilo que a maioria das pessoas de espírito liberal achava ser necessário para o seu próprio bem. Em resposta, Finnis censurava os liberais por não seguirem os seus próprios métodos e, em vez disso, chegarem às conclusões que queriam. Cada lado suspeitava que o outro deduzia as intuições morais com que começavam.

No nível superior do debate, nem todos os conservadores religiosos seguem Finnis na cedência à regra de usar apenas razões seculares. Apelos corajosos à fé podem ser ouvidos na *First Things*, uma revista católica que se opõe aos argumentos liberais, que o seu falecido fundador, John Neuhaus, descrevia como baseados na crença falsa na «praça pública nua». O seu principal objetivo, anuncia a revista, é «confrontar a ideologia do secularismo, que insiste que a praça pública tem de ser "nua" e que a fé não tem lugar na construção do debate público ou na construção da política pública». A declaração do objetivo é inspiradora, mas ambígua. Se significa que os crentes devem ter um espaço igual no debate público, muito bem. Se significa que as razões da fé devem ter um espaço igual aos argumentos não crentes, isto é problemático. De que fé se trata? A revista, que é abertamente ecuménica, reconhece que muitas fés coexistem. Reconhece, noutra frase ambígua, uma «sociedade religiosamente pluralista». Se as fés discordam no tópico em causa, os seus desacordos podem ser resolvidos considerando as razões não religiosas que os separam. Mas, assim, discutem de forma não religiosa e não como fés. No entanto, se, como a *First Things* parece sugerir, discutirem como fés, as razões religiosas não podem resolver as suas diferenças. O debate público não oferece resolução. A história cismática da religião repete-se e a «praça pública» torna-se um espaço de capelas privadas. Se, contra isto, insistirem que, ainda assim, as fés discordantes partilham um núcleo de moralidade com base na religião que os não crentes não podem partilhar, esta afirmação pode voltar a ser dividida em duas. A não ser que o núcleo moral seja muito estranho, os não crentes poderão concordar com os seus conteúdos, ainda que discordem dos crentes sobre as fontes religiosas da moralidade. Mais uma vez, as razões religiosas saem do debate.

Além de evitar premissas teológicas e de usar argumentos seculares, Finnis tinha uma segunda renúncia. Ao contrário do rigorista vitoriano Fitzjames Stephen, por exemplo, Finnis não perguntava: «O que pensa o público?» Stephen recorria às opiniões convencionais sobre o que é moral ou imoral e sobre o que é que o Estado, como guardião da ordem, deve assim permitir ou proibir. Finnis reconhecia o clima laxista dominante, mas baseava o seu rigorismo numa perspetiva filosófica das necessidades humanas. É verdade que os laxistas tiveram o apoio da opinião durante meio século. E se a opinião mudasse? Podia fazê-lo de maneiras pequenas ou grandes. Podia mudar do laxismo para o rigor num clima inalterado de secularismo, que excluía as razões religiosas do debate público. Ou podia mudar contra o próprio secularismo, permitindo ao rigor o apoio da religião.

Nenhuma das mudanças parece, por agora, provável. Nos Estados Unidos, por exemplo, a opinião sobre o aborto parece estável. Segundo o Pew Research Center, as opiniões a favor permissão (58 por cento) ou da proibição (37 por cento) de «todos» ou da «maioria» dos abortos pouco se alteraram desde os anos 1990. Isto não desencorajou os conservadores de se manterem na luta, na Europa, como vimos, ou nos Estados Unidos, onde os republicanos têm proposto projetos de lei antiaborto nas legislaturas estaduais numa linguagem político-partidária e de tom religioso. Ao defender um destes projetos-lei no Ohio, um legislador estadual declarou em dezembro de 2019: «O tempo para regular o mal e o compromisso acabou.»

Se Finnis representa o nível superior da tradição moderna da lei natural, o nível popular é servido por Patrick Deneen, um académico americano que atraiu a atenção com o artigo «Liberalismo Insustentável» (maio de 2012), publicado na *First Things*, e desenvolveu este ataque em *Porque Está a Falhar o Liberalismo?* (2018). Para Deneen, as deficiências profundas do liberalismo eram o «individualismo antropológico» (ao visar libertar as pessoas «das relações constitutivas, das tradições não escolhidas e do costume restritivo»); uma conceção voluntarista da escolha (que «rejeitava a ideia de que há escolhas erradas ou más»); e uma separação das pessoas em relação à natureza (entendida como uma ordem universal que incluía normas sobre o que era bom e mau para as pessoas). Deneen era aqui culpado daquilo a que Stephen Holmes, em *Anatomy of Antiliberalism* (*Anatomia do Antiliberalismo,* 1993), chamava «substituição de antónimo», um dispositivo retórico em que retiram do seu contexto aquilo a que os liberais se opõem, substituindo-o por algo que eles, os conservadores, apoiam. Os liberais não opõem a escolha pessoal à escolha moral, mas à escolha que uma autoridade arbitrária diz ser moral. Não opõem a liberdade pessoal ao reconhecimento da autoridade, mas à submissão à autoridade arbitrária e não controlada. Não opõem a autoconsciência de uma pessoa às suas raízes numa comunidade, mas à pertença não escolhida e geralmente subordinada num clã ou num grupo social. A relutância liberal em usar leis coercivas para impor a moralidade não é uma rejeição da moralidade.

Enquanto esperam que a opinião mude, os rigoristas morais, em especial nos Estados Unidos, também depositam esperanças numa abordagem que parte dos níveis superiores do direito. Dois dos pupilos de Finnis são bem conhecidos no mundo do direito americano. Neil Gorsuch, que foi seu aluno, é juiz do Supremo Tribunal. Outro ex-aluno, Robert George, professor de direito em Princeton, redigiu a Declaração de Manhattan. Apelava à resistência das igrejas e das organizações de beneficência contra as leis que as envolviam num apoio tácito ao aborto, ao casamento homossexual e à investigação destruidora de embriões. Mais vocal do que Gorsuch na polémica conservadora, George diz que os liberais são escravos de uma «ortodoxia secularista» de «feminismo, multiculturalismo, emancipação homossexual e liberalismo de estilo de vida».

Gorsuch e George pertencem à Sociedade Federalista, um grupo lobista de juristas conservadores e libertarianos. A sociedade foi fundada em 1982 com as suas primeiras secções na Universidade de Yale e na Universidade de Chicago. O objetivo era recuperar os tribunais federais das mãos dos juízes liberais «ativistas». O vice-presidente da sociedade, um influente facilitador de Washington, Leonard Leo, terá dado a Donald Trump vários nomes de nomeados para o Supremo Tribunal que eram aceitáveis para a direita conservadora, incluindo Gorsuch e Brett Kavanaugh. Outros quatro juízes, incluindo o presidente do Supremo, também são membros. Os juízes que a sociedade favorece tendem a ser contra o controlo de armas e o aborto, mas a favor do direito de porte de armas e do direito de ter filhos. Na sua determinação em inverter 40 ou 50 anos de tradição no procedimento constitucional, a abordagem federalista foi criticada como ativismo judicial, ou seja, por os juízes retirarem a criação da lei das mãos das legislaturas democraticamente eleitas, uma acusação feita nos anos 1960 e 1970 por juristas conservadores contra os juízes liberais. A sua declaração de intenções de 2015 sobrepõe-se a estas tensões. Os objetivos são «promover os princípios de que o Estado existe para preservar a liberdade, que a separação dos poderes do governo é central para a nossa Constituição e que é enfaticamente o domínio e o dever de o poder judicial dizer o que é a lei e não o que deveria ser».

O maior enigma em relação a Roger Scruton é só haver um como ele. Filósofo, jornalista e romancista, que disse certa vez que se sentia sujo se não escrevesse 4000 palavras por dia, Scruton publicou mais de 50 livros, dirigiu uma revista política, redigiu numerosos artigos académicos e enfureceu os leitores liberais durante 40 anos com inúmeras pequenas sátiras na imprensa. A sua amplitude era assustadora. Escreveu sobre moral, filosofia da pessoa, pensamento político, estética, música, arquitetura, vinhos, moralidade sexual e proteção do ambiente. O seu conhecimento filosófico era profundo e as suas capacidades de expositor lúcido, exibidas em *Kant* (1982) e no *Dictionary of Political Thought* (*Dicionário do Pensamento Político*, 2007), eram inigualáveis. Escrevia de forma simples e acessível em domínios outrora comuns e agora fechados a não especialistas. Ainda que o tom de Scruton fosse provinciano por adoção, o seu leque de saberes e de línguas era cosmopolita. Podia ser um filósofo sério ou um filósofo provocador. Enquanto eminência britânica, foi um contraexemplo local da falsidade banal de que os conservadores temiam as ideias.

Scruton, que tinha formação em ciências e matemática, nunca perdeu a confiança nestes campos como conhecimento valioso. Filosoficamente, no espírito de Collingwood e do idealismo alemão, resistia a associar a ciência natural à totalidade do conhecimento ou como o único modelo de conhecimento. A resistência ao cientismo e ao seu parente «clarantismo» — a confiança errónea na explicação desmistificadora que deixava por explicar o que era obscuro — tornaram-se temas intelectuais. Convicto de que «os conservadores precisavam de pensar mais», fundou o Conservative Philosophy Group em 1974, tentou em vão uma candidatura pelo Partido Conservador em 1978 e, com John Casey, fundou a *Salisbury Review* (1982), uma revista trimestral conservadora que se distanciava da direita libertariana em nome dos valores tradicionais, que ele dirigiu durante 18 anos.

Scruton escreveu vários livros com o objetivo de basear a política conservadora numa perspetiva filosófica. Esta tentativa, por si só, distingue-o como quase único no atual mundo intelectual anglófono. Apesar das suas maneiras inglesas e da clareza da prosa, não se afasta das tradições alemãs do idealismo filosófico. Olhando em retrospetiva, vinte anos depois, chamou ao seu primeiro livro, *O Que É Conservadorismo*, 1980), «uma espécie de defesa hegeliana dos valores *tory* face à sua traição pelos adeptos do mercado livre». A descrição era adequada.

Scruton percebeu que o conservadorismo convencional na Europa e nos Estados Unidos era um liberalismo de direita. Ao celebrar a sociedade de mercado, ignorava os danos que os mercados livres causavam na sociedade. Pior, a celebração não era uma filosofia. Na edição de 1980 e outras posteriores de *O Que É Conservadorismo*, Scruton quis preencher a lacuna. Tentou distinguir uma perspetiva conservadora mais pura do espírito de mercado livre de Hayek. Quando Hayek procurava justificação na filosofia, recorria a um utilitarismo de rotina. Scruton procurou desenvolver as sugestões intrapartidárias de Oakeshott sobre o conhecimento social limitado e o carácter da fidelidade política, usando-as para um propósito abertamente conservador. Mais tarde, Scruton tornou-se mais amigo do mercado livre, sublinhava a liberdade essencial das pessoas e rejeitava as imagens «holísticas» da sociedade que pareciam negar essa liberdade. Chamou a *O Que É Conservadorismo* «um livro de um jovem», mas os seus temas continuaram a constituir o núcleo de um conservadorismo filosófico.

A autoridade, as instituições e a fidelidade formavam, para Scruton, um núcleo interligado de requisitos para a ordem na sociedade. A preservação e a transmissão da ordem social eram, segundo Scruton, a suprema tarefa política. Os requisitos funcionavam juntos em cadeia: sem autoridade, não havia ordem; sem instituições, não havia nada com que a autoridade pudesse fazer as suas exigências e salvar-se da arbitrariedade; sem fidelidade, não havia instituições, pois estas requeriam, não uma aquiescência prudente, mas uma aceitação irrefletida que Scruton definia como reverência ou devoção. A este tipo de ordem, chamava «establishment», que era o «grande objetivo interno da política».

A ordem, ou *establishment*, não era escolhida por pessoas pré-sociais. Tampouco era criada num ato de fundação constitucional. A ordem emergia através da habituação e do cuidado do costume numa tradição ininterrupta. A tarefa da política consistia em guardar a ordem. Não tinha objetivo orientador além disso, como promover maior igualdade ou justiça social — nem, poderíamos acrescentar, preservar maior hierarquia e privilégio.

As instituições que Scruton considerava necessárias para a ordem social eram conhecidas do cânone conservador. Incluíam a lei, a propriedade privada e a liberdade pessoal. Também aqui, os requisitos estavam interligados. A liberdade requeria a propriedade, pois, sem propriedade, as pessoas não tinham personalidade social — a capacidade de agir na sociedade. Além disso, aquilo que não tinha dono era fonte de conflito irresolúvel. A propriedade e a liberdade eram protegidas pela lei, sobretudo pelo direito comum feito por juízes, pois o direito comum, ao contrário da legislação, prescindia de qualquer objetivo menos da justiça — dar a cada um o que lhe é devido — no caso em apreço. Apesar de necessárias para a ordem, a propriedade e a liberdade tinham de ser temperadas e limitadas por um espírito comum de fidelidade, sem a qual as instituições soçobravam. Seria uma fidelidade a um todo social maior do que a humanidade local e mais pequena. O todo mais familiar era a nação. As nações ligam as pessoas, não de forma étnica ou religiosa, mas por uma cultura comum, memórias históricas partilhadas e compromissos cívicos. Uma nação saudável permitia a diversidade e o desacordo.

A imagem da sociedade e da política de Scruton servia para a distinguir das imagens contrastantes exigidas, como pensava, pelo liberalismo. A imagem de Scruton não era «contratual». Dispensava qualquer ideia de que as obrigações sociais surgiam do consentimento mútuo. Equilibrava as liberdades pessoais com os deveres impessoais implicados no requisito geral de fidelidade. Não era «progressista» e proscrevia as tentativas de visar padrões melhorados pelos quais se poderia julgar a sociedade atual e considerar que ainda não os alcançou. Dava valor à ideia de uma natureza humana e via como vazias as imagens liberais que negavam as necessidades e os constrangimentos dessa natureza, incluindo a paixão pelo lar, pela pertença e pela estabilidade.

Historicamente, a imagem de Scruton era de linhagem cosmopolita. Seguia a linha que descendia de Oakeshott e de Burke. Ao negar os objetivos políticos além da preservação da ordem ou do «establishment», Scruton fazia eco da proscrição de Oakeshott do «racionalismo» na política. Ao ligar o costume ao «hábito», Scruton adotava a metáfora de Burke das normas sociais como roupas para o nosso ser animal. Esta ideia de a sociedade dar uma «segunda natureza» às pessoas era proeminente, como vimos em Gehlen, no pensamento conservador alemão após 1945.

Ao mesmo tempo, Scruton era orgulhosamente kantiano ao identificar a racionalidade — a nossa capacidade de dar e tirar razões — no núcleo da nossa natureza. À maneira kantiana, Scruton estabelecia uma cadeia: sem autorreconhecimento, não há razão; sem reconhecimento dos outros, não há autorreconhecimento; e sem reconhecimento dos outros, não há a aceitação mútua em que assenta a sociabilidade e a moralidade. Invertendo a cadeia, a razão enraizava-se na sociedade e na moralidade.

No entanto, a razão não tinha de ser universal. Scruton também fazia eco de Hegel. Isto porque a sua «razão» tinha, em toda a parte, forma local e histórica. As razões que damos uns aos outros como guias e explicações na vida vinham da sociedade em que crescemos. Cada sociedade tinha instituições de formação de costumes — família, escola, lei, propriedade e comércio. Estas instituições assumiam várias formas em diferentes sociedades e formavam o costume de maneiras diferentes. A nossa fidelidade ao costume, portanto, tinha de ser relativa. Tinha de ser aos costumes da nossa própria sociedade e não aos das outras. A diversidade podia ser reconhecida e até acolhida. Podíamos achar que seria bom viver num mundo onde as outras sociedades tinham outros costumes, mas o reconhecimento da diversidade não era fidelidade. Não envolvia a aceitação dos outros costumes. O reconhecimento de outros costumes, tal como a tolerância de outras fés, ainda permitia a insistência de que os outros costumes eram errados.

As questões eram muitas. O que motivava as conciliações de Scruton? Eram necessárias definições mais rigorosas de alguns termos-chave — «costume», «sociedade». Onde começava e acabava uma sociedade? Quão uniforme era o costume nacional? Na modernidade capitalista, a divisão do trabalho e a circulação fácil de pessoas e de dinheiro haviam exercido o seu efeito corrosivo. As sociedades eram diversas. Os costumes coexistiam dentro delas. Lealdades divergentes colidiam com lealdades partilhadas. Face a estes factos, parecia prepotente insistir que, no seio da sociedade moderna liberal em conflito, um costume nacional prevalecia. Dizer, no outro extremo, que cada um de nós podia escolher um costume que encarnava a nação parecia um contrassenso. Scruton era pouco claro sobre onde um conservador encontraria unidade numa nação atual e diversa. Havia uma resposta no pensamento mais lato de Scruton sobre aquilo a que chamava o «tipo humano», mas era indireta e não obviamente conservadora.

O livro *A Natureza Humana* (2017), de Scruton, é um ensaio abrangente de antropologia filosófica. Tal como grande parte da obra de Scruton, podia ser lido com um espírito mais partidário ou mais neutral. Para caracterizar «o tipo humano», Scruton seguia uma divisão categórica, que se encontrava claramente nas tradições filosóficas alemãs, entre ciência natural e investigação humana. A ciência, em particular a ciência biológica e neurológica, desenvolveu a explicação do nosso ser animal. Mas a ciência explicava «acontecimentos» nos nossos corpos. Não podia explicar os nossos seres racionais. Não oferecia uma descrição do que fazíamos quando nos reconhecíamos uns aos outros como criaturas guiadas pela razão.

Esta ideia errada — de que a ciência podia dizer-nos toda a verdade sobre nós mesmos — era o primeiro dos três erros de uma imagem estreita e distorcida da natureza humana que, para Scruton, era agora comum e que distorcia a imagem da sociedade do liberalismo. O segundo erro era a compreensão errada da autonomia moral. Somos moralmente livres no sentido de pessoalmente responsáveis pelas nossas escolhas. Também somos moralmente vinculados por laços sociais não escolhidos que impõem deveres e dão forma aos nossos objetivos de vida. Somos livres na observância da moralidade, mas não livres na moralidade que escolhemos. Um terceiro erro da imagem da sociedade do liberalismo era tratar tudo de valor como algo que adquirido por preferência ou por consentimento. Este erro ameaçava fazer equivaler o valor ao preço e tornar tudo o que importava aberto ao comércio. Há muitas coisas, contrapunha Scruton, que importam por si mesmas: por exemplo, a beleza, a aprendizagem, o ambiente natural, a comunidade social. Estas «coisas duradouras», incluindo a nação de uma pessoa, devem ser prezadas e protegidas. A atitude em relação a elas não era perguntar «Para que serve isto?» ou «Qual o valor disto?» Era ver a beleza ou a aprendizagem, por exemplo, como ferramentas para tarefas que podiam ser servidas por outras ferramentas, trocadas pelo preço certo. A atitude correta era dedicar às «coisas duradouras» aquilo a que Scruton chamava devoção, ou seja, reconhecimento incondicional, respeito e amor.

Os erros podem ser designados — ainda que o próprio Scruton não o fizesse — como cientismo, libertarianismo e transacionalismo. Nas sociedades liberais e seculares, este trio podia ser, segundo Scruton, uma descrição adequada do tipo humano, como ser terreno, guiado pela razão e em busca de satisfação. Cada um, porém, era defeituoso e superficial. No seu entendimento da nossa natureza moral, não deixavam espaço para as ideias de poluição, impureza ou profanação. A sua imagem comercial da motivação humana negligenciava o sentimento de culpa e o desejo de redenção. Num espírito neutral, os colegas filósofos podiam questionar o raciocínio, mas admirar ainda assim a síntese. Num espírito partidário, o liberal político podia perguntar o que havia na busca de conclusões filosóficas de Scruton sobre o tipo humano — a inexorabilidade da vergonha e da culpa, a autoridade não justificada do proibido, a existência de factos morais — com que a sua política os impedia de concordar.

Embora as teorias sejam normalmente atribuídas ao liberalismo em bloco, os liberais políticos não têm de ser contratualistas lockeanos, «individualistas» num qualquer sentido obscuro e díspar do termo, negadores de deveres não escolhidos ou descrentes na «objetividade» moral. Não têm de ser redutores no seu entendimento científico da pessoa humana ou transacionais na equivalência do valor com o preço. Destas conjeturas discutíveis, não há linhas retas e imperativas para o liberalismo político, com o seu reconhecimento do desacordo social sobre os valores (o que não é uma negação do valor), os seus medos de o poder não controlado maltratar a pessoa humana, a sua fé na improbabilidade humana e o seu respeito pelas pessoas enquanto tais, sejam quem forem.

Tampouco os liberais políticos precisam de negar o valor não escolhido das «coisas duradouras», como a beleza, a aprendizagem e a natureza preservada que Scruton, como crítico cultural conservador, defende com emoção. Os liberais podem ver, e veem com frequência, estas coisas valiosas, como Scruton as vê, como ignoradas e desprotegidas. Em *Beleza* (2009), Scruton escreveu: «A beleza está a desaparecer do nosso mundo porque vivemos como se ela não importasse.» Era uma meia-verdade. Deixemos de lado o facto de Scruton ter enquadrado esta imagem desoladora da cultura atual para deixar de fora, não só os ricos feitos artísticos dos seus criadores, mas também as vias de acesso sem precedentes à nossa herança cultural para espectadores, ouvintes e leitores (por exemplo, a câmara, o som gravado e as bibliotecas online). Ou seja, ignoremos a seletividade pessimista da imagem. Muita cultura é grosseira e feia (e talvez sempre tenha sido). Onde Scruton falhava era na explicação do flagelo cultural. A sua exposição é demasiado estritamente intelectualista. Também é causalmente inepta. A culpa implausivelmente unilateral reside nas mentes diruptivas e críticas, nomeadamente modernistas e anticlássicas, que têm os modelos errados ou não têm modelos. No banco dos réus de Scruton estão ausentes os fatores sociais ou económicos. O flagelo cultural atual também se deve às indústrias culturais em busca de lucro, aos meios de comunicação social conservadores populares, às escolas subfinanciadas, bem como à cultura de gestão das universidades e dos organismos culturais, que põem um preço nos valores humanos quando a sua missão é defendê-los. Dito em termos económicos, a crítica de Scruton exagera a falta de procura de cultura válida e ignora as distorções do lado da oferta num mercado cultural regido pelo dinheiro. Como defensor conservador da propriedade, poder-se-ia dirigir a Scruton uma versão atual da pergunta de Chamberlain (anos 1880) sobre o pagamento da reforma social: que resgate está a propriedade disposta a pagar pela recuperação cultural?

O resvalo entre a filosofia de Scruton e a sua política revelava-se com uma pergunta, já acima mencionada: como encontrar unidade nacional numa sociedade moderna diversa? Podemos encontrar uma resposta na descrição rica que Scruton oferece da imaginação social. A chave é a nossa capacidade imaginativa de ver uma coisa «como» outra: uma imagem num padrão de marcas pintadas, uma melodia numa sequência de sons ou propriedades estéticas num edifício que não estavam estritamente lá, como graciosidade, equilíbrio ou carácter convidativo. A capacidade de «ver como» sustentava, para Scruton, não só o nosso envolvimento com a arte, mas também a nossa sociabilidade e a nossa admissão na moralidade. Um primeiro passo era vermo-nos uns aos outros como pessoas. Isto não significava que as pessoas eram ficções; ver os outros como pessoas não criava coisas que não estavam ali antes. A imaginação interpessoal não era uma fantasia sem normas e associativa. Longe de o descartar, baseava-se em conhecimento, em especial sobre responsabilidade, ressentimento, elogio e culpa. Entendido como um ato mental deliberado, o «ver como» podia ser, em certo sentido, «objetivo»: mais aguçado ou mais embotado, melhor ou pior, aberto à discussão e à correção. Sobre os seus juízos, as pessoas podiam convergir no acordo. Quando nos vemos uns aos outros como pessoas, vemo-nos como membros da família, colegas, amigos. Sem o «ver como», para Scruton, não haveria mundo social.

Uma extensão natural deste pensamento oferecia a Scruton uma resposta sobre como encontrar unidade, um todo nacional, na sociedade moderna e diversa. Segundo a sua explicação da imaginação social, um conservador poderia dizer que vemos o todo nacional quando nos vemos uns aos outros como concidadãos. Sem este reconhecimento, não haveria sociedade partilhada, com os seus variados costumes e valores que nos dão um sentido de nós mesmos como pertencentes a uma nação. Esta ideia poderia ser, para um espírito liberal, o início de uma resposta para conciliar a unidade nacional e a diversidade social. Mas talvez não para Scruton. Isto porque a sua política exigia mais da nacionalidade do que a cidadania partilhada. Exigia uma fidelidade ética e cultural muito mais ampla que, na sociedade moderna, simplesmente não existe. Por muito que se tente, não se pode ver a sociedade como ordenada ou unida.

Scruton via o humano baseado numa sociedade implausivelmente estável e solidária, e muito pouco baseado na matéria viva em mudança. A sua pessoa humana, não diferente da de Sartre, parece ser geralmente uma mente demasiado livre, ativa e imaginativa, e não suficientemente aquilo que os humanos partilham universalmente: um corpo geralmente não livre, necessitado e exigente. O desequilíbrio reaparece na política de Scruton. Na boa tradição conservadora, é um antiprogressista que pensa que devemos ver as pessoas tal como se apresentam. No entanto, as suas pessoas escrupulosamente sociais e muito refletidas são, estranhamente, mais como os liberais as imaginam erradamente: mais kantianas, mais como anjos ou marcianos inteligentes do que os humanos necessitados, confusos e imperfeitos com cuja governação os conservadores políticos sempre se preocuparam.

Um problema final a respeito da síntese poderosa e atrativa de Scruton é a fiabilidade moral do costume local. Uma coisa é os conservadores renunciarem à guerra contra o costume estrangeiro num espírito de prudência de vive-e-deixa-viver. Outra coisa é imaginarem-se numa sociedade estrangeira e perguntarem sobre essa sociedade: que autoridade moral têm os seus costumes locais? Que os torna corretos? O facto de isto ser um problema para os liberais não significa que não o seja também para os conservadores. É uma questão que os conservadores têm de enfrentar sempre e em toda a parte. Uma resposta clássica conservadora — derivada de Hume através de Burke — era que o costume se torna moralmente fiável graças à durabilidade. Ao durarem, os valores consuetudinários tornam-se valores moralmente exigentes. Ou seja, o tempo cria o valor e a tradição conserva-o. O problema é que o tempo e a tradição não são fiáveis; conservam, nas também desvalorizam. A tradição, por exemplo, conservava a escravatura e a submissão das mulheres. O conservador «antirracionalista» poderia concordar, mas ainda insistiria que os sistemas da sociedade só podem ser julgados a partir de dentro, e não de fora por padrões extrassociais ou universais. A escravatura e a submissão das mulheres foram rejeitadas quando a autocompreensão da sociedade ocidental melhorou, quando o seu reconhecimento da pessoa se tornou menos confinado e mais universal. Podemos ouvir aqui o fantasma de Hegel. A reconciliação parece atrativa. A dificuldade é que esses padrões «universalistas» liberais foram proscritos por Oakeshott e Scruton, definidos como «racionalistas» e inaplicáveis. No entanto, vieram de dentro da sociedade ocidental quando esta aprendeu a ver melhor o mundo. Não foram uma importação estrangeira e extrassocial.

O exagero era um defeito da crítica de Scruton ao liberalismo que tendia a retirar-lhe força. Exagera muito e de forma surpreendente, na tradição do exagero conservador que retirou as suas primeiras lições dos arrebatamentos de Burke e de Maistre. Além disso, Scruton era capaz de esmagar, espetar e diminuir os liberais como os mais cruéis satiristas da direita, numa linhagem que remonta a Mencken e até Nietzsche e Baudelaire. Os exageros de Scruton são visíveis em *Tolos, Impostores e Incendiários: Os Pensadores da Nova Esquerda* (2015), mas, de uma forma geral, ensombram a sua escrita política. Scruton estava intelectualmente muito acima de Deneen, mas também era demasiado dado a comparações falsas. Os liberais não defendem a igualdade ilimitada, como Scruton sugeria, mas a diminuição da desigualdade; não defendem a espoliação da riqueza, mas que a riqueza pague uma fatia maior; não defendem a substituição do capitalismo, mas a sua contenção; não negam os valores do mercado, mas recusam vê-los como um valor único e supremo.

Quando Scruton começou a escrever sobre o conservadorismo nos anos 1980, era mais incisivo na sua desconfiança do radicalismo do mercado livre. Era um conservador irreconciliado. Orgulhava-se por nunca ter falado com Margaret Thatcher. Era um conservador com um *c* minúsculo, mas não um conservador no sentido do Partido Conservador britânico. Com o tempo, Scruton tornou-se mais amigo do mercado livre. Como fontes para a ideia de que a sociedade era demasiado complexa, subtil e sensível nas suas relações para a compreendermos ou para intervimos nela ao serviço de ideais políticos, começou a citar, não só os antirracionalistas Burke e Oakeshott, mas também o utilitarista Hayek. As duas primeiras edições de *O Que é Conservadorismo* (1980, 1984) distinguiram o conservadorismo britânico da direita americana. A liberdade inglesa e a «liberdade republicana americana», escreveu Scruton, eram diferentes. «O conceito de liberdade [...] não pode ocupar um lugar central no pensamento conservador», e «nenhum conservador irá pensar a democracia como um axioma central da sua política». Em livros posteriores, afirmações ousadas deste tipo ofereceram uma imagem do conservadorismo com que os liberais de direita nos Estados Unidos podiam sentir-se mais confortáveis. Em *Conservadorismo: Um Convite à Grande Tradição* (2017), Scruton sublinha que a filosofia conservadora prezou sempre a «liberdade do indivíduo» e rejeitou as imagens coletivistas da sociedade, vistas pelo conservadorismo como «uma rede orgânica unida pelo hábito e pela submissão». Com a idade, ao contrário da ideia popular segundo a qual as pessoas se tornam mais conservadoras à medida que envelhecem, talvez Scruton estivesse a tornar-se, pelo menos num sentido económico, mais liberal.

A revista político-cultural alemã *Cicero* noticiou, em inícios de 2019, a passagem de um testemunho espiritual. O seu número de fevereiro anunciou que a *bête noir* da esquerda liberal alemã, Peter Sloterdijk, ficara em primeiro lugar numa sondagem de leitores sobre os principais 500 intelectuais do país. Jürgen Habermas, o guardião da consciência democrática liberal da nação, teve de se contentar com o segundo lugar. A sondagem não tinha valor oficial e não era uma honra pública, mas, num país em que os intelectuais são respeitados, era como se a congregação tivesse vaiado o pregador e aplaudido um bobo.

A base de Sloterdijk é a Escola de Design de Karlsruhe, cidade onde nasceu (1947). Ganhou fama com a sua *Crítica da Razão Cínica* (1983), um ataque mascarado ao iluminismo liberal por um iluminado pós-liberal. Publicou depois os três volumes de *Esferas*: *Bolhas* (1998), *Globos* (1999) e *Espumas* (2004). A trilogia era uma antropologia abrangente e especulativa que tratava sucessivamente, quando fazia raras pausas para respirar, da pessoa humana, dos seus meios de abrigo e do seu ser social. Além de publicar dúzias de coleções mais pequenas de textos e entrevistas, Sloterdijk apresentou, com o biógrafo de Nietzsche, Rudiger Safranki, um programa de ideias na televisão, *Na Estufa: o Quarteto Filosófico* (2002-2012). A mensagem de Sloterdijk, de forma sucinta, consiste em abandonar o moralismo paralisante do liberalismo, deixar de temer a tecnologia e repensar as nossas bases éticas.

Apesar de todas as suas diferenças, Sloterdijk ocupa um espaço cultural na Alemanha semelhante ao de Scruton na Grã-Bretanha. Ambos reagiram contra o esquerdismo intelectual de finais dos anos 1960 e inícios dos anos 1970. Ambos experienciaram no estrangeiro uma forma de vida muito diferente do mundo familiar em que haviam crescido. Seguindo Schopenhauer no seu fascínio pelo pensamento oriental, Sloterdijk passou algum tempo a estudar num *ashram* indiano. Scruton, repugnado com os protestos estudantis de 1968 em Paris, trabalhou corajosamente com dissidentes da Europa de Leste nos últimos anos do comunismo soviético. Ambos eram vencedores forasteiros no mundo académico. Scruton irritava as universidades por escarnecer das suas devoções liberais; Sloterdijk, por ignorar as disciplinas escolásticas. Nenhum deles era tímido no que dizia respeito a tornarem-se parte dos seus argumentos, ambos brilhavam na imprensa e escreveram um ou mais livros por ano. Apesar dos opositores e dos críticos, ambos se tornaram celebridades nos seus próprios países e no estrangeiro. Ambos tinham um dote para a frase, ainda que, enquanto Scruton escrevia de forma simples e clara, Sloterdijk preferisse palavras polissilábicas e rebuscadas. Ambos tinham alguma coisa a dizer sobre quase tudo, embora Scruton fosse mais cuidadoso do que Sloterdijk em não fazer aforismos sobre as ciências naturais. Scruton, que, sobre a filosofia analítica, na qual era formado, disse que era uma tradição que não podia seguir nem esquecer, argumentava de forma clara e simples. O seu veículo era o ensaio lúcido ou o capítulo curto. Sloterdijk, que parece ter lido ou mergulhado em tudo o que foi escrito desde a transcrição de Homero, coloca o argumento atrás da metáfora, da alusão, da analogia, do aforismo, do neologismo, da escarnecida classificação escolástica e das ilustrações burlescas ou apelativas (em particular mulheres nuas e cenas de crueldade). O sentido pode desaparecer durante várias páginas. Certa vez, disse: «Nunca estou sozinho com o meu poliólogo interior.» É em vão que os leitores esperam uma afirmação mais claramente formulada ou uma conclusão cuidadosamente pensada. Nunca totalmente perdida, há uma questão preocupante que Sloterdijk partilha com Scruton: na agitação ético-cultural do presente, que deve uma pessoa sensata abrigar e preservar?

Tal como Scruton, Sloterdijk gosta de provocar a esquerda liberal. No plano partidário, apelou a uma coligação liberais-CDU em 2017. Escarnece dos «ativistas indignados» da esquerda liberal, do «internacional pessimista», que se especializa a «importar a miséria» e a transformá-la em «produtos de censura de alta qualidade». Recita as objeções familiares da direita ao Estado social: «O Estado moderno pilha os seus cidadãos produtivos» e os impostos são um «roubo», o que faz das democracias liberais «letargocracias» e «cleptocracias». O interesse de Sloterdijk como pensador contraliberal reside, desde logo, nos seus livros de carácter disperso.

A *Crítica da Razão Cínica* foi a tentativa de Sloterdijk de repelir o Iluminismo e dar assim espaço a uma crítica genuína ao modo como vivemos. Os falsos críticos eram «cínicos» que haviam pervertido a busca da verdade ao serviço do poder. Eram «desmascaradores» conhecidos. Espinosa, Hume, Voltaire, Nietzsche e Freud encabeçavam a lista. Ao exporem ideias falsas, fingiram abalar a sociedade e as suas convenções. Ao invés, reforçaram a sociedade, despojando-nos de maneiras de pensar ou de falar dela. Os «cínicos» de Sloterdijk tinham oito estratégias polémicas: a revelação era vazia; a religião era ilusória; a metafísica era vã; os ideais mascaravam o interesse próprio; a moralidade não tinha bases; o autoconhecimento era impossível; a natureza humana era um mito; e o si mesmo era uma ilusão. Ficávamos com a herança cristã de autocensura e descontentamento no nosso próprio mundo. A sociedade democrática liberal já nem fingia oferecer uma justificação para si mesma.

Os cínicos de Sloterdijk eram conservadores disfarçados. Ao roubarem as ortodoxias democráticas liberais da justificação, cegavam os de dentro à crítica possível a partir de fora. Esta era a crítica normal do Iluminismo, quer dos neomarxistas da Escola de Francoforte quer dos antiliberais discípulos de MacIntyre. A novidade de Sloterdijk era a introdução do opositor dos cínicos, o «kínico». O kínico era um autêntico disruptor. Diógenes (do tonel) era o kínico modelo. Enquanto os cínicos argumentavam de forma escolástica, a partir de cima, com razões, os kínicos escarneciam e apalhaçavam. Em vez de criticarem a convenção, peidavam-se para a convenção. As atitudes apalhaçadas tinham um propósito. Os kínicos tentavam preservar-se como seres racionais em sociedades distorcidas e «semirracionais». O pensamento ocidental podia ser descrito —na sua forma burlesca, Sloterdijk descreveu-o — como uma luta entre cínicos e kínicos.

Que era Sloterdijk? Cínico ou kínico? Aquilo que Sloterdijk tem a dizer sobre nossa condição — e, medido em páginas, é muito — oscila entre os dois papéis. O objetivo da sua trilogia de 2400 páginas, *Esferas*, disse Sloterdijk de forma grandiloquente, era fazer para a experiência humana no espaço aquilo que Heidegger quis fazer para a experiência humana no tempo. Em *Ser e Tempo* (1927), Heidegger prometia uma imagem mais autêntica da vida humana do que a ciência natural ou a filosofia «positivista» que se fingia de ciência podiam fornecer. Heidegger dizia que, na sua visão excessivamente distante, com as suas categorias demasiado gerais, falsificavam a experiência vivida. A arte e a literatura capturavam a granulosidade da vida, embora trabalhassem através de exemplos, enquanto a filosofia, sendo mais abrangente, podia chegar mais perto das verdades mais profundas da vida. No entanto, aqui, Heidegger caía na armadilha de que culpava o «positivismo». A sua descrição filosófica da experiência humana tornou-se hipergeral e, quando clara, autocontraditória. Dizia que não havia natureza humana, não havia uma «essência» de se ser humano, mas insistia que a essência da vida humana, no sentido simples do facto que moldava tudo o resto sobre nós, era o facto de as nossas vidas serem limitadas no tempo. Sem receio de penetrar neste território, Sloterdijk iniciou *Bolhas* anunciando que o facto sobre nós que molda tudo o resto era o facto de estarmos limitados no espaço. O que se seguia era menos um ensaio sobre a metafísica multifacetada de meados do século e mais uma meditação pirotécnica e de livre associação sobre a necessidade humana de proteção material e abrigo. A poética do espaço de Gaston Bachelard era, aqui, melhor guia do que Heidegger. A linha de Sloterdijk eram os «interiores» e a metáfora que a acompanhava era a «imunidade». «Só em estruturas imunes que formam interiores é que os humanos podem continuar os seus processos geracionais e avançar as suas individuações.» Em termos mais simples, somos criaturas com corpo e interiores vulneráveis que preferem viver abrigadas em privado.

A mente vivaz de Sloterdijk afastou-se depressa de algo tão mundano como uma casa. *Bolhas* vagueava pelo saco amniótico, a revolução copernicana, que tornava «inútil o sistema imunitário do céu», a crença de

Catarina de Siena de que Jesus lhe retirara o coração e de que vivia sem esse órgão, a «emergência» do rosto humano, retratos e fisionomia, ovos, óvulos e gémeos. *Bolhas* inclui um longo comentário sobre antropologia filosófica, «A domesticação do ser: para uma elucidação da clareira». Aqui, acompanhando Heidegger, Sloterdijk afirma que nem a biologia nem a linguagem estão na origem da nossa humanidade, mas sim o fabrico de instrumentos e a construção de abrigos.

Globos (1999) era, segundo a descrição de Sloterdijk, «um mausoléu para a ideia de unidade abrangente». Vagueava pelo simbolismo da orbe, o traçado de mapas, a construção de ninhos do pássaro tecelão, a teoria de Girard sobre a nossa necessidade de bodes expiatórios para nos aliviarem a culpa (transformada, no discurso de Sloterdijk, em «resposta imune da socioesfera»), uma história sucinta da filosofia («A prova ontológica da orbe»), que apresentava a filosofia como uma tentativa vã de dizer alguma coisa sobre tudo, mensageiros (de Hermes à Internet), controlo burocrático, a Roda da Fortuna e a predação imperialista (comparada com a divisão de Melville das baleias em «peixe preso» (o apanhado) e «peixe solto» (a apanhar). Esta miscelânea de saberes acaba por cair em conclusões históricas pouco surpreendentes. O conflito cismático nos séculos XVI e XVII lançou os Europeus para a modernidade, com o desmoronamento do «contentor universal e sem exterior». Uma «tendência epocal para formas de vida individualistas» mostrou «significância imunológica» quando os «indivíduos se separaram dos corpos de grupo para dissociarem a sua felicidade do estar-em-forma da comuna política»; ou seja, como as sociedades liberais podem sobreviver quando as pessoas vão às suas vidas, ninguém sabe.

Espumas (2204) abordava as metáforas familiares e contrastantes da sociedade — como um organismo (conservadora) e como uma molécula de átomos pessoais (liberal) —, tratando-as como espumosas. As espumas eram «sistemas de várias câmaras de bolsas de ar dentro de matérias sólidas ou líquidas em que as câmaras estão separadas por paredes semelhantes a películas». Na sociedade como espuma, «a cofragilidade e o co-isolamento das unidades» estão «dispostos em malhas densas». (Ou, como Kant dizia de forma mais simples, as pessoas gostam de estar na sociedade e de estar fora da sociedade.) Flutuar na banheira, balões de ar, guerra de gás e ar condicionado eram explicações breves de como Platão, Hobbes, Simmel e Rawls representavam a sociedade.

Num momento distraído de explicitação, Sloterdijk descreveu os vários tipos de «sistemas imunitários humanos», ou seja, ambientes sociais: ilhas absolutas, estações espaciais e estufas. O favorito de Sloterdijk era a estufa. As ilhas absolutas excluíam os outros povos. As estações espaciais excluíam a natureza. As estufas evitavam os dois perigos. As estufas canónicas na arquitetura eram o Palácio de Cristal (Londres), as cúpulas geodésicas de Buckminster Fuller e o Projeto Eden de Nicholas Grimshaw. As estufas tinham inconvenientes. Podiam proteger demasiado (por exemplo, o Estado social). Contudo, as estufas eram a melhor esperança da humanidade.

Para resumir um fogo de artifício de 2100 páginas, em *Esferas*, Sloterdijk parecia querer dizer-nos o seguinte: a sociedade moderna liberal resolveu os principais problemas da vida material. Agora, tínhamos de nos concentrar no nosso ambiente social e natural. Um discurso breve de um ambientalista conservador liberal alemão poderia dizer o mesmo, mas não de forma tão divertida.

Sloterdijk acredita demasiado no progresso, em especial no progresso técnico, para ser um bom heideggeriano. A sua confiança na possibilidade de aperfeiçoamento humano faz dele um falso conservador. Os conservadores, disse Sloterdijk, são melancólicos políticos. São «antimodernistas, fundamentalistas religiosos, devotos da metafísica clássica e donos de bibliotecas seletas e de adegas. Por outras palavras, qualquer um que adira à metafísica da perfeição e acredite mais no declínio do que no progresso». A melancolia conservadora teve o seu apogeu no século XIX na resistência retrógrada à modernidade liberal. O horror do século XX possibilitou que os conservadores olhassem para trás, e o sucesso do mesmo século impossibilitou-os de se agarrarem ao «conservadorismo católico da privação, do pessimismo e da negação da riqueza». Com palavras extensas, hífenes e digressões, Sloterdijk estava, mais uma vez, a dizer uma coisa simples. Os conservadores evoluíram para liberais de direita e de espírito económico.

Quando, num ensaio com um título provocador — «Regras para o Jardim Zoológico Humano» (1999) —, Sloterdijk associou a política à domesticação de animais, foi atacado por liberais de esquerda por ressuscitar fantasmas de um passado racialista e eugénico. Noutros textos, Sloterdijk escreveu, quase em forma rapsódica, sobre a promessa técnica de aperfeiçoamento da humanidade. Não pensava em bioengenharia, mas mais em «tecnologia mental e espiritual». A sua «antropotécnica», insistia ele, não tinha que ver com próteses, mas com a alteração das mentalidades.

Quanto à dimensão de tal alteração, Sloterdijk era confuso. Em *Cólera e Tempo* (2008), Sloterdijk escreveu, antes de muitos, que a emoção política característica do nosso tempo era a raiva. O seu rival entre as paixões era o prazer, com o qual mantinha um clássico (e psicanalítico) contraste. Enquanto *thumos*, a cólera foi diversamente associada à paixão, à ira e à ambição vigorosa. Os seus primos eram o orgulho e a exigência de reconhecimento. Quando ofendida ou frustrada, a cólera tornava-se ressentimento. A cólera, assim vista, era um conceito humano universal. A gestão da cólera — outra caracterização do tópico — era a tarefa histórica da política. As tradições judaica, cristã e comunista tinham todas uma estratégia de gestão da cólera. Os judeus depositavam a cólera em Deus, que a redirecionava, sem aviso, para os inimigos dos judeus ou para os próprios judeus. Os cristãos viravam a cólera para dentro, tornando toda a gente zangada consigo mesma. Os comunistas retiravam a cólera para fora e partilhavam-na equitativamente entre os campos beligerantes, os capitalistas e os trabalhadores. No capitalismo liberal, Eros (prazer) dominava. A cólera era partilhada por todos e descarregada no consumo e no entretenimento. Aparentemente, o capitalismo liberal domara a cólera. A economia da «cólera», porém, não era eficiente. Desorientadas e frustradas, as pessoas acumulavam quantidades de cólera que não podiam descarregar. A cólera explodia assim, de forma imprevista, em protestos, motins e terror. Provavelmente, *Cólera e Tempo* lê-se melhor como uma sátira swiftiana sobre todos os tipos de intelectuais — economistas liberais, biólogos evolucionistas, neomarxistas, heideggerianos e o próprio Sloterdijk — que se esforçava, em vão, por explicar as nossas confusões modernas liberais com analogias habilidosas, mas falaciosas.

Num espírito mais positivo, em *Tens de Mudar de Vida* (2009, 2013), Sloterdijk mostrava confiança na «tendência humana para a autotranscendência». O livro recomendava um quietismo prático — parte Oakeshott, parte misticismo indiano — de fazermos o possível, não nos esforçarmos como os liberais demasiado escrupulosos e ávidos de razão para refazer a sociedade e não nos preocuparmos eternamente com o «porquê». Scruton falara, a este respeito, do prazer que um conservador sente em não ter de pensar nas razões. Não é um prazer a que Sloterdijk se negue muitas vezes, razão por que é divertido — e enlouquecedor — lê-lo.

A popularidade de Sloterdijk assinala uma mudança no clima intelectual alemão. Está insatisfeito com a antitecnologia e com a crítica heideggeriana da modernidade liberal. Está desencantado com a teoria crítica e a Escola de Francoforte, dirigida na sua terceira geração por Habermas, que descreveu o objetivo da «teoria» como «autoesclarecimento dos indivíduos socializados sobre o que quereriam se soubessem o que poderiam querer». Sloterdijk é contra a direita dura. Separou-se do seu porta-voz intelectual, Jongen, um antigo seguidor. No entanto, não teme suficientemente a direita dura para silenciar dúvidas sobre os liberais de esquerda e para apelar a uma aliança direita-esquerda no centro moderado. Os guardiães intelectuais tendem a ignorar Sloterdijk ou a rejeitá-lo como um charlatão. Goste-se ou não, Sloterdijk opera com sucesso num clima em que os guardiães e os especialistas estão geralmente desacreditados.

Um filósofo do direito católico e conservador, um crítico cultural britânico no espírito de Coleridge e de Carlyle e um pós-heideggeriano pós-liberal alemão formam um trio exemplar. Como críticos de um *statu quo* liberal, procuram uma base firme entre o tumulto onde sentem que estamos. Finnis procurava uma moralidade enraizada numa ordem inteligível cuja base é extra-humana. Scruton olhava para fidelidades éticas e culturais enraizadas no costume e na tradição. Sloterdijk é o último numa longa linhagem de pensadores modernos que procuram, nos seus modos singulares, o que quer que possa ser recuperado para um entendimento humano da vida num mundo desencantado de ciência, secularismo e «desmascaramento» cético. Apesar de toda a força dos seus argumentos e da fecundidade das suas metáforas, nenhum escapou ao clima liberal que criticava. Ou seja, tentam mais persuadir os liberais do que silenciá-los ou, na expressão de Mill, destruí-los. Para persuadir os liberais, os seus críticos têm de aceitar alguma plataforma comum.

Finnis aceitava que, na sociedade atual, o seu rigorismo moral tinha de ser argumentado com razões seculares e não religiosas. Os liberais políticos podem partilhar muito do conservadorismo cultural de Scruton. Apesar de um gosto provocador por declarações intolerantes, o seu conservadorismo político tornou-se, com o tempo, mais liberal. A escrita de Sloterdijk cintila com insinuações e sugestões pouco ortodoxas. Aquilo que o seu fogo de artifício intelectual ilumina, antes de o céu voltar a escurecer, são perplexidades — sobre a sociedade moderna, sobre as sustentabilidades do planeta — que os conservadores e liberais de espírito aberto podem partilhar.

Será que as ideias e os pressupostos do *statu quo* liberal são agora tão aceites que nem os conservadores irreconciliados conseguem escapar à sua influência? Nenhum parece sugerir, num espírito hegeliano, saber em que direção a mente-mundo irá em seguida. Nenhum mostrou um caminho claro entre a sua perspetiva filosófica e as críticas tópicas que fazem ao liberalismo político. Nenhum apresentou sequer um esboço de uma ortodoxia contraliberal. Tampouco as suas dúvidas e críticas abalaram visivelmente as defesas convencionais do conservadorismo liberal, que continuam a ser apoiadas por pensadores da direita. De facto, é impressionante como os dois lados parecem falar tão pouco entre si ou responder aos argumentos uns dos outros. Longe de procurarem «pensar mais», como Scruton apelava aos conservadores quando lançou a sua *Salisbury Review* em 1982, parece que os defensores conservadores do *statu quo* democrático-liberal querem pensar menos, ou especular menos, e concentrar-se, ao invés, em medidas políticas e reparações práticas. Alguns pensadores do *statu quo* aventuram-se em grandes ideias, mas com níveis variados de confiança; defendem um conservadorismo sábio como o menos mau entre as perspetivas políticas existentes. Podem ser divididos entre os pragmáticos, a via intermédia, os eticamente ansiosos e os robustamente «realistas».

V. A favor do *statu quo*: pragmatismo, via intermédia, ansiedade ou «realismo»

O conservadorismo pragmático recorre a máximas de alto nível e sem contexto do governo sábio. Um distinto defensor recente era Anthony Quinton (1925–2010), que descrevia a tarefa do governo como «conduzir um automóvel ao longo de uma estrada estreita e sinuosa». A sua *Politics of Imperfection* (*A Política da Imperfeição*, 1978), ainda que limitada à tradição britânica, foi talvez a melhor história filosófica recente do conservadorismo. Incluía tradições religiosas (Hooker, Burke, Coleridge, Newman) e tradições seculares (Halifax, Bolingbroke, Hume, Disraeli), tratando-as como expressões compatíveis de uma mesma perspetiva que vê a política como a gestão das limitações humanas. Quinton foi conselheiro de Margaret Thatcher (que o nomeou par do reino), mas não era um defensor dogmático do mercado livre, nem era dogmático em nada. Utilitarista em relação à ética, empirista quanto ao conhecimento e materialista sobre o que existe, Quinton via a filosofia como o desafio de pressupostos, incluindo o seu próprio, no espírito de Hume, que certa vez perguntou a Horace Walpole: «Se não gosta de discutir nem de *whist*, de que gosta então?»

Quinton era um caso raro entre os pensadores conservadores ao enfrentar uma pergunta que era geralmente evitada: a rejeição conservadora da ideologia não será em si mesmo ideológica? «O tipo de teoria que o conservadorismo proscreve», escreveu Quinton, «pode ser distinguido do tipo que exemplifica». A teoria proscrita e a proscrição conservadora eram gerais. Uma baseava-se tenuemente em princípios não testados ou *a priori*. A outra assentava na experiência do mau governo quando a teoria má era seguida. A distinção é vulnerável a uma versão da resposta, como observámos, que o filósofo C. D. Broad deu à ideia das consequências inesperadas contra a reforma liberal. Não temos qualquer prova de que todas as consequências inesperadas sejam más, observou Broad. De forma similar, nem todas as reformas baseadas em princípios não empíricos (a escravatura é errada, por exemplo) são más. Também temos experiência de bom governo quando a teoria boa é seguida.

O filósofo político John Kekes recomenda uma via intermédia conciliatória. Em «Que é o conservadorismo?» (julho de 1997) e *A Case for Conservadorism* (*Uma Defesa do Conservadorismo*, 1998), Kekes apresentava razões de prudência para a direita aceitar um centrismo liberal. O seu método consistia em encontrar alternativas pouco atrativas e, depois, recomendar que se dividisse a diferença. Para Kekes, o conservadorismo era uma «moralidade da política», ou seja, uma perspetiva sobre a forma correta de pensar a política e ajuizar acerca de esquemas sociais. Não era uma defesa de primeira ordem dos interesses ou dos valores, mas uma perspetiva de segunda ordem sobre o pensamento político sensato e insensato.

Os conservadores, segundo Kekes, diziam que os esquemas sociais tinham um propósito. Duravam ao servir o propósito de promover e encorajar vidas boas. O teste que determinava o sucesso ou o insucesso de um esquema era a experiência histórica e não o cumprimento de um alegado contrato social, o alcance do nível ideal de uma sociedade supostamente melhor ou o serviço geral ao bem da humanidade. Os esquemas duradouros, segundo uma metáfora conservadora favorita, «faziam de uma casa um lar». No entanto, aquilo que durava não era necessariamente o que merecia durar. Além disso, as pessoas discordavam sobre o que era uma vida boa. Assim, os conservadores tinham de dizer mais sobre as razões a favor dos esquemas favorecidos e sobre as razões a favor da sua conceção de uma vida boa.

Kekes apresentava pares contrastantes de atitudes extremas sobre como pensar numa vida boa e incitava-nos a andar entre eles. O primeiro era um apelo metafísico a uma ordem moral além da experiência ou o ceticismo sobre os valores morais. Nenhum tinha firmeza prática. O segundo eram normas «absolutas (ou seja, universais) ou relativas («o que funciona aqui»). Considerando estes pares, os conservadores sensatos rejeitavam o ceticismo moral e as normas universais. Algumas regras universais exigiam, em toda a parte, um mínimo de moral; de outro modo, o pluralismo moral prevalecia. As pessoas ainda podiam criticar as suas próprias sociedades desde que a crítica fosse persuasiva dentro dessa sociedade. A terceira armadilha era exagerar as exigências de autonomia (liberalismo) ou as exigências da sociedade (conservadorismo). Os liberais podiam entender mal as primeiras — algumas pessoas gostavam de obedecer a ordens (monges, soldados). Os conservadores temiam demasiado que, livres do policiamento moral, as pessoas tendessem a levar vidas más. Kekes dividia então a tradição moral local na intolerável (a que se deve resistir e que deve ser abolida), a tolerável (que, por experiência, mostra que não promove vidas boas, mas que deve desaparecer por si mesma) e a correta (a ser encorajada). A partir destes pensamentos de alto nível sobre como pensar acerca da moralidade política, Kekes descia para saber como uma abordagem de via intermédia à política poderia funcionar na prática. O seu conservadorismo moderado favorecia o governo limitado, rejeitava a perseguição de ideais, limitava-se a salvaguardar a ordem social e a liberdade pessoal, obedecia à lei e tornava claros os seus procedimentos.

Na defesa de Kekes de um conservadorismo sensível e de tom liberal, pairava o fantasma do meio aristotélico. A prudência de Kekes permitia ver defeitos no centrismo liberal e apelar à sua correção. Dava ao conservador sensível poucas bases para discutir com um utilitarista moderadamente progressista ou um liberal ponderado e interessado nos direitos.

A alegria mundana do conservadorismo de Quinton e a moderação do meio-termo de Kekes podem parecer em contradição com os espíritos turbulentos da época. Um pensador mais sintonizado com os tempos perturbados é Yuval Levin, um neoconservador americano da terceira geração. Faz uma defesa ansiosa e de espírito ético da ortodoxia liberal de direita. Em *The Fractured Republic: Renewing America's Social Contract in an Age of Individualism* (*A República Fraturada: Renovar o Contrato Social da América numa Era de Individualismo*, 2016), Levin apresenta um conto histórico de conformidade (anos 1950–1950), de frenesi (nos 1970–1980) e de ansiedade (dos anos 1980 até ao presente). Levin preocupava-se com a fragmentação social, os custos negligenciados da mudança tecnológica e o «hiperindividualismo». Não se opunha à sociedade de mercado, mas achava que o mercado não devia ter supremacia. No entanto, tinha dúvidas sobre os velhos remédios sociais-democratas. Pensava que nem os sociais-democratas nem os libertarianos entendiam corretamente a liberdade. Uns confundiam-na com um poder de agir, os outros com uma ausência de restrições. Para um conservador, escreveu Levin de modo estoico, a liberdade era o autodomínio, o que requeria um desapego das paixões não domadas. Para promover o autodomínio num mundo de seres indomados era necessária uma melhor «formação moral», famílias mais fortes, trabalho mais gratificante e maior envolvimento cívico.

Para um conservador empenhado em não demolir a casa, mas em preservar o que era prudentemente viável, tratava-se de uma lista muito geral, mas também assustadora. Parecia que Levin queria defender o estado de coisas liberal, mas que ficou chocado com o que descobriu. Quando a primeira geração de neoconservadores atacou as ortodoxias liberais nos anos 1960, visaram a reforma liberal turbulenta e mal concebida e as suas consequências sociais más e inesperadas. Ao repetir a acusação meio século depois, Levin queixava-se de uma sociedade moderna que os governos conservadores muito haviam contribuído para criar desde os anos 1970. A análise social e as lealdades políticas de Levin não encaixavam.

O problema de Levin era partilhado por um conservador eloquente e ligado aos valores, David Brooks, um colunista do *New York Times.* Também para Brooks, o conservadorismo estava enraizado numa perspetiva moral. De origem canadiana, Brooks foi estagiário na *National Review* de Buckley e, depois de algumas publicações no *Wall Street Journal,* tornou-se numa consciência pública do centro-direita americano. Chocado com a ascensão de Trump e a sua captura do Partido Republicano, Brooks atribuiu o seu desassossego ao próprio Trump e à popularidade do novo presidente. À boa maneira republicana não partidária, Brooks dirigia as exigências morais do conservadorismo, primeiro aos cidadãos, e só depois ao governo. Para um conservador prudente, como com Levin, as exigências pareciam muitas vezes exageradas. Apelava-se a nada menos do que a uma regeneração moral. Longe de uma gestão da imperfeição humana, o conservadorismo de Brooks parece um perfeccionismo progressista. Brooks detesta o fanatismo nacionalista e o desprezo populista pelos especialistas, mas, como Levin, diz pouco sobre porque é que muito daquilo que o choca aconteceu durante o domínio conservador. A sua eloquência e paixão por tudo isto não inabaláveis. «Para que o conservadorismo recupere», escreveu Brooks em tom de aviso (2018), «tem de alcançar dois grandes objetivos. Em primeiro lugar, tem de encontrar um propósito moral suficientemente grande para afastar a atração do nacionalismo "sangue e solo". Em segundo, tem de restaurar os padrões da competência profissional e reafirmar a importância da experiência, da integridade e da destreza política. Quando se abandona a excelência e a integridade, a única coisa que resta é a lealdade ao grande líder.»

Um conservadorismo mais robusto que via as suas tarefas como políticas e não éticas foi exposto pelo historiador e pensador britânico Noel Malcolm. Numa reunião de conservadores e adeptos do mercado livre, realizada em meados dos anos 1990 perto de Londres, Malcolm delineou alguns elementos de um «realismo conservador». Marcava uma linha clara de separação em relação às preocupações socioéticas dos neoconservadores americanos e alemães. Ao mesmo tempo, distinguia o conservadorismo economicamente liberal aprovado por Malcolm das tradições sociais-cristãs da Europa continental, que ele reprovava. A democracia cristã, nas suas variantes francesa e alemã, despertara um espírito europeu de universalismo político e desviara a União Europeia dos seus propósitos mais estritos a respeito das relações entre as nações.

Muitas das comunicações da conferência, publicadas em *Conservative Realism* (*Realismo Conservador*, 1996), lamentavam a insipidez e exaustão atuais do pensamento de direita, aparentemente congelado entre a fé no mercado e as velhas fidelidades conservadoras. Mas não tanto Malcolm, que, no seu ensaio «Realismo conservador e democracia cristã», fazia uma vigorosa defesa conservadora do *statu quo* economicamente liberal com um nacionalismo moderado.

O conservadorismo «realista» de Malcolm era cético em relação à capacidade de aperfeiçoamento da vida humana, consciente das «realidades económicas» e de ideias claras quanto aos limites da ação política para alterar essas realidades. Acima de tudo, o conservador realista, oposto ao conservador dos valores, reconhecia o carácter especial da política e a autonomia da esfera política. «Para um conservador (e em especial para um conservador realista)», escreveu Malcolm, «a existência de um Estado-nação, que implica a existência de uma comunidade política genuína e o exercício em nome dessa comunidade da autoridade política final conhecida como soberania, não é um facto contingente facilmente ajustável, mas uma característica crucial — a mais crucial — do nosso panorama político.»

Malcolm (que, entre muitas distinções, é um eminente estudioso de Hobbes) apresentava aqui uma imagem hobbesiana da política na qual as ideias *comunidade política*, *Estado-nação* e *autoridade final* (*soberania*) se interligavam: sem autoridade final, não há Estado; sem Estado, não há comunidade. Invertendo esta cadeia, a comunidade implicava um Estado, que implicava soberania. Ao entregar a autoridade suprema à União Europeia, a Grã-Bretanha enfraquecia o Estado britânico, e o enfraquecimento do Estado britânico minava a comunidade política. Em suma, a Grã-Bretanha só formaria uma comunidade política na medida em que estivesse sujeita a uma autoridade única e incontestada.

O realismo conservador, segundo a versão neo-hobbesiana de Malcolm, podia manter, ao contrário da democracia cristã, uma «distinção clara ou funcional entre política e moralidade». Por moralidade, Malcolm tinha em mente o pensamento de justiça social de católicos como Emmanuel Mounier e Jacques Maritain, que teve encorajamento papal nos anos 1930. Quando via o liberalismo económico como uma doença, a Igreja Católica, nos anos 1890, considerava o socialismo uma coisa pior. A encíclica *Quadragesimo anno* (1931), por contraste, colocava «o individualismo económico e o coletivismo da expropriação e da propriedade estatal», nas palavras de Malcolm, numa simetria «profundamente errada». Ou seja, esta encíclica via os dois sistemas como igualmente maus. Para Malcolm, isto falsificava os factos. Na verdade, o odiado «individualismo económico» trazia prosperidade, desde que todos perseguissem os seus próprios interesses económicos num quadro de regras comuns e de uma «comunidade de práticas e de lei». A pobreza das massas surgia quando o «individualismo económico» sofria intervenções em nome da justiça social ou de salários justos, fazendo-o funcionar mal. Malcolm fazia uma defesa coerente do mercado livre desigual e nacionalista com uma consciência limpa.

Malcolm fazia uma concessão discreta, mas reveladora, às exigências de moralidade, em linha com Hayek e Marshall antes dele, embora a concessão tivesse um espírito instrumental. A moral em questão era útil para a ordem e para a eficiência. Para partilhar as suas benesses, dizia Malcolm, o «individualismo económico» tinha de funcionar, não só dentro de uma «comunidade de práticas e de lei», mas também num «quadro de regras comuns de conduta». Ou seja, os banqueiros e os empresários tinham de se comportar bem, pelo menos entre si. Tinham de manter a sua palavra e não defraudar. Sobre se as «regras comuns de conduta» eram aplicadas aos banqueiros e aos empresários pelo que deviam à sociedade, Marshall pensava que sim, enquanto Hayek pensava que não. Malcolm deixava a questão em aberto.

Discordava das hesitações democratas-cristãs sobre as reformas sindicais do governo de Thatcher nos anos 1980. Não era por acaso que

Malcolm, que se tornou depois um defensor eloquente do Brexit, falava na mesma altura em que Jacques Delors estava a completar os seus dez anos como presidente da Comissão Europeia. Enquanto ministro das Finanças, Delors secularizara o principal sindicato católico da França. Como presidente da Comissão, Delors defendeu a carta dos direitos sindicais que irritou os conservadores britânicos e provocou o discurso de Thatcher, em Bruges, no qual a primeira-ministra disse que não levantara as fronteiras do Estado para as ver reimpostas por um superestado europeu.

Malcolm insistia na sua rejeição conservadora liberal da democracia cristã de espírito social. A imagem da política da democracia cristã, escreveu ele, vinha do pensamento escolástico pré-moderno, que «via uma hierarquia — quase uma continuidade — de níveis de cooperação humana ou de "comunidade" — a família, a família alargada, o círculo de amigos, o grupo social mais alargado, a comunidade local, a comunidade regional, a nação, a família de nações, o mundo». Nestes esquemas, a autoridade era uma mera ferramenta para o bem comum, independentemente da dimensão da comunidade. Na imagem medievalista a que Malcolm se opunha não havia «distinção *qualitativa* [...] entre a autoridade do presidente de uma sociedade lúdica, que guarda e promove o bem comum dessa associação, e a autoridade do presidente de uma república». Este não reconhecimento do carácter distinto da autoridade suprema numa comunidade política era, para Malcolm, a explicação do «entusiasmo dos democratas-cristãos por estenderem a autoridade para cima, para um novo nível europeu». Para eles, não havia nada de especial em relação a qualquer nível particular nesta hierarquia, como o nível do governo nacional.

Em tempos democráticos, a comunidade política controlava quem exercia a autoridade através de eleições. O «défice democrático» da Europa surgiu com uma mudança da autoridade para cima, sem uma mudança correspondente no controlo democrático. As nações-membros estavam numa posição intermédia. Podiam exigir controlo democrático num Estado europeu, podiam retirar-se e recuperar o equilíbrio entre soberania e democracia ao nível nacional, ou podiam aceitar a situação intermédia presente. Em defesa desta terceira opção estava uma visão mais subtil do défice democrático. De facto, o exercício da soberania nacional era limitado pela participação na União Europeia. No entanto, a proteção e a liberdade de manobra em relação a potências soberanas maiores — os Estados Unidos e a China, por exemplo — eram maiores para as nações de dimensão média num todo superior. Os eleitores europeus não tinham controlo direto sobre o exercício dos poderes no plano europeu, mas tinham esse controlo na sua operação intergovernamental.

O apelo conservador de Malcolm à democracia, tal como o apelo à ética empresarial, era instrumental e não uma questão de princípio. A preocupação do conservador era com aquilo que servia bem ou mal a saúde e a estabilidade da comunidade política. «O conservadorismo, visto a partir da perspetiva história a longo prazo», escreveu Malcolm, «não está necessariamente preso à democracia liberal, mas o conservadorismo atual valoriza as instituições democráticas liberais como a forma mais segura de manter a saúde de uma comunidade política.»

Ao contrário de Malcolm, o libertariano conservador americano Jason Brennan era mais direto e menos misericordioso em relação à democracia, em especial às eleições. Segundo Brennan, um dos principais objetivos da política era promover a prosperidade pela promoção dos mercados livres. A democracia eleitoral, para Brennan, prejudicava esse objetivo. Versado no estudo de eleições, Brennan preocupava-se com o pouco que os eleitores sabiam. Em *Contra a Democracia* (2016), reanimou as dúvidas lançadas por Schumpeter sobre a compatibilidade do capitalismo liberal com a democracia eleitoral. Brennan já não acreditava que os direitos a um governo bom e limitado gozados por todos os cidadãos ainda estivessem adequadamente protegidos das maiorias ignorantes. Brennan defendia a «epistocracia», ou seja, o governo competente por aqueles que sabiam o que estavam a fazer, em oposição ao governo incompetente confirmado por eleitores que não sabiam no que votavam nem pelo que votavam. Tinha um espírito aberto sobre como a epistocracia devia ser aplicada. Experiências locais, votos duplos, testes de conhecimentos e isolamento da economia em relação ao controlo democrático eram oferecidos num espírito de sugestão livre. A crítica incisiva de Brennan da democracia eleitoral pode ser justamente vista como o lado escolástico dos movimentos pela supressão do voto. Tem uma longa história americana, na esquerda e na direita, mas é vista mais recentemente nos esforços republicanos para retirares os eleitores pobres dos registos eleitorais.

Não há melhor pensador com que terminar este breve estudo de como os conservadores defendem o liberalismo de direita do que David Willetts. O seu percurso intelectual exemplifica as provações do conservador sensato fustigado pela fúria e impaciência dos dois lados. Willetts começou como um adepto radical do mercado livre, mas, com a idade e a experiência, tornou-se um centrista turbulento. Willetts trabalhou no ministério das Finanças (1978–1984) e concebeu novas políticas para o governo, incluindo o pagamento de obras públicas e de serviços públicos com uma mistura de financiamento público e privado. Foi deputado conservador (1992–2015) e autor de várias obras. Três livros seus, *Modern Conservatism* (*Conservadorismo Moderno,* 1992), *Is Conservatism Dead?* (*O Conservadorismo Morreu?*, 1997) e *The Pinch* (*O Desfalque,* 2010), bastam para traçar o seu percurso político. O primeiro mostrava confiança no facto de o toryismo de Thatcher ter, em certa medida, curado os piores males socioeconómicos da Grã-Bretanha no pós-guerra. O segundo, publicado quando os trabalhistas enterraram o seu partido com uma grande vitória eleitoral, preocupava-se com os conflitos entre a comunidade e o mercado. O terceiro era um livro não partidário sobre o futuro dos nossos filhos, os problemas das populações envelhecidas, os impostos, as pensões, a habitação e a mobilidade social ao longo do ciclo da vida que todas as nações ricas enfrentam. Willetts era demasiado inteligente e experiente na política para rejeitar a força das grandes ideias ou a necessidade de narrativas de enquadramento, mas percebia como, com o tempo, uma grande ideia e uma narrativa de enquadramento — chamemos-lhe thatcherismo — se tornavam dessecadas e perdiam utilidade. Em vez de propor uma nova grande ideia conservadora, Willetts preferiu concentrar-se, num espírito apartidário, nos males presentes e nas reparações necessárias ao quadro dominante. Era como se percebesse que, para reclamarem a autoridade intelectual, os conservadores teriam primeiro de reconquistar a sua reputação de prudência e de governo sólido. Mas a reputação não era tudo o que estava em jogo. Sem prudência nem governo sólido, o conservadorismo liberal continuaria a ser assolado, a partir de dentro, por uma direita dura furiosa e irreconciliada.

CONCLUSÃO

ESCOLHAS AO DISPOR DA DIREITA

Vivemos numa era da direita. Mas que direita é esta? Que tradição defendem os conservadores? Que conservadores devem agora controlar a tradição? De um lado, estão os conservadores liberais, que contribuíram muito para criar e sustentar a democracia liberal após 1945. No outro, está uma direita dura iliberal, uma aliança estranha de globalistas hiperliberais e conservadores nacionalistas que dizem falar pelo «povo».

Em toda a parte, a esquerda está em retirada. Os velhos partidos do centro-esquerda da Europa estão rapidamente a perder apoio. O compromisso da esquerda europeia com o socialismo num sentido historicamente significativo foi abandonado há meio século. A grande tradição sobrevive, quando muito, numa forma amplamente esteticizada nos departamentos de humanidades das universidades, incluindo nos Estados Unidos, onde o socialismo como movimento político nunca teve sucesso. Salvo quando o sistema económico é ameaçado pelo desmoronamento, os democratas americanos mostram-se repetidamente cautelosos com as políticas keynesianas, assistencialistas ou sociais-democratas, enganosamente chamadas «socialistas». Na ausência de uma verdadeira oposição político-partidária de esquerda, o debate partidário é remodelado por uma luta entre os conservadores pelo controlo da sua tradição.

Baseados nas críticas da Revolução Francesa, os primeiros conservadores de inícios do século XIX defendiam a unidade social e a autoridade do costume, ambos sob ameaça, como temiam, do capitalismo e do seu defensor político, o liberalismo. Não acreditavam no progresso liberal nem na igualdade democrática. Como herdeiros dos governantes aristocratas que estavam mais habituados a dar ordens do que a justificarem-se, os primeiros conservadores não tinham paciência para o debate público e foram lentos a aceitar que precisavam de ideias e intelectuais próprios.

Em finais do século XIX, os conservadores tradicionais fizeram compromissos históricos. Lentamente, aceitaram a democracia eleitoral. Para se oporem à democracia económica (socialismo, sindicalismo, social-democracia ou assistencialismo em alguma combinação e força), aliaram-se aos liberais de direita, que também receavam o desafio económico da esquerda. Entre 1880 e 1945, emergiu um novo animal político, o conservador liberal (ou liberal conservador). Os conservadores tradicionais organizaram-se em partidos do centro-direita. Eram flanqueados por dois tipos de dissentes da direita: conservadores das franjas do partido que recusavam o compromisso com o *statu quo* democrático liberal e os críticos conservadores, fora da política partidária e geralmente indiferentes à política, que consideravam feio e não ético o mundo moderno liberal que os conservadores políticos estavam a ajudar a criar.

Sob a pressão popular, o centro-direita aceitou gradualmente as reformas sociais e o assistencialismo, em especial após 1945. Quando o consenso social-liberal exagerou nas promessas, ficou sem dinheiro e fracassou na inflação dos anos 1970, o centro-direita adotou uma linha zelosa de mercado livre, liberdade empresarial, pequenos orçamentos e fronteiras abertas. Este consenso radical, por sua vez, fracassou no novo século, criando uma lacuna político-partidária e intelectual na direita que foi preenchida pela direita dura.

Enquanto amálgama de populistas e libertarianos, a direita dura, como a antiga quimera, não devia existir de forma estrita. Os populistas querem mais assistencialismo para um «nós» exclusivo e nacional. Querem menos voz para o Parlamento e para os representantes eleitos e mais intervenção para eles próprios, com menos para os especialistas e as chamadas elites. Os libertarianos querem reduzir o capitalismo assistencialista, ou abandoná-lo por completo, e dar menos voz aos eleitores ignorantes. Um lado apela ao abrigo de um lar nacional, o outro segue a autoridade dos mercados globais. Ambos prometem segurança, ainda que de maneiras diferentes. Às empresas e aos bancos é prometida a segurança de não serem incomodados e de terem a liberdade de se deslocarem, bem como aos seus ativos, para onde quiserem. Às pessoas, prometem uma familiaridade da vida há tanto desejada — trabalho estável, comunidades coesas, o sentido de uma nação com fronteiras claras — que muitos temem ter desaparecido, talvez de uma vez por todas. Para os políticos do centro abalado, de esquerda ou de direita, seria complacente consolarem-se por as promessas não serem viáveis e por estarem em conflito mútuo. A direita irreconciliada, como este livro mostrou, é engenhosa a transformar incoerências aparentes em vantagens.

Quando Schumpeter, o ironista, perguntou se o capitalismo poderia sobreviver à democracia, respondeu à sua própria pergunta: «Sim, se», antes de enumerar, como vimos, várias condições exigentes. No clima atual, a pergunta de Schumpeter pode ser invertida. Poderá a democracia liberal sobreviver ao capitalismo? Esta questão não pressupõe que, atualmente, há uma alternativa não capitalista. Ao invés, parte do princípio de que o capitalismo está aqui para ficar e que, por isso, os conservadores têm de fazer uma escolha. Ficarão ao lado da direita dura e deixarão a democracia liberal à mercê dos mercados descontrolados e do populismo nacional? Ou irão procurar aliados com quem possam reconstruir um centro abalado?

ANEXO A

PALAVRAS-CHAVE DO CONSERVADORISMO

Capas e desmascaramento: A sociedade confere aos humanos nus e inacabados uma segunda natureza que mascara o carácter animal. «A sociedade baseia-se na roupa» (Carlyle). É perigoso retirar «a capa do costume» (Burke). Os desmascaradores (por exemplo, os seguidores de Marx, Nietzsche e Freud, a psicologia evolucionista e o reducionismo da ciência natural) negligenciam o perigo.

Conservadorismo: Prática moderna da política que data de inícios do século XIX, em competição com o liberalismo pré-democrático e, depois, com o liberalismo democrático, que o conservadorismo aceita de forma relutante, mas que tenta moderar.

Declínio: A deflação conservadora da esperança no progresso humano pode, sem disso necessitar, assumir forma histórica na afirmação desoladora de que o presente é pior do que o passado e de que o presente pode ser melhor do que o futuro. Se lhe perguntarem «Como estás?», o conservador do declínio responderá: «Ah, mais ou menos. Pior do que ontem, melhor do que amanhã.»

Democracia: As promessas políticas liberais estendidas a todos, sejam quem forem. A democracia política promete a todos proteções dos votos e uma voz contra o poder estatal; a democracia económica promete a todos proteções contra o poder da riqueza e do mercado (mas ver «democracia económica»); a democracia cultural promete a todos uma última palavra nos juízos éticos e culturais, livres de interferência legal ou tutelar. A democracia universaliza as dúvidas conservadoras sobre o liberalismo: já suspeitas quando feitas a poucos, as promessas do liberalismo são consideradas destrutivas ou inviáveis quando democraticamente estendidas a todos.

Democracia económica: Em termos gerais, a participação económica para todos. Quando estendida a todos, democraticamente, a proteção em relação a riqueza é não liberal (socialista) ou liberal (reformista). Nas formas não liberais, a democracia económica nega a proteção à riqueza. (No extremo, o Estado ou a sociedade detêm tudo; não há propriedade privada.). Na forma liberal, a democracia económica protege todos em relação à riqueza. Também oferece proteção à riqueza pelo Estado ou pela sociedade. Desde 1945, o liberalismo democrático implica a democracia económica, ainda que a força desta (Mais mercado? Mais sociedade?) seja disputada. (Ver «hiperliberalismo».)

Direita dura: Distinto do centro-direita, um segmento do conservadorismo que rejeita um ou mais elementos centrais do *statu quo* democrático liberal. Uma aliança tática instável de hiperliberais do mercado livre e antiliberais populares, a direita dura diz falar pelo «povo» contra as «elites». É chamada «dura» e não «nova» porque os seus temas são velhos; e «dura» e não «extrema» porque, desde os anos 1980, retirou votos ao centro-direita para se juntar aos partidos convencionais.

Escárnio e raiva: O escárnio é aquilo que os conservadores sentem normalmente em relação aos reformadores imaturos e aos sonhadores idealistas. Os seus modos típicos são o vitupério e a sátira, géneros literários onde a direita brilha. A cólera pode ser sentida pelos conservadores em relação a si mesmos, dilacerados pela responsabilidade e vergonha pela condição das sociedades modernas que eles sustentam e promovem. «Os conservadores começam frustrados, os progressistas acabam em frustração» (Niklas Luhmann. «A cólera é a emoção política característica do nosso tempo» (Peter Sloterdijk).

Esquerda/direita: Linha divisória no campo da competição política moderna, regularmente declarada redundante ou difícil de ver, mas duradoura e aparentemente indispensável. No início, os conservadores ocuparam a direita do campo, os liberais, a esquerda. Quando os democratas se juntaram à luta, alguns liberais moveram-se para a direita para se confundirem com os conservadores de espírito liberal. Neste livro, «a direita» e «conservadores» são usados de forma intermutável. No início, «direita/conservador» e «esquerda/liberal» marcavam uma divisão. Com o tempo, passou a haver liberais de direita, liberais conservadores, ou, para dizer o mesmo ao contrário, conservadores liberais. O termo «conservador liberal» foi reconhecido cedo e não é confuso nem uma contradição de termos.

Establishment: Uma cadeia familiar de argumentação assenta a ordem social no poder autoritário, o poder autoritário, em instituições estabelecidas (as que passaram no teste do tempo) e as instituições, na fidelidade incontestada e total. Se a política renunciar a objetivos além da preservação da ordem social, o *establishment* torna-se «o objetivo interno da política» (Scruton).

Estado: Na direita liberal, a palavra do Estado deve ser final, mas no seu domínio específico. Ou seja, o poder supremo pode ser eficaz e indiscutível sem ser ilimitado ou abrangente. Visões menos restritivas sobre o poder do Estado são comuns na direita não liberal, populista ou autoritária.

Experiência: Um cacete filosófico para usar contra os intelectuais liberais. Para muitos conservadores, a experiência é um guia mais seguro do que as «teorias» ou as ideias «abstratas». Assim entendida, a experiência explica-se a si mesma de forma circular. A experiência (conhecimento político) não decorre de experiências laboratoriais (impossível) ou de busca de dados (enganadora), mas da experiência (atividade passada). Uma vez envelhecida e suficientemente repetida, a experiência (atividade passada), torna-se costume (que encarna o conhecimento). As suas origens, mas não os seus conteúdos, são então esquecidas.

Fascismo, autoritarismo e conservadorismo: Como um totalitarismo, o fascismo não está no espetro direita-esquerda da política moderna liberal analisada neste livro. O autoritarismo está neste espetro, na sua extremidade direita. Os autoritários negam a representação democrática, mas aceitam a diversidade económica e, alguma, cultural. Para o controlo, recorrem ao medo e à aquiescência passiva. Os fascistas exploram a representação de partido único, rejeitam toda a diversidade e, para o controlo, recorrem ao medo e à mobilização popular. «Fascista conservador» é uma contradição de termos, ao contrário de «autoritário conservador».

Família: A par da lei e da propriedade, constituinte vital de uma sociedade estável e ordenada.

Hiperliberalismo: Na vida económica, negação radical ou desprezo pela opinião da sociedade e do Estado sobre como o poder da riqueza é exercido. Com frequência, usado de forma intermutável com «neoliberalismo». (Ver «libertarianos».)

História do conservadorismo: Conquista gradual de uma modernidade liberal em que os conservadores não se sentem à vontade. A tensão entre a aceitação e a resistência à modernidade liberal gera entre os conservadores uma luta infindável pela posse da sua própria tradição.

Igualdade: As pessoas, para os conservadores, não são nem serão iguais. Os talentos, as energias e as capacidades variam. Não há direito a recursos iguais ou a respeito social igual. As pessoas têm o mesmo valor moral e devem ser tratadas de forma igual perante a lei, mas o nivelamento das recompensas e dos rendimentos falha o seu alvo e perturba a ordem social.

Imperfeição: A ação política é imperfeita porque os seres humanos são imperfeitos, e nem a ação nem os humanos são muito melhoráveis. Ainda que os conservadores, de uma forma geral, aceitem esta visão consternadora, têm cuidado quando a aplicam a si mesmos. Não se ajusta bem às suas reivindicações de prudência superior. É embaraçosa no mercado democrático, onde a «alternativa menos horrível» não vende bem.

Inovação e mudança: Os conservadores lutam pela tradição procurando e preservando valores estabelecidos na correria da mudança. Ao mesmo tempo, abraçam o capitalismo, que é o grande motor de mudança da modernidade. A luta entre a inovação e o *establishment* percorre toda a história conservadora.

Liberalismo: Prática moderna da política que data de inícios do século XIX, combatida pelo conservadorismo e, depois, pela democracia.

Liberalismo económico: Proteções à riqueza, ao capital e às empresas em relação à intervenção do Estado e da sociedade. Como a riqueza confere poder, este liberalismo também promete, ou devia prometer, proteções em relação à riqueza.

Libertarianos: Liberais extremos que negam à sociedade ou ao Estado qualquer opinião sobre as opções e escolhas das pessoas. Se económicos, podem ser de esquerda (rejeitam a defesa da propriedade) ou de direita (rejeitam os impostos sobre a propriedade). Os libertarianos culturais negam ao Estado ou à sociedade qualquer opinião ética ou cultural.

Limites da política: Numa imagem quietista favorecida por muitos conservadores, mas não por todos, a eficácia da ação política é limitada, o alcance das responsabilidades políticas é pequeno e o papel da política na vida de uma pessoa sensata é menor. «O homem que põe a política em primeiro lugar não merece ser chamado um ser civilizado» (Quintin Hogg).

Metáfora orgânica: Tratar a sociedade «organicamente» como um «todo vivo» pode levantar várias questões, sobretudo negativas: a origem da sociedade é «natural», não feita ou planeada; o seu padrão de mudança é lento, sem ruturas súbitas; na composição, a sociedade e os membros são interdependentes; quanto aos propósitos, a sociedade não é um instrumento para os vários usos dos seus membros; a sociedade tem maneiras de funcionar e de se sustentar não determinadas pelos interesses ou pelas escolhas dos seus membros.

Moderados-radicais: Distinção que marca um estilo ou maneira da política, mas não uma prática, uma perspectiva ou um carácter político. Os conservadores podem ser moderados ou radicais. O contraste é adverbial e não substantivo. Os radicais agem de forma zelosa, visando silenciar a oposição com a vitória total. Os moderados agem de forma temperada, visam o compromisso e são capazes de viver com o fracasso. Nenhum destes modos funciona em toda a parte ou sempre. Os radicais podem ser excessivamente agressivos, levando demasiado longe a mudança; os moderados podem ser débeis e fracos, não agindo quando necessário. «Tudo o que os legitimistas legitimam é a revolução» (Metternich, sobre os monárquicos radicais).

Modernidade: Condição da sociedade desde o século XVIII, marcada pelo crescimento rápido da população, pela disseminação do capitalismo industrial e, depois, financeiro, pela divisão do trabalho, pela literacia e pela mobilidade. Intelectualmente, um clima de ideias marcado pela secularização e pelo pensamento esclarecido. A modernidade separa a ciência natural do divino e do sobrenatural; a filosofia deixa de ser a única explicação do mundo; a moralidade já não tem a tarefa da redenção humana; a lei deixa de ser a putativa ordem universal da natureza. A modernidade entrou na política por meio de Maquiavel e Hobbes, que retiraram aos governantes todos os deveres para além de garantir um quadro seguro e estável para as pessoas florescerem e para resolver problemas mundanos. Para os liberais, a modernidade foi uma libertação; para os conservadores, foi uma perda da ancoragem e do abrigo humano, pela qual culpam os liberais, daí o termo «modernidade liberal». «Muitas obras antigas tornam-se fragmentos. Muitas obras modernas começam como fragmentos» (Friedrich Schlegel).

Modernidade liberal: Ver «modernidade».

Nação: Entre as maneiras de ligar as ideias *nação, sociedade, Estado,* os conservadores, com exceções, tendem a seguir esta sequência. Em primeiro lugar, a nação é imaginada de forma ancestral, como um corpo distinto de pessoas com uma origem comum, ou culturalmente, com crenças, lealdades e memórias comuns. A nação forma então uma sociedade estável, da qual emergem os Estados e os cidadãos. «A verdadeira política só pode ser sustentada por uma grande existência nacional» (Leopold von Ranke).

Natureza humana: Para os conservadores, as pessoas são imperfeitas e não podem ser muito melhoradas. O seu conhecimento de si mesmas, da sociedade e dos outros é limitado. São parciais, não têm grande sentimento de concidadania e não se ajustam bem ao autogoverno. Esta visão pouco elevada e geralmente sombria das pessoas dará uma vantagem aos conservadores sobre os seus opositores. «A natureza humana: nós, conservadores, compreendemo-la; os socialistas não a compreenderam e, em geral, continuam a não compreender» (Margaret Thatcher).

Perspetiva do conservadorismo: Crença na unidade social; confiança no poder estabelecido; descrença na igualdade das pessoas e respeito pelo mérito, pelo estatuto e pela propriedade; baixas expectativas em relação às pessoas e, por isso, à ação política. De forma sucinta, a perspectiva do conservadorismo contrasta, ponto por ponto, com as ideias diretrizes do liberalismo (ver «perspectiva do liberalismo»). A descrença dos conservadores na igualdade e as baixas expectativas sobre as pessoas subjazem à sua desconfiança da democracia, quer eleitoral, económica ou ética e cultural.

Perspetiva do liberalismo: A sociedade é diversa e sofre conflitos materiais e morais; o poder, incluindo o poder autoritário, deve ser resistido, em especial por um contrapoder; o melhoramento social (progresso) é possível e desejável; todas as pessoas merecem respeito do Estado e da sociedade independentemente do mérito, do estatuto ou da propriedade. Os liberais têm altas expectativas para as pessoas e, por isso, para a política. Entendida como debate público infindável, a política é necessária e eficaz para estabilizar uma sociedade aberta e competitiva. A resistência ao poder e a manifestação de respeito cívico são, para os liberais, correlatos. Uma apela às pessoas que apoiem as instituições e as tradições que reforçam as proteções em relação ao poder. A outra apela ao Estado, à riqueza e à sociedade que honrem essa tolerância.

Povo: Um ente imaginado, diversamente pensado como cidadania, populaça, as pessoas comuns ou uma nação.

Populismo: Um estilo de autojustificação política. Para usar a sua própria linguagem controversa, o populismo é um fenómeno de «elite». Surge numa luta entre políticos na qual um lado, o lado populista, diz falar pelo povo. «O populismo é uma sombra permanente da democracia representativa e um perigo constante» (Jan-Werner Müller).

Prática: Como prática histórica, a política é feita de várias maneiras. O conservadorismo (como o liberalismo e o socialismo) constitui maneiras locais e modernas. Cada política tem seguidores exemplares ou «praticantes» — políticos, pensadores, grupos de reflexão, imprensa, doadores, eleitores — com uma perspetiva de objetivos e ideais que os guiam. O conservadorismo tem uma perspetiva, mas não é em si mesmo uma perspetiva. As práticas políticas podem ser chamadas «tradições»; as perspetivas podem ser designadas por «ideologias». Depende do gosto. As práticas políticas são invariavelmente defendidas pelos seus adeptos.

São, segundo a expressão do filósofo Simon Evnine, «entidades endemicamente contestadas».

Prescrição: No direito, a reclamação defensável de um recurso baseada, não num título explícito de propriedade, mas na posse ou no uso longo e incontestado. Na política, uma maneira de justificar sistemas prevalecentes. Se os testes «abstratos» para as normas e instituições (por exemplo, justiça, utilidade social) forem descartados, então o uso longo e incontestado pode ser considerado legitimante, porque se diz que a sobrevivência indica utilidade. Quando um sistema há muito aceite começa a servir mal a ordem social, os conservadores têm de decidir se deve ou não ser mantido. Têm então de confiar na intuição (palpite) ou num teste «abstrato» proscrito de utilidade presente.

Progresso: Num sentido de melhoramento geral das pessoas ou da sociedade, os conservadores negam geralmente a possibilidade do progresso. É ilusório, segundo eles, porque o aperfeiçoamento desejado não pode ser feito; porque a mudança se revela má e não boa; ou porque a mudança provoca algo pior noutro lado. Um conservador «está enamorado dos males existentes, ao contrário do liberal, que deseja substituí-los por outros» (Bierce).

Propriedade privada: Como a lei e a família, a propriedade privada, para os conservadores, é vital para a ordem social. Previne uma guerra incessante pelos recursos da vida. Cria deveres para os proprietários e aspirações para os não proprietários. O requisito da *existência* da propriedade é consistente com as diferentes *distribuições* particulares da propriedade. No entanto, como defensores dos proprietários, os conservadores tendem a aceitar as distribuições prevalecentes por defeito, afirmando que a interferência redistributiva é ineficaz e destabilizadora. (Ver «Proprietários e não proprietários».)

Proprietários e não proprietários: Tal como qualquer tradição política, o conservadorismo serve interesses. Entre os muitos interesses que serve, distingue-se a propriedade. Neste sentido, os conservadores são, acima de tudo, o partido dos proprietários. Dado que as formas que a propriedade pode assumir são muitas e que quem detém propriedade pode mudar, a identificação dos proprietários e a sua defesa nem sempre é fácil para a direita. (Ver «propriedade privada».)

Segunda natureza: A alimentação, a educação e a sociedade dão uma «segunda natureza» aos humanos inacabados e vulneráveis. A ideia, observada por Aristóteles, é comum, mas aberta a usos conservadores distintos: negar, ao estilo burkeano, uma natureza humana comum, lançando assim dúvidas sobre os direitos universais (liberais); sublinhar o enraizamento social dos objetivos e do carácter das pessoas, sugerindo assim limites para autoafirmação e autonomia (liberais). Longe de aprisionarem as pessoas (visão pós-moderna da esquerda), as normas sociais «aliviam-nas» (Gehlen) do peso da dependência e da vulnerabilidade.

Terra e campo: Para os conservadores de veia romântica e antiurbana, o campo é um local de virtude, estabilidade e harmonia. Os seus primeiros celebrantes foram William Cobbett e Wilhelm Riehl.

Tradição: O valor estabelecido e duradouro que os conservadores procuram identificar e preservar entre a mudança moderna turbulenta. Num sentido diferente, uma tradição ou prática da política, por exemplo, o conservadorismo. O conservadorismo é uma luta pela tradição nos dois sentidos: uma busca exigente daquilo que deve ser preservado entre a destruição criativa do capitalismo, e uma luta entre os conservadores pela posse da sua tradição comum.

Unidade social: Para os conservadores, uma sociedade bem ordenada é unida e, em certa medida, coesa. Não é, como os liberais dizem, um agregado de pessoas isoladas, «atómicas» e competitivas, nem, segundo a imagem socialista, um campo de batalha de classes em guerra. O conflito de interesses e de ideias é reconhecido, mas enquadrado, não só pelo respeito da lei, mas também por fidelidades comuns e pelo dever social. Os conservadores liberais e os conservadores antiliberais discutem sobre a rigidez deste quadro.

ANEXO B

FONTES FILOSÓFICAS DO PENSAMENTO CONSERVADOR

O conservadorismo não é uma filosofia da política. Vê-la como tal implica uma confusão de níveis entre perspetivas políticas e reflexão filosófica sobre como as perspetivas são descritas e justificadas. Ainda assim, a perspetiva conservadora foi alimentada por uma grande bacia de drenagem de ideias gerais sobre as pessoas, a moralidade e a sociedade. Um contraste útil a partir do qual se pode começar um sobrevoo breve é o lugar-comum de que, para os liberais (seguindo Rousseau), as pessoas são boas, a sociedade é má, enquanto, para os conservadores (seguindo Burke), a sociedade é boa e só os liberais maliciosos pensam o contrário. As pessoas boas, pensava Rousseau, podem aperfeiçoar uma sociedade imperfeita. Para Burke, a sociedade era necessária para refrear as pessoas imperfeitas. Até aqui, tudo muito simples.

As primeiras fontes das ideias conservadoras e os argumentos reutilizáveis em sua defesa podem ser encontrados em todo o cânone ocidental. Platão não acreditava na igualdade das pessoas e na sua capacidade de autogoverno. Aristóteles sublinhava a sociabilidade natural das pessoas, a importância da propriedade e das famílias. Preferia sistemas constitucionais governados pela lei ao governo arbitrário e via as sociedades ideais como ilusórias. No entanto, algumas formas de vida eram superiores a outras. Para Aristóteles, a forma superior, uma vida mista de conforto, envolvimento cívico e contemplação, requeria uma classe de escravos, o que constituía uma primeira afirmação da necessidade de desigualdade.

Na perspetiva estoica de Cícero, o universo era ordenado e inteligível, governado por uma lei natural que fixava as operações da natureza e, por isso, guiava a conduta humana (sendo os humanos, por natureza, animais racionais). O florescimento do pensamento crítico na Idade Média produziu linhas de divisão que, mais tarde, foram adotadas por pensadores do século XX como ecos prévios das suas próprias disputas. Seria o Estado um remédio divino para a maldade e imperfeição humanas? Os conservadores, olhando em retrospetiva, tendiam a concordar. Ainda que não divino, o Estado remediador era opaco à razão crítica. Ou seria o Estado, como defendiam Ockham e Marsiglio, um dispositivo humano concebido para fins humanos? Os liberais, olhando em retrospetiva, favoreciam esta ideia, bem como a sugestão de que os Estados podiam ser moldados pelos seus cidadãos e que a lei coerciva era o preço que as pessoas aceitavam pagar pela paz e ordem.

Para Hooker, no século XVI, a lei natural era um esquema em que as diferentes sociedades se baseavam à sua própria maneira, uma ideia que antecipava a perspetiva anti-universalista de Montesquieu de que os sistemas políticos aptos dependem do clima, da terra e das pessoas. Jean Bodin prefigurava uma tradição conservadora «realista» do governo forte incontestado que, porém, era limitado pelo costume, pela lei e pelo requisito da tolerância. Quase todos aceitavam o saber imemorial de que o governo dependia do consentimento, mas nem todos viam o consentimento da mesma maneira. Alguns viam a sobrevivência das instituições como prova do consentimento, com o ónus do desafio a recair sobre o desafiador. Para outros, as instituições tinham de se justificar para obterem o consentimento. Möser, por exemplo, atacava as reformas centralizadoras de um Estado burocrático justificadas por argumentos de racionalidade económica, dizendo que estes argumentos passavam ao lado da utilidade oculta de costumes aparentemente inúteis ou antiquados.

Quanto à pergunta «*X* era conservador?», é anacrónica em relação a um filósofo anterior ao século XIX e, depois, geralmente enganadora. Alguns viram Hobbes como conservador porque destacava o primado da ordem legal e o carácter absoluto da soberania. Outros não o consideravam de modo algum conservador, mas um racionalista autoritário ou até um sinistro protobolchevique. Quando Margaret Thatcher recebeu os Gorbachovs para jantar na Embaixada Britânica em Moscovo em 1987, o seu Ministério dos Negócios Estrangeiros descreveu brevemente Raisa Gorbachov como uma marxista dedicada. Nas suas memórias, Thatcher registou o que — meio a brincar? — encarou como uma confirmação. Quando lhe mostraram a extensa biblioteca da embaixada, a Sra. Gorbachov escolheu, entre os muitos livros bons, folhear o *Leviatã* de Hobbes.

Hegel confundia os pensadores do século XX que tentavam atribuir-lhe uma etiqueta partidária ou ideológica. Para Popper, era um totalitário; para Rawls, «um liberal de espírito reformador moderadamente progressista»; para Scruton, era um conservador de espírito comunitário. A herança de Hegel foi disputada no seu tempo pelos hegelianos de direita, que achavam que ele dizia que a marcha da liberdade terminava numa monarquia constitucional governada pela lei, e pelos hegelianos de esquerda, que viam na luta iminente entre o capital e o trabalho uma continuação da luta motriz da história do senhor e do escravo. Entre o Hegel socialista de esquerda da luta de classes e o Hegel liberal de direita da unidade cega às pessoas na lei sancionada pelo Estado, pairava um terceiro Hegel, que agradava aos conservadores éticos como fonte da sua crença nas raízes sociais das normas morais.

Kant, que escreveu pouco diretamente sobre política, foi raramente posicionado no campo conservador. No debate alemão de inícios do século XIX, era suspeito de ser um inimigo da ordem estabelecida. Kant via a constituição britânica como uma oligarquia despótica e via com bons olhos a Revolução Francesa. Era tratado por alguns como um racionalista que corroía a fé, ainda que descrevesse o seu objetivo como a determinação dos limites da razão para dar espaço à fé e à beleza. Os neokantianos alemães de finais do século XIX dividiam-se entre aqueles cujo principal interesse era defender as fundações kantianas para a ciência natural e os que queriam defender a segurança independente do entendimento histórico. Os pensadores tardios de espírito alemão (Collingwood, Scruton) sublinhavam a irredutibilidade da história à ciência natural. Quando as linhas antiutilitaristas de Kant foram reanimadas no século XX, isto foi feito por liberais americanos. Scruton, pelo contrário, via consequências conservadoras na ênfase kantiana nos poderes imaginativos e construtivos da mente humana, em especial no que dizia respeito à moral, à arte e à sociedade.

Como representantes dos proprietários, os conservadores nunca tiveram falta de argumentos altamente sofisticados em defesa da propriedade privada. Incluíam defesas hegelianas da própria instituição. Hegel pensava que a propriedade capacitava, pois sem propriedade as pessoas não eram livres para agir nem eram totalmente responsáveis. William Blackstone fez um paralelismo brutal: as pessoas sem propriedade, não tendo defesas contra a intimidação da riqueza e do estatuto, eram facilmente subornadas e corrompidas. Os conservadores também tinham argumentos hayekianos prudentes contra a interferência fútil na instituição: a boa redistribuição da propriedade pressupunha conhecimento que, em princípio, não estava disponível. Num espírito utilitarista, os conservadores podiam apontar para os benefícios sociais da propriedade: a propriedade privada servia o bem público ao estabilizar a sociedade; dava aos proprietários um interesse na ordem presente e aos não proprietários uma esperança de se tornarem proprietários. Ao dar vida e conteúdo ao direito civil, a propriedade sustentava um método pacífico de resolver disputas, que permitiam que a sociedade fosse competitiva sem se tornar explosiva. Se a propriedade fosse vista, num espírito lockeano, em geral, como tudo aquilo que as pessoas detinham por direito, numa sociedade sem direitos, qualquer interação humana tornava-se, em teoria, contestável, com a promessa de discórdia constante. Por último, a experiência histórica dava argumentos conservadores indutivos a favor da propriedade privada. A propriedade coletiva, quando experimentada à escala social, não funcionava. Destabilizava a sociedade sem libertar ou proteger os seus membros. A propriedade privada revelava-se melhor a longo prazo para aumentar e distribuir a riqueza.

Uma conclusão prudente desta breve descrição é que as etiquetas «liberal» e «conservador» são políticas e não filosóficas. Os filósofos mencionados eram anteriores ao liberalismo e ao conservadorismo. Poucos ou nenhum se viam como pensadores estritamente políticos. Todos perguntavam como é que o governo, a moralidade e a natureza das coisas podiam ser filosoficamente reunidos, mas não de modos liberais ou conservadores, ainda que muitos, num ou noutro momento, tenham sido reivindicados por um dos lados. Enfiar filósofos passados em caixas partidárias atuais é uma espécie de fraude intelectual.

ANEXO C

VIDAS CONSERVADORAS

Políticos e pensadores

1. *Políticos*

John Quincy Adams (1767–1848): presidente dos Estados Unidos (1825–1829), secretário de Estado (1817–1825), senador (1803–1808) e representante do Massachusetts (1831–1841) e embaixador dos EUA nos Países Baixos, Prússia, Rússia e Grã-Bretanha. Redator da Doutrina Monroe, Adams estabilizou a posição externa do seu país após o reacendimento da guerra com a Grã-Bretanha e a retirada da Espanha da América Latina. Sem sentido de humor, facilmente irritável e autodisciplinado, manteve um diário político durante 50 anos. Calvinista rigoroso, acreditava que a graça de Deus era necessária para controlar a sua natureza depravada. O seu pai foi presidente; um irmão e dois filhos, todos alcoólicos, morreram jovens. Convertido ao antifederalismo, Adams desconfiava do governo central. Enquanto antijacksoniano (depois de 1824), passou a temer a democracia popular.

Konrad Adenauer (1876–1967): Renano católico, presidente da Câmara de Colónia pelo Partido do Centro Católico (1917–1933, 1945) e chanceler da Alemanha Ocidental (1949–1963). Adenauer supervisionou a recuperação económica, a integração ocidental e a reconciliação com a França e Israel. Fez dos democratas-cristãos o partido dominante do centro-direita, manteve os sociais-democratas afastados e encorajou a paz entre o capital e os trabalhadores numa «economia de mercado social».

Ao acabar com a desnazificação, ajudou a adiar um reconhecimento histórico. Estrategicamente, dividiu a recuperação da soberania alemã em várias fases: aliança ocidental contra a pressão soviética, fim da ocupação aliada e reunificação das Alemanhas. Para os críticos conservadores, sacrificou os territórios orientais, acedeu aos interesses americanos e cimentou a divisão alemã. Uma Alemanha Ocidental forte e próspera, respondeu ele, revelar-se-ia demasiado atrativa para os orientais lhe resistirem. Socialmente conservador, governava com mão de ferro e via as eleições (apesar das vitórias) como necessidades lamentáveis. Reconciliado com a democracia liberal, Adenauer tinha dúvidas conservadoras em relação à modernidade. Contra a massificação, o materialismo e o ateísmo, as melhores armas, pensava ele, eram a paciência, a responsabilidade pública e a coragem cívica.

Stanley Baldwin (1867–1947): Três vezes primeiro-ministro britânico conservador (1923–1924, 1924–1929, 1935–1937). Baldwin acabou com a Greve Geral, foi vice-primeiro-ministro durante a Depressão, manteve afastada uma direita dura e barulhenta e, ao gerir uma abdicação real, aumentou a estima pela monarquia. Embora fosse adepto do mercado livre, Baldwin cedeu às tarifas altas dos *tories*, favoreceu o Sul e as Midlands mais ricos em detrimento do Norte mais pobre e enganou-se (como outros) em relação a Hitler. Evitava os confrontos (rejeitando, por exemplo, o apelo de Churchill à força contra os grevistas), via os adversários como abertos ao compromisso e, em discursos na rádio e em escritos populares, atualizou a imagem de união nacional do conservadorismo como um credo comum e indivisível para todas as classes. A imagem de Baldwin de um povo insular satisfeito consigo mesmo e isolado do mundo contradizia os factos sociais e geopolíticos, mas serviu de alicerce para os conservadores posteriores nas suas disputas sobre a posição estratégica da Grã-Bretanha. Menos incompetente do que se dizia, Baldwin exemplificava o conservador como liberal de direita.

Theo von Bethmann-Hollweg (1756–1921): Conservador sem partido de uma família de altos funcionários e professores; chanceler alemão (1909–1917). A diplomacia e a guerra ocuparam-lhe o tempo como chanceler. Bethmann tentou impedir uma guerra que as suas hesitações ajudaram a começar. O desejo da Grã-Bretanha de se manter à frente desfez-lhe as esperanças de um desanuviamento naval. Não conseguiu impedir que a Áustria atacasse a Sérvia (julho de 1914). O Programa

Setembro concebido no gabinete de Bethmann era, para os críticos, uma estratégia longamente planeada para dominar; para os defensores, era uma lista de intenções para racionalizar uma guerra indesejada. Contra a sua opinião, os belicistas rejeitaram a mediação americana (1917). Quando uma resolução de paz social-democrata foi aprovada no Reichstag, Bethmann demitiu-se (julho de 1917), terminando assim a sua carreira e o seu mundo.

Georges Bidault (1899–1983): *Résistant* e rival de de Gaulle como líder da direita católica e anti-Vichy no pós-guerra, Bidault passou do equivalente francês da democracia cristã, o seu Mouvement Républicain Populaire (MRP), para a extrema-direita obstinada, que defendia a Organisation Armée Secrète (OAS), que combatia a independência argelina com terror na França. Contribuinte antes da guerra para a revista católica antifascista *L'Aube*, não tinha, ao contrário de de Gaulle, relações com a direita de Maurras. Para escapar à perseguição pelo seu apoio à OAS, Bidauld fugiu de França, regressando depois de amnistiado, mas desacreditado (1968). No entanto, o seu MRP marcou a direita francesa do pós-guerra, com o seu envolvimento social católico, o forte estatismo, os direitos sindicais, o europeísmo moderado e o colonialismo paternalista.

Bernhard von Bülow (1849–1929): Com o seu amigo Phillip Eulenburg e o seu mentor Friedrich Holstein, esfinge do Ministério dos Negócios Estrangeiros, Bülow dominou a política governamental em inícios dos anos 1900. Secretário dos Negócios Estrangeiros (1897–1900) e chanceler alemão (1900–1909), Bülow substituiu a visão hesitante de Bismarck em relação às colónias por um imperialismo claro, exigindo um «lugar ao sol» para a Alemanha. Politicamente, criou um bloco conservador liberal para afastar os sociais-democratas. Embora as tarifas sobre os cereais (1902) tenham agradado aos *Junkers*, estes frustraram a tentativa de Bülow de reformar os impostos. Espirituoso em privado, era tumultuoso e provocador nos discursos, dizendo ao Reichstag (1899) que a «luta pela existência» requeria poderio armado e que o povo alemão seria agora «martelo ou bigorna».

Henry Cabot Lodge (1850–1924): Bostoniano distante e erudito da classe alta que travou Wilson em relação à participação dos Estados Unidos na Liga das Nações. Lealista partidário, Lodge apoiou o republicano corrupto Blaine contra os reformadores Mugwumps (1884) e o incumbente Taft contra o seu próprio amigo Roosevelt (1912). De perspetiva conservadora, opunha-se à imigração aberta e à reforma progressista, mas apoiou um projeto-lei falhado para proteger os eleitores negros. O seu objetivo era fazer da América («a melhor esperança do mundo») uma potência global com uma marinha forte. Unilateralista e não isolacionista, Lodge queria uma ordem mundial liberal nos termos americanos sem compromissos com tratados. Apoiou a guerra com a Espanha e uma «porta aberta» comercial na China.

George Canning (1770–1827): O seguidor mais brilhante e mais jovem de Pitt, exemplificava um novo tipo, o político publicista. O pai de Canning era um empresário arruinado e a sua mãe fora atriz. Ascendeu graças à sua inteligência. O seu semanário *Anti-Jacobin* (1797–1798) atacava o radicalismo e defendia a guerra. Como ministro dos Negócios Estrangeiros (1807–1809, 1822–1827), Canning desaconselhou as alianças, afastou a Grã-Bretanha da Europa e promoveu a independência na América espanhola, abrindo-a ao comércio britânico. Ao apoiar a emancipação católica e a reforma parlamentar, Canning podia ter unido os *tories* liberais e os *whigs* conservadores, mas morreu subitamente (1827). O seu conservadorismo combinava perspicácia com um apego incondicional à nação: «Comprometemo-nos a ser parciais com o país onde vivemos.»

Joseph Cannon (1836–1926): Congressista do Ilinóis (1873–1923, com intervalos) e conservador remanescente da Era Dourada que, como forte presidente da Câmara dos Representantes (1903–1911) bloqueou as reformas desejadas pelos republicanos progressistas. Baixo, pouco refinado e belicoso, o «Uncle Joe» Cannon controlava com mão de ferro as missões das comissões para se certificar de que nenhum projeto-lei de reforma apresentado pelos apoiantes do presidente Roosevelt, representados por George Norris na Câmara dos Representantes, passava pela sua Velha Guarda Conservadora. Taft, o sucessor republicano de Roosevelt (1909), esperava usar Cannon, mas os democratas, aliados aos republicanos progressistas, uniram-se para quebrar o poder de Cannon e o veto conservador sobre as mudanças, permitindo, com o tempo, as reformas de grande escala da primeira administração de Wilson (1913–1917).

Chambord (1820–1883): Henri d'Artois, conhecido como conde de Chambord, era um legitimista que intrigava contra a Terceira República e o último dos três pretendentes a um trono francês desaparecido, sendo os primeiros dois o orleanista filho de Luís Filipe, que morreu acidentalmente (1842) e o bonapartista filho de Napoleão, que foi morto ao lutar contra os Zulus pelos Britânicos (1879). A «criança milagre» Chambord nasceu sete meses após o assassinato do seu pai, duque de Berry, filho do último rei Bourbon. Depois de 1870, Chambord esperava regressar de um exílio de 40 anos. Os apelos a um golpe legitimista não foram ouvidos. Obstinado e distante da realidade, Chambord acreditava que a «monarquia sempre liderou as classes trabalhadoras». Dizia-se que não sabia apertar os atacadores dos sapatos.

Winston Churchill (1874–1965): Para a direita anglófona, Churchill ocupa um lugar na política partidária igual ao de Burke nas ideias: exemplar, contestado e inatacável. Primeiro conservador, depois liberal, depois conservador, Churchill deteve altos cargos do Estado a partir de 1908 e foi duas vezes primeiro-ministro (1940–1945, 1951–1955). Os erros e os fracassos assolaram-no no governo, bem como o álcool, a depressão e as dívidas pessoais. Com sorte e determinação, nunca foi ultrapassado. Churchill foi censurado a cada década: calamidade militar (1915), má gestão da libra (1925), nostalgia imperial e ambiguidade na resistência ao fascismo (anos 1930) e outra calamidade militar (Noruega). Depois de assumir a liderança no tempo de guerra (maio de 1940), transmitiu uma vontade indómita de resistência, recorrendo a conselheiros militares para a estratégia e a ministros trabalhistas para os assuntos internos. Como primeiro-ministro (1951–1955), Churchill era um presidente do conselho de administração, quando os conservadores, tendo aprendido com os trabalhistas, se dedicaram ao assistencialismo social e à construção de habitações numa economia em rápido crescimento. Indiferente ao partido e sem paciência para a doutrina, Churchill disse ter sido sempre um liberal.

Henry Clay (1777–1952). *Whig* antijacksoniano, nacionalista conservador e promotor do Sistema Americano (tarifas, obras federais e banco nacional). Nascido na Virgínia, Clay herdou uma plantação com escravos no Kentucky. Foi presidente da Câmara dos Representantes, senador e representante do Kentucky (1806–1852, com intervalos). Ao favorecer a emancipação lenta e o regresso a África, Clay, como o seu partido, não desafiou a escravatura. Político de fronteira conhecido como «Harry do Oeste», era o «grande conciliador» para os admiradores, um negociante sem princípios para os inimigos. Dos seus 11 descendentes, todas as seis filhas morreram cedo. Três filhos eram loucos ou alcoólicos. O filho favorito morreu na Guerra Mexicana pela expansão ocidental, a que ele se opunha.

Calvin Coolidge (1872–1933): Na demonologia liberal, um totem de madeira no interlúdio vazio entre o progressismo (anos 1910–1920) e o New Dealismo (anos 1930–1940). Nascido no Vermont, Coolidge foi presidente (1923–1929) entre a administração Harding assolada pelo escândalo e o semiliberal Hoover. Republicano apoiante do governo pequeno e das empresas, Coolidge enviou tropas para acabar com uma greve da polícia quando era governador do Massachusetts. Como presidente, impôs cortes nos impostos e, num período de forte crescimento económico, os rendimentos aumentaram. Lacónico em pessoa, Coolidge sugeria, nos seus discursos, uma confiança cega na nação providencial, «reverência» pelos «grandes homens» e uma aceitação plácida da riqueza se fosse vista como «meio e não como fim». Reagan tinha um retrato de Coolidge pendurado na Sala Oval.

François Coty (*Spoturno*) (1874–1934): Jornalista de origem corsa e fabricante de perfumes, antissemita e financiador das causas da direita nos anos 1920 e 1930. Em 1922, conquistou o controlo do *Le Figaro* e, em 1928, lançou o *L'Ami du peuple*, um jornal barato para a classe operária. Atacava os partidos políticos, disseminava veneno antissemita, elogiava o fascismo de Mussolini e apelava a que um homem forte bonapartista tomasse o controlo na França. A fortuna dos perfumes de Coty suportou durante algum tempo o partido Faisceau (1925). Em 1933, fundou a Solidarité Française, um corpo paramilitar que participou no motim antiparlamentar (1934). Com outras ligas militantes, foi banido pelo governo de Blum (1936).

Charles Coughlin (1891–1979): padre católico da direita dura americana (anos 1930), fazia-se ouvir em toda a nação pela rádio. Afastado da sua estação quando as homilias familiares se tornaram políticas, Coughlin era suficientemente popular para poder ele próprio transmitir os seus discursos pela rádio. Era contra o New Deal, fez campanha contra os banqueiros (em especial os banqueiros judeus) e, como nacionalista americano, ajudou a retirar os Estados Unidos do Tribunal Penal Internacional (1935). Apoiou uma direita populista desafortunada contra Roosevelt (1936) e opôs-se à entrada na guerra. Os seus discursos radialistas pró-Hitler (1940) assustaram os seus seguidores. A sua igreja afastou-o da política (1942) e o seu jornal, *Social Justice*, deixou de ser aceite pelo correio federal. Coughlin continuou a ser padre no Shrine of the Little Flower de Detroit até se reformar.

Charles de Gaulle (1890–1970): Militar e presidente francês que exemplificava as forças políticas da vontade e do mito. Após uma resistência corajosa, mas falhada, contra as forças alemãs (1940), encarnou, no exílio londrino, uma França Livre fantasmagórica. Na Libertação (1944), impediu a ocupação aliada da França e conquistou um sector francês na Alemanha ocupada. Como chefe do governo provisório (1944–1946), quis que a constituição fosse rejeitada e demitiu-se. Primeiro-ministro durante a crise argelina (1958), introduziu uma nova constituição presidencial e cedeu a Argélia, tendo as duas medidas sido aprovadas por referendo. Supervisionou a descolonização africana, a criação (com o auxílio americano) de um arsenal nuclear e a integração francesa na Europa. Gestos contrários — contra a NATO, a CEE e a ocidentalização da Guerra Fria — foram depois invertidos. Teatro à parte, a França gaullista era atlanticista, europeia e antissoviética. Desengonçado e distante, de Gaulle detestava a política partidária e tratava autocraticamente os seus ministros, embora se afastasse quando era desafiado (1946, 1969). Difícil de classificar, era um pouco como a França: de tom de direita, mas centrista.

Marcel Déat (1894–1955): Jornalista convicto de que a França decadente não estava à altura das nações fascistas energizadas. Aluno inteligente de professores liberais, Déat era um pacificador de esquerda que se voltou para a direita dura. Apelou ao entendimento com a Alemanha, opôs-se à intervenção em Espanha, questionou o pacto franco-soviético e assinou (maio de 1939) o artigo que instava a França a não honrar as suas promessas à Polónia, «Mourir pour Dantzig?». Déat competia então com o PPF de Doriot e os Francistes de Bucard pelo apoio pró-fascista. Em Vichy, o partido de Déat era mais nazi na linguagem e no simbolismo. Foi ministro do Trabalho (1944) antes de fugir para a Alemanha.

Jacques Doriot (1898–1945): Migrante francês do comunismo para o fascismo, Doriot, filho de um metalúrgico, foi deputado popular por Saint Denis, um subúrbio da classe operária de Paris (1928–1938). A lentidão comunista face à ameaça nazi alarmou-o e apelou à unidade da esquerda. Quando os próprios comunistas apelaram a frentes populares (1934),

Doriot foi castigado com a expulsão por ter razão demasiado cedo. O comunismo tornou-se então no seu principal adversário e mudou-se para a direita, fundando o Parti Populaire Français (1936). Posto de lado em Vichy, liderou uma brigada francesa «antibolchevique» na Rússia. Enquanto fugia para a Alemanha, Doriot morreu quando o seu automóvel foi bombardeado por um avião aliado.

Dwight Eisenhower (1890–1969): Comandante supremo aliado na Europa e presidente republicano (1953–1961). Um ocioso jogador de golfe aos olhos dos democratas e um New Dealer para os republicanos de Taft, Eisenhower presidiu à consolidação do poder americano após 1945. Promoveu a «contenção» da União Soviética (quando os falcões queriam «recuar»), aceitou um empate na Coreia, ficou calado aquando da invasão da Hungria (1956) e procurou o desanuviamento com Krushchov. Contrariou a mal concebida intervenção franco-britânica no canal do Suez, mas aprovou uma invasão americana frustrada de Cuba, bem como golpes na Guatemala e no Irão. Eisenhower deixou o anticomunista McCarthy arruinar-se a si mesmo. Calado sobre a segregação, nomeou Earl Warren como presidente do Supremo Tribunal e ordenou às tropas federais no Arcansas (1957) que fizessem executar a ordem judicial de dessegregação. Defensor dos orçamentos pequenos, aceitava as despesas dos congressos democratas. As suas autoestradas federais transformaram a política ao ajudarem a criar os subúrbios. No centro-direita, interessava-se pouco pelo partido ou pela doutrina, mas revelava o conservadorismo prudente de não travar batalhas que não podia vencer.

Philipp zu Eulenburg (1847–1921): Assistente e amigo do Kaiser Guilherme II, «o Brusco», adversário dos chanceleres pós-Bismarck mais liberais e vítima de uma campanha de imprensa homofóbica que lhe provocou a queda (1908) num julgamento difamatório mais desgastante do que o de Oscar Wilde. Eulenburg era um sustentáculo do governo pessoal do Kaiser, em especial na política externa, semiformalizada em finais dos anos 1890, que Max Weber comparava a conduzir um comboio de grande velocidade sem saber se as agulhas à frente haviam sido mudadas. Com 2320 pessoas, a corte tinha pouco controlo sobre as suas ações ou o seu orçamento, que era maior do que os orçamentos combinados da chancelaria, do Ministério dos Negócios Estrangeiros e dos tribunais federais.

S. J. Field (1816–1899): Influente presidente do Supremo Tribunal dos Estados Unidos que defendeu as empresas das reivindicações regulatórias e sindicais, mas que deixou intacta a praga legal-moral da discriminação racial. Liberal económico e conservador social, nomeado por Lincoln, Field, no seu mandato de 35 anos, fez das cláusulas constitucionais do devido processo (Emendas 5 e 14) uma nova arma doutrinária, o devido processo substantivo, para usar contra a legislação social estadual. O devido processo protegia as pessoas do exercício injusto da lei; o devido processo substantivo protegia as pessoas das leis injustas, apesar de legalmente promulgadas, que violavam os princípios das pessoas. A arma tinha dois gumes, usada pelos conservadores em defesa do *laissez-faire* e pelos liberais em defesa dos direitos civis.

Pierre Flandin (1889–1958): Como líder da Alliance Démocratique de centro-direita a partir de 1932, foi um defensor obstinado da austeridade e do apaziguamento. Oriundo de uma família de profissionais abastados, formou-se como piloto antes de 1914. Primeiro-ministro durante um breve período (1934–1935), opôs-se à mobilização francesa quando a Alemanha remilitarizou a Renânia, apoiou o Acordo de Munique e opôs-se à guerra em 1939. Mais uma vez, foi primeiro-ministro durante um breve período no regime de Vichy e mudou-se para a Argélia não ocupada (outubro de 19412), onde os Franceses Livres o detiveram e o mantiveram cativo. Foi punido com a suspensão dos seus direitos civis (1946), que lhe foram devolvidos sete anos depois, o que lhe permitiu servir como vereador departamental em Yonne.

Robert Gascoyne-Cecil, marquês de Salisbury (1830–1903): Arquiteto erudito e patrício de um Partido Conservador que defendia as empresas e a finança, honrava as antigas fidelidades (Coroa, lordes, Igreja) e que conquistou popularidade suficiente entre os eleitores para se tornar o principal partido da Grã-Bretanha durante grande parte do século XX. Com os seus três mandatos como primeiro-ministro (1885–1886, 1886–1892, 1895–1902) e quatro mandatos como ministro dos Negócios Estrangeiros, a carreira de Salisbury exemplificou, além da política europeia e colonial, a adaptação *tory* ao capitalismo moderno e à democracia eleitoral. Para o jovem Salisbury, mais direitos de voto significava carreiristas e não um governo melhor ou mais consensual. A sua fé cristã pouco sentimental via o Sermão da Montanha como um guia fraco para a política. Para ele, os pobres não eram menos maus do que os ricos, apenas mais numerosos. O velho Salisbury e os seus agentes modernizaram o partido, introduzindo sedes locais, reuniões com jornalistas, manifestos partidários e governos-sombra. A sua carreira foi uma lição magistral de uso de uma posição fraca com um credo difuso contra forças aparentemente superiores.

Irmãos Gerlach, Leopold (1790–1861) e *Ernst Ludwig* (1795–1877): Núcleo reacionário de uma camarilha de corte que guiou o rei prussiano, hesitante e pouco confiante, Frederico Guilherme IV. Como pietistas cristãos, os Gerlachs sentiam a atração da fé pessoal e do serviço à comunidade. Ludwig, o mais político, mudou-se depois para o luteranismo. Os conservadores de espírito prático, como Radowitz, viam o seu constitucionalismo romântico — um rei zeloso aconselhado por classes sociais respeitosas — como uma fantasia medieval. Bismarck invejava a sua proximidade com o rei, mas tinha sempre a última palavra. Quando um derrame cerebral incapacitou Frederico Guilherme (1857), o seu irmão Guilherme, aliado de Bismarck, tornou-se regente. Os Gerlachs foram afastados. Leopold sofreu uma pneumonia e morreu pouco depois do funeral de Frederico Guilherme. Lembrava a Bismarck os «velhos servos que escolhem morrer com os seus príncipes». Sobre Ludwig, Bismark escarnecia: «Sentava-se na sua coluna, recusando deixar que alguém concordasse com ele.»

Newt Gingrich (1943–): Congressista da Geórgia (1979–1999) e presidente da Câmara dos Representantes (1995–1999) que liderou a aceleração da mudança para a direita dos republicanos e a eliminação do compromisso bipartidário com os democratas. Depois de o seu encerramento do governo (1995–1996) ter prejudicado os republicanos, Gingrich cooperou com o presidente democrata, Bill Clinton, para limitar a previdência social. No entanto, o legado de Gingrich foi ter feito do Congresso um teatro de guerra partidária, encorajado pela batalha de notícias, 24 horas por dia, entre a MSNBC e a Fox News (a partir de 1996). Em *To Renew America* (1995), Gingrich exprimia o ancestral grito de apelo da direita: a nação está a ir para o inferno, o conservadorismo é a única alternativa à decadência e não há «meio-termo».

Valéry Giscard d'Estaing (1926–2020): Político conservador liberal numa França onde duas em cada três pessoas, segundo Giscard, eram social e economicamente liberais, mas antiesquerda. Duas vezes ministro das Finanças (1962–1966; 1969–1974) e presidente (1974–1981), reforçou os laços franco-alemães com Helmut Schmidt e promoveu uma união europeia mais próxima. O seu partido, os Republicanos Independentes, descendente distante do CNIP, transformou-se na Union pour la Démocratie Française (1978–2007). Giscard acreditava na gestão tecnocrática e fiscal, ambas não perturbadas por pressões democráticas, mas foi liberal ao libertar a comunicação social da tutela do governo, ao reforçar o Parlamento, ao devolver os poderes às regiões e ao aliviar as leis sobre a contraceção, o aborto e o divórcio.

Barry Goldwater (1909–1998): Arauto político-partidário da direita americana atual. Goldwater fez a ponte entre os republicanos de Taft e o partido de Reagan pós-1980, do qual os republicanos foram rapidamente excluídos. Na pegada de Eisenhower, Goldwater venceu a corrida ao Senado pelo Arizona em 1952. Era um antissindicalista, liberal no policiamento moral (já idoso, aprovou o casamento entre pessoas do mesmo sexo) e um protecionista na política externa. Goldwater ganhou fama nacional (1960) ao atacar o republicanismo de Eisenhower como um «New Deal barato». O herdeiro de Eisenhower, Nixon, precisava dos republicanos da Costa Leste para garantir a sua nomeação e escolheu um liberal para parceiro de candidatura. Goldwater assumiu a bandeira dos republicanos do Sul e do Oeste afrontados. Derrotou Rockefeller para a nomeação republicana em 1964, mas foi destroçado pelo presidente Johnson, conquistando apenas seis estados. O revés foi temporário. Usando o Sul e o Oeste como base, a direita pós-Goldwater formou uma força republicana que fustigou Nixon e Ford e, depois de 1980, conquistou o partido.

Mark Hanna (1837–1904): Empresário oriundo de Cleveland e gestor republicano que dirigiu a campanha do presidente McKinley (1986). Hanna angariou mais de 100 milhões de dólares (em valores atuais) da Standard Oil, do banco Morgan e de outros interesses, e manteve McKinley em casa no Ohio enquanto os oradores republicanos falavam de dinheiro sólido e de tarifas altas para restaurarem a prosperidade. Os democratas e os progressistas viam os republicanos de McKinley como o partido dos proprietários, um resquício corrupto da Era Dourada. Como governador do Ohio, McKinley visava os votos dos «Americanos trabalhadores», código que excluía os católicos, os imigrantes, os negros e os ociosos.

Direita dura na França antes de 1914: *Edouard Drumont* (1844–1917), autor de *La France juive* (*A França Judia*, 1886) e diretor da revista antissemita *La Libre Parole* (fundada em 1892). Escabroso antidreyfusardiano, Drumont dividia o preconceito em cristão tradicional (assassinos de Cristo), antropológico (racismo «científico») e político-económico (anticapitalismo). Depois dos anos 1890, foi ultrapassado pelo Action Française, numa altura em que, fora da direita dura, o antissemitismo na França já esmorecera. *Paul Déroulède* (1846–1914), militar, poeta, prisioneiro na Guerra Franco-Prussiana e escaramuçador da direita dura. Déroulède ganhou fama com os *Chants du soldat* (*Baladas do Soldado*, 1872), um livrinho de baladas que lamentavam os camaradas caídos, apelavam à vingança e relacionavam o amor ao campo com o lamento inflamado: «Eles estão no bosque escuro [...] Ali, na nossa França.» A Ligue de Patriotes, que fundou (1882) como grupo de pressão no Parlamento, tornou-se uma força de rua antirrepublicana, ao mesmo tempo que Déroulède se tornava uma figura cada vez mais rude e, pouco depois, ridicularizada. *Léon Daudet* (1867–1942), agitador com Maurras do Action Française, que fazia de Sancho Pança para o seu Dom Quixote, escreveu para Drumont na *Libre Parole* antes de sair para fundar o jornal do Action Française (1908). Durante 1917, atacou os «amantes dos boches», por exemplo, Caillaux, que defendia uma paz negociada.

Direita dura na França nos anos 1930 e Vichy: *François de la Rocque* (1885–1946), filho de um general que serviu no Norte de África com o colonialista militar Hubert Lyautey. Em 1931, la Rocque assumiu a liderança e politizou a Croix de Feu, que começara como uma associação de veteranos de guerra condecorados, mas que ele abriu a todos, contando com 60 000 membros em 1934. Organizou *dispos* (paramilitares) com dinheiro de Coty e de outros. Quando as Ligas extraparlamentares foram banidas (1936), a Croix de Feu tornou-se no Parti Social Français (PSF). *Marcel Bucard* (1895–1946), confesso fascista francês, fundador e líder dos Francistes (1933), que era um grupo paramilitar de agitadores de rua. Oriundo de uma família abastada de comerciantes de cavalos nos arredores de Paris, Bucard estava destinado à Igreja quando a guerra eclodiu; ascendeu a capitão, foi ferido três vezes e regressou com a sua marca violenta do «espírito das trincheiras», escrevendo sobre os liberais e a esquerda: «Adoro o meu revólver e usá-lo-ei contra a escumalha e os seus jornais.» Os seus Francistes emulavam os *squadristi* de Mussolini, mas não eram mais de 8000 no seu apogeu e serviram sobretudo como encorajamento para que o governo de Blum os banisse juntamente com outros agitadores de rua. Ressuscitados depois de 1940, os Francistes de Bucard ajudaram a Milícia antirresistência de Vichy. Em 1946, foi julgado por traição e executado. *Philippe Henriot* (1889–1944), político da Fédération Républicaine, próximo dos Ligueurs de inícios dos anos 1930, que, em Vichy, usou a sua poderosa oratória em programas radiofónicos semanais para promover as ideias da Revolução Nacional. Eram uma miscelânea de antirrepublicanismo, corporativismo económico, política social católica e da família, ajuda aos camponeses, reação cultural, perseguição da esquerda e exclusão dos estrangeiros indesejados. Expostas nos Dezasseis Princípios da Comunidade, as ideias de Vichy foram resumidas, em oposição ao lema «Liberdade, Igualdade e Fraternidade», como «Trabalho, Família e Nação». Em julho de 1944, Henriot foi morto por uma equipa de comandos da resistência.

Edward Heath (1916–2005): Líder do Partido Conservador (1965–1975) e primeiro-ministro britânico (1970–1974), recordado pelos admiradores como o arauto da sua sucessora Thatcher e pelos detratores como um fracassado consensualista «molhado». Os insultos thatcheristas — «cedência», «embuste» — eram usados contra ele. De facto, Heath e Thatcher partilhavam muitos objetivos: menos regulação, mais concorrência, fim da política de rendas, controlo dos sindicatos (como os trabalhistas haviam tentado), taxação menos direta e mais indireta, e assistencialismo «dirigido», ou seja, menos generoso. A direita dura conservadora nunca perdoou Heath por ter levado a Grã-Bretanha para a Comunidade Económica Europeia, a precursora da UE. Tinha azar (estagflação global, Médio Oriente) e uma confiança exagerada na sensatez das pessoas em relação a conflitos profundos e duradouros (sindicatos, Irlanda).

Karl Helfferich (1872–1924): Especialista monetário, pró-colonialista e líder pós-1918 dos conservadores alemães (DNVP). Helfferich tipificava uma geração altamente qualificada que fez carreira no governo entre as guerras de unificação e 1914, período em que a Alemanha era confiante, expansiva e bem-sucedida. Helfferich tinha mais conhecimentos técnicos do que sabedoria prática ou sentido de política democrática. Nas Finanças durante a guerra, financiou a despesa através de empréstimos, acumulando uma inflação no pós-guerra. Depois, concentrou-se em conquistar o apoio das empresas e dos proprietários de terras para estabilizar a moeda.

Aquilo de que a Alemanha necessitava era do apoio do seu partido à república. Hjalmar Schacht ultrapassou-o na nomeação para a presidência do Reichsbank (1923). Morreu num acidente de comboio em Bellinzona.

Otto von Helldorff (1833–1908): Veterano ferido (1866), com quatro diplomas universitários, Helldorff reuniu os conservadores da Prússia na defesa ferrenha de Bismarck no Reichstag. Como líder do Deutschkonservative Partei (DKP), manteve afastados os últimos ultras cristãos-românticos e os conservadores sociais liderados por Wagener. A sua tarefa foi complicada por Kleist, o adversário de Bismarck no senado prussiano e pelo grupo *Kreuzzeitung*, que temia que Adolf Stoecker ultrapassasse o DKP na direita. A abertura de Helldorff ao compromisso e o apoio ao comércio livre, durante o governo de Caprivi, custaram-lhe a liderança do partido, os seus outros cargos e, com efeito, a carreira.

Jesse Helms (1921–2008): Apresentador radiofónico americano, senador republicano da Carolina do Norte (1973–2003) e porta-voz da direita dura do conservadorismo sulista. Helms contribuiu muito para que a voz sulista do republicanismo se tornasse a voz nacional. Orgulhosamente antiliberal, opunha-se aos direitos civis (1964), ao *busing* para a dessegregação, ao banimento das orações na escola, à descriminalização do aborto e à promoção dos direitos dos homossexuais. Helms contribuiu para a ascensão de Reagan e a sua angariação de fundos ajudou o Partido Republicano a conquistar o Senado (1980). A caricatura de Helms feita pelos liberais, como ineficaz e corrosivo, era incoerente, mas fortemente persuasiva. Helms ajudou a criar um inimigo na chamada esquerda cultural, tornando-a, de um objeto de ódio nos seus programas de rádio, num dos principais alvos da direita conservadora.

Ernst von Heydebrand (1851–1924): Líder conservador e «rei não coroado da Prússia», que disse que «os ministros prussianos devem saltar ao meu ritmo». Veterano contra a França (1870), chefiou a maioria conservadora na câmara baixa prussiana (1888–1918) e foi debutado pelo DKP no Reichstag (1903–1918). Brusco e difícil, criticava abertamente o Kaiser, destroçou as reformas financeiras de Bülow (1909) e opôs-se a Bethmann-Hollweg quando ameaçou os interesses dos *Junkers*. O desmoronamento da monarquia (1918) marcou o fim da política de Heydebrand. A direita do pós-guerra queria dissociar-se das velhas elites porque os eleitores as odiavam devido à guerra, mas estava determinada a obstruir a própria república que tornara necessária a preocupação eleitoral popular.

Alfred Hugenberg (1865–1951): Empresário conservador e barão da comunicação social, que conduziu o DNVP para a direita (a partir de 1928), acelerando a queda da República de Weimar. Filho de um político de Hanôver que estudou as migrações alemãs, Hugenberg era um ex-Nacional Liberal, imperialista entusiástico e adepto da anexação em 1914–1918. Entre os seus interesses empresariais, incluíam-se o fabrico de armas (Krupp), os jornais e o cinema (UfA). Queria reforçar a Alemanha e resistir ao socialismo. Embora não fosse monárquico nem antissemita, os papéis de Hugenber foram ambos nesse sentido. A aliança com os nazis (Frente Harzburg, 1931) ajudou mais Hitler do que Hugenberg com os eleitores de direita. Quando a economia da Alemanha caiu (1932), culparam os partidos de Weimar, incluindo o seu. Como outros conservadores, Hugenberg percebeu demasiado tarde o perigo do nazismo.

Boris Johnson (1964–): Jornalista britânico nascido em Nova Iorque, autor, deputado conservador, presidente da Câmara de Londres, ministro dos Negócios Estrangeiros (2016–2018) e primeiro-ministro (2019–). Sem objetivos estabelecidos ou princípios claros, Johnson é um líder com dotes raros, que incluem a habilidade de um jogador nas manobras no interior do partido, o poder da palavra, um discernimento ousado e uma forte relação com o público. Em 2016, a sua campanha enérgica, rica em meias-verdades sedutoras, ajudou a vitória num refendo nacional contra a permanência do Reino Unido na União Europeia. Primeiro dentro e depois fora do governo de May, Johnson uniu os conservadores contra o adiamento da saída da UE, substituiu May na chefia do governo e conquistou uma vitória eleitoral esmagadora (dezembro de 2019). Sem oposição eficaz no Parlamento, Johnson lidera agora um partido de direita dura composto de globalistas hiperliberais e de populistas nacionalistas, do qual os *tories* liberais se afastaram ou foram afastados. Falta saber como os conflitos do partido se resolverão e se Johnson controlará o partido ou se será o contrário.

Keith Joseph (1918–1994): Liberal económico radical, ministro e deputado conservador (1956–1987). Os seus dotes retóricos e a sua mente focada ajudaram a criar o thatcherismo. A iniciativa privada não falhara na Grã-Bretanha, disse Joseph; não fora experimentada.

A Grã-Bretanha era «governada em excesso, gastava em excesso, taxava em excesso, endividava-se em excesso e era gerida em excesso». O seu tema principal, um clássico da direita, era o declínio. Joseph reunia questões discretas — transportes subsidiados, falta de habitação, pais dependentes da Segurança Social, protestos estudantis, licenciosidade moral — numa imagem convincente de uma sociedade falhada que precisava de ser salva. O apelo de Joseph à ação suscitou medidas corretivas, com resultados diferentes. A sua preocupação com os doentes, os idosos e os deficientes, por exemplo, era profunda, mas a margem para a ajuda, dada a contingência fiscal, era limitada.

Wilhelm Kardorff (1828–1907): Líder dos Conservadores Livres pró-Bismarck (1880–1906) no Reichstag e ativo na câmara baixa prussiana a partir de 1866. Kardorff tinha fortes interesses na banca e na indústria pesada e, em 1876, fundou o lóbi das grandes empresas da Alemanha. Kardorff conseguiu que as cidades tivessem governos locais, libertando-as do controlo provincial (1872), e obteve tarifas protecionistas para a indústria (1879), mas não conseguiu convencer os colegas magnatas Conservadores Livres, como Stumm, a aceitarem o bimetalismo de dinheiro barato. Opôs-se às reformas liberalizadoras e de mercado livre de Caprivi (chanceler, 1890–1894) e apoiou os protestos camponeses da Liga da Terra nos anos 1890, mas voltou-se contra ela ao temer que as energias populares inundassem um partido dirigido pela elite.

Hans Hugo von Kleist-Retzow (1814–1892): Como Salisbury na Grã-Bretanha, o jovem Kleist defendia brilhantemente ideias invendáveis. Mais tarde, aceitou os tempos e aliou-se a Bismarck, cuja filha desposou, passando depois, em 1870, para a direita patriarcal cristã. Entretanto, Kleist opôs-se aos liberais no senado prussiano. Inimigo localista do Estado moderno e das igrejas centralizadas, Kleist liderou a resistência às regras do Reich para a polícia e a administração na Prússia Oriental (1872). Como deputado do Partido Conservador Alemão (1877–1892), Kleist defendeu as suas ideias retrógradas num Reichstag impassível. Desde jovem, sabia bem que a sua abordagem de princípios-ou-nada o impediriam de ter sucesso ou de obter altos cargos.

Helmut Kohl (1930–2017). Líder da CDU e chanceler alemão (1982–1998). Católico renano que beneficiou da passagem dos liberais de um liberalismo de espírito social para o liberalismo económico (1982). Com deficiências, mas subvalorizado, o momento alto de Kohl foi a reunificação. Enquanto outros planeavam e hesitavam, o governo de Kohl decidia. A Alemanha iria ser una e logo de uma só vez; não como neutral, mas na Europa e no Ocidente; não depois de uma negociação de dois Estados para uma nova constituição, mas pela reabsorção ao abrigo da Lei Básica de 1949. A fusão das duas economias levaria décadas, mas a Alemanha, segundo Kohl, era suficientemente rica para acelerar a transição. Ao contrário da de Bismarck, a unificação de Kohl ocorreu de forma pacífica e, apesar dos custos sociais e políticos, sem grandes perturbações. Kohl fez então uma campanha bem-sucedida e de descrédito no antigo Leste, denegrindo os sociais-democratas como comunistas. Depois de se retirar, foi confirmado que, durante muito tempo, recebera dinheiro político por baixo da mesa. Ainda que sem uma visão distinta, as ações de Kohl em 1989–1991 mostraram confiança numa Alemanha centrista baseada na Europa.

Joseph Laniel (1889–1975): Conservador do centro-direita de uma família de fabricantes têxteis da Normandia, que, após 1945, ajudou a reconstruir um partido de direita de apoio às pequenas empresas, aos lojistas e aos camponeses após a desgraça de Vichy da Fédération Républicaine. Nos anos 1930, com Tardieu, apoiante da desvalorização, Laniel votou pela concessão de poderes plenos a Pétain (1940), mas juntou-se à resistência, emergiu com honra e cofundou o Centro Nacional dos Independentes e Agricultores (CNIP). A Indochina pôs um fim ao seu mandato de primeiro-ministro (1953–1954). Poujade, da direita dura, perseguia os mesmos eleitores. Lionel era pró-Estado e opunha-se a Poujade. Pinay, rival de Laniel no CNIP, era antiestatista e mais simpatizante de Poujade.

Pierre Laval (1883–1945). Migrante da esquerda para a direita e figura dominante do regime de Vichy, Laval era filho de um estalajadeiro da remota Auvérnia. Para ele, a política não tinha que ver com pastas, mas com acordos. Advogado sindical, deputado socialista e presidente da Câmara na «cintura vermelha» de Paris, Laval tornou-se um autoritário antipartidário, enriquecido graças aos amigos ricos. Era pacifista (contra a mobilização de três anos) antes de 1914 e, depois, apoiante da reconciliação. Dois mandatos de primeiro-ministro e um de ministro dos Negócios Estrangeiros em inícios dos anos 1930 deram-lhe experiência pessoal no fracasso de resolução de crises. O desmoronamento da Frente

Popular convenceu-o de que o governo parlamentar estava acabado. Após a derrota (1940), a direita de Vichy assegurou-se disso. Ao contrário dos doutrinários que desejavam uma «nova ordem», o negociador Laval viu a ocupação como uma oportunidade para a aproximação franco-alemã. Laval subestimou profundamente a fraqueza francesa e não percebeu o carácter intratável da Alemanha nazi liderada por Hitler. Em 1945, foi condenado à morte num julgamento controverso por traição e executado.

Andrew Bonar Law (1858–1923): Primeiro-ministro (1922–1923) e líder *tory* (1911–1921, 1922–1923) que marcou a transição conservadora a partir da era de Salisbury e do seu sobrinho Balfour. Nascido no Canadá, comerciante de ferro e depois banqueiro, oriundo de uma família de escoceses do Ulster, Law entrou no Parlamento (1900), serviu na oposição e, após a retirada de Balfour (1911), herdou um partido dividido em torno das tarifas e da reforma dos Lordes. Law esperava que a Autonomia Irlandesa unisse as alas na oposição. Filistino, abstémio e não aristocrata, tinha o «espírito de um meirinho de Glasgow» (Asquith). O seu momento alto foi em outubro de 1922, quando os conservadores, incitados por Baldwin, romperam a sua coligação com os liberais e se tornou primeiro-ministro.

Jean-Marie Le Pen (1928–): Órfão bretão, Le Pen nasceu para lutar. Os Franceses Livres rejeitaram-no aos dezasseis anos por ser demasiado jovem. Estudante de direito em Paris, distribuiu panfletos da extrema-direita, jogou râguebi e participou em arruaças. Serviu na Indochina (no departamento de imprensa do exército) e na Argélia (mais tarde acusado de tortura). Era adepto do poujadismo (anos 1950–1960). Cofundou a Frente Nacional (FN, 1972) com dinheiro de um conservador herdeiro de uma fábrica de cimento. Marginal até aos anos 1980, Le Pen abandonou então as lutas facionais de rua e apelou convencionalmente aos eleitores de direita. Com a ajuda de Mitterrand (ao tornar as eleições proporcionais para dividir o campo político convencional), a FN obteve 35 assentos parlamentares. Como a direita convencional venceu as eleições e, pouco depois, inverteu a lei eleitoral, os votos da FN voltaram a cair. No entanto, em 2002, Le Pen chocou a França ao chegar à segunda volta das eleições presidenciais. Já não da extrema-direita, a FN ameaçava agora entrar no campo convencional como partido da direita dura.

Marine Le Pen (1968–): Quando Marine Le Pen substituiu o pai na liderança da Frente Nacional (2011), anunciou que o seu objetivo era conquistar o poder. De forma alarmante para a direita convencional, o seu objetivo não era absurdo. Le Pen beneficiou do descontentamento com as ortodoxias políticas e da sua própria «desintoxicação» do partido. Abandonou o racialismo aberto do pai, fez gestos pró-judeus, deixou de falar aos eleitores sobre os valores da família e substituiu uma linha estreita pró-empresas e antissindical por apelos assistencialistas a favor do «état protecteur». No entanto, alguns ainda ouvem a velha música da hostilidade contra os imigrantes. O sucesso eleitoral gerou rivalidades (depois de 2016, o seu braço-direito demitiu-se) e conflitos em torno dos objetivos. A FN misturava geopolítica oracular, defesa do Estado social, catolicismo de direita e antieuropeísmo. Le Pen fez um triplo apelo à base da velha direita com o preconceito codificado, à esquerda com a justiça social e ao centro com as preocupações com a segurança relacionada com o terrorismo. O partido mudou o nome para Reunião Nacional em junho de 2018.

Harold Macmillan (1894–1986): Houve dois Macmillans: o deputado pré-1945 por Stockton, no Norte assolado pelo desemprego, que defendia medidas keynesianas e escreveu *The Middle Way* (*A Via Intermédia*, 1938), uma bíblia para os «molhados» estatistas; e o deputado pós-1945 pela suburbana Bromley no Sudeste próspero, que, como primeiro-ministro (1957–1963), disse que a Grã-Bretanha nunca estivera tão bem e obteve uma vitória esmagadora nas eleições (1959). Acelerou o fim da África britânica, concluindo assim a retirada do império. De Gaulle rejeitou a sua alternativa à participação no clube europeu. Os problemas orçamentais, os escândalos e um novo líder trabalhista que o atacou no Parlamento fizeram dele um homem do passado.

Otto von Manteuffel (185–1882): Funcionário público de formado (como Nietzsche e Bethmann-Hollweg) na estufa intelectual da Schulpforta na Saxónia. Ministro do Interior (1848–1850), primeiro-ministro e ministro dos Negócios Estrangeiros (1850–1858), Manteuffel manteve um equilíbrio no governo da Prússia entre os moderados e os ultras num período de constitucionalismo contrariado após 1848. Na política externa, contra Radowitz, Manteuffel rejeitou a criação de uma união germânica liderada pela Prússia, colocando-se ao lado da Áustria da contrarreforma. No plano governamental, contra os Gerlachs, defendeu uma constituição representativa para a Prússia, prometida desde 1815, mas subverteu os seus termos, nomeadamente com o direito de voto de três classes. Com a regência de Guilherme I (1858), Manteuffel foi demitido e a ascensão de Bismarck fez dele um homem do passado.

Louis Marin (1871–1960): Ultranacionalista da Lorena, do mesmo liceu que Barrès, Marin aderiu à Fédération Républicaine (FR, fundada em 1903) e tornou-se o seu líder (1925). O seu hiperpatriotismo atraiu para o partido os adeptos da direita dura, de que Marin desconfiava. Tentou virar o partido contra o apaziguamento, mas, receoso do comunismo, opôs-se a uma aliança soviética. Apoiou Reynaud, um antiderrotista (maio de 1940) e absteve-se honrosamente com uma pequena minoria da FR no voto parlamentar em Vichy para matar a Terceira República. Depois de lutar pela resistência, Marin reconquistou o seu lugar em Nancy (1945). Pelos seus anos 1930 equívocos e pelo apoio a Vichy, a própria FR foi fortemente penalizada.

Jules Méline (1838–1925): Defensor conservador do sector agrícola francês. Jurista, Méline representou o Vosges (1872–1925). Liderou o lóbi contra o comércio livre a partir de 1881 e defendeu a Tarifa Méline (1892), que aumentou as tarifas sobre as importações agrícolas de 3 para 21 por cento. Também fomentou o crédito agrícola. Tornou-se primeiro-ministro (1896–1998) depois de Bourgeois ter falhado em garantir um imposto sobre os rendimentos. Méline tornou-se líder (1903) da Fédération Républicaine, que era mais católica e menos liberal do que o outro principal partido conservador anterior a 1945, a Alliance Démocratique. Representante de uma região fronteiriça, Méline queria um pacto franco-russo para conter a Alemanha. Como primeiro-ministro durante o caso Dreyfus, manteve-se distante. O seu governo perseguiu Zola.

Angela Merkel (1954–): Sobre o partido que liderou durante duas décadas, a chanceler alemã Angela Merkel disse certa vez: «Sou um pouco liberal, um pouco conservadora e um pouco social-cristã, e isto também se aplica à CDU.» Nascida em Hamburgo, foi levada ainda bebé para a Alemanha de Leste, onde o pai, um pastor luterano, obteve um presbitério. Cientista investigadora com um doutoramento em Física, conquistou um assento de deputada após a unificação. Ascendeu como protegida de Kohl, apelando a novos líderes quando Kohl foi exposto num escândalo de financiamentos do partido. Após a vitória da CDU (2005), tornou-se na primeira mulher chanceler da Alemanha. O seu europeísmo era forte, mas vigilante. A Europa não podia defender os seus valores sem pagar as suas contas. Uma das suas afirmações favoritas era que a Europa tinha 7 por cento da população mundial, 25 por cento do seu PIB e 50 por cento da sua despesa social. Com princípios e decidida, mas nem sempre sensata, provocou os russos ao apoiar a entrada da Ucrânia na NATO. Ao deixar entrar 1,5 milhões de refugiados («Somos capazes de lidar com isto») em 2015–2016, facilitou a entrada do partido da direita dura Alternativa para a Alemanha no Bundestag. Em 2018, anunciou que não se recandidataria a chanceler em 2021, mas a sua escolha para a sucessão da liderança do partido foi rapidamente afastada pela fação da CDU que favorecia uma abertura à direita dura.

Oswald Mosley (1896–1980): A rápida ascensão e queda de Mosley como arauto do fascismo britânico nos anos 1930 foi testemunha, entre outras coisas, de uma crença comum britânica no poder do escárnio. Filho de uma família fidalga de Staffordshire, Mosley foi conservador, independente e deputado trabalhista. Como ministro (1929–1930), as suas propostas keynesianas contra o desemprego foram ignoradas. Depois de se ter demitido, fundou a União Britânica de Fascistas em 1932. O partido não conseguiu eleger nenhum deputado e foi proscrito em 1940, quando Mosley foi detido. Citar Mosley como prova da imunidade do conservadorismo britânico aos extremismos é complacente. O fascismo não é a única maneira de o conservadorismo guinar para a irracionalidade ou para a direita dura.

Albert de Mun (1841–1914): Católico social que, nos anos 1880, aspirava a um partido católico como o Centro Alemão, mas foi dissuadido pelo papa Leão XIII, que não queria envenenar as relações entre a Igreja e o Estado quando o compromisso parecia possível. Monárquico e agente dos legitimistas, Mun seguia as esperanças absurdas de Chambord. Em 1892, aceitou o apelo do Vaticano a um *ralliement* dos católicos franceses em torno da República. Embora sem partido, Mun adotava o catolicismo social com associações de trabalhadores e de jovens, defendendo a segurança social, os rendimentos e o direito à greve dos trabalhadores. Foi um antidreyfusardiano e, quando eclodiu a controvérsia entre a Igreja e o Estado nos anos 1900, um feroz antiliberal.

Richard Nixon (1913–1994): Republicano «de charneira». A presidência de Nixon (1969–1974) marcou uma mudança dupla no centro de gravidade republicano da Costa Leste para o Sul e o Oeste e da abordagem de meio-termo de Eisenhower para o partidarismo antiliberal após 1980. Os direitos civis, o Vietname e a eclosão das guerras culturais da América reforçaram as divisões do partido nos anos 1960. Nixon fez campanha à direita, mas governou (com um Congresso democrata) a partir do centro (discriminação positiva na contratação federal, mais despesa e dívida, controlos dos salários e dos preços, desvalorização do Dólar, desanuviamento das relações com a União Soviética, saída do Vietname). O partido de Nixon e os legados governamentais divergiram, um lado no campo convencional, o outro a apontar sem resistência para uma direita dura republicana.

Elard von Oldenburg-Januschau (1855–1937): *Junker* franco e obstinado, recordado por ter dito aos colegas deputados no Reichstag (1910) que «o Kaiser deve estar sempre preparado para enviar um tenente e dez homens para encerrarem esta casa». Detentor de propriedades no Leste da Prússia, Oldenburg subiu a escada política desde as assembleias provinciais até ao Reichstag e ao senado prussiano. Nunca concluiu o ensino secundário, adorou o tempo que passou num regimento de cavalaria dos Ulanos e desprezava a política democrática. A hostilidade continuou na República de Weimar, quando Oldenburg incitou o seu amigo presidente Hindenburg a governar por decreto e apoiou Papen no seu golpe contra o governo prussiano (1932).

Parti de l'Ordre: Grupo informal da direita francesa de meados do século XIX, que se formou na Rue de Poitiers, em maio de 1848, para resistir aos republicanos e democratas radicais sob o lema «Ordem, propriedade e religião». Incluía ex-ministros e indivíduos eminentes da Monarquia de Julho, legitimistas provinciais do Oeste e notáveis locais que se haviam destacado na Revolução de Fevereiro que afastou o Rei Cidadão, Luís Filipe. Entre os eminentes, incluíam-se liberais de direita (Thiers, Tocqueville e seguidores de Guizot), um núcleo inicial do centro-direita francês que reemergiu na Terceira República como a União Republicana e, depois de 1918, como a Aliança Democrática.

Robert Peel (1788–1850): Duas vezes primeiro-ministro (1834–1835, 1841–1846) e, como Salisbury, duas vezes traidor do seu partido (sobre a emancipação católica e o comércio livre). Peel representava a metade económica da alma dividida do conservadorismo britânico. Filho inteligente e devoto de um novo-rico fabricante de calicó, Peel foi um ministro do Interior reformador (anos 1820). Com o seu governo, o direito criminal foi atenuado e as limitações cívicas dos católicos foram levantadas. Apoiou a Lei da Reforma de 1832 para evitar um «vórtice perpétuo de agitação». Na oposição, Peel organizou e redigiu o Manifesto Tamworth (1834) para os recém-batizados conservadores. Depois de regressar ao governo, Peel introduziu um imposto sobre os rendimentos (1842) e revogou as Leis dos Cereais (1846). A maioria anti-Peel manteve o nome «conservador». Os da minoria, apoiantes de Peel, tornaram-se liberais após a sua morte (esmagado por um cavalo enquanto passeava no Constitution Hill em julho de 1850). É recordado com admiração como um criador do conservadorismo liberal e, com menos admiração, como um dogmático do mercado livre justificado pela fé.

Antoine Pinay (1891–1994): «Herói da normalidade» da França após 1945, Pinay era um político do centro de direita do quotidiano, pouco interessado na doutrina e suspeito de grandeza. Autodesignado como «Sr. Consumidor», Pinay considerava que a sua missão consistia em aprofundar e ampliar a prosperidade económica. Como primeiro-ministro (1952–1953) e ministro das Finanças (1958), Pinay estabilizou o Franco por duas vezes. Apesar da sua indulgência em relação à direita dura antes da guerra (anos 1930) e de um período controverso em Vichy, Pinay recuperou a notoriedade junto do conservadorismo dos pequenos lojistas e camponeses, reunidos no partido CNIP após a guerra. Embora mais liberal nas questões sociais e morais, o giscardismo acabou por realizar as esperanças de Pinay de criação de um partido não gaullista, pró-europeu e economicamente liberal do centro-direita.

Raymond Poincaré (1860–1934): Jurista da Lorena e republicano conservador da Aliança Democrática, Poincaré deteve todos os altos cargos numa longa carreira, defendendo os valores da classe média do trabalho, da parcimónia e da honestidade. Poincaré e o seu rival Clemenceau partilhavam um antigermanismo implacável. Quando as tropas francesas se amotinaram (1917), Poincaré, como presidente, nomeou Clemenceau, o «amigo dos soldados», primeiro-ministro. Poincaré exigiu uma paz dura, enviando tropas francesas para o Ruhr, a fim de cobrarem indemnizações de guerra. Sendo um homem do dinheiro puro e duro da banca, por oposição a Tardieu, o homem do dinheiro volátil da indústria, Poincaré estabilizou um Franco em queda livre (1926). Distante e tacanho, era recordado com mais respeito do que carinho. Poincaré achava que Clemenceau não tinha princípios; Clemenceau considerava-o um pedante.

George Pompidou (1911–1974): Primeiro-ministro gaullista e presidente da França (1969–1974), Pompidou ajudou a transformar o gaullismo, depois de de Gaulle, de um movimento personalizado de transição, num partido pró-europeu de centro-direita que, com o tempo, se fundiu com o seu rival giscardiano. Em campanha, Pompidou recorria às suas raízes da Auvérnia, mas era um ex-banqueiro *Normalien.* Conservador prático, não acreditava (com a esquerda) que os humanos fossem bons e a sociedade má, nem no contrário (com a direita). Defensor de um capitalismo vigoroso e de um Estado forte, Pompidou seguiu a grande linha do liberalismo de direita que vinha da Monarquia de Julho, passando pela Terceira e Quarta Repúblicas, até ao presente.

Toryismo pós-Thatcher: Dois *tories* intelectuais britânicos dos anos 1980 exemplificaram vias divergentes do conservadorismo pós-Thatcher, o rigor social e a política social: *John Redwood* (1951–), historiador de Oxford, deputado conservador de direita e velho opositor da UE. Dirigiu a unidade política de Thatcher (1982–1987), resolveu a confusão do Imposto por Capitação e, por duas vezes, falhou a corrida à liderança do partido. Defendia um conservadorismo social e estrito. Opunha-se ao casamento entre pessoas do mesmo sexo e queria a restauração da pena capital. Resumiu o seu conservadorismo (1996) como o governo limitado, mas eficaz, a defesa de um código moral estrito enraizado na família tradicional e a confiança no Estado para perseguir e punir os malfeitores. *David Willetts* (1956–): trabalhou no ministério das Finanças (1978–1984) e forneceu ao governo ideias de medidas políticas, nomeadamente sobre finanças público-privadas. Deputado (1992–2015), foi um thatcherista radical que se tornou centrista; três livros, *Modern Conservatism* (*Conservadorismo Moderno*, 1992), *Is Conservatism Dead?* (*O Conservadorismo Morreu?*, 1997) e *The Pinch* (*O Desfalque*, 2010), marcaram a mudança. O primeiro mostrava confiança de que o toryismo de Thatcher curara os piores males da Grã-Bretanha do pós-guerra. O segundo, publicado quando o Partido Trabalhista obteve uma vitória eleitoral esmagadora, preocupava-se com as tensões entre a comunidade e o mercado. E o terceiro era um livro apartidário sobre os problemas do futuro dos nossos filhos, as populações envelhecidas, impostos, pensões, habitação e mobilidade social que assolavam todas as nações ricas.

Pierre Poujade (1920–2003): O precursor original da direita dura francesa pós-1945, Poujade era um adolescente seguidor de Doriot que ficou desiludido com Vichy e, depois, fugiu para treinar na RAF. Mais tarde, Poujade defendeu os lojistas e os pequenos empresários contras as grandes cadeias e os coletores de impostos. O seu partido de protesto fiscal (fundado em 1953) espantou a direita convencional com um resultado eleitoral de 13 por cento em 1956. Era uma coligação fluida de opositores do fisco e de descontentes da direita, eles próprios uma amálgama de argelinos pró-franceses, velhos monárquicos e *revanchards* de Vichy. A onda passou, mas voltou mais tarde. Pompidou ouvia-o, mas Giscard manteve-o afastado. Poujade apoiou Mitterrand em 1981.

Joseph von Radowitz (1797–1853): Constitucionalista conservador de uma família nobre de Brunsvique, que aceitava a adaptação, em vez da reação, como a estratégia mais segura para a ordem social. Encarregado dos assuntos externos (1848–1951), Radowitz não conseguiu conquistar apoio para a unidade alemã sob a liderança prussiana. Tal como os Gerlachs, era próximo de Frederico Guilherme, o rei errático a partir de 1840. Ao contrário dos irmãos, Radowitz aprendeu com os acontecimentos. Nos anos 1830, defendeu a Igreja e a Coroa contra a reforma. Nos agitados anos 1840, Radowitz escreveu, em *Gespräche aus der Gegenwart über Staat und Kirche* (*Conversas Contemporâneas sobre Estado e Igreja*, 1846), que o governo devia intervir para reduzir a pobreza. Pensava que os conservadores eram tolos por excluírem os liberais quando a ameaça era o radicalismo da classe trabalhadora.

Ronald Reagan (1911–2004): Reagan uniu os conservadores discordantes do partido — otimistas do mercado livre, moralistas dos valores da família e nacionalistas — e, enquanto apelava a um centro político (foi facilmente eleito para a presidência duas vezes, em 1980 e em 1984), liderou um partido do qual os moderados e os liberais foram gradualmente afastados. Tinha um ouvido excelente para um país dividido que queria prosseguir a luta partidária brutal enquanto se sentia bem consigo mesmo. Capturava as audiências com piadas sobre o grande governo, tão hábeis que esqueciam que o grande governo era aquilo que Reagan lhes pedia que o deixassem gerir. Dotado de charme, de sorte e de notáveis talentos políticos, Reagan aproveitou a maioria das suas oportunidades. Apelava às alas esquerda e direita do liberalismo americano, aos democratas do New Deal e aos republicanos apoiantes das políticas monetárias estritas e das grandes empresas. Sabia agradar tanto aos cristãos iliberais da Cintura da Bíblia como aos libertarianos que estavam além das franjas. Depois de Reagan, o republicanismo moveu-se para a direita dura como uma amálgama de nacionalistas, libertarianos e conservadores religiosos.

William Rehnquist (1924–2005): Juiz do Supremo Tribunal dos Estados Unidos (1971–2005) e presidente do mesmo tribunal (a partir de 1986). Depois da nomeação, começou a inverter as decisões liberais das três décadas passadas, apelando a um estado de espírito público conservador e aos académicos conservadores do direito que diziam que os tribunais de 1950–1970 não eram suficientemente «contidos», mas demasiado «ativistas» como legisladores. Nem em termos teóricos nem em termos históricos a disputa em torno da abordagem correta à interpretação entre as escolas do «conteúdo original» e da «lei como é» correspondia à divisão conservador-liberal. Os tribunais conservadores de finais do século XIX eram ativistas. No entanto, a disputa é geralmente travada ao longo de uma linha divisória direita-esquerda, para perplexidade de não juristas e estrangeiros.

Paul Reynaud (1878–1966): Um raro antiapaziguador da Alliance Démocratique, Reynaud é recordado como o primeiro-ministro (março–junho de 1940) durante a queda da França, mas, apesar de ligado à derrota, não era um derrotista. Baixo e arrogante (com a alcunha de «Rato Mickey»), Reynaud esforçou-se por unir a resistência. Considerando a França perdida, Churchill recusava fornecer ajuda militar. Considerando a Grã-Bretanha perdida sem a França, Reynaud pediu ajuda, apesar dos riscos. Churchill propôs, em vez disso, uma união política. Antes de Reynaud ter tido a oportunidade de defender a proposta no governo, a França capitulou. Pétain mandou prender Reynaud, que foi enviado para uma prisão na Alemanha. Patrocinador de de Gaulle nos anos 1930, Reynaud voltou a apoiá-lo em 1958, mas opôs-se à sua eleição direta para presidente.

Henri Rochefort (1831–1913): Publicista antiparlamentar, filho de um nobre legitimista, primeiro da esquerda, depois da direita, flagelo do Segundo Império, *communard*, nacionalista extremista, boulangista e antidreyfusardiano. A sua revista de mexericos e satirista *La Lanterne* começou a ser publicada quando as restrições à imprensa foram aliviadas em 1868 e, pouco depois, vendia 120 000 cópias, mas voltou a ser encerrada depois de 11 números. Seguiu-se a prisão, fuga, desavenças na Comuna e um segundo exílio, após o qual Rochefort regressou a Paris como direitista. Promotor do pouco fiável general Boulanger como o suposto soldado-salvador da França, o apelo de Rochefort a um golpe não foi ouvido. Voltou a fugir. No seu segundo jornal, *L'Intransigeant* (1880), Rochefort chamou a Dreyfus o «Judas da Ilha do Diabo» e ao socialista Jaurès um «porta-voz dos traidores».

Edward Stanley, Lord Derby (1799–1869): Destacado conservador de meados do século XIX, Derby afastou-se dos *whigs* por causa da reforma da Igreja irlandesa (1834) e liderou a oposição *tory* à revogação das Leis dos Cereais. Proprietário nobre de Lancashire na Câmara dos Lordes, era apoiado por Disraeli na Câmara dos Comuns. Derby visava abafar o radicalismo por meio da concessão política e do alívio social. Três vezes primeiro-ministro (anos 1850–1860) e líder *tory* (1846–1868), Derby via a democracia eleitoral como um «salto no escuro» inevitável. Os benefícios do progresso tinham malefícios. Os caminhos de ferro, por exemplo, destruíam a habitação da classe trabalhadora. Da «máquina» imparável da mudança, podia vir algum bem com uma «mão habilidosa», mas, se «acelerada de forma irresponsável», o «desastre esmagador» era inevitável.

Adolf Stoecker (1835–1909): Ministro luterano alemão destrutivamente influente, Stoecker pregava que o respeito pelos judeus era não cristão. De origens humildes, Stoecker brilhava no púlpito, ganhou fama com um sermão patriótico (1870) e tornou-se capelão na corte. Dizendo servir os pobres, fundou o Partido Social Cristão (1878). Com o historiador nacionalista Treitschke, propunha o fim da imigração judaica. Stoecker assustou o Partido Conservador Alemão ao adotar o seu Programa Tivoli antissemita (1892). A popularidade do antissemitismo desvaneceu-se, mas regressou após 1918. Stoecker transformou o apelo original do pietismo cristão (resistência governamental e centralização clerical) num apelo exclusivista aos eleitores que procuravam um sentimento de finalidade e de pertença nas grandes cidades.

Franz-Josef Strauss (1915–1988).. Filho de um talhante, nascido em Munique e veterano da Frente Oriental, Strauss foi durante três décadas o flagelo da esquerda e o espinho do centro-direita. Líder da União Social Cristã na Baviera a partir de 1961, primeiro-ministro bávaro (1978–1988) e ministro federal (sobretudo da Defesa e das Finanças), Strauss era feroz em público, mas calmo nos bastidores quando as ameaças diminuíam de tom e as posições de direita dura eram geralmente postas de lado. Opunha-se, sem a rejeitar, à *Ostpolitik*. No tempo de Strauss, a Baviera tornou-se uma Califórnia alemã, e o escândalo — reveses aeroespaciais, espionagem à imprensa — manchou-lhe a carreira. Sob a liderança de Strauss, a CDU-CSU quase ganhou as eleições federais (1980), mas Kohl conseguiu depois ultrapassá-lo na liderança do partido.

Robert A. Taft (1889–1953): Republicano pró-empresas e unilateralista, filho de um presidente, Taft opunha-se ao New Deal, duvidava da ameaça comunista e cedeu a Eisenhower a nomeação republicana em 1952. Patrocinou o projeto-lei Taft-Hartley (1947), que foi aprovado com o veto de Truman, limitando os direitos de greve dos sindicatos e permitindo as leis estaduais do «direito ao trabalho», tendo sido pouco depois aplicadas no Sul e no Oeste. Atacou Truman por envolver o país numa guerra enquanto professava a paz, ainda que ele próprio insistisse que «devemos continuar afastados da guerra a não ser que sejamos atacados», mas também «desenvolver a nossa defesa para enfrentar qualquer ameaça de ataque».

André Tardieu (1876–1945). Republicano conservador francês com tendências corporativistas e antiparlamentares, Tardieu foi três vezes primeiro-ministro durante o início da crise económica (1929–1932). As suas palavras de ordem eram patriotismo, modernização social e um Estado eficaz. Defensor da paz de Versalhes, Tardieu foi um líder na campanha político-empresarial pela «recuperação» nacional, que propunha reformas para reforçar o executivo, todas elas implicando a exclusão ou o afastamento da esquerda («Le socialisme, voilà l'ennemi»). Burguês parisiense e autor-jornalista incansável que admirava os Estados Unidos, Tardieu defendia a abordagem tecnocrática à política e ao governo que marcou grande parte do centro-direita da França após de Gaulle.

Margaret Thatcher (1925–2013): Líder conservadora (1975–1990) e primeira-ministra (1979–1990), Thatcher devia a sua ascensão no Partido Conservador, o seu sucesso junto dos eleitores britânicos e a sua reputação mundial a várias forças: o domínio da palavra, a coragem, a determinação, bem como a habilidade de combinar um conservadorismo liberal e iliberal. Liberal cobdenita na economia e liberal milliana em relação à moral política (pelo aborto, pela descriminalização da homossexualidade), queria que os homens e as mulheres de iniciativa agissem sem inveja ou interesses pessoais que os perturbassem. De forma não liberal, acabou com os poderes não centrais (sindicatos, conselhos municipais) para concentrar o poder central. O seu sentimento nacional, acima de tudo pela Inglaterra, expressava-se na desconfiança em relação aos estrangeiros (com exceção dos americanos), em especial os franceses e os alemães. Contava uma história atrativa sobre salvar a Grã-Bretanha do declínio nacional gerado por inimigos, internos e externos. Mais flexível do que parecia, dizia em público que «Nunca negociaremos com terroristas», enquanto os seus funcionários falavam por ela, nos bastidores, com «terroristas» na Irlanda e na África do Sul. Foi «assassinada», segundo a tradição do partido, quando a sua liderança incaracteristicamente hesitante pôs em perigo as suas perspetivas eleitorais. O seu antieuropeísmo estava desajustado em relação ao pró-europeísmo prevalecente no país. Os antieuropeus conservadores teriam em breve a sua vingança.

Adolphe Thiers (1797–1877): Jornalista, historiador da Revolução Francesa e líder político cuja longa carreira marcou a evolução hesitante da direita francesa do século XIX para a aceitação do republicanismo democrático — por outras palavras, a democracia liberal. Némesis liberal dos últimos Bourbons (1830), aliado e depois inimigo de Luís Napoleão, destruidor da Comuna de Paris e defensor conservador da Terceira República. Filho inteligente de um empresário falhado de Aix, Thiers trocou a província por Paris, onde se introduziu no mundo literário e foi acolhido por Talleyrand, que lhe chamava «um ouriço de génio». Líder da Revolução de Julho (1830), Thiers moveu-se para a direita na Revolução de 1848. Com o golpe de Estado de Napoleão (1851), foi enviado para o exílio no estrangeiro, mas pôde regressar, quando, eleito para a Assembleia Nacional, falou contra a autocracia bonapartista, o aventureirismo francês e o poder crescente da Alemanha. Depois dos colapsos militares da França na Guerra Franco-Prussiana (1870), Thiers cedeu às condições de Bismarck para uma paz castigadora: uma indemnização pesada, bem como a perda da Alsácia e de parte da Lorena. Thiers enviou o exército de MacMahon para esmagar a Comuna de Paris (maio de 1871) e tornou-se o primeiro presidente da Terceira República (1871–1873). Quando o seu sucessor, MacMahon, se voltou contra o governo em nome da direita monárquica, Thiers, aos 80 anos de idade, defendeu a república.

Tories e whigs na Grã-Bretanha: Divisão partidária no Parlamento britânico pré-democrático (de finais do século XVII até meados do século XIX), quando os nobres oligárquicos se dividiram por causa das disputas dinástico-confessionais (protestante contra católico; Orange-Hanoveriano contra Stuart) e da primazia institucional (Coroa, ministros ou Parlamento). «Tory» vinha de *toraigh*, termo irlandês que significava «bandido» ou «campónio», usado pelos protestantes da corte contra os apoiantes do suspeito católico Jaime II; «Whig» vinha de «Whiggamors», que eram opositores protestantes escoceses (anos 1640) da Igreja Anglicana, termo usado pelos adeptos de Jaime contra os seus inimigos protestantes. Os *whigs* e os *tories* disputaram a influência na corte até à sucessão hanoveriana de Jorge I (1714). Grupos rivais de *whigs* alternaram nos ministérios até aos anos 1760, quando a dívida de guerra e a agitação colonial sobrecarregaram as capacidades do governo. Jorge III (coroado em 1760) tentou libertar o governo das fações e obter mais poder para a Coroa. Os seus apoiantes eram os *whigs* liderados por Pitt; os opositores, eram os *whigs* de Rockingham, defendidos por Burke. O radicalismo e a revolução geraram uma nova divisão, a partir da qual se fundaram os partidos modernos. Os *whigs* de Rockingham (agora Portland) dividiram-se por causa da Revolução Francesa (1794). Fox era a favor; Portland, que se juntou a Pitt, *o Novo*, era contra. Os *whigs* Pitt-Portland tornaram-se *tories* e os apoiantes de Fox mantiveram a designação de *whigs*. Nas novas condições da modernidade capitalista, os partidos ainda vagos da ordem e da hierarquia, da mudança e da igualdade foram rebatizados como «Conservador» (1834) e «Liberal» (1859).

Donald Trump (1946–): «Não penso que tenha que ver com algum tipo específico de posições políticas, mas com o facto de ser um guerreiro pelas pessoas comuns». Esta era a explicação de um republicano do Mississípi para a ascensão de Trump desde uma empresa imobiliária de Nova Iorque, passando por um programa de televisão da NBC, até à Casa Branca (eleito em 2016). Trump também beneficiou de uma longa tradição democrática em que a falência e o ridículo não eram impeditivos de acesso a altos cargos, e dos opositores dos dois principais partidos que, tolamente, subestimaram os seus talentos e o seu apelo popular. O programa *The Apprentice* de Trump ressuscitou uma cadeia de televisão em declínio, conquistou 20 milhões de telespetadores e era especialmente popular entre os negros e os latinos. Trump podia ter concorrido como centrista, mas escolheu a estratégia das campanhas republicanas desde os anos 1960: ganhar um número pequeno, mas adequado, de votos de democratas brancos descontentes da classe trabalhadora nos estados decisivos. Livre de ideias estabelecidas, de doutrinas políticas ou de lealdades partidárias, a política de Trump é improvisada e oportunista. Os conservadores desanimados que o consideravam incoerente, sem princípios nem bases, não perceberam as suas forças. Embora seja verdade que ficou chocado por se ver como presidente eleito, Trump percebeu depressa os interesses, altos e baixos que um presidente republicano devia representar: as grandes empresas e a finança (impostos mais baixos, menos regulação, sem preocupações com o clima), bem como as pessoas convencidas de que eram ouvidas e que queriam um guerreiro que lutasse por elas.

Revolução Nacional de Vichy: Uma miscelânea de antirrepublicanismo, corporativismo económico, política social católica baseada na família, ajuda rural, perseguição da esquerda e dos judeus, reação cultural e exclusão dos estrangeiros indesejados, estabelecida nos Dezasseis Princípios da Comunidade e resumida no lema triplo, que contrariava o «Liberdade, Igualdade, Fraternidade», de «Trabalho, Família, Nação». A Revolução Nacional baseava-se em duas grandes correntes do antiliberalismo de direita: o autoritarismo hipernacionalista de Maurras e o movimento de «recuperação nacional» das elites convencidas do atraso económico da França. Ambos usavam o argumento do declínio nacional, que exigia uma mudança radical com um líder galvanizador, uma ideia clássica da direita de inícios do século XIX que ainda subsiste nos dias de hoje.

Hermann Wagener (1815–1889): Ex-clérigo e publicista conservador, Wagener era natural da «mais prussiana das cidades da Prússia», Neuruppin, na região dos lagos perto de Berlim, onde o memorialista literário do velho estado, Theodor Fontane, também nascera. A hostilidade ao pensamento livre irritava a sua igreja liberal e substituiu o púlpito pela imprensa, ajudando a fundar o *Kreuzzeitung* de extrema-direita (1948). O seu alvo era a modernidade liberal, que destruía a autoridade moral e explorava cruelmente os pobres. Wagener respondeu ao maciço *Léxico Político* liberal com o conservador *Staats- und Gesellschaftslexikon* (*Léxico Político e Social*, 1859–1867) de 32 volumes, que defendia o Estado social e era contra os mercados livres. Caiu em desgraça quando os liberais o expuseram num escândalo bolsista (1873).

Daniel Webster (1782–1852): *Whig* antijacksoniano, representante e senador pelo Massachusetts (1823–1850, com intervalos). Com John Adams, opôs-se ao alargamento do direito de voto no Massachusetts (1820). Como jurista, defendeu no Supremo Tribunal o contrato privado e os poderes da banca comercial federal. Opôs-se às altas tarifas federais de Clay e à campanha estadual de Calhoun para as eliminar (anos 1830). Webster temia que a anexação do Texas destruísse o equilíbrio Norte-Sul e opôs-se à Guerra Mexicana (anos 1840). Tal como Clay e, depois, Douglas, mas ao contrário de Lincoln, queria que a expansão da escravatura para o Oeste fosse decidida pela «soberania popular» (os eleitores dos novos territórios). Enriquecido graças a um segundo casamento, Webster arruinou-se com as especulações de terras no Oeste.

Alice Weidel (1979–): Colíder do Alternativa para a Alemanha. O seu partido conquistou 94 assentos no Bundestag em 2017, a primeira grande vitória da direita dura desde 1949. Ex-banqueira que vive com a companheira e os seus dois filhos, Weidel é um novo tipo de conservadora, mais interessada em desafiar do que em apoiar a ordem presente: a Alemanha (e não a Grécia) deve permanecer na UE, mas abandonar o Euro e limitar a imigração, e investir no Médio Oriente para desencorajar a emigração. Apoia as uniões civis, mas não o casamento entre pessoas do mesmo sexo. Tal como a Frente Nacional francesa e os *Brexiteers* da Grã-Bretanha, a AfD não tem uma mensagem específica, mas apela a uma variedade de descontentes poderosos.

Kuno von Westarp (1864–1945): Opositor conservador alemão da República de Weimar, quando esta precisava do apoio dos conservadores. Veterano da Liga da Terra anterior a 1918 e apoiante da guerra em 1914–1918, Westarp cofundou depois o Partido Popular Nacional Alemão (DNVP). Uniu os conservadores, divididos entre o afastamento em relação às velhas elites, que os eleitores detestavam por causa da guerra, e a destruição da república que tornara necessária a preocupação com os eleitores. Westarp não conseguiu resolver o impasse. Apoiou o Golpe de Kapp (1920), mas tentou, sem sucesso, impedir a passagem do DNVP para a direita sob a liderança de Hugenberg. Formou um pequeno partido dissidente e escreveu uma história do conservadorismo alemão em vários volumes.

Whigs e jacksonianos nos Estados Unidos: Os *whigs* americanos surgiram nos anos 1820 e 1830 como opositores dos democratas jacksonianos, formando o segundo dos cinco sistemas partidários normalmente identificados nos séculos XIX e XX: federalistas e democratas-republicanos (1792–1824), *whigs* e democratas (1824–1856), republicanos e democratas da Guerra Civil até à Era Dourada (1856–1892), republicanismo empresarial e democratas progressistas (1892–1932) e republicanos que se opunham ou copiavam os democratas do New Deal (1932–1980). Os *whigs* eram liderados por Webster, da Nova Inglaterra, e por Clay, do Kentucky. Quando os *whigs* se dividiram nos anos 1850, foi fundado o Partido do Solo Livre (Republicano) (1854), que, sob a liderança de Lincoln, se tornou assim a causa, por esta sequência, da união, da guerra e da abolição.

Edward Wood, Lorde Irwin, Conde de Halifax (1881–1959): Um *tory* controverso que perdeu a chefia do governo no tempo de guerra para Churchill (maio de 1940) e cuja reputação posterior foi ensombrada pelos discípulos do seu rival. Economista, veterano da Primeira Guerra Mundial e cristão devoto, Halifax (como Irwin) tentou o compromisso com Gandhi como vice-rei da Índia (1926–1931), mas foi obstruído pelos imperialistas radicais, incluindo Churchill. Os historiadores ainda discutem sobre as suas ações e oportunidades como ministro dos Negócios Estrangeiros face à ameaça alemã (1938–1940). Halifax (como Wood) escreveu *The Great Opportunity* (*A Grande Oportunidade*, 1918), um manifesto-evangelho em defesa de um conservadorismo social, que misturava serviços sociais, altas taxas de emprego, antissindicalismo e comércio livre imperial com «unidade nacional» e «espírito de sacrifício».

2. *Pensadores*

Henry Adams (1838–1918): Autor americano e historiador dos Estados Unidos. Neto e bisneto de presidentes, Adams nasceu num ambiente de riqueza e estatuto numa sociedade em que o primeiro foi apreciado e o segundo desacreditado. A tensão perpassa toda a sua obra-prima autobiográfica, *The Education of Henry Adams* (*A Educação de Henry Adams*,

1907) e *Democracia* (1880), uma sátira sobre os lóbis e a corrupção em Washington durante a Era Dourada. O seu anti-herói venal, um senador, exprime a visão obscura do sufrágio de massas e da reforma social: «Nenhum governo representativo pode ser muito melhor ou pior do que a sociedade que representa. Se purificarmos a sociedade, purificaremos o governo.»

Steve Bannon (1953–): Ex-oficial da marinha, banqueiro, diretor de órgãos de comunicação social e assessor de Trump, Bannon fala para uma direita dura americana que aspira a criar laços na Europa. Ao lado das pessoas comuns, opõe-se ao comércio livre e à imigração, mas sem ameaçar os ricos. O descontentamento popular decorre da exportação dos postos de trabalho e do poder excessivo dos bancos. Os Estados Unidos oferecem «socialismo para os ricos e pobres» e «capitalismo darwinista» para todos os outros. Para Bannon, os liberais de esquerda são uma elite dominante e uma multidão de «cobardolas» distantes da realidade. Os liberais do mercado livre são o inimigo do povo. O seu autoproclamado «populismo de direita» para colocar a nação em primeiro lugar e «maximizar o valor do cidadão» diz mais sobre o diagnóstico do que sobre a cura.

Maurice Barrès (1862–1923): Escritor e hiperpatriota francês, Barrès nasceu perto de Nancy, na parte da Lorena que escapou à anexação alemã (1871). A crença nas raízes locais, a aversão ao capitalismo, uma visão mítica da nação como «la terre et les morts» e o desejo de vingança eram por ele misturados num todo político-literário de forte apelo para a direita francesa. Barrès desprezava o centro liberal, que via como corrupto e dogmaticamente secular, apoiou o displicente general Boulanger no seu antiparlamentarismo e esteve ao lado dos antissemitas no caso Dreyfus. Como Céline e Drieu, Barrès era um escritor dotado que introduzia o escárnio e a raiva nos seus romances. *Les déracinés* (*Os Desenraizados*, 1897), uma história de jovens lorenos inteligentes e turbulentos em Paris, desencaminhados pelo seu professor kantiano, foi admirado por opositores, incluindo Léon Blum e, depois, pelo poeta comunista Louis Aragon. Tal como Maurras, a eloquência e a convicção davam a Barrès armas contra a modernidade liberal que a argumentação por si só não dava.

Alain de Benoist (1943–): Figura proeminente da Nova Direita francesa, Benoist fundou (1968) o Groupement de recherche et d'études pour la civilisation européenne (GRECE). Benoist proscreve condenações na política, mas permite o desprezo. Despreza a globalização do mercado livre, a igualdade democrática («nivelamento por baixo») e os direitos humanos («o direito contaminado pela moralidade»). Autodesignado pagão e «etnopluralista», diz que os grandes monoteísmos são «totalitários», mas defende a «civilização europeia». Fazendo eco de Maurras e de Drieu, Benoist vê as sociedades como unidades distintas separadas por tradições morais incompatíveis. A sua longa e sinuosa marcha contra o liberalismo democrático começou na extrema-direita argelina pró-francesa. Benoist diz que agora está «além da esquerda ou da direita».

Mel Bradford (1934–1993): Escritor e pensador conservador sulista que lecionou na Universidade de Dallas. Bradford fez a ponte entre o tradicionalismo dos anos 1930 e 1950 e o paleoconservadorismo dos anos 1980, sendo um precursor intelectual da direita dura atual. Entre os veículos paleoconservadores, incluíam-se a *The Southern Partisan* (a partir de 1979) e o *Chronicles* do Instituto Rockford (a partir de 1977). Bradford escarnecia de Lincoln, opunha-se aos direitos civis e fez campanha por George Wallace (1972). Pensava que os liberais travestiam a tradição americana. A nação era culturalmente anglo-saxónica, a sua Constituição era conservadora, não emancipatória, e o povo americano nunca subscreveu o progresso liberal. Reagan nomeou Bradford para a direção do National Endowment of the Humanities, mas foi travado pelos chocados conservadores tradicionais.

F. H. Bradley (1846–1924): Filósofo da Universidade de Oxford de 1870 até à sua morte. O principal idealista filosófico da Grã-Bretanha, Bradley rejeitava uma imagem associacionista comum da mente, da verdade e do conhecimento adaptada de Locke através de Mill, tratando-os de forma hostil. Para Bradley, o erro estava na parcialidade, uma ideia geral que influenciava o seu pensamento ético. O kantismo e o utilitarismo, dizia ele, isolavam erradamente um aspeto incontestado da pessoa humana, e daí a moralidade. Em «My Station and Its Duties» (1876), Bradley criticava a imagem supostamente liberal de pessoas socialmente distantes que escolhiam à vontade os seus objetivos e as suas ligações. No entanto, a sua lição política era subtil. Uma pessoa podia frustrar a sociedade pelo autoisolamento ou pela recusa do dever. A sociedade podia frustrar as pessoas ao não providenciar bases a partir das quais surgem os deveres de vínculo e o sentido de si mesmas. Talvez não seja inteiramente justo chamar conservador a Bradley, embora fosse mais cético em relação à reforma social do que um idealista britânico mais velho cujo trabalho ele seguia, T. H. Green.

Jason Brennan (1979–): Pensador político americano versado no estudo das eleições e na ignorância dos eleitores. Em *Contra a Democracia* (2016), Brennan reanimou dúvidas mais antigas, levantadas, por exemplo, por Shumpeter e Hayek, sobre a compatibilidade do capitalismo liberal com a democracia eleitoral. Numa perspetiva libertariana de direita, Brennan já não acreditava que os direitos ao governo bom e limitado gozados, a seu ver, por cada cidadão ainda estivessem adequadamente protegidos das maiorias ignorantes. Brennan defendia a «epistocracia», ou seja, o governo competente por aqueles que sabiam o que faziam, em oposição ao governo incompetente confirmado por eleitores que não sabiam no que votavam nem pelo que votavam.

Orestes Brownson (1803–1876): Contra o preconceito protestante, Brownson defendia os católicos como americanos leais. Nascido numa quinta do Vermont e autodidata, Brownson passou para o catolicismo, vindo do calvinismo estrito e através do unitarismo de Boston. Social--cristão paternalista e anti-*whig*, Brownson defendeu as reivindicações dos trabalhadores contra os patrões em «The Laboring Classes» (julho de 1840). Em *The American Republic* (1866), criticava o liberalismo por representar erradamente a liberdade e a sociedade. Ser livre, para o governo e para os cidadãos, equivalia a obedecer a leis justas. A sociedade não era um compacto, mas «um organismo, e os indivíduos vivem na vida do organismo, tal como este vive na deles». Brownson era conservador ao tentar moderar o liberalismo democrático por meio de uma orientação moral benéfica.

Patrick Buchanan (1938–): Jornalista nascido em Washington DC, «paleorrepublicano», católico e unilateralista, Buchanan foi assessor, redator de discursos e auxiliar de campanha no regresso de Nixon (1966–1968), que cunhou para ele a expressão «maioria silenciosa». Instou Nixon a seguir uma linha jacksoniana, «antielitista», e a atacar os preceitos de classe trabalhadora da oposição: «os democratas de Daley-Rizzo» (étnicos católicos do Norte) e os «democratas de Wallace» (conservadores protestantes do Sul). Depois de servir Reagan, Buchanan candidatou-se ele próprio à presidência como nacionalista, conquistando um quinto dos votos nas primárias republicanas (1992, 1996). Lançou uma revista quinzenal unilateralista, a *American Conservative* (2002), opôs-se à Guerra do Iraque (2003) e, desanimado com a Casa Branca de Bush e Cheney, incitou os conservadores a votarem nos democratas (2006).

William Buckley Jr. (1925–2008): Polemista católico americano, seguro de si e perspicaz, editor e apresentador de televisão, Buckley contribuiu muito para restaurar o conservadorismo no debate público nos Estados Unidos após 1945. A sua base era a revista *National Review* (fundada em 1955). Esta publicação unia diversas correntes da direita americana: anticomunismo, tradicionalismo e interesses financeiros. Depois de ter posto de lado os fanáticos, Buckley reuniu habilmente um exército turbulento de adeptos da Guerra Fria, conservadores morais e liberais económicos. Era, nas suas próprias palavras, «espiritual e filosoficamente» um conservador, mas não «temperamentalmente». Desmancha-prazeres e cunhador de frases, Buckley era capaz de fazer o preconceito parecer cortês. No seu programa de televisão, *Firing Line*, os liberais bem-pensantes de boas escolas como as de Buckley eram geralmente vítimas da sua provocação maliciosa e do seu brio dialético. Mais estratégico que dogmático, o contributo de Buckley para a reanimação da autoconfiança intelectual entre os conservadores americanos foi político e diretivo. Ao insistir em que mantivesse um adversário liberal sempre à vista, Buckley ajudou a direita a ignorar as suas próprias diferenças.

Edmund Burke (1729–1797): Parlamentar e pensador político anglo-irlandês. Politicamente, Burke foi um homem de ideias e auxiliar dos *whigs* anticentralistas de Rockingham, amigo dos colonialistas americanos, flagelo seletivo da corrupção colonial na Índia e inimigo de todos os que depositavam esperanças na Revolução Francesa. Celebrado e traduzido no seu tempo de vida, amplamente ignorado no século XIX, os discursos e escritos de Burke serviram para os conservadores posteriores como fontes espirituais de um catecismo útil. Burke pensava que os erros da Revolução Francesa eram a venda das terras da Igreja a credores do Estado francês e a confiança excessiva dos homens de letras em princípios demasiado gerais («a ciência de construir uma comunidade, de a renovar ou de a restaurar [...] não é ensinada *a priori*»). Os conservadores retiraram de Burke lições negativas para usarem contra a reforma liberal e social. Desviar recursos e, logo, poder social, de uma classe para a outra pela ação do governo era arriscado ou fútil. Exigir que as instituições consuetudinárias se justificassem era, em geral, vão porque esses testes estavam enraizados no costume. Como os talentos e as inclinações são diversos, nenhum princípio geral mostrava como as pessoas deviam ser tratadas, dirigidas ou ouvidas. O governo não era, nem um professor moral, nem um garante do aperfeiçoamento moral. Em termos positivos, a política sólida assentava na perspicácia e na prudência. O melhor guia do conservadorismo, segundo Burke, era a conveniência bem ajuizada.

James Burnham (1905–1987): Pensador americano ex-católico e ex-marxista, braço direito de Buckley na *National Review*. Em *The Managerial Revolution* (*A Revolução da Gestão*, 1941), Burnham dizia que os gestores controlavam a sociedade ocidental e, em *Suicide of the West* (*O Suicídio do Ocidente*, 1964), que o liberalismo controlava os gestores. Nascido numa família rica ligada aos caminhos de ferro, Burnham foi professor universitário, militante trotskista e agente dos serviços secretos. Buckley confiava na inteligência de Burnham, no seu faro para identificar excêntricos e no seu instinto para o que os conservadores convencionais queriam ouvir. Na sua coluna «Third World War», Burnham escrevia como um anticomunista radical, ainda que as suas verdadeiras propostas fossem menos exageradas do que a prosa. Uma força moderadora, segundo ele próprio, da ala esquerda da *National Review*, tornou-se mais obstinado com a idade.

John Calhoun (1782–1850): Jurista da Carolina do Sul, senador e vice-presidente (1825–1832), Calhoun defendia os direitos das minorias, em especial a minoria dos estados agrários do Sul hostis às tarifas da manufatura e os seus donos de terras e proprietários de escravos. Em *Disquisition on Government* (*Disquisição ao Governo*) e *Discourse on the Constitution* (*Discurso Sobre a Constituição*) (ambos publicados postumamente), Calhoun apresentava defesas constitucionais contra um Estado liberal, reformador e intrusivo. As constituições eram dispositivos de bloqueio contra o poder indevido. A democracia falava pelos interesses reconhecidos e não pela massa das pessoas. Os interesses regionais particulares requeriam proteção, por exemplo, pelas maiorias concorrentes. As pessoas eram moralmente iguais, mas não iguais em talento ou energia. A liberdade e a igualdade, por conseguinte, não se coadunavam. «A liberdade, quando imposta a um povo não preparado para ela, seria, em vez de uma bênção, uma maldição.» Mais tarde chamado «o Marx da classe dos senhores», Calhoun olhava, além do conflito Norte-Sul, para a batalha dos trabalhadores com o capital: «Depois de ficarmos exaustos, a luta será entre os capitalistas e os operários» (1928).

Thomas Carlyle (1795–1881): Autor e historiador britânico (*História da Revolução Francesa*, 1873; *Cromwell*, 1845), crente na influência dos grandes homens (*On Heroes* [*Sobre os Heróis*], *Hero-Worship and the Heroic in History* [*A Adoração dos Heróis e o Heroísmo na História*], 1841) e crítico do capitalismo *laissez-faire* (*Past and Present* [*Passado e Presente*], 1843). Impregnado da escrita e do pensamento alemão, Carlyle rejeitava a adoração «desse monstro, o utilitarismo». Quando o pagamento em dinheiro se tornou no «único nexo entre os homens», o verdadeiro valor foi esquecido e a revolução social ameaçada. Tolerante em relação à escravatura, apoiou o Sul na Guerra Civil Americana. As admirações medievais, as hostilidades eleitorais e a fraqueza pelos líderes fortes afastavam-no do conservadorismo político-partidário. Como crítico ético-cultural do capitalismo liberal, a influência de Carlyle foi duradoura.

François-René de Chateaubriand (1768–1848): Romântico bretão para quem a fidelidade apaixonada contava mais na vida e na política do que a razão prudente ou a obediência partidária; voluntário do exército antirrevolucionário, exilado, embaixador napoleónico e, depois, flagelo de Napoleão e fundador-diretor da *Le Conservateur* (1818). Como ministro dos Negócios Estrangeiros da França (1822–1824), Chateaubriand promoveu a intervenção para suprimir os liberais da Espanha, tendo depois, na oposição, atacado os ultras conservadores franceses. O seu pós-iluminista *O Génio do Cristianismo* (1802) sublinhava o apelo estético e emocional da fé («Chorei, logo acreditei») e ajudou a pôr o catolicismo na moda. As autobiográficas *Memórias de Além-Túmulo* (1849–1850) são consideradas, como as *Confissões* de Agostinho e de Rousseau, uma obra-prima do género não conservador da auto-invenção. Chamava-se a si mesmo «republicano por natureza, monárquico por razão, Bourbon pela honra». Embora Maurras o considerasse invejosamente um egoísta pagão e um anarquista liberal disfarçado, Chateaubriand deixou ao conservadorismo uma aversão romântica ao «mundo vazio» da modernidade liberal e uma confiança homóloga no «coração cheio» da fé e da lealdade.

Rufus Choate (1799–1859): *Whig* e advogado conservador do Massachusetts, congressista e senador (1841–1845). Em tribunal, Choate fazia defesas floridas e engenhosas (por exemplo, conseguiu a absolvição de um homicídio por «sonambulismo»). Como a de Beecher e de Emerson, a oratória cívica de Choate substituía o sermão religioso. Amigo e elogiador de Webster, seu antecessor no Senado, Choate defendia as instituições legais de um Leste estabelecido, preocupava-se com a expansão da fronteira e opôs-se à anexação do Texas. Os seus discursos mais conhecidos foram sobre o «soft power» e o trabalho estabilizador do direito, «O Poder do Estado Desenvolvido pela Cultura Mental» (1844) e «A Força Conservadora dos Tribunais Americanos» (1845).

William Cobbett (1763–1835): *Tory* do povo, que amava a Coroa e o campo, enquanto repudiava o comércio arrivista, bem como os cortesãos, os banqueiros e os políticos corruptos que se alimentavam do «Quisto» (Londres). Filho de um estalajadeiro de Surrey, Cobbett foi secretário de um advogado, soldado, redator-diretor da sua revista semanal, *The Political Register* (1802–1835), e deputado (1832–1835). Para Cobbett, o fisco era uma conspiração dos ociosos da classe alta para despojar as pessoas comuns e alimentar a sua avidez egoísta ou para travar guerras sem sentido. Não convencido das propostas do governo para aliviar a crise agrícola, Cobbett foi pessoalmente ver as condições e as necessidades do campo, registando as suas observações no livro *Rural Rides* (*Passeios pelo Campo*, 1830).

Samuel Taylor Coleridge (1772–1834): Poeta romântico inglês e crítico social antiliberal que apelava a um «clerisy» de intelectuais para resistir à liberdade excessiva e ao nivelamento cultural da democracia de massas. Um *clerisy* manteria as tradições ético-culturais da nação e civilizaria a política. O idealismo alemão marcava a prosa de Coleridge, mas as suas ideias centrais, apresentadas em *The Constitution of Church and State* (*Sobre a Constituição e o Estado*, 1830), eram independentes de influências filosóficas. Coleridge via uma «deplorável divisão» na sociedade, que ele contrastava com a suposta unidade dos tempos pré-modernos. Embora o governo responsável tivesse de ouvir a propriedade, Coleridge temia, no capitalismo industrial, um «desequilíbrio do espírito comercial». As suas energias impetuosas deviam ser restringidas pelos interesses dos proprietários, ou seja, supervisionadas pela Câmara dos Lordes e pela Câmara dos Comuns. Tal como no sistema hegeliano, a Coroa simbolizava a unidade superior do Estado e do povo. As redescrições verbosas de Coleridge das instituições inglesas então correntes importavam menos para a tradição conservadora do que o seu reconhecimento e a sua promoção da necessidade de intelectuais conservadores.

R. G. Collingwood (1889–1943): Historiador e arqueólogo, filósofo da história e grande defensor da moderação conservadora. Nasceu numa vila à beira da Região dos Lagos da Grã-Bretanha, onde o pai era secretário de Ruskin. Collingwood era contra a transformação da história numa ciência empírica ou da política em calculismo utilitarista. Em *The New Leviathan* (*O Novo Leviatã*, 1942), escreveu que os liberais «se viam como arrastando o veículo do progresso contra o peso morto da estupidez humana; e penso que acreditavam que os conservadores faziam parte desse peso morto. Os conservadores compreendiam que tinha de haver um partido do progresso. Penso que os liberais nunca compreenderam que tinha de haver um partido da reação».

Joseph Conrad (1865–1924): Marinheiro e romancista polaco-britânico que combinava os dotes literários com um sentido da imperfeição humana e, nos seus romances políticos, a crença contra-iluminista de que o destino histórico era opaco. Conrad abordou as corrupções do colonialismo (*O Coração das Trevas*, 1899) e o capitalismo (*Nostromo*, 1904), bem como os devaneios revolucionários (*O Agente Secreto*, 1907; *Sob os Olhos do Ocidente*, 1911). Não conservador num sentido partidário, Conrad não tinha os compromissos de direita de Barrès ou de Jünger. Ao contrário de Maurras, não tinha uma perspetiva totalmente estabelecida. De forma menos direta, Conrad rejeitava a esperança no progresso humano, concentrando-se nas vulnerabilidades morais das pessoas e na sua fraca capacidade de previsão.

Patrick Deneen (1964–): Professor americano de política da Universidade Notre Dame, Deneen segue o antiliberalismo ético-cultural do falecido John Neuhaus. Em *Porque Está a Falhar o Liberalismo?*, uma exposição de oratória acusatória por períodos clássicos, Deneen acusava o liberalismo de defender a igualdade de direitos, mas criar desigualdade material, basear a legitimidade no consentimento, mas desencorajar o compromisso cívico, e de defender vagamente a autonomia pessoal, enquanto sustentava um Estado claramente intrusivo. A resposta eram as comunidades locais e as instituições livres, onde poderia florescer uma contracultura conservadora. Com o antiliberal Adrian Vermeule da Harvard Law School e Jason Brennan da Universidade de Georgetown, Deneen contradiz a ideia de que os liberais monopolizam as faculdades de direito e os departamentos políticos americanos.

Benjamin Disraeli (1804–1881): Como estadista, romancista político, líder partidário e primeiro-ministro (1868, 1874–1880), Disraeli exemplificou a adaptação gradual da direita britânica à modernidade liberal. *Tory* romântico da «Jovem Inglaterra», opunha-se à extensão do sufrágio e defendia as instituições estabelecidas — propriedade, Igreja e Coroa —, que, a seu ver, encarnavam os ideais conservadores de lealdade, deferência e fé. Acabou por se tornar um gestor-tático pragmático, amplamente reconciliado com a democracia de massas, a reforma social e a perda dos privilégios culturais das classes altas. Em *A Vindication of the English Constitution* (1835), atacou os *whigs* como políticos com interesses próprios e ligados à filosofia deficiente do utilitarismo. Disraeli era, em simultâneo, reformador social, imperialista, democrata popular e *tory* «Nação una», o que levava os críticos a dizerem que não tinha princípios. Charmoso, rude, geralmente endividado e promotor de si mesmo, era, para o rival liberal Gladstone, só «fogo de vista». Na lealdade partidária, na habilidade de manobra e no faro para o governo, Disraeli mostrava um instinto de autopreservação que também marcava a continuidade notável do seu partido.

Rod Dreher (1967–): Os conservadores americanos contam uma história esperançosa sobre a sua cultura maculada e ímpia segundo a qual consta que, depois de 1945, uma elite liberal, secular e não representativa capturou as igrejas, as universidades, os meios de comunicação social e os tribunais de um povo fundamentalmente temente a Deus e virtuoso. Os conservadores, à frente de uma maioria liberal, tinham de recuperar o que fora capturado. Uma história sombria partilhada pelo pensador conservador americano Rod Dreher conta que a decadência secular era demasiado sedutora para não prevalecer. Os americanos eram, e continuariam a ser, uma maioria imoral. A resposta certa não era a política, mas a renovação espiritual e intelectual em pequenas comunidades contraculturais, que Dreher, um polemista vigoroso influenciado por Alasdair MacIntyre, defendia em *A Opção Beneditina* (2017).

Pierre Drieu la Rochelle (1893–1945): Romancista francês, jornalista e editor literário durante a ocupação alemã (1940–1944), Drieu vilipendiava elegantemente os liberais, os parlamentares e os judeus. Com o chauvinista Barrès e o antissemita Céline, Drieu reforçava a ideia de que a direita da França, nos anos 1930, tinha os piores autores, mas a melhor prosa. Em *Gilles* (1939), o fascinante anti-herói de Drieu, ferido como ele nas trincheiras, vagueia por Paris desprezando-se a si mesmo, a sua amante judia rica, os seus amigos marxistas boémios e os liberais republicanos franceses sitiados. Mais niilista patriótico do que fascista, Drieu não oferecia uma alternativa. «A única maneira de, hoje, amar a França», escreveu ele, «é odiá-la na sua forma presente» (1937).

Maxime Du Camp (1822–1894): Autor francês, fotógrafo e amigo de Flaubert, conhecido por uma história da Comuna de 1871 em vários volumes, *Convulsions de Paris* (*Convulsões de Paris*, 1878–1880), uma obra-prima do vitupério e do escárnio conservador, baseada num quadro enganosamente factual de documentos e relatórios oficiais da Comuna. Du Camp criou uma imagem polémica e fantasiosa das pessoas comuns de Paris como simplórios fracos e doentes, desencaminhados por vilãos pouco educados. Os *communards* eram movidos pela inveja, «esse vício primitivo» de «pessoas baixas com mentes suspeitas». «Coletivistas, *comunnards* franceses, sociais-democratas alemães, niilistas russos, nomes diferentes, tendências semelhantes [...] nomes diferentes, tudo veneno.» Du Camp exprimia os mais exagerados medos conservadores em relação à democracia de massas.

T. S. Eliot (1888–1965): Eminente modernista literário de origem americana e conservador dissidente da modernidade liberal, poeta, dramaturgo, crítico, editor e ensaísta. Aquilo que as instituições estáveis eram politicamente para o conservadorismo, eram culturalmente para Eliot a tradição estética. A tradição respondia ao vazio espiritual da modernidade, como explorado poeticamente em *A Terra Devastada* (1922). As tradições não eram herdadas, mas tinham de ser trabalhadas e defendidas. *The Sacred Wood* (*O Bosque Sagrado*, 1920) visava fixar um cânone poético e estabelecer, de forma nem puritana nem didática, o valor moral distinto da poesia como «a verdade vista com paixão». A melhor via na Inglaterra pagã e materialista era a «renúncia pessimista» (*The Idea of a Christian Society* [*A Ideia de uma Sociedade Cristã*], 1939). De forma mais esperançosa, a alta sensibilidade ainda podia «permear» a cultura mais geral (*Notes towards a Definition of Culture* [*Notas para uma Definição da Cultura*], 1948). Eliot admirava Coleridge e escreveu uma tese sobre o pensamento ético de Bradley. Para Eliot, a liberdade pessoal, os deveres para com os outros e a ordem social não eram dissociáveis. Os seus apelos à retirada estética da cultura democrática alimentaram a intelectualidade do conservadorismo, mas sem orientação política.

Alain Finkielkraut (1949–): Pensador e crítico cultural francês que defendia a tradição ocidental, em especial a tradição francesa, contra as confusões do multiculturalismo e do relativismo moral. Ensaísta e polemista radiofónico, Finkielkraut foi maoísta nos anos 1960, cético da revolução sexual nos anos 1970, flagelo da esquerda pós-moderna e anti-iluminista nos anos 1980 e crítico da perda francesa da identidade civil e da traição dos seus valores republicanos a partir dos anos 1990. Tal como a tímida Europa abandonou a Espanha democrática (1936), acusava ele, também abandonou a Bósnia (1991–1995). Finkielkraut diz que a esquerda francesa evita o desafio sociocultural da imigração muçulmana e esconde-se do crescimento do antissemitismo.

John Finnis (1940–): Filósofo do direito australiano na Universidade de Oxford, com alunos distintos que incluem Neil Gorsuch, juiz do Supremo Tribunal dos Estados Unidos. Finnis encabeçou uma oposição académica a uma visão liberal comum da lei como vinculada à neutralidade sobre a moral pessoal. *Lei Natural e Direitos Naturais* (1980, 2011), Finnis defendia uma imagem neotomista da lei justa como falando com autoridade sobre o bem na vida humana e sobre o que era necessário para sustentar esse bem. Embora independente das escolhas e convenções, o bem humano não era simples nem unificado. Finnis distinguia sete bens básicos: vida e saúde, conhecimento não instrumental, amizade, diversão, experiência estética, razoabilidade prática e fé religiosa. Neste quadro, Finnis defendia uma moralidade pessoal estrita, nomeadamente em relação ao aborto, ao sexo e ao matrimónio. Apesar de ser um católico firme, defende no plano secular o dever do Estado de policiar a moral. Nas democracias liberais, o policiamento moral deve respeitar os procedimentos estabelecidos e o consentimento democrático.

Arnold Gehlen (1904–1976): Filósofo social nascido em Lípsia. Depois de um breve namoro com a «revolução conservadora», procurou, depois de 1945, desradicalizar e modernizar o pensamento conservador na Alemanha, afastando-o dos ódios exclusivistas, da filosofia desacreditada e do medo da sociedade moderna. Gehlen pensava que a base profunda do conservadorismo era a necessidade que as pessoas tinham de instituições estáveis. Os seres humanos eram criaturas desamparadas e com uma aptidão biológica desconcertante. Os laços familiares e a orientação social eram essenciais. A modernidade tecnocrática era estabilizadora e, por isso, legítima. A tecnologia não devia ser lamentada à maneira heideggeriana, mas dominada. Os objetivos da modernidade liberal, pelo contrário, eram indeterminados ou inviáveis, logo utópicos. Desenraizavam as normas estabelecidas, mas exigiam eticamente demasiado das pessoas, que tinham de ser «aliviadas» de deveres impossíveis. O desafio era abraçar a modernidade tecnocrática sem abandonar as normas estabelecidas. A resposta de Gehlen, num espírito «realista», era separar a moralidade institucional e política da moralidade pessoal do grupo pequeno. No entanto, não estava certo de que a sociedade liberal tivesse a disciplina para sustentar o segundo tipo, uma ligação ao neoconservadorismo americano.

Friedrich von Gentz (1764–1832): Publicista e diplomata prussiano que (a partir de 1802) trabalhou para os austríacos, nomeadamente para Metternich, e que foi redator-secretário nos congressos do acordo pós-napoleónico (1814–1822). Aluno de Kant, Gentz traduziu e esclareceu as *Reflexões* de Burke. O erro dos revolucionários, insistia Gentz, não era não terem ideias sobre a política, mas terem as ideias erradas. Gentz atualizou a *raison d'état* ao serviço da ordem social e internacional. Era «realista» ao fazer da política o exercício do poder, e da tarefa do poder, a manutenção da ordem estabelecida. Entre os Estados europeus, isto significava um equilíbrio de poder; no seio dos Estados, significava instituições localmente escolhidas, salvo se perturbassem a paz continental; e, para os Alemães, significava a promoção da fé (que fomentava a obediência) e não da democracia (a opinião devia ser formada, não seguida). «Não queremos que as massas se tornem ricas e independentes de nós. Se o fossem, como poderíamos governá-las?», perguntava Gentz. O seu legado ao conservadorismo «realista» foi a ligação da ordem institucional no seio dos Estados à ordem duradoura entre os Estados.

Otto von Gierke (1841–1921): Jurista alemão e historiador do direito que destacava a independência histórica e jurídica das associações civis. Historicamente, os cidadãos e o Estado não teriam criado a sociedade política sem a ajuda de organismos intermediários. Juridicamente, uma sociedade saudável precisava de autorregulação, de instituições voluntárias protegidas do Estado e dos vários interesses privados. A obra principal de Gierke, em quatro partes, *Das deutsche Genossenschaftsrecht* (*O Direito Alemão das Associações*, 1868–1913) via o direito, não como legislado a partir de cima, mas criado a partir de baixo pelo costume em nome da sociedade, sem forma preestabelecida. Os organismos corporativos davam aos seus membros um sentido de si mesmos. Armazenavam costumes, normas e conhecimento. Gierke via uma inclinação perigosa de Locke e Grotius (que ligavam os direitos das associações aos direitos dos membros) para a Revolução Francesa (as associações sob o controlo legal central). Monárquico, Gierke estava próximo dos Nacionais Liberais da Alemanha, mas preocupava-se com o bem-estar social. O seu conservadorismo colocava o acento tónico na harmonia e na saúde intrínseca da sociedade, que não tinha grande necessidade de um Estado liberal reformador e omnicompetente.

Ian Gilmour (1926–2007): Deputado conservador britânico (1962–1992), ministro, «molhado» exemplar, defendia o toryismo social moderado, que estava então moribundo. *Inside Right* (*No Seio da Direita*, 1977) continha minirretratos urbanos de conservadores históricos e ensaios sobre o pensamento de direita. O conservadorismo era celebrado de forma negativa; não era reação, nem ideologia nem exclusão (uma crítica a Powell), nem antiliberalismo ou antissocialismo cegos. O cânone de Gilmour, que remontava ao século XVIII, incluía Bolingbroke e Disraeli (os *tories* como o partido nacional); Hume (a nossa falibilidade intelectual e necessidade de alegria); Burke e Hailsham (a saúde social requeria fé); e Oakeshott (contra o «racionalismo» na política). Foi notável o ataque de Gilmour ao liberalismo económico inspirado em Hayek, que era então visto pelos conservadores como uma nova ortodoxia.

Karl Ludwig von Haller (1768–1854): Funcionário governamental nascido na Suíça e teórico da reação conservadora, como defendia no seu *Restauration der Staatswissenschaft* (*Restauração da Política*, 1816–1834) em seis volumes. A insistência de Haller na autoridade incontestada da Igreja e do Estado, uma visão popular nas cortes legitimistas, era desafiada pelos constitucionalistas liberais, sobretudo Hegel, que via Haller como um opositor silencioso em *A Filosofia do Direito* (1820). Haller afirmava a superioridade natural dos fortes, inteligentes e proprietários. Para Haller, o Estado era uma família gigante, um «Estado patrimonial». A adoração da autoridade de Haller era uma constante numa vida pendular de isolamento, seguido de fama e duplo exílio, escapando uma vez aos republicanos franceses e outra, aos protestantes de Berna.

Nathaniel Hawthorne (1804–1864): Escritor americano e pessimista moral de Salem, Massachusetts. Os romances e os contos alegóricos de

Hawthorne ofereciam uma reimaginação poderosa do elemento puritano do pensamento americano, que era a certeza da depravação humana e o escárnio da esperança no melhoramento. Funcionário do fisco democrata criticado pelos *whigs* de Boston, Hawthorne não acreditava no progresso liberal nem na causa abolicionista. A sua escrita era marcada por um sentido de pecado e loucura. Cada nova sociedade, dizia uma personagem de Hawthorne, depressa se via necessitada de uma prisão e de um cemitério. A sua alegoria popular «O Holocausto do Mundo» (1844) gozava com as esperanças evangélicas na reforma terrena da humanidade imperfeita. *The Blithedale Romance* (*O Romance de Blithedale*, 1852) satirizava a comuna fourierista de Brook Farm, que ele ajudou a financiar e onde viveu durante um período curto. *A Letra Escarlate* (1850) formulava, sem o resolver, o conflito do puritanismo entre a consciência pessoal e a vergonha social. Hawthorne era o contraexemplo conservador da imagem ingénua do espírito americano como liberal e otimista por nascença.

Martin Heidegger (1889–1976): Filósofo alemão de profundidade heroica e de obscuridade evasiva para os céticos. A sua obra principal, *Ser e Tempo* (1927), alimentou o existencialismo e outras filosofias antinaturalistas na França, na Alemanha e noutros países. Heidegger pretendia recuperar (e engrandecer) a integridade autoritária da experiência quotidiana das perspetivas científicas e objetificadoras da vida humana. O projeto envolvia as afirmações compactas de que estamos «lançados» na vida e temos de descobrir as nossas próprias finalidades; as nossas atitudes em relação ao mundo e aos nossos semelhantes tinham em comum um «cuidado» prático, ou seja, uma preocupação para fora; o nosso farol moral mais fiável num mundo pós-religioso era a autenticidade, uma mistura de não ocultação atrás dos papéis sociais e de enfrentamento estoico da mortalidade. Depois de abraçar o nazismo (1933), Heidegger calou-se, mas nunca limpou a mancha. Não era um conservador num sentido político-partidário; o seu conservadorismo residia na rejeição pura das visões naturalistas das pessoas e das suas preocupações, de que o modernismo liberal alegadamente dependia.

Charles Hodge (1797–1878): Teólogo americano do Seminário Teológico de Princeton, cujo calvinismo sombrio e leituras literais das Escrituras marcaram o fundamentalismo e o evangelismo do século XX. Hodge opunha-se ao revivalismo religioso e ao seu primo político, o abolicionismo. Para os revivalistas, a fé podia silenciar as ansiedades sobre o nosso fim derradeiro. O calvinismo de Hodge negava-nos o conhecimento ou o controlo sobre a possibilidade e o momento da redenção. Proprietário de escravos, Hodge via a escravatura como biblicamente aprovada, mas censurava os maus-tratos que os escravos sofriam no Sul e achava repugnante negar a escola aos escravos. Nacionalista americano, apoiou a União. Os evangélicos políticos do século XX inspiravam-se em partes da teologia de Hodge. Os evangélicos liberais evocavam a sua rejeição da autossuficiência; os evangélicos conservadores lembravam a sua descrença na igualdade humana ou no progresso.

Quintin Hogg, Lord Hailsham (1907–2001): Político e jurista britânico, durante muito tempo ministro da Justiça e forte apoiante do Partido Conservador, que, em *The Case for Conservatism* (*Em Defesa do Conservadorismo*, 1947), estabeleceu um toryismo moderado. Como Disraeli e Baldwin, Hogg apresentava o conservadorismo como o senso comum de uma nação sólida, competente e justa, que os liberais e os socialistas recusavam reconhecer. A sociedade era um organismo e não uma máquina. Apesar de inevitável, a mudança tinha de ser gradual e respeitar a tradição. Os reformadores tendiam para «métodos ditatoriais» que provocavam uma «reação autodestrutiva». O progresso era possível, mas «combater o mal» era tão importante como «criar o bem». A política não era tudo na vida: a família, os vizinhos e a fé eram mais importantes.

Bertrand de Jouvenel (1903–1987): Pensador social conservador francês que, depois de um namoro inicial com a direita autoritária, passou a criticar o liberalismo democrático pós-1945. Em *O Poder* (1945), afirmava que a resistência do liberalismo ao poder tinha perversamente dado força a um «Minotauro ubíquo», o Estado moderno. A autoridade dos «corpos intermediários» precedia a do Estado, mas estava agora erodida. Para os restaurar, Jouvenel olhava para as elites cívicas de espírito republicano, mas duvidava de que os ricos modernos o fizessem. *De la souveraineté* (*Sobre a Soberania*, 1955) traçava a emergência histórica do poder dominante justificado pela soberania popular. Sem um lar político-partidário, o dogma preocupava-o menos do que as tarefas práticas em que o liberalismo democrático parecia estar a falhar: habitação, escolas, poluição, gestão económica e planeamento urbano. Em todas as vertentes da sua vida, Jouvenel chamava a atenção fora do mundo das ideias. Aos 17 anos, teve um caso com a madrasta, a romancista Collette. Aos 80, recebeu uma indemnização num tribunal francês contra um historiador que chamara fascista ao seu pensamento anterior.

Ernst Jünger (1895–1998). Militar alemão condecorado, autor, ensaísta e colecionador de insetos, Jünger combateu na Primeira e na Segunda Guerras Mundiais. *Tempestades de Aço* (1920), redigido a partir dos diários das trincheiras, destacava a oportunidade moral da guerra: a coragem face aos horrores podia elevar vidas enfadonhas. Nos anos 1920, Jünger aderiu à «revolução conservadora», a busca vaga, pela direita alemã, de uma redenção da sociedade liberal que, para os seus críticos, pretendia misturar o conservadorismo com o bolchevismo. Rejeitando ser uma estrela literária nazi, Jünger retirou-se (1933). A sua fábula *Sobre as Falésias de Mármore* (1939) era, para alguns, um ataque velado ao hitlerismo, para outros, um lamento neonietzschiano sobre a perda democrática da excelência e da audácia. Os admiradores consideravam a prosa modernista de Jünger honesta e atenta. Para os céticos, era rebuscada e amoral. A sua mensagem político-moral implícita era o serviço estoico na guerra e o retiro distanciado na paz. O conservadorismo de Jünger era estético e amplamente negativo, um virar de costas ao liberalismo democrático sem sugerir uma alternativa construtiva.

Wilhelm von Ketteler (1811–1877): Bispo de Mainz, ativo local e nacionalmente na causa do catolicismo social. Em Hesse-Darmstadt, foi o braço-direito do seu primeiro-ministro reacionário e antiprussiano. Em nome da paz social, Ketteler pensava que as reivindicações económicas, mas não políticas, das classes trabalhadoras deviam ser ouvidas. Opunha-se à *Kulturkampf* anticatólica de Bismarck e apoiava a reconciliação entre católicos e protestantes. Em *Die Arbeiterfrage und das Christentum* (*A Questão Operária e o Cristianismo*, 1864), Ketteler culpava os liberais de promoverem uma imagem ruinosa da sociedade que via as pessoas como «átomos de matéria» que deveriam ser «pulverizados» e «eliminados da Terra». Os escritos e sermões de Ketteler marcaram o catolicismo social conservador promulgado na encíclica papal *Rerum Novarum* (1891).

Willmoore Kendall (1909–1967): Professor de Yale, agente da CIA, redator da *National Review* e arauto da direita dura. Trotskista, democrata e conservador antiliberal (mas nunca republicano), Kendall defendia um populismo de direita pessoal. Maioritário, confiava no «povo» contra os liberais distantes da realidade que haviam capturado os poderes da sociedade. Kendall via o povo como uma maioria virtuosa e negligenciada que deliberava sob a égide de Deus. A sociedade americana não era aberta ou diversa. As suas escolas e igrejas tinham razão em expulsar os comunistas. A imigração de «certos tipos que alguns... veem como indesejáveis» era indesejável. Em «Que é o Conservadorismo?» (1962), Kendall via o conservadorismo de forma negativa como um conjunto de contra-ideias numa guerra assimétrica com o liberalismo democrático.

Russell Kirk (1918-1994): Autor americano de *The Conservative Mind* (1953), que visava responder ao desafio de Trilling (1950) de que o liberalismo era a única tradição da política americana. Conservador «tradicionalista», Kirk propôs um cânone burkeano de pensadores britânicos e americanos do século XVIII ao século XX. Destacava também seis preceitos conservadores: crença numa ordem transcendente, aceitação do mistério, inevitabilidade da ordem social baseada em classes, interdependência da liberdade e da propriedade, confiança no costume, que a inovação, apesar de bem-vinda, deve respeitar, e reconhecimento da prudência como o valor político orientador. Católico tridentino que favorecia o ritual latino, Kirk era conhecido pela generosidade pessoal e pelo cuidado com os necessitados.

Aurel Kolnai (1900-1973): Filósofo emigrado de origem austríaca que se estabeleceu em Inglaterra. Aluno de Husserl, Kolnai destacava o carácter da experiência quotidiana e as emoções morais negligenciadas como o ódio e a aversão. O seu *Struggle against the West* (1938) via a fé utópica no progresso social e na igualdade humana como o erro comum do comunismo, do fascismo e do liberalismo. A sociedade democrática precisava de uma liderança estável e de orientação por uma «cabeça», de uma atmosfera sólida de respeito pela excelência e de «nobreza social»; de outro modo, as sociedades seguiriam «um rumo letal em direção ao igualitarismo qualitativo». O conservadorismo de Kolnai assentava na sua defesa de padrões elevados contra o maioritarianismo cultural e a soberania da opinião pessoal.

Irving Kristol (1920-2009): Eminente neoconservador de Nova Iorque cuja carreira seguiu a longa busca de um lar político entre os intelectuais da direita americana. Veterano de guerra nascido em Brooklyn e antiestalinista, Kristol rompeu com a esquerda (inícios dos anos 1950) ao rejeitar ser «anti-anticomunista». Cofundou a revista *Encounter* (1953) apoiada pela CIA e, com Daniel Bell, a *Public Interest* (1965). Os alvos de Kristol (anos 1960) eram a reforma social bem-intencionada, mas contraproducente e a dissensão antinomiana não controlada (protestos contra a guerra, negação da autoridade tutorial, liberdade sexual). Tornando-se republicano, Kristol mudou-se para Washington (1978). Falcão da Segunda Guerra Fria (1978—1986), Kristol lançou a *National Interest* (1985). Os Estados Unidos tinham um «direito de propriedade sobre o futuro do mundo» e deviam criar uma ordem mundial contra as ameaças desestabilizadoras, sozinhos se necessário. Os neoconservadores de segunda geração, inspirados por este unilateralismo, encorajaram a guerra no Iraque (2003). Depois do Tea Party e de Trump, os neoconservadores sem abrigo procuraram um centro-direita reduzido. Polémico na filosofia, Kristol comparava o liberalismo a uma negação niilista da moralidade.

Félicité de Lamennais (1782–1854): Padre católico francês que passou da reação ultramontana (papista) para o socialismo cristão. O seu *Ensaio Sobre a Indiferença em Matéria de Religião* (1817) atacava os céticos do Iluminismo, os anticlericais e os antipapistas por minarem a ordem moral e intelectual de que a sociedade precisava para sobreviver. Como ultra, escrevia para o *Conservateur* de Chateaubriand. Lamennais começou por ter esperança numa Europa de teocracias cristãs, mas ficou desiludido com os Bourbons da França. Em 1830, ajudou a fundar um diário de vida curta, *L'Avenir*, que foi rapidamente condenado pelo Vaticano. O seu apoio à revolta polaca (1831) valeu-lhe outra censura papal. Nos anos 1840 assolados pela fome, a adoção aberta do catolicismo social e popular por Lamennais colocou-o em guerra com a hierarquia da Igreja. Agora mais socialista do que liberal, Lamennais via o liberalismo como a guerra de todos contra todos, a não ser que se baseasse na responsabilidade social e na fé comum. Apoiava as liberdades pessoais, mas questionava-se sobre a viabilidade das liberdades em mercados económicos sem restrições. Como editor de jornais, sabia quanto dinheiro era necessário para gozar da liberdade de expressão.

Gustave Le Bon (1841–1931): Médico francês de múltiplos interesses, pensador social e divulgador científico que colocou o medo imemorial da turba numa base factual sem classes. Em *A Psicologia das Multidões* (1895), Le Bon sugeria que as multidões tinham uma mente coletiva movida por instintos ocultos que silenciavam até os membros racionais. «Isolado, um homem pode ser um indivíduo culto; numa multidão, é um bárbaro.» As multidões existiam em todos os níveis sociais. Podiam ser criminosas (motins) ou heroicas (batalhas). Povos «primitivos» e «civilizados», elites e massas podiam formar multidões. Bem como os Parlamentos. As multidões eram domináveis por líderes fortes. Ou podiam dissolver-se de forma espontânea. Quando o pensamento da multidão capturava uma casta social (por exemplo, sacerdotes, juízes, oficiais militares, operários), tendia a cristalizar-se e a perdurar. A casta reclamava então autoridade sobre as massas. O conservadorismo de Le Bon assentava na desconfiança do nivelamento democrático e na rejeição da imagem do liberalismo político do cidadão autossuficiente e sensato.

Alasdair MacIntyre (1929–): Ex-marxista escocês, filósofo católico e flagelo antiliberal. Em *Depois da Virtude* (1981), MacIntyre via a incoerência sobre a moralidade como a principal mancha do liberalismo, transmitida desde o Iluminismo, «uma máquina de demolir perspetivas». O Iluminismo abandonara a convicção aristotélica de que as pessoas só tinham finalidade moral como seres sociais. Enquanto uma moralidade socialmente ancorada servia de guia, a moralidade liberal era argumentativa, distante, impessoal, indecisiva e inconclusiva. Os únicos guias morais que restavam era «o esteta» e «o terapeuta»; o único guia político era «o gestor», que tinha a tarefa de equilibrar as necessidades das pessoas de forma imparcial e tendo em conta o custo e a eficácia. O discurso vazio de tipo moral continuava como reivindicações de direitos, como o desmascaramento nietzschiano de interesses ocultos, ou como protesto, a única dissensão sem conflito social. A descrição sombria que MacIntyre fazia da desordem intelectual do liberalismo assemelhava-se ao desespero pós-modernista com a incoerência teórica em geral. MacIntyre propunha um arquipélago de instituições não liberais para abrigar as contratradições em relação a uma sociedade secular indiferente, uma ideia adotada pela direita católica americana.

James Madison (1751–1836): Jurista americano, redator da Constituição da Virgínia, defensor de um governo nacional (*The Federalist Papers*, 1788, com Hamilton e Jay), redator da Constituição dos Estados Unidos e presidente (1809–1817). O objetivo triplo de Madison era estabelecer uma autoridade nacional única, reconhecer a soberania popular e prevenir a tirania das maiorias. Partilhava a crença democrática de Jefferson de que o governo devia obedecer ao controlo popular, mas pensava que a paz e a prosperidade eram inalcançáveis sem um poder central geral e leis nacionais uniformes. Pouco saudável e baixo, Madison não participou na Guerra Revolucionária, mas tornou-se uma força destacada na criação de uma nova república. Tendo garantido as liberdades religiosas na Virgínia, conseguiu incluir a Carta dos Direitos na Constituição. Como líder da oposição a Adams, opôs-se às Leis dos Estrangeiros e da Sedição (1798). Serviu Jefferson como secretário de Estado (Aquisição do Luisiana, 1803). A sua presidência foi marcada pelo recomeço da guerra com a Grã-Bretanha por causa de territórios (Canadá) e pela interferência britânica nos transportes marítimos americanos.

Joseph de Maistre (1753–1821): Advogado saboiano exilado, embaixador na Rússia (1803–1817) e pensador antirrevolucionário, mais conhecido pela obra *Noites de São Petersburgo* (1821). O conservadorismo de Maistre assentava numa visão sinistra da humanidade como irracional, incuravelmente má e só governável por um poder ilimitado. Na prosa inflamada de *Noites* e de outras obras, ressaltavam temas recorrentes. O Terror e a Revolução Francesa foram o castigo de Deus pela negação iluminista da fé. Depois de purgada do seu sangue, a França merecia a salvação e foi devidamente salva da catividade napoleónica pelos aliados europeus. O Iluminismo ingénuo ignorava a irracionalidade e a violência humana, bem como a necessidade que a humanidade tinha de sacrifício, obediência e submissão. Não havia humanos pré-sociais nem um «homem em geral», apenas homens particulares de algum tipo nacional. Maistre seguia Burke na rejeição de ideais institucionais, enquanto insistia na teocracia como a melhor forma de governo. A ordem social requeria um poder indiviso e soberano, imposto com temor. As instituições não podiam suportar dúvidas ímpias: «Se querem conservar tudo, consagrem tudo.» A fé era necessária, mas não suficiente. O medo do castigo era essencial. O emblema do bom governo não era o governante sábio, mas o carrasco. Entre os precursores, Maistre nunca se sentaria à vontade no salão principal do conservadorismo, mas, tanto quanto Burke, pertence à mesma casa.

William Mallock (1849–1923): Romancista de ideias inglês, autor político e porta-voz de causas conservadoras. Mallock não acreditava na igualdade nem no progresso humano. O aperfeiçoamento material e a prosperidade sustentável dependiam da orientação sábia das elites talentosas. A política não devia refletir a opinião popular; era uma luta pelo controlo entre grupos pequenos. A taxação da riqueza para ajudar os trabalhadores manuais penalizava o trabalho mental dos empreendedores, dos quais dependia a prosperidade. O romance de Mallock *The New Republic* (*A Nova República*, 1877) satirizava os intelectuais liberais que abandonavam a ortodoxia religiosa. Mallock achava que os conservadores deviam resistir a qualquer extensão da democracia eleitoral porque prometia demasiada democracia económica.

Jacques Maritain (1882–1973): Com Emmanuel Mounier (1905–1950), Maritain tinha um entendimento católico francês da política, baseado na tradição tomista, conhecido como personalismo. Apesar de antiliberal, procurava uma via entre, por um lado, os radicais seculares e o socialismo e, por outro, a direita dura antirrepublicana (condenada pelo Vaticano em 1926). Académico neotomista na tradição da lei natural, Maritain foi embaixador da França no Vaticano (1945–1948). Em *O Homem e o Estado* (1951), Maritain apresentava uma moralidade da política organizada em torno de uma distinção entre a pessoa (espiritual), com direitos intocáveis e deveres comuns de tipo moral, e o indivíduo (jurídico), com direitos e deveres de tipo local e cívico. O seu pensamento influenciou a redação da Declaração Universal dos Direitos Humanos em 1948. Mounier, professor e publicista, lançou e dirigiu a influente revista personalista *L'Esprit*.

Odo Marquard (1928–2015): Defensor aforista alemão das humanidades e da narração de histórias como compensação necessária numa sociedade cada vez mais tecnocrática. «Quanto mais moderno é o mundo, mais indispensáveis são as ciências humanas: as ciências que contam uma história.» Depois de estudos filosóficos e teológicos, Marquard foi assistente de Joachim Ritter, teórico da cultura como «compensação». Embora versado no freudismo e simpatizante dos críticos do liberalismo vindos da Escola de Francoforte, Marquard duvidava da confiança da esquerda nas grandes ideias e sublinhava o carácter imperfeito dos seres humanos. Como que para desculpar a falta de uma teoria geral do conservadorismo, Marquard, num espírito quietista, via a história da filosofia como um movimento desde a omnicompetência inicial, passando pelo serviço como «serva» (do cristianismo, da ciência e da política), até à sua última utilidade restante, que era reconhecer os seus próprios limites.

Charles Maurras (1868–1952): Editor, escritor e pensador, membro fundador do Action Française (1898) e espinho de direita da Terceira

República. Maurras amava o passado clássico; admirava, sem nele crer, o catolicismo; e dizia, como Comte, ter encontrado uma visão política a partir dos factos. Os liberais, que eram libertarianos ou anarquistas, confundiam os factos. A sociedade não consistia em unidades pessoais que cooperavam para uma vantagem mútua e a autoridade não dependia da escolha. A sociedade precisava de uma crença partilhada, uma qualquer, e, na França, o catolicismo estava mais à mão. Os direitos pessoais mascaravam os interesses comerciais. Os liberais, tomando a autoridade pelo poder do Estado, negligenciavam as coletividades autoritárias que compunham a sociedade. O Parlamento, uma impostura, falava por uma França «legal» capturada por protestantes, judeus, maçons e imigrantes. Como «nativos nas margens», traíam egoisticamente a «verdadeira» França do povo, das vilas, das paróquias e das associações. Apesar de antialemão patriota, Maurras acolheu o pétainismo como um autoritarismo que, depois da monarquia, era a segunda melhor opção. Maurras criou um arsenal retórico para o populismo da direita dura que é usado nos nossos dias.

H. L. Mencken (1880–1956). Jornalista conservador de Baltimore e crítico nas revistas *Smart Set* e *American Mercury* que deliciava os leitores (anos 1920) ao gozar com os devaneios políticos e a pretensão cultural. Os preconceitos de Mencken — contra negros, judeus, mulheres e estrangeiros, com exceção dos Alemães — eram abertos, orgulhosamente exprimidos e atualmente impublicáveis. Chamava à democracia «a arte de dirigir o circo a partir da jaula dos macacos». Sem opiniões positivas, caía na rabugice distante da realidade e classificava Roosevelt abaixo de Hitler. Para os admiradores, Mencken rejeitava o politicamente correto e era tão ultrajante que gozava com a própria intolerância. Os detratores achavam que era um progresso (durante algum tempo) as pessoas terem aprendido a não falar em público como Mencken escrevia.

Arthur Moeller van der Bruck (1876–1925): Defensor da «revolução conservadora» alemã e autor de *Das dritte Reich* (*O Terceiro Reich*, 1923), a sua visão coagulada de um conservadorismo socialista que crescia «organicamente» a partir da nação alemã. Filho de um arquiteto que o batizou de «Arthur» por causa do nome do pessimista filosófico Schopenhauer, Moeller abandonou a escola sem concluir os estudos e ganhou fama ao escrever biografias populares de alemães eminentes, organizadas de maneira a tipificar caracteres nacionais. Admirador do antimodernismo de Dostoievski, Moeller supervisionou uma edição das suas obras completas em alemão antes de sofrer um ataque nervoso e de se suicidar. A linha visível no pensamento emaranhado de Moeller era a hostilidade persistente ao liberalismo, a que ele chamava «a morte das nações».

Gouverneur Morris (1752–1816): Nova-iorquino rico e espirituoso, orador incansável na Convenção Constitucional (1787) e redator da versão final da Constituição, Morris não partilhava o entusiasmo retórico de Jefferson, o seu antecessor como embaixador americano em Paris, em relação à Revolução Francesa. Na França (1792–1794), Morris receava e apoiava tanto a Coroa que a República pediu que fosse chamado de volta. Morris era fortemente federalista, antiesclavagista e pouco democraticamente exclusivo no seu entendimento de «Nós, o povo», a frase de abertura do preâmbulo da Constituição, cuja redação ele supervisionara.

Adam Müller (1779–1829): Escritor conservador nascido em Berlim, oficial austríaco e amigo de Gentz. Müller criou uma imagem hostil do pensamento revolucionário para ser usada contra o liberalismo político. Para Müller, as pessoas não eram «pensáveis» fora do Estado, que se misturavam com a sociedade. Em *Die Elemente der Staatskunst* (*Os Elementos da Arte da Política*, 1809), Müller dizia que as pessoas não podiam deixar um Estado como quisessem. Os Estados nunca eram transformados em vida; não tinham data de nascimento ou de morte. Não eram instrumentos para os fins das pessoas. Em resposta, Müller escreveu que cada pessoa «está no meio da vida cívica, totalmente envolvida no Estado»; ninguém se juntava a uma nova sociedade, «mas cada cidadão está no meio da vida de um Estado» com um passado infinito atrás e um futuro pela frente. Os Estados não eram instrumentos para a satisfação das necessidades e reivindicações dos cidadãos, mas «toda a própria vida cívica, necessária e inevitável sempre que há pessoas».

Henry, cardeal Newman (1801–1890): Pensador religioso britânico e clérigo proeminente que não acreditava no progresso liberal nem na democracia de massas. Newman começou por ser anglicano e, depois, aderiu à Igreja Católica Romana em 1845. Politicamente, passou do toryismo duro para o paternalismo católico de espírito social. Para ele, a humanidade era corrupta e a sociedade imperfeita; nem sequer uma sociedade de bons cristãos seria justa. No entanto, a sociedade podia ser estável e saudável com a religião. Uma fé comum poderia unir a sociedade, permitindo que a autoridade governasse por consentimento. Sobre os modos de governo — «subordinação» (autoritarismo), «participação» (democracia de massas) e «coordenação» —, Newman preferia a última, uma união social que oferecia proteções e liberdades ao abrigo de uma crença única e abrangente.

Robert Nozick (1938–2002): Filósofo americano cujo contributo para o pensamento político, em *Anarquia, Estado e Utopia* (1974), invocava os direitos e as liberdades contra a reforma liberal de cariz social. A tentativa de redistribuir a riqueza para reduzir a desigualdade, segundo Nozick, infringe os direitos pessoais. Os direitos iguais exprimiam uma liberdade natural irrefutável das pessoas que nenhum governo podia justamente limitar, salvo para proteger a segurança delas e fazer executar contratos livremente celebrados. Entre as liberdades detidas por direito, Nozick incluía as liberdades contra a taxação, a regulação económica, a conscrição militar e o policiamento moral. O libertarianismo de Nozick é embaraçoso para os conservadores. Podem aceitar os argumentos de princípio contra os impostos e o assistencialismo, mas temem que outros valores sociais importantes para o conservadorismo — por exemplo, o patriotismo, o sentido de dever comunal e de vizinhança — desapareçam da imagem libertariana, salvo como resultados contingentes de escolhas egoístas.

Michael Oakeshott (1901–1990): filósofo político britânico, reclamado tanto por liberais como por conservadores. Oakeshott rejeitava o racionalismo político (tentativas de dirigir a sociedade num rumo escolhido) e a ideologia (objetivos retirados do contexto de pensamento em que nasceram). Dado que as formas da vida política moldam o discurso político, não podem ser rejeitadas em bloco sem se correr o risco de incoerência. «Racionalismo na Política» (1947) atacava os erros de pensar que qualquer sistema social estava aberto à crítica e que os remédios sociais, se uniformes, bem fundamentados e universalmente aplicados, podiam melhorar a sociedade em geral. A política não era um empreendimento com um objetivo comum, mas surgia como um produto secundário da vida numa «associação civil», como os clubes ou as sociedades sem finalidades únicas, mas regidos por regras aceites. Em *On Human Conduct* (*Sobre a Conduta Humana*, 1975), Oakeshott invocava a distinção entre empresa e associação ao contrastar duas imagens da política: a teleocracia (má), governada com propósitos e ignorante da tradição, e a nomocracia (boa), sem propósitos, governada por regras e respeitadora da tradição. De um herói, Hobbes, Oakeshott retirava a autoridade moral da associação civil como compatível com a liberdade, entendida como a ausência de coerção externa. De outro, Hegel, retirava a moralidade como sem sentido salvo se «presa numa tradição religiosa ou social». Oakeshott era liberal na sua hostilidade ao dogma, aos sistemas e à interferência social nas pessoas; conservador na sua recusa em acreditar no progresso liberal.

Enoch Powell (1912–1998): Académico poliglota, deputado conservador durante muito tempo e ministro (da Saúde e das Finanças), Powell foi o arauto da direita dura atual da Grã-Bretanha. Embora Powell tenha sido rejeitado no seu tempo e afastado (1968) por Heath do governo-sombra por causa de um discurso inflamatório sobre a imigração, um perspicaz editorialista conservador escreveu que a contenção do powellismo iria ocupar o seu partido durante uma década. Meio século depois, os conservadores liberais ainda se esforçavam em vão por conter o powellismo. Como membro de direita do grupo One Nation dos jovens deputados *tories* (inícios dos anos 1950), Powell endureceu o tema da «Nação Una», caro a Disraeli e a Baldwin, com três ideias interligadas: a Grã-Bretanha pós-imperial estava sozinha no mundo (a Commonwealth era uma farsa; os Estados Unidos não eram um amigo, mas um agressor; a Europa era uma armadilha); o Estado britânico liberal do pós-guerra estava em guerra com a sociedade britânica (ou seja, o «povo da Grã-Bretanha»); e o carácter nacional britânico era precioso e único. Todas estas ideias foram retomadas pela direita dura britânica a partir de 2010.

Ayn Rand (1905–1982); pensadora e escritora controlada e dogmática, e fundadora de um movimento a que chamava objetivismo, Rand escreveu dois romances de ideias que lhe valeram um grande número de leitores, *A Nascente* (1942) e *A Revolta de Atlas* (1957). Ambos exprimiam a sua crença de que a moralidade judaico-cristã do dever e do cuidado devia ceder o lugar à adoção de projetos ousados de autopromoção e de determinação, um apelo repetido em *A Virtude do Egoísmo* (1964). Rand deixou a exposição do objetivismo para os seus seguidores. Embora a sua celebração do capitalismo e o seu diagnóstico do socialismo como inveja politizada fossem bem recebidos na direita, os conservadores americanos mais práticos viam o randismo como uma excentricidade mal-adaptada e pouco fundamentada.

Wilhelm Riehl (1823–1997): Folclorista conservador alemão e pioneiro da geografia social, admirado e traduzido por George Eliot. Riehl punha em contraste a saúde do campo com a insalubridade das cidades. A sua «história natural da sociedade» incluía *Land und Leute* (*Terra e Povo*, 1854), que sublinhava como a terra moldava a sociedade (as florestas alemãs contra os campos franceses e ingleses; as cidades artificiais dependentes do transporte de recursos contra as cidades «naturais» e autossuficientes); *Die bürgerliche Gesellschaft* (*A Sociedade Burguesa*, 1851), que lamentava as cidades presididas pela burguesia comercial e por intelectuais desenraizados; *Die Familie* (*A Família*, 1855), que via a distinção masculino-feminino como natural e a igualdade «individualista» como corrosiva; e *Wanderbuch* (*Passeios*, 1869), que observava a moda crescente dos passeios no campo, antecipando a conservação da natureza e o ambientalismo.

Phyllis Schlafly (1924–2016): Pioneira do recente conservadorismo dos «valores» americanos e do antifeminismo, Schlafly ficou conhecida como a autora de *A Choice Not an Echo* (*Uma Escolha, Não um Eco*, 1964), um ataque ao republicanismo de centro-direita, que terá vendido três milhões de exemplares. Católica conservadora, Schlafly encabeçou a campanha nacional bem-sucedida contra a ratificação da Emenda da Igualdade de Direitos, que ela via como uma carta para as «Marias Tifoide transportarem um germe chamado identidade perdida». Fundou o Eagle Forum (1972), um precursor do Tea Party, que se opunha ao desanuviamento com a União Soviética e, em nome dos «valores da família» ou americanos, atacava o aborto, os «juízes ativistas», a escola bilingue e os cuidados de saúde financiados pelo Estado.

Carl Schmitt (1888–1985): Académico constitucionalista alemão, conservador católico de direita, apologista nazi e *refusenik* desgraçado após 1945. A linha geral do pensamento de Schmitt era uma desconfiança corrosiva do liberalismo democrático. Entre os seus epigramas inflamados, incluíam-se: «A ditadura não é contraditória com a democracia», «Quando falamos de humanidade, estamos a mentir», e «A distinção específica da política [...] é a de entre amigo e inimigo». A sua *Verfassungslehre* (*Teoria da Constituição*, 1928) presidencialista defendia medidas extremas para proteger a Constituição e tornou-se um texto modelo. Ao contrário de Heidegger, o envolvimento de Schmitt com o hitlerismo foi longo e aberto. Depois de 1945, voltou-se para a geopolítica, escrevendo que a Grã-Bretanha e os Estados Unidos perseguiam hipocritamente os seus interesses globais em nome da humanidade. Os ensaios políticos de Schmitt (anos 1920) destacavam as fraquezas do liberalismo democrático: lentidão em defender os seus valores; espanto recorrente em relação às paixões da nação e da fé; confiança excessiva no debate; surdez em relação ao mito. Os Parlamentos representativos haviam passado à história, mas a democracia plebiscitária não era melhor. Por exclusão de partes, Schmitt defendia um autoritarismo nacionalista sob a liderança de um ditador «temporário».

Joseph Schumpeter (1883–1950): Economista americano de origem austríaca e defensor conservador do capitalismo liberal, que tratou em *Capitalismo, Socialismo e Democracia* (1942) como a melhor das más maneiras de organizar a sociedade, sendo as boas maneiras inalcançáveis. A sua imagem do capitalismo era dialética: criativo, mas destrutivo; dependente da inovação empresarial, mas necessitado de uma racionalização burocrática; insustentável sem a aceitação popular, mas estorvado pela interferência popular. Poderia o capitalismo sobreviver à democracia? Schumpeter pensava que sim, se existir uma classe superior autoritária; uma burocracia eficiente e incorrupta; consenso social; e barreiras institucionais contra a pressão da maioria, em especial na economia. Descrente, como os teóricos de elite italianos, da soberania popular, Schumpeter via a democracia eleitoral como uma luta entre pequenos grupos pelo poder: «A democracia é o governo pelos políticos.» Apesar de desconfiado dos intelectuais socialistas, Schumpeter acolhia uma esquerda que aceitasse o capitalismo. O seu contributo para o conservadorismo consistiu em mapear um espaço no centro-direita onde os conservadores podiam competir pelo poder com um centro-esquerda similarmente reconciliado com o capitalismo, o liberalismo e a democracia.

Roger Scruton (1944–2020): Eloquente filósofo e polemista britânico de espetro gigantesco — da estética, arquitetura e música até ao pensamento moral e político. Em muitos livros, a começar com *O Que É o Conservadorismo* (1980), Scruton expôs, em defesa dos valores conservadores, uma crítica filosófica do liberalismo político. A sua ideia cardinal era de que as pessoas precisavam das instituições estabelecidas e as instituições estabelecidas precisavam da «fidelidade» das pessoas. O «establishment», escreveu Scruton, «é o grande objetivo interno da política». Os liberais, que confundiam o Estado e a sociedade com esquemas contratuais entre cidadãos «racionalmente calculistas», tratavam a política como um processo legal interminável por incumprimento, exagerando assim a pertinência e a relevância da crítica social. O liberal típico era um litigante vexatório; o conservador típico era um crente devoto. A sociedade não podia ser coerente sem uma fé comum e o governo não era possível «sem a propagação de mitos». O *conservandum* do conservadorismo era a ordem estabelecida, que variava de país para país; assim, o conservadorismo não tinha uma forma única. Exegeta poliglota da tradição ocidental, irritava a esquerda intelectual com as leituras cuidadosas, mas nem sempre justas ou respeitosas, dos seus totens pós-1945, tanto liberais como iliberais. O seu próprio intelectualismo censurava os conservadores convencionais. A sua produção era prodigiosa, mas não tinha parceiros de direita com quem discutir. O trabalho de Scruton mostra uma debilidade do pensamento conservador atual, que tem Scrutons a menos.

Noel Skelton (1880–1935): Unionista escocês, jurista, veterano de guerra e jornalista do *Spectator*, deputado (1923, 1924–1935) e autor de *Constructive Conservatism* (*Conservadorismo Construtivo*, 1924), um panfleto que popularizou a «democracia da detenção de propriedade». Skelton desejava que o alargamento da propriedade privada, contra a propriedade coletiva, estabilizasse a democracia britânica ao fazer equivaler a extensão do direito de voto a um maior estatuto económico dos assalariados, «fazendo a ponte no fosso económico [...] entre o trabalho e o capital» e servindo como «veículo para o progresso moral e económico do indivíduo». As ideias de Skelton inspiraram jovens conservadores como Macmillan e outros que queriam uma «via intermédia» na economia. Nos anos 1950, os conservadores britânicos transformaram o apelo de Skelton a uma democracia proprietária numa campanha a favor da propriedade de casas privadas e, nos anos 1970, no apelo a uma detenção mais ampla de ações das empresas.

Peter Sloterdijk (1947–): Pensador social e ensaísta alemão idiossincrático, professor na Universidade de Arte e Design de Karlsruhe, apresentador de um programa televisivo de filosofia (2002–2012) e *bête noir* da esquerda liberal, Sloterdijk ocupa um espaço intelectual na Alemanha semelhante ao de Scruton na Grã-Bretanha — detestado pela esquerda, mas demasiado distante da política e dos partidos para ser diretamente útil para a direita. Sloterdijk ganhou fama com a sua *Crítica da Razão Cínica* (1983), seguida de uma reflexão em três volumes sobre a condição humana, *Esferas* (1998–2004). Para Sloterdijk, somos fabricantes inventivos de instrumentos num espaço desorganizado e temos de nos «imunizar» e abrigar do caos atual. O seu pensamento político é difícil de catalogar. Pensa que o desconforto do centro é salutar. Pode parecer libertariano (os impostos são um roubo e os impostos sobre os rendimentos devem ser substituídos por contribuições voluntárias), da direita dura (os jogos com as suas palavras de ordem) ou simplesmente desligado (a democracia liberal é aborrecida). Tal como Scruton precisava de um interlocutor, Sloterdijk precisa de um editor. Na sua prosa desenfreada, há ideias importantes. A cólera, escreveu Sloterdijk, é a emoção social característica dos nossos dias.

Georges Sorel (1847–1922): Crítico social francês e engenheiro civil que se retirou cedo com uma pequena herança para escrever. O seu *Illusions du progrès* (*Ilusões do Progresso,* 1906) e as suas *Réflexions sur la violence* (*Reflexões sobre a Violência,* 1908) escarneciam da confiança utópica na razão pública. Sorel recorria à revolta da classe trabalhadora para expor a lacuna entre as devoções liberais e a condição atual da sociedade liberal. A democracia liberal asfixiava as fontes de vitalidade — irracionalidade, mito e força — com processos, argumentação e conversa. Só a energia popular sem finalidade podia expor a farsa. Sorel, que admirava Lenine, não era exatamente conservador. A sua imagem depreciativa da democracia liberal como máscara dos interesses conferiu energia ao antiliberalismo de direita do século XX.

Friedrich Julius Stahl (1802–1861): Conservador prussiano, monárquico constitucional (contra os ultras) e racionalista legal (contra os românticos). Judeu converso, Stahl defendia as autoridades iguais, mas separadas, da Igreja e do Estado. A ordem social assentava não no progresso social ou na democracia de massas, mas na propriedade e na fé. Estrategicamente, Stahl pretendia convencer a nobreza proprietária alemã a abandonar os privilégios obstrutivos em troca do primado governamental, enquanto dava à riqueza burguesa uma parte secundária no direito de voto prussiano de três classes. Constitucionalmente, a autoridade soberana não podia ser partilhada e não derivava das pessoas comuns. A Coroa e a Igreja eram incontestáveis nas suas esferas. No entanto, ambas eram limitadas pelo Estado de direito, «um limite inultrapassável a qualquer programa reacionário». A revolução tinha de ser entendida e não simplesmente detestada. A lei e a razão, e não a tradição, eram os seus guias. Os conservadores tinham de olhar para o presente. «A vontade das pessoas anteriores não deve limitar a vontade das pessoas presentes.»

James Fitzjames Stephen (1829–1894): Jurista inglês, escritor político e juiz que usava o escárnio literário e argumentos utilitaristas em defesa do policiamento moral e da religião estabelecida. Stephen foi juiz de um tribunal de alta instância (1879–1891) depois de servir na Índia colonial, onde reformou os códigos legais. Em *Liberty, Equality, Fraternity* (*Liberdade, Igualdade, Fraternidade,* 1873), dizia que a ordem social dependia da restrição moral. Haveria sempre «uma massa enorme de pessoas más e indiferentes», cuja «profundidade de falhas morais» só podia ser controlada por coerção. As pessoas não eram muito melhoráveis e, por isso, a esperança liberal no progresso era ilusória. As pessoas também não eram iguais, o que cegava as esperanças na soberania democrática. Dado que as pessoas não eram fraternas, mas parciais, «a religião da humanidade» era uma fraude. Mais polemista do que pensador, Stephen marcou uma mudança para o conservadorismo nas regras básicas do debate público. A defesa do policiamento moral e o respeito pela autoridade religiosa tinham agora de ser seculares.

William Graham Sumner (1840–1910): Antiprogressista americano que concordava que as pessoas tinham direitos naturais e precisavam de socializar, mas que discordava sobre a existência de uma natureza humana comum ou sobre a possibilidade de aperfeiçoamento ilimitado das pessoas. O progressismo, baseado nestes erros, incluía os impostos sobre os rendimentos e as guerras imperialistas para melhorar a América espanhola. Professor de Economia Política em Yale (1873), Sumner escreveu *What Social Classes Owe Each Other* (*Dívidas Mútuas das Classes Sociais,* 1883) e *The Science of Society* (*A Ciência da Sociedade,* 1927). O seu argumento do «homem esquecido» visava a ajuda social liberal aos necessitados, que acabava por recair sobre os contribuintes. O «homem esquecido» era o A que pagava impostos para ajudar o B com programas escolhidos pelo C.

Heinrich von Treitschke (1834–1896): Historiador e jornalista nascido em Dresda, promoveu um entendimento exclusivista da nação alemã popular entre os eleitores da classe média que marcou a política conservadora antes de 1914. Treitschke tinha plataformas como professor universitário, diretor da revista *Preussische Jahrbücher* (1866–1889) e deputado pró-Bismarck pelos Nacionais Liberais no Reichstag. Mal vista pelos historiadores, a adoração dinástica de Treitschke pelos Hohenzollerns e o seu preconceito antissemita («Os judeus são a nossa desgraça») tiveram muitos seguidores. Transformou o termo *realpolitik* de Karl Rochau (1853), que era um aviso aos liberais para que dessem menos atenção aos seus sonhos, num apelo conservador ao exercício desinibido do poder: pela Prússia sobre a Alemanha, pela Alemanha sobre a Europa (em especial a hipócrita Inglaterra) e pelo Império Alemão sobre os povos coloniais inferiores. «O Estado» escreveu Treitschke, não era «um bom rapazinho que devia ser penteado, lavado e mandado para a escola». Para Treitschke, todos os elementos da vida nacional — identidade, bem-estar, segurança — convergiam no Estado.

Peter Viereck (1916–2006): Poeta, escritor e defensor de um conservadorismo moderado e de cariz histórico, lecionou em Mount Holyoke (1948–1997). Viereck nasceu em Nova Iorque, filho de um jornalista pró-alemão e apologista nazi. Anticomunista que rejeitava o maccarthyismo, irritava os colegas da *National Review* ao confraternizar com os opositores liberais. Um colega, Willmoore Kendal, afirmou sobre Viereck que este dizia aos americanos como se deve ser conservador, mas concordava com todas as propostas dos liberais. Em «O Novo Conservadorismo: Um dos seus Fundadores Pergunta o que Correu Mal» (1962), Viereck acusava os fundamentalistas religiosos, os superpatriotas iludidos e os conservadores ricos de destruírem o eixo centrista da política americana.

Eric Voegelin (1901–1985): Emigrado americano de origem alemã que lecionou História das Ideias na Universidade Estadual do Luisiana (1942–1958). Voegelin queria abalar a autossatisfação filosófica da modernidade liberal mostrando que esta partilhava com os primeiros pensadores judaico-cristãos um erro a que chamava «gnosticismo». Por gnosticismo, Voegelin entendia o erro geral de confundir ideias fundacionais que unem a sociedade presente com representações ideais de uma sociedade futura. Em *Order and History* (*Ordem e História*, 1956–1978), diz que o gnosticismo moderno ocupou o palco como liberalismo, uma tentativa impaciente de realizar neste mundo as promessas redentoras do cristianismo. As ideias políticas incluíam filosofia, mito e revelação religiosa. Sem um bom entendimento destas ideias, a história não podia ser entendida tal como era experienciada. No erro gnóstico — que levava a julgar a sociedade pelo que idealmente devia ser —, Voegelin pensava ter diagnosticado os males gerais da modernidade: individualidade excessiva e «massificação» social, elementos gémeos criadores do totalitarismo. Voegelin pensava que, ao negar as limitações humanas, os liberais caminhavam para um fracasso quase certo, uma desilusão profunda e uma procura injustificada de culpados.

Richard Weaver (1910–1963): Pensador e académico conservador nascido na Carolina do Norte, autor de *Ideas Have Consequences* (*As Ideias têm Consequências*, 1948). O erro da modernidade liberal foi o abandono de uma visão medieval-clássica do mundo na qual tudo tinha um valor, quer os humanos gostassem ou não, por uma visão em que os humanos dão valor às coisas pelos seus próprios propósitos. Libertadas deste erro, as pessoas modernas podiam regressar ao respeito pela propriedade, à devoção pela natureza e ao cuidado devido aos seus próximos. Ainda que o livro idiossincrático de Weaver tenha passado despercebido quando foi publicado, os temas de Weaver — os liberais não tinham morais fixas; a sociedade precisava de sacralidade; o burkeanismo era oportunista, sem princípios — foram depois geralmente aceites pela direita americana. O seu *Ethics of Rhetoric* (*A Ética da Retórica*, 1953), também ignorado, dava a importância devida ao discurso político como veículo principal das ideias políticas. Em «Estratégias Retóricas da Causa Conservadora» (1959), Weaver propunha um programa gramsciano de guerra antiliberal para a direita americana: formar quadros e aperfeiçoar argumentos em instituições e lóbis bem financiados.

OBRAS CONSULTADAS

Para este ensaio histórico sobre os partidos e as ideias da direita política, recorri a escritos de pensadores e políticos, bem como a interpretações e comentários de académicos e jornalistas. Estou em dívida para com eles e agradeço a todos. No livro, não há referências específicas às obras mencionadas ou citadas. No entanto, acrescento uma lista seletiva das obras consultadas para cada uma das seis partes do livro. Não é uma bibliografia académica, mas um guia sobre como o meu livro se desenvolveu e sobre onde os leitores interessados no conservadorismo podem encontrar uma seleção de fontes originais, histórias e biografias, bem como comentários posteriores. Assim, os títulos limitam-se a obras da ou sobre a direita política. Estão ordenadas, capítulo por capítulo, por data de publicação. Os títulos dos livros e os nomes das publicações estão em itálico; os títulos de artigos, discursos e panfletos estão entre aspas. Para fontes online, fornecemos a data de *download* ou a data da última consulta.

Geral

MANNHEIM, Karl, «Das konservative Denken», *Archiv für Sozialwissenschaft und Sozialpolitik* (1927); *Conservatism* (1936); MICHELS, Roberto, «Conservatism», in *Encyclopaedia of the Social Sciences* (1930; 1937); ROSSITER, Clinton, «Conservatism», in *The International Encyclopedia of the Social Sciences* (1968), ed. Sills e Merton; KIRK, Russell, *The Conservative Mind* (1953); HUNTINGTON, Samuel P., «Conservatism as an Ideology», *American*

Political Science Review (*APSR*) (junho de 1957); GREIFFENHAGEN, Mathias, «Konservativ, Konservatismus», in *Historisches Wörterbuch der Philosophie* (1976), ed. Ritter e Gründer; QUINTON, Anthony, *The Politics of Imperfection* (1978); KIRK, Russell, *The Portable Conservative Reader* (1982); KETTLER, David; MEJA, Volker; e STEHR, Nico, «Karl Mannheim and Conservatism: The Ancestry of Historical Thinking», *American Sociological Review* (fevereiro de 1984); SCHILLER, Theo, «Konservatismus» in *Pipers Wörterbuch zur Politik* (1985), ed. Nohlen e Schultze; NISBET, Robert, *Conservatism: Dream and Reality* (1986); O'SULLIVAN, Noel, «Conservatism», in *The Blackwell Encyclopedia of Political Thought* (1987), ed. Miller; COMPAGNON, Alain, *Les cinq paradoxes de la modernité* (1990); *Conservative Texts: An Anthology* (1990), ed. Scruton; QUINTON, Anthony, «Conservatism», in *A Companion to Contemporary Political Philosophy* (1993), ed. Goodin e Pettit; HOLMES, Stephen, *The Anatomy of Antiliberalism* (1993); RABKIN, Jeremy, «Conservatism», in *The Oxford Companion to Politics of the World* (1993), ed. Krieger; GIRVIN, Brian, *The Right in the Twentieth Century* (1994); *Lexikon des Konservatismus* (1996), ed. Schrenk-Notzing; FREEDEN, Michael, «The Adaptability of Conservatism», Parte III de *Ideologies and Political Theory: A Conceptual Approach* (1996); *Conservatism: An Anthology of Social and Political Thought from David Hume to the Present* (1997), ed. Muller; O'SULLIVAN, Noel, «Conservatism»; LUKES, Steven (sobre a esquerda e a direita), «The Grand Dichotomy of the Twentieth Century»; ambos em *The Cambridge History of Twentieth-Century Political Thought* (2003), ed. Ball e Bellamy; AUGHEY, Arthur, «Conservatism», in *The New Dictionary of the History of Ideas* (2005), ed. Horowitz; MORROW, John, «Conservatism, Authority and Tradition», in *Encyclopedia of Nineteenth-Century Thought* (2005), ed. Claeys; COMPAGNON, Alain, *Les Antimodernes de Joseph Maistre à Roland Barthes* (2005); MOSELEY, Alexander, «Political Philosophy: Methodology», *Internet Encyclopedia of Philosophy* (fevereiro de 2017); HAMILTON, Andy, «Conservatism», *Stanford Encyclopedia of Philosophy* (*SEP*) *Online* (abril de 2017); *Le dictionnaire du conservatisme* (2017), ed. Rouvillois, Dard e Boutin.

França

The French Right from Maistre to Maurras (1970), ed. McClelland; CAHM, Eric, *Politics and Society in Contemporary France 1789–1971* (1972); ZELDIN, Theodore, *France 1848–1945* (1973); MAZGAJ, P., «The Right», in *Historical Dictionary of The Third French Republic: 1870–1940* (1986), ed. Hutton; *Histoire de l'extrême droite en France* (1993), ed. Azéma *et al.*; RÉMOND, René (com SIRINELLI, Jean-François), *Notre Siècle de 1918 à 1988* (1988); *A Biographical Dictionary of French Political Leaders since 1870* (1990), ed. Bell, Johnson e Morris; *Histoire des droites en France: I. Politique, II. Cultures, III. Sensibilités* (1992), ed. Sirinelli; HAZAREESINGH, Sudhir, *Political Traditions of Modern France* (1994); *Dictionnaire historique de la vie politique française au XXe siècle* (1995), ed. Sirinelli; TOMBS, Robert, *France 1814–1914* (1996); DAVIES, Peter, *The Extreme Right in France* (2002); HUGUENIN, François, *Le conservatisme impossible: libéraux et réactionnaires en France depuis 1789* (2006); PASSMORE, Kevin, *The Right in France from the Third Republic to Vichy* (2012); *Les grandes textes de la droite* (2017), ed. Franconie; *Dictionnaire de la droite* (2017), ed. Jardin.

Grã-Bretanha

GILMOUR, Ian, *Inside Right* (1977); QUINTON, Anthony, *The Politics of Imperfection* (1978); O'GORMAN, Frank, *British Conservatism: Conservative Thought from Burke to Thatcher* (1986); SELDON, Anthony, «Conservative Century»; GIRVIN, Brian, «The Comparative and International Context»; BOGDANOR, Vernon, «The Selection of the Party Leader»; BARNES, John, «Ideology and Factions»; BARNES, John e COCKETT, Richard, «The Making of Party Policy»; THEAKSTON, Kevin e FRY, Geoffrey, «The Party and the Civil Service»; YOUNG, Ken, «The Party and Local Government»; MIDDLEMAS, Keith, «The Party Industry and the City»; TAYLOR, Andrew, «The Party and the Trade Unions»; WALLER, Robert, «Conservative Electoral Support and Social Class»; LOVENDOSKI, John; NORRIS, Pippa; e BURNESS, Catriona, «The Party and Women»; CATTERALL, Peter, «The Party and Religion», tudo em *Conservative Century* (1994), ed. Seldon e Ball; *Conservative Realism* (1996), ed. Minogue; COLEMAN, Bruce, «Conservatism», in *The Oxford Companion to British History* (1997); GREEN, E. H. H., *Ideologies of Conservatism* (2002); *The Oxford Companion to Twentieth-Century British Politics* (2002), ed. Ramsden; CHARMLEY, John, *A History of Conservative Politics since 1830* (2008); uma fonte geral online, mas não gratuita, é *The Oxford Dictionary of National Biography Online* (https://www.oxforddnb.com/).

Alemanha

ARIS, Reinhold, *History of Political Thought in Germany from 1789 to 1815* (1936); EPSTEIN, Klaus, *The Genesis of German Conservatism* (1966); PUHLE, Hans-Jürgen, «Conservatism in Modern German History», *Journal of Contemporary History* (número especial: «A Century of Conservatism», outubro de 1978); GREIFFENHAGEN, Martin, «The Dilemma of Conservatism in Germany», *Journal of Contemporary History* (outubro de 1979); ELEY, Geoffrey, *Reshaping the German Right* (1980); KOCH, H. W., *A Constitutional History of Germany* (1984); TURNER, H. A., *German Big Business and the Rise of Hitler* (1985); MULLER, Jerry Z., *The Other God That Failed: Hans Freyer and the Deradicalization of German Conservatism* (1987); DAVIS, S., «German Conservatism», in *A Dictionary of Conservative and Libertarian Thought* (1991), ed. Ashford e Davies; BEISER, Frederick, *Enlightenment, Revolution, and Romanticism: The Genesis of Modern German Political Thought* (1992); *Between Reform and Reaction: Studies in the History of German Conservatism from 1789 to 1945* (1993), ed. Jones e Retallack; BLACKBOURN, David, *The Long Nineteenth Century* (1997); SCHILDT, Axel, *Conservatismus in Deutschland* (1998); WINKLER, H. A., *Der Lange Weg nach Westen, Vol. I: 1789–1933, Vol. II: 1933–1990* (2001), trad. Sager, *Germany: The Long Road West, Vols. I: 1789–1933, Vol. II: 1933–1990* (2006); BEISER, *The German Historicist Tradition* (2011); HEILBRONNER, Oded, «Conservatism», in *Ashgate Research Companion to Imperial Germany* (2015), ed. Jefferies; DWOROK, Gerritt, *«Historikerstreit» und Nationswerdung* (2015); ZIBLATT, Daniel, *Conservative Parties and the Birth of Democracy* (2017); HEITMANN, Matthias, «Die Zwillingskrise», *Cicero Online* (18 de fevereiro de 2018); duas fontes online excelentes: *German Historical Documents and Images* (*GHDI Online*) em http://germanhistorydocs.ghi-dc.org/, German Historical Institute, Washington DC); *Deutsche Biographie Online* em http://www.deutsche-biographie.de, um projeto conjunto da Comissão Histórica da Academia de Ciências e Humanidades da Baviera e da Biblioteca Estatal da Baviera de atualização e publicação eletrónica da *Allgemeine Deutsche Biographie* e da *Neue Deutsche Biographie.*

Estados Unidos

EMERSON, Ralph Waldo, «The Conservative» (palestra, 9 de dezembro de 1841); KIRK, Russell, *The Conservative Mind* (1953); ROSSITER, Clinton, *Conservatism in America* (1955; 1962); HOFSTADTER, Richard, *The*

Paranoid Style in American Politics (1964); *The Radical Right* (1963), ed. Bell; STEINFELS, Peter, *The Neoconservatives: The Men Who Are Changing America's Politics* (1979; 2013); CRAWFORD, Jeffrey, *Thunder on the Right: The «New Right» and the Politics of Resentment* (1980); DIONNE, E. J., *Why Americans Hate Politics* (1991); MICKLETHWAIT, John e WOOLDRIDGE, Adrian, *The Right Nation* (2004); *American Conservatism: An Encyclopedia* (2006), ed. Frohnen, Beer e Nelson; HEILBRUNN, Jacob, *They Knew They Were Right* (2008); ALLITT, Patrick: *The Conservatives: Ideas and Personalities Throughout American History* (2009); ZELIZER, Julian E., «Rethinking the History of American Conservatism», *Reviews in American History* (junho de 2010); ROBIN, Corey, *The Reactionary Mind* (2011); LEVIN, Yuval, *The Fractured Republic: Renewing America's Social Contract in the Age of Individualism* (2016); GEISMER, Lily, *Don't Blame Us: Suburban Liberals and the Transformation of the Democratic Party* (2014); DIONNE, E. J., *Why the Right Went Wrong* (2016); *American Conservatism: Reclaiming an Intellectual Tradition* (2020), ed. Bacevich; uma fonte online geral, mas não gratuita, é *American National Biography* (https://www.anb.org/).

Precursores do conservadorismo

MÖSER: «No Promotion According to Merit» (1770); «On the Diminished Disgrace of Whores and Their Children in Our Day» (1772); ambos em *Conservatism: An Anthology* (1997), ed. Muller; MULLER, Jerry Z., *The Mind and the Market: Capitalism in Western Thought* (2002); BEISER, Frederick, *The German Historicist Tradition* (2011).

MÜLLER: «Von der Idee des Staates» (1809); «Adam Smith» (1808); ambos em *Ausgewählte Abhandlungen* (1921), ed. Spann; REISS, Hans, *Politisches Denken in der deutschen Romantik* (1966); RETALLACK, James, *The German Right 1860-1920* (2006).

REHBERG: *Über den deutschen Adel* (1803); «Die französische Revolutionder 1789», in *Sämmtliche Schriften* (1831); KLAUS, Hans-Kristoff, «Rehberg, August Wilhelm», *NDB* (2003), *Deutsche Biographie Online*; BEISER, Frederick, «August Wilhelm Rehberg», *Stanford Encyclopedia of Philosophy Online* (primavera de 2019).

MAISTRE: *Oeuvres Complètes, Vols. I–XIV* (1884); *Les Carnets du comte Joseph de Maistre, Livre Journal, 1790–1817* (1923); *The Works of Joseph de*

Maistre (1965), ed. Lively; *Joseph de Maistre: Oeuvres* (2007), ed. Glaudes; Sainte-Beuve, Augustin, «Joseph de Maistre» (1843), in *La Littérature française à 1870* (1927); Rémusat, Charles de, «Traditionalisme: Louis de Bonald et Comte de Maistre», *Revue des deux mondes* 9 (1857); Blanc, Albert, *Mémoires politiques et correspondance diplomatique de J. de Maistre* (1859); Morley, John, «The Champion of Social Regress», in *Critical Miscellanies* (1871; 1886); Faguet, Emile, «Joseph de Maistre», in *Politiques et moralistes du dix-neuvième siècle I* (1891); Cogordan, George, *Joseph de Maistre* (1894); Rohden, Peter Richard, *Joseph de Maistre als politischer Theoretiker* (1929); Greifer, Elisha, «Joseph de Maistre and the Reaction against the Eighteenth Century», *APSR* (setembro de 1961); Lively, Jack, «Introduction», in *The Works of Joseph de Maistre*, ed. Lively (1965); Watt, E. D., «"Locked In": De Maistre's Critique of French Lockeanism», *Journal of the History of Ideas* (janeiro–março de 1971); Holmes, Stephen, *The Anatomy of Antiliberalism* (1983); Lebrun, Richard, *Joseph de Maistre: Intellectual Militant* (1988); Boffa, Massimo, «Maistre», in *Dictionnaire Critique de la Révolution Française* (1988); Berlin, Isaiah, «Joseph de Maistre and the Origins of Fascism», *New York Review of Books* (*NYRB*) (7 de setembro, 11 de outubro, 25 de outubro de 1990); Bradley, Owen, *A Modern Maistre: The Social and Political Thought of Joseph de Maistre* (1999); Sollers, Philippe, «Eloge d'un maudit», in *Discours parfait* (2010); Perreau-Saussine, Emile, «Why Maistre Became Ultramontane», trad. Lebrun, in *Joseph Maistre and the Legacy of the Enlightenment* (2011), ed. Armenteros e Lebrun; Sollers, «Prodigieux Joseph de Maistre», entrevista em www.Philippesollers.net (agosto de 2014).

Burke: *Vindication of Natural Society* (1756); *Philosophical Enquiry into the Origin of Our Ideas of the Sublime and Beautiful* (1757); *Reflections on the Revolution in France* (1790); *Letter to a Noble Lord* (1796); *Letters on a Regicide Peace* (1796); Hazlitt, William, «Edmund Burke» in *The Eloquence of the British Senate* (1807); Coleridge, S. T., «On the Grounds of Government», *The Friend: A Series of Essays* (outubro de 1809); Moore, Thomas, *Literary Chronicle* (12 de novembro de 1825); Kebbell, T. E., *A History of Toryism* (1886); Shelley, James, «British 18th-Century Aesthetics», *SEP Online* (dezembro de 2008); Hampsher-Monk, Iain, «Edmund Burke», in *The Routledge Encyclopedia of Philosophy*, versão em disco, *REP 1.0* (2001); Mosher, Michael A., «The Skeptic's Burke: Reflections on the Revolution in France, 1790–1990», *Political Theory* (agosto de 1991); Muller, Jerry Z., *The Mind and the Market* (2002); Canavan, Francis, SJ, «Foreword»,

Reflections on the Revolution in France (Repr., E. J. Payne ed. [1874–78], 1999), *Online Library of Liberty*; BOURKE, Richard, *Empire and Revolution: The Political Life of Edmund Burke* (2015); JONES, Emily, «Conservatism, Edmund Burke and the Invention of a Political Tradition, c. 1885–1914», *Historical Journal* (dezembro de 2015); JONES, *Edmund Burke and the Invention of a Political Tradition, 1830-1914* (2017).

CHATEAUBRIAND: *Génie du Christianisme* (1802); «De la nouvelle proposition rélative au banissement de Charles X» (1831); *Mémoires d'outre tombe* (1850); TAPIÉ, Victor-Louis, *Chateaubriand* (1965); MANENT, Pierre, *Intellectual History of Liberalism* (1987; trad. Balinski (1994); ORMESSON, Jean d', *Album Chateaubriand* (1988); CLÉMENT, René, *Chateaubriand* (1998); TOMBS, Robert, análise crítica de CLÉMENT, *Times Literary Supplement* (*TLS*) (27 de novembro de 1998); AUREAU, Bertrand, *Chateaubriand* (1998); CHALIN, Jean-Pierre, *La Restauration* (1998); *Mémoires de Comtesse de Boigne*; ASTIER, Henri, análise crítica de FUMAROLI, Marc, *Chateaubriand: Poésie et Terreur*, *TLS* (19 de março de 2004).

GENTZ: *Briefe*, Vol. 3 (1913), ed. Wittichen e Salzer; *Ausgewählte Schriften V* (1838), ed. Weick; *Tagebücher I, 1800–1819* (1861); *Revolution und Gleichgewicht* (2010), ed. Hennecke; OWEN, Robert, *Life of Robert Owen by Himself* (1857); HAYWARD, Abraham, «Friedrich v Gentz», *Edinburgh Review* (janeiro de 1863); REIFF, Paul, *Friedrich Gentz: An Opponent of the French Revolution and Napoleon* (1912); CLÉRY, André Robinet de, *Un diplomate d'il y a cent ans: Friedrich de Gentz* (1917); SWEET, Paul, *Friedrich von Gentz: Defender of the Old Order* (1941); MANN, Golo, *Friedrich von Gentz* (1947; 1972); RUMPEL, Hubert, «Gentz, Friedrich» (1964), *Deutsche Biographie Online* (julho de 2016); *New Cambridge Modern History IX: War and Peace in an Age of Upheaval, 1793–1830* (1965), ed. Crawley; ZIMMERMANN, Harro, *Friedrich Gentz: Die Erfindung der Realpolitik* (2012); ESDAILE, Charles, *Napoleon's Wars: An International History 1803–1815* (2007); JARRETT, Mark, *The Congress of Vienna and Its Legacy* (2013); HEINDL, Waltraud, *Gehorsame Rebellen: Bürokratie und Beamte in Österreich 1780–1848* (2014); GREEN, Jonathan Allen, «Friedrich Gentz's Translation of Burke's *Reflections*», *Historical Journal* (agosto de 2014).

MADISON: «Letter to Jefferson, October 24, 1787», in *Debates on the Constitution*, 2 vols. (1993), ed. Bailyn; *The Federalist Papers* (1788; 1987), ed. Kramnick; *The Diaries and Letters of Gouverneur Morris* (1888), ed.

Morris; ZIESCHE, Philipp, «Exporting American Revolutions: Gouverneur Morris, Thomas Jefferson, and the National Struggle for Universal Rights in Revolutionary France», *Journal of the Early Republic* (outono de 2006); MARGALIT, Avishai, *On Compromise and Rotten Compromises* (2010); JEFFERSON, Thomas, *Diplomatic Correspondence 1784–89* (2016), ed. Woods; MINTZ, Max, «Gouverneur Morris», *American National Biography Online* (julho de 2018).

Resistir ao liberalismo (partidos e políticos)

França

CAHM, Eric, *Politics and Society in Contemporary France, 1789-1971* (1972); Sirinelli (1992); HAZAREESINGH, Sudhir, *Political Traditions of Modern France* (1994); TOMBS, Robert, *France 1814–1914* (1996).

Grã-Bretanha

PEEL: Tamworth Manifesto (1834); HILTON, Boyd, *A Mad, Bad and Dangerous People?*

England 1783–1846 (2006); PREST, John, «Peel, Sir Robert (1788–1850)», in *Oxford Dictionary of National Biography* (*ODNB*) *Online* (julho de 2016); James Sack, «Ultra Tories (1827–1834)», *ODNB Online* (julho de 2016).

STANLEY (Lorde Derby): Discurso em Glasgow, the «Knowsley Creed» (1834); HAWKINS, Angus, «Stanley, Edward George Geoffrey Smith, Fourteenth earl of Derby», *ODNB Online* (maio de 2009); CHARMLEY, John, *A History of Conservative Politics since 1830* (2008).

DISRAELI: *Vindication of the English Constitution* (1835); *Coningsby* (1844); *Sybil* (1845); discurso, «On the Conservative Programme» (abril de 1872); discurso, «On Conservative and Liberal Principles» (junho de 1872); QUINTON, Anthony, *The Politics of Imperfection* (1978); O'GORMAN, Frank, *British Conservatism: Conservative Thought from Burke to Thatcher* (1986); PARRY, Jonathan, «Disraeli, Benjamin, Earl of Beaconsfield (1804–1881)», *ODNB Online* (junho de 2016).

Alemanha

Koch, H. W., *A Constitutional History of Germany* (1984); Schildt, Axel, *Conservatismus in Deutschland* (1998); Blackbourn, David, *The Long Nineteenth Century* (1997); Petersdorff, H. von, «Wagener, Hermann» (1896); Schoeps, Hans-Joachim, «Gerlach, Leo von» e «Gerlach, Ludwig von» (1964); Richter, Günter, «Kleist-Retzow, Hans von» (1979); Neubach, Helmut, «Oldenburg-Januschau, Elard von» (1999), tudo em *Deutsche Biographie Online.*

Estados Unidos

Adams, John Quincy, *The Diaries of John Quincy Adams 1779–1848* (2017), ed. Waldstreicher; Greeley, Horace, «Why I am a Whig» (1840); «Yes, more, more, more...», *Democratic Review* (julho–agosto de 1845); Choate, Rufus, «The Power of a State Developed by Mental Culture» (1844); «The Position and Functions of the American Bar as an Element of Conservatism in the State» (1845); ambos em *Addresses and Orations of Rufus Choate* (1883); Howe, Daniel Walker, *The Political Culture of the American Whigs* (1979); Hargreaves, Mary W. M., «Adams, John Quincy», *American National Biography* (*ANB*) *Online* (dezembro de 1999); *The Conservative Press in Eighteenth-and Nineteenth-Century America* (1999), ed. Lora e Langton; Mead, Walter Russell, «The Jacksonian Tradition» (1999), *National Interest* (outono–inverno de 1999); Baxter, Maurice G., «Daniel Webster», *ANB Online* (dezembro de 1999); Remini, Robert V., «Henry Clay», *ANB Online* (fevereiro de 2000).

Resistir ao liberalismo (ideias e pensadores)

Calhoun: *Disquisition on Government* (póstumo); *Discourse on Government* (póstumo); discursos no Senado, «On Anti-Slavery Petitions» (1837); «On Compromise Resolution» (1850); ambos em *American Speeches* (2006), ed. Wilmer; *The Essential Calhoun* (1992), ed. Wilson; Hecksher, Gunnar, «Calhoun's Idea of "Concurrent Majority" and the Constitutional Theory of Hegel», *APSR* (agosto de 1939); Hofstadter, Richard, «The Marx of the Master Class», in *The American Political Tradition* (1948); Kirk, Russell, «Southern Conservatism: Randolph and Calhoun», in *The Conservative*

Mind (1953); KATEB, George, «The Majority Principle: Calhoun and His Antecedents», *Political Science Quarterly* (dezembro de 1969); MAIER, Pauline, «The Road Not Taken: John C. Calhoun and the Revolutionary Tradition in South Carolina», *South Carolina Historical Magazine* (janeiro de 1981); FORD, Lacy K., «Recovering the Republic: Calhoun, Southern Carolina, and the Concurrent Majority», *South Carolina Historical Magazine* (julho de 1988); HERZBERG, Robert, «The Relevance of John C. Calhoun's Theory for Institutional Design», *Journal of Politics* (setembro de 1992); BROWN, Warren, *John C. Calhoun* (1993); FORD, Lacy K., «John Calhoun», in *Companion to American Thought* (1995), ed. Fox e Kloppenberg; VAJDA, Zoltan, «John C. Calhoun's Republicanism Revisited», *Rhetoric and Public Affairs* (outono de 2001); WOOD, W. Kirk, «Calhoun, John C.», in *American Conservatism: An Encyclopedia* (2006), ed. Frohen, Beer e Nelson; ESH, Christian, «The Rights of Unjust Minorities», análise crítica de READ, James H., *Majority Rule versus Consensus, The Political Thought of John C. Calhoun* (2009), *Review of Politics* (primavera de 2010); VAJDA, «Complicated Sympathies: John C. Calhoun's Sentimental Union and the South», *South Carolina Historical Magazine* (julho de 2013); NIVEN, John, «Calhoun, John C.», *ANB Online* (abril de 2015).

STAHL: Discurso à Associação Evangélica (1852); *Der Protestantismus als politische Prinzip* (1853); *Die gegenwärtigen Parteien in Staat und Kirche* (1863); LANDSBERG, Ernst, «Stahl, Friedrich Julius», *Allgemeine Deutsche Biographie* (1893); PUHLE, Hans-Jürgen, «Conservatism in Modern German History», *Journal of Contemporary History* (outubro de 1978); VIERHAUS, Rudolf, «Konservativ, konservatismus», in *Geschichtliche Grundbegriffe III* (1982), ed. Brunner *et al.*; STOLLEIS, Michael, *Public Law in Germany 1800–1914* (2001); MÜLLER, Johann Baptist, «Der politische Professor der Konservativen: Friedrich Julius Stahl (1802–61)», in *Konservativer Politiker in Deutschland* (1995), ed. Kraus; SCHILDT, Axel, *Konservatismus in Deutschland* (1998); RETALLACK, James, *The German Right 1860–1920: The Political Limits of the Authoritarian Imagination* (2006).

LAMENNAIS: FAGUET, Émile, «Lamennais», *Revue des Deux Mondes* (abril de 1897); GURIAN, Waldemar, «Lamennais», *Review of Politics* (abril de 1947); NISBET, Robert, «The Politics of Social Pluralism: Some Reflections on Lamennais», *Journal of Politics* (novembro de 1948); HASTINGS, C. B., «Hugues-Félicité Robert de Lamennais: A Catholic Pioneer of Religious Liberty», *Journal of Church and State* (primavera de 1988); NICHOLLS,

David, «Scepticism and Sovereignty: The Significance of Lamennais, I and II», *New Blackfriars* (abril–maio de 1996).

KETTELER: *Die Arbeiterfrage und das Christentum* (1864), *The Labour Question and Christianity*, extratos de *GHDI Online*; LE ROSSINGNOL, J. E., análise crítica de ROSENBAUM, Eduard, *Ferdinand Lassalle* (1911), e MUNDWILER, Johannes, *Bischof von Ketteler als Vorkämpfer der christliche Sozialreform* (junho de 1912); BOCK, Edward C., «Wilhelm Emmanuel von Ketteler: His Social and Political Philosophy» (tese de doutoramento, 1967); ISERLOH, Erwin, «Ketteler, Wilhelm Emmanuel Freiherr von», *Deutsche Biographie Online* (1977); SPERBER, Jonathan, «The Shaping of Political Catholicism in the Ruhr Basin, 1848–1881», *Central European History* (dezembro de 1983); ANDERSON, Margaret Lavinia, «Piety and Politics: Recent Work on German Catholicism», *Journal of Modern History* (1991).

NEWMAN: *Development of Christian Doctrine* (1845); *Idea of a University* (1853); *Apologia pro vita sua* (1864); *The Grammar of Assent* (1870); «The Religion of the Day», in *Parochial and Plain Sermons* (1896); STRACHEY, Lytton, *Eminent Victorians* (1918); CHADWICK, Owen, *Newman* (1983); DUFFY, Eamonn, «A Hero of the Church», *NYRB* (23 de dezembro de 2010); KENNY, Anthony, «Cardinal of Conscience», *TLS* (30 de julho de 2010).

BROWNSON: «The Laboring Classes», *Boston Quarterly Review* (julho de 1840); *The Spirit-Rapper, An Autobiography* (1854); *The American Republic* (1865); *Literary, Scientific and Political Views of Orestes A. Brownson* (1893), ed. Brownson; *Watchwords* (1910); SCHLESINGER, Arthur, Jr., *Orestes A. Brownson: A Pilgrim's Progress* (1939); HOEVELER, David, «Brownson, Orestes Augustus», *ANB Online* (fevereiro de 2000).

HODGE: *The Way of Life* (1841), ed. Noll (1987); «A Discourse on the Re-Opening of the Chapel» (27 de setembro de 1874); *Index to Systematic Theology* (1877); HODGE, A. A., *The Life of Charles Hodge* (1880).

COLERIDGE: *Coleridge* (1933; 1962), ed. Potter; *The Works of Coleridge* (1985), ed. Jackson; *Coleridge's Notebooks: A Selection 1798-1820* (2002), ed. Perry; MUIRHEAD, J. H., *Coleridge as Philosopher* (1930); DESCHAMPS, Paul, *Formation de la pensée de Coleridge, 1772–1804* (1964); MORAN, Michael,

«Coleridge», in *Encyclopedia of Philosophy* (1966), ed. Edwards; Harris, R. W., *Romanticism and the Social Order* (1969); Barfield, Owen, *What Coleridge Thought* (1972); Quinton, Anthony, «Against the Revolution: Burke, Coleridge, Newman», in *The Politics of Imperfection* (1978); Butler, Marilyn, *Romantics, Rebels and Reactionaries: English Literature and its Background, 1760–1830* (1982); Holmes, Richard, *Coleridge: Early Visions* (1989); Morrow, John, *Coleridge's Political Thought* (1990); Stapleton, Julia, «Political Thought, Elites and the State in Modern Britain», *Historical Journal* (março de 1999); Skorupski, John, «Between Hume and Mill: Reid, Bentham and Coleridge», in *English-Language Philosophy, 1750–1945* (1993); Perkins, Mary Anne, «Coleridge, Samuel Taylor (1772–1834)», *REP 1.0* (2001); *Coleridge: Darker Reflections* (1998); Holmes, Richard, «The Passionate Partnership», análise crítica de Sisman, Adam, *The Friendship* (2006), *NYRB* (12 de abril de 2007); Clemit, Pamela, «So Immethodical», análise crítica de Coleridge, *Biographia Literaria*, ed. Roberts, *TLS* (22 de maio de 2015); Beer, John, «Coleridge, Samuel Taylor (1772–1834); Poet, Critic and Philosopher», *ODNB Online* (janeiro de 2017).

Stephen: *Liberty, Equality, Fraternity* (1873), ed. e introd. White (1967); Quinton, Anthony, sobre Stephen, in *The Politics of Imperfection* (1978); Smith, K. J. M, *James Fitzjames Stephen: Portrait of a Victorian Rationalist* (1988); Le Play, citado in Compagnon (2005); Smith, «James Fitzjames Stephen», *ODNB Online* (junho de 2012).

Gierke: *Political Theories of the Middle Ages* (1900), trad. e introd. Maitland; «Der germanische Staatsgedanke» (1919), «L'idée germanique de l'état», trad. Argyriadis-Kervegan, in *Revue Française d'Histoire des Idées Politiques* 23 (2006); *Community in Historical Perspective: A Translation of Selections from «Das deutsche Genossenschaftsrecht»* (1990), trad. Fischer, introd. e ed. Black; John, Michael F., «The Politics of Legal Unity in Germany, 1870–1896», *Historical Journal* (junho de 1985); Michael Stolleis, *Public Law in Germany, 1800–1914* (1994).

Bradley: *Ethical Studies* (1876; 1927); *Appearance and Reality* (2.ª ed., 1930); Wollheim, Richard, *F. H. Bradley* (1959); Stock, Guy, «Bradley, Francis Herbert», *ODNB Online* (setembro de 2004); Irwin, Terence, *The Development of Ethics, Vol. III: From Kant to Rawls* (2009); Candlish, Stewart, «Francis Herbert Bradley», *SEP Online* (fevereiro de 2015).

Adaptação e compromisso (partidos e políticos)

França

Historical Dictionary of The Third French Republic: 1870–1940 (1986), ed. Hutton; *Biographical Dictionary of French Political Leaders since 1870* (1990), ed. Bell, Johnson e Morris; JACKSON, Julian, *France: The Dark Years, 1940–1944* (2001); TARDIEU, in *Les grandes textes de la droite* (2017), ed. Franconie (2017).

Grã-Bretanha

SALISBURY: PINTO-DUSCHINSKY, Michael, *The Political Thought of Lord Salisbury, 1854–1868* (1967); QUINTON, Anthony, *The Politics of Imperfection* (1978); O'GORMAN, Frank, *British Conservatism: Conservative Thought from Burke to Thatcher* (1986); SMITH, Paul, «Cecil, Robert Arthur Talbot Gascoyne, Third Marquess of Salisbury (1830–1903)», *ODNB Online* (junho de 2016); e GREVILLE, John, «Robert Arthur Talbot Gascoyne-Cecil, 3rd Marquess of Salisbury», *Encyclopedia Britannica Online*; CECIL, Hugh, *Conservatism* (1912); FEILING, Keith, *Toryism* (1913).

BALDWIN: *On England* (1925); O'GORMAN, Frank, *British Conservatism: Conservative Thought from Burke to Thatcher* (1986); CHARMLEY, John, *A History of Conservative Politics from 1830* (2008); BALL, Stuart, «Baldwin, Stanley, First Earl Baldwin of Bawdley (1867–1947)», *ODNB Online* (julho de 2016); LUDOVICI, Anthony, *A Defence of Conservatism* (1927); BOOTHBY, Robert *et al.*, *Industry and the State: A Conservative View* (1927); MACMILLAN, *The Middle Way* (1938).

CHURCHILL: ADDISON, Paul, «Churchill, Sir Winston Leonard Spencer (1874–1965)», *ODNB Online* (julho de 2016).

Alemanha

BARTH, Theodor, «On the need for left-liberal opposition to Bismarck» (26 de junho de 1886), em *GHDI Online*; BISMARCK, Otto von, *Gedanken und Errinerungen* (1898; 1919); JOLL, James, «Prussia and the German Problem, 1830–66», in *The New Cambridge Modern History, Vol. X: Zenith of European Power* (1960); Gall, Lothar *et al.*, *Bismarck: Preussen, Deutschland und Europa* (1990); Kissinger, Henry, *Diplomacy* (1994); Feuchtwanger, Edgar, *Bismarck* (2002); Steinberg, Jonathan, *Bismarck* (2011); Gaertringen, Friedrich Freiherr Hiller von, «Helldorff, Otto von» (1969); Hoepke, Klaus-Peter, «Hugenberg, Alfred» (1974); Richter, Hans-Günther, «Kardorff, Wilhelm von» (1977); Christophersen, Alf, «Stoecker, Adolf» (2013), tudo em *Deutsche Biographie Online*; *Fascists and Conservatives: The Radical Right and the Establishment in Twentieth-Century Europe* (1990), ed. Blinkhorn.

Estados Unidos

Brogan, Hugh, *The Penguin History of the United States* (1985; 1999); Kennedy, David, *Freedom from Fear: The American People in Depression and War, 1929–45* (1999); entradas relevantes de *The Oxford Companion to United States History* (2001), ed. Boyer; Carnegie, Andrew, «Wealth» (junho de 1889); Carnegie, *Autobiography* (póst., 1920); Lowitt, Richard, «Cannon, Joseph»; Kens, Paul, «Field, Stephen»; Ritchie, Donald A., «Hanna, Marcus Alonzo»; tudo em *ANB Online* (dezembro de 1999); Phillips-Fein, Kim, *Invisible Hands: The Businessmen's Crusade against the New Deal* (2009).

Adaptação e compromisso (ideias e pensadores)

Mallock, *The New Republic* (1877); *Is Life Worth Living?* (1879); *Labour and the Popular Welfare* (1893); *Aristocracy and Evolution: A Study of the Rights, the Origin, and the Social Functions of the Wealthier Classes* (1898); *Memoirs of Life and Literature* (1920); Eccleshall, Robert, *English Conservatism since the Restoration: An Introduction and Anthology* (1990); *Conservatism: An Anthology*, ed. Muller (1997).

Sumner, *What the Classes Owe Each Other* (1883); «Sociological Fallacies»; «An Examination of a Noble Sentiment» (1887), extratos; ambos em *Conservatism*, ed. Muller (1997); *Folkways* (1906); Abraham, J. H., *The Origin and Growth of Sociology* (1973); Curtis, Bruce, *William Graham Sumner* (1981); *Conservatism*, ed. Muller (1997); Hawkins, Mike, *Social Darwinism in European and American Thought, 1860–1945* (1997).

SCHUMPETER, «The Sociology of Imperialisms» (1918); *Capitalism, Socialism and Democracy* (1942); «Introduction», McCraw, Thomas (1975); McCRAW, «Schumpeter Ascending», *American Scholar* (verão de 1991); MULLER, Jerry Z., «Joseph Schumpeter», in *Conservatism*, ed. Muller (1997); THORNTON, Mark, «Schumpeter, Joseph Alois Julius», *ANB Online* (2000).

TREITSCHKE, «Freedom» (1861), in *Heinrich von Treitschke: His Life and Works* (1914), ed. Hausrath; «Socialism and Its Patrons» (1874); «A Word about Our Jews» (1880); ambos em *GDHI Online*; PETERSDORFF, Herman von, «Treitschke, Heinrich», *ADB* (1910); HAUSRATH, «The Life of Treitschke», in *Heinrich von Treitschke* (1914), ed. Hausrath; NORA, Pierre, «Ernest Lavisse: Son rôle dans la formation du sentiment national», *Revue Historique* (1962); DORPALEN, Andreas, «Heinrich von Treitschke»; KENNEDY, P. M., «The Decline of Nationalistic History», ambos em *Historians in Politics* (1974), ed. Lacqueur e Mosse; NORDALM, Jens, «Der gegängelte Held: "Heroenkult" im 19. Jahrhundert am Beispiel Thomas Carlyles und Heinrich von Treitschkes», *Historische Zeitschrift* (junho de 2003); *Deutsche Erinnerungsorte, Vols. I, II* e *III* (2001), ed. François e Schulze; KOHLER, George Y., «German Spirit and Holy Ghost: Treitschke's Call for Conversion of German Jewry; The Debate Revisited», *Modern Judaism* (maio de 2010); BEW, John, *Realpolitik: A History* (2016).

LE BON, *La Psychologie des foules* (1895), trad. Fisher, *The Crowd* (1896); NYE, Robert A., *The Origins of Crowd Psychology: Gustave Le Bon and the Crisis of Mass Democracy in the Third Republic* (1975); BARROWS, Susanna, *Distorting Mirrors: Visions of the Crowd in Late Nineteeth-Century France* (1981); ROUVIER, Cathérine, *Gustave Le Bon* (1986); McCLELLAND, J. S., *The Crowd and the Mob: From Plato to Canetti* (1989); QUENEAU, Raymond, *Gustave Le Bon* (póst., 1990); GINNEKEN, Jaap van, *Crowds, Psychology and Politics: 1871–99* (1992); MARPEAU, Benoit, *Gustave le Bon: Parcours d'un intellectuel, 1841–1931* (2000); SUROWIECKI, James, *The Wisdom of Crowds* (2004); KLEIN, Detmar, «Le Bon, Gustave (1841–1931)», in *Encyclopedia of Nineteenth Century Thought* (2005), ed. Claeys.

DU CAMP, *Convulsions de Paris* (1878–80).

ADAMS, *Democracy, An American Novel* (1880); *The Education of Henry Adams* (1918).

MENCKEN, *«What I Believe»*, *Forum* (setembro de 1930); *The Vintage Mencken* (1990), ed. Cooke; *Prejudices* (2010).

SOREL, *Réflexions sur la violence* (1906; 1908), trad. Hulme, *Reflections on Violence*, ed. Jennings (1999); *Les Illusions du progrès* (1908).

SPENGLER, *Preussentum und Sozialismus* (1919); *Der Untergang des Abendlandes* (1918; 1922), trad. Atkinson, *Decline of the West* (1926; 1928); FELKEN, Detlev, «Spengler, Oswald Arnold Gottfried», *Deutsche Biographie Online* (2010).

MOELLER, *Der Preußischer Stil* (1916); *Das dritte Reich* (1923); STERN, Fritz, *The Politics of Cultural Despair* (1961); MÜLLER, J. B., «Liberaler und autoritärer Konservatismus», *Archiv für Begriffsgeschichte* (1985); KLEMPERER, Klemens von, «Moeller van den Bruck», *Deutsche Biographie Online* (1994).

JÜNGER, *Ernst Jünger In Stahlgewittern,* (1920), trad. Hofmann, *Storm of Steel* (2003); *In Stahlgewittern: Historische-kritische Ausgabe* (2013), ed. Kiesel; *Der Arbeiter* (1932); *Auf den Marmorklippen* (1939), trad. Hood, *On the Marble Cliffs* (1939), introd., George Steiner; *Strahlungen I and II* (1988); *A German Officer in Occupied Paris: War Journals 1941–45*, trad. Hansen e Hansen (2018); STERN, J. P., *Ernst Jünger: A Writer of Our Time* (1953); FUSSELL, Paul, *The Great War and Modern Memory* (1975); BOHRER, Karlheinz, *Die Aesthetik des Schreckens: Die pessimistische Romantik und Ernst Jüngers Frühwerk* (1978); CHATWIN, Bruce, «An Aesthete at War», *NYRB* (5 de março de 1981); *Ernst Jünger: Leben und Werk in Bildern und Texten* (1988), ed. Schwik; MOSSE, George L., *Fallen Soldiers: Reshaping the Memory of the World Wars* (1990); BURUMA, Ian, «The Anarch at Twilight», *NYRB* (24 de junho de 1993); SOMBART, Nicolaus, «Der Dandy in Forsthaus», *Tagesspiegel* (29 de março de 1995); NEVIN, Thomas, *Ernst Jünger and Germany: Into the Abyss, 1914–45* (1997); NOACK, Paul, *Ernst Jünger: eine Biographie* (1998); KIESEL, Helmuth, *Ernst Jünger, Die Biographie* (2007); *No Man's Land: Writings from a World at War* (2014), ed. Ayrton; NEAMAN, Elliot A., «Ernst Jünger and *Storms of Steel*», in *Key Thinkers of the Radical Right: Behind the New Threat to Liberal Democracy* (2019), ed. Sedgwick.

DRIEU LA ROCHELLE, *Socialisme Fasciste* (1934); *Le feu follet* (1931); *Gilles* (1939).

AGRÁRIOS SULISTAS, *I'll Take My Stand The South and the Agrarian Tradition* (1930); MURPHY, Paul, *The Rebuke of History: The Southern Agrarians and American Conservative Thought* (2001).

ELIOT, *The Sacred Wood* (1920); «The Humanism of Irving Babbitt» (1928), in *Selected Essays, (1917–32)*; *The Use of Poetry and Use of Criticism* (1933); *After Strange Gods* (1934); *The Idea of a Christian Society* (1939); *What Is a Classic?* (1954); *Notes towards the Definition of Culture* (1948); *Selected Essays* (1951); *On Poetry and Poets* (1957); *Knowledge and Experience in the Philosophy of F. H. Bradley* (1964); KOJECKY, Roger, *T. S. Eliot's Social Criticism* (1971); RAINE, Craig, *In Defence of T. S. Eliot* (2000).

SCHMITT, *Politische Romantik* (1919); *Die Diktatur* (1921); *Politische Theologie* (1922; 1934), trad. Schwab, *Political Theology*, (1985); *Parliamentarismus* (1923); *Der Begriff des Politischen* (1927; 1933; 1971); *Verfassungslehre* (1927); *Legalität und Legitimät* (1932), trad. Seitzer, *Legality and Legitimacy* (2004); «Der Führer schützt das Recht» (1934); «Das Judentum in der Rechtswissenschaft» (1937); Leo Strauss, «Anmerkungen zu Carl Schmitts *Der Begriff des Politischen*», *Archiv für Sozialwissenschaft und Sozialpolitik* (agosto–setembro de 1932); BENDERSKY, Joseph, *Carl Schmitt: Theorist for the Reich* (1983); NOACK, Paul, *Carl Schmitt: Eine Biographie* (1993); MEIER, Heinrich, *Carl Schmitt and Leo Strauss: The Hidden Dialogue* (1995); LILLA, Mark, «The Enemy of Liberalism»,*NYRB* (15 de maio de 1997); MÜLLER, Jan-Werner, *A Dangerous Mind: Carl Schmitt in Post-War European Thought* (2003); MEHRING, Reinhard, *Carl Schmitt: Aufstieg und Fall* (2009); VINX, Lars, «Carl Schmitt», *SEP Online* (julho de 2019).

MAURRAS, «La vision du moi de Maurice Barrès» (1891); *Trois idées politiques: Chateaubriand, Michelet, Sainte-Beuve* (1898; 1912); *Mes idées politiques* (1937), ed. Chardon; extratos, in McClelland (1970); NOLTE, Ernst, *Der Faschismus in seiner Epoche* (1963), trad. Vennewitz, *Three Faces of Fascism* (1966); STERNHELL, Zeev, *Ni droite, ni gauche: L'Idéologie fasciste en France* (1983), trad. Maisel, *Neither Right nor Left: Fascist Ideology in France* (1986); PAXTON, Robert, *The Anatomy of Fascism* (2004); ROGISTER, John, análise crítica de GIOCANTIS, Stéphane, *Maurras: le chaos et l'ordre* (2007), *TLS* (21 de setembro de 2007); JENNINGS, Jeremy, *Revolution and the Republic: A History of Political Thought in France since the Eighteenth Century* (2011).

Domínio político e busca de ideias (partidos e políticos)

França

PINAY, Antoine, *Un Français comme les autres: Entretiens* (1984); DE GAULLE, Charles: *Le Fil de l'épée* (1932); *Vers l'armée de métier* (1934); *Mémoires de Guerre* (1954–59; 2000); *Lettres, notes et carnets: Juin 1951–Mai 1958* (1985), *Juin 1958–Décembre* 1960 (1985), *Juillet 1966–Avril 1969* (1987); *Mémoires d'espoir* (1970); PÉGUY, Charles, *Notre patrie* (1905); Jean-François Revel, *Le style du Général* (1959); VIANSSON-PONTÉ, Pierre, *Histoire de la République Gaullienne: May 1958–April 1969* (1971); CAHM, Eric, *Politics and Society in Contemporary France, 1789–1971* (1972); LACOUTURE, Jean, *De Gaulle I: Le Rebelle* (1984), *II: Le Politique* (1985), *III: Le Souverain* (1986); BOND, Brian e ALEXANDER, Martin, «Liddell Hart and de Gaulle: The Doctrines of Limited Liability and Mobile Defence», in *The Makers of Modern Strategy* (1986), ed. Paret; WRIGHT, Vincent, *The Government and Politics of Modern France* (1978; 1989); DEBRAY, Régis, *A demain, De Gaulle* (1990); HAZAREESINGH, Sudhir, *Political Traditions in Modern France* (1994); DOUGHERTY, Robert A., «The Illusion of Security: France 1919–40», in *The Making of Modern Strategy* (1994), ed. Murray, Knox e Bernstein; ROUSSEL, Eric, *Charles de Gaulle* (2002); JACKSON, Julian, *De Gaulle: Life and Times* (2003); GADDIS, John Lewis, *The Cold War* (2005); *Dictionnaire de Gaulle* (2006), ed. Andrieu, Braud e Piketty; FENBY, Jonathan, *The General: Charles de Gaulle and the France He Saved* (2010); HAZAREESINGH, *In the Shadow of the General* (2012); NESTER, William, *De Gaulle's Legacy* (2014); JACKSON, Julian, *A Certain Idea of France: The Life of Charles De Gaulle* (2018).

Grã-Bretanha

THATCHER, Margaret, *Thatcher: The Downing Street Years* (1993); SAMUEL, Raphael, «Mrs Thatcher's Return to Victorian Values», palestra na British Academy (1990); CANNADINE, David, «Thatcher, Margaret», *ODNB Online* (janeiro de 2017).

Alemanha

SCHILDT, Axel, *Conservatismus in Deutschland* (1998); TELTSCHIK, Horst, *329 Tage* (1991); «Not as Grimm as It Looks: A Survey of Germany», *Economist* (23 de maio de 1992).

Estados Unidos

Patterson, James T., *Grand Expectations: The United States 1945–74* (1996); Reeves, Richard, *President Reagan: The Triumph of Imagination* (2005).

Domínio político e busca de ideias (ideias e pensadores)

Powell, *Still to Decide Speeches 1969–71* (1972); Utley, T. E., *Enoch Powell: The Man and His Thinking* (1968); Berkeley, Humphrey, *The Odyssey of Enoch Powell* (1977); Gilmour, Ian, *Inside Right* (1977); Cowling, Maurice, *Religion and Public Doctrine in Modern England I* (1980); Cosgrave, Patrick, *The Lives of Enoch Powell* (1989); Heffer, Simon, *Like the Roman: The Life of Enoch Powell* (1998); «Powell, (John) Enoch (1912–1998)», *ODNB Online*; *Enoch at 100* (2012), ed. Howard; Schofield, Camilla, *Enoch Powell and the Making of Post-Colonial Britain* (2013).

Gehlen, *Der Mensch; Seine Natur und seine Stellung in der Welt* (1940); *Man in the Age of Technology* (1983), trad. Lipscomb; *Man: His Nature and Place in the World* (1988), trad. McMillan e Pillemer, introd. Karl-Siegbert Rehberg; «On Culture, Nature and Naturalness» (1958); «Man and Institutions» (1960); ambos em *Conservatism*, ed. Muller (1997); *Moral und Hypermoral: Ein pluralistische Ethik* (1969); Habermas, Jürgen, análise crítica de Gehlen, *Urmensch und Spätkultur* (1956), in *Philosophische-politische Profile* (1971); Stanley, Manfred, análise crítica de Gehlen, *Man* (1983), *American Journal of Sociology* (janeiro de 1983); Muller, Jerry Z., *The Other God That Failed: Hans Freyer and the Deradicalization of German Conservatism* (1987); Weissmann, Karlheinz, «Gehlen, Arnold», in *Lexikon des Konservatismus* (1996).

Weaver, *Ideas Have Consequences* (1948); *Ethics of Rhetoric* (1953); «Rhetorical Strategies of the Conservative Cause» (1959), palestra no Intercollegiate Society of Individualists em Madison, Wisconsin (26 de abril de 1959), citado em Johannesen, Richard L., «A Reconsideration of Richard M. Weaver's Platonic Idealism», *Rhetoric Society Quarterly* (primavera de 1991).

Voegelin, *Uber die Form des amerikanischen Geistes* (1928), trad. Hein, *On the Form of the American Mind* (1995); *Die Rassenidee in der Geistesgeschichte*

(1933); *Der autoritäre Staat: Ein Versuch über das österreichische Staatsproblem* (1936), trad. Weiss, *The Authoritarian State: An Essay on the Problem of the Austrian State* (1999); *Die Politische Religionen* (1938), trad. Schildhauer, *The Political Religions* (2000); *The New Science of Politics* (1952); *History of Political Ideas, Vols. I–VIII* (1939–54; publ. póstuma); *Anamnesis* (1966), trad. Niemeyer (1978); *Autobiographical Reflections* (transc. 1973; publ. 1989); Höpfl, H. M., «Voegelin, Eric», in *REP 1.0* (2001); Federici, Michael, *Eric Voegelin* (2002); *Robert B. Heilman and Eric Voegelin: A Friendship in Letters 1944–84* (2004), ed. Embry; Lilla, Mark, «Mr Casaubon in America», *NYRB* (28 de junho de 2007).

MacIntyre, *A Short History of Ethics* (1966)*;* *After Virtue* (1981); *Whose Justice, Which Rationality?* (1988); *Three Rival Versions of Moral Enquiry* (1990); «Politics, Philosophy and the Common Good»; «Interview with Giovanna Boradori»; ambos em *The MacIntyre Reader* (1998), ed. Knight; *After MacIntyre* (1994), ed. Mendus e Horton; Nagel, Thomas, «MacIntyre versus the Enlightenment», análise crítica de MacIntyre, *Whose Justice, Which Rationality, TLS* (8 de julho de 1988); Ryan, Alan, análise crítica de MacIntyre, *Three Rival Versions, New Statesman* (17 de agosto de 1990).

Buckley, *God and Man at Yale: The Superstitions of «Academic Freedom»* (1951); *Up from Liberalism* (1957); «Publisher's Statement» (novembro de 1955); «Why the South Must Prevail» (agosto de 1957); «The Question of Robert Welch» (fevereiro de 1962); tudo em *National Review*; Bjerre-Poulsen, Niels, *Right Face: Organizing the American Conservative Movement 1945–65* (2002); Hart, Jeffrey, *The Making of the American Conservative Mind* (2005); Will, George, entrevista com Buckley, ABC News, 9 de outubro de 2005; Judis, John, *William F. Buckley Jr: Patron Saint of the Conservatives* (1988); Bogus, Carl T., *Buckley* (2011).

Burnham, «Science and Style: A Reply to Comrade Trotsky» (fevereiro de 1940); *The Managerial Revolution* (1941); *The New Machiavellians: Defenders of Freedom* (1943); «Lenin's Heir», *Partisan Review* (inverno de 1945); *The Struggle for the World* (1947); *The Coming Defeat of Communism* (1950); *Containment or Liberation?* (1953); *Web of Subversion* (1954); *Suicide of the West* (1964); Diggins, John, «Four Theories in Search of a Reality: James Burnham, Soviet Communism and the Cold War», *APSR* (junho de 1976); Smant, Kevin, «James Burnham», *ANB Online* (janeiro de 2017).

Kendall, *John Locke and the Doctrine of Majority Rule* (1959); «The Open Society and Its Fallacies», *APSR* (dezembro de 1960); *The Conservative Affirmation in America* (1963); *Willmoore Kendall Contra Mundum* (póst., 1971), ed. Kendall; Bellow, Saul, «Mosby's Memoirs» (1968); East, John P., «The Political Thought of Willmoore Kendall», *Political Science Reviewer* (outono de 1973); Nash, George H., «Willmoore Kendall: Iconoclast», *Modern Age* (primavera de 1975); *Willmoore Kendall: Maverick of American Conservatives* (2002), ed. Alvis e Murley; Carey, George, «Kendall, Willmoore (1909–67)», in *American Conservatism: An Encyclopedia* (2006); Pederson, William D., «Willmoore Kendall», *ANB Online*.

Neoconservadorismo americano, Steinfels, Peter, *The Neoconservatives: The Men Who Are Changing America's Politics* (1979; 2013); Habermas, Jürgen, «Neoconservative Culture Criticism in the United States and West Germany: An Intellectual Movement in Two Political Cultures», *Telos* 56 (1983); Fukuyama, Francis, «After Neoconservatism», *New York Times* (19 de fevereiro de 2006); Heilbrunn, Jacob, *They Knew They Were Right* (2008); Vaïsse, Justin, *Histoire du néo-conservatisme aux Etats Unis: Le Triomphe de l'idéologie* (2008), trad. Goldhammer, *Neoconservatism: The Biography of a Movement* (2011).

Autores neoconservadores americanos, Kristol, Irving: *Two Cheers for Capitalism* (1978); *Neo-conservatism: The Autobiography of an Idea* (1995); «American Conservatism», *Public Interest* (outono de 1995); Podhoretz, Norman: «My Negro Problem and Ours» (1963); *Making It* (1967); *Breaking Ranks: A Political Memoir* (1979); *The Present Danger: Do We Have the Will to Reverse the Decline of American Power?* (1980); *Ex-Friends* (1999); «Why Are Jews Liberals?» (2009); Daniel Bell: *The End of Ideology* (1960); «The Dispossessed» (1962), in *The Radical Right* (2.ª ed., 1963), ed. Bell; «Unstable America», *Encounter* (junho de 1970); *The Cultural Contradictions of Capitalism* (1976).

Hiperliberalismo e a direita dura (partidos e políticos)

Woodward, C. Vann, «Pennies from Heaven», análise crítica de Brinkley, Alan, *Voices of Protest* (1982), *NYRB* (23 de setembro de 1982); Thomas, Keith, «Inventing the People», *NYRB* (24 de novembro de 1988); *Histoire de l'extrême droite en France* (1993), ed. Winock; Mead,

Walter Russell, «The Jacksonian Tradition», *National Interest* (inverno 1999–2000); Davies, Peter, *The Extreme Right in France, 1789 to the Present* (2002); Sarrazin, Thilo, *Deutschland schafft sich ab* (2010); Zemmour, Eric, *Le Suicide français* (2014); Jongen, Marc, «The Fairytale of the Ghost of the AfD», *Cicero Online* (22 de janeiro de 2014); Müller, Jan-Werner, *What Is Populism?* (2016); «Le Front National», *Pouvoirs* (2016); Nash, George H., «American Conservatism and the Problem of Populism», *New Criterion* (setembro de 2016); Funke, Hajo, *Von Wutbürgern und Brandstiften: AfD, Pegida, Gewaltnetze* (2016); «The Power of Populism», número da *Foreign Affairs* (novembro–dezembro de 2016); Brinkley, Alan, «Coughlin, Charles Edward» e «Long, Huey Pierce», *ANB Online* (março de 2017); Wolf, Martin, «The Economic Origins of the Populist Surge», *Financial Times* (28 de junho de 2017); Hawley, George, «The European Roots of the Alt-Right», *Foreign Affairs* (27 de outubro de 2017); Brahami, Frédéric, «Quel peuple?», análise crítica de Bras, Gérard, *Les voies du peuple: Éléments d'une histoire, Vie des idées* (outubro de 2018); Mudde, Cas, «How Populism Became the Concept That Defines Our Age», *Guardian* (22 de novembro de 2018); Mounk, Jascha e Kyle, Jordan, «What Populists Do to Democracies», *Atlantic* (26 de dezembro de 2018); *The Oxford Handbook of the Radical Right* (2018), ed. Rydgren; Courtois, Gérard, «La fracture démocratique»; Tricot, Cathérine, «Les categories populaires se révèlent profondément fragmentées»; Zarka, Charles, «Pour une consultation de mi-mandat»; tudo em *Le Monde* (3 de janeiro de 2019); Soullier, Lucie, «Marion Maréchal, les mots de l'extrémisme»; Bruttman, Tal, «Chez Eric Zemmour, la "lutte des races" tient lieu de programme politique», ambos em *Le Monde* (2 de outubro de 2019); *Key Thinkers of the Radical Right: Behind the New Threat to Liberal Democracy* (2019), ed. Sedgwick.

Hiperliberalismo e direita dura (ideias e pensadores)

Taguieff, *Résister au bougisme: Démocratie forte contre mondialisation marchande* (2000).

Buchanan, *Right from the Beginning* (1988); *Death of the West: How Dying Populations and Immigrant Invasions Imperil Our Culture and Civilization* (2001); *Where the Right Went Wrong: How Neoconservatives Subverted the Reagan Presidency and Hijacked the Bush Administration* (2004); Alberta,

Tim, «The Ideas Made It, But I Didn't», *Politico* (maio–junho de 2017); Gottfried, Paul, *Conservatism in America* (2007); Kopff, E. Christian: Buchanan, *American Conservatism: An Encyclopedia.*

Bannon, «Remarks to Vatican Conference on Poverty» (verão de 2014), *Buzzfeed News Online*; «How 2008 Planted the Seed for the Trump Presidency», entrevista de Bannon com Noah Kulwin, *New York Magazine Online* (6 de agosto de 2018); Green, Joshua, *Devil's Bargain* (2017); Kraushaar, Josh, «Bannon's Bark Is Worse Than His Bite», *National Journal* (17 de outubro de 2017); Horowitz, Jason, «Steve Bannon Is Done Wrecking the American Establishment. Now He Wants to Destroy Europe's», *New York Times* (9 de março de 2018).

Dreher, *The Benedict Option* (2017).

Finkielkraut, *Le nouveau désordre amoureux* (1977), com Pascal Bruckner; *Défaite de la pensée* (1987); trad. Friedlander, *The Defeat of the Mind* (1995); *L'identité malheureuse* (2015); Lindenberg, Daniel, *Le Rappel à l'ordre* (2002).

Benoist, *Vu de droite: Anthologie critique des idées contemporaines* (1977), trad. Lindgren, *The View from the Right, Vols. I–III* (2017-2019); *Le moment populiste: Droite-gauche, c'est fini!* (2017); *Contre le libéralisme: La société n'est pas un marché* (2019).

Finnis, *Natural Law and Natural Rights* (1980); «Persons and Their Associations», resposta a Scruton, *Proceedings of the Aristotelian Society*, supl. vol. 63 (1989); «Political Neutrality and Religious Arguments» (1993), in *Religion and Public Reasons: Collected Essays, Vol. V* (2011); MacCormick, Neil, «Natural Law Reconsidered», sobre Finnis, *Natural Law and Natural Rights* (1980), *Oxford Journal of Legal Studies* (primavera de 1981); Greenawalt, Kent, sobre Finnis, *Natural Law and Natural Rights* (1980), *Political Theory* (fevereiro de 1982); Willcox, William H., análise crítica de Finnis, *Natural Law and Natural Rights* (1980), *Philosophical Review* (outubro de 1983); Covell, Charles, *The Defence of Natural Law* (1992); Murphy, Mark, «Natural-Law Theories in Ethics», *SEP Online* (maio de 2018); Deneen, Patrick, «Unsustainable Liberalism», *First Things* (maio de 2012); Laborde, Cecile, *Liberalism's Religion* (2017); Deneen, *Why Liberalism Failed* (2018).

Scruton, *Art and Imagination* (1974); *The Aesthetics of Architecture* (1979); «The Significance of Common Culture», *Philosophy* (janeiro de 1979); *The Meaning of Conservatism* (1980; 1984); *A Dictionary of Political Thought* (1982); *Sexual Desire* (1986); «Modern Philosophy and the Neglect of Aesthetics» (aula inaugural, Birkbeck College), *TLS* (5 de junho de 1987); *Untimely Tracts* (1987); «How to Be a Non-Liberal, Anti--Socialist Conservative», *Intercollegiate Review* (primavera de 1993); *The Aesthetics of Music* (1997); «The Philosophy of Love», in *Death-Devoted Heart* (2004); *Gentle Regrets* (2005); *A Political Philosophy* (2006); *Beauty* (2009); «Classicism Now», in *The Roger Scruton Reader* (2011), ed. Dooley; «Nonsense on Stilts», Lincoln's Inn Conference on Human Rights (2011); *How to Be a Conservative* (2014); «Parfit the Perfectionist», *Philosophy* (julho de 2014); «The Good of Government», *First Things* (junho–julho de 2014); *Fools, Frauds and Firebrands* (2015); *On Human Nature* (2017); *Conservatism* (2017); Hallowell, John, análise crítica de Scruton, *The Meaning of Conservatism*, *Journal of Politics* (maio de 1982); Rayner, Jeremy, «Philosophy into Dogma: The Revival of Cultural Conservatism», *British Journal of Political Science* (outubro de 1986); Nussbaum, Martha, «Sex in the Head», *NYRB* (18 de dezembro de 1986); Utley, T. E., «A Thinker for the Tories», *Times* (26 de outubro de 1987); Collini, Stefan, «Hegel in Green Wellies», *London Review of Books* (8 de março de 2001); Dooley, Mark, *Roger Scruton: The Philosopher on Dover Beach* (2009); *The Roger Scruton Reader* (2011), ed. Dooley; Cullen, Daniel, «The Personal and the Political in Roger Scruton's Conservatism»; Lawler, Peter Augustine, «Roger Scruton's Conservatism: between Xenophobia and Oikophobia»; Mahoney, Daniel J., «Defending the West in All Its Amplitude: The Liberal Conservative Vision of Roger Scruton»; Wirls, Stephen, «Roger Scruton's Conservativism and the Liberal Regime»; Scruton, «Reply to Critics»; tudo em *Perspectives on Political Science* (outubro de 2016); Freeman, Samuel, «The Enemies of Roger Scruton», *NYRB* (21 de abril de 2016); Scruton, Roger e Dooley, Mark, *Conversations with Roger Scruton* (2016); Hamilton, Andy, «Conservatism», *SEP Online* (agosto de 2018).

Sloterdijk, *Kritik der zynischen Vernunft* (1983), trad. Eldred, *Critique of Cynical Reason* (1988); *Sphären I: Blasen (Mikrosphärologie)* (1988); *Sphären II: Globen (Makrosphärologie)* (1999), trad. Hoban, *Bubbles* (2011), *Globes* (2014); «Regeln für den Menschenpark» (1999), trad. «Rules for the Human Zoo», in *Society and Space* (número especial: «The Worlds of Peter

Sloterdijk», fevereiro de 2009); *Sphären III: Schäume (Plurale Sphärologie)* (2004), trad. Hoban, *Foams* (2016); *Zorn und Zeit* (2006), trad. Wenning, *Rage and Time* (2010); *Du mußt dein Leben ändern* (2009), trad. Hoban, *You Must Change Your Life* (2013); *Ausgewählte Übertreibungen: Gespräche und Interviews, 1993–2102,* trad. Margolis, *Selected Exaggerations: Conversations and Interviews, 1993–2012* (2016).

Statu quo conservador-liberal

Quinton, Anthony, *The Politics of Imperfection* (1978); Willetts, David, *Modern Conservatism* (1992); Willetts, *Is Conservatism Dead?* (1997); Willetts, *The Pinch* (2010); Malcolm, Noel, «Conservative Realism and Christian Democracy», in *Conservatism Realism: New Essays in Conservatism* (1996), ed. Minogue; Kekes, John, «What Is Conservatism?», *Philosophy* (julho de 1997); Kekes, *A Case for Conservatism* (1998); Rosanvallon, Pierre: «Il faut refaire le bagage d'idées de la démocratie française», *Le Monde* (21 de novembro de 2002); Rescher, Nicholas, «The Case for Cautious Conservatism», *Independent Review* (inverno de 2015); Levin, Yuval, *The Fractured Republic: Renewing America's Social Contract in the Age of Individualism* (2016); Brennan, Jason, *Against Democracy* (2016); Krein, Julius, análise crítica de Felzenberg, Alvin S., *A Man and His Presidents: The Political Odyssey of William F. Buckley Jr.* (2017), *Washington Post* (6 de julho de 2017); Brooks, David, «The Rise of the Refuseniks and the Populist War on Excellence», *New York Times* (15 de novembro de 2018); Will, George, *The Conservative Sensibility* (2019); «The Global Crisis in Conservatism», número da *Economist* (6 de julho de 2019); Timothy, Nick, *Remaking One Nation: Conservatism in an Age of Crisis* (2020); Mount, Ferdinand, «Après Brexit: On the New Orthodoxy», *London Review of Books* (20 de fevereiro de 2020).

ÍNDICE ONOMÁSTICO

ÍNDICE TEMÁTICO

Quando o sentido de um termo usado neste livro está explicado em «Palavras-chave do conservadorismo» (Anexo A), a entrada aparece em itálico. Quando indicadas sem comentário ou atribuição, as ideias aqui indexadas devem ser tomadas como *de dicto* tal como ocorrem nos pensamentos e argumentos conservadores abordados no livro.